马亮宽 著

傅斯年评传

中国社会科学出版社

图书在版编目（CIP）数据

傅斯年评传 / 马亮宽著 . —北京：中国社会科学出版社，2014.8（2020.7重印）
ISBN 978 - 7 - 5161 - 4726 - 9

Ⅰ. ①傅…　Ⅱ. ①马…　Ⅲ. ①傅斯年（1896~1950）—评传　Ⅳ. ①K825.46

中国版本图书馆 CIP 数据核字（2014）第 188597 号

出 版 人	赵剑英
责任编辑	安　芳
责任校对	李　莉
责任印制	李寡寡

出　　版	中国社会科学出版社
社　　址	北京鼓楼西大街甲 158 号
邮　　编	100720
网　　址	http：//www.csspw.cn
发 行 部	010 - 84083685
门 市 部	010 - 84029450
经　　销	新华书店及其他书店
印刷装订	北京君升印刷有限公司
版　　次	2014 年 8 月第 1 版
印　　次	2020 年 7 月第 2 次印刷
开　　本	710×1000　1/16
印　　张	32
插　　页	6
字　　数	538 千字
定　　价	86.00 元

凡购买中国社会科学出版社图书，如有质量问题请与本社联系调换
电话：010 - 84083683
版权所有　侵权必究

1927年，傅斯年与其弟傅斯岩（中）、何思源（右）在广州时合影

毛泽东主席书赠傅斯年的条幅，写的是晚唐诗人章碣的《焚书坑》："竹帛烟销帝业虚，关河空锁祖龙居。坑灰未烬山东乱，刘项原来不读书。"

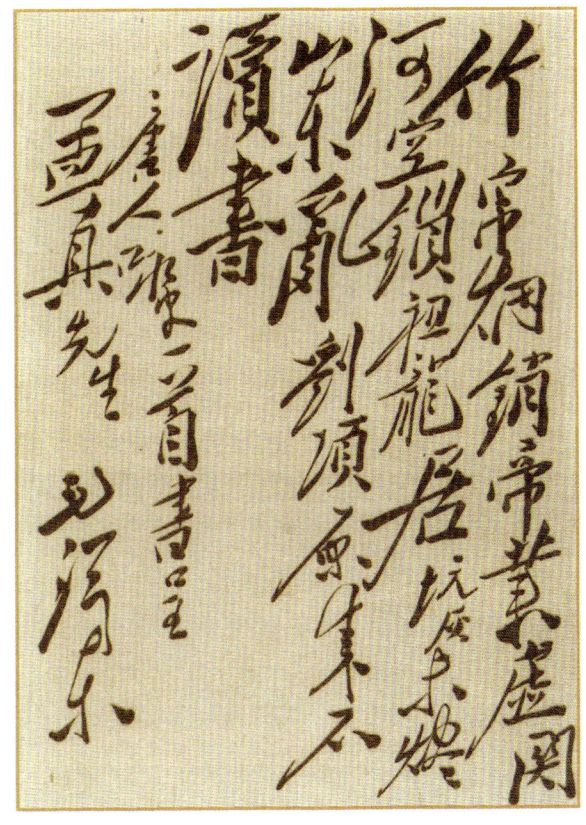

1945年7月1日，国民参政会六位参政员由重庆飞延安，商量促成国共团结等问题。图为当天延安要人欢迎的场面（右起毛泽东、黄炎培、褚辅成、章伯钧、冷遹、傅斯年、左舜生、朱德、周恩来、王若飞）

1934年，傅斯年与夫人俞大綵在北平寓所书房合影

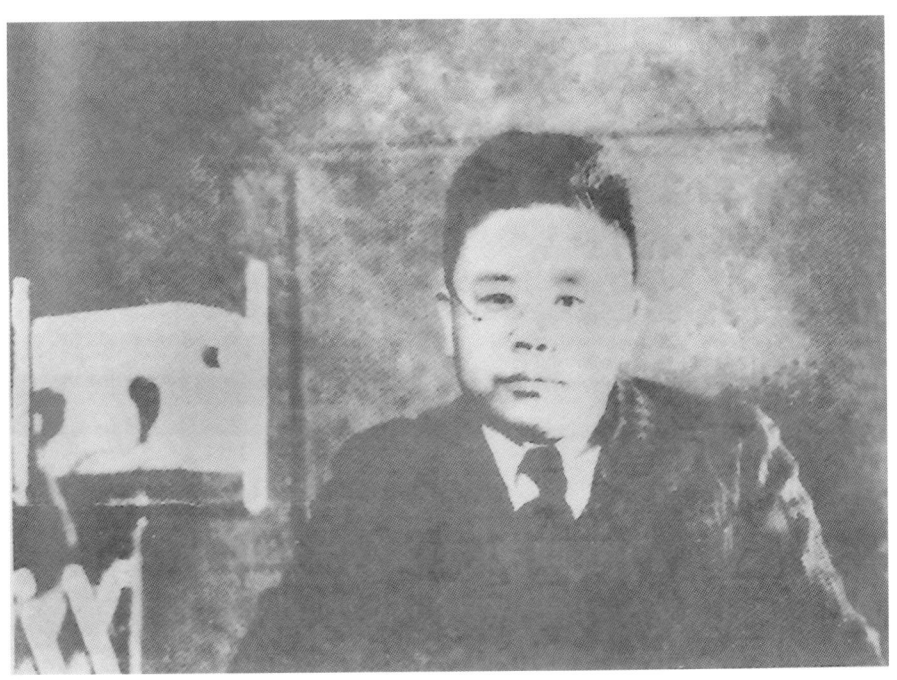

1943年，傅斯年在重庆广播电台演讲

1946年8月,傅斯年(左)、李宗仁(右)陪同胡适(中)回到北平时受到欢迎的情形

1946年9月,傅斯年结束北京大学代校长职,欢迎胡适任北京大学校长时合影(左起傅斯年、胡适、胡适之子胡祖望)

（左）胡适夫妇与傅斯年夫妇郊游时留影

（右）1947年，傅斯年（右二）在美国治病时与赵元任（左二）等留影

1950年12月20日，傅斯年列席省参议会，在答复参议员质询是否放宽台大招生尺度问题后猝发脑溢血去世

吾聞橘中之樂不減商山豈霜
餘之不食而四老人者游戲於其間
怪此世之泡幻藏千里於一班舉
棄葉之有餘納芥子其何艱宜
賢王之達觀寄逸想於人寰
仲逸先生正之
三十二年七月書為
傅斯年

傅斯年书法作品

傅斯年等六位参政员访问延安时，中共领导人宴请时合影
（左一傅斯年、左二毛泽东）

傅斯年在台大校长办公室

傅斯年与周恩来摄于延安

傅斯年信札

目　录

绪论 …………………………………………………………（1）

第一章　家世与少年时代 ………………………………（11）
　　一　开代文章第一家 ……………………………………（11）
　　二　家学渊源 ……………………………………………（16）
　　三　国学奠基 ……………………………………………（18）

第二章　求学京津 ………………………………………（23）
　　一　负笈津门 ……………………………………………（23）
　　二　北大预科 ……………………………………………（26）
　　三　国学大师高足 ………………………………………（28）
　　四　创办新潮社 …………………………………………（31）
　　五　五四运动总指挥 ……………………………………（36）

第三章　留学欧洲 ………………………………………（42）
　　一　伦敦大学博采获 ……………………………………（42）
　　二　柏林求知会诸贤 ……………………………………（46）
　　三　融会中西学术理论 …………………………………（51）

第四章　献身教育 ………………………………………（56）
　　一　寻觅栖身之处 ………………………………………（56）
　　二　任教中山大学 ………………………………………（59）
　　三　创设语言历史研究所 ………………………………（64）

四　兼职北大 ………………………………………… (67)
　　五　三十年代论教育 ……………………………… (70)
　　　　(一)批判传统教育 …………………………… (70)
　　　　(二)高等教育构想 …………………………… (74)
　　　　(三)基础教育设想 …………………………… (78)

第五章　创办历史语言研究所 ………………………… (82)
　　一　筹建历史语言研究所 ………………………… (82)
　　二　研究目标与宗旨 ……………………………… (87)
　　三　狼狈为善 ……………………………………… (89)
　　四　累累硕果 ……………………………………… (93)
　　　　(一)殷墟发掘 ………………………………… (93)
　　　　(二)城子崖发掘 …………………………… (100)
　　　　(三)整理大内档案 ………………………… (102)
　　　　(四)语言调查与语音实验 ………………… (106)

第六章　学林霸才 …………………………………… (109)
　　一　创立史料学派 ………………………………… (109)
　　　　(一)史学思想渊源 ………………………… (109)
　　　　(二)史学只是史料学 ……………………… (112)
　　　　(三)理论局限 ……………………………… (119)
　　二　探研古史 ……………………………………… (120)
　　　　(一)走出疑古误区 ………………………… (120)
　　　　(二)建立科学东方学 ……………………… (126)
　　　　(三)史学研究方法简述 …………………… (132)
　　　　(四)古史新论 ……………………………… (142)
　　三　思想史研究 …………………………………… (157)
　　　　(一)评论先秦诸子 ………………………… (157)
　　　　(二)《性命古训辨证》 ……………………… (162)
　　四　考论经史典籍 ………………………………… (168)
　　　　(一)尚书 …………………………………… (168)
　　　　(二)《诗经》 ………………………………… (170)

（三）《礼记》 ·· (172)
　　（四）《易》与《春秋》 ··· (173)
　　（五）《史记》 ·· (175)
　五　学术成就与贡献 ·· (177)

第七章　书生报国 ·· (182)
　一　学人深知亡国恨 ·· (182)
　二　积极参与《独立评论》 ··· (186)
　三　反对妥协 ·· (190)
　四　抵制日寇"华北自治"阴谋 ·· (194)
　　（一）积极投身反对"华北自治"的社会活动 ···················· (194)
　　（二）制止北方领导人合作对日妥协 ································ (197)
　　（三）为制止"华北自治"积极奔走 ·································· (203)
　五　汉贼不两立 ··· (206)
　六　书生知兵参戎幕 ·· (209)
　　（一）研判国际形势 ··· (209)
　　（二）"智库"成员 ·· (217)
　　（三）预判战争未来 ··· (224)
　七　艰苦岁月 ·· (234)
　　（一）转徙大西南 ·· (234)
　　（二）兼任北大文科研究所所长 ······································· (240)
　　（三）救难济困 ·· (256)
　　（四）艰苦支撑学术园地 ·· (266)
　八　救国理念辨析 ·· (270)

第八章　参政议政 ·· (274)
　一　政治清流 ·· (274)
　二　抨击时弊 ·· (282)
　　（一）讨伐孔祥熙 ·· (282)
　　（二）炮轰宋子文 ·· (318)
　　（三）抨击孔、宋的性质 ·· (333)
　三　政治改革设想 ·· (337)

四　间关万里延安行 ………………………………………（340）
　　五　参与旧政治协商会议 ……………………………………（344）
　　六　受拒之间显志趣 …………………………………………（351）
　　　（一）当选院士 ………………………………………………（352）
　　　（二）坚拒立法委员 …………………………………………（360）
　　七　政治抉择 …………………………………………………（366）
　　八　政治思想探析 ……………………………………………（371）

第九章　回归教育 …………………………………………………（377）
　　一　代理北京大学校长 ………………………………………（377）
　　二　坚拒文化汉奸 ……………………………………………（379）
　　三　参与处理"一二•一"学潮 ………………………………（386）
　　四　完成北京大学复员 ………………………………………（392）
　　五　教育思想探析 ……………………………………………（395）

第十章　人际关系与感情世界 ……………………………………（401）
　　一　清正家风 …………………………………………………（401）
　　二　尊师重道 …………………………………………………（408）
　　　（一）蔡元培：终生师长 ……………………………………（408）
　　　（二）陈独秀：道不同而情义在 ……………………………（413）
　　　（三）胡适：亦师亦友情谊深 ………………………………（416）
　　三　诚信于友 …………………………………………………（422）
　　　（一）朱家骅：政学两界莫逆之交 …………………………（422）
　　　（二）丁文江：道同性近生死义 ……………………………（427）
　　　（三）陈寅恪：学人交往典型在 ……………………………（431）
　　四　传道授业遗恩远 …………………………………………（442）
　　　（一）邓广铭：承教受益情谊深 ……………………………（443）
　　　（二）杨志玖：永志不忘关怀情 ……………………………（449）
　　　（三）何兹全：传道续学感师恩 ……………………………（455）

第十一章　最后岁月 ………………………………………………（459）
　　一　出任台湾大学校长 ………………………………………（459）

二　整顿台湾大学 …………………………………………………（461）
　　（一）稳定学校秩序 …………………………………………（461）
　　（二）整顿教师队伍 …………………………………………（465）
　　（三）严格招考制度 …………………………………………（467）
　　（四）对学生科学管理 ………………………………………（468）
三　参与台湾政治 ………………………………………………（470）
　　（一）与《自由中国》的往来 ………………………………（470）
　　（二）拒不组党结派 …………………………………………（472）
　　（三）关心时政 ………………………………………………（475）
四　以身殉教 ……………………………………………………（479）

附录　傅斯年生平著述简谱 …………………………………（485）

参考文献 ………………………………………………………（497）

后记 ……………………………………………………………（502）

绪　论

19世纪末至20世纪上半叶，中华民族处于灾难深重、危机频发的时代，不在危机中振兴，便在危机中沦亡。历史雄辩地证明，具有五千年文明历史的中华民族必然从危难走向振兴。其根本原因是危难时代孕育造就了无数的时代精英，他们为民族振兴或呐喊呼吁，唤醒民众；或为扶危定倾前赴后继，英勇奋斗。研究中国近代精英群体为挽救国家危亡、民族振兴奋斗的历史，是现代学人的责任，对近代精英群体既应有整体的研究，更应进行专题和个案研究，进行专题研究，傅斯年是一位不可绕过的人物。

傅斯年是"五四"新文化运动的一位健将，是一位思想深刻的学者和卓有成就的历史学家、教育家，也是一位少有的学术组织家，他对中国现代学术体制的创立与发展作出了突出的贡献。同时，傅斯年生活的时代是中国大动荡、大转折、各种矛盾交织、激烈冲突的时代，受时代的驱使，具有强烈民族意识的傅斯年投身社会，为抗日救国、社会改革尽职尽力，在当时社会政治中产生了深刻的影响。

一

中国近代是个大动荡、大转折、大浪淘沙的时代，许多人物的沉浮不以个人意志为转移，傅斯年是属于生前叱咤风云、身后长期沉寂无闻的人物。他于1949年1月就任台湾大学校长，8月，毛泽东发表《丢掉幻想，准备斗争》，将他列为帝国主义走狗及旧中国的反动政府控制的极少数知识分子之一，因此在大陆数十年很少有人提及，直到20世纪80年代，大陆学术界人士才开始在学术研究中提及傅斯年。1988年，我所任职的聊城聊城师范学院（2002年升格为聊城大学）成立傅斯年研究所，对其进行专题研究，在全国各地收集资料时，发现大陆对于傅斯年专题研究的论文极少，收集的资料相当零碎。为了收集更多的第一手资料，我们到天津、北京等地拜访傅斯年在大陆的亲属故旧和学生，如邓广铭、杨志玖、何兹全、王利器、杨向奎、任继愈、王玉哲等，获得了一些珍贵资料。同时，与台湾大学、台湾"中央研究院"开始联系，得到了他们的支持，提供了有关资料。1990年，我们编辑出版了《傅斯年》一书（山东人民出版社1991年版），其中收集了邓广铭、王利器、杨志玖、杨向奎等人的回忆文章，学者的有些回忆文章和资料也以各种形式逐步公布面世。1991年，以聊城师范学院为主，举办了第一次傅斯年学术讨论会，全国各地50多位学者出席了会议。从提交的论文质量来看，对傅斯年的研究还是初步的。在内地广泛收集资料的基础上，我们与台湾学术界加强了联系，进行资料方面交流的渠道逐步畅通，研究所获得了包括《傅斯年全集》、《傅孟真传记资料》等资料。在此基础上，1994年，我们出版了《傅斯年·大气磅礴的一代学人》，是第一部关于傅斯年的传记，在当时国内外产生了较大的反响。

  20世纪90年代中期以后，海峡两岸对傅斯年的研究逐步趋向深入，据不完全统计，仅1995—2003年《人大复印资料》复印和转载的论文涉及傅斯年的就达80余篇。不少大型系列研究课题也都将傅斯年列入其中，如1995年中国近现代教育家教育思想研究系列丛书，就将傅斯年列入其内，笔者承担了"傅斯年教育思想研究"的子课题（辽宁教育出版社1997年版）。戴逸主持的"二十世纪中国著名学者学术评传"项目，入选者30人，傅斯年列名其中，李泉教授负责撰写，约30万字（北京图书馆出版社2000年版）。笔者的博士论文《傅斯年社会政治活动与思想研究》于2009年由中国社会科学出版社出版。同年还出版了笔者与李泉教授合著的《傅斯年传》（红旗出版社2009年版），台湾"中央研究院"王汎森的博士论文《傅斯年：中国近代历史与政治中的个体生命》译成中文，于2012年由生活·读书·新知三联书店出版。这些专著的出版为人们比较全面认识傅斯年及其时代提供了案例。另有一些博士、硕士论文也选傅斯年为研究对象，以不同的视角对其进行专题研究。

  与此同时，对傅斯年及有关专题的研究亦有新的资料出现，为研究注入了生机与活力，其中最主要的是傅斯年档案资料。傅斯年于1949年年初离开大陆就任台湾大学校长一职，仓促间将自己的往来书信、未发表的论著手稿及所有文献资料装箱运往台湾。数十年来这批档案资料一直无人整理。20世纪90年代，其家人捐献给了台湾"中央研究院"历史语言研究所，后来史语所委托专人进行整理。1995年，台湾"中央研究院"为纪念傅斯年百龄诞辰举行纪念活动，将其中的一小部分书信档案资料编成《傅斯年文物资料选辑》出版面世。另外，有些存于各地、有关傅斯年的档案资料和其他资料正被深入挖掘，将陆续面世。其中像何兹全先生根据傅斯年生前意愿，编成的《民族与古代中国史》，虽没有增添许多资料，却将傅斯年本人《民族与古代中国史》的几个章节和几篇相关论文，整理为一个成体系的论著，为后人研究傅斯年史学思想提供了一份完整的资料。北京大学欧阳哲生在台湾联经出版社出版的《傅斯年全集》的基础上，将留在大陆的部分论文，加上陆续面世的傅斯年的部分论著、书信等资料编辑成《傅斯年全集》于2003年出版，比台湾联经版全集多出论著40多种，书信200多篇。另外，我们编辑的《傅斯年选集》于1996年收录了傅斯年留在大陆、台联经版全集未收入的论著。河北教育出版社1996年8月出版了《中国现代学术经典丛书·傅斯年卷》。这些出版物虽对傅斯年论著取舍不同，但就其内容来说，欧阳哲生主编的《傅斯年全集》最晚出版，其内容相对最完备，是今天能看到的有关傅斯年论著资料中最集中、详备的一种，但是这套全集没有收入台湾所保存的傅斯年档案资料，所以严格地说，它仍是一套不全的全集。2011年10月，台湾"中央研究院"王汎森、潘光哲、吴政上诸位先生经过多年努力，在全面整理傅斯年档案的基础上，编辑出版了《傅斯年遗札》（三卷本，约150万字），为进一步深入研究傅斯年及有关人物事件提供了宝贵资料。

笔者自1988年开始对傅斯年进行专题研究，20多年来，曾赴全国各地收集资料，进行了实地考察，拜访了有关学者，并先后四次去台湾进行学术访问和交流，与台湾"中央研究院"历史语言研究所、近现代史研究所、台湾大学等学术机构的有关学者进行学术交流，就傅斯年专题研究的许多问题进行座谈，查阅了有关傅斯年的档案资料。2011年10月，《傅斯年遗札》出版后，王汎森等先生第一时间寄赠，通过认真阅读，与以前收集的资料综合梳理、比对，大体将傅斯年一生划分为家世和少年、求学、服务社会三个阶段，其主要业绩在社会、学术和教育三大领域，另外，他的社会生活中有着广泛的人脉关系，而通过人脉关系反映了他的人品和思想。

二

对傅斯年进行专题研究，首先要确定他的社会属性，置入其生活的时代，在大的时代背景下给予社会角色定位。傅斯年生活在中华民族多灾多难、危机深重的时代，他出生在中日甲午战争结束的第二年，自幼便处于国家民族内忧外患之中，在世界大变革、大动荡的乱局中，列强侵扰，蚕食鲸吞中国领土，时刻妄想把中国变为他们的殖民地。国内衰乱不已，政治黑暗，经济凋敝，人民生活在水深火热之中。傅斯年由于特殊的社会家庭背景，在黑暗动荡的时代接受了系统的传统教育。1908—1919年，傅斯年先后在天津府立中学堂和北京大学接受了新式教育，尤其在北京大学求学期间，正是北京大学和中国社会剧烈的变革时期，傅斯年开始关心社会，投身新文化运动，组织新潮社，创办《新潮》杂志，"五四"运动爆发，成为学生运动领袖，他在此期间发表的言论和社会实践活动证明，他开始探索医国救民、改造中国的方式和途径。

1919年傅斯年于北京大学毕业，随即考取山东官费留学生，赴英国伦敦大学留学，后转学至德国柏林大学，直至1926年年底回国。在欧洲留学的7年中，傅斯年与同时代的出国留学生一样，接受了西方文化的熏陶，学到了新的科学文化知识，也看到了西方许多国家地区的文明和科学技术的发达，更加激发了他挽救国家危亡，振兴民族的雄心壮志。正如当时的人所评论："民初中国知识分子，亲眼目睹了欧洲在一次大战过后的满目疮痍，以及战后各国的整建与复原所作的努力，再想起远在万里以外的苦难祖国，正遭逢国内外变局的摧残！因此而激起了一股豪气干云的情操。要'究天人之际'、要'通古今之变'、要'成一家之言'的呐喊响彻云霄。当时，在欧陆时常往来的一批浮云游子，包括傅斯年、陈寅恪、俞大维、罗家伦、毛子水、赵元任……等，这些人日后学成归来，大多数都成了中国现代史里具有举足轻重力量的'优异分子'。"①

傅斯年接受了系统的新式教育，尤其是在欧洲留学的7年，其知识结

---

① 仙人掌杂志：《中国的蟋蟀傅斯年》，《傅孟真传记资料》（一），（台）天一出版社1979年版，第50页。

构和社会意识决定其成为具有自由主义倾向的知识分子。在他一生中有突出的表现。但是，傅斯年一生大部分时间生活在中国浓厚的传统文化氛围中，深受传统文化的影响，他自己曾自我解剖说：

> 我们自己以为是有新思想的人，别人也说我们有新思想。我认为惭愧得很。我们生理上、心理上，驮着二三千年的历史——为遗传性的缘故——又在"新中国"的灰色水里，浸了二十多年，现在住着的，又是神堂，天天必得和庙祝周旋揖让。所以就境界上和习惯上讲去，我们只可说是知道新思想可贵的人，并不是彻底的把新思想代替了旧思想的人。①

相对同时代的文人知识分子，傅斯年由于家庭和地域的影响，其传统士人的思想意识更浓一些，因此，将其定位为"一个具有现代思想又有浓厚传统意识的知识分子"或许更准确。

知识分子是引进的概念，虽然其来源和界定至今仍没有统一的涵括，但是基本的特征和属性已经比较清晰，有学者进行概括："所谓'知识分子'，除了献身于专业工作以外，同时还必须深切地关怀着国家，社会，以至世界上一切有关公共利害之事，而且这种关怀又必须是超越于个人（包括个人所属的小团体）的私利之上。"②在西方又称知识分子为"社会的良心"。如果强调知识分子的属性，可以概括为：对社会有强烈的责任意识，对政治采取批判的态度。就基本属性而言，现代知识分子和中国传统的"士"有许多共同的特征或相通之处。中国以拥有文化知识为基本特征的士人群体形成于春秋战国时期，历经两千多年，虽然社会功能和社会地位有所变化，但基本属性没有改变，概括起来就是具有强烈的社会意识和淑世情怀，中国古代士人"先天下之忧而忧，后天下之乐而乐"，"为天地立心，为生民立命，为往世继绝学，为万世开太平"，"位卑未敢忘忧国"的警言，都表现了强烈的社会责任意识。

中国近代，尤其是"五四"新文化运动以后，中国新知识分子或多或少地继承和凝聚了传统"士"的某些社会属性，在抗日救国和改革社

---

① 欧阳哲生主编：《傅斯年全集》第一卷，湖南教育出版社2003年版，第300页。
② 余英时：《论士衡史》，上海文艺出版社1999年版，第6页。

会方面表现得特别强烈。有些学者对此进行专门的论述:"由于政治的紊乱,近代社会缺乏知识分子参政的合适渠道,而传统知识分子'内圣外王'的政治理想在新知识分子身上并没有消失,而是转化为强烈的民族主义和民主主义,这种政治热情受到压抑,他们只能以'革命'的方式介入政治。"① 傅斯年是新文化运动培育的新知识分子的代表,他一生奉行科学教育救国的理念,但国家危亡,民族灾难迫使他走出书斋,为医国救民而奔走呼吁,积极参与社会和现时政治。

1942年,傅斯年在致胡适的信中谈到自己的志趣和理念,其中说:"我本以不满于政治社会,又看不出好路线之故,而思遁入学问,偏又不能忘此生民,于是在此门里门外跑去跑来,至于咆哮,出也出不远,进也住不久,此其所以一事无成也。"② 傅斯年此段表白真实表达了他对社会政治的态度,视学术研究为自己的本分,而参与社会政治是出于对国家民族的责任心,事实也确实如此。1931年"九·一八"事变,民族危机严重,傅斯年开始走出书斋,投身社会,为抗日救国或从事舆论呼吁,或进行思想文化的阐释和宣传,或利用各种场合和平台讨奸御寇,为维护民族和国家利益做出了积极努力。

有人评论傅斯年的一生是在非官非学、亦官亦学之间度过的,但是纵观傅斯年的一生,虽然他关心社会工作,尤其是在"九·一八"事变以后,积极参与社会,关心国事,为抗日救国而努力奋斗,但并不热心政治,一直奉行参政而不从政的原则,他个人的言行足以证明这一点。

傅斯年在阐释自己的社会政治理念时,特别强调自己是自由社会主义者。所谓自由社会主义,按照傅斯年的论述,主要是自由主义与社会主义相融合,在政治和社会领域要求自由与民主,在经济领域要求经济平等,缩小贫富差距。1945年7月30日,他在《大公报》上发表《评英国大选》一文,特别强调了自己的自由社会主义理念:"我平生的理想国,是社会主义与自由并发达的国土,有社会主义而无自由,我住不下去;有自由而无社会主义,我也不要住。所以我极其希望欧美能作成一个新榜样,即自由与社会主义之融合。"③

---

① 刘晔:《知识分子与中国革命》,天津人民出版社2004年版,第18页。
② 王汎森、潘光哲、吴政上主编:《傅斯年遗札》第三卷,(台)中研院历史语言研究所2011年版,第1208页。
③ 欧阳哲生主编:《傅斯年全集》第四卷,湖南教育出版社2003年版,第299页。

傅斯年始终是以自由主义身份参与社会和政治，并没有实际投身政治的意念，也始终不组党成派，从事政治活动。正如他同时代的人所评论："他是很好的谈政治的人，而绝不是搞政治的人。……而且他的谈政治，多少是激发于一种正义，出于奋不顾身的一击。"① 也就是出于知识分子对于社会的责任感和使命感，而不是为个人的富贵利禄，因此也就不会组党结派，培植私人势力。

三

邓广铭曾评价傅斯年说："凡是真正了解傅斯年先生的人都知道，他的学问渊博得很，成就是多方面的，影响是深远的。他对中国的历史学、考古学、语言学所做的贡献是很大的。"② 的确，傅斯年一生的志趣在学术研究，其学术成就和学术贡献在学术界有相当大的影响。傅斯年的学术研究领域涉及中国古代史、中国思想史、学术史，最有成就的是中国上古史和中国古代思想史。他从1929年开始着手写《民族与古代中国史》，先后撰写的主要章节分别以《夷夏东西说》《姜原》《周东封与殷移民》《大东小东说——兼论鲁、燕、齐初封在成周东南后乃东迁》《论所谓五等爵》等为题目发表。2002年，其学生、著名历史学家何兹全先生对这些论文进行了系统整理，以傅斯年生前所定书名出版面世。何兹全在前言中曾肯定地说：可以作为傅斯年史学代表作的"就是这部未完成的《民族与古代中国史》"；对构成该书的几篇论文评价说："篇篇都有精意，篇篇都有创见——独到的见解，篇篇都是有突破性、创造性的第一流的好文章。就这一本未完成的书之已完成的几篇文章，已足以使傅斯年坐上20世纪中国史学大师的宝座，享有大师荣誉。"③

傅斯年的另一方面的学术成就是从语言文字学入手，研究中国古代思想史，代表作是《性命古训辨证》。全书分三卷，上卷"大体以先秦遗文中'生'、'性'、'令'、'命'诸字之统计为限，并分析其含义"；中卷"疏论晚周儒家之性命说"；下卷"汉代性之二元说"和理学之地

---

① 程沧波：《忆傅孟真》，载《傅孟真传记资料》（三），（台）天一出版社1981年版，第12页。
② 《傅斯年》，山东人民出版社1991年版，第8页。
③ 何兹全：《民族与古代中国史·前言》，河北教育出版社2002年版，第4页。

位。傅斯年1947年参加中央研究院院士选举，按规定提交两项代表性研究成果，傅斯年提交的论著即《性命古训辨证》和《夷夏东西说》。傅斯年在提交《性命古训辨证》一书的简介中说："《性命古训辨证》，此书虽若小题而牵连甚多。其上卷统计先秦西汉一切有关性命之字义，以语言学之立点，解决哲学史之问题。是为本卷之特点，在中国尚为初创，其中泛论儒、墨诸家之言性与天道，引起不少哲学史上之新问题，富于刺激性。其地理及进化的观点，自为不易之论。其下卷乃将宋学之问题重新估定。"① 《性命古训辨证》刊印后，许多人从不同的视角给予评论。如有学者评论说："傅斯年《性命古训辨证》的研究是继承中国古代学者'以辞通理'的优良传统，借鉴西方语言考据学的方法，输入发展演变的观点，辅之历史比较的方法，创立了由语言学入手治思想史的新方法。"② 把傅斯年的《性命古训辨证》视为用新学说理论研究传统学术问题的典型例证。

傅斯年1926年回国任教于中山大学不久，就创办了"语言历史研究所"，1928年10月又在语言历史研究所的基础上，筹备建立了中研院历史语言研究所，并长期担任所长。傅斯年以历史语言研究所为基础，为中国近代学术事业发展和进步作出了重要贡献。

其一，傅斯年带领学术团队运用新的学术理论进行集众式研究，完成了历史语言诸学科的研究从传统向现代的转型。

其二，为中国社会科学研究培养了一大批优秀人才。在历史语言研究所成立后，傅斯年一直担任所长，在此期间他积极引进和培养人才，在以后的数十年，研究所培养的人才中许多成为海峡两岸重要学术机构和高等学校人文社会科学研究领域的骨干和代表人物，为中国社会科学研究的进步和发展作出了重要贡献。

其三，积累了丰富的学术资料。遵照傅斯年提出的"扩张研究的材料"的宗旨，历史语言研究所的学者们努力搜求整理新材料、地下埋藏物、地上遗存古建筑、文教典籍等，这些统统被当作研究材料予以搜集整理，为历史学、语言学和其他社会科学积累了丰富的研究材料。

其四，开拓了广泛的学术领域。历史语言研究所的学者们遵循傅斯年

---

① 欧阳哲生主编：《傅斯年全集》第一卷，湖南教育出版社2003年版，第39页。
② 李泉：《傅斯年学术评传》，北京图书馆出版社2000年版，第16页。

所创设的原则和规范，在学术研究中致力于使用新工具、新方法研究新材料，破除了千百年来由文献到文献的传统学术研究方式，开辟了许多新的学科和研究领域，促进了中国学术事业的繁荣与发展。

四

傅斯年一生没有真正离开教育领域，他从1901年入私塾，到1926年从欧洲回国，系统接受了各种教育。从1926年受聘到中山大学任教，直到1950年在台湾大学校长任上殉职，或在大学任教，或兼职，或任教育行政职务。傅斯年一生奉行科学教育救国的理念，在从事教育工作的实践中，关注教育的现状和存在的问题，不时地思考教育改革和发展的途径。傅斯年对教育问题的认识和系统论述自己的教育思想和理念主要是两个时期：一是20世纪30年代初期，傅斯年参与中国关于教育改革和转型的大讨论，发表了《教育崩溃之原因》等文章对当时的教育状况进行了批评，对教育改革的方向和措施提出了建议。二是20世纪40年代中后期，傅斯年出任北京大学代理校长、台湾大学校长，尤其是任台湾大学校长期间，对中国的教育体制、现状、改革发展方向等进行了系统研究，发表了《漫谈办学》《中国学校教育制度之批评》等文章，通过对傅斯年教育实践和论著进行研究可知，傅斯年在长期的教育实践和理论研究中形成了自成体系的教育思想。

五

傅斯年在长期的社会生活中形成了广泛的人脉关系，从他的人际关系折射了他的思想品质和感情世界。傅斯年曾表白自己的个性："向无党派，忠于国而信于友，从不为自己图谋，虽无特长，然其安贫乐道，进止以义，自觉不愧古之良士。"[①] 傅斯年一生处事以忠义诚信相标榜，他对家中长辈、对蔡元培、胡适等师长敬爱保护，终生不渝，对友人则秉持忠义，待以诚信，与许多同辈友人保持了终生的情谊，其中他与丁文江、陈

[①] 王汎森、潘光哲、吴政上主编：《傅斯年遗札》第二卷，(台)中研院历史语言研究所2011年版，第952页。

寅恪、朱家骅、罗家伦、何思源等人的肝胆相照、仁义相接的关系值得后人效法。傅斯年一生在科研机构和高校任教，特别注重培养人才，奖掖后进，他自己曾说："吾生但求助人，尽力为人谋成学之便，而自己白费时间。"[①] 的确，他对学生和后辈的培养和奖掖确实不遗余力，其受益者不可胜数，许多人终生对他感戴不已。为了全面反映他的人格和感情世界，专辟章节以他特殊的人际关系为个案，论述了他与师长、友朋和学生的交往和情谊，可以从另外一个视角认识他的人品和思想。

总的来说，过去学术界评论傅斯年是"誉满天下，谤亦随之"的人物，主要是限于环境和条件，其评论有失偏颇，誉之者奖饰太过，毁之者苛责过严。本书力求以傅斯年的档案资料和现有论述互相辨析，以澄清事实，矫正谬误，重建历史真实为准则。努力对傅斯年生平事迹及其学术思想进行更加全面客观的表述和评价。

---

① 王汎森、潘光哲、吴政上主编：《傅斯年遗札》第二卷，（台）中研院历史语言研究所2011年版，第1510页。

第一章

家世与少年时代

黄河横流，形成了下游冲积平原。运河纵向，开启了中国南北文化的交通通道。黄河、运河在聊城交汇，积淀了聊城地域丰富而厚重的文化底蕴，孕育了无数的才智卓越之士，傅斯年是其中的代表人士。虽然傅斯年只在聊城度过了童年时期，但故乡文化的培育，在他一生言行中留下了深刻的印痕。

一 开代文章第一家

傅斯年，字孟真，清光绪二十二年二月二十三日（1896年3月26日）出生在聊城。聊城位于鲁西，早在汉代就已成为华北平原上的重镇，此后一直为华北地区政治、经济、文化中心之一。明清时期，著名的京杭大运河穿聊城而过，因其北通京师、南连三吴的优越地理位置，逐渐成为全国著名的粮棉产区和纺织品的贸易中心。天下豪商大贾云集，"往来船舶，络绎不绝"，"兵民杂集，商贾萃止，骈闠列肆，云蒸雾瀚"，以致城内"贾寓旅舍，几不能容"。① 各地商人竞相在聊城内兴建会馆公所，开办商号、店铺、作坊，与本地工商业者所建交错布列，鳞次栉比，使聊城成为一座繁荣的工商业城市。在明清两代，聊城一直为黄河北部三大商埠之一，被史家誉为"漕挽之咽喉，天都之肘腋"②。

发达的交通，繁荣的经济，孕育出昌盛的文化。明代中期以后，聊城及其周围各州县私塾遍布，书院林立，其特有的文化魅力吸引着四方鸿

---

① 乾隆《临清州志》卷2《建置》。
② 宣统《聊城县志》卷13《艺文志》。

儒，数不清的文人骚客，往返其间，游览观光，既传播了学术、交流了信息，又促进了儒学教育的普及和发展，陶冶了无数才华卓越之士，成就了众多官宦书香世家。据记载：明清两代录取东昌府进士290人，状元3人，仅聊城县就有进士55人，状元2人。明清时期的聊城当之无愧地成为鲁西"八股文化"的中心。

傅斯年所出身的聊城明清八大家族之一的傅氏，后人称为"阁老傅"[①]。傅氏发迹于明中期，兴盛于清代初年，逐步发展成为聊城的名门望族。据傅氏族谱记载，傅斯年远祖名叫傅回，原籍江西吉安府永丰县（今江西省永丰县），明宪宗成化年间出任山东冠县县令，傅回任满准备返回故乡，其夫人李氏不愿随行。傅回没有办法，便和四个儿子南归，留下三个儿子侍奉夫人，这三个儿子一人定居冠县，一人定居博平，另外一人名傅祥，定居聊城。对此，《东郡傅氏族谱》中有明确记载："傅氏其先江西吉安之永丰人，明成化中始祖仕为冠县令，任满归，四子从南，三子留北，有讳祥者，奉母李侨居东昌，李殁城南，祥不忍去，遂占籍焉。"[②]

当时聊城正是经济文化发展上升时期，大运河穿城东而过，是当时经济发达地区，经济、文化都在迅速发展，形成了鲁西"八股文化"的中心。傅祥借重聊城的经济优势，靠经商起家。他出身官宦家庭，本人也有较高的文化素养，且处于浓重的八股文化环境之中，因此十分重视诗书传家，督责子孙攻读举子之业，学习八股文，每每亲自"口授章句"，并"引古人及郡先达"激励他们奋发向上，建立功业，故而傅氏家族逐渐形成了诗书传家的传统，代代相继。

傅祥五传至傅以渐，终于振兴了傅氏门庭，奠定了傅氏名门望族的基础。傅以渐，字于磐，号星岩，生于明万历三十七年（1609），7岁入塾馆，曾师从于当时名儒孙兴，对义理之学造诣颇深。然而明朝末年宦官专权，政治腐败，科场舞弊成风，傅以渐直到35岁仍未考取功名。1644年，江山易姓，满洲贵族入主中原，建立清王朝。为了搜罗人才，笼络士人，第二年便迫不及待地举行了入关后的第一次科举考试。傅以渐投身科

---

① 明清时期，聊城八大文化家族中有两个傅氏家族，同姓不同宗，以其祖宗最高官位相区别。"阁老傅"，以傅以渐在清代曾任武英殿大学士而得名；另一傅氏被称为"御史傅"，以傅光宅在明代曾任河南道监察御史而得名。

② 傅绳勋等：《东郡傅氏族谱·映宸傅公家传》，道光二十三年（1843）刻本。

场，乡试中举，次年入京参加会试，得中贡士，殿试对策时被擢为一甲第一名，成为清王朝的第一位状元，授内弘文院修撰，后累次迁升，顺治十一年（1654）升为内秘书院大学士，次年加太子太保，改为内国史院大学士。顺治十五年（1658），清仿明制改内三院（内弘文院、内国史院、内秘书院）为内阁，逐步确立三殿（保和、文华、武英）三阁（文渊、体仁、东阁）制，授傅以渐为武英殿大学士、兵部尚书职衔，成为名副其实的宰相。为示恩宠，顺治帝又封赠傅以渐的曾祖父傅谕、祖父傅天荣、父亲傅恩敬俱为光禄大夫、少保加太子太保、内翰林国史院大学士加一级的勋号。自此以后，聊城傅氏便荣冠当世，泽及后代，成为鲁西的名门望族。

傅以渐以后，傅氏成为典型的官宦世家，中举人、进士，为庠生、太学生者多达一百余人，在朝为官和出任封疆大吏者几代不绝。傅以渐四传至傅绳勋、傅继勋兄弟，这一时期是傅氏家族又一个辉煌时代。

傅绳勋字接武，号秋坪，一作秋屏，傅以渐的玄孙。傅绳勋的祖父傅永紭在浙江任官多年，以廉洁闻名，去世后家中略无积蓄。傅绳勋的父亲为养家糊口，只得凭父祖辈的关系，去河南做了个从九品的小官。傅绳勋的母亲在家带着两个儿子，生活十分艰难。兄弟二人刻苦自励，学业优秀。傅绳勋很早就考中秀才，进入县学。嘉庆十八年（1813）中举人，次年考取第二甲第四十七名进士，入翰林院为庶吉士。三年学习期满，任工部主事，后升员外郎、郎中，并曾任军机处行走。在任工部主事期间，曾参与编修《平定回疆剿擒逆裔方略》，任汉纂修官。道光十一年（1831），傅绳勋出任琼州府（治今海南省琼山府在镇）知府，后改调四川夔州府（治今重庆市奉节县）知府，后历任陕西潼商兵备道、浙江盐运使、广东盐运使，"时潮州府有洋人入城百姓起哄事，奉檄赴潮查办，至则以恩谊结百姓，以德威慑洋人，事得和平了结，粤人感之"①。道光二十二年（1842）四月，任陕西按察使②。在担任陕西按察使期间，他曾和李星沅审理过一疑案，后被传为美谈，并受到道光皇帝的嘉奖。道光二十八年（1848），傅绳勋时任江宁布政使，参与处理了上海"青浦教案"，并使教案得以平息。道光二十九年（1849）四月，傅绳勋调任江苏巡抚。

---

① 宣统《聊城县志》卷8《人物志·傅绳勋》。
② 《清宣宗实录》卷371，道光二十二年（1842）四月甲午。

在组织抗灾方面，傅绳勋在江苏灾区推广"柜田之法"，受到道光皇帝的赞许。① 因勤劳政事，积劳成疾，傅绳勋多次上书请求致仕，咸丰元年（1851）二月，咸丰皇帝批准了傅绳勋的申请，② 于是他回到了家乡聊城，多次主讲泺源书院、启文书院，年82岁卒于家。

傅继勋字述之，号玉溪，又号湘屏，傅绳勋胞弟，自幼聪明敏悟，10岁便能作文，而且写一手好字，一般人无法与之相比。道光元年（1821），14岁的傅继勋考中秀才，成为县学生员。18岁时考取拔贡。乾隆初年规定，拔贡生选送中央后，必须参加朝考，一、二等拣选录用，三等入国子监肄业，后曾停止拣选。嘉庆七年（1802）又作出规定，各省拔贡五月必须到京，六月参加朝考，其中一、二等于保和殿复试③。傅继勋朝考一等，分发安徽，初任庐江县知县，时间约在道光十年（1830）以前④。道光十年（1830），任霍山县知县⑤，道光十五年（1835）至十六年（1836），任太湖县知县⑥。此外，他还担任过东流、歙县、合肥、望江、贵池、全椒等县知县。道光二十二年（1842）前后，擢升徽州（治今歙县）知府，后来又担任过凤阳知府，道光二十九年（1849）前后，任太平府（治今安徽当涂）知府，不久又调任安庆府知府。傅继勋到任不久，便参与了安徽藩库的清查，因办事得力，受到咸丰皇帝的奖励。可是，时隔不久，傅继勋被卷进了镇压太平军的战争旋涡。傅继勋因上级镇压太平军不力受牵连被免去了安庆知府的官职，仍留在安徽，继续组织力量，与太平军对抗。

当时福济任安徽巡抚，他认为傅继勋行政能力强，在安徽任职20多年，熟悉全省各地情况，于是专折密保他署理安徽布政使，兼办全省粮台。安徽战乱多年，粮饷缺乏，军士饥馑，大大削弱了军队战斗力。傅继勋任职后，多方筹办，兵饷转而充足，福济十分倚重他。咸丰八年（1858）六月，福济离任，翁同书继任安徽巡抚。傅继勋不再受重用，提出的建议也不予采纳。傅继勋在安徽与太平军作战多年，九死一生，家人

---

① 《清史稿》卷19《宣宗本纪》。
② 参见《清文宗实录》卷28，咸丰元年（1851）二月癸酉。
③ 参见李世瑜《清代科举考试考辨》，沈阳出版社2005年版，第132页。
④ 光绪《庐州府志》卷17《学校志》。
⑤ 吴康霖：《六安州志》卷18《职官》。
⑥ 太湖县地方志编纂委员会：《太湖县志》第二十九章《人物志》。

音讯全无，情绪低落之际，未免生退隐回乡之意。是年冬，傅继勋借口患病，辞去职务。当时安庆尚为太平军占据，傅继勋多年与家人失去联系，家人误以为他死于兵难。一个风雨交加的夜晚，全家老少正在他的亡灵牌位前焚香祷告，傅继勋黯然回到家中。此后，他闭门家居八年，于同治五年（1866）去世。

傅继勋有七个儿子，第三个儿子傅淦，便是傅斯年的祖父。然而，从此傅家也走完了官运亨通的辉煌历程而趋于衰落。傅斯年出生时，其家道进一步衰落。虽其相府宅第还巍峨壮观，其院落尚相当齐整，标志门第显赫的"相府"与"状元及第"两块金字匾额依然高悬，二重门上的御笔"圣朝元老"横书金匾、门框上浮雕精刻的金字对联"传胪姓名无双士，开代文章第一家"依然引人注目，然而表面的气派已经无法遮掩其日趋衰败的景象，一切正如《红楼梦》所说的那样，只是"百足之虫，死而不僵"而已。

傅斯年的父亲傅旭安字佰隽，号晓麓，生于同治五年（1866），自幼勤学好问，光绪二十年（1894）乡试中举，因家庭经济窘迫，遂出任山东东平龙山书院山长，靠其束脩养家糊口。傅旭安知识渊博，对学生教诲有方，而且极力扶掖生活贫苦的学生，使其不因家贫而辍学，因此得到学生们的普遍尊敬，也得到社会的广泛赞誉。光绪三十年（1904），傅旭安病殁于任所，终年39岁，傅斯年时年9岁，其弟傅斯岩不满1岁。傅旭安的去世，使其一家失去了支柱，也断绝了生活财源，其夫人李氏顾不上悲伤，毅然挑起了全家的重担。

李夫人闺名叔音，聊城城西南郊贺家海人，贤孝识大体。丈夫过世后，李夫人既要奉养年事已高的公婆，又要抚育幼年双子，其艰辛可想而知。好在傅旭安生前为人仁厚，对朋友学生待之以诚，去世后，朋友学生对傅家极为关心。他们共同凑了一些钱，托其两个学生周祖澜、范玉波代存生息，维持傅家生计。弟子们感念老师恩德，每年春节前，都会派一个代表来聊城，给师母送一些春节所需的食物用品，并在聊城的商号里为傅家存一些银两以贴补来年家用。傅旭安生前友人柳堂在《复东平范实斋（中秋）等书》中曾记载："前奉手示，知晓麓山长已归道山，涕泣之余，为郁郁不乐者累日，似此家贫、亲老、子幼，何以为生，欲代谋一善后之策而力有未逮，顷闻诸执事与夏公子溥斋同筹巨款，发当生息，有此一举，使山长老亲幼子不至冻馁，山长死已瞑目矣。山长诚有造于贵州士子，而士子之所以报之者亦厚矣哉。山长九泉能毋冥感耶。弟与山长交非泛泛，谨遵嘱，寄去赙仪百金，即祈附入生息款内，虽为数无多，集腋成裘，未始无补。"① 傅斯年一家五口，除此之外没有其他生活来源，只能坐吃山空。尽管李夫人精打细算，百般节省，生活仍日益窘迫，难以维持。有时万不得已，李夫人便从颓垣断壁中拆一些砖瓦变卖，以解燃眉之急。整个家庭的经济状况江河日下，一天不如一天。到了后来，房屋破旧损坏，也没钱修补。一到下雨的时候，李夫人便抱着幼子，头上撑着一把雨伞遮盖。

傅斯年就是在这样的家庭环境中成长、学习的。家境的贫寒在傅斯年幼小的心灵上烙下了深深的烙印，养成了他关心、同情社会下层的品德；同时，也激励着这个聪明、要强的少年奋发读书，终成一代学术大师。

二　家学渊源

考察聊城的历史，明清时期聊城兴起的几个家族和大批官宦士绅，差不多具有几种共同的特征。《聊城县志》记载："其人朴愿而茂，虽循习故事，惮于兴革，然无有桀黠渔食，持长吏长短者。租赋不待督，辄先期报竣，最称易治。"世风淳厚是文化发达、社会教化的结果。而淳厚的世风又陶冶、培育了一代又一代的循吏良士。因此，这个地区"士多才俊，文风为诸邑冠，武风亦极一时之盛"。文化昌盛，其社会成员的整体素质就高，社会发展也相对健康，具体表现是孕育和培养了几个大的具有书香传统的世家大族。这几个书香世家的传承和发展，不仅代表了聊城当时的世风，而且也是当时整个传统社会的缩影，其中的一些代表人物则凝聚着社会文化的基因，表现了深厚的区域文化的积淀。傅斯年一生的性情和品格就具有这种区域文化的特征。

传统史书将明清时期聊城的世家大族归纳为"八家"，其中具有代表性的是任、邓、朱、傅、耿、杨诸家，这几家大都兴起于明中期以后，其中任、朱、傅都发迹于清初，杨家则在清中期兴起。几家的共同特点是：第一，初始阶段，致力于研习儒家经典，经科举取得功名，进入仕途，逐步升迁，进入统治集团核心。第二，恪守儒家信条，以忠孝节义相标榜，

---

① 柳堂：《书札记事·复东平范实斋（中秋）等书》，光绪三十二年（1906）刻本。

忠君、孝亲、敬老、爱幼、和睦家族、友爱乡里。第三，重视教育，尤其是重视儒家文化的教育，培养子女，进行封建道统的说教，使子孙代代成为三纲八目的典型，维持家族的名誉、地位、传承。第四，由于几个家族都遵奉儒家文化，世代从科举正途出身，又多是亲民的官吏，所以各家族往往以忠正廉洁、率直敢为相标榜，各个时代都出现了一些忠臣廉吏，孝子贤士，这些人又多在家乡设立条教、制定乡规民约、表率乡里。正是由于这些优良的风俗传承，形成了聊城忠义贤良、勇敢向上的世风，造就和培育了一代又一代的贤良义士，傅斯年家族就是其中有代表性的家族。

傅斯年在填写个人履历时往往上至曾祖父傅继勋，但是他出生时，曾祖父已去世多年，曾祖父以上对傅斯年的影响都是间接的，直接影响傅斯年个性和品格的是傅斯年的祖父和父母，其中在家学方面影响傅斯年一生品行和思想作风的，主要是傅斯年的祖父傅淦。

傅淦，生于道光二十五年（1845），少负才名，博通经史，工诗书画，同治十二年（1873）拔贡，但他自甘淡泊，不乐仕进，得到贡生资格后，便绝意仕途，终生不参加科试。傅淦平生性情友善，重孝悌，乐善好施且极富正气，是当时士大夫阶层的一个典型代表。

关于傅淦的记载我们无法找到更多的资料，不过从仅有的几个事件中就能勾勒出其人品和性格。第一件事是一次傅淦外出游离，恰巧遇到两个发配充军的宦官，其中一人因患重病，恳请傅淦救治，傅拒绝曰"生平不为无鸟之人看病"。后来在另外一名宦官苦苦哀求之下，他不得已答应。病愈后，宦官赠他银两，他把银子从门中掷出，并且说："生平不要无鸟者之钱。"[①] 之所以如此，他以为历代弊政，许多是因宦官干政而致，而清代晚期尤甚，因此痛恨宦官。由此可以看出傅淦个性中富于正气的一面。第二件事可以看出傅淦重孝义、豁达的一面。傅淦兄弟七人，他排行老三，析籍分家时，他将祖上的12座楼房全部让给了兄弟，自己只要了一座马厩，随着人增物耗，以至难以糊口，仍毫无怨言。为生活所迫，他不得不违心地出外谋职以养家。此时，曾是其父傅继勋门生的李鸿章任直隶总督兼北洋通商事务大臣，了解到傅淦家的实际困难，来信让傅淦去天津一趟，打算为其谋个差事。傅淦接信后考虑再三，最终决定赴津一行。

---

① 傅乐成：《时代的追忆论文集》，（台）时报文化出版事业有限公司1984年版，第121页。

他到天津去督署见李鸿章时，适值李鸿章有紧急公务，只安排他住安徽会馆，准备处理完公务，第二天同他面晤。傅淦甚不高兴，以为怠慢自己，次日一早便不辞而别。李鸿章第二天去安徽会馆寻他不见，才知已回山东，气得顿足叹气。又有一次，他的门生见傅家一贫如洗，馈赠20元以为接济。适逢傅淦听说邻人无钱嫁女，便悉数将钱送去，而当晚有客来访，傅家已经连买灯油的钱都没有了。由此可见傅淦性格孤傲、轻财重义的一面。

据记载，傅淦自傅斯年出生，就不再远出，以含饴弄孙为乐。由于傅斯年的父亲傅旭安早逝，"傅淦便直接做了孙子的老师"，对其学问督导甚严，由此打下了傅斯年坚实的国学基础。傅斯年三四岁时，傅淦就开始教其识字，背《三字经》《百家姓》《千字文》等儿童启蒙读物。傅斯年同乡、同学聂湘溪曾介绍傅斯年祖孙二人生活情况说："孟真4岁即和其祖父同床共寝，每到破晓，尚未起床，便口授以历史故事，从盘古开天辟地，系统地讲到明朝，历时四年，一部二十四史就口授完毕，在他的幼小心灵里就埋下了研究历史的兴趣，其后能成为历史学家，委以历史研究所所长的职务而有成就，是与其家学渊源分不开的。"① 傅淦对傅斯年早年的教诲，使其一生深受影响。除了传统知识的灌输，傅淦也把传统的伦理观念、文人气节及做人的道理传给了他。傅斯年成年后经常对其弟弟傅斯岩说："祖父生前所教我们兄弟的，尽是忠孝节义，从未灌输丝毫不洁不正的思想。我兄弟得有今日，都是祖父所赐。"② 傅斯年一生坚持参政而不从政，为人常怀侠义之心，率直而有豪气等人品与作风都深受其祖父影响。

三　国学奠基

胡适曾在给别人的信中说："中国的旧式教育既不能教人做事的能力，更不能教人做人的道德。……做人的本领不全是学校教员能教给学生的，它的来源最广，从母亲、奶妈、仆役……到整个社会——当然也包括

---

① 李裕桓：《聂湘溪谈傅斯年》，（台）《联合周报》1990年12月24日。
② 傅乐成：《时代的追忆论文集》，（台）时报文化出版事业有限公司1984年版，第124页。

学校——都是训练做人的场所。在那个广大的'做人训练所'里,家庭占的成分最大,因为'三岁定八十'是不磨的名言。"① 在傅斯年的童年时代,对他影响最大的是其祖父、塾师和母亲。

傅斯年幼年是在家庭完全衰败又屡遭变故中度过的,尤其是9岁时父亲去世,一家老弱失去了唯一的壮年亲人,也断绝了主要的经济来源,其生活更加窘迫。这种变故对傅斯年心理上有影响,但对其日常生活影响并不显著,经济生活方面的重荷都由祖父和母亲苦苦支撑,他本人仍在亲人和塾师的督责下,一天到晚苦读诗书,死背儒家经传典籍。这个时期奠定了他少年时期传统国学的功底,以致他成年从事教育和学术研究,对古代典籍的熟悉几乎使所有学生和同事惊羡不已。

傅斯年幼年除在祖父的督导下认真学习儒家典籍之外,六岁开始进入私塾,系统接受了传统教育。光绪二十七年(1901)春,傅斯年不满六岁,傅淦便把他送入了私塾,并且选了当地最好的塾馆。傅斯年的启蒙先生名叫孙达宸,是一名拔贡,学问很好,教书认真且教学有方。他一生教出的学生获取秀才以上功名者,达40余人。其塾馆设在聊城古楼北街头路东,距傅斯年家约四五百米距离,步行上学比较方便。在孙氏塾馆读了一段时间后,与傅家有世谊的朱家出资请另一位塾师马殿仁到家开馆授徒,因朱家离傅家更近,加上两家世交,于是傅斯年与朱家子弟朱笠升一起,转入朱家塾馆就读。傅斯年放学回家后,其祖父则在家课读,督导他读书习字,不准其有丝毫懈怠。光绪三十一年(1905),东昌府和聊城县行政当局实行教育改革,书院一律改为学堂。也就在这一年,傅斯年结束了长达4年的塾学生活,进入东昌府立小学堂读书。其实换汤不换药,学校名称虽然改变了,但教学内容却没有两样,依然是读经书,作八股。对于当时学堂学习的内容,傅斯年后来回忆说:"清末,一面在那里办新学,一面在那里读经,更因今文为'康梁逆党',不得用,读经乃全与现物隔开。上者剽窃乾嘉,下者死守高头讲章,一如用八股时,那时学堂读经的笑话真正成千成万。少年学生上此课时,如做梦一般。"②

不论是在塾馆,还是在学堂,傅斯年的年龄都是最小的,而学习却始终是最好的。据他儿时的同窗回忆,傅斯年的记忆力非常好,大家在一起

---

① 《胡适来往书信选》(上),中华书局1979年版,第307页。
② 《傅斯年全集》第六册,(台)联经出版事业公司1980年版,第54—55页。

读书，他读到哪里，就能背到哪里，过目不忘，被称为神童。学生当中，朱笠升年龄最大，被称为"大学长"，但功课不是很好，一有问题就向傅斯年请教，时间久了，傅斯年便戏称他是自己的"大徒弟"。

傅斯年国学功底深厚，知识面宽博，善于属文，其作文为其他同学所不及。每次作文，先生出题之后，傅斯年略作思索，便奋笔疾书，常常一挥而就，却可得到先生的赞许。而其他同学看到题目后往往趴在书桌上苦思冥想，半天写不出几句话来，于是有些富家子弟便想投机"作弊"，他们求傅斯年代其作文，并许诺事成之后给他买一个烧饼作为报酬。傅斯年自幼仗义，乐于助人，有时又碍于情面不好推却，写篇作文对他来说也不算难事，所以不管给不给烧饼，他一律慨然应诺。有时，他竟能在完成自己的作文之后，再为两位同学写出内容不相重复的作文。这种儿童把戏，自然难逃教师的慧眼。后来，每发现傅斯年代写文章并了解真相后，教师评讲作文前常戏问傅斯年：傅老大，你这次是不是又换了两个烧饼。傅斯年不好意思回答，只好投之一笑。老师自然只是开导，并不严厉处置。

傅斯年成绩的取得，并不仅靠天资，最关键的还在于他的勤奋。他平时读书有个习惯，就是不懂的字、词等总要立即记下来，以便随时向老师、祖父请教。有时身边找不到纸，便写在手上、胳膊上乃至大腿、肚皮上。夏天炎热，汗水一浸，弄得衣服上全是墨迹。知子莫若母，他母亲知道傅斯年如此只是为了学问，并非像其他小孩淘气胡闹，也只是似嗔非嗔地责备几句，压根就没有生气，以至几十年后，李夫人还常常把傅斯年的这些趣事如数家珍般地讲给别人听。

傅斯年在学堂虽然成绩优异，然而对自己爱孙寄以厚望的傅淦，总担心傅斯年入"学堂"学不到真学问，继续坚持在课余时间督导傅斯年学习儒家经典。傅斯年天资聪颖，博闻强识，在11岁时已读完了十三经，并且大部分章节能够背诵。傅斯年的学问基础虽然由祖父傅淦奠基，但其母亲的督教之功亦不可没。即使在贫困的家境下，李夫人仍严格督促傅斯年兄弟二人读书，一切费用无论如何困难自己也一力承担，绝不使兄弟二人失学，并母兼父职，督责甚严，兄弟二人如有过错，马上就会受到责罚。傅斯年一生都很敬畏母亲，即使成名以后，李夫人一旦发怒，傅斯年便长跪不起，等到母亲怒气渐消后，傅斯年才温言劝说解释。成人之后，傅斯年不管是著文还是参与政治，为人处世深受其影响，一生行为"都没有辜负太夫人的培育"①。

傅斯年在聊城度过了儿童时代，奠定了良好的国学基础，这个时代对傅斯年个人而论，是颇为特殊的，许多影响的因素都在起作用。

其一，运河文化的孕育。明清时期聊城的世家大族多数兴起于明中期以后，傅斯年家族则发迹于清初。考其源流，首要原因是京杭大运河聊城段会通河的开通和运河文化的孕育。

自元代会通河通航，聊城便成为黄河与运河的交汇处，尤其是运河将南方的文化融汇后传到北方，与北方的地域文化相结合，大大充实和丰富了聊城区域文化的内容，运河文化在当时具有开放、融汇、功利的特点，尤其是科举文化发达，直接影响了聊城及周边地区，为这些地区的文化发展与繁荣创造了条件。明清时期，江南地区文化的发达尤其是科考文化超过了北方，科考文化具有政治色彩，关乎士人群体政治生命。科考文化与北方地域文化的融合深刻影响了聊城地区，为聊城地区的文化族群形成和发展奠定了基础。少年时期生活在聊城的傅斯年曾总结说："山东西部在当年并不是不济的地方。有一条运河和南北大道，所以当地是很富庶的。也就是因为当地富庶，一般工人和农民都不肯迁就地求事业，远不如东部人的精神（当时，山东东部的生计艰苦）。譬如就聊城县一地而论，聊城在当地是山东西部三大商埠之一（三埠是济宁、聊城、临清，商务在济南之上），又是山东西部直隶南部的'八股文化中心点'，于是地方上颇少刚气，而多怠性。"② 由于形成八股文化中心点，使这个地区的士人特别重视儒家经典的传授和八股文的写作，希望靠此途径获取功名，混上一官半职。虽然傅斯年所总结的是科考文化对聊城地区影响的过程，但是就运河文化对聊城文化族群的形成和发展而言，确实起了重要作用。

其二，儒家文化的熏陶。聊城地处山东西部，从地域文化来说，传统的儒家思想对这个地区的民风、民俗、士人阶层有深刻的影响。其对聊城文化家族的影响是多方面的，其中多数家族成员除学习儒家经典、参加科举、激励子孙上进、入仕做官维持家族的权势和地位外，还利用儒家的思想理念和礼仪规范指导家族成员行为，同时八大家族之间利用姻亲、师

---

① 傅乐成：《傅孟真先生的先世》，《傅孟真传记资料》（一），（台）天一出版社1979年版，第63页。

② 欧阳哲生主编：《傅斯年全集》第一卷，湖南教育出版社2003年版，第371页。

生、世交等方式彼此维护、共荣共辱，很少出现像基层地主那样"一山不容二虎"，彼此称霸，勾心斗角，势力倾轧，形成一强独霸的局面。互相维护，和平共荣既是文化家族的特征，也是八大家族长期共存的重要原因。以傅杨两家为例：傅以渐子孙傅廷辉与杨以增的父亲杨兆煜开始交往，关系密切，"性情气谊，大略相同，故投契最深，无三日不过从也，如是者二十年"①，杨以增将其父与傅廷辉的关系誉为"生死交"，杨以增与傅廷辉的两个儿子傅继勋、傅绳勋是"总解"终生关系密切。后来三人虽任官各地，但姻亲和童年友谊将他们牢牢联系在了一起。所谓姻亲，傅氏兄弟的母亲和杨以增的妻子具是聊城另一文化家族朱氏后裔，后傅绳勋的长女嫁给了杨以增之子杨绍和为妻，傅绳勋和杨以增成为儿女亲家。杨以增道光二十八年（1848）升任江南河州道总督，傅绳勋则于道光二十九年（1849）调任江苏巡抚，而傅继勋此时则在安徽任职，先后任徽州、凤阳、太平府、安庆等地知府和安徽布政使。三人同在江苏、安徽地区任职，其乡谊、姻亲、世交等都加深了两大家族的世谊，直到傅氏兄弟的曾孙傅斯年一代，两家还维持非同一般的亲谊关系。据说杨氏海源阁藏书不对外开放，管理严格，一般人难得一观，而傅斯年却可以阅读。据了解内情的人回忆：傅斯年"因为和同城的杨家有亲戚关系，驰名海内的海源阁藏书，可以任他阅览。所以在他未进入北京大学之前，他已经'读书破万卷'了"②，说明傅杨两家的世谊延续了一百多年。

傅斯年所处的社会环境接受的家庭品德教育，可以说是比较正统的儒家教育，儒家文化对世人修养要求的核心理念，如忠孝节义、建功立业、忠君爱国等，对傅斯年思想的形成和一生的节操有着深刻的影响。

---

① 傅绳勋等：《东郡傅氏族谱·映宸傅公家传》，道光二十三年（1843）刻本。
② 屈万里：《敬悼傅孟真先生》，《傅孟真传记资料》（一），（台）天一出版社1979年版，第105页。

第 二 章

求学京津

1908年,傅斯年离开家乡赴天津求学,初步接受了新式中等教育。1913年夏,傅斯年又以优异成绩考入北京大学预科乙部,1916年升入本科国文门。正在此时蔡元培出任北京大学校长,对北大进行全面的改革,傅斯年在北大新思想的震荡下,很快由传统文化的继承者转变为新文化的开拓者,由传统价值观念的卫道士转变为科学、民主、自由的积极鼓吹者,初步完成了他人生思想意识的第一次转折。

一 负笈津门

光绪三十四年(1908),傅斯年离开聊城去天津求学。此次天津之行,可视为傅斯年人生的一次转折,这次转折在很大程度上改变了他学业与人生发展的方向。

傅斯年得以赴天津求学,受益于其父亲傅旭安早年结下的一段善缘。傅旭安出任东平龙山书院山长前有一次在聊城街上闲走,跨进一家商店。商店冷冷清清,顾客很少,一个眉清目秀的学徒正在聚精会神地读书。通过攀谈,得知此人叫侯延塽,是东平县大羊村人,因为家境贫寒不得不辍学,奉后母之命来聊城这家商店当学徒,由于酷爱读书,经常利用一切空余时间刻苦自学。傅旭安对侯延塽的遭遇深表同情,对他矢志苦学的精神颇为感佩,从此经常在学业上给予关心和帮助。光绪二十五年(1899),傅旭安出任龙山书院山长时,便让侯延塽辞去商店差使,随自己到龙山书院读书,一切费用由自己负责解决。在傅旭安的严格督导下,侯延塽学业进步很快,3年后适逢光绪壬寅年(1902)乡试,侯延塽一举中举;次年赴京会试,又中进士;经过朝考,被清廷授于刑部主事。侯延塽重情义,对恩师的提携之恩铭记在心。他第一次回乡省亲，特地去龙山书院拜谒恩师，才得知傅旭安已经去世，于是他又奔赴聊城看望师母，并亲自到恩师墓前祭拜发誓，以培养恩师的两位公子为己任，决心把斯年、斯岩兄弟二人培养成才，以报恩师当年知遇之情。

侯延塽比傅斯年大25岁，视傅斯年为子弟。在与傅斯年交谈中，侯延塽发现傅斯年不仅天资甚高，记忆力强，而且已经读了许多书，国学已有了功底，是一个可堪造就的少年。当时正值新学潮兴之时，而聊城因运河的衰落已经走完了辉煌的历程，僻处鲁西一隅，对外界接触几乎中断。正因为如此，侯延塽认为傅斯年如长期待在家乡，接触不到新事物，学不到新知识，便有可能耽误学业，影响前程。于是，侯延塽产生了带傅斯年去大城市读书的念头。

侯延塽返京路过天津，同几位朋友——天津《大公报》的经理英敛之、傅淦的学生孔繁淦等人谈到傅斯年的情况，并把傅斯年写的几篇文章拿出来让几位朋友传阅。大家都很赏识傅斯年的才华，力劝侯延塽带傅斯年到天津接受新式教育，并愿意提供方便。于是，侯延塽又从天津返回聊城，向傅斯年的祖父和母亲说明自己的想法和几位朋友的意见。傅淦等人经过考虑和商议，同意了侯延塽的建议。

有机会到大城市求学，接受新式教育，对求知欲极强的傅斯年来说，自是兴奋异常，很愿意去天津读书。傅斯年随侯延塽到达天津后，因学校尚不到招生时间，傅斯年便暂时住在英敛之家里补习功课，生活费用由侯延塽负担，不足时，其父生前好友吴树堂等人给予接济。次年春，傅斯年考入天津府立第一中学堂后，便搬到学校住宿，开始了真正的独立生活。傅斯年在天津四年半的求学时间里，系统地接受了近代新式中等教育，对数学、物理、化学、英语等科学知识有了一定的了解，扩展了知识视野。

在天津求学期间，傅斯年节假日经常到英敛之家做客。英敛之，满族正红旗人，早年加入天主教，长期与洋人、传教士接触，思想比较开明，与许多具有进步思想的维新派人物，如严复、张謇、梁启超等过从甚密，支持和同情维新运动。光绪二十八年（1902）6月，创办《大公报》并任经理，渐入社会上流。英敛之非常喜欢傅斯年，每次见面，14岁的傅斯年像个小大人似地和英敛之谈论中外时局或经史文章，英敛之感觉到眼前的这个孩子非同一般，见解精辟，眼光独到，看问题深刻而老成。同许多关心、爱护傅斯年的师长们一样，英敛之对他寄予了厚望。英敛之的夫人爱新觉罗·淑仲出身皇族，为人随和，毫无贵妇人的架子，也非常喜欢傅斯年这个聪明懂事的孩子。她和丈夫一样，也是虔诚的天主教徒，经常给傅斯年讲天主教义，星期天带着他到教堂做礼拜。在英夫人的影响下，傅斯年一生虽未入教，但对教会人士印象不坏，并在自己的能力范围内给予帮助，这与他早年结识教会人士有直接的影响。英敛之的儿子英千里，小傅斯年5岁，晚年曾在台湾大学任教，与傅斯年同事，他曾回忆傅斯年早年在天津读书时的情况说：

> 傅先生考入了天津府立中学。当时学校尚无宿舍，他就住在我家里。那时他年龄十四岁，我才九岁。几个月以后，学校有了宿舍，他就搬进去了。可是每逢假期，他必到我家里看望。……他住在我家的时候，我同他并不很亲密，因为在我一个九岁的顽皮孩子的眼里，看这位十四岁的傅大哥是个魁伟而庄严的"大人"。他每天下了学除温习功课外，就陪着先父谈论一些中外时局或经史文章，决不肯同我这"小豆子"玩耍和淘气。所以我对他只有一种"敬而畏之"的心理。这种心理，虽然过了四十年，我还没有完全撤掉。先母是最喜欢傅大哥的，说他聪明而老成。我家是天主教徒，因此先母常给他讲教义，并在星期日带他进教堂。①

傅斯年在天津读书期间受英敛之夫妇影响是短暂的，而对其影响最大的仍然是侯延塽。侯延塽不仅在经济上全力支持傅斯年，而且在政治、教育等多方面一直关心着傅斯年。侯延塽虽然是清末进士和官僚，但其思想并不保守，他接受了资产阶级的维新和革命思想，不断追求进步，与梁启超等人关系密切。他对国家形势和社会发展趋向有着较为深刻的认识。傅斯年在天津求学期间，侯延塽经常写信给傅斯年，有机会路过天津一定停留，教诲傅斯年要多学新知识，关心国家和社会。傅斯年对侯延塽经济上的支持和政治上的关心终生感念不已，他成年后曾对人感慨万端地说："我家非侯公无以有今日。"的确，侯延塽在傅斯年人生攀登的道路上为之构架了一个阶梯，使之在天津得以系统地接受新式教育，所学课程基本

---

① 英千里：《回忆幼年时代的傅校长》，《傅孟真传记资料》（三），（台）天一出版社1981年版，第94页。

是科学基础知识，特别是能有机会阅读在家乡根本无法接触到的书籍和报刊杂志，大大开拓了其知识视野，为其进一步求学深造打下了良好的根基。

无论傅斯年是在天津、北京大学读书，还是出国留学、归国工作，侯延塽都给予了傅斯年无微不至的关心和帮助，傅斯年也始终以父执事之。傅斯年的同学、同事毛子水在为傅斯年写传时特别指出："傅先生幼时文史的根柢，除他的祖父外，受到侯先生培养的益处很多。就是他生平乐于帮助故人的子弟，恐怕侯先生的榜样亦不会没有几分影响的。"[①] 傅斯年的品格和作风，应该说在许多方面都受到侯延塽的影响。侯延塽晚年定居济南从事公共慈善事业，傅斯年经常前去探望。抗日战争期间，侯延塽因老病留在济南，傅斯年寄钱接济，奉养终老。侯延塽与傅斯年父子两代的关系是中国传统仁义道德文化培育的典型范例，侯延塽的品格对傅斯年一生处世为人具有深远的影响。

二　北大预科

1913年夏，傅斯年从天津府立中学堂毕业，以优异的成绩考入了北京大学预科。

北京大学的前身是戊戌变法（1898）时设立的京师大学堂，民国初年改名北京大学。虽然初建时以"中西并用，观其会通，无得偏费"为办学方针，以"激发忠爱，开通智慧，振兴实业"，"端正趋向，造就通才"为纲领，但由于清王朝一直严密控制，竭力要把它办成传统国子监式的封建书院，为封建统治造就人才。辛亥革命以后，虽然改名为北京大学，但封建势力还占据统治地位，校政腐败，校风混乱，学生成分复杂。许多学生入学不是为学习知识，而是作为升官的阶梯，学生年龄差距相当大，有些甚至是科举中了秀才、举人的，多数学生思想守旧，封建意识浓厚，还有些官僚子弟，生活奢侈腐化，挥金如土，一年要挥霍几千块银元，甚至上学携带仆人侍候自己，平时不认真学习，热衷于吃花酒、打麻将、听京戏、捧名角，社会上的腐败丑恶现象几乎都传染到了学校。傅斯

[①] 毛子水：《傅孟真先生传略》，《傅孟真传记资料》（一），（台）天一出版社1979年版，第7页。

年就是在这样的情况下考入北京大学预科的。

当时北京大学的学制分为预科、本科和大学院三个级别。预科为三年，分甲乙两部。甲部重理，乙部重文。傅斯年国学根基扎实，且有志于文史研究，便欣然选择了乙部。与傅斯年同时入预科乙部学习，后来成名的学者有袁同礼、毛子水、周炳琳、沈雁冰（茅盾）、顾颉刚等人。

北京大学预科与本科当时在课程设置上并不衔接，有相对独立性，预科的前身是"同文馆"和"译学馆"，特别重视外语，要求在很短的时间内能看外文原著。傅斯年尽管在天津读书时已经开始学外语，有了一定的基础，但要在短期内精通，做到流畅、不费力地阅读外文原著，仍有相当大的压力，再加上其他的功课，这使傅斯年必须努力学习，适应新环境，接受新知识。傅斯年一如既往，刻苦学习。同时，北大这个全国最高学府也为这个求知若渴的少年提供了良好的外部条件。北大丰富的图书资料、相对优良的学习条件刺激着傅斯年努力拼搏，他如鱼儿入大海，在知识的海洋里自由地游弋。

这个时期的傅斯年又高又胖，典型的山东大汉，然而因为生活条件较差，学习任务繁重，经常是小疾不离身。不过，由于他基础扎实，学习又特别勤奋，因此成绩一直很好，每次考试，总是名列前茅。他的同学毛子水回忆说："傅先生入乙部，虽身体羸弱，时常闹病，但成绩仍是全部的第一。就我现在所记到而言，当时全校学生中，似乎没有比他天资更好的。"[①]

除了用功读书，傅斯年对课余的学术活动表现出积极的参与意识和较强的组织能力，已经不再是"两耳不闻窗外事，一心只读圣贤书"的书呆子了。1914年，他与沈沅等同学共同发起成立了"文学会"，创办了《劝学》杂志，并请严复题写了刊名。其宗旨主要是研究修辞属文，提高文学素养。后来，又在文学会的基础上扩大为"雄辩会"，由提高修辞属文的文学素养，进而提高思辨力，规定"雄辩会"的宗旨为：修缮辞令，发展思想，提高思辨力，锻炼演讲才能。雄辩会分国文、英文两部，每部又分演讲、著述两科，傅斯年被推举为国文部副部长兼编辑长。他积极参与会务，努力提高自己的组织和演讲能力，经过这个时期的锻炼，其办事

---

① 毛子水：《傅孟真先生传略》，《傅孟真传记资料》（一），（台）天一出版社1979年版，第7页。

能力有了一定提高。

1913年,傅斯年入北京大学预科时期,正是全国政治动荡、封建势力在北方甚嚣尘上的时期,辛亥革命胜利,其成果被袁世凯窃取。袁氏窃国后,醉心于复辟帝制,重建封建王朝。为制造舆论,再次乞灵于孔子,提倡"读经"、"祀孔",规定"国民教育以孔子之道为修身之本",下令全国"各书房、各学校教员等编纂修身及国文教科书,采取经训,务以孔子之言为旨归","即或兼取他家,亦必择其与孔子同源之说"。① 总之,要把儒家学说定为"国教",以便作为复辟的舆论工具。在这种反动思想的指导与影响下,一批传统的文人纷纷迎合,成立"孔教会"、"尊孔会",尊孔复古的风气大盛,各类学校在封建统治的压力下,纷纷提倡尊孔读经,而重灾区正是北京大学。傅斯年在预科乙部三年中,基本课程都是经学、词章等所谓传统的国学。国学的内容极其广泛,可以说是以经学为主的中国传统文化的总汇,流派甚多。傅斯年对各种演说都感兴趣,漫无边际地博览,其目的是求通求博,欲览国学之全貌。傅斯年天资聪慧,学习又刻苦认真,所以北京大学预科三年,使傅斯年学业有了长足的进步,为以后学习和学术研究奠定了厚实的基础。

三 国学大师高足

1916年暑假,傅斯年预科毕业,升入北京大学文科国学门,即后来的北京大学文学院中国文学系。傅斯年之所以选择这个专业,主要是出于他对传统国学的热爱,想以此作为自己的托身之所,毕生努力探索研究。毛子水曾记述说:

> 他那时的志愿,实在是要通当时所谓"国学"的全体,惟以语言文字为读一切书的门径,所以托身中国文学系。……当时北京大学文史科学生读书的风气,受章太炎先生学说的影响很大。傅先生最初亦是崇信章氏的一人。②

---

① 《教育部宣示编定教科书要旨》,《申报》1914年7月2日。
② 毛子水:《傅孟真先生传略》,《傅孟真传记资料》(一),(台)天一出版社1979年版,第9页。

傅斯年对章氏的崇信情结可以追溯到在北大读预科时。袁世凯窃取了辛亥革命的胜利果实后，醉心于复辟称帝，大力提倡尊孔读经。章太炎对此痛心疾首，公开指斥那些主张"以孔教为国教"的人是别有用心，甚至亲自跑到总统府大门口，大骂袁世凯包藏祸心。章太炎的行为大受傅斯年尊崇，而当时对章氏的学问更是心悦诚服。章太炎师从俞樾，与戴震、王念孙等古文经学大师一脉相承。受老师的影响，章太炎也是典型的古文经学派。他主张"实事求是"，以文字为基点，从训诂、音韵、典章制度等方面阐释儒家经典和先秦诸子，从文字语言所留存的"痕迹"中去寻找"无形大史"，即要"将经当历史看"，也就是章学诚提出来的"六经皆史"，经书即史书。章氏的这些见解和治学方法对傅斯年影响极大，以至若干年后，在他的史学理论和研究方法中还能看到章太炎的影子。

傅斯年在北大本科读书时章太炎学派力量颇盛，其得意门生如刘师培、黄侃、朱希祖、陈汉章等一大批国学大师也都在该校执教。有了这样良好的外部条件，再加上傅斯年本人对章氏的尊崇和对国学的热爱，便自然把国文门作为首选。

傅斯年升本科初期，努力攻读古文经学，尤其深入学习章太炎的著作，这从他的同班同学伍淑的记述中可见一斑："我认识孟真，是在民国五年下半年，在北大上课的第一天。大约在一个上午，上什么历史，一位长胡子的教员来了，分到三张讲义，仿佛都是四个字一句的。上课半小时，黑板上写满了讲义校勘记，感觉到乏味，于是开始注意班上的同学；发现第二排当中一位大胖子有点特别，因为教员的眼睛，老是注意他的身上。退了课，这位胖子同一位像阿拉伯马一样的同学在课堂的角落谈起天来了，围起一班同学来听，议论风生，夹杂些笑声。我就很欣赏他的风度，到他台子上一看，放了几本《检论》，上面有了红色的批点，却没有仔细去看他，下了课，回到宿舍，才打听到他就是山东傅斯年。"[①] 伍淑所提到的《检论》，是章太炎当时刚出版的一部力作。1914年，章太炎因反对袁世凯称帝，被软禁在北京，因"感事既多"，便把早年的代表作《訄书》加以增删，更名为《检论》，全书共九卷，1915年出版。傅斯年购得此书，随时带在身边阅读，且读得特别认真，重点地方用红笔标出，自己有心得体会便用红笔批点，可见傅斯年对章太炎学说的重视。

---

① 《傅斯年全集》第七册，（台）联经出版事业公司1980年版，第261页。

傅斯年少年时期对儒家经典已经熟悉，许多经典章节已能背诵，在大学预科又对儒家经典及其注解进行系统学习，所以他对传统经学的研习已经有相当深的造诣。他的一位同学后来回忆说："在北大读书时（傅斯年）是全校闻名的高才生，得到校长蔡元培的器重和全校师生的赞扬。其间，据我了解他很少上课，成天泡在图书馆里，博览全书，当时有些教授就怕上他的课，往往在课堂上，他提出来的问题，老师答不来，使教师更难为情的是，他会当面指责教师讲错了，并有根有据地说：这个问题某某书是怎么讲的，某某先生是怎么说的，我认为该怎样理解，经常把老师弄得张口结舌，下不了台。"① 有一件事很能反映出傅斯年的国学功底。据罗家伦回忆：

> 就在当时的北大，有一位朱蓬仙教授（注意不是朱逷先先生），也是太炎弟子，可是所教的《文心雕龙》却非所长，在教室里不免出了好些错误，可是要举发这些错误，学生的笔记终究难以为凭。恰好有一位姓张的同学借到那部朱教授的讲义全稿，交给孟真，孟真一夜看完，摘出三十几条错误，由全班签名上书校长蔡先生，请求补救书中附列这错误的三十几条。蔡先生自己对于这问题是内行，看了自然明白，可是他不信这是由学生们自己发觉的，并且似乎要预防教授们互相攻讦之风，于是突然召见签名的全班学生，那时候同学们也慌了，害怕蔡先生要考，又怕孟真一人担负这个责任，未免太重，于是大家在见蔡先生之前，每人分任几条，预备好了，方才进去。果然蔡先生当面口试起来了，分担的人回答的头头是道。考完之后，蔡先生一声不响，学生们也一声不响，一鞠躬鱼贯退出。到了适当的时候，这门功课重新调整了。②

傅斯年能在一夜之间看完一份讲义全稿，从中摘出三十多处错误，说明他对原文十分熟悉，不但一般学生做不到，就是专门学者也没有几人能达到如此水平，这也就无怪蔡元培怀疑是别的教授在背后捣鬼了。傅斯年

---

① 李裕桓：《聂湘溪谈傅斯年》，（台）《联合周报》1990年11月24日。
② 罗家伦：《元气淋漓的傅孟真》，《傅孟真传记资料》（一），（台）天一出版社1979年版，第93页。

的才华在同学中赢得了极高的赞誉,有的同学竟称他为"孔子以后的第一人",这虽然有些夸张,但也反映出傅斯年的确是才华出众,受同学敬仰。

傅斯年深厚的国学功底,尤其对章氏之学的信从,引起一些太炎弟子的重视,刘师培、黄侃等人都抱着老儒传经的观念,希望傅斯年能够继承仪征学统和章太炎学说,做他们的衣钵传人,使当时的古文经学后继有人,并将其发扬光大。罗家伦忆及当年的情况时说:"当时真正的国学大师如刘申叔(师培)、黄季刚(侃)、陈伯弢(汉章)几位先生,也非常之赞赏孟真,抱着老儒传经的观念,想他继承仪征学统或是太炎学派等衣钵。"① 傅斯年初期也想在国学研究方面有所成就,入本科不久,便成为黄侃的得意门生。傅斯年在装束上也模仿其师,常穿大袍褂,拿一把大葵扇,俨然一个地道的儒生。

四 创办新潮社

1917年1月,蔡元培出任北京大学校长。蔡元培就任校长时有着明确的思想,他说:"吾人苟切实从教育着手,未尝不可使吾国转危为安。而在国外所经营之教育,又似不及在国内之切实。"② 也就是说,教育救国,即通过改革教育,培养人才,以达到救国的目的。因此他上任之初,就决心对北京大学进行全面整顿,把当时暮气沉沉的旧式大学办成新式的名副其实的全国最高学府,为国家培养医国救民、改革社会的有用人才,改变过去北大学生视就学为做官的传统意识。蔡元培到校的第一次演说,就开宗明义地阐明了自己的办学宗旨,强调"大学学生,当以研究学术为天职,不当以大学为升官发财之阶梯"③,指明了北大以后改革的目标。

为了打破北京大学旧有沉重的暮气,蔡元培积极引用具有新思想的知识分子到北大任教,培养学术研究气氛。到任不到十天,便聘陈独秀到北大任文科学长,并把当时开一代新风的《新青年》杂志也迁到北京大学。从此,北大成了新文化、新思想传播的大本营和策源地。正是在这样的形

---

① 罗家伦:《元气淋漓的傅孟真》,《傅孟真传记资料》(一),(台)天一出版社1979年版,第93页。
② 《蔡孑民先生言行录》下册,新潮社1920年版,第29页。
③ 许德珩:《为了民主与科学》,中国青年出版社1980年版,第19页。

势下，傅斯年毅然摆脱了旧学术的羁绊，义无反顾地投身到新文化运动的大潮中，并且成为这场运动的青年代表人物。

通过阅读《新青年》杂志，蔡元培、陈独秀、李大钊、鲁迅等人关于思想解放，批判传统学风，提倡民主、科学的思想也给傅斯年以积极深刻的影响。而这一期间，影响傅斯年从传统国学向新文化阵营转向的直接引领者是胡适。

胡适字适之，安徽绩溪人，生于光绪十七年（1891），比傅斯年人5岁，早年接受了严格的传统教育。1910年赴美留学，先入康奈尔大学，后入哥伦比亚大学，主要学习哲学，深受杜威实验主义哲学影响。1917年回国后，执教于北京大学。

在北京大学，胡适主要在哲学系讲授"中国哲学史"、"中国名学"等课程。他讲中国哲学史，一改传统从传说中的三皇五帝讲起的教法，大胆丢开唐虞夏商，径直从西周讲起，这种处理中国哲学史的方法，颇使哲学系的师生们震动。原先教这门课的国学大师陈汉章拿着胡适的讲义《中国哲学史大纲》讥笑道："我说胡适不通，果然就是不通，只看他讲义的名称，就知道他不通。哲学史本来就是哲学的大纲，现在又出来个《中国哲学史大纲》，这岂不成了大纲的大纲了吗？笑话，笑话！"[①] 一些学生也认为，胡适舍去三皇五帝不讲，这是思想造反，不配做大学教授，想把他赶出北大。这个班里的学生顾颉刚听了几堂课后，觉得胡适读的书虽不如陈汉章多，但在史料的裁断上有独到之见。于是他便找来在学生中最有影响力的傅斯年，对他说："胡先生讲的的确不差，他有眼光，有胆量，有断制，确是一个有能力的历史家，他的议论处处合于我的理性，都是我想说而不知道怎样说才好的。你虽不是哲学系，何妨去听一听呢？"[②] 实际上是让傅斯年评一评胡适该不该被赶走。傅斯年认真地旁听了几堂课，对胡适的讲课风格和对内容的把握颇为佩服，他告诉哲学系的同学说："这个人书虽然读得不多，但他走的这条路是对的，你们不能闹。"[③] 听傅斯年这么说了，那些对胡适不满的学生，也就没人再提把胡适赶出北

---

① 刘克选、周全海：《大师·大学：解读中国精英教育》，凤凰出版社2011年版，第38页。
② 顾颉刚编：《古史辨》第一册序文，上海古籍出版社1981年版。
③ 胡适：《傅孟真先生的思想》，《傅孟真传记资料》（三），（台）天一出版社1981年版，第73页。

大了。傅斯年一句话平息了一场将起未起的风波，使年轻的胡适在北大讲堂上站稳了脚跟。

傅斯年素有求精求博的学风，他听胡适等新学者讲课，阅读《新青年》杂志后，思想受到震动，与胡适关系日趋密切。他和罗家伦等人起初旁听胡适的课，后来又经常于课后去胡适家请教问题。当时胡适仅26岁，家眷又不在北京，为人和气，没有架子，和青年学生共同语言甚多。起初，傅斯年、罗家伦等人"客客气气的请教受益"，时间一长，相互熟悉了，师生之间的隔阂消失，胡适的家便成为这批青年"讨论争辩肆言无忌的地方"。顾颉刚曾回忆说："傅斯年本是'中国文学系'的学生，黄侃教授的高足，而黄侃则是北大里有力的守旧派，一向为了《新青年》派提倡白话文而引起他的痛骂的，料想不到我竟把傅斯年引进了胡适的路子上去，后来竟办起《新潮》来，成为《新青年》的得力助手。"①

除受胡适的引导外，傅斯年开始从传统国学的樊笼中挣脱，还得益于阅读西方书籍。北大预科重视外语，傅斯年经过三年的认真学习，外语程度有了很大提高，于是开始阅读外文原版书，从中汲取新知识。罗家伦在记述他们如饥似渴阅读外文书时的情况说：

> 我们在办《新潮》以前和办《新潮》的时候，有一件共同的嗜好，就是看外国书。因为第一次大战时外汇非常便宜，所以我们每人每月都向日本丸善株氏会社买几本新书，而丸善又非常内行，知道我们的味口，于是凡是新到了这类书，常常用"代金引便"（即向邮局付款提书）的办法寄来，弄到我们几个手上零用钱都被他吸光了，有时眼见要看的书到了而无钱去取，只得唉声叹气。我们常是交换书看，因此增加了许多共同的兴趣和见解。②

到了1918年秋，新文化运动的熊熊烈火已成燎原之势，而宣传的阵地却始终只有《新青年》一种，因此，创办新的刊物成为时代发展的迫切需求。据罗家伦回忆：

---

① 顾颉刚：《我是怎样编写〈古史辨〉的》，《中国哲学》第2辑，第332页。
② 罗家伦：《元气淋漓的傅孟真》，《傅孟真传记资料》（一），（台）天一出版社1979年版，第95页。

> 傅孟真是抛弃了黄季刚要传章太炎的道统给他的资格，叛了他的老师来谈文学革命。他的中国文学，很有根底，尤其是于六朝时代的文学……傅孟真同房子的有顾颉刚、俞平伯、汪敬熙和我，都是他房间里的不速之客。天天要去，去了就争辩。……因为大家谈天的结果，并且因为不甚满意于《新青年》一部分的文章，当时大家便说：若是我们也来办一个杂志，一定可以和《新青年》抗衡，于是《新潮》杂志便应运而产生了。①

于是傅斯年等人把办杂志提上日程，但资金没有着落，经过商议决定由徐彦之出面与当时的文科学长陈独秀交涉，希望学校能帮他们解决经费问题。然而陈独秀有所顾忌，当时新旧两派壁垒森严，对峙很严峻，陈独秀知道傅斯年是黄侃教授的得意门生，而黄侃是反对新文学最有力的，因此怀疑傅斯年是黄侃派来搞破坏的，迟迟不予答复，在《新青年》的编辑部对同仁说："这'黄门侍郎'傅斯年，可不是细作么？我们不能接纳他，不能理他！"不得已，傅斯年等人只好求助于胡适，由胡适出面向陈独秀做了解释和担保。胡适和陈独秀同是新文化运动的旗手，思想见解接近，且二人私人关系较好，通过胡适的交涉，资金问题总算是有了着落。陈独秀呈请蔡元培校长批准，每月从北京大学经费中拨给他们2000元作为办刊经费。经费问题解决后，这些朝气蓬勃的年轻人便着手办理具体事宜了。傅斯年和罗家伦、康白情、徐彦之等人经过酝酿和讨论，于是约集了二十多名志同道合的同学，创立了新潮社。

1918年10月13日，傅斯年等人召开了第一次筹备会议，他们首先提出了所要创办刊物的性质，即要有"批评的精神"，"科学的主义"，"革新的文词"。并商定了刊物的名称，中文名称叫《新潮》，同时还有一个英文名称叫"The Renaissance"，以比于欧洲的文艺复兴。11月19日，他们又召开了第二次筹备会议，推举傅斯年、罗家伦、杨振声、徐彦之、康白情、俞平伯为新潮社首届职员，傅斯年任主任编辑。在《新潮》的创办过程中，陈独秀、李大钊、胡适等师长给予了他们大力支持。李大钊当时兼任图书馆馆长，特意从图书馆腾出一间房子作为《新潮》的编辑

---

① 罗家伦口述，马星野记录：《蔡元培时代的北京大学与五四运动》，（台）《传记文学》第54卷第5期。

办公室。李辛白帮助他们把印刷及发行等有关事宜办妥，胡适担任了他们的顾问。1918年12月3日，《北京大学日刊》刊登了《新潮》杂志社启事，启事说："同人等集合同趣组成一月刊杂志，定名曰《新潮》，专以介绍西洋近代思潮，批评中国现代学术上社会上各问题为职司。不取庸言，不为无主义之文辞，成立方始，切待匡正，同学诸君如肯赐以指教，最为欢迎！"还公布了首批社员名单及组织章程。

1919年1月，《新潮》第1卷第1号正式面世。傅斯年在创刊号上发表了《〈新潮〉发刊旨趣书》一文，开宗明义地论述了创办《新潮》杂志的动机、任务和特点。他指出：

> 向者吾校性质虽取法于外国大学，实与历史上所谓"国学"者一贯，未足列于世界大学之林；今日幸能脱弃旧型入于轨道。向者吾校作用虽曰培植学业，而所成就者要不过一般社会服务之人，与学问之发展无与；今日幸能正其目的，以大学之正义为心。又向者吾校风气不能自别于一般社会，凡所培植皆适于今日社会之人也；今日幸能渐入世界潮流，欲为未来中国社会作之先导。本此精神，循此途径，期之以十年，则今日之大学固来日中国一切新学术之策源地；而大学之思潮未必不可普遍中国，影响无量。同人等学业浅陋，逢此转移之会，虽不敢以此弘业妄自负荷，要当竭尽思力，勉为一二分之赞助。一则以吾校真精神喻于国人，二则为将来之真学者鼓动兴趣。同人等深惭不能自致于真学者之列，特发愿为人作前驱而已。名曰《新潮》，其义可知也。[①]

同时，傅斯年把《新潮》杂志的办刊宗旨概括为：用白话文写作，发扬人性的文学反对反人性的文学；主张学术自由；提倡民主，反对专制；主张妇女解放，反对社会陋习和封建家族制度，强调民族独立和自决等。傅斯年在宗旨中表达了自己的志愿，即以大学为策源地介绍、宣传世界先进文化，用十年的时间，转移人心和社会风气，促进社会的健康发展。他在旨趣书中着重阐述了《新潮》杂志的四种社会责任：唤起国人对于本国学术的自觉心；鼓励群众对于学术的兴趣爱好；指出社会生活的

---

① 欧阳哲生主编：《傅斯年全集》第一卷，湖南教育出版社2003年版，第79页。

意义以及改造社会方略；研讨修学立身之方法和途径。

《新潮》杂志一面世，广大学生便踊跃投稿，傅斯年更是积极组织稿源和亲自撰写稿件，引领风尚，他在《新潮》上发表了数十篇文章，内容涉及文学语言、社会政治、道德伦理、哲学历史等领域，对封建的思想、伦理、道德进行了坚决的揭露与批判，对西方的思想与文化进行了积极的介绍。

广大学生的参与和宣传使《新潮》在社会上影响迅速扩大，第一期一面世便被抢购一空，以至重印到第三版，销售了13000多册。以后几期的销售也都在15000册左右。顾颉刚后来回忆说："《新潮》出版后，销路很广，在南方的乡间都可看到。"① 这就对民众的思想解放起到了很好的宣传作用，《新潮》"甫才出现，就打破了当时新文学革命阵营四面楚歌、孤立无援的困境"，成为《新青年》的得力助手，时人美誉它是《新青年》的卫星，后人评价道："由于他们（《新潮》——引者注）与《新青年》的'师徒'关系，平日又过往甚密，因此《新潮》杂志所标榜的主张，与《新青年》在精神上，大体是一致的。……但在旁人看来，这个'徒弟'由于锐气逼人，因此较'师父'要更可怕，更是'洪水猛兽'。"②

正当傅斯年主编《新潮》杂志，积极撰写文章，鼓吹"民主"与"科学"，宣扬新文化，抨击旧传统、旧道德，向传统社会意识猛烈攻击的时候，国际、国内形势发生了激变，由此而引发了"五四"运动，把埋头写文章、编稿子的傅斯年拉到社会，由文化批判转变到社会批判方面。

五　五四运动总指挥

1919年，第一次世界大战的战胜国在法国巴黎举行会议，中国北洋政府作为战胜国参加了会议。会上，中国代表要求收回战败国德国在中国的权益。可是，帝国主义列强无视中国的正义要求，反而把德国在中国的

---

① 顾颉刚：《回忆新潮社》，载张允侯编《五四时期的社团》（二），生活·读书·新知三联书店1979年版，第123页。

② 仙人掌杂志：《中国的蟋蟀傅斯年》，《傅孟真传记资料》（一），（台）天一出版社1979年版，第48页。

权益转让给了日本，而中国的代表竟然同意在丧权辱国的和约上签字，激起了中国人民的极大愤怒。

5月1日，中国在巴黎和会上外交失败的消息传到国内，北洋政府外交委员会委员长汪大燮把此消息告诉了蔡元培。第二天，蔡元培在北京大学西斋大饭厅召集学生代表一百多人开会，讲述了巴黎和会上帝国主义相互勾结、牺牲中国权益的情况，指出这是国家存亡的关键时刻，号召大家奋起救国。同学们听了蔡元培的讲话，都非常激动，傅斯年本来就具有强烈的爱国思想，又是山东籍的学生，想到自己饱受苦难的家乡父老，又要遭受日本帝国主义的蹂躏，更有其他同学所不具有的激愤。

5月3日晚上，学生会在法科大礼堂举行了一千多人的集会，并邀请了北京12所学校代表参加。《京报》社长、北大新闻研究会讲师邵飘萍首先发表演说，他感情激昂地向学生代表报告了巴黎和会关于山东问题的决议，中国外交失败的经过和原因，又具体分析了山东问题的性质及当前的形势。最后，他大声疾呼："现在民族危机系于一发，如果我们再缄默等待，民族就无从挽救而只有沦亡了。北大是全国最高学府，应当挺身而出，把各校同学发动起来，救亡图存，奋起抗争。"[1] 会上，群情激愤，爱国学生们讨论了当前救国应采取的步骤：联合各界一致力争；通电巴黎和会专使，坚持和约上不签字；通电全国各省市于5月7日国耻纪念日举行群众游行示威活动；定于5月4日（星期天）齐集天安门举行学界大示威。为了第二天的游行示威能够顺利进行，大会推举了20名学生代表负责组织工作，傅斯年由于在同学中间素有威望，被同学们推举为代表和游行总指挥。当晚，傅斯年等人彻夜未眠，赶做了百余面旗帜供游行队伍使用。

5月4日上午10点，被推出来的13所学校学生代表20人，由傅斯年主持，在堂子胡同国立法政专门学校继续开会，商讨在天安门前集会及示威游行的路线诸事宜。经过一小时的讨论，达成了共识：各校代表立刻回校集合学生，下午1点在天安门会合，然后整队去东交民巷游行，向各国使馆示威，抗议帝国主义在巴黎和约上关于山东问题的不公正规定。会后各代表回校组织学生队伍。北京大学的爱国学生在傅斯年的率领下向天安

---

[1] 安宇、周棉：《留学生与五四运动》，《留学生与中外文化交流》，南京大学出版社2000年版。

门进发，与其他院校学生会合。北京各校学生 3000 余人，在天安门前挥动旗帜，高举标语牌，上面写着：

"取消二十一条！"
"还我青岛！"
"诛卖国贼曹汝霖、章宗祥、陆宗舆！"
"国民应当判决国贼的命运！"①

有的标语还用英文和法文书写，有些旗帜上还画着漫画。学生们在天安门广场前作演讲、发传单。传单主要是傅斯年等人主持起草的《北京学界全体宣言》，宣言向社会各界宣称：

现在日本在万国和会上要求并吞青岛，管理山东一切权利，就要成功！他们的外交大胜利了！我们的外交大失败了！山东大势一去，就是破坏中国的领土！中国的领土破坏了，中国就亡了！所以我们学界今天排队游行，到各公使馆去，要求各国出来维持公理。务望全国工商各界，一律起来，设法开国民大会，外争国权，内除国贼，中国存亡，就在此举了！
今与全国同胞立两条信条道：
中国的土地可以征服不可以断送！
中国的人民可以杀戮不可以低头！②

下午 2 点 30 分左右，傅斯年扛着大旗，率领队伍向东交民巷使馆区进发，准备向各国使馆抗议示威。走到东交民巷西口美国使馆门前时，受到美国军警的阻拦，学生推举代表几经交涉，才被允许通过。学生们认为，在自己的国土上，不能自由地表达爱国热忱，还要受外国使馆的阻挠、掣肘，真是奇耻大辱，这一切都是卖国贼造成的。于是，群情激愤的学生大喊：我们找卖国贼算账去。傅斯年见学生们个个咬牙切齿，怕引起

---

① 罗家伦：《五四运动宣言》，《罗家伦先生文存·论著》，（台）中国国民党中央委员会党史委员会 1989 年版，第 1 页。
② 同上。

过激行为，后果无法收拾，便劝大家冷静，不要激动。但学生们义愤填膺，根本听不进去。傅斯年没有办法，便举起大旗，率学生经御河桥直奔赵家楼——曹汝霖的住宅。

在游行路上，傅斯年等人积极维持，游行队伍秩序井然，当天外国的报纸给予了充分肯定，说学生们排着整齐的队伍来到曹汝霖的住宅，很配称作文明国家的学生。游行队伍到达赵家楼时，数百名军警早已把胡同口封住了，经学生们爱国宣传之后，军警才允许他们进入。但曹汝霖的住宅大门紧闭，无论怎么交涉，他也不肯出来。学生愈发愤怒，他们用旗竿把曹宅沿街一排房子的房瓦挑了下来，又将摔碎的瓦片抛入院内。高等师范学校的学生匡日休首先破窗而入，傅斯年的弟弟傅斯岩等4人也相继跳入院内，把大门打开。此时，听到风声的曹汝霖早已吓得跳墙逃跑，学生们误把来曹宅做客的章宗祥当成曹汝霖痛打了一顿，并火烧了曹宅。

曹宅大火烧起来后，警察总监吴炳湘和步兵统领李长泰匆忙赶到，指挥军警在现场逮捕了32名学生，其中北大学生被捕20名、北高师8名、工业学校2名、中国大学和汇文中学各1名。傅斯年因离开现场较早，故未被捕。第二天，许多学生意犹未尽，要求扩大游行示威的规模并酝酿更加激烈的行动。傅斯年并不太支持，主张应把精力主要放在营救学生方面，与一位叫胡霹雳的同学发生了激烈争辩。最后两人动手打了起来，胡霹雳打坏了傅斯年的眼镜，傅斯年一怒之下，发誓不再过问学生会的事。

傅斯年从五四爱国运动爆发的第二天开始，不再投身运动的领导与指挥，而是退居第二线，在随后的几个月里，一直处于对运动的观察、思考与总结的状态中。

傅斯年经过观察和总结，认识到五四爱国运动以后，社会出现许多好的现象，好的兆头，但他没有陶醉于社会"新动机大见发露"的萌芽阶段，因为他对中国历史和现状有着较深刻的了解：清末以来，中国有过几次"新动机发露"的现象，但由于中国社会的条件不具备，"都是结个不熟的果子，便落了"。他提醒人们，要总结历史教训，"厚蓄实力，不轻发泄"，[1] 做持久的努力，做长期的积累，使新动机引发出来的社会新因素，从容生长、发展，最后结出成熟的果子来。

---

[1] 参阅布占祥、马亮宽主编《傅斯年与中国文化》论文集，天津古籍出版社2004年版，第174页。

除此之外，傅斯年对"五四"运动后民众的觉悟状况进行了冷静的观察和分析。他发现，"五四"运动由学生开其端，但随着运动的深入，工农群众成为运动的主力，由于广大工农民众的积极参与，运动才取得了完全的胜利。运动的发展过程给有识之士以深刻的启示，青年学生基于爱国热情发起爱国运动，但要达到救国的目的，单是青年学生参与，力量是弱小的，无力与反动势力相对抗，而最深厚的原动力在广大民众之中。傅斯年作为学生领袖，通过深入考察、潜心研究了运动的全过程，充分认识了这一点，1919年8月在《新青年》上发表了一篇文章，题目是《中国狗和中国人》，9月又撰写了《〈新潮〉之回顾与前瞻》，论述了他对民众的认识过程，他认为：中国民众过去由于长期受专制统治，纯粹处于受压迫、受奴役的地位，只有义务，没有丝毫的政治权利，慢慢丧失了社会责任心，他论述说："我以为中国人无责任心，真要算达于极点了。……中国人所以到这个地步，不能不说是受历史的支配。专制之下，自然无责任可负；久而久之，自然成遗传性……中国人在专制之下，所以才是散沙。"① 人民群众无权力监督政权，参与政治，从而使专制统治者为所欲为，造成了经常性的政治黑暗，社会腐败。但是"五四"运动的深入发展，促进了民众的觉醒，民众积极参与运动，取得了运动的胜利。傅斯年目睹了这一切，思想有了很大改变，认识到：如果给予教育和启发，民众能够迅速觉悟起来，成为社会改革的主力。而这种民众的觉悟和清醒，是社会进步的先声，因为民众是社会改革的主力。傅斯年进一步论述说："自'五四'运动以后，我才觉得改造的基本萌芽露出了，若说这'五四'运动单是爱国运动，我便不赞一词了，我对'五四'运动所以重视，是因为它的出发点是直接行动，是唤起公众责任心的运动，我是决不主张国家主义的人，然而人类生活的发挥，全以责任心为基石，所以'五四'运动自是今后偌大的一个平民运动的先一步。"② 也就是说，五四运动直接的意义是促进了民众的觉悟，并开始了参与社会改革的行动，这是中国改革和进步的第一步。

同时，傅斯年通过对青年在五四运动中的行为及思想意识进行了考察与研究，进一步认识到了中国新一代青年的时代责任和历史使命，号召青

---

① 《傅斯年全集》第五册，（台）联经出版事业公司1980年版，第46—47页。
② 《傅斯年全集》第四册，（台）联经出版事业公司1980年版，第158页。

年学习新知识，献身社会，彻底改造社会，为国家富强和民族独立而奋斗。新文化运动和"五四"运动影响和培养了一大批青年知识分子，傅斯年就是有代表性的一个，这部分青年充分认识到国家和民族的危机，兴亡感和使命感促使他们探索救国的道路，为国家独立和富强而努力奋斗，傅斯年在对五四运动的总结中特别注重这一点。傅斯年曾在《〈新潮〉之回顾与前瞻》中对新潮社成员和广大同学提出了自己的希望，他说，"我希望同社诸君的是：①切实地求学，②毕业后再到国外读书去，③非到三十岁不在社会服务，中国越混沌，我们越要有力学的耐心"。9月5日，傅斯年在与美国驻北京公使芮恩施①座谈时进一步对自己的观点进行了解释。当芮恩施问及傅斯年等人的志向时，傅斯年回答说："余等所志不一，然中国今日之学生，简括言之，有一共同之目的，即以学者的态度，悉心研治西洋近代的学艺，借为考究中国现日各问题之资助，求得一解决之方，而谋向上之业，又愿本自己之觉悟、知识、体力，自创一种生活，以此生活为造成新社会之资。我等敢代表大多数学生一言，将来服务中，绝不向不适时无生趣之旧社会投入，愿独立创造新生活，以图淘汰旧生活，此后当发愤为学术上之研究，谋劳动者之生活，以知识喻之众人，以劳力效之社会，务使中国大多数人得一新生活然后成中国民族之康宁，然后可与世界诸民族同浴于同一文化之流。"② 傅斯年一生虽没有与政治绝缘，但始终没有脱离教育界和学术界，实践了"以知识喻之众人，以劳力效之社会"的理想和志向。

---

① 芮恩施在任驻华公使期间，对中国人民持友好和同情态度，积极支持中国收回山东主权的正义行动，赢得了中国各界的尊重。离任回国时，北京学生联合会决定举行欢送会表示尊敬，芮恩施谢绝此举，为表谢意，他通知北京大学校长代表蒋梦麟，愿和北京学生联合会代表举行座谈会，联络彼此间的感情。蒋梦麟约学生会代表傅斯年、张国涛（北京大学），戴骕文（北京高师），瞿世英、王德甫（燕京大学）五人于9月5日与芮恩施进行了会谈。

② 傅斯年：《美国公使芮恩施送别会上的谈话》，《傅斯年档案·遗文集》（未刊），第247—248页。

第 三 章

留学欧洲

1919年，傅斯年于北京大学毕业，随即考取了山东省官费留学生，开始了长达七年的欧洲留学生活。他先后在英国伦敦大学、德国柏林大学留学，一方面学习专业知识，自然科学和社会科学知识兼收并蓄；另一方面关注教育和社会进步，参与社会活动。傅斯年早年的求学经历，使其学贯中西，识见广博，为他一生志业的实施奠定了坚实的基础。

一 伦敦大学博采获

1919年秋，傅斯年于北京大学毕业，正赶上山东省教育厅招考本省籍的官费留学生，傅斯年赴省会济南应考，成绩优秀。但是，是否录取，山东教育厅内部为此经历了一番波折。一些思想保守、封建意识浓重的考官认为：傅斯年是"五四"运动和新文化运动的健将，名噪全国，又是观点激进的《新潮》杂志的主编，思想偏激。如果让这样一位"不守本分"、经常抨击时政的青年出洋，日后会不会招惹是非？当考官们犹豫不决、欲作他图时，在教育厅某科任科长的陈豫（字雪南）站了出来，据理力争，说是如果成绩这样好的学生不能出国留学，那我们还办什么教育？其他人一时找不出更充足的理由反驳，也不愿就此闹成僵局，最后同意傅斯年出国留学，傅斯年总算通过留学考试，被录取为官费留学生。

1919年12月16日，傅斯年从北京动身去上海，准备从上海坐船赴英国留学。傅斯年把这次到欧洲留学视为自己人生中的一次转折，他在行前致友人的信中表示："要把放洋的那一天做我的生日。"这就是说他把留学视为自己人生发展的新平台，在思想上做好了准备，许多设想和心理上的渴望，要在留学的过程中去实现。他自己曾记述说："我这次往欧洲去，奢望太多，一句话说，澄清思想中的纠缠，练成一个可以自己信赖过的我。这出北京的一天，虽然是出国门，但是长途的发轫自不免起了无数的感想，过去的、未来的、快意的、悲观的，对这霜雪飘零的景物，心上不免受些感动，人生的真价值于我，现在看来只是就其'论而扩充之'，待后来充满了，作一个相当的牺牲。"①

1920年1月2日，傅斯年与同学俞平伯在上海辞别送行诸友，登上了驶往英国的轮船。第一次远离祖国，傅斯年的心情很不平静，他对国家的现状怀有深深的忧虑。这从他登上轮船不久给《新潮》社同学的信中有所反映，他除了向诸位同学报告他离开北京到上海的一路观感外，着重谈了对上海的印象。他说："在上海住的时间很短暂，没得什么益处。但见四马路一带的'野鸡'不止可以骇然，简直可以痛哭一场。社会组织不良，才有这样的怪现状；'如得其情，则哀矜而勿喜！'"

经过一个多月的海上航行，傅斯年与俞平伯等人于2月底到达英国利物浦，次日乘车去伦敦办理了入伦敦大学的手续。刚到英国两个星期，俞平伯突然不辞而别，乘船回国了。傅斯年与俞平伯是同学好友，又同是新潮社成员，而今俞平伯悄然离去，大出傅斯年意料。傅斯年听说后急忙从伦敦抄近道赶往法国马赛拦截，与俞平伯在马赛港口相遇，傅斯年力劝其回校继续留学，俞平伯最终没有被说动，乘船回国了。傅斯年事后在给胡适的信中对俞离去的原因做了解释并深以自责："一句话说，平伯是他的家庭把他害了。他有生以来这次上船是第一次离开家。他受中国文先生的毒不浅，无病呻吟的思想极多。他的性情又太孤僻，从来不和朋友商量，一味独断的。所以我竟不曾觉察出他的意思来，而不及预防。他到欧洲来，我实鼓吹之，竟成如此之结果，说不出如何难受呢！"②

傅斯年从马赛回到伦敦，已是3月20日，随后开始了正常的学习。在伦敦大学求学期间，傅斯年本着"贪多务得，细大不捐"的心态，务求通博结合，触类旁通，建立自己的知识体系。在大学时，他对许多学科领域已有所了解，受新文化的影响，希望再用国外先进的科学知识充实自己，在国内期间傅斯年已经阅读了部分外文原版著作，但环境和经济条件

---

① 欧阳哲生主编：《傅斯年全集》第一卷，湖南教育出版社2003年版，第381页。
② 王汎森、潘光哲、吴政上主编：《傅斯年遗札》第一卷，（台）中研院历史语言研究所2011年版，第15页。

的限制，他对西方各类学科的知识还只是初步的了解。到了西方以后，眼界开阔了，许多知识都急需充实。于是他进入伦敦大学研究院，师从史培曼（C. Spearman）教授研究实验心理学，稍晚留学欧洲的同学好友罗家伦深知傅斯年专业选择的良苦用心，对此种选择解释说："进了伦敦大学研究院，从史培曼（Spearman）教授研究实验心理学。这看去像是一件好奇怪的事，要明白他这种举动，就得要明白新文化运动时代那一班人的学术的心理背景。那时候，大家对于自然科学，非常倾倒，除了想从自然科学里面得到所谓可靠的知识而外，而且想从那里面得到科学方法的训练。在本门以内固然可以应用，就是换了方向来治另一套学问，也可以应用。这是孟真要治实验心理学的原因。"① 除了心理学，傅斯年同时选修了物理学、化学和数学等自然科学的课程。1920年8月，傅斯年写信给胡适，叙说了自己的学习情况和思想变化。信中说：

> 我到伦敦后，于 University College（大学学院）听讲一学期，现已放暑假。此后当专致力于心理学，以此终身，到也有趣。……我的本意，想入理科第一学年，Spearman 不劝我这样，所以现在一面做 Postgraduatework（研究生功课），一面再于 Undergraduate（大学本科）之科目中选些听讲。近中温习化学、物理学、数学等，兴味很浓，回想在大学时六年，一误于预科一部，再误于文科国文门，言之可叹。此后学心理学大约偏于 Biological（生物学的）一派与讲 Freudian Psycho-anlysis（弗洛伊德精神分析学）之一派。下学年所习科目半在理科，半在医科，斯年近中对于求学之计划比前所定又稍有变更。总之，年限增长，范围缩小。哲学诸科概不曾选习。我想若不于自然或社会科学有一二种知道个大略，有些小根基，先去学哲学定无着落。近来很不想做文章：一来读书之兴浓，作文之兴便暴减；二来于科学上有些兴味，望而空谈的文章便很觉得自惭了；三来近中心境思想觉得比以前复杂，研究的态度稍多些，便不大敢说冒失话；四来近中更觉得心里边 Extroversion（外向）的趋向锐减，而 Introvestion

---

① 罗家伦：《元气淋漓的傅孟真》，《傅孟真传记资料》（一），（台）天一出版社1979年版，第94页。

（内向）之趋向大增，以此不免有些懒的地方。[1]

傅斯年除努力学习实验心理学和选修自然科学的课程外，对英国的文学、史学、政治学等也表现出相当的兴趣。因为有志于改造"中国旧剧"，傅斯年学习之余便挤出一些时间看歌剧、读小说，尤其是萧伯纳的剧作品，他几乎每本都读过。在伦敦时，他还曾帮助英国学者威尔斯（H. G. Wells）撰写了《世界通史》（*The Outline of History*）中有关中国古代历史的部分。该书于1920年出版，十分畅销。除此之外，还在北京《晨报》上发表了诸如《英伦游记》《留学英国最先要知道的事》之类的文章，向国内的读者介绍英国的风俗人情、留学知识等。

在伦敦留学初期，由于同学俞平伯不习惯异国他乡的生活毅然回国，傅斯年暂时失去了交流的知音。不过仅隔月余，刘半农携妻女到达伦敦大学留学，昔日的师生成为亲密的同学，傅斯年在精神上得到许多慰藉。

傅斯年和刘半农于1917年在北大相识。当时，刘半农教预科生，傅斯年已是本科生。虽然如此，傅斯年对刘半农仍执弟子礼，在学业上请他指导；刘半农也以老师自居，认真负责地对傅斯年给予帮助，两人关系较为密切。后来交往久了，师生的界限越来越淡，最后成为志同道合的朋友。1920年2月，也就是在傅斯年出国不到两个月的时候，刘半农也取得了出国留学的名额，踏上了去伦敦大学读书的旅途。

在求学的方向上，傅斯年与刘半农有所不同。傅斯年广收博采，贪多务得，意在用西方科学知识和理论充实自己，提升自己的境界。刘半农则只对语言学情有独钟。他在北大时曾讲授音韵学、文字学，到英国后更加勤奋，天天泡在伦敦大学语音室里，后又赴法国巴黎大学继续研究，为撰写汉语四声方面的博士论文做准备。

傅斯年对语言学也有自己的思考和独到的见解，故刘半农常把自己的学习收获和心得说给傅斯年听，请傅斯年一起分享自己的喜悦；有困惑、不解时，也常找傅斯年探讨。傅斯年也总是十分坦率地把自己的看法、想法说出来，遇到意见不合，两人经常是激烈地辩论，乃至争吵，甚至动手打架。但这种辩论和争吵丝毫没有影响彼此的感情，反而因此增进了他们

---

[1] 王汎森、潘光哲、吴政上主编：《傅斯年遗札》第一卷，（台）中研院历史语言研究所2011年版，第16—17页。

之间的友谊。刘半农去世后，傅斯年曾深情的回忆他们同学共读的那段时光，留下的不是交恶的印象，而是美好的回忆。

刘半农后来转入法国巴黎大学学习，傅斯年也由英赴德继续深造，不过二人仍保持着经常的联系。1923年，刘半农论著《四声实验录》完成，特意赶赴伦敦请傅斯年为该书写序，但傅斯年认为，刘半农的著作为专门名家之书，请一个外行人作序，有些不妥；况且他的年龄比刘半农小，资历比刘半农浅，因而婉言拒绝。不过在刘半农的一再坚持下，傅斯年慨然受命，洋洋洒洒写了一篇长序，在序中对刘著的特色、研究方法等给予了全面的评价："刘先生是位以言语学专门的人，于左文右史的忙劳中，抓定语音学，于语音学中，急于见鼓上出图的符验；这样的择路何等扼要，这样的选术何等迫切！但刘先生仍不舍推测故训的大本营；这样对付的法子，恰合这件学问在现在所处的地位和性质。"① 在谈到该书的价值时，傅斯年认为刘半农用新的研究工具和方法，开拓了一个新的研究领域，是"开宗明义第一章"，自然有许多"引人惊异"的地方。

傅斯年在英国伦敦大学学习三年多，除学习心理学以外，兼收并蓄，广泛涉猎，其目的一是提高自己认识问题和解决问题的能力，二是为将来研究学问尤其是进行自然科学研究奠定基础。从傅斯年当时的思想观念来分析，他很向往自己将来从事自然科学研究，这从他致胡适、蔡元培诸师友的信中有明确的表示。如他1920年在致蔡元培的信中特别强调欧洲现代性的大学都注重自然科学学科的研究和发展，信中说："近代欧美之第一流的大学，皆植根基于科学上，其专植根基于文艺哲学者乃是中世纪之学院。今北大之科学成绩何若？颇是可以注意的。"而对自己从事社会科学学习颇感后悔，在同一封信中曾表示："自念无力专致自然科，且恨且惭。"②

二　柏林求知会诸贤

1923年9月，傅斯年离开伦敦大学，到德国柏林大学继续留学。傅

---

①　欧阳哲生主编：《傅斯年全集》第一卷，湖南教育出版社2003年版，第418页。
②　王汎森、潘光哲、吴政上主编：《傅斯年遗札》第一卷，（台）中研院历史语言研究所2011年版，第20—23页。

斯年之所以由英赴德，主要有两个因素：一是受柏林大学文化氛围与学术空气的影响，当时柏林大学有几种在世界很有影响的学科，其中最有代表性的是物理学和语言文字比较考据学。物理学方面如爱因斯坦的相对论、勃朗克的量子论，当时都是轰动一时的学说；语言文字比较考据学，是柏林大学传统的、久负盛名的学科。二是受在柏林大学留学的朋友们如陈寅恪、俞大维等人的影响。当时柏林大学的中国留学生甚多，其中许多是傅斯年的同学好友。

傅斯年到柏林大学不久，何思源、罗家伦、毛子水等北大老同学也先后到柏林大学留学。傅斯年与这些同年好友朝夕问学，互相切磋，既提高了见识，又增进了友谊，傅斯年与许多人保持了终生的友谊，尤其是与陈寅恪、俞大维、何思源等就是如此。

陈寅恪生于光绪十六年（1890），和傅斯年一样，出身于书香世家。其祖父陈宝箴，清末官至湖南巡抚，因支持戊戌变法，推行新政，被慈禧太后革职。其父陈三立，晚年号散原老人，是清末四公子之一，为晚清著名诗人。陈寅恪自幼接受了严格的传统教育，6岁开始在家塾中读书识字，系统学习了儒家经典和诸子之学。他对十三经不但大部分能背诵，而且对每字必求正解，国学功底深厚。陈寅恪酷爱读书，经常是手不释卷，夜以继日。13岁那年，陈寅恪随从长兄、著名画家陈衡恪去日本留学，后来一度回国，进一步广泛涉猎中国传统书籍。其侄陈封怀回忆说："祖父藏书很丰富，六叔（陈寅恪）在他十几岁时及后来自日本回国期间，他终日埋头于浩如烟海的古籍以及佛书等等，无不浏览。"[①] 陈寅恪自己也说："因髫龄嗜书，无书不观，夜以继日。……而有时阅读，爱不释手，竟至通宵达旦。"[②] 以后又留学美国和欧洲诸国，精通几十种文字，正如罗家伦所说："除近世重要文字外，还有希腊、拉丁、梵文、巴厘文、中波斯文、突厥文、满文、蒙文、藏文等，供他参考运用的总计不止十六七种。"[③] 1910年，陈寅恪先后到欧洲、美国留学，1921年再度由美国到德国柏林大学留学，主要学习语言文字学。

---

① 蒋天枢：《陈寅恪先生编年事辑》，上海古籍出版社1981年版，第22页。
② 王钟翰：《陈寅恪先生杂忆》，见张杰、杨燕丽编《追忆陈寅恪》，社会科学文献出版社1999年版，第251页。
③ 罗家伦：《元气淋漓的傅孟真》，《傅孟真传记资料》（一），（台）天一出版社1979年版，第94页。

在德国留学期间，陈寅恪经常和傅斯年、赵元任等利用吃饭的时候或晚上互相讨论，切磋学问。赵元任夫人杨步伟曾回忆，他们1924年5月从美国到了柏林，会见了一大批旧识新知，给她印象最深的就是陈寅恪和傅斯年："我们1924年5月离美（到了柏林），会见了一大些旧识新知，最近的就是寅恪和孟真。那时在德国的学生们大多数玩的乱的不得了，他们说只有孟真和寅恪两个是'宁国府门前的一对石狮子'。他们常常午饭见面，并且说好了各吃各的，因为大家都是苦学生么。"① 傅斯年留学期间受陈寅恪的启发和帮助很大，回国后始终保持着深厚的友谊。

俞大维，浙江绍兴人，出身于书香世家。其伯父俞明震，清代进士，翰林院学士。其父俞明颐，曾任湖南陆军小学总办。俞大维的母亲曾广珊是曾国藩的孙女，舅父曾广钧是翰林，俞大维与陈寅恪是姻亲，俞大维的姑母俞明诗是陈寅恪的母亲，其妻子陈新午又是陈寅恪的妹妹。两人的父祖都是好友，所以俞大维在谈陈寅恪时，说他们是三代世交、两代姻亲、七年同学。他们曾在美国哈佛大学共同留学3年，又在柏林大学同学4年。

俞大维16岁进上海复旦中学，跳级毕业。18岁入复旦大学预科，1918年至哈佛大学读哲学，3年拿到博士学位，12门课全是A，获得Sheldon Travel Grant（谢尔顿旅行奖学金）前往德国柏林大学留学。在德国留学期间，俞大维也是兼收并蓄，广泛涉猎、求博求通。罗家伦回忆说："俞大维则天才横溢，触手成春；他从数学、数理逻辑到西洋古典学术的研究（即希腊、罗马学术思想的典籍所谓Classical Studies）；从历史、法理、到音乐，再从音乐到开枪放炮的弹道学，和再进而研究战略战术。我想他心目中最向往的是德国大哲学家莱白尼兹（Leibnitz）是不见得十分冤他的。"②

俞大维原先也侧重学习文史，自从与傅斯年交往，深感功底不如傅斯年，才改学了自然科学。他曾对别人说："搞文史的人当中出了个傅胖

---

① 杨步伟、赵元任：《忆寅恪》，见张杰、杨燕丽编《追忆陈寅恪》，社会科学文献出版社1999年版，第20页。
② 罗家伦：《元气淋漓的傅孟真》，《傅孟真传记资料》（一），（台）天一出版社1979年版，第94页。

子，我们便永远没有出头之日了！"① 于是弃文学理，最后成为著名的弹道专家。1925 年，俞大维的一篇论文刊载在美国最著名的数学杂志 *Mathematische Annalen* 上。据后人记载，多少年来，在美国这个权威的数学刊物上只发表过两篇中国人写的论文，其中一篇便是俞大维的，另一篇是多年以后华罗庚的，可见俞大维的学术研究也有独到之处。

傅斯年对俞大维也很佩服。傅斯年到德国柏林大学不久，他在北京大学时的同学好友毛子水也到德国留学，见面后傅斯年向他介绍在德国留学的中国学生情况时说："在柏林有两位中国留学生是我国最有希望的读书种子，一是陈寅恪，一是俞大维。"② 敬佩之情溢于言表。傅斯年与陈寅恪、俞大维在学业上互相切磋，在生活上互相照顾，保持了终生的友谊。回国后，俞大维将幼妹俞大綵介绍给傅斯年，两人于 1934 年在北平结婚，傅斯年与俞大维成为郎舅之亲，关系更为密切。

除陈寅恪和俞大维外，在柏林大学和傅斯年朝夕问学的还有何思源。何思源字仙槎，山东菏泽人，几乎与傅斯年同样，出身于没落的官僚家庭，靠自己努力和师友的经济资助，1915 年考入北大预科，学习哲学，1918 年升入文科哲学门。傅斯年等人组织新潮社，何思源积极参与。两人既是同乡，又是同学，曾积极参加新文化运动和五四运动，志趣相同。在北大读书的四年里，何思源与傅斯年结下了深厚的友情。

1919 年，两人同时考取山东官费留学生。何思源赴美国，先入芝加哥大学学习哲学，获哲学硕士学位，又入哥伦比亚大学学习政治学、经济学。1922 年，受傅斯年、毛子水等在欧留学生的吸引，又赴德国柏林大学研究院，主要研究德国的传统学科政治经济学，考察德国的社会与政治，为他撰写《国际经济政策》一书积累材料。何思源自己回忆说："我在美国上了三年大学，自感一无所成，1922 年转赴欧洲，先到德国学习……在德国三年，学经济和政治。我觉得美国的自由经济是自私自利的经济。他们的思想是'人不为己，天诛地灭'，国家没有政策与计划，而德国政府对社会经济干预较多，人民也有服从国家管理的习惯。我对经济

---

① 邓广铭：《回忆我的老师傅斯年先生》，《傅斯年》，山东人民出版社 1991 年版，第 8 页。

② 毛子水：《记陈寅恪传先生》，见张杰、杨燕丽选编《追忆陈寅恪》，社会科学文献出版社 1999 年版，第 17 页。

政策与计划问题发生兴趣,想写一本书。"① 何思源在德国两年多,与傅斯年相处一年多。他与傅斯年对德国人的认识有许多相似之处,两人的共识应该说是互相启发的结果。

当时,在柏林的中国留学生可谓如过江之鲫,蔚为可观。除了上面介绍的三位外,罗家伦、徐志摩、金岳霖、毛子水等人都是常和傅斯年砥志问学的同窗好友,正如罗家伦所说:"在民国十二年至十四年之间,不期而然的,这些人大都集中在柏林。如赵元任、徐志摩、金岳霖诸位,也时来时去,有时候大家晚上闲谈的时候,各拈妙谛,趣语横生。回想起来,真是人间一种至乐,可是此乐已不可再得了!"② 同学好友,学业上各有专攻,各有所长,经常在一起讨论问题,切磋学问,互相启发,互相吸收,对傅斯年兼收并蓄、求博求通的志趣有着重要影响。正如了解傅斯年甚深的罗家伦所说:"孟真是好强好胜的人,这种空气自然更刺激他博学好问的精神。"傅斯年在英德留学期间兼收并蓄,求博求通与诸位好学深思、互相砥砺的同学有重要的关系。

当时,傅斯年等留学生在留学期间可以说是富于学而贫于财,他们在勤奋追求知识的岁月中却忍受着贫困的折磨。傅斯年等人名义是官费留学,但当时国内正是南北分裂、军阀混战时期,各派势力忙于争权夺利,哪有人想到在国外辛苦求学的学子呢?正如《中国留学教育史》所说:"民国八、九年至民国十三、四年,军阀祸国,财政收入皆充内战之费,一般正当支出,因而无着,国内之欠薪累累,国外留学生之所费,无法汇出。"③

陈寅恪的女儿曾回忆说:"父亲在德国留学期间,官费停寄,经济来源断绝,父亲仍坚持学习,每天一早买少量最便宜的面包,去图书馆度过一天,常常整日没正式进餐。"④ 傅斯年的情况比陈寅恪更差。因为傅斯年祖父母在其留学期间先后去世,只剩老母弱弟等人,他们自己生活尚无着落,自然无力接济远在国外的傅斯年,因此,傅斯年在国外几乎是忍饥挨饿。他曾写信给在法国留学的刘半农,叙述经济的困难,信中说"中

---

① 马亮宽主编:《何思源文集》第二卷,北京出版社2006年版,第986页。
② 罗家伦:《元气淋漓的傅孟真》,《傅孟真传记资料》(一),(台)天一出版社1979年版,第95页。
③ 林子勋:《中国留学教育史》,(台)华冈出版有限公司印行1976年版,第303—304页。
④ 蒋天枢:《陈寅恪先生编年事辑》,上海古籍出版社1981年版,第53页。

国自有留学生以来，从未遭此大劫"。刘半农当时已是五口之家，妻子和三个孩子都在身边，经济非常拮据，与傅斯年同病相怜，回信说："可怜我，竟是自有生以后从未罹此奇穷大苦也。"① 傅斯年在写给罗家伦、何思源等人的信中，也多次谈到因生活费无着、东借西挪、几乎断炊的窘状，如他在1926年2月致罗家伦信中曾说："弟在巴黎最后接到朱寄之二十，换了后，还债等已精光，末日只剩了三十佛朗，其手中之二十马克尚是从吾（按：姚从吾）寄我者也。到了此地，幸员外尚有几文，故用到11月，过了初十，朱寄来二十镑，交了2月房钱去其过半，所余的月底还完了员外怎么办呢？幸与老陈（按：陈寅恪）定了一约，他先把二十镑之马克给我，我交了学费及他种零费，借给一位更穷的朋友三十马克，交了这月房钱，今天只剩下四个半马克，愁得这两天无以为计也。"② 不久，又在致罗家伦、何思源的信中告诉他们自己的官费已无望，从此生活更无着落，信中说："月中穷不可言，特别糟者是今后全无办法，山东学费已全无望矣。"③ 在致罗、何二人的另一封信中说得更惨："5月中旬连吃四日干面包，实在不免于夜间流涕。"④

从这些信中可以看出，傅斯年等人在欧洲留学期间生活的艰难与困苦。这对他们的人格是一种锻炼，对他们的思想也有一定的影响。傅斯年终生反对奢侈浪费，要求贫富平等、救济贫困，与他青少年生活贫困艰辛有直接关系。

三　融会中西学术理论

傅斯年留学期间广泛涉猎，在伦敦大学除了心理学，还同时选修了物理学、化学和数学等自然科学的课程。到柏林大学后，傅斯年除一面听相对论，一面听比较语言学外，为了探求学术研究的方法，还选学了经济学等课程，甚至有一段时间曾致力于地质学的学习与研究。

傅斯年在求学期间之所以兼收广蓄，主要是时代责任感的驱使和对知识的渴求。傅斯年的青年时代正是中国社会黑暗、民族危机严重的时期，

---

① 徐瑞岳：《刘半农传》，上海文艺出版社1990年版，第158页。
② 欧阳哲生主编：《傅斯年全集》第七卷，湖南教育出版社2003年版，第25页。
③ 同上书，第28页。
④ 同上书，第35页。

他们那一代知识分子的使命就是推翻中国腐败的封建专制制度，驱逐帝国主义的侵略势力，改革中国政治，完善社会制度，把中国建成独立、富强的国家。为此他们必须吸收各国文化的精华，学习各种进步的知识，从整体上了解各国科学技术发展状况。同时，他们到西方后所目睹的社会现实，也促使他们深入了解各国的基本情况。他们留学的欧美各国，正好是一战后的恢复时期，不论战胜国还是战败国，都在组织和领导各自的国民采取有力措施医治战争创伤，恢复经济。虽然各国政治制度不同，但在领导国家建设、发展科学技术、重视学术研究、发展新兴学科等许多方面都卓有成效。这批出国留学的中国青年知识分子，出国前了解的中国社会与此大不相同，他们所目睹的中国现实是：国家各级政权都已腐败到极点，统治者抱着封建专制统治的僵尸不放，极力维持统治者特权，不思改革，为了维护其腐朽统治，各地军阀争取不同的帝国主义作靠山，相互厮杀，争权夺利，为建立各人的独裁统治而不择手段；各帝国主义则寻找自己的代理人，以便攫取更多的利益。国家四分五裂，濒临危亡，人民处在水深火热之中。两相比较，自然促使这批青年知识分子深入思考，学习各种有用的知识，以寻求医国救民的途径。正如有的学者所评论：在欧陆负笈求学的民初中国知识分子，目睹了欧洲在一次大战过后的满目疮痍，以及战后各国的整建与复原所做的努力，再想起远在万里以外的苦难祖国，正遭逢国内外变局的摧残！因此而激起了一股豪气干云的情操。要"究天人之际"，要"通古今之变"，要"成一家之言"的呐喊声响彻云霄。当时，在欧陆时常往来的一批浮云游子，包括了傅斯年、陈寅恪、俞大维、罗家伦、毛子水、赵元任等，这些人日后学成归来，大多数都成了中国现代史里具有举足轻重力量的"秀异分子"。[①] 可以说他们勤奋攻读，兼收并蓄，很大程度上是为了救国，以实现自己最高的人生价值。

从个人原因来分析，傅斯年在国内对许多学科领域已有所了解，尤其是中国传统的文化知识已有相当深厚的功底，他希望再用国外先进的科学知识充实自己。在大学时期，他已开始阅读外文原版著作，但环境和经济条件的限制，他对西方各类学科的知识还只是初步的了解。到了西方以后，开了眼界，许多知识都急需充实，在国内所获得的知识也需要验证。

[①] 仙人掌杂志：《中国的蟋蟀傅斯年》，《傅孟真传记资料》（一），（台）天一出版社1979年版，第50页。

更为重要的是,他需要在学习各种知识时,触类旁通,通博结合,建立自己的知识体系。傅斯年的同学好友罗家伦对傅斯年知之甚深。他曾分析傅斯年对知识追求的心理,说:

>　　孟真为了要治实验学,进而治物理化学和高深的数学。他对于数学的兴趣比较浓,因为他在国内的时候,就喜欢看逻辑的书,研究皮尔生的《科学规律》(Karl pearson 的 *Grmammar of Science*)和或然率(Law of Probabicity)。后来像金斯(J. M. Keynes)所著的《或然率研究》(*Treatise on Probability*)一类的书,都是他很欣赏的。所以可以说,孟真深通科学方法论。当然以贪多务得,细大不捐的傅孟真,他的兴趣决不会限于一方面。他对英国的哲学、历史、政治、文学的书籍不但能看,而且能体会。……还有一种,这群人的学术的心理的背景若是明白了,可以帮助了解当时那种旁证侧撑,以求先博后专的风气。因为当时除了有很强的求知欲而外,还有想在学术里求创获的野心。不甘坐享现成,要想在浩瀚的学海之中,另有会心,"成一家之言"。这种主张里,不无天真幼稚的成分,可是其勇气雄心,亦不无可嘉之处。①

傅斯年在留学过程中,求知的欲望非常强烈,主要表现是不拘一格,博采并蓄。这或许是人们求学的一种规律,人的知识积累经常如此,在某种学科知识达到一定程度,需要联系相关学科,便立即进行学习和研究,对许多边缘学科和交叉学科都进行深入的学习和探讨,以便达到触类旁通、互相引发的效果,在旁征博采的基础上建立自己的思想学说体系。据罗家伦回忆:当时在柏林大学留学的友人中陈寅恪从哲学、史学、文字学、佛经翻译,大致归宿到唐史与中亚西亚研究,供他参考运用的有十六七种语言文字,为由博到精最成功者;俞大维从数学、数理逻辑到西洋古典学术,又从历史、法理、音乐到弹道学、战略战术,天才横溢,触手成春;毛子水初学数学,在德研究科学地理,旋又爱上希腊文,后竟把利玛窦所译《几何原本》改译一遍;而傅斯年学过实验心理学、数学、理化

---

①　罗家伦:《元气淋漓的傅孟真》,《傅孟真传记资料》(一),(台)天一出版社1979年版,第94页。

学，闻听柏林大学近代物理学、语言文字比较考据学显赫一时，又到此处听相对论、比较语言学，偶尔书包里还携带着厚厚一部地质学著作。[1]

傅斯年处于这样的环境，所以欧洲留学7年，使他的学业迅速长进，不仅在许多基本的学科里获得了有用的知识，就是比较专门、冷僻的学科也有所涉猎。他学习的专业以文史为主，为了探求学术研究的方法，又研究了数理化，甚至有一段时间曾致力于地质学的研究。有一次，他和罗家伦、毛子水等同学在柏林康德街四号中国餐馆吃晚饭，傅斯年进去时夹了一个重重的书包，几位同学拿了一翻检，竟是厚厚三本一部的地质学，平时不好开玩笑的毛子水，对此书有所了解，幽默地说："这部书是博而寡要，傅孟真读他是'劳而无功'。"[2] 傅斯年当时气得直跳脚。可见傅斯年对地质学也下过工夫。这个故事是傅斯年在留学期间博览群书、贪多务得的典型事例。

在留学期间，傅斯年广涉群学，走过7年漫长的留学之路，终于找到了西方自然科学和中国传统学术的结合点，这就是以兰克（Leopold von Ranke，1795—1886）为代表的历史语言考据学派。

兰克是19世纪德国著名的实证主义学派（亦称历史语言考据学派）的创始人，西欧"科学的史学"的奠基者。他认为一切历史著作都是不可靠的，要明白历史真相，只有穷本溯源，研究原始资料。兰克标榜客观主义，他竭力主张写历史要客观公正，还历史以本来面目，力求不夹带个人任何政治偏见和宗教偏见，这是兰克毕生所标榜的治史旨趣，并以此作为他的一生追求。这一点，在他1824年出版的《拉丁和条顿民族史》一书的序言里说得很清楚："历史向来把为了将来的利益而评论过去、教导现在作为自己的任务。对于这样崇高的任务，本书是不敢企望的，它的目的仅仅在于说明事实发生的真相而已。"[3] 直至晚年，兰克在他的《世界史》序言中，继续表白把他的观点毫无保留地从他书中排除，即所谓的要"消灭自我"，唯其如此，才能建立"科学的历史学"。在兰克看来，擅下评语、判断功过、议论是非，与他"如实直书"的治史宗旨是背道而驰的，兰克的这一治史旨趣对傅斯年影响甚大。

---

[1] 罗家伦：《元气淋漓的傅孟真》，《傅孟真传记资料》（一），（台）天一出版社1979年版，第94页。
[2] 同上书，第95页。
[3] 转引自张广智《傅斯年、陈寅恪与兰克史学》，《安徽史学》2004年第2期。

傅斯年深信，按照兰克学派指定的学术方向，运用西方自然、社会各学科的理论和方法，清理中国的学术材料，就可以建立起"科学的东方学"。回国后，他创立历史语言研究所（简称"史语所"），并在1928年创办的《中央研究院历史语言研究所集刊》首册发表了《历史语言研究所工作之旨趣》，宣称"要把历史学语言学建设得和生物学地质学等同样"，以构建"科学的东方学之正统"[①]。在傅斯年看来，史学是一门独立的科学："史的观念之进步，在于由主观的哲学及伦理价值论变做客观的史料学。"[②] 他坚信，只要剔除了附在历史记载上的道德意义之后，由这一件件"赤裸裸的史料"就可显示其历史的客观性。在之后的研究中，傅斯年纯以史料探史实，提出"一分材料出一分货，十分材料出十分货，没有材料便不出货"[③]，竖起"史料学派"的大纛，我们不妨将其看作是兰克学派思想在中国的开花结果。

[①]《历史语言研究所集刊》第1本第1分册。
[②]《傅斯年全集》第二册，（台）联经出版事业公司1980年版，第5页。
[③]《傅斯年全集》第四册，（台）联经出版事业公司1980年版，第262页。

第 四 章

献身教育

1926年9月,傅斯年怀着"科学教育救国"的思想,在经历7年多"欧风美雨"的洗礼后,以满腔的热忱回到祖国,投身教育,致力于将西方的科学理论和方法植根于中国的沃土,培养学术人才,建立"科学的东方学",为挽救国家民族的危亡而开始了毕生的奋斗。

一 寻觅栖身之处

1926年9月,傅斯年结束了留学生活,由马赛扬帆起程,回到阔别7年的祖国。本来傅斯年打算再晚一段时间回国,只是因为他的母亲念儿心切,他不得不仓促回国,正如他在给友人的信中所说:"我之所以突然这时候回来,全是由于对于母亲的一个 Moral weakness 所致。从景象看来,如再不归,母亲大有去世之可能,故且把 Wagner 的 Siegfried 主义藏起,定了船位。"① 归途中,傅斯年心绪不佳,其前途仍像大海滚动的波涛,依然笼罩在浑浑茫茫的雾霭之中。他在致何思源、罗家伦的信中诉说了自己的苦闷:"至于回国后做事,至今未定,'俯仰异命,哀乐由人',故月中饮食不常,一切状态如病似狂","我就北大的事是吹了。不知向何一方面走也"。②

此前,傅斯年是准备受聘北大的。回国报效母校是傅斯年的志愿,而当时的北大校长蒋梦麟亦十分钦慕这位学贯中西的才子。1922年,时任

---

① 王汎森、潘光哲、吴政上主编:《傅斯年遗札》第一卷,(台)中研院历史语言研究所2011年版,第97页。

② 同上书,第42页。

北大教务长的蒋梦麟到欧洲考察，与正就读于伦敦大学的傅斯年谋面并作了推心置腹的交谈。在傅斯年出国之前，蒋梦麟并未与其深交，但通过这次交谈，傅斯年的言行给蒋梦麟留下了极为深刻的印象。蒋梦麟视傅斯年为世间少有的通才与天才，认为"他于观察国内外大势，溯源别流，剖析因果，所以他的结论，往往能见人之所不能见，能道人之所不能道"，所以称"孟真真是中国的通才。但通才之源，出于天才，天才是天之赋，不可以侥幸而致"。① 二人分别不久，蒋梦麟在德国接到傅斯年的一封信，信中劝蒋梦麟不要无目的地在德、奥、法、意各国考察，有两个问题要特别注意：第一是比较各国大学行政制度，第二是各国大学学术的重心和学生的训练。蒋梦麟阅毕，不仅惊叹傅氏在学业上的造诣，同时还发现他有极强的视事与处事能力。可以说，傅斯年与蒋梦麟的会晤和交谈，给蒋氏留下了深刻的印象和好感，为其毕业后执教北大作了很好的铺垫。

1926年11月，傅斯年回国之际，国内局势动荡，政治黑暗，北京大学处于存亡未卜的危机之中，因为当时正是北洋军阀执政最黑暗的时期，对内残暴统治，对外软弱无能，激起了全国人民尤其是学生的不满和抗议。1926年3月18日，北京高校学生因为反对日本军队派军舰炮击天津大沽口，对中国公然侵略挑衅的行为，纷纷组织起来向段祺瑞执政府请愿。当浩浩荡荡的游行队伍来到执政府门口时，遭到枪击和殴打，当场死伤数百人，这就是震惊中外的"三一八"惨案，其中北大、北京女师大死伤最多。惨案发生后，北洋军阀政府面对群情汹汹的北京高校，打算集中对付一些在学生运动中较为积极的学校，于是计划"扫除三个半学校"，分别是中俄大学、中法大学、北京女子师范大学和北京大学之一部，并拟定了一张包括蒋梦麟、朱家骅、鲁迅等50余位知名人士的通缉名单。北京大学等几所高校当时处于风雨欲来、前途未卜之中。北大代理校长蒋梦麟，教授胡适、刘半农、马叙伦、周览、高一涵、陈翰笙、顾孟余、马寅初、王世杰等意识到危险，先后离京另谋生路。在这种动荡的局面下，傅斯年回国执教北大的希望自然化为泡影。

正当傅斯年一筹莫展的时候，他得到了很多关心他的师长和同学好友的帮助。归国前，傅斯年曾写信给蔡元培，述说自己在欧洲留学的情况以及回国后的一些设想，蔡元培对其非常赏识，答应为其谋求差事。顾颉刚

---

① 蒋梦麟：《忆孟真》，《傅孟真传记资料》（三），（台）天一出版社1981年版，第15页。

亦主动联系厦门大学，为傅斯年说项。归国途中，傅斯年经过深思熟虑，在对蔡元培的好意表示感谢的同时，更向往顾颉刚任教的厦门大学，这在他给友人的信中有所反映：

> 先是我在柏林未走前，接到蔡先生一信，约去杭州，后接颉刚信，约去厦门，我以为蔡先生事必是蓬莱楼阁，而颉刚人既不是好开玩笑的，而言之又复如彼之切，故数思之后决于可去。……我所以有此决定者，因为我蓄志数年，欲害颉刚。换言之，我和颉刚一起，可以狼狈为善，S. P. D. Q. 之论，兄闻之熟矣。庄重言之，颉刚古史研究我有许多地方可以帮他忙，而我近中所作二部书，也有很多地方他很可以帮我忙。他不来，我尚愿挑之，而况自投罗网。后到巴黎，适之先生更赞成之，心遂无疑，以为到上海后，先见蔡先生，他如许我到厦门，则到厦门矣。①

然而由于顾颉刚未能早与校方接洽，厦门大学人事安排已定，傅斯年的希望再次落空。傅斯年不得已致信已至清华大学任教的陈寅恪求法问计，陈寅恪极力向校方推荐傅斯年。据载，1926 年 11 月 16 日，清华学校教务长梅贻琦到陈寅恪住所商谈，欲聘请一位留洋博士来校出任中国文史教授，以充实清华的文科阵容，壮大学校的整体实力。陈寅恪当即对傅斯年加以推荐。吴宓在当天的日记中云："梅教务长来，向寅恪商请教授。校中必欲聘傅斯年等以授中国文史，而必不肯聘柳公。不得不为本校惜，且为世局哭也。"② 清华决定聘任傅斯年后，陈寅恪在第一时间将这个消息告诉了傅斯年，然而傅斯年却是踌躇再三，在与友人的信中道出了他的顾虑：

> 到清华本无不可，但也有下列数难，使这事不成问题。（一）我也不愿即去，因为我果去，恐也如元任的局面，半在大学，半在国学院，但我很想先自己整理一年再去，因彼处我畏王静庵君，梁非我所

---

① 王汎森、潘光哲、吴政上主编：《傅斯年遗札》第一卷，（台）中研院历史语言研究所 2011 年版，第 97—98 页。

② 吴学昭：《吴宓与陈寅恪》，清华大学出版社 1992 年版，第 39 页。

畏，陈我所敬，亦非所畏。（二）此时已不成，因开学久，功课定。（三）不便去说。赵处我最不能说，因为本是他约我，我以北大故辞之。今我最无颜去说，陈处因他老本是不管闲事的，最不宜奉扰。金处本无妨说，但我也不能在此时心绪下说。有此三项，亦须放在计划之外。①

在四处求职碰壁之后，傅斯年心灰意冷，甚至一度产生在上海做野鸡教书匠或"弃书佩剑"的想法。正当傅斯年苦恼不已，不知"孰吉孰凶，何去何从"之时，已出任中山大学副委员长的朱家骅为充实文学院，向傅斯年发出邀请，意外之余，傅斯年欣然从命，回家省亲后，赶赴广州，就任中山大学教职。

二 任教中山大学

中山大学前身为广东大学，孙中山1924年创办于广州。其与黄埔军校并称为国民党的文武两校，前者旨在培养文职官员，后者旨在培养军职官员。广东大学初建时，孙中山亲临该校讲演，三民主义就是在此处讲演时提出和阐发的。为加强对学校的领导，特任命国民党元老邹鲁为广东大学校长。广东大学建立不到一年，孙中山北上，不久病逝于北京。孙中山逝世后，受政治大气候的影响，学校一度陷入混乱，派系林立。有属于右派的西山会议派、"士的"（英文"stick"的音译，意为用棍子打共产党）党；有属于中间派的中社；也有左派的共产主义青年团、国民党青年团。各派之间勾心斗角，水火不容。

1926年7月，广东大学改名为中山大学，戴季陶出任校长。戴季陶到校后，看到校内一片混乱，建议国民党政府对中山大学进行整顿，改校长制为委员制。国民党政府接受戴季陶的建议，任命戴季陶为委员长，顾孟余为副委员长，徐谦、丁惟汾、朱家骅为委员，10月17日委员会各委员就职。不久，朱家骅出任副委员长，协助戴季陶主持工作。

朱家骅字骝先，浙江吴兴县人，出身于商业家庭，父亲早亡，兄长朱

---

① 王汎森、潘光哲、吴政上主编：《傅斯年遗札》第一卷，（台）中研院历史语言研究所2011年版，第100页。

祥生将其抚养。朱祥生曾任国民党元老张静江家中的账房，积蓄了一些钱财，一生未担任一官半职，遂把希望寄托于弟弟身上，全力供朱家骅读书上进。朱家骅不负兄长厚望，曾先后赴德国、瑞士留学。归国后任教于北京大学。1926年3月，朱家骅因为参与组织和领导北京学生反对北洋政府的游行示威而遭通缉，为躲避政治迫害而南下广州，当时中山大学正在改造，朱家骅被张静江、戴季陶等人推荐到中山大学任职，先后任中山大学教授、地质系主任、校务委员、副委员长职务。朱家骅到任后，开始采取有效措施对学校的混乱状况进行大力整顿，尤其是教师队伍，原来的400多名教职员五分之四被免职，只剩下70多人，造成师资严重不足，其中文学院最紧张，于是中山大学大力聘请各方面的人才来校任教。傅斯年就是在这样的背景下受聘于中山大学的。对于聘请傅斯年，朱家骅曾回忆说：

  民国六年在北京，沈尹默先生对我说："傅孟真这个人才气非凡！"我当时并不认识他，到了民国十五年我在中山大学，为了充实文学院，要找一位对新文学有创造力，并对治新史学负有时名的学者来主持国文系和史学系，和戴季陶、顾孟余两先生商量，聘请他来担任院长兼两系主任。是年冬，他从德国回来到校，马上全力以赴，他延聘有名教授，自任功课亦甚多。十六年春，更在文学院内，创办语言历史研究所，他对教务贡献甚大，当时中山大学的声誉隆盛，他出力很多。[①]

  由于朱家骅对傅斯年的才华和能力比较欣赏，于是经他推荐校方同意后，便聘傅斯年出任文史科主任兼国文、历史两系主任。与傅斯年先后到中山大学任教的还有何思源和鲁迅等人。何思源于1926年冬到中山大学，被聘为经济系教授兼图书馆长，后又兼训育部副主任，直到1927年国民党军队第二次北伐，何思源以政治部副主任身份随军北伐，离开中山大学，到山东就任教育厅长。鲁迅则是1927年1月受聘到中山大学任教务主任。他们因与北大的渊源，被称为北大派。

  次年3月，傅斯年正式开始讲课。在此后的一年多时间里，他开设了《中国古代文学史》《尚书》《陶渊明诗》《心理学》等课程。傅斯年博闻强识，国学功底深厚，许多古籍的原文和训释都烂熟于胸。据听过他讲课

[①] 王为松编：《傅斯年印象》，学林出版社1997年版，第26页。

的学生回忆说：

> 孟真师博学多才，开的课很多，而且不限中文系的。我记得有《中国文学史》、《尚书》等五门课……《尚书》除《盘庚》、《康诰》等二三篇外，其余他都可背诵。常常在黑板上一段一段地写，并没有《尚书》在手里……孟真师上堂不带书，只带几支粉笔，登台后就坐在藤椅上，滔滔不绝的讲，讲的很快，无法笔记。他随着兴之所至写黑板，常常不管下课钟声的。①

傅斯年白天忙于上课、行政事务，只能利用晚上时间编写讲义，他讲授《中国古代文学史》，没有现成讲义，只好自己刻钢板，因为工作繁忙，根本没时间打草稿，直接在蜡纸上起草，不满意之处就稍加修改一下，马上拿去油印，所以学生拿到的讲义上，常有一些增删涂改的地方。他在《诗经讲义稿》的序言中谈及当时编写讲义的情况说：

> 日中无暇，每晚十一时动笔写之。一日之劳，已感倦怠，日之夕矣，乃须抽思，故文辞不遑修辞，思想偶涉枝节。讲义之用本以代言，事既同于谈话，理无取乎斫饰，则文言白话参差不齐之语，疏说校订交错无分之章，聊借此意自解而已。其中颇有新义，深愧语焉不详。此实初稿，将随时删定。一年之后，此时面目，最好无一存也。②

在教学方法上，傅斯年力斥中国传统的冬烘先生式的陈腐说教，摒弃一般国学大师那样的高头讲章，把教育的重点放在培养学生获取新知的方法和运用资料的能力方面，力求将学生引入学术研究的殿堂。他在讲课的时候，特别强调学生要做到两个方面：

其一，阅读原始资料。他讲《中国文学史》课时告诉学生，研习文学，"第一要避免的，是太看重了后来人的述说批评，整理的著作，以及叙录的通书，而不看重原书"③。只要能够细心地读一部古籍，就比读一

---

① 钟功勋：《戴季陶与中山大学》，载《戴季陶传记资料》，（台）天一出版社1985年版。
② 《傅斯年全集》第一册，（台）联经出版事业公司1980年版，第185页。
③ 同上书，第11页。

切近年出版的文学史著作都要好。他告诫学生不可把读教师的讲义代替读专门的古籍资料，恰恰相反，教师讲义的作用只是用来刺激学生读原始资料。

其二，学会思考问题。他说："我的'卮言日出'，非供诸君以结论，乃赠诸君以问题，有时或觉说的话仿佛徘徊歧路，毫无定见样的，这正因为我们不便'今日适越而昔至'。且把一切可能的设定存在心中，随时推端引绪，证实证虚。假如这些问题刺激得诸君心上不安宁，而愿工作，以求解决，便达到这讲义的目的了。"①

在课堂上，傅斯年是学生的良师；在课堂下，他又是学生的益友。他虽然工作异常繁忙，但仍喜欢抽时间与学生谈天，诱掖他们多读书、求真知。曾在中山大学就学的温梓川回忆对傅斯年的印象时说：

  记得那年秋季开学时，中山大学请来了一个肥头大耳的大块头，他有一头蓬松的乱发，一对玳瑁的罗克式的大眼镜，他经常穿着那时最流行的大反领的 ABC 衬衫，没有打领带，外面罩上一套白哔叽西装，那副形容，说起来就是那类不修边幅的典型，但却显出了与众不同的风度。他似乎永远是那么满头大汗，跟你说不上三两句话，便要掏出一方洁白的手巾揩抹他的汗珠，他老坐在中大出版部的民俗学会内，埋头伏在室中央的一张大方桌上写着什么。②

当温梓川提出要买一本《民间文艺丛话》的时候，傅斯年便耐心地询问他是哪个班级的学生，是否喜欢研究民间文学，对于本校编印的这类书有何意见。温说这书封面装帧缺乏美感，傅斯年提醒他说，如果书的内容吸引了你，那就不必过分注重书的封面，其实做人也是一样，"要朴实无华才好"，即便家庭生活富裕，也不可有纨绔习气。同时告诉他，如果喜欢看历史资料的话，有空就可以来这里看。

傅斯年喜欢和学生接触，尤其关心爱护那些聪明好学、成绩优秀的学生。陈槃就是其中的一个。傅斯年执教中山大学时，陈槃是中文系二年级学生，曾选修傅斯年开设的《中国文学史》课，傅斯年布置了一个与楚

---

① 《傅斯年全集》第一册，（台）联经出版事业公司1980年版，第15页。
② 《傅孟真传记资料》（三），（台）天一出版社1981年版，第1页。

辞有关的论文题目，让学生们试作。陈槃自定的题目是《〈离骚〉的研究》，受疑古学派的影响，对《离骚》提出了不少质疑，论断大胆而新颖。傅斯年看后，很是欣赏陈槃的才气，除进行认真的批改外，又约他谈了一次话，给予热情的鼓励，希望陈槃继续努力，成为可造之才。就在当天下午，陈槃被一个居心险恶的同乡诬告为共产党而被逮捕。当时共产党领导的广州起义刚过去半年时间，白色恐怖依然笼罩在广州城上空，在当时的环境下，人们是谈"共"色变，凡是被扣上共党帽子的，就不会有什么好结果，重者杀头，就算能侥幸活下来也要判刑三五年。陈槃被捕后，深感在广州举目无亲，只得向业师傅斯年求救。傅斯年听说后，当即拿出一百块大洋，一面打点"狱吏"、"狱卒"，使陈槃免受皮肉之苦，一面多方营救，亲自到公安局办理交涉，最终将陈槃解救出狱。

对于学习成绩好但家境贫寒的学生，傅斯年则尽量想法帮助他们解决生活困难，完成学业。他担任历史语言研究所所长以后，得知陈槃经济困难，便让他承担历史语言研究所的一些研究任务，每月给他25元补助。后来受聘到历史语言研究所整理《明实录》的李晋华，当初也是因为得到了傅斯年提供的这种补助才最终完成学业的。

除了教书育人外，傅斯年作为文史科主任，大力整顿学院，努力罗致人才，成绩斐然。在当年朱家骅、傅斯年致李石曾、吴稚晖的一封信中曾专门谈及聘请北方知名教授一事，其中说："我们又在这里筹一齐聘北大文理等科之良教授来此。即可免于受压迫，并开此地空气。已去请者，有马叔平、李玄伯、丁山、魏建功、刘半农、周作人、李圣章、徐旭生、李润章诸先生。……我们于大学日用省得无复加，且于此等事上大大破费一回。"[①] 由于傅斯年的努力，北方学者南下任教者甚多，其中赵元任、汪敬熙、杨振声等，都是留学归国的知名学者，他们既熟习中国传统文化，又系统接受了西方学术思想、理论和方法。

傅斯年选聘教师，不重资历而重实学，遵循蔡元培先生"兼容并包"的原则，既聘掌握现代科学知识、科学方法的"新派学者"，也聘对于国学有造诣的"耆旧宿儒"。1927年冬，吴梅告假返里，处理家务，旋因交通困难，不便回校，乃辞去教职。次年暑假，傅斯年亲自赶赴上海，欲聘请当代词宗朱祖谋来文学院任教。当时朱氏年事已高，不便登台讲课，感

---

① 《傅斯年全集》第七册，（台）联经出版事业公司1980年版，第102页。

此盛情，乃转荐广东新会人陈询以自代。陈氏于词作方面造诣颇深，素为朱氏所推重，然年近六旬，穷老乡里，不为世人所知。傅斯年破格聘用，遂使陈氏入讲新式大学堂，学界一时传为佳话。

三　创设语言历史研究所

　　傅斯年热爱教育，重视教育，尤其重视培养选拔有才华的学生，视此为振兴中华学术的根本保证。但是他的理想不只是做一个大学教员，也不只是做一般的教学行政工作，他要将自己学到的科学知识、方法付诸实践，组织起一批优秀的学者进行"集众"的研究，成就中华学术的大事业。

　　傅斯年"科学的东方学"的构想早在留学欧洲时便已有了雏形，即将西方自然科学的知识和方法用于史学研究，组织一大批优秀的学者进行"集众"的研究，形成一个学术团队，共同努力，成就中华学术的大事业。天遂人愿，中山大学正好为傅斯年提供了一个实验其理想的平台。1927年6月20日，傅斯年主持文史科第四次教授会议，与学院同仁经过繁复的磋商，决定建立语言历史学研究所，这是傅斯年实施"科学的东方学"的第一次尝试。不久，语言历史研究所正式成立，傅斯年出任主任一职。

　　1927年10月6日，傅斯年再次召集有关人员开会，商议出版学术刊物事宜，会议决定由杨振声、顾颉刚、余永梁、罗常培、商承祚等人编辑《国立中山大学语言历史研究所周刊》，顾颉刚、杨振声、杜定友等人编辑《图书馆周刊》，钟敬文、董作宾等人编辑《歌谣周刊》（出版时改名为《民间文艺》）。关于创办语言历史研究所的目的，当年11月1日出版的《研究所周刊》第一集第一期的《发刊词》讲得很清楚：

　　　　语言学和历史学在中国发端甚早，中国所有的学问比较，成绩最丰富的，也应推这两样。但为历史上种种势力所束缚，经历了两千余年还不曾打下一个坚实的基础。我们生当现在，既没有功利的成见，知道一切学问，不都是致用的。又打破了崇拜偶像的陋习，不愿把自己的理性屈服于前人的权威之下。所以我们正可承受了现代研究学问的最适当的方法，来开辟这些方面的新世界。语言历史学也正和其他自然科学同手段，所差只是一个分工。

我们要实地搜罗材料，到民众中寻方言，到古文化遗址发掘，到各种的人间社会去采风问俗，建设许多的新学问。①

除了出版研究刊物，傅斯年还积极进行考古调查、采集方音方言的准备工作。1928年4月初，有几位瑶民来广州，傅斯年听说后，乃与顾颉刚、何思敬、史禄国（苏联人，时任中山大学人类学教授）同往造访，询问民俗及瑶族文字，并观看他们跳舞。后来还曾派史禄国、杨志成等赴滇调查少数民族风俗，派容肇祖赴北路考察古物。同时派顾颉刚前往上海、杭州等地购买图书，共购得书籍12万册，价值5万6千多元，计有丛书150种，地方志600种，科举书约600种，家谱约50种，考古学书约250种，近代史料书约800种，民间文艺约500种，民间信仰方面的书籍约400种，碑帖约3万张，其中善本稿本甚多。由于傅斯年的努力，使中山大学文史科的语言学、历史学、民俗学、教育学以及心理学的学科建设，走在全国各大学的前列。

正当傅斯年踌躇满志，准备率领研究所的同仁大干一番事业的时候，内部却发生了分裂，主要是傅斯年和顾颉刚发生了严重的意见分歧，这要先从傅斯年与鲁迅的交往说起。

傅斯年与鲁迅在新文化运动时开始交往，而互相慕名则更早。1917年傅斯年在北京大学读书时，鲁迅正好在北京大学兼课。1918年傅斯年主编《新潮》杂志，发表了几篇批判传统思想观念、鼓吹个性解放、高倡文学革命的文章后，鲁迅便注意到这个思想敏锐、非同凡俗的青年，十分推许《新潮》杂志，称许傅斯年的文章为其中上乘之作品。傅斯年更心仪鲁迅，对其在《新青年》等刊物上发表的《狂人日记》尤其欣赏。1919年4月，傅斯年曾写信给鲁迅，称赞《狂人日记》并征求对《新潮》杂志的意见。鲁迅当即回信，肯定《新潮》的成绩，并诚恳地提出了两条批评建议。傅斯年在《新潮》上公开刊登了鲁迅的来信，对其提出的意见，心悦诚服，完全予以采纳。不过留学期间，傅斯年对鲁迅的看法开始改变，1926年他在致罗家伦等人的信中直言其对鲁迅兄弟等人的不满："通伯与两个周，实有其同处。盖尖酸刻薄四字，通伯得其尖薄

---

① 转引自董作宾《历史语言研究所在学术上的贡献》，（台）《大陆杂志》二卷一期。

(尖利轻薄），大周二周（指鲁迅、周作人兄弟——引者注）得其酸刻。二人之酸可无待言，启明亦刻，二人皆山中千家村之学究（吴学究之义），非你们damned绍兴人莫办也。仆虽不才，尚是中原人物，于此辈吴侬，实甚不敬之。"① 虽然如此，由于两人在北大的交往，在中山大学教书期间，两人虽说不上过从甚密，但亦能和平相处。不过时隔不久，两人在聘请顾颉刚到中山大学任教问题上出现了矛盾，进而发生了激烈冲突。

顾颉刚是傅斯年在北大读书时的同学，他们曾在同一个宿舍住过几年，彼此志趣相近，意气相投，关系比较密切。傅斯年对顾颉刚提出的"层累地造成的中国古史"说推崇备至，说它是"史学的中央题目"，"是一切经传子家的总锁钥，一部中国古代方术史的真线索，一个周汉思想的摄镜，一个古史学的新大成"。称顾颉刚"在这个学问中的地位，便恰如牛顿之在力学，达尔文之在生物学"②。傅斯年在欧洲留学期间，顾颉刚与鲁迅曾同在厦门大学任教，两人因为一桩文字公案，积怨甚深。鲁迅的《中国小说史略》写成后，一些人造谣说鲁迅是剽窃了日本人盐谷温的成果。顾颉刚亦人云亦云，传播鲁迅剽窃别人成果的言论，对此鲁迅相当愤恨，与顾颉刚积怨甚深，并因此离开厦门大学到中山大学任教，傅斯年欲在中山大学建立文史研究的团队，考虑到与顾颉刚学术研究领域相同，想将顾颉刚调到中山大学工作。当傅斯年提出聘顾颉刚到中山大学任教时，鲁迅当即怫然作色道："顾某若来，我便离开！"③ 傅斯年想居中调解，但没有成功。当然，他最后站到了顾颉刚一边。顾颉刚受聘来到中大，是鲁迅离开中大去了上海的一个重要原因。

鲁迅忿然离开中山大学，引起一些学生对傅斯年的非议，为此傅斯年深感委屈，还曾跑到朱家骅那儿大哭了一场。这些顾颉刚都是清楚的，他对傅斯年自然是感恩戴德，傅斯年也认为顾氏应"知恩图报"。顾颉刚到中山大学后，担任了历史学教授兼历史系主任及图书馆中文部主任。

---

① 王汎森、潘光哲、吴政上主编：《傅斯年遗札》第一卷，（台）中研院历史语言研究所2011年版，第40页。
② 傅斯年：《与顾颉刚论古史书》，载《傅斯年全集》第四册，（台）联经出版事业公司1981年版，第457页。
③ 参阅鲁迅致章廷谦信（1927年5月15日）载《鲁迅全集》第11卷，人民文学出版社1981年版。

在开始的一段时间内，顾颉刚与傅斯年合作得相当好。但不久两人便发生了严重的分歧，以致分道扬镳。这固然与两个人的性格有关，更是由两人不同的治学观导致的。傅斯年的理想是创建一个团队，进行"集众"研究，而顾颉刚则更钟情于独立研究，"躲进小楼成一统"，不为世俗琐事困扰，一心进行个人研究。顾氏对在中山大学任教及担任的行政职务感到厌烦，以及因不能从事学术研究而深感苦闷的状况，在给胡适的信中作了坦率地诉说：

> 自从到了广州以后，研究所周刊出到四十二期了，我没有作成一篇文字，心中愈弄愈乱，坐定读书简直没有这回事，因为责任所在，天天要到学校去一次，而寓所离校又远，在路上费去的时间不知多少，一天一天，一月一月的蹉跎下去，我那得不恨？我那得不想走？（照现在这样得做下去，不到五年，我是一个落伍者了，我完了，我除了做学阀之外再没有别的路了！所以这一关，我一定要打破，一定要在别人看为"得意"的环境中挣扎奋斗。）①

1928年春，燕京大学聘请顾颉刚去做研究工作。5月，顾颉刚便离开中山大学，去燕京大学任教。顾颉刚的不辞而别使傅斯年大为恼火，认为研究所正在用人之际，顾氏却开小差逃跑，是忘恩负义。两人大吵了一架，十几年的友情受到严重伤害，以后虽有交往，但以前"埙篪相应"的友谊却再也没有恢复。不久，傅斯年也离开了中山大学，把精力放到了历史语言研究所的筹建和管理上，全心主持和领导历史语言研究所的学术研究工作。

四　兼职北大

1929年初，随着北伐的结束，北方局势已趋安定，为方便主持学术研究，傅斯年决定将中央研究院历史语言研究所全部迁往北平，广州不再留置分支机构。3月，历史语言研究所北迁，入居北平北海公园静心斋。

---

① 《胡适来往书信选》上，中华书局1979年版，第537页。

历史语言研究所迁至北平后，适逢胡适任北京大学文学院院长，到处延聘名流学者讲授中国文史类课程。历史语言研究所名家云集，自然成为胡适聘请的重要对象。历史语言研究所距北大不远，来往甚为方便，所里的学者们也乐于到北大兼课。但是兼课多了，所中研究工作肯定会受影响，所以傅斯年对所内研究人员外出兼课严加控制。据李方桂回忆说，当时傅斯年提出一个原则，凡是历史语言研究所的专职研究人员都不准在外面兼课。

历史语言研究所的学者中不少人来自高等学校，完全与教学工作脱离，他们感到不大习惯，而教学与研究工作密不可分，对研究水平的提高具有重要的推进作用。另外，高等学校里集中了一批优秀的青年学生，从中可以选拔顶尖人才，充实历史语言研究所的研究队伍。所以不久，傅斯年放宽了对历史语言研究所研究人员外出兼课的限制。傅斯年、董作宾、李济、梁思永等人后来都到北京大学做兼职教授。据了解内情的邓广铭回忆说："傅先生所以在北大兼课，主要是想为历史语言研究所选拔人才。当时历史语言研究所人才济济，像陈寅恪、徐中舒、董作宾、郭宝钧、李济等，但总要培养青年学者作接班人。所以，傅斯年、董作宾、李济、梁思永诸先生都在北大讲课，想发现选拔人才。后来，北大毕业生到史语所去的很多，我的同学中就有胡厚宣、张政烺、傅乐焕、王崇武等人。"[①]傅斯年的确从北京大学的优秀毕业生中选拔了不少青年杰出人才，后来他们当中的许多人成为历史语言研究所研究工作的骨干力量。

1929年秋，傅斯年被聘请为北京大学兼职教授，先后讲授过《史学方法导论》《中国古代史专题研究》《秦汉史》《中国文学史》等课程。杨向奎曾回忆说，"本世纪三十年代，北京大学的教授阵营是整齐的，都是一时之选"，他在列举历史系教授时，首先提到的就是傅斯年，说他是"有才华的学者，才气纵横"，"是一位渊博而有开创性的学者"。[②]

从傅斯年讲课的内容来看，他对各门专业课都做到了基础知识和专业知识相结合，基本内容和研究状况相结合，既注重传播系统的知识，又注重培养学生们掌握知识、运用知识的能力。在授课中，傅斯年因材施教，

[①] 邓广铭：《回忆我的老师傅斯年先生》，载《傅斯年》，山东人民出版社1991年版，第2页。

[②] 杨向奎：《回忆傅孟真先生》，载《傅斯年》，山东人民出版社1991年版，第9页。

根据学生年级不同而讲授内容深浅不同。与此同时，傅斯年在讲课时十分重视将研究的最新成果向同学介绍，帮助同学们了解当时的学术研究动态。如在讲直接史料与间接史料相互为用时，他举了王国维运用文字记载的史料与地下挖掘的甲骨卜辞相互参证取得重大突破的例子。王国维的《殷卜辞中所见先公先王考》被认为是20世纪20年代中国史学研究的重大创获，他不仅证明了卜辞的科学价值，而且纠正了史籍中记载的错误，他所发明的这种二重互证法为当时和后世所重视。

傅斯年授课一方面重视专业知识，一方面指导和培养学生的研究兴趣，介绍研究的基本方法和当时史学研究动态，是符合当时学生要求的，也能满足学生对知识的需求，有利于学生学术研究能力的培养，深受当时学生的欢迎，也因此赢得了广大学生的赞扬与敬佩。杨志玖曾回忆说："我在北京大学史学系读书时，曾旁听过傅先生的先秦史专题课，我虽不能完全领会他讲课的内容，但对他发表的独到的见解，对史籍的热悉，旁征博引，融合中西的学识以及滔滔不绝的口才，却深感新奇和钦佩。他时而背一段《左传》，时而翻一篇英文文献，中西互证，左右逢源，宛如一个表演艺术家，听他的课也是一种艺术享受。"[①] 杨向奎曾选修傅斯年的《中国文学史》课，对傅斯年讲课特点和风格回忆说："中国文学史是当时中文历史两系选修课程，选课的学生很多，我是历史系二年级学生，也选了这门课。傅斯年讲书，大气磅礴，上天下地，无所不及。他写有讲义，但那是参考读物，从'诗经'讲起，讲到雅颂的起源，'颂'是采用阮元的说法，而'雅'是参考了章太炎说，以为'雅'、'夏'同源。傅先生是一位渊博而有开创性的学者。"[②]

傅斯年不仅书教得好，行政工作做得也出色，他对北京大学的校务工作亦多所献替。当时任北大校长的蒋梦麟，就把他与胡适视为自己的左膀右臂。蒋氏后来回忆说：

"九·一八"事变后，北平正在多事之秋，我的"参谋"就是适之和孟真两位，事无大小，都就商于两位。他们两位代北大请到多位国内著名的教授，北大在北伐成功以后之复兴，他们两位的功劳，实

[①] 杨志玖：《回忆傅斯年先生》，载《傅斯年》，山东人民出版社1991年版，第34页。
[②] 杨向奎：《回忆傅孟真先生》，载《傅斯年》，山东人民出版社1991年版，第9页。

在是太大了。那个时期,我才知道孟真办事十分细心,考虑十分周密。①

傅斯年自1926年到中山大学任教,后来随史语所迁居北平到北京大学兼职,长期任教于教学一线,对中国教育现状和存在问题有了系统的了解,为其教育思想的形成奠定了基础。

五 三十年代论教育

(一)批判传统教育

20世纪30年代初期是中国教育的转型时期。辛亥革命后,名义上中国新教育制度建立,但教育理念、内容、方法等尚未完全从传统教育向现代教育转型,其中学校教育内容与社会需求严重脱节。在某种意义上说,教育不仅不能为社会提供有用人才,而且成为社会的负担。在这种情况下,从20年代末到30年代初期,在中国教育界开始了一场较大规模关于教育的讨论。傅斯年积极地参加了这场关于教育的大讨论,从1932年7月开始,连续发表了十几篇文章,对教育的现状,教育与政治、经济、国家民族的关系等一系列问题提出了自己的见解。

他在1932年发表的《教育崩溃之原因》中认为,中国教育在当时仍没有摆脱士大夫教育的传统,教育内容与社会现实严重脱节,已经呈现出总崩溃的形势,并且认为许多人所标榜的清末至民国初年的新式教育基本上不存在。傅斯年指出:中国在封建时代,"读书为登科,登科为做官"。清朝末年兴办所谓的新教育,虽然教育体制、教学内容有所改变,但是学生的出路并没有多大改变,把新教育与旧科举联结在一起,仍把学生培植在"读书—登科—做官"的土壤上,所学的多是教条的、僵化的东西。傅斯年认为:要挽救教育,必须改变教育方向,注重知识与实践相结合,培养既有科学知识,又能把科学知识运用于社会实践,为社会服务的新型人才,埋葬旧的八股式教育和封建专制统治下的士人习气,只有这样,中国才能与封建传统决裂,进入近代化。为此,傅斯年首先将矛头指向对传

---

① 蒋梦麟:《忆孟真》,(台)《自由青年》第8期,载《傅斯年》,山东人民出版社1991年版,第291—292页。

统教育的批判和改革发展方向层面。

其一，批判传统读书做官的士大夫思想意识。历史证明，改革行政体制容易，变革思想意识困难，这在中国的近代教育的变革方面表现得特别明显。清朝末年，一些具有新思想的人士认识到封建传统的教育和科举制度不改革势必导致中国亡国。清朝统治者迫于内外压力，开始设立新学堂，学习西方，改革教育内容，但是从学生到社会，思想意识并没有多少改变。辛亥革命后，孙中山自信地向教育界宣告："今破坏已完，建设伊始，前日富于破坏之学问者，今日当求建设之学问。"[①] 之后，民国政府对教育体制进行了一系列改革。蔡元培出任第一任教育总长后，提出五育方针，废止尊孔读经，倡导男女同校，试图改革教育的传统思想意识，但自袁世凯执政，封建传统的教育内容和思想意识又有所恢复。这种状况使许多教育家认识到：几千年的封建教育，以儒家文化为主要内容，以培养仕宦之才为主要目的，由此而产生的重道轻艺、贵义贱利、读书做官的教育观念和价值取向，已经广泛地渗透到社会各阶层，形成了一种深沉的文化心理积淀。要改革教育，必须首先改变旧的思想意识和观念，至少要与教育体制和内容改革同步进行。傅斯年早在青年学生时期，就认识到中国的所谓新式教育，实际上仍是传统封建教育的继续。他在20世纪30年代曾深刻地指出："中国的学堂教育自满清末年创办的时候起到现在，从不曾上过轨道，而近来愈闹愈糟，直到目前，教育界呈露崩溃的形势"，其根本原因是"学校教育仍不脱士大夫教育的意味"。他认为改革教育必须重视改革传统的士大夫思想观念，"去遗传的科举思想，进于现世的科学思想；去主观的武断思想，进于客观的怀疑思想；为未来社会之人，不为现在社会之人；造成战胜社会之人格，不为社会所战胜之人格"[②]。只有教育思想意识的改革才能促使教育彻底改革。从此以后，改革中国传统的士大夫思想观念就成为傅斯年在教育方面的重要主张。

其二，对以儒家经学为主的教育内容的批判。儒学经典是中国传统文化的主体部分，也是秦汉以后教育的基本内容和选拔人才的主要依据，几千年来一直为统治阶级所提倡和推崇，直到近现代在思想教育领域仍然有

---

① 孙中山：《民国教育家之任务》，《中国近代教育史资料》中册，人民教育出版社1987年版，第131页。

② 《傅斯年全集》第六册，（台）联经出版事业公司1980年版，第8页。

相当强的权威性，传统文人将其视为"国粹"而加以保护。批判传统儒学，反对读经成为教育界长期争论的重点问题。而对儒学坚持批判，反对读经的阵营中，傅斯年一直是著名的斗士。早在新文化运动时期，他追随蔡元培、胡适、鲁迅等人，对尊孔读经进行了激烈的批判。傅斯年认为：经学从来就是专制统治者愚弄士人知识分子的工具，在现代，经学作为学生学习内容，不可能促使国家强盛、社会进步，他说："读经从未曾独自成功过，朝代的缔造也不曾真正靠他过，只不过有些愚民的帝王用他笼络学究。"尤其是历史发展到现代，学生迫切需要科学知识，而统治者提倡读经，是背离社会发展方向的。他强调指出："六经中的社会不同于近代，因而六经中若干立义不适用于民国，整个用它训练青年。不定出什么怪样子，更是不消说的了。以世界之大，近代文明之富，偏觉得人文之精华萃于中国先秦，真正陋极了。"① 因此，他坚决反对学校读经，主张以现代科学知识作为学生学习的基本内容。

其三，反对压抑个性的传统教育方式。发展和压抑个性是中国近现代资产阶级教育和封建传统教育的重要分歧，传统的封建统治者和教育家都十分重视设置规范，培养人们服从的习惯，极力压抑个性，培养人遵从专制统治，他们强调的忠孝恭敬等都是培养奴性，要求人们无条件服从君父长上，泯灭个性。而资产阶级教育家和民主主义革命家则强调发展个性，独立、自由地认识自然和社会，充分发挥个人才能。傅斯年将这种思想阐发为"为公众的福利，自由发展个人"，从而进一步阐述了个性与社会的关系。为什么要强调个性，傅斯年认为，社会的"善"是"个性"发展的结果。"'善'是'个性'发出来的。没有'个性'就没有了'善'。"主张培养和发展个性，不仅是他一生的行为准则，而且是他教育思想的组成部分，也是他教育思想中有价值的成分。

在对传统教育思想批判和否定的基础上，如何吸收西方的教育经验、借鉴西方的教育制度，如何使西方教育与中国现实教育融合，发挥两者的优点，改正中国教育方面的弊端成为急需解决的问题。傅斯年阐述自己对西方各国教育的态度说："我以为，学外国要选择着学的，看看我们的背景，看看他们的背景。当然，定一种制度也和定民法、刑法一样，完全求合于当前的环境，便不能促成进步，完全是理想，便无法实行，当然混合

---

① 《傅斯年全集》第六册，（台）联经出版事业公司1980年版，第53—54页。

一个才好。即如在学校制度上学外国，要考察一下他们，检讨一下自己，欧洲大陆的学校制度，有很多的长处，然而我们没去全学……"① 傅斯年认为当时一味地模仿美国并不符合中国的国情，因为美国教育体制过于强调教育学一类课程，搞乱了中国的教育体制和教育内容。他说：

> 我没有留学或行走美国之荣幸，所以我于哥伦比亚大学的师范学院诚然莫测高深。不过，看看这学校的中国毕业生，在中国所行所为，真正糊涂加三级。因此我曾问过胡适之先生，"何以这些人这样不见得不低能？"他说："美国人在这个学校毕业的，回去做小学教员，顶多做个中学校长，已经稀有了，我们却请他做些大学教授，大学校长，或做教育部长。"这样说来，是所学非所用了，诚不能不为这些"专家"叹息！这些先生们多如鲫，到处高谈教育，什么朝三暮四的中学学制，窦二墩的教学法，说得五花八门，弄得乱七八糟。②

傅斯年在详细比较了欧美各国的教育体制和教育制度后，更倾向于欧洲，尤其是德国的教育制度。他认为，大学应注重学术研究，中学应强化主干课程，科目要减少而内容应加深，而这二者欧洲尤其德国比较理想，他曾论述说："中小学课程要门类少而内容充实一事，似乎也不是一件可以争论的事。……至于德国，其中学之 OberPrimal Prima Sekunda 对每科目所要求者如何，更不待论。德国中学本有好几种，战后渐渐会通之，会通之结果，科目并不加多，而内容转加深些，至少在算学、理化、近代语言上说是如此。我所见者如此……这十多年来，中国教育制度日趋于美国化，而中国之课程程度日浅，科目日多。其中有些科目我们当年真正做梦也想不到，如所谓文化史者及所谓社会科学者，即其一二也。"③ 傅斯年发表的系列论文中都强调借鉴德国教育制度，号召向德国学习，反对教育美国化。

---

① 《傅斯年全集》第六册，（台）联经出版事业公司1980年版，第90页。
② 同上书，第8页。
③ 同上书，第32—33页。

（二）高等教育构想

傅斯年认为，中国高等教育是从古代国子监和地方书院演变而来的。中国古代书院制度发展到清代，其讲学及研究虽然方法原始，但颇有些教学和学术研究相结合的意味，这种方法因清末实行所谓新式教育而中断，而兴起的所谓的高等教育虽有几十年的历史，仍一直没有走上轨道，无法与世界上先进国家的大学相比拟。高等教育要进行改革，其改革设想有许多合理的成分，从他设计的方案来看，注重以下几个方面：

其一，大学教育重点是学术教育，要注意培养学生的学术研究能力。傅斯年认为：大学教育是培养一个人入于学术法门的，虽然也不能忽略知识的传授和技能的培养，但传授是以方法为主，不以具体知识为主。所以说，大学教师对于学生是引路者，学生对于教师是预备参与者，一旦掌握了进入学术研究的方法或工具，便可以进入研究领域。因此，他强调指出："大学各科虽不同，皆是培植学生入于专科学术之空气中，而以指导者给予之工具，自试其事者也。因此情形，大学生实无分年的全班课程之可言，今之大学多数以年级排功课，乃将大学化为中学，不特浪费无限，且不能培植攻钻学术之风气。"为了区别大学与中学培养方式、目标的不同，傅斯年为大学设计了一套培养的目标和实施方案，主要内容是：

一、设讲座及讲座附属人员，以不布置中学功课之方法为大学课程。

二、除第一年级课程比较固定外，其余多采选习制（文理法商之选习宽，工农医较有限定）。

三、每门功课不必皆有考试，但须制定一种基本检定：这种基本检定包含各种若干及格证，得此项及格证之后，然后可以参与毕业考试。此项及格证在国文系者试作一例如下：

甲、中国语言文字学

乙、中国文学史

丙、中国通史

丁、中国诗学（词曲在内）或词章学

戊、一种西洋文学

己、若干部书之续习

四、毕业考试由教育部会同大学行之，论文一篇，证明其能遵教授之指导施用一种做学问之方法而已，不可不有，亦不可苛求。此外选择二三种最基本之科目考试之。

五、非满若干学期，不得参加毕业考试，但在学校中无所谓年级。

六、凡可有实习之科目，皆不可但以书本知识为限。

七、最普通的功课由最有学问与经验之教授担任，以便入门的路不错。①

其二，大学教授的地位和权利。高等教育如何才能成为学术研究机构，关键是有一批学识丰富的教授。傅斯年认为，一个大学教授的数量和质量，关系着一所学校的前途和命运，国家专业研究人员的数量和程度，决定着国家的存亡兴衰。因此，一所大学的关键是教授的状况如何，其学术水平及其在学术界的地位不仅决定着学校的地位，而且关系着这所学校的兴衰和前途，应该引起学校行政领导的高度重视。基于这种情况，他强调说：

大学以教授之胜任与否为兴亡所系，故大学教授之资格及保障须明白规定，严切执行。今之大学，请教授全不以资格，去教授全不用理由，这真是古今万国未有之奇谈。只是所谓"留学生"，便可为教授，只是不合学生或同事或校长的私意，便可去之，学绩即非所论，大学中又焉有励学之风气？教育当局如有改革高等教育之决心，则教授问题应该求得一个精切的解决。②

正是由于大学中教授地位重要，所以傅斯年要求各个方面要深切注意。他提出几项具体的建议和主张，以便对教授进行审定，特别加以保护和尊重，其建议如下：

一、由教育部会同有成绩之学术机关组织一个大学教授学绩审

---

① 《傅斯年全集》第六册，（台）联经出版事业公司1980年版，第24—25页。
② 同上书，第26—27页。

查会。

二、凡一学人有一种著作，此著作能表示其对此一种学问有若干心得者，由此会审定其有大学教授资格。

三、经上列第二项手续之后，此学人更有一种重要著作，成为一种不可忽略之贡献者，由此会审定其有大学教授资格。

四、凡有大学教师或教授资格者，任何一大学请其为教师或教授时，受大学教员保障条例之保护，即大学当局如不能据实指明其不尽职，不能免其职。

五、既得有上列两项资格之一，而任何三年中不曾有新贡献者，失去其被保障之权利。

六、凡无上列资格，在此时情况之下，不得不试用者，试用期限不得过两年。

七、凡不遵守上列办法之大学，教育部得停其经费，或暂不给予毕业证书之用印。①

从傅斯年建议的倾向来看，对教授的选拔和鉴定是相当严格的，选拔的基本标准是学术研究的能力和水平，而衡量能力和水平的基本条件是学术研究成果，即著作，并且这种著作确能在学术领域有较大影响，即被认为是对学术研究有不可忽略的贡献。学者一旦被认为有教授资格，就应受到保护，不能随便免职，同时为了鼓励学者进行深入研究，其认定资格的时间为三年，三年中不曾有新贡献者，便失去了被保障的权利，这样既是对教授的督促，也为新进人才提供了条件，因为教授不能为终身制，傅斯年的这些提议以学术水平评定教授，并给予一定法律保证，使大学的教授有相对稳定性，便于开展学术研究，同时又不实行终身制，使学术界有新陈代谢的机会，便于创新人才的成长和学术研究的活跃。

其三，高等教育和学术研究要有相对的独立性。傅斯年主张教育独立和学术自由，他在《教育改革中几个具体事件》一文中强调指出：

教育如无相当的独立，是办不好的。官治化最重之国家，当无过于普鲁士。试以普鲁士为例，虽说大学教授讲座之选补权亦操之教育

---

① 《傅斯年全集》第六册，（台）联经出版事业公司1980年版，第27页。

部，一切教育行政皆由部或地方官厅令行之，然其教育界实保有甚大之自治力量，行政官无法以个人好恶更动之。当年以德皇成廉第二之专横，免一个大学校长的职，竟是大难，革命后普鲁士教育部免了一个国立歌剧院院长的职，竟发生了大风波。……中国的教育厅长特别市教育局长可以随便更换，这犹可说他们是政务官，然而厅长局长竟能随便更换校长，一年数换，于是乎教员也是一年数换了。服务教育界者，朝不保夕，他们又焉得安心教书？又焉得不奔竞，不结党营私？所以政府的责任第一是确定教育经费之独立，中央的及地方的。第二是严格审定校长教员教授的资格，审定之后，保障他们的地位。①

傅斯年对各国教育有相当的了解。西方各国教育基本上是独立的，学术研究是自由的，德国普鲁士政府虽然在西方国家中是相对专制的政权，但教育仍保有相当的独立。中国要想发展教育和科学技术，必须做到两点：

一是教育独立。这种独立主要表现在两个方面，即人事独立和教育经费独立。傅斯年强调：一旦对教授资格审定，就要把高等教育的权力全部给予大学。他说："既澄清了大学教员界，然后学术独立，学院自由，乃至大学自治，皆可付给之。"② 中央政府不能再横加干涉。教育经费独立，这是教育独立的基础条件，因为教育经费是办教育的基本条件，只有教育经费独立，才可能有独立的教育，独立的学术。而由于教育经费基本上由政府分拨，而当时国民党政府和地方割据势力往往用各种借口克扣教育经费，把教育经费挪用，因此常常因教育经费短缺而造成教育的混乱，因此，要使教育真正独立，必须保证教育经费独立。

二是保持教育界的稳定，反对现实政权干涉教育。正如傅斯年所批评的："请教授全不以资格，去教授全不用理由。"完全凭权贵的个人意志，或者随便更换校长；每一位新校长到任，随自己的意志更换教师，使教师不能安心教学和学术研究。这些都破坏了教育界的稳定。教育界不稳定，教师不安心，其他自然无从谈起，傅斯年强调教育独立，是保证教育稳定的一个前提条件，而两者又有着密切的联系。这可以看作一个问题的两个

---

① 《傅斯年全集》第六册，（台）联经出版事业公司1980年版，第14页。
② 同上书，第28页。

方面，而核心依然是教育独立。

（三）基础教育设想

傅斯年虽然没有机会从事基础教育，对基础教育的状况了解不够确切，但对基础教育的功能和社会作用却有着明确的认识，所发表的言论在某种程度上引起了当时人们的重视，也反映出他对基础教育的重视，成为他教育思想的一个组成部分。

基础教育要以职业训练为中心，这是傅斯年关于基础教育的基本观点。基础教育主要实施于少年儿童和基本民众，这种教育之所以称为基础教育，基本的含义表现为两个方面，对于高等教育来说，它主要传授各科基本知识，为学生接受高等教育奠定基础；而当时由于高等教育不发达，能够升入大学的比例很小。对于不能升学而进入社会的学生来说，这种教育是为他们进入社会、从事各种职业而进行的基本训练，因此所提供的应该是基础知识、基本技能。针对当时基础教育与社会需要的脱节，引起许多人士的关注和探讨，正如有人论述当时社会状况说：

> 要而言之，我国现在的教育情形，不是到民间去的，却是从民间出的。换句话说，是现在并没有人把学者研究的所得，拿到民间去，帮助农人工人，改良他们的生活状况。却是用教育的方式，把农人工人的子弟拔出来，使他们以后不能为农，不能为工，不愿为农，不愿为工。[①]

这样自然使教育与社会脱节。怎样才能对受教育者生活有用处？最根本的方法是教育要根据生产、生活的需要传授给受教育者生产、生活的知识，使他们走出校门，利用所学的知识为社会服务，扩大自己的生活范围和就业门路。傅斯年强调指出："我们乃是主张学校中的训练要养成幼年人将来在社会服务的能力，养成一种心思切实，态度诚实，手脚动得来，基本知识坚固的青年。"他们在中小学毕业后，"在化学工厂中做起事来，能应用他在学校中学的化学知识，在农场中做起事来，有应用他在学校中学的动植物知识，然后这教育不是失败的"。[②] 傅斯年的这种理论比较简

---

① 旭生：《教育罪言》，载《独立评论》第 26 号。
② 《傅斯年全集》第六册，（台）联经出版事业公司 1980 年版，第 12 页。

单，就是学用结合，中小学的教育与社会需要结合起来，改变基础教育与社会需要脱节的现象。

但是仅仅是学用结合，只能是教育方向的问题，虽暂时解决学以致用的问题，从理论上说还是低层次的。整体说来，基础教育既要适应社会，但又不能迎合社会现实，要以社会需要的长远规划和教育的方针结合起来。教育的基本目标和整体设施结合起来。要培养什么样的人，培养的人达到什么标准，傅斯年对此提出了三个方面的设想：

其一，基础教育要以职业训练为中心，这是傅斯年对基础教育总的指导思想。他的这种思想不仅仅局限于基础教育，而是包括整个国家教育。他曾强调："全国的教育，自国民教育至学术教育，要以职业训练为中心的。"① 这种思想强调的是教育与社会相统一，改变教育与社会严重脱节的现象。在这种基本原则指导下，衡量一个学校办的成功与否，就看它教育出来的人在以后社会生活中的应用。能够把在学校学到的知识应用于社会，并产生良好的效果，学校的教育便是成功，否则便是失败。傅斯年认为，考察一个学校教育的成功与失败，有两条标准："一、学生的手脚是否有使用他的课本上的知识的能力；二、学生能不能将日常环境中的事与课本上的知识联贯起来。能，便是训练的有效，不能，便是制造废物了。"② 可以看出，傅斯年所强调的职业训练着重强调的是运用知识解决社会实际问题的能力，实际上是要求学生在学校毕业以后不仅要适应社会，还要改造社会，应该说他强调的职业训练是高标准的。

其二，中小学课程设置要少而精，有实际价值。傅斯年曾不止一次地强调：中小学课程要门类少而内容充实。他认为欧洲与美国的中小学教育在课程设置上各有特点：欧洲尤其是德国的特点是门类少而内容深，美国的特点是门类多而内容浅。他主张取法德国，门类要少一些，但内容要充实，有一定的深度。他要求中小学的课程设置在"职业训练"的原则下进行调整。他说：

> 在这"职业训练"的要求之下，我以为中小学的课程应注意下列数事：

---

① 《傅斯年全集》第六册，（台）联经出版事业公司1980年版，第12页。
② 同上书，第13页。

甲、将中小学课程之门类减少至最低限度，仅仅保留国文、英文、算学、物理、化学、自然知识、史地知识、体育等，而把一切不关痛痒的人文科目一律取消，一面将党义的功课坚实的改良，使其能容纳些可靠的人文知识，不专是一年又一年的叫口号。

乙、每一科目宁缺毋滥，在城市的学校可减除自然知识，在乡村学校亦可酌量减除些科目，只有国文、英文、算学是绝对不可少的。每一科目既设之后，必求有实效，国文非教得文理精通文法不错不可，英文非教得文法了然能有些实用不可，算学非教得有算术、几何、代数、最浅解析几何、最浅微分之基础知识，而能实用不可（此限度就高中言）。物理非教得对于电灯、肥皂泡、天气变化、化热力功用等等一切我们四周环境中遇到的事件，能与书本上的知识连起来不可，植物非教得能把我们园中的植物拿来分类认识出来不可。一切功课都步步跟着实验，教科书不过是个参考的手本，训练的本身乃在动手动脚处。国文英文也不能是例外的，历史要教到坚实而不盲目的民族主义深入心坎中，同时知道世界文化之大同主义，地理要教得知道世界各地物质的凭借，及全国经济生活之纲领，若专记上些人名地名，年代故事，乃真要不得的。为实现这样的课程，教育部有设置几个专科的课程编定委员会之必要。[1]

其三，基础教育要注意机会均等。傅斯年后来在教育方面有一个重要的理想，即废除阶级教育，改为机会均等教育。所谓阶级教育，就是承认社会上的贫富不均，学校高收费，只给富家子弟受教育的机会，贫民子弟因家贫而没有机会求学。傅斯年反对这种教育上的不平等，要求学校对贫民子弟照顾，使贫民子弟有与富人子弟有均等接受教育的机会。在20世纪30年代他的这种思想虽没有正式形成，但因为他自己出身贫苦，对贫民子弟求学的欲望和困难有很深的体会；他对贫民子弟有求学愿望而无求学机会有着深切同情，对社会贫富不均影响到青少年求学机会不平等而不平，所以他在30年代就开始探索解决办法。他在这个时期提出广设奖学金，资助贫民子弟有求学机会是他以后教育机会均等思想的初步实施。他在《教育改革中几个具体事件》一文中比较系统地提出了自己的设想，

---

[1] 《傅斯年全集》第六册，（台）联经出版事业公司1980年版，第12—13页。

他说：

> 教育当局要为有才学的穷学生筹安顿。中国的家庭是世界上最腐败的，中国的家庭教育是世界上最下等的，所以严格说去，中国无"世家"之可言。惟其如此，故贤士干才多出于贫寒人家，环境之严苦锻炼出人才来，不是居养的舒服能培植德性的。科举时代，穷人是比较有出路的，一来由于当年读书本用不了许多钱，二来由于当年义学，宗塾，廪膳膏火，书院奖励，试馆等制度，大可帮助有才无钱的人。今日之学校教育，用钱程度远在当年之上，并无一切奖金助金，国家号称民国，政治号称民权，而贫富之不平更远甚，成个什么样子？不特就人道的立场言，极其不平，即就政治的作用伦，也是种下一个最大的危险种子。所以我来提议：
>
> 甲、把自大学至小学的经费抽出至少百分之五来作奖学金。
>
> 乙、把一切无成绩的省立大学停止了，改成奖学金（国外留学金在内）。
>
> 丙、把一切不成样子的私立大学停止了，收他们的底款为奖学金。
>
> 丁、一切私立学校不设奖学金者，不得立案。
>
> 戊、学费一面须收得重，奖学金额一面复设得多。
>
> 于是国家有国家的奖学金，省有省的奖学金，县有县的奖学金，学校有学校的奖学金，团体有团体的奖学金。于是学生用功了，穷学生尤其用功了，学校的风气自然好，社会的秩序自然改善。①

通过广泛设立奖学金的办法解决贫民子弟受教育的问题，从根本上说是不能解决教育机会均等问题的，因为当时的政治制度就是代表资产阶级和地主阶级的，富人子弟不仅享有经济特权，也享有政治特权。奖学金不可能真正解决贫民子弟受教育的问题，傅斯年这种设想也不可能全面得到实现，但是傅斯年当时注意到这种社会现实，并为此发了不平之鸣，本身应该说是有进步意义的。

---

① 《傅斯年全集》第六册，（台）联经出版事业公司1980年版，第12—13页。

第 五 章

创办历史语言研究所

　　1928年中央研究院建立，傅斯年受命组建历史语言研究所，厘定章程，规划发展蓝图，以建立科学的历史学、语言学和考古学为己任，提出"要科学的东方学之正统在中国"的口号。在傅斯年的领导下，历史语言研究所成员同心同德，进行集众的研究，在各自的学术领域取得了重要成就，在中国学术发展史上具有重要地位。

一　筹建历史语言研究所

　　在中山大学期间，傅斯年创办了语言历史研究所，以实现自己"科学的东方学"的构想。恰在此时，国民党政府筹备建立中央研究院，蔡元培出任院长，傅斯年极力游说蔡元培等人，最终确立了在中研院设立历史语言研究所的议案，开始了傅斯年后半生"无中生有的志业"。

　　1927年6月，国民党中央执行委员会政治会议通过了蔡元培、李煜瀛、褚民谊等人关于成立中华民国大学院为全国最高学术教育行政机关的提议。7月，国民党政府颁布《中华民国大学院组织法》，明确规定大学院为"全国最高学术教育机关，承国民政府之命，管理全国学术及教育行政事宜"[①]。大学院下设秘书处、教育行政处和中央研究院三个机构。10月，中华民国大学院成立，蔡元培任院长。根据大学院的组织条例，蔡元培聘请了中央研究院筹备委员30余人，傅斯年为筹备委员之一。

　　11月20日，中研院筹备委员会召开成立大会，通过了《中央研究院

---

　　① 中央教育科学研究所编：《中国现代教育大事记》，教育科学出版社1988年版，第134页。

组织大纲》，确定设立理化研究所、地质研究所、社会科学（即社会学）研究所、观象台四个研究机构，待条件成熟后再陆续增设其他研究机构。从中央研究院的下属研究机构设置来看，它最初的研究方向偏重于自然科学方面。傅斯年认为，现代的历史学、语言学与传统的学术有根本的区别，它使用的是科学方法，是与生物学、地质学等自然科学相同的手段，它与自然科学的差别，仅在于学科的分工不同。1928年1月，傅斯年向蔡元培陈述了历史学和语言学研究工作的重要性，建议在中央研究院中设立历史语言研究所。同年3月，中华民国大学院批准了傅斯年的提议，聘请傅斯年、顾颉刚、杨振声为中央研究院历史语言研究所常务筹备委员。11月，国民政府公布《国立中央研究院组织法》，规定中央研究院与中华民国大学院脱离隶属关系，成为独立的研究机构。

1928年夏天，傅斯年辞去中山大学教职，专门从事筹建历史语言研究所的工作，筹备处办公地点设在广州中山大学校内。9月，傅斯年就任中央研究院历史语言研究所所长。在《国立中央研究院历史语言研究所十七年度报告》第一节《历史语言研究所设置之意义》中，傅斯年重申了历史语言研究所建立的重要性：

> 中央研究院设置之意义，本为发达近代科学，非为提倡所谓固有之学术。故如以历史语言之学承固有之遗训，不欲新其工具，益其观念，以成与各自然科学同列之事业，即不应于中央研究院中设置历史语言研究所，使之与天文地质物理化学等同伦。今者决意设置，正以其自然科学看待历史语言之学。此虽旧域，其命维新。材料与时增加，工具与时扩充，观点与时推进，近代在欧洲之历史语言学，其受自然科学之刺激与补助，昭然若揭。①

为达成此项目标，傅斯年提出了六项具体措施："甲，助成从事纯粹客观史学及语学之企业。乙，辅助能从事且已从事纯粹客观史学及语学之人。丙，择应举合众工作次第举行之。丁，成就若干能使用近代西洋人所使用之工具之少年学者。戊，使本所为国内外治此两类科学者公有之刊布机关。己，发达历史语言两科之目录学及文籍检字学。"其中，特别强调

---

① 欧阳哲生主编：《傅斯年全集》第六卷，湖南教育出版社2003年版，第9页。

开展集体或"合众"性质的工作。

在历史语言研究所筹备过程中，傅斯年充分认识到研究人员的聘用对历史语言研究所学术前景的影响，"研究所于奠基立石之时，不得不为长时之寻想及讨论，以便设基不误，后效可期"，"因此既系中央研究院之一部，自当一体收罗此两科之学者，使国内名贤在此范围者无有遗漏，亦无滥举"。① 从傅斯年等致蔡元培、杨杏佛的信中可以看出，傅斯年聘请专门研究人员，其主要条件有两项，一是必须为专业人士，并在专业中有突出成就者；二是曾受到良好训练，专业基础扎实，有发展前途的中青年人士，正如他在致蔡元培等人信中所强调："使国内明贤在此范围者无有遗漏，亦无滥举，不能以我等之接触及情好为断。"本着以上原则，历史语言研究所建立伊始，傅斯年拟定的聘任学者主要有：

研究员：蔡元培、胡适、陈垣、陈寅恪、赵元任、俞大维、刘复、马衡、林语堂、朱希祖、容庚、许地山、李宗侗、徐炳昶、李济、袁复礼、罗家伦、冯友兰、史禄国，共十九人。

在中山大学同人，参与筹备并有所贡献者，拟聘请的研究员有：何思敬、罗常培、商承祚、丁山、容肇祖、董作宾、余永梁、黄仲琴、辛树帜。

通信员：单不厂、马太玄。

外国所员（以研究员待之）：伯希和（Paul Pelliot）、米勒（F. W. K. Muller）、珂罗倔伦（Bernard Karlgren）。②

1928年8月29日，傅斯年又将聘请人员分为特约、专任、兼任等名义，后又设立编辑员一名义，主要是资格达不到研究员标准者，傅斯年在致蔡元培的信中说："下列五人聘之为研究员则不能，任之为助理员则不能"，于是做一变通，设为编辑员，5人分别是董作宾、商承祚、容肇祖、余永梁、黄仲琴。

10月23日，历史语言研究所迁至广州市东山恤孤院后街35号柏园。

---

① 王汎森、潘光哲、吴政上主编：《傅斯年遗札》第一卷，（台）中研院历史语言研究所2011年版，第128页。

② 同上书，第128—130页。

至此，中央研究院历史语言研究所宣告正式成立，简称史语所，初设史料、汉语、文籍考订、民间文艺、汉字、考古、人类学、民物学、敦煌材料研究九组。1929年6月，研究所移至北平北海静心斋新址，在机构上也相应作了较大调整。"将原来以事业为单位之组取消，更为较大之组"，共设三组：第一组"史学各面以及文籍校订等属之"；第二组"语言学各面以及民间文艺等属之"；第三组"考古学人类学民族学等属之"，陈寅恪、赵元任、李济分任三组主任。① 至此，历史语言研究所的格局基本形成，组织机构亦基本确立。对于这一组织机构的调整，李济先生后来给予高度评价："这一决议，较之原来的设计，不但是一件切合实情的改进，同时在理论上及组织上也是一大进步。廿余年来，三组工作之相辅相成，就是这一决议案合理的最大证据。由此也可以看出创办人刻意求进的精神及他的远见。"②

傅斯年在正式聘任史语所研究人员之前，对其级别、职事等做了相应的筹划。依据《国立中央研究院历史语言研究所章程》的规定，历史语言研究所人员有研究员、助理研究员、学侣、研究生等职级。

研究员分为专任、兼任、特约三类。其中，专任研究员常川在研究所从事研究；兼任研究员于特定时间内到所工作；特约研究员于有特殊调查或研究事项时临时委托到所或在外工作。专任及兼任研究员任期为一年，期满可以续聘连任。研究员无定额，只要才识卓越者均可聘用。从傅斯年致胡适的信中可知，最初拟聘任的研究员有陈寅恪、赵元任、李济、朱希祖、罗家伦等20余人，同时聘任伯希和、米勒、珂罗倔伦等外国汉学家为外国所员，享受研究员待遇。后来又设有助理研究员，傅斯年称："助理研究员之资格，依法律所规定，等于大学之专任讲师。然中央研究院之标准，远比各大学平均之程度为高，此时敝所助理研究员就业大学者，至少为副教授。"另外，"为取得研究之材料及图研究之方便起见"，设通信员和外国通讯员若干人。

在研究员之下，设有学侣，无定额，规定："凡于历史学或语言学范围内之学科已开始为研究之工作，有良好之成绩，以后可因与本所之关

---

① 欧阳哲生主编：《傅斯年全集》第六卷，湖南教育出版社2003年版，第16—17页。
② 李济：《傅孟真先生领导的历史语言研究所》，《傅孟真传记资料》（二），（台）天一出版社1981年版，第26页。

系，得研究之方便，助成其研究之前进者，随时由所务会议议决，经所长函任之。"除此之外，历史语言研究所有权招收研究生，"以训练成历史学及语言学范围内共为工作之人，而谋集众工作之方便以成此等学科之进步"①。

关于历史语言研究所人员薪酬，当时也有明确规定。最近出版的《傅斯年遗札》有一封傅斯年致研究院总干事杨杏佛的信，里面附有"历史语言研究所十八年度聘员及薪额表"，为我们了解历史语言研究所的工资概况提供了重要参考，附件内容为：

傅斯年（专任研究员兼所长）四百元、陈寅恪（专任研究员兼任支薪）二百元、赵元任（专任）四百元。

李济（专任照兼任支薪）一百元、史禄国（专任）四百元、罗常培（专任）二百四十元、丁山（专任）二百四十元。

刘复（兼任研究员）一百五十元、陈垣（兼任）一百元。胡适（特约）、朱希祖（特约）、林语堂（特约）、沈兼士（特约）、马叔平（特约）、顾颉刚（特约）、俞大维（特约）、容庚（特约）五十元。②

除了优厚的工资待遇，傅斯年还制定了具体的科研奖励办法，规定凡是发表文章的人员，按千字三元的标准进行奖励；"一字之释文，一简之考证，自不可以字数定也"；对于文章学术影响较大的，"格外加奖若干"。③

傅斯年在筹建历史语言研究所时不仅树立了明确的指导思想，罗致人才，而且身体力行，以身作则。对此，李济曾有一段深情的回忆：

以历史语言研究所为大本营在中国建筑"科学的东方学正统"，这一号召是具有高度的鼓舞性的；举起这面大旗领首向前进的第一人，是年富力强的傅斯年；那时他的年龄，恰过三十不久，意气丰

---

① 王汎森、潘光哲、吴政上主编：《傅斯年遗札》第一卷，（台）中研院历史语言研究院2011年版，第137页。
② 同上书，第210—211页。
③ 同上书，第121页。

盛，精神饱满，浑身都是活力；不但具有雄厚的国学根柢，对于欧洲近代发展的历史学、语言学、心理学、哲学以及科学史都有彻底的认识，他是这一运动理想的领导人；他唤醒了中国学者最高的民族意识，在很短的时间内聚集了不少的能运用现代学术工具的中年及少年学者。①

二 研究目标与宗旨

1928年5月，傅斯年专门撰写了《中央研究院历史语言研究所工作之旨趣》，对设立历史语言研究所工作的指导思想、学术宗旨和工作目标进行了阐释。

在《旨趣》中，傅斯年首先对欧洲历史学、语言学研究状况做了简要介绍，指出其内容、范围、方法和研究宗旨。他说：历史学和语言学在欧洲都是很近才发达的。历史学不是著史，近代的历史学只是史料学，利用自然科学供给我们的一切工具，整理一切可逢着的史料。与此相辉映，欧洲的语言学在18、19世纪之交，经过几个大学问家的努力，很快发达了起来，不论是综合的系族语言学，还是各种专门的语言学，都已蔚为大观，尤其是实验语音学、方言的研究，成绩更为突出。

《旨趣》对中国语言学和历史学研究的历史也进行了简要的梳理。傅斯年指出，与欧洲相比，中国的语言学和历史学虽然出现很早，但没有得到很好的继承和发扬。他认为，早在公元前2世纪的司马迁，在其皇皇巨著《史记》中"若干观念比十九世纪的大名家还近代些"。北宋的欧阳修作《集古录》，研究直接材料，"是近代史学的真功夫"。到北宋末年这方面又有长足的进步。如果按照这样的方向发展下去，到了明朝，就应该有当代欧洲的局面了。可是元朝以异族入主中原，明朝崇尚浮夸，所以历史学、语言学不仅没有进步，反而后退了。明清之际浙东学派开了"一个好端涯"，清初顾炎武的历史考证、音韵学研究，阎若璩的历史地理学及辨伪方面的成就，均为世人所瞩目，"亭林（顾炎武字）、百诗（阎若璩字）这样对付历史学和语言学，是最近代的：这样立点便是不朽的遗

---

① 李济：《傅孟真先生领导的历史语言研究所》，《傅孟真传记资料》（二），（台）天一出版社1981年版，第26页。

训"。但是近百年来中国的历史学和语言学并没有沿着前人开辟的正确方向走下去，也没有因为和西洋人接触而借用其新工具，扩张新材料，而是煞费苦心地在那里修元史、修清史，做官样文章。更有甚者，不仅自己不使用新材料，就连别人正在使用的新材料也加以抹杀，如甲骨文字，外国人都在极力搜求研究，而我们语言学的"大权威"，却将其视为赝品。这在观念上、研究方法上，都是一个大倒退。

总之，傅斯年认为，中国的历史学、语言学发达早，有光辉的历史，但近代以来却落伍了。欧洲的历史学、语言学是近几百年才发展起来的，但发展的水平却远远超过了中国。

在此基础上，傅斯年进而提出判定这两门学问进步与否的三个标准：

第一，"凡能直接研究材料，便进步。凡间接的研究前人所研究或前人所创造之系统，而不繁丰细密的参照所包含的事实，便退步。"前者是所谓"科学的研究"，后者则是所谓"书院学究的研究"。傅斯年举例说，仅以《说文解字》为本体去研究文字学，是学究的研究，只把《说文解字》作为一种材料，同时使用甲骨文、金文去研究文字学，乃是科学的研究。按照司马迁的旧公式，去写纪表书传，是"化石的史学"，能利用各种直接材料，大到方志，小到私人日记，远如考古发掘、近到某洋行的贸易册，去把史事条理出来，则是科学的本事。

第二，"凡一种学问能扩张他研究的材料便进步，不能的便退步。"西方人作学问不是去读书，而是"动手动脚到处找新材料，随时扩大旧范围"，所以这学问便不断发展提高。中国古代的文字学研究，从《说文》的研究取代汉简，到阮元的金文研究识破《说文》，再到孙诒让、王国维的甲骨文研究，材料不断扩充，学问一层层进步。在中国历史学的盛时，材料用的也很广泛，"地方上求材料，刻文上抄材料，档库中出材料，传说中辨材料"，可是到了现在，中国的学者不仅不能扩充材料，去搞地下发掘，就是自然送给我们的材料，如敦煌文献、内阁档案等，也坐视其毁灭、外流，却又在那里大谈"整理国故"，这样怎能进步！

第三，"凡一种学问能扩充他作研究时使用的工具的，则进步，不能的，则退步。实验学家之相竞如斗宝一般，不得其器，不成其事，语言学和历史学亦复如此。"中国历来研究音韵学的人很多，但没有突出的成就，原因是缺乏必要的工具。现代的历史学已经成了各种科学方法的汇集，地质、地理、考古、生物、气象、天文等学科，无不供给其研究的工具。没有自然科学的帮助,许多历史问题根本无法解决。

依据上述三条标准,傅斯年提出了历史语言研究所工作的三条宗旨:第一是"保持亭林百诗的遗训"。就是"照着材料的分量出货物","利用旧的新的材料,客观的处理实在问题,因解决之问题更生新问题,因问题之解决更要求多项的材料"。第二是"扩张研究的材料"。第三是"扩张研究的工具"。傅斯年认为这三条实际是一句话,没有客观的地理史学或语言学的题目之精神,即"所谓亭林百诗的遗训者,是不感觉着扩充材料之必要,且正也扩充不了,若不扩张工具,也不能实现这精神,处置这材料"。

在文章的最后,傅斯年提出了三个响亮的口号:

一、把些传统的或自造的"仁义理智"和其他的主观,同历史学和语言学混在一起的人,绝对不是我们的同志!

二、要把历史学语言学建设得和生物学地质学等同样,乃是我们的同志!

三、我们要科学的东方学之正统在中国![1]

在《历史语言研究所工作之旨趣》发表以后的几十年里,历史语言研究所的学者们一直恪守上述几项原则,遵照傅斯年提出的研究方向与目标进行着不懈的耕耘,取得了卓越的成就,在世界学术界产生了重要影响。

三 狼狈为善

傅斯年1928年4月受命筹备历史语言研究所时,首先考虑的就是物色和罗致一流的专业学者。他不止一次地强调,历史语言研究所成立后要在全国范围内聘请一流的专业学者到所内从事研究工作。他在致蔡元培等人的信中强调:"自当一体收罗此两科之学者,使国内名贤在此范围者无

---

[1] 欧阳哲生主编:《傅斯年全集》第三卷,湖南教育出版社2003年版,第12页。

有遗漏，亦无滥举。"① 由此可以看出，傅斯年决心要在全国范围内聘请历史语言研究所所设置专业中最有真才实学且学术研究最有成就的学者，当时负有盛名的陈寅恪、赵元任、李济都是他志在必得的人选。

1928年9月，傅斯年以蔡元培院长名义致电陈寅恪，要求其担任历史语言研究所研究员，信中说："本院院长蔡先生聘先生为本研究所研究员，恳请许诺，感荷无置！"考虑到陈寅恪在清华大学担任研究教授，不可能立即离职南下，在信中特别注明准允其长住北平，从事学术研究。信中说："查历史的语言的材料聚集北平者至多，整理发明端赖博学如先生者，不维冒昧，敢烦先生常住在北平，以便从事整理，闻先生于内阁大库中颇得重要史料，有意编辑，又得数种文书之蒙古史，思考校之，无任欣佩，颇思早观厥成，以树研究史学之表仪，至于推此项及其他。先生在北平工作之用费，如抄写之费及助员之费等，自当由本所担任。"②

为了方便陈寅恪在北方为历史语言研究所工作，1928年11月，陈寅恪受聘为北平分所主任。1929年6月，历史语言研究所迁往北平，陈寅恪担任研究员兼第一组（历史组）主任。但陈寅恪一直没有实际到职，仍以清华大学工作为主。在历史语言研究所历史组的具体工作多由傅斯年实际处理。李方桂曾回忆说："他（傅斯年）办史语所也有一个原则，即凡在史语所工作的人都不准在外面兼课，但陈寅恪和赵元任一定要在清华兼课，他不得已，为了请到这两位杰出人才，只好退让一步说：'好，只有你们两位可以在外兼课，别人都不许'。"③ 在这种情况下，陈寅恪才接受聘请，担任历史组主任。劳干曾是历史组的研究人员，他在回忆历史组的工作情况时有更详细的叙述："等我到中央研究院史语所工作，陈寅恪先生是第一组主任，不过陈寅恪先生只担任一个名义，并不管实际上的事，一切事务都由傅孟真亲自处理，遇到学术上的问题，以及升迁的问题，才去特别找陈先生，请陈先生发表意见，这件事在史语所当时是一个很少被谈到的事。"④ 关于陈寅恪很少过问历史组的具体事务这一事实，

---

① 王汎森、潘光哲、吴政上主编：《傅斯年遗札》第一卷，（台）中研院历史语言研究所2011年，第128页。
② 同上书，第149页。
③ 李方桂：《让你做你想要做的事》，《傅孟真传记资料》（三），（台）天一出版社1981年版，第82页。
④ 劳干：《陈寅恪传记资料》，（台）天一出版社1985年版，第18页。

在南京第二档案馆有关历史语言研究所的档案里也能清楚地得到证实,例如有几份历史语言研究所的会议记录:一份历史语言研究所讨论年初人员调配和经费使用;一份汇报明清大库档案保存和整理情况,这两次会议陈寅恪都出席了,其他几次一般性会议,傅斯年主持,陈寅恪都没有出席。

李济亦是傅斯年极力招致的人才。李济字济之(1896—1979),湖北钟祥人。1907年随父迁居北京。1911年考入清华学堂。1918年公费留美,入麻州克拉克大学攻读心理学,次年改读人口学专业。1920年获得社会学硕士学位后,转入美国哈佛大学,攻读人类学专业。1923年获博士学位,归国后被南开大学聘为人类学和社会学教授。1925年回母校清华大学任教,因与弗利尔艺术馆合作中国的考古挖掘工作,不能常期住校,被聘为清华国学研究院特任讲师,成为清华研究院五位导师之一。1926年,李济主持发掘了山西夏县西阴村新石器时代遗址,此为中国学者最早独立进行的考古发掘,奠定了李济在考古界的地位。

1928年李济在广州与傅斯年不期而遇。关于两人初识的经过,李济后来回忆说:"因为我向来不曾到过广东,所以顺便到广州去看看。又因为我不懂广东话,而那时刚成立的中山大学,有许多从北方来的教授在那儿教书,我也不知道有什么人在那儿,我只是去碰碰看。谁知一去,在门口碰到清华的老教授庄泽宣先生,我们彼此很熟。他一见我就说,你什么时候来的?正有人在这儿找你呢!快去快去!我带你见他去!我不免吃了一惊,问他什么人要找我呢?他说:这个人你也知道的,就是傅孟真先生。"① 两人见面后交谈极为融洽,期间傅斯年又陪同李济参观了历史语言研究所和图书馆,介绍了历史语言研究所的研究计划,提出让他主持考古组工作。李济深深地为傅斯年高远的学识、宏大的气魄和坦诚的态度所打动,他即刻接受了傅斯年的聘请。从此之后,李济一直在历史语言研究所从事考古研究,长期担任考古组主任,主持全国考古挖掘,取得了杰出的成就。

赵元任(1892—1982),原籍江苏阳湖,出生于天津。其早年生活与傅斯年相似,出生于书香世家,父母早亡,自幼苦学成材,1910年考取公费留美,与胡适、竺可桢同时赴美留学。赵元任在康奈尔大学学习数

---

① 李济:《创办史语所与支持安阳考古工作的贡献》,《傅孟真传记资料》(一),(台)天一出版社1979年版,第179页。

学、物理、天文、哲学等课程，后转到哈佛大学做语言学研究。1924年5月，他结束美国的教书生活，携全家到欧洲旅游，除饱览欧洲风光之外，便是访问著名学者，与他们进行学术交流。在德国柏林，与在那里留学的傅斯年、陈寅恪、俞大维、毛子水、罗家伦等相识。留德同学中，傅斯年与陈寅恪到赵元任住处的次数最多。陈寅恪本因其父与赵元任夫人的祖父交情很深，与杨步伟早就认识，来往自然就多；傅斯年有时陪陈寅恪去，有时自己去，他和赵元任交谈十分投缘。

赵元任旅欧回国后在清华大学国学研究院担任导师，在语言学研究方面已取得很大的成就，傅斯年想在历史语言研究方面有所贡献，遂邀请赵元任到广州调查两粤方言。赵元任欣然应邀，偕夫人到了广州，住在傅斯年家。他们朝夕相处，无话不谈，其主要话题则是创建历史语言研究所，开掘语言研究资源，发展语言学研究事业。历史语言研究所正式成立后，傅斯年聘请赵元任兼任语言组主任。

这样，原清华国学研究院的五位导师除王国维、梁启超去世之外，其他三位陈寅恪、赵元任和李济都成为了历史语言研究所的中流砥柱。为避免清华大学误解，1929年10月傅斯年致信清华大学校长罗家伦、教务长杨振声、文学院长冯友兰，信中阐述了历史语言研究所与清华大学合作进行学术研究，以便利用双方的人才和各种资源，各尽其力，各用其才，各取所需，团结协作，进行学术研究，信中说：

> 现在寅恪、元任两兄，及李济之，我们的研究所均不免与之发生关系。这不是我们要与清华斗富，也不是要与清华决赛，虽不量力，亦不至此！亦不是要拆清华的台，有诸公在，义士如我何至如此！乃是思欲狼狈为善（狼狈分工合作本质善），各得其所！
> 一、清华到底是个学校，此则是一纯粹研究机关。
> 二、清华到底在一处（北平），此则无所不在。
> 三、清华各种关系太多，此则究竟是个小小自己的园地。
> 所以在清华不便派人长期在外时，可由我们任之。我们有应请而请不起，而清华也要请的人时，则由清华请之。有可合作的事时，则合办之。诸如此类，研究的结果是公物，我们决不与任何机关争名。故我们感觉担负（独立）不起者，愿与诸兄商量而合办；清华有感

觉不便者，我们成之，如此而已！①

傅斯年对于历史语言研究所与清华大学的学术研究合作取名为"狼狈为善"，合作双方各取其长，避其短，合作进行学术研究，确是妙喻。以陈寅恪为例，陈虽然是遥领历史语言研究所主任和兼任研究员，但在学术研究方面与研究所真诚合作，对研究所的学术研究尽心尽力。有人统计：从1930年到1948年，陈寅恪在历史语言研究所集刊发表了26篇论文，另有3篇刊载于该所其他出版物，是1949年以前在该所发表论文最多的学者之一。他的两部专著《唐代政治史述论稿》和《隋唐制度渊源略论稿》也都在历史语言研究所出版。陈寅恪的历史组主任职务一直担任到去世。1949年，历史语言研究所迁往台湾，历史组主任仍是陈寅恪，由陈槃任代理主任，直到1970年，陈寅恪先生去世的消息台湾方面得到证实，陈槃才真除主任一职，这也是历史语言研究所对陈寅恪尊重的一种表现。

四 累累硕果

（一）殷墟发掘

傅斯年之所以在历史语言研究所中设立考古组，是基于他的一个重要理念："考古学是史学的一部分"，"在史学当中是一个独异的部分"，科学考古所获得的资料，是历史研究最直接、最可靠的史料。他说：

> 古代历史，多靠古物去研究。因为除古物外，没有其他东西作为可靠的史料。我国自宋代以来，就有考古学的事情发生，但是没有应用到历史上去。
>
> 中国古史时期，多相信《尚书》、《左传》等书，但后来对于《尚书》、《左传》亦发生怀疑，不可信处很多很多，于是不能不靠古物去推证。中国最早出土的东西，要算是钟鼎彝器了。周朝钟鼎文和商代彝器上所刻的文字去纠正古史的错误，可以显明在研究古代史，

---

① 欧阳哲生主编：《傅斯年全集》第七卷，湖南教育出版社2003年版，第81—82页。

舍从考古学入手外，没有其他的方法。①

中国的考古学起源甚早，宋代就有所谓金石学，用古器物铭文印证历史文献。甲骨文字发现以后，王国维将它应用于历史研究，贡献很大。傅斯年认为，中国传统的金石学家使用的方法不是科学方法，他们以文字为研究的对象，没有文字的器物无法用来印证史事，只被当作古董看待。而且他们搜集古器物，都是随便购买来的，难以断定其时代，不便用来研究历史。科学考古使用的是一种新方法，它是用科学的手段发掘古器物，所以容易判定古物的年代，它不仅重视有文字的古物，对于无文字的古物也同等重视。

在历史语言研究所成立之前，中国虽然有过许多次田野考古发掘，但大都是外国人主持的，中国学者掌握科学考古理论及技能者甚少，更没有建立起从事科学考古的学术机构。傅斯年旅欧期间，接受了西方现代考古的理论和方法，回国后目睹中国考古资料外流的现状，马上提出要到民间搜求材料，到各地进行考古发掘。但是田野考古一般规模较大，以一人之力、数人之力实难担当，所以他在筹办历史语言研究所的时候，决心建立一个中国人自己的科学考古组织，发展中国的考古事业。在筹划中，傅斯年将田野考古的目标首先投向了安阳殷墟。

安阳殷墟的发掘可追溯到清末。据记载，光绪二十五年（1899）秋，时任国子监祭酒的王懿荣得了疟疾，京城一位老中医给他开了一剂药方，里面有一味中药叫"龙骨"，待仆人把药买回之后，王懿荣发现"龙骨"上刻有一种类似篆文的刻痕，凭着自己渊博的学识和在金石方面深邃的造诣，他当即意识到这颇像篆文的刻痕，可能是一种年代久远的古文字。正是得益于这一千载难逢的历史机缘，王懿荣不仅作为认定商代文字第一人，确认了甲骨文的学术价值，同时开创了甲骨文研究的先河，揭开了中国商代历史研究的序幕。

消息迅速在国内外广为传播，引起了很大的轰动。安阳小屯村从此热闹起来了，形形色色的商人如蝇附蛆，在金钱的驱使下纷纷到这里来搜求文物或直接聚众发掘，许多古器物被毁，地层结构遭到严重破坏。更有甚者，许多欧美、日本的"考察团"、"考古家"也大肆插手，致使数以万

---

① 《傅斯年全集》第四册，（台）联经出版事业公司1980年版，第290—291页。

计的甲骨辗转流散海外。傅斯年对此痛心疾首,担心不久殷墟就真的会变成废墟,对殷墟进行科学的考古发掘已刻不容缓。当时,由于人们普遍认为殷墟甲骨在经过清末及民国初年的大肆盗掘和古董商人的收购之后,已所剩无几。傅斯年对此也将信将疑,便决定派人到安阳进行试掘,以证实殷墟是否还有继续发掘的价值。1928年8月,董作宾就是带着这样的使命到达安阳的。

董作宾,祖籍河南焦作,出生于南阳,1923年考取北京大学研究所国学门研究生,研究方向是民歌民谣和方言。在学习期间,王国维受蔡元培聘请担任北京大学"通讯指导教师",董作宾通过书信与王国维交流,甲骨文学识大有长进。1927年被中山大学聘请任文学院副教授,与傅斯年结识并一见如故,成为同事好友。1928年春,董作宾因母亲生病辞职回河南担任南阳五中国文教师。

1928年5月,傅斯年在筹备历史语言研究所时,拟定收集新资料时将在河南调查挖掘列入其中,写信给董作宾,聘他为中央研究院历史语言研究所通信员,要他调查河南省内的文化古迹,落实田野考古发掘对象,以书面形式向历史语言研究所报告。1928年6月,傅斯年等人呈请中央研究院,聘请董作宾为研究员,每月给予津贴百元,在河南安阳等地调查并做挖掘的初步准备工作。其呈请报告说:

> 为呈请事,查前中山大学预科国文教授董作宾君年少绩学,天资学力俱茂,去冬以中大有参加西北考古调查团之议,即思赍董君前往,其事未成而董君以母病瘅疾,还乡奉养。斯年等亦曾以就近调查各种可供研究之资料相托,董君不断寄来,均可宝重。自中央研究院有筹备历史语言研究所之议,斯年即函托其在家担任通信,就地寻求一切材料,寄来先后收到,颇有可观。董君著文亦多创见,如其商正王静安君《唐韵》之作,即可见其从学之方术。谨按河南古物至多且要,历史语言研究所必于彼工作,以成盛事,拟请大学院聘之为研究员,以定所业而利进行,并拟请大学院核准每月给予津贴百元,俾抒衣食之累而专研究之功,自当由职筹备处随时报告成绩,以符名实。再,现在拟就董君在河南之便,调查安阳、洛阳两处,初步发掘所需之各事,前已拟就大纲,嘱董君从事,如承核准,当即嘱董君克

日起程。所请各节是否有当，诸乞酌夺。①

对安阳殷墟进行试掘，发掘人员除了董作宾之外，还有河南省政府派出的郭宝钧、王湘等人。他们把小屯遗址分为三个区域，采用平起、递填的方式，探得甲骨在地下的大致轮廓后，分三步实施大规模的发掘。从1928年10月13日到30日，共发掘了40个坑，面积280平方米，掘获石、蚌、龟、玉、铜、陶等器物近3000件，获甲骨854片，其中有字甲骨784片，另有人、猪、羊等骨架出土。通过这次试掘，傅斯年等人认为殷墟还有进一步发掘的价值并已经到了刻不容缓的地步："迟之一日，即有一日之损失"，于是立即写工作报告给中央研究院，要求组织人员对殷墟进行大规模发掘，报告中说：

> 安阳县之殷故墟，于三十年前发现所谓龟甲文字者；此种材料，至海宁王国维先生手中，成极重大之发明。但古学知识，不仅在于文字，无文字之器物，亦是研究要件；地下情形之知识，乃为近代考古学所最要求者。若仅为求得文字而从事发掘，所得者一，所损者千矣……此次初步试探，指示吾人向何处工作，及地下所含无限知识，实不在文字也。②

收到傅斯年的报告，中央研究院院长蔡元培给予了高度重视，并特批1000银元作为发掘经费。得到中央研究院批准后，傅斯年便抓紧时间购置发掘器具，聘请工作人员。此项重任本打算继续由董作宾负责，但他缺乏主持大规模考古发掘的专业知识和学术水平，在安阳试掘时，他只看中甲骨文，对一些珍贵的商代人头骨及陶片却扔回坑里重新埋了起来，拾一漏百。权衡再三，傅斯年决定聘请李济主持殷墟发掘工作。对此，蔡元培曾回忆道：

> 董先生到了那里，试掘了一次，断其后来大有可为。为时虽短，

---

① 王汎森、潘光哲、吴政上主编：《傅斯年遗札》第一卷，（台）中研院历史语言研究所2011年版，第139—140页。

② 欧阳哲生主编：《傅斯年全集》第六卷，湖南教育出版社2003年版，第10—11页。

所得颇可珍重，而于后来主持之任，谦让未遑。其时，适李济先生环游返国，中央研究院即托其总持此业，以李先生在考古学上之学问与经验，若总持此事，后来的希望无穷。承他不弃，答应了我们，即于本年（1929年）二月到了安阳，重开工程。①

1929年3月7日，在李济的主持下，大规模的殷墟发掘正式开始。此次发掘更符合近代考古学的标准，除系统地记录和登记发掘出的每件遗物的准确出土地点时间、周围堆积物情况和层次之外，还要求每个参加发掘的工作人员坚持写下个人观察及田野工作中发生情况的日记，因而第二次发掘的成果更为显著。在近两个月的时间里，他们在殷墟附近的洹上村一带开挖三处，掘得甲骨680片，古器物、兽骨、陶片很多。正当取得这一系列可喜成果，历史语言研究所同仁准备一鼓作气继续发掘的时候，国民党新军阀之间为争权夺势，混战一触即发，河南的军事形势骤然紧张了起来，保护殷墟发掘的部队被抽调走了，当地的土匪一下子猖獗起来。为防止出土文物被窃，李济等人将发掘所得一部分藏于安阳高级中学和河南第十一中学，一部分送到北平历史语言研究所内进行研究整理。但他们的行动遭到了河南地方当局的干涉，他们指责历史语言研究所欲把殷墟出土文物据为己有，阻挠历史语言研究所的考古发掘，并派河南省图书馆馆长何日章警告考古队，安阳考古不容外省人越俎代庖，勒令考古队停止发掘。何日章等人认为，历史语言研究所"将掘出器物，潜运出省，并中研院特派员仍拟于本期十月赴安继续开掘"，此举"不顾信义，违反协定"，遂"一面向中研院据理交涉，一面设法自行开掘"。② 然而，何日章等人并未受过专业考古学的训练，他们的发掘仍以探寻有字甲骨或挖宝为目的，以致对地层与其他器物任意损坏。

傅斯年得知详情后，急忙赶到南京，向中央研究院及有关负责部门作了汇报，然后直奔河南开封。他利用官方交涉、私人晤谈、公开演讲等方式，宣传科学考古知识，说明历史语言研究所的考古发掘旨在促进中国考古学、历史学的发展，发掘出的古器物运往北平只是为了研究，并不是想

---

① 张光直：《李济考古学论文选集·编者后记》，文物出版社1990年版。
② 傅斯年：《本所发掘安阳殷墟之经过》，载《国立中央研究院历史语言研究所安阳发掘报告》1930年第2期。

攫为己有，等研究一结束，就在首都和本地展览，供参观和研究之用。同时他诚恳地表示，历史语言研究所愿借此发掘之机，给予河南省学术界帮助，如欢迎河南高校派专家学者参加发掘，帮助河南高等学校建立研究机构，历史语言研究所学者充当河南研究工作顾问，等等。考古学家石璋如回忆当时傅斯年作学术报告的情况时说：

> 白天向各方接洽，夜里在大礼堂作学术讲演，上自天文，下至地质科学、哲学、文学、史学，无所不涉……尤其于考古学、古生物学，更为精详的发挥，一讲两三个钟头毫无倦容，并且让大家提出问题，当场给以解答。虽然大雪盈尺，而来听讲的人则大礼堂几乎不能容纳。①

傅斯年在河南省活动一个多月，殷墟发掘才得以继续进行。他后来回忆说："为了这件事，我把鼻子都碰瘪了！"李济也深有体会地言道："这件事情若不是傅先生办，别人也办不下来，而安阳的田野考古工作也就做不下去。"②

同年，李济主持的殷墟第3次发掘，出土了著名的"大龟四版"。这是在殷墟首次发现的大块甲骨，龟版上刻满了殷商时代的占卜文字。尤其引人瞩目和振奋的是，这年的11月21日，李济于一堆碎片中发现了一片彩陶——这是安阳殷墟在抗战前全部15次发掘中，所记录出土25万块陶片中唯一一片具有仰韶文化性质的彩陶。对于这一异乎寻常的发现，20年之后，李济曾专门撰写论文指出它在中国历史研究中的重大价值和意义："在开始这一工作时，参加的人员就怀抱着一个希望，希望能把中国有文字记录历史的最早一段与那国际间甚注意的中国史前文化连贯起来，作一次河道工程师所称的'合龙'工作。那时安特生博士在中国所进行的田野考古调查工作已经到了第十个年头了。这一希望，在第三次安阳发掘时，由于在有文字的甲骨层中一块仰韶式彩陶的发现，大加增高。现在事隔二十年了，回想这一片彩陶的发现，真可算得一件历史的幸事。"又说："要不是终日守着发掘的进行，辛勤地记录，这块陶片的出现，很可

---

① 《傅斯年全集》第七册，（台）联经出版事业公司1980年版，第284页。
② 王为松编：《傅斯年印象》，学林出版社1997年版，第98页。

能被忽视了。有了这一发现，我们就大胆地开始比较仰韶文化与殷商文化，并讨论它们的相对的年代。"①

1931年3月，李济率考古工作队对殷墟进行第4次发掘，发掘范围从小屯向东扩展到后岗，向西扩展到四盘磨。4月底，傅斯年到发掘现场进行视察，3日后返回北平，并于次年11月再次视察了发掘遗址。之后，历史语言研究所同人又进行了多次发掘，其中1935年春的第11次发掘规模最大。这次发掘每天用工达到550人以上，如果连研究人员和参观的学者计算在内，最多时达到近600人的数字。据参加发掘的石璋如回忆：

> 西北冈的发掘，有五个最多，即：参加的工作人员最多；用工人最多；用钱最多；占地最多；收获最多。其中单就工资一项来说，每人每天工资四角，五天发一次，每人二元，五百人，五天便要发大洋一千元。本次工作102天，除了星期天、下雨天停工，实际的天数约85天，要发十七次工资，即一万七千元。这个数字在现在听起来，简直不算回事，可是在当时听起来，真是骇人听闻。一万七千元，那还了得！②

5月中旬，傅斯年和法国汉学家伯希和等人一同到现场视察，当时西北冈发掘地西区的四个大墓已快发掘完毕，东区的400多座小墓正在发掘，虽然这些墓葬曾被盗掘过，但残留的古器物仍十分可观：大牛鼎、大鹿鼎、大圆鼎，各种鸟兽形制的石雕、玉器、松绿石器，武士用的钢盔、弓矢、戈、矛、刀、戚、斧、钺等，饮食用的有爵、觥、鼎、彝等，并有车坑、马坑、象坑、鸟坑、人头坑、无头葬。伯希和面对如此宏大的陵墓、排列整齐的小墓及大量精美灿烂的文物，不断发出惊叹和赞美之声。

之后，李济等人主持的考古队又对殷墟进行了多次发掘，1936年4月的第14次发掘，发现了一个埋有完整马车和四匹马的车马葬坑，这是第一次发现商代交通工具，又一次轰动了中外学术界。同年6月，对殷墟的第15次发掘，取得了至为重要的成果，在这次发掘中共发现有字甲骨

---

① 李济：《安阳》，河北教育出版社2000年版，第325页。
② 石璋如：《考古方法改革者梁思永先生》，载《新学术之路》上，（台）中研院史语所1998年印行，第353页。

17096片，比前14次发掘出的全部有字甲骨的总和还要多。此时，随着日本侵华步伐的加剧，华北地区已是剑拔弩张，形势危急，为防不测，殷墟发掘于6月19日匆匆结束，成为对殷墟的最后一次发掘。

从1928年11月到1937年抗日战争全面爆发前的10年间，在傅斯年的领导下，历史语言研究所对安阳殷墟先后进行了大小15次发掘，共发掘遗址11处，获得大量龟甲、兽骨和铜器，共计有器物169万件，带文字的甲骨2.5万片。他们的发掘虽因抗日战争的爆发而终止，但这十余年的发掘所得，便已震惊海内外，成为20世纪世界田野考古工作中最重要的成果之一。傅斯年领导组织的安阳殷墟发掘有力地证实了甲骨文字的存在，大大提高了甲骨文的历史价值与学术价值。大批甲骨文和大量遗迹遗物的发现，极大地充实了中国古代文化的内容，为研究上古史和古器物学建立了一个平台，甲骨文与《史记》等史书互证，从而使商代的史事，由隐晦而日趋明显。中国的信史，也因此向前推演了数百年。

（二）城子崖发掘

城子崖遗址分布于山东省章丘县龙山镇（原属山东省历城县）武原河畔的台地上，是第一处由中国考古学者自己发现和发掘的遗址。

1928年春天，时任山东齐鲁大学助教的吴金鼎利用业余时间进行田野调查，在济南东约60里的历城县龙山镇一个叫城子崖的地方，发现了一处黑陶文化遗址。之后，吴金鼎及时把这一情况报告给自己的导师李济。李济立即赶赴济南随吴金鼎到现场察看，意识到这是一处极其重要的历史文化遗址，遂"决定选择城子崖作山东考古发掘第一个工作地点"。

城子崖考古遗址的发现，与傅斯年对于中国上古史的研究有直接的关系。傅斯年认为，中国古代文化是多元的，它并非起源于一处而向周边扩展，而是起源于多处并相互影响。直到周秦时期，北方沿海地区的文化与中原文化尚有明显的差异。他一方面用文献资料说明自己的观点，另一方面则想通过田野考古，为这种观点找到直接的、可靠的史料证据。他说：

> 我们认为中国考古学如大成就，决不能仅凭一个路线的工作，也决不能但以外来的物品为建设此土考古年代之基础，因为中国的史前史原文化不是一面的，而是多面相互混合反映以成立在这个文化的富土上的。凭借现有的文籍及器物知识，我们不能自禁的假定海边及其

邻近地域有一种固有文化,这文化正是组成周秦时代中国文化之一大分子。于是想,沿渤海黄海省分当在考古学上有重要的地位,于是有平陵临淄的调查(近年又有沿山东海岸的调查),于是有城子崖的发掘。

这个发掘之动机,第一是想在彩陶区域以外作一试验,第二是想看看中国古代文化之海滨性,第三是探比殷墟——有绝对年代知识的遗迹——更早的东方遗址。[①]

龙山镇城子崖是中国国家学术机构按照预定目的,由中国的考古学家们独自调查发现的、独自组织发掘的第一处史前文化遗址。虽然傅斯年没有亲自参加这两次发掘,但是他的决策、规划之功不可泯灭。1930年秋,由于中原大战的影响,李济与董作宾等被迫中断殷墟发掘,移驻山东济南城子崖开始首次发掘。为避免重蹈殷墟发掘中地方政府阻挠的覆辙,历史语言研究所考古人员到达济南后,积极与各有关方面联系,在傅斯年同乡好友时任山东省教育厅长何思源的积极支持和周旋下,历史语言研究所与山东省政府合组"山东古迹研究会",共同进行考古发掘。

通过发掘,考古人员发现遗址中明显具有新石器时代特征,所出土的文物与仰韶文化风格迥异,其中发现最多的黑陶和灰陶器具,几乎完全不同于河南、甘肃的彩陶,器形也没有相同之处,而发掘所得的最具特征的"蛋壳陶",通体漆黑光亮,薄如蛋壳,其制作工艺达到了新石器时代的巅峰,这种工艺作为一种文化标志——黑陶文化。根据发掘成果,李济等认定其文化遗存属于新石器时代,在考古学上的价值和意义"不但替中国文化原始问题的讨论找了一个新的端绪,田野考古的工作也因此得了一个可循的轨道。与殷墟的成绩相比,城子崖虽比较简单,却是同等的重要"[②]。由于城子崖遗址地处龙山镇,考古人员将这一文化命名为"龙山文化"。

1931年秋,梁思永率领吴金鼎、王湘等人由安阳转赴山东城子崖,开始继李济之后第2次发掘。这次发掘出土大量陶器、陶片,并在88片陶片上发现刻画的符号。除此之外,考古人员还意外发现了长约450米、

[①] 《傅斯年全集》第三册,(台)联经出版事业公司1980年版,第207页。
[②] 李济:《城子崖·序》,转引自李济《安阳》,河北教育出版社2000年版,第407页。

宽约390米的版筑城墙，探明了城墙的形势与结构、现存的高度与厚度，以及它与整个遗址地层的关系。城子崖版筑城墙的发现是中国学者在田野考古中第一次发现了史前版筑和夯土技术，首次发现了史前古城址。

城子崖的发掘，对中国考古来说意义重大，傅斯年对其给予了极高的评价，称城子崖发掘是"中国考古学家在中国国家学术机关发布其有预计之发掘未经前人手之遗址之第一次，颇有深切的意解，虽不敢以创新纪元自负，然后来此学之发展，或当承认此一工作为昆仑山下一个长源"。同时又说："这是一个千年大树的横切面，又是一个多数脉络的交会所……这个工作堪为史前考古时代之一基石，在中国考古知识之征服上，建一形胜的要塞，替近海地方的考古学作一个前驱。"[1] 城子崖发掘进一步证明了殷墟与城子崖二地黑陶文化基本相同的论断，从而纠正了瑞典学者安特生提出的"粗陶器要比着色陶器早"的错误结论，推动了之后殷墟发掘中"地层学"这一先进考古技术方法的运用，为中国考古学发展的科学化和规范化翻开了新的一页。

（三）整理大内档案

明清大内档案是指清王朝保存的自明末以来的内阁大库保存的档案。其档案内容包括明末至清代的诏令、奏章、则例、移会、贺表、三法司案卷、实录、殿试卷及各种册簿等。内阁大库原编为6号，礼、乐、射、御4号所藏全是明末至清代的档案，书、数2号除收藏赋役书、命书、朱批谕旨、乡试录、殿试卷外，还藏有明朝文渊阁旧籍及各省府县志。宣统元年（1909），库房损坏，这些档案书籍被临时搬放于文华阁两庑和大库外边的庭院里。露天堆放非长久之计，于是主管学部事务的大学士、军机大臣张之洞奏请将其中书籍捡出，成立"学部图书馆"（中国国家图书馆的前身）保存。档案部分被视为无用之物，经内阁会议讨论后，拟予以焚毁。学部参事罗振玉奉命接受书籍，发现批准焚毁的档案都是十分珍贵的历史资料，于是建议学部设法予以保存。获准后分别存放于国子监南学和学部大堂后楼里。辛亥革命后将这批档案材料划归教育部历史馆收藏，于1917年全部移放于午门端门洞中，当事者时或盗窃之。后来教育部曾两次派人进行"整理"，将一些比较整齐的材料翻捡出来，其余的则胡乱堆

---

[1] 《傅斯年全集》第三册，（台）联经出版事业公司1980年版，第210页。

放，使之更加残破散乱，被盗窃的情况更为严重。

1922年，历史博物馆方面经费短缺，于是在这批档案上打起了主意，把它们装进了8000多个麻袋里，总计重量约15万斤，以"烂字纸"之价格，计4000大洋，卖给了北京的同懋增纸店。该纸店又改用芦席捆扎成包，准备运至定兴、唐山两地重新造纸，同时从中挑出一些较为整齐的案卷，拿到市场上出售。罗振玉闻讯后，急以3倍之价赎回，将已运往定兴的部分重新运回北京，运至唐山的部分改运到天津存放。他曾雇人对某些案卷进行了整理，编印成《史料丛刊初编》10册。以私人之力，全面进行整理绝无可能，长期存放，容易毁坏，罗氏筹划再三，计无所出，只好转售他人。1924年，李盛铎以1.6万元价格购得，乃于北平、天津分别赁屋存放。1927年，李氏因房租价高难以支付，且所租房屋漏雨，损及书册，乃急欲转卖。当时平津学人虽知这批材料价值甚大，但均以价格太高且难以保存整理而未敢购买，时日本人又生觊觎之心，一些外国教会设办的学校如燕京大学也在设法购买。

对此，北大、清华、故宫博物院等机构的专家学者，纷纷表示这批档案文献万不可落入外国人之手，陈寅恪对此亦深以为然，他在给傅斯年的信中明确表示："现燕京与哈佛之中国学院经费颇充裕，若此项档案归于一外国教会之手，国史之责托于洋人，以旧式感情言之，国之耻也。"[①] 陈寅恪力主把这批珍贵的历史文献留于纯粹的中国研究机构之手，其中寄予最大希望的还是中央研究院。就当时的情形而论，无论是北大、清华还是故宫博物院，都很难拿出大笔款项，购买这批在当权者看来并无多少价值但在学术界视作奇珍异宝的内阁档案。于是，借傅斯年由广州来北京办事之际，胡适与陈寅恪曾主张由傅氏出面向中央研究院院长蔡元培请拨款项，以求购这批"国之瑰宝"。

傅斯年早已知道此档案的珍贵，听说有流入外国人之手的可能，更是感觉到了留下此档案的重要。故9月11日上书蔡元培，其信中说：

> 午间与适之先生及陈寅恪兄餐，谈及七千袋明清档案事。此七千麻袋档案，本是马邻翼时代由历史博物馆卖出，北大所得，乃一甚小部分，其大部分即此七千袋。李盛铎以万八千元自罗振玉手中买回，

---

① 陈寅恪：《陈寅恪集·书信集》，生活·读书·新知三联书店2001年版，第25页。

月出三十元租一房以储之。其中无尽宝藏。明清历史、私家记载，究竟见闻有限；官书则历朝改换，全靠不住。政治实情，全在此档案中也。且明末清初，言多忌讳，官书不信，私人揣测失实。而神、光诸宗时代，御房诸政，《明史》均阙。此后《明史》改修，《清史》编纂，此为第一种有价值之材料。罗振玉稍整理了两册，刊于东方学会，即为日本、法国学者所深羡，其价值重大可想也。去年冬，满铁公司将此件订好买约，以马叔平（按：马衡字叔平）诸先生之大闹而未出境，现仍在境。李盛铎切欲急卖，且租房漏雨，麻袋受影响，如不再买来保存，恐归损失。今春叔平先生致函斯年设法，斯年遂于季（指戴季陶）、骝（指朱家骅）两公商之，云买，而付不出款，遂又与燕京买去之议。昨日适之、寅恪两先生谈，坚谓此事如任其失落，实文化学术上之大损失，《明史》、《清史》恐因而搁笔，且亦国家甚不荣誉之事也。拟请先生设法，以大学院名义买下，送赠中央研究院，为一种 Donation，然后由中央研究院责成历史语言研究所整理之。①

蔡元培收到傅斯年的信后，便致函杨杏佛，商议购买事宜。1928年12月，历史语言研究所派员至北平，由马衡介绍，找李盛铎洽谈，后又由陈寅恪、李宗侗出面办理。1929年3月，陈寅恪致信傅斯年，说已向李盛铎预付定金，并说由罗振玉清理印出之史料乃其中之极少数，其余并未开包。最后，中央研究院买下了这批档案，交由历史语言研究所进行整理。蔡元培在叙述这次购买档案时说："公家旧物仍归公家，其中损失已经不可计数了，但毕竟大部分依旧归到公家，还是痛定后差可安慰的事。这次买回在本院历史语言研究所具有甚大的决心，牺牲了甚多其他工作，然后成就。"② 由此可知，当时办成此事，实在很不容易。

1929年春天，傅斯年领导历史语言研究所主要部分迁往北平，以便对大内档案整理和安阳殷墟挖掘就近指挥，傅斯年本人也开始长住北平。9月，傅斯年与陈寅恪筹划成立了历史语言研究所明清史料编刊会，除傅、陈二人外，聘史学大家朱希祖、陈垣以及徐中舒为编刊委员，另聘一

---

① 欧阳哲生主编：《傅斯年全集》第七卷，湖南教育出版社2003年版，第70—71页。
② 高平叔主编：《蔡元培全集》第五卷，中华书局1988年版，第513页。

些专业人员，对档案进行系统整理、分类、编目。

当初的整理是在极其艰苦的环境中进行的。历史语言研究所学人每天要在浓雾般的灰尘中工作8小时，把堆积如山的"烂纸"一张一页地铺平、分类，重新包扎。包好之后再根据档案的外形，作一简单的分类，如红本、揭帖、移会、誊黄、贺表、簿册、杂稿，等等。分类之后，加以捆扎，分别收藏，其中重要而又破碎的档案，随时拼接装裱。在整理档案的过程中，傅斯年指示："凡已经整理出来的史料无论如何破烂，我们决不能使其毁在我们手中。""我们晓得我们如果稍一疏忽，就有许多重要的史料，将被永远埋没。"当时从事大内残余档案整理的工作人员，是遵照这一指示进行的。有许多重要的档案史料，在辗转迁徙中已成碎片，稍不重视，就可能当作废纸抛弃。经工作人员细心地按纸质、纸色、纸的裂纹，字体相同、辞意连属者进行拼合，往往数十张碎片缀合成一份完整的文件。

傅斯年为了使档案的整理工作能够顺利进行，特订立了十二条严格的工作规则，其中规定："午息时间，上午九时四十分至十点，下午三点至三点二十分，每次计休息二十分钟，地点在工作室外走廊。所有应用早点或吸烟吃茶以及上厕所等事，俱在休息时间内为之"；"在进入工作室时，其工作室大门，由管理人员将锁锁上，一切工作人员不得随意出入，并不得在室内有交头接耳或谈话行为"；"迟到或请假，都要扣除薪资，迟到五分钟，罚金按一小时计算"。可以说，这些严格的规则保证了工作的高效率。罗振玉根据自己的经验预言：二十五人至少需要四年才能完成。而大库档案的初步整理，自1929年9月开始，至1930年9月30日完工，仅用了一年时间，效率整整提高了四倍，速度之快超出了人们的意料。

傅斯年深知档案与其他东西不同，很容易毁坏，因此傅斯年决定将一些重要的、比较完整的先行刊布，取名《明清史料》。首次印行者称之为"甲编"，共有10册，1936年出版乙编、丙编各10册。抗日战争爆发后，档案的整理、出版工作均告停顿。抗日战争胜利后，丁编10册的编目内容已经选定，但因时局动荡，迟迟未能付印。1951年由中国科学院整理后，交商务印书馆刊印面世。傅斯年在世时共整理出以上四编。历史语言研究所后人秉承傅斯年遗志，至1975年已陆续出齐戊、己、庚、辛、壬、癸6编。台北历史语言研究所又将藏清代内阁大库档案以"明清档案"为名继续出版，此汇编1986年1月开始出版，到1990年8月已出版288

册，约 6000 万字，按计划全书总数将达 1500 册左右，预计用 30 年左右时间出齐。

数十年来，明清大内档案的整理面世，为明清史研究提供了大量原始资料，推动了明清史研究的不断深入，从某种意义上说，明清大内档案的购买、整理、刊发是傅斯年领导的历史语言研究所对中国历史研究尤其是明清史研究的一大贡献。

（四）语言调查与语音实验

在历史语言研究所中，语言学和历史学的地位是平等的。傅斯年之所以将二者置于同一个研究所里，有两个方面的原因。其一，他认为历史学和语言学都是在中国有着悠久历史、良好研究传统而当今又比较落后的学科，均可以用科学的治学方法加以改造、扶植和培养。其二，他认为语言学和历史学关系至为密切。早在学生时代，他就强调说，语言文字之学是读一切书——当然也包括历史书——的门径。后来他在欧洲留学期间曾认真研读比较语言学，也有借此以治历史学的想法。他生平最自负的著作《性命古训辨证》，便使用了由语言学入手，进而讨论思想史诸问题的方法。虽然语言组的工作不像殷墟考古发掘那样举世瞩目，但也取得了一些开创性的成就。傅斯年毅然摆脱中国传统的语言文字学研究方法的束缚，聘请具有现代科学知识的语言、语音学专家，用科学的工具，实验的方法，研究中国的语言学。

在历史语言研究所迁台以前的 20 年里，语言组的学者们在全国范围内进行了广泛的语言和方言的调查，取得了重要贡献。据李济回忆："史言所创设之始，即毅然地摆脱了章炳麟的权威，而得到赵元任先生的合作，以百分之百的现代科学工具，复兴中国的语言学。自民国十七年起，直至七七事变的一年，复兴的中国语言学的进步，是一线直上的。在这一时代，史言所的第二组建设了一个正确的研究标准，提出了并解决了若干中国语言学的基本问题，完成了不少的方言调查，同时造就了不少的青年语言学家。"[①]

关于语言组的语言调查，参与其事的杨时逢回忆："孟真先生创办历

[①] 李济：《傅孟真先生领导的历史语言研究所》，《傅所长纪念特刊》，（台）中研院历史语言研究所 1951 年版，第 16 页。

史语言研究所，以语言与历史并重，先生认清汉语学之研究，须以方言研究为成就之道路。故在开办之初，即计划全国方言调查。先后在赵元任、李方桂两先生领导下进行汉语及非汉语之调查。"① 这些调查见证于历史语言研究所工作报告有：自 1928 年 11 月至 1929 年 2 月，赵元任"在两粤作初次之方言调查，其范围东至潮汕，西至南宁，北至乐昌，南至中山"，记瑶歌 97 首，其中前 90 首系用蓄音机蜡简记下。② 1929 年李方桂"赴广东调查，于所记琼山乐会方言中发现'吸气辅音'（Inspiratory Consonants or Clicks），又在广东北江搜集八排瑶之语言材料甚多"③，还前往海南岛调查黎语及本地汉语，到 1930 年初回所④。1930 年王静如"曾往深泽县调查音值及记束鹿安平一带八县之声调，其中有入声之类，为北方方言之罕见之现象"⑤。1931 年王静如"曾赴河北省南部大名一带调查方音四五种⑥。1933 年由"中华教育文化基金董事会补助费项下，聘请白涤洲为临时调查员，自二十二年度三月起，赴河南陇海路沿线，及陕西阳关中道所属，调查各地方音及北音入声演变之状况"，共调查了 29 县。⑦ 1933 年 10 月至 1934 年 4 月李方桂赴暹罗调查语言，"以准备作泰语的比较研究"。从 1934 年 3 月起，罗常培"在沪物色旧徽州府属歙、黟、休宁、绩溪、祁门、婺源六县之发音人逐一记录其声韵调之系统"；6 月中赵元任、杨时逢"出发赴徽州，先以屯溪为第一站，然后分赴各县调查，此次在当地调查之旨趣，除复核在沪所得结果外，并偏重话音材料之搜集，及应用词汇之扩充"⑧。1935 年春，"史语所重新拟定方针，作各省方言之粗略调查，其精密程度，以以后不必重复再做所做之部分为度"⑨。9 月，李方桂赴广西调查泰语及其他非汉语。10—11 月，赵元任偕杨时

---

① 杨时逢：《语言调查与语音实验》，《傅所长纪念特刊》，（台）中研院历史语言研究所 1951 年版，第 27 页。
② 欧阳哲生主编：《傅斯年全集》第六卷，湖南教育出版社 2003 年版，第 19 页。
③ 同上书，第 63 页。
④ 同上书，第 191 页。
⑤ 同上。
⑥ 同上书，第 292 页。
⑦ 同上书，第 385 页。
⑧ 同上书，第 428 页。
⑨ 参见杨时逢《语言调查与语音实验》，《傅所长纪念特刊》，（台）中研院历史语言研究所 1951 年版，第 27 页。

逢、葛毅赴湖南调查方言。1936年秋，赵元任在所调查湖北钟祥方言。① 抗日战争期间，历史语言研究所迁到昆明。"第二组（语言学）调查汉语方言并从事西南各土语之研究。"② 赵元任述及从吴语调查到粤语调查，再到南方言调查及江西、湖南、湖北方言调查，称"最过瘾的是调查皖南各处的方言"，"湖北一省调查得最详细，一共纪录了六十四处的方言跟故事"。

语言组的另一项重要工作是从事语音实验，设立音档，建立语音实验室。历史语言研究所设立之初，即计划建立语音实验室。1929年春在北平筹设一实验室，向国外购置实验仪器；同时开设语音实验班，这些工作均详载于历年历史语言研究所工作报告。1933年10月赵元任赴美访学归来，从美国购回了一批新式语音仪器。③ 1934年所址迁搬入南京新建大楼后，专辟四室作语音实验室，装有隔音和吸音设备。音档方面包括购置和自行灌制两类，购置语片，计达一千余片；灌制音档多为各地方言材料，共两千余片。④ 语言组的这些工作亦引起了国际上的注意，李济曾记述说："南京北极阁语音实验室的建设工作，在那时是一件国际注意的科学事业，所呈献的急追猛进的阵容，曾使坐第一把交椅的欧洲中国语言学家，瑞典高本汉教授为之咋舌。这固然完全由于第二组同仁的共同努力，孟真先生的支持，实是这一灿烂运动的动力。"⑤

---

① 欧阳哲生主编：《傅斯年全集》第六卷，湖南教育出版社2003年版，第492—493页。
② 同上书，第550页。
③ 同上书，第423页。
④ 参见杨时逢《语言调查与语音实验》，《傅所长纪念特刊》，（台）中研院历史语言研究所1951年版，第31页。
⑤ 李济：《傅孟真先生领导的历史语言研究所》，《傅所长纪念特刊》，（台）中研院历史语言研究所1951年版，第16页。

第 六 章

学林霸才

傅斯年一生的志趣在学术研究,从青年时代就开始为在中国建立科学的东方学正统而积极努力。傅斯年学术研究的重点是文史领域,他融合中西学术理论,创立了"史料学派",并被后人尊称为"旗手";[①] 他对中国古代史研究造诣最深,科学构建了中国上古史的框架结构和谱系,发表的《夷夏东西说》等系列论文受到后人的高度评价;他探索综合多种理论进行专题研究的方法,经过数年努力,完成并出版了其代表作《性命古训辨证》;他对古史典籍曾进行深入研究且多有创获。多方面的学术成就使傅斯年获得20世纪中国史学大师的称誉。

一　创立史料学派

(一) 史学思想渊源

20世纪初,随着社会矛盾、民族危机的加深和中西方学术理论的融会,中国史学领域中酝酿着一场史无前例的变革,传统史学走到了末路,一种用新观点、新方法研究、解释中国社会历史的新史学成长起来。新史学的主流,是由梁启超、王国维等人所倡导的实证史学。在20世纪最初的一二十年里,梁启超先后发表了《中国史叙论》《新史学》等著作,痛陈传统史学的弊端,揭示倡扬新史学的精义。梁氏认为史学的功能在于"存真",在晚年的著作中他提出建立"客观史学"的主张;在材料的运用上,他十分看重"文字记录以外"的史料,这是中国近代实证史学的嚆矢。中国近代实证史学的奠基者是另一位学精识绝的史学大师王国维。

[①] 参见许冠三《新史学九十年》第七章,岳麓书社2003年版,第231—259页。

王氏具有深厚的考据学功底，又接受了西方近代的学术理论。尤其膺服西人"知识论上之实证论"①，在治学方法上，提出了文物与文献互相释证的"二重证据法"。这就从学术理论和治学路径上为中国近代实证史学规定了方向。

傅斯年在北大读书时，梁启超的论著已印行多种，王国维用甲金文字解释文献、考证古史的文章也陆续发表。但作为国文门的学生，他关注的不是史学，而是文学，乃至哲学。就连王国维发表于1917年的《殷周制度论》《殷卜辞中所见先公先王考》及《续考》等备受后人推崇的论著，他似乎也没有留意。在当时，对他的学术思想取向产生巨大动力的是中国近代实证史学的另一位重要人物胡适。从学术理论的层面来看，胡适一生最重视的是"科学的方法"。他的"科学的方法"的精髓，一是历史演进的观点，二是审定材料的手段。他在20世纪20年代初提出了用"科学方法"整理国故、研究古学的几个原则：

> 第一，用历史的眼光来扩大国学的研究范围。第二，用系统的整理来部勒国学研究的资料。第三，用比较的研究来帮助国学的材料的整理与解释。②

傅斯年的史学思想受胡适的影响是世人皆知的，他自己曾说，在北大读书时，对他"影响最多"的是胡适。③ 所以，尽管后来胡适把傅斯年称作是自己"最好的诤友和保护人"，但傅斯年在这位仅比自己年长5岁的同辈人面前却"总自称学生"，④ 执弟子礼甚恭。应该说，无论在知识取向上，还是在治学方法上，胡适均堪称是傅斯年的启蒙导师。

在"五四"新文化运动中，傅斯年接受了西方舶来的政治、伦理思想，表现出强烈的反传统的叛逆倾向，但是由于自幼受到系统的中国学术思想的教育，加上北大国学大师们的浸润诱掖，传统考据学仍旧受到他的

---

① 王国维：《王国维遗书》第三册《静庵文集续编》，题为《自序二》，上海书店出版社1983年版，第160—161页。
② 胡适：《国学季刊发刊例言》，《胡适文存》第二集，第一卷，（台）远东图书公司1953年版。
③ 欧阳哲生主编：《傅斯年全集》第七卷，湖南教育出版社2003年版，第14页。
④ 《胡适哲学思想资料选》下册，华东师范大学出版社1981年版。

青睐。他盛赞清代朴学是客观的、归纳的、经验的、怀疑的学问，"很有点科学的意味，用的都是科学的方法"，认为有些学问，"非借朴学家的方法和精神做不可"。① 他重视史料整理，认定中国的人类学、考古学、社会学、语言学等材料十分丰富，在世界上"占个重要的部分"②。

傅斯年的学术思想在中华学术的沃土上萌生、成长，受到西方学术思想的雨露浸润而发展壮大。在留学德国的几年里，他对比较语言学产生了浓厚兴趣，同时也接受了曾垄断欧洲史坛的历史语言考据学派的观点。历史语言考据学派又称实证主义学派，其创始人是德国著名史学家朗克（现多译为兰克），所以又被称为朗克学派。朗克认为，一切历史著作都是不可靠的，要明白历史的真相，只有穷本溯源，研究原始资料。他主张从语言文字入手，追寻史料的来源，鉴别史料的真伪；认为当事人或目击者提供的证据是最珍贵的，档案、古物一类的原始资料，乃是历史的瑰宝。治史者要持"不偏不倚"的态度，让史料本身来说话，只有这样，历史学才能变成科学。③ 朗克学派的观点与中国的乾嘉考据学的治史宗旨、方法有许多相通之处。

经过长期的求索，傅斯年终于找到了西方学术与中国传统学术的联结点，求得了西方学术对中国传统学术的认同。于是，他决心将西方的学术理论移植于中华传统学术的沃土中，建设中国新的史料考据学。据在史语所工作过的学者说，傅斯年刚从欧洲回国时，曾宣称要建设中国的朗克学派。后来有人讽讥傅斯年的史学理论是拾朗克学派的牙慧，也有人说以傅斯年为代表的史料学派是"兰克（按：朗克）学派在中国的分支"。④ 这样的断语确当与否姑且不论，傅斯年的学术思想深受朗克学派的影响则是显而易见、无可置疑的。

中国是一个历史悠久的国家，历代遗留的史料十分丰富。古代学者虽然在史料鉴别、整理方面做出了很大成绩，但是他们的研究活动基本上局限于文献学的范围之内，而将文献之外的史料，如档案、简牍、金石刻辞、古器物、古建筑、雕塑、民俗、方物等视为无用之物，摒于史料范畴

---

① 傅斯年：《清代学问的门径书几种》，《新潮》第一卷第四号。
② 傅斯年：《毛子水〈国故与科学精神〉识语》，《新潮》第一卷第五号。
③ 参见郭圣铭《西方史学史纲要》，上海人民出版社1983年版。
④ 参见张广智《克丽奥之路——历史长河中的西方史学》，复旦大学出版社1989年版，第162页。

之外。近代以来，虽然有的学者注重研究、利用新资料，但是由于政府不重视开发保护，学者个人无力收藏保存，随着交通的发达和现代工业文明的兴起，有些新资料流出域外，有些则遭到破坏，渐次毁灭。在这样的情况下，傅斯年抱着抢救中国学术资料的目的，提出"史学只是史料学"的口号，动员组织一批优秀学者，建立起学术机构，对中国现存的各种学术资料进行广泛的搜求和系统的整理。可以说，傅斯年的"史学只是史料学"的思想，是时代的产物，是中西史学思想交汇的产物。

（二）史学只是史料学

傅斯年自 1927 年在中山大学《中国文学史》课堂上讲授"史料略论"，到 1928 年发表《历史语言研究所工作之旨趣》，再到三四十年代在北京大学讲述《史学方法导论》，发表《〈史料与史学〉发刊词》等文章，一再强调史学就是史料学。有的学者并未认真全面研究傅斯年对这个命题所作的分析和论述，只是望文生义，认定他把史学和史料学简单地等同起来，认为他的史学思想如同这个口号的字面意义那样简单、片面。其实，当你读过傅斯年的有关史学问题的全部论著，并对此作一番认真思考之后，就会发现，他的史学思想不是一两句口号所能包含得了的，这个简短的口号不只是一个标识，它下面蕴含着极其丰富的史学思想和深刻精到的史学见解。

在评析傅斯年"史学只是史料学"的思想内涵时，有几个问题是需要说明的。

第一，"史学的对象是史料"，这是"史学只是史料学"的第一要义，是傅斯年对于"史料"与"史学"关系的最基本的理解。他说：

> 史学的对象是史料，不是文词，不是伦理，不是神学，并且不是社会学。①

> 历史这个东西，不是抽象、不是空谈……历史的对象是史料。离开史料，也许可以成为很好的哲学与文学，究其实与历史无关。②

---

① 《傅斯年全集》第二册，（台）联经出版事业公司 1980 年版，第 5 页。
② 《傅斯年全集》第四册，（台）联经出版事业公司 1980 年版，第 289 页。

傅斯年之所以把"史学"的对象看作是"史料",与他对于史学的定位有直接关系。他提出"以自然科学看待语言历史之学",要把历史学建设成与"各自然科学同列之事业",① 就是说,要把历史学变成科学。但是,一般意义上的历史学包括历史哲学、历史评论、史书编纂等,在这些分支学科中,无法使用或无法全部使用科学的方法,照傅斯年看来,它们都不能成为科学,因此应该将它们从科学的史学中排斥分离出去。这样一来,他所说的史学,就不再是一般意义上的史学,而是狭义的史学了。

"史学只是史料学"的思想首先将史论和历史哲学从史学中排除。他在《历史语言研究所工作之旨趣》中说"发挥历史哲学和语言的泛想"、"不是研究的工作"。在《闲谈历史教科书》中说"以简单公式概括古今史实,那么就是史论,而不是史学"。在这里,他非常明确地将历史哲学、史论与史学区分开来。

否认社会历史的发展过程具有规律性、必然性,认定"史学非求结论之学问",② 追求"只求证,不言疏"的治学方法,将历史哲学和史论看作是空发议论的学问,这是傅斯年将历史哲学和史论从史学中排除的主要原因。早在留学归国之前,他就已明确表示"我看历史上的事,甚不可遇事为他求一个理性的因。因为许多事实的产生,但有一个'历史的积因',不必有一个理性的因"③。他在得意之作《性命古训辨证》中也说:"历史无定例,天演非一途。故论史宜乎不可必,不可固也。"在《闲谈历史教科书》中他仍然重申:"历史上件件事都是单体的,本无所谓则与例",历史上没有过两件完全相同的事,所以"归纳说是说不来的,因果是谈不定的"。在他看来,人们只能认识历史上的某些具体事物、研究历史上的某些具体现象,如果硬要取得一种规律性的认识,那必然是加入了个人的主观因素,必然失去客观性和科学性,这与他心目中的"科学的历史学"便格格不入了。所以他要将那些研究普遍规律、探求历史必然性的历史哲学和史论逐出科学史学的领域之外。

傅斯年把著史排除在史学之外,也是出于同样的原因。他说:"著史

---

① 董作宾:《历史语言研究所在学术上的贡献》,《大陆杂志》(台)第二卷第一期。
② 欧阳哲生主编:《傅斯年全集》第二卷,湖南教育出版社2003年版,第307页。
③ 《傅斯年全集》第四册,(台)联经出版事业公司1980年版,第454—502页。

每多多少少带点古世中世的意味,且每取伦理家的手段,作文章家的本事。"① 就是说,写作历史的时候,往往会像古人那样带有一些政治的功利,掺杂一些伦理观念,加入一些"传统的'仁义礼智'和其他的主观"因素,在进行文字表述时,又不可避免地进行艺术加工,于是必然缺乏客观性、科学性,也就不是科学的历史学了。

应该指出的是,尽管傅斯年把著史排除在史学之外,但他并不反对著史。他认为著史必须从搜集处理史料入手,建立在科学的史料学的基础之上。他对司马迁推崇备至,是因为司马迁《史记》写有八书,资料大为扩展,"整齐异说",对史料进行了抉择。他对《资治通鉴》大加赞赏,是因为司马光等人"遍阅旧史,旁采小说","能利用无限的史料,考定旧记"。而后代的学者不去扩充史料、鉴别史料,只取"伦理家的手段,作文章家的本事",照着《史记》的旧公式,写作纪、表、书、传,这样的史书是没有价值的。傅斯年重视史书的写作,他本人写过《东北史纲》,曾计划写作明史,也曾著文谈怎样写作历史教科书。他也不反对使用艺术的手法写史,他提出写作文学史要"发乎考证,止乎欣感;以语学始,以'波涛动荡'终"②。他主张写作历史教科书要说明社会的、文化的发展阶段,启发人们的爱国心和民族意识,要增强可读性,引入"故事"、"传记"的艺术手法。③ 总之,写作历史书应该以史料的搜求鉴别为起点和基础,但绝不能简单地堆砌史料、排比史料。从傅斯年的许多论著中可以看出,他对著史的重要性深有认识,没有因为提高史料学的地位而贬低著史的意义和价值,没有把史料学看作是史学的唯一门类和全部内涵。

傅斯年在北京大学讲授《史学方法导论》时,曾将"史的观念"、"著史"、"史学"三者做了明确的区分;④ 在《历史语言研究所工作之旨趣》一文中,也首先强调说"历史学不是著史"。显然傅斯年所说的"史

---

① 傅斯年:《历史语言研究所工作之旨趣》,《傅斯年全集》第四册,(台)联经出版事业公司1980年版,第253页。

② 傅斯年:《古代文学史讲义》,《傅斯年全集》第一册,(台)联经出版事业公司1980年版,第20页。

③ 傅斯年:《闲谈历史教科书》,《傅斯年全集》第四册,(台)联经出版事业公司1980年版,第309页。

④ 参见傅斯年《史学方法导论·史料略论》,《傅斯年全集》第二册,(台)联经出版事业公司1980年版,第5页。

学"乃是专指历史研究,不包括历史哲学、历史评论,也不包括史书的写作。所以,"史学只是史料学"这句话本意是说,历史学的任务只是整理与研究史料,因此它就是史料学。

将历史哲学、史论和史书写作全都排除于史学之外,那么"史学"这个概念中就只剩下了可以使用科学方法的史料处置学,于是他便顺理成章地得出"史学只是史料学"的结论。

第二,"扩张研究的材料",这是"史学只是史料学"的第二要义,是傅斯年对史料与史学关系的又一理解。他在《史学方法导论》中说:

> 史料的发现,足以促成史学之进步,而史学之进步,最赖史料之增加。①

傅斯年强调史料的扩充是史学进步的最重要的因素,他在《历史语言研究所工作之旨趣》中把扩张研究的材料作为学术进步的三个条件之一,就是基于此认识而提出的。他说,从司马迁到司马光,中国的史学之所以不断进步,那是因为他们能够使用各种各样的材料,"地方上求材料,刻文上抄材料,档库中出材料,传说中辨材料"。后来中国的史学之所以不再进步,则是由于史料没有扩充的缘故,而今放着许多文物档案资料不加搜集整理,任其失散毁灭,却纷纷侈谈整理国故、保存国粹,这是无助于史学进步的。要扩充史料,关键在于突破文献记载的樊篱,利用自然科学提供的工具,"整理一切可逢着的史料"。他提出了一个令一般学者闻之翘舌而不能下的口号:

> 我们不是读书的人,我们只是上穷碧落下黄泉,动手动脚找东西。②

傅斯年强调全面搜集各种各样的材料,特别是搜集新材料。他指出,近代以来西方学术之所以得到发展,是因为它们不仅依靠文献的记载,而是"动手动脚找新材料,随时扩大旧范围"。中国的史学要想进步,也必

---

① 《傅斯年全集》第二册,(台)联经出版事业公司1980年版,第7页。
② 《傅斯年全集》第四册,(台)联经出版事业公司1980年版,第264页。

须在这方面寻求出路。他说：

> 我们要能得到前人得不到的史料，然后可以超越前人；我们要能使用新材料于遗传材料上，然后可以超越同见这些材料的同时人。
> 新材料的发现与应用，实是史学进步的最要条件。①

傅斯年提出了搜集史料的两个原则，一是"全"，二是"新"，这也是历史语言研究所史料搜集工作的信条。

第三，"史学的工作是整理史料"，这是"史学只是史料学"的第三要义，是傅斯年对于"史料"与"史学"关系的基本限定。他在《史学方法导论》中说：

> 史学的工作是整理史料，不是作艺术的建设，不是做疏通的事业，不是去扶持或推倒这个运动，或那个主义。②

因为傅斯年认定史学的对象是史料，所以他必然得出"史学的工作是整理史料"的结论来。怎样整理史料呢？傅斯年强调要有客观的态度和实事求是的精神。他说：

> 使用史料第一要注意的事，是我们但要问某种史料给我们多少知识，这知识有多少可信，一件史料的价值便以这一层为断，此外不可把我们的主观价值论放进去。③

又说：

> 我们反对疏通，我们只是要把史料整理好，则事实自然很明显了。一分材料出一分货，十分材料出十分货，没有材料便不出货。两件事实之间，隔着一大段，把他们联络起来的一切涉想，自然有些也

---

① 《傅斯年全集》第四册，(台)联经出版事业公司1980年版，第6页。
② 《傅斯年全集》第二册，(台)联经出版事业公司1980年版，第9页。
③ 同上书，第48页。

是多多少少可以容许的，但推论是危险的事，以假设可能为当然是不诚信的事，所以我们存而不补，这是我们对于材料的态度；我们证而不疏，这是我们处置材料的手段。材料之内使他发现无遗，材料之外一点也不越过去说。①

他"照着材料出货"、"客观地处理实在问题"的主张，无论当时还是今天，都是治史料学者应该恪守的一项重要原则。

有人把傅斯年"史学只是史料学"的思想说得一无是处，视之为旧史学的余毒，这是有失公允的。其实，傅斯年的史学思想是时代的产物，是史学发展的结果，无论是从理论上，还是从实践上看，它在中国现代史学史上都有着重要的地位。

其一，傅斯年"史学只是史料学"的思想，纠正了中国传统史学之重视史书编纂，忽视史料搜集整理的偏向。他指出，中国史学界自古就有广泛搜求史料，精心鉴别史料，力图再现历史真实的优良传统。司马迁作《史记》，司马光写《资治通鉴》，清代考据学家们对史料的考订，都是这种优良传统的结晶。但是也有些史学家，不去采集史料，专门对于前人提供的第一手材料进行雕饰、润色和加工，然后撰写成史书，这就不是"客观的史学"。元朝、清朝政府"最忌真史学"的发达，以致采集整理新史料的优良传统日渐衰竭，编纂史书的风气日益昌炽，时至今日，不知多少人在那里"照着司马子长的旧公式，去写纪表书传"，搞"化石的史学"，也不知有多少人在那里"修元史修清史"，做官样文章。这样下去，真正的历史学是不会发达起来的。他提出，只有"由主观的哲学及伦理价值论变作客观的史料学"，"由人文的手段，变作如生物学、地质学一般的事业"，② 中国的史学才会进步，才有可能赶上世界史学发展的潮流。

傅斯年着力扭转史学界那种用个人主观意识曲解史实，依照伦理观念斫饰历史，按照政治需要写作帝王将相家谱、教科书的封建主义史学观点，使史学向着"存真"、"求实"的方向发展。由是观之，他的思想取向是正确的，有进步意义的。至于说用这种立意偏颇的口号去纠正旧的史学观念，难免有矫枉过正之失，容易走向另一个极端，这恐怕是他所始料

---

① 《傅斯年全集》第四册，（台）联经出版事业公司1980年版，第262页。
② 《傅斯年全集》第二册，（台）联经出版事业公司1980年版，第5页。

不及的。

其二，傅斯年号召人们"扩张研究的材料"，"随时扩大旧范围"，拓宽了史学研究的领域，开创了史学研究的新局面。在"史学只是史料学"的旗帜下，傅斯年对历史学的意义作了狭义的界定，但同时也把历史学特别是史料学的内容作了充分的开拓。凡古往今来人们生活的一切遗存，不论是物质的还是观念的遗留，统统被当作史料看待：地下埋藏的古文字、古器物，地上遗存的庙宇建筑、石刻雕塑，文化史方面的民俗传说、观念信仰，民族学方面的各族语言文字，文献学方面的群经旧籍方志自不必说，凡档案、笔记、小说、戏曲、诗文、宗教典籍等一切文字记录，全部纳入了史料的范围。这使人们对史料的意蕴有了新的认识，对历史研究的观念大为扩展，摆脱了千百年来由文献到文献的书蠹式的研究方式，开辟了一个崭新的史学领域。他将上述理论贯彻到实践中去，邀请全国许多著名的学问家，组成历史语言研究所，在许多新的史学领域中进行了开创性的工作。安阳殷墟的考古发掘、清内阁大库档案的整理、民族学语言学方面的实地调查等，所有这些成就，都是在傅斯年的扩张史料的史学思想指导下取得的。

其三，有人单从"史学只是史料学"这个简短的结论着眼，说傅斯年鼓吹史料至上，妨害了马克思主义史学理论的发展，扭偏了中国史学发展的方向，这种看法是不全面的。实际上，傅斯年的史学思想和马克思主义历史观虽然有相互矛盾的一面，但也有相互一致的方面。马克思主义史学理论比历史上任何一种史学理论都更加强调史料的重要性，更加重视使用直接的、原始的、可靠的和最大量的史料。它不仅不排斥史料学的发展，而且正是建立在近代史料学的基础之上的。在20世纪初中国史料学不甚发达的情况下，马克思主义史学在中国的发展受到一定的局限，当时人们只是一般地介绍历史唯物主义原理，一旦拿这个原理说明中国历史，解决社会历史问题，便会遇到很大的困难，其中主要的问题是史料不足。所以马克思主义史学家们没有忽视史料学的工作，而是把史料与理论放到了同等重要的位置上。他们动手搜集整理史料，也注意接受、使用现代史料学派、新考据学派的研究成果。如果我们不存偏见的话，应该承认，以傅斯年为首的现代史料学派是中国史学发展史上必然出现的学术派别，他们在史料搜集整理方面的卓有成效的工作，加速了史学科学化的进程，为马克思主义史学的健康发展做了资料方面的准备。

（三）理论局限

历史哲学、史论、史书写作和史料学是历史学的几个有机组成部分，它们之间有不可分割的联系。傅斯年硬是把前三者从史学中分离出去，把它们和史料学对立起来，这就不可避免地走入一个理论的误区，并导致他的史学理论与史学实践之间出现矛盾。

傅斯年将历史哲学、史观、史论看作是"空论"、"简单公式"、"主观价值论"，进而否定其在史学领域中的地位及其学科价值。事实上，无论哪一种学问都无法脱离作为世界观、方法论的哲学思想的指导，这是不以人们的好恶为取舍，不以人们的意志为转移的。傅斯年对历史哲学、史论取否定或存而不论的态度，但是在他的学术言论和论文著作中，处处反映出他的历史哲学思想和史学观点。他否认历史发展的规律性，认定史料学是科学而将史学的其他分支均排除在科学之外，这本身就是一种历史哲学、一种历史观念。翻开他的史学论著看看，谈论史观、发表史论的文字比比皆是。比如他在《历史语言研究所工作之旨趣》中说司马迁写作历史的"若干观念比十九世纪的大名家还近代些"，说欧阳修的《五代史》、朱熹的《通鉴纲目》"代表中世古世的思想"，提出反对"国故"这个"观念"，如此等等，无异是在发表历史哲学和史学评论的演说。在《闲谈历史教科书》中，他提出中小学开设历史课的意义是增进学生对于"人类"及"人性"的了解，"借历史说明生命界最近一段的进化论"；"借历史事件做榜样，启发爱国心，民族向上心，民族不屈性"，说明"文化演进之阶段"。所有这些，都是属于历史哲学、历史评论、史学评论方面的问题。

傅斯年把史料学作为历史研究的重要对象和逻辑起点，这是无可非议的，但是他把史料学的地位提高到不合适的高度上，认为历史学科里唯一可以称得上科学的是史料学，历史学的功夫全要看处理史料的能力如何，于是在史学研究中不可避免地出现重史料轻理论、重考据轻思辨的倾向。在这种学术思想的指导下，史学家们仍承袭清人的治史风气，专门在个别的、具体的问题上下功夫，不能够全面地、历史地看待社会的发展，不能够写出贯通古今的历史著作。而且在研究具体的史学问题时，也往往不能置之于整个历史发展的进程或特定的历史环境中加以考察，以至陷入繁冗琐细的考证中，难以发现历史事物、现象的内在的、本质的特征及其联系。

二　探研古史

(一) 走出疑古误区

在新文化运动时期，傅斯年在胡适等人影响下，开始用近代科学的观点、方法研究中国学术，从而寻绎某些有系统的、有规律的东西。他说：

> 把我中国已往的学术，政治，社会等等做材料，研究出些有系统的事物来，不特有益于中国学问界，或者有补于"世界的"科学。①

傅斯年在论著中强调："国故是材料不是主义"，"研究国故必须用科学的主义和方法"。他反对在训释古籍时只罗列材料而无心得，说"凡谈故训，当以条理为先，发明为要，并不贵乎罗列群书，多所抄写"，"大凡著述之业，有得则识之，无得则缺之，不烦广抄多写，成其博异"。②他批评谢无量的《中国大文学史》只是一部"材料书"，"里面通是抄写的，不曾丝毫消化得来"。③可见当时他对于学术的定位是，以"科学的主义"作指导，使用"科学的方法"，研究分析各种材料，从而发现某些"系统"的事物，找出某种规律。

基于这样的指导思想，他在新文化运动时期很少作具体、微观的研究，大都是宏观的通论。或比较世界东西方之差异，或纵论古往今来之变迁。他在《中国历史分期之研究》一文中提出，凡以时间变迁为基本线索的学科，在研究过程中皆应"分期别世，以御繁纷"，"察其递变之迹，然后得其概括"。④他提出"以种族之变迁升降为分期之标准"，在每一具体的历史时期中，又分别以"政治变迁"、"风俗改易"、"种族代替"为标准划分作若干历史阶段。他讨论文学革命的有关问题时，同样把文学的

---

① 傅斯年：《毛子水〈国故和科学的精神〉识语》，《傅斯年全集》第四册，(台)联经出版事业公司1980年版，第210—211页。
② 《傅斯年全集》第四册，(台)联经出版事业公司1980年版，第372页。
③ 同上书，第395页。
④ 傅斯年：《中国历史分期之研究》，《傅斯年全集》第四册，(台)联经出版事业公司1980年版，第176页。

发展演进做了阶段的划分。他虽然对王国维的政治态度予以激烈的抨击，但对他的《宋元戏曲史》一书仍大加赞扬，原因在于这部书不仅取材富瞻，更可贵的是它"条贯秩然，能深寻曲剧进步变迁之阶级"①。

1920年，傅斯年到欧洲留学，在对西方学术理论和方法有了初步认识以后，治学方向发生了大转变。他认为在北大预科和文科国文门学习6年是误入歧途，说自己"受国文的累已经不浅"，一成"文人"，"便脱离了这个真的世界而入一梦的世界"，甚至把"性情都变了些"。② 当时他对于文学已不感兴趣，甚至认为中国文学的教育和熏陶把自己引入了治学的误区。他到伦敦大学后，选择心理学作为主攻方向，并打算"以此终身"。他曾在笔记本上写道"不要唐吉诃德主义"、"不要哈姆雷特主义"、"不要中了（小说家）哈代的毒"。他在极力告诫自己，要摆脱文人富于空想的积习，不要进入"梦的世界"。从根本上否认了自己在中国史学方面的造诣和成绩，就连原来最感兴趣的哲学，在他心目中的地位也发生了变化。

1923年夏，傅斯年入德国柏林大学以后，他的治学方向发生了第二次大转变。这个时期，他对自己苦心钻研的实验心理学乃至集体心理学的功能及价值产生了怀疑，进而对于哲学的学科性质的认知也发生了根本的变化，他不再把哲学看作是"比饭碗还要紧"的世界观，也不把它看作是指导其他学科的普通的方法论，而是看作世界上个别民族所独有的、固守系统而不求实用的"玄学"。于是出国前拟订的由学习自然科学进而攻读哲学的计划也最终付之东流了。大约在德国留学的后期，他治学的兴奋点已明显地转到了语言学方面。他修习梵文、藏文、缅甸文和语言学、语音学等方面的课程，大量阅读这方面的书籍。他似已选择了语言学作为主攻的方向。

就在这个时候，顾颉刚疑古史的论著传到了德国。傅斯年读后一赞三叹，推崇备至，他写信给顾，说顾提出的"层累地造成的中国古史"是"史学的中央题目"，"是一切经传子家的总锁钥，一部中国古代方术史的真线索，一个周汉思想的摄镜，一个古史学的新大成"。③ 傅斯年对顾的称誉，一方面说明了他们之间友谊的真挚，另一方面"疑古"之说唤起

---

① 《傅斯年全集》第四册，（台）联经出版事业公司1980年版，第381页。
② 欧阳哲生主编：《傅斯年全集》第七卷，湖南教育出版社2003年版，第11—14页。
③ 《傅斯年全集》第四册，（台）联经出版事业公司1980年版，第454页。

了他对自己当年史学见解的回味。

1918年初,在《新潮》的创刊号上,傅斯年发表了评论梁玉绳《〈史记〉志疑》的文章,其中提到了疑古的问题:

> 中国人之通病,在乎信所不当信,此书独能疑所不当疑。无论所疑诸端,条理毕张,即此敢于疑古之精神,已可以作范后昆矣。

在他看来,真正的学术是以怀疑作为出发点建立起来的,"可知学术之用,始于疑而终于信,不疑无以见信"。大胆的怀疑对学术很有好处,"与其过而信之,毋宁过而疑之"①。当时,这样的学术见解是仅见的。所以有人把傅斯年称作"疑古的先锋",并认为傅斯年提出的疑古史的某些主张,不仅比起顾颉刚来早得多,甚至连胡适都有"抄袭傅斯年的嫌疑"。②

傅斯年和顾颉刚于1916年一起入北京大学文科读书,后来又一起住进了西斋十二号宿舍,他们一起听胡适的《中国哲学史课程》,且常出入其门探讨学问,在政治思想和学术观念上深受胡适影响。傅斯年创办《新潮》杂志,顾颉刚参与其中。1919年傅斯年赴欧洲留学,顾颉刚则于1920年北大毕业后留校任教。当年傅斯年给顾颉刚写信的时候,常用"我的颉刚"这样十分亲昵的称呼③。而顾颉刚也曾用"埙篪相应"说明他与傅斯年在大学时代的友谊,④ 而且在写给傅斯年的信中说"我在师友中,最敬爱的是你"。⑤ 后来顾颉刚在钱玄同、胡适的鼓励下,努力探索,大胆地怀疑古史,提出了"层累地造成的中国古史"的理论,轰动了学术界。但是他并没有忘记远在异国他乡的好友傅斯年。他常写信给傅,讨论古史方面的问题。

---

① 《傅斯年全集》第四册,(台)联经出版事业公司1980年版,第369页。
② 参见杜正胜《从疑古到重建——傅斯年的史学革命》,(台)《傅斯年先生百龄纪念研讨会论文》,1995年。
③ 参见傅斯年《与顾颉刚论古史书》,《傅斯年全集》第四册,(台)联经出版事业公司1980年版,第369页。
④ 参见《古史辨》第一册。埙是我国古代的一种椭圆状六孔的陶制乐器,篪是一种竹管制作的八孔乐器,古人常用这两种乐器配合演奏乐曲。"埙篪相应"一词常用来喻指兄弟或朋友关系密切,融洽和谐。
⑤ 参见顾潮《顾颉刚与傅斯年在青壮年时代的交往》,《文史哲》1992年第2期。

傅斯年读过顾颉刚疑古史的文章后,他既为顾的史学成就大唱赞歌,又庆幸自己因"不弄史学"而免于像别人一样"非拜倒不可",他只是以"光武故人"的心境欣赏顾的学问和成就。后来,大概是受了顾颉刚学术成就的触动,傅斯年对史学重新产生了浓厚的兴趣,决心在史学领域有所作为。从《与顾颉刚论古史书》那篇写给顾的长信中似乎可以看出,起初傅斯年只是想写几句祝贺的话给顾,以示对老朋友的鼓励。可是他下笔以后,觉得有许多话要说,而且有许多话难于一下子说明白。据顾颉刚说,这封信自1924年1月写起,一直写到1926年10月30日傅斯年乘船回到香港为止还没有写完。一封信写了将近3年的时间还没完成,很耐人寻味,个中原因也颇复杂。不过最根本的原因是傅斯年的思想变了,他意识到疑古是一个误区,其致命的缺点就是"以不知为不有"[①],"据不充分之材料,作逾分的断定"[②]。他决心走出这个误区,重建中国的新史学。

在欧洲留学的后期,傅斯年修习了《方法论》之类的课程,注重阅读西方史学名著和史学理论方面的书籍,比较系统地接受了以朗克为代表的历史语言考据学派的学术观点和方法。从他留学后期到回国途中所作的手记来看,他对于其他学科不再关注,只是对中国史学的路向及史学研究中的具体问题作了认真的思考,这说明他已经最终完成了自己学术研究目标的定位。

1926年底,傅斯年受聘任广州中山大学文史科主任兼文学、史学两系主任。他认为,要把中山大学史学系办好,必须聘请一些如顾颉刚那样的有学问、有研究能力的学者。此前顾颉刚在厦门大学与鲁迅、潘家洵结怨,处境十分窘迫。1927年初,鲁迅来广州中山大学任教,听说傅斯年要请顾颉刚来,乃极力反对。傅斯年执意请顾前来,4月底,鲁迅愤然离去。顾颉刚来到了中山大学历史学系任教,协助傅斯年创办语言历史研究所。孰料刚刚过了半年时间,两个人的亲密关系就出现了裂痕。至1928年春,二人矛盾激化,终于产生公开冲突,始而言语不合,继而破口相骂,虽经多人调和劝解,终无补于事,至隔阂愈来愈深。不久,顾颉刚离

[①] 《傅斯年全集》第二册,(台)联经出版事业公司1980年版,第103页。
[②] 同上书,第79页。

开广州,赴北平燕京大学任教,顾、傅二人"十五年之交谊臻于破灭"①。此后两人虽未产生直接冲突,但当日亲密友谊已无法恢复。

傅斯年和顾颉刚之所以发生矛盾和冲突,是因为两人的志向、性格和工作作风存在很大的差异:顾是一位纯粹的学者,而傅是学者兼思想家、政治家;顾温文尔雅,待人谦和,然性格坚韧,追求执着,办事认真且极有章法,是典型的学者气质,而傅坦率直爽,大气磅礴,仗义执言,敢作敢为,有人说他"霸道",有人送给他"傅大炮"的绰号,他所具备的是政治家的大气豪爽的性格。但是两人的冲突还有更深层次的原因,那就是他们的治学观念有了根本性差异。

傅斯年从欧洲归国前夕,顾颉刚寄论文给他请求指正。傅斯年在回信中除对一些具体问题发表了不同的见解外,对顾氏辨古史实的治学态度和使用的方法也委婉地提出了批评。他提醒顾颉刚"应该充量用尚存的材料",而若干材料缺的地方,即让它"缺着"②、"切不可从这不足的材料中抽结论"③、"不勉强补苴罅漏"④。同时对顾颉刚提出这样的忠告:

> 找出证据来者,可断其为有,不曾找出证据来者,亦不能断其为无。⑤

这实际上是在提醒顾颉刚应在搜集整理史料上下工夫,十分委婉地批评他过多地使用了默证的方法。时过不久,他便在中山大学的讲堂上对学生讲道:

> 以不知为不有,是谈史学者极大的罪恶。⑥

傅斯年不指名的批评,显然是对顾颉刚为首的疑古学派而发的。在傅斯年看来,顾氏"层累地造成的古史说"的根本缺陷是材料不足而强作

---

① 顾潮:《顾颉刚与傅斯年在青壮年时代的交往》,《文史哲》1993年第2期。
② 《傅斯年全集》第四册,(台)联经出版事业公司1980年版,第434页。
③ 同上书,第438页。
④ 同上书,第453页。
⑤ 同上书,第434页。
⑥ 《傅斯年全集》第二册,(台)联经出版事业公司1980年版,第103页。

定论，己所不知者便断定其为虚无。后来他在笔记本上写了一则名为《戏论》的寓言性文章（草稿，未发表），用嘲笑讽讥的手法，从史学方法论的角度揭示了疑古学派的谬误。

《戏论》说：有一个生活于民国33世纪的名叫"理必有"的人，"好为系统之疑古，曾做《古史续辨》十大册"。"理必有"认为民国初年的学人故意编造一些人名，以迷惑后人。根据"理必有"的"研究"，孙文、黄兴实无其人，孙文乃《西游记》中孙行者的人间化、当时化，黄兴也不过是根据"黄龙见"一类的迷信而编造的人名。"此等议论盛行一时，若干代人都惊奇他是一位精辟的思想家。"如果从尧舜时代算起的话，顾颉刚不正是33个世纪之后的人么。显然，这里的"好为系统之疑古"的"理必有"，就是"处处求符合理性"[1]"凡事为他求一个理性的因"[2]的顾颉刚。在傅斯年看来，顾之怀疑尧舜，正与"理必有"怀疑孙文、黄兴相同，都是由那种默证的方法造就的幻觉。接着，《戏论》使用疑古派的论证方法，与其灵魂人物钱玄同开了个玩笑说：民国初年实无钱玄同其人，因为玄是最道士气的，而钱正与玄相反，充满着铜臭味，"姑名为玄同，以张其虚；姓之曰钱，以表其实。世无有虚过于玄而实过于钱者，以此相反之词为名，实系一小小迷阵"。故此可作结论说，钱玄同"实一非有先生、亡是公子"。[3]

傅斯年在《戏论》中告诉人们这样一个道理：如果按照疑古派的推理方法，三千年以后的人不仅要否认孙中山、黄兴的存在，就连疑古学派的主帅钱玄同也视其为虚构之人了。用这样的方法研究历史，真正是"极大的罪恶"，是历史学的悲剧了。后来，他仍时常发为议论，力戒同仁不可使用疑古派的理论和方法：

> 古文者，劫灰中之烬余也，若干轮廓有时可以推知，然其不可知者亦多矣。以不知为不有，以或然为必然，既违逻辑之戒律，又蔽事实之概观，诚不可以为术也。今日固当据可知者尽力推至逻辑所容许

---

[1] 顾颉刚：《古史辨》第一册，上海古籍出版社1982年版，第112页。
[2] 《傅斯年全集》第四册，（台）联经出版事业公司1980年版，第440页。
[3] 傅斯年写有《戏论》的笔记本藏台湾"中央研究院"历史语言研究所，存《傅斯年档案》中，影印件见王汎森、杜正胜编《傅斯年文物资料选辑》，（台）傅斯年先生百龄纪念筹备会1995年版。

之极度，然若以或然为必然则陷矣。①

在傅斯年看来，疑古学派的根本缺陷是把自己不知道、不能证实的史事看作是子虚乌有，从而使历史学脱离科学的轨迹，成为一门主观的学问。有鉴于此，他提出了建立科学的史学、使历史学成为与自然科学同列之学科的主张。

（二）建立科学东方学

傅斯年留学归国前后一度推崇顾颉刚等人的疑古学说，然而最终没有加入疑古学派的营垒，而树起科学历史学的旗帜，与他早年的生活环境、学术经历有很大的关系。

"五四"运动前后，在中国的青年学子中兴起了"科学热"。这股"科学热"形成了两大潮流，一是渴望学习西方自然科学知识，把欧美诸国先进的科学技术引进到中国来，以改变中国贫穷落后、受人欺凌的局面。二是渴望学到西方的学术理论和方法，用来治中国传统的学问，破除陈旧学风，振兴中华学术。傅斯年作为北京大学的高材生、《新潮》的创办者、"五四"运动的健将，曾为这股潮流推波助澜，而这股潮流也给了他治学的动力，规范了他的学术方向。

在"五四"新文化运动中，傅斯年虽然充当过疑古学说的急先锋，但似乎并不以这种"破坏"性的工作为归宿，而对"建设"性的工作更有兴致。他说：

> 长期的破坏，不见建设的事业，要渐渐失去信用的。若把长期的破坏的精神，留几分用在建设上，成绩总比长期破坏多。②

傅斯年曾在《新潮》杂志上每期刊登几篇纯粹介绍自然科学知识的文章，后经鲁迅劝说而取消，但对于"用科学方法"整理国故，其兴致仍高得很。他认为清代学者治学问的方法是科学的，但更重要的是学习西方的科学知识、方法，用它来治中国传统的学问，否则将一无是处，毫无

---

① 《傅斯年全集》第二册，（台）联经出版事业公司1980年版，第161—404页。
② 欧阳哲生主编：《傅斯年全集》第七卷，湖南教育出版社2003年版，第12页。

结果。在"科学热"的推动下，他怀着渴求西方科学知识、科学方法的心情，踏上了西进留学的道路。在长达7个年头的留学生涯中，他曾致力于学习西方的自然科学知识，但是用西方科学方法治中国传统学问的思想始终萦绕在他的心头。他写信给胡适，说"整理国故也是现在很重要的事情"，"可以化成一种不磨灭的大事业"。[①] 虽然他的学术兴趣发生了几次转移，但他对科学知识、科学方法的追求却始终没有发生过动摇。他的用科学方法治中国史学的思想也由此奠定了初基。

傅斯年在英德留学时，西欧史学界对于历史是科学还是艺术的论争已经历了上百年，仍是众说纷纭，不得结果。在过去的一个世纪里，认定历史是科学的人很多，除了马克思、恩格斯创立了唯物史观，将历史置于科学基础之上外，许多资产阶级学者也认定历史演进有规律可寻，历史可以成为科学；抑或认为历史发展没有规律，但是可以用科学的方法对它进行研究，因此历史学可以成为科学。19世纪至20世纪之交，历史是科学的说法更是风靡一时。英国史学家、剑桥学派的代表人物比瑞（J. B. Bury）便断然宣布，"历史是科学，不多也不少！"否定历史是科学的理论也没有销声匿迹，他们认为人类历史的演进没有如同自然界演变一样的定律，没有定律就不是科学。还有的史学家转换了论证的角度，避开了关于历史客体之有没有规律的讨论，而从史学的主体方面予以界说，认为史学家研究史料、发现真理的过程是科学的，但他们要用语言文字把真理表达出来，必然取艺术的形式。因而他们的结论是：历史是科学，又是艺术。[②] 傅斯年虽然没有直接参加这场讨论，也没有就此发表过什么评论，但是在他的史学著作和言论中，却经常提起或论述这场论争中的某些根本性问题。他的建设科学的历史学的思想，亦直接导源于这场论争。当然，在这个问题上他并不注重理论的辩解——他常把这种理论上的探究称为"空论"而痛加批评——而是努力付诸学术实践。

从欧洲留学归来不久，傅斯年就公开表明自己的观点，说要"以自然科学看待语言历史之学"，要把历史学建设成"与自然科学同列之事业"。[③] 后来在《历史语言研究所工作之旨趣》中更明确提出要进行"科

[①] 《胡适往来书信选》上册，中华书局1980年版。
[②] 西欧学者关于"历史是科学还是艺术"的讨论，杜维运《史学方法论》（香港华世出版社1979年版）述之甚详，可参阅。
[③] 《傅斯年全集》第四册，（台）联经出版事业公司1980年版，第276页。

学的研究",把历史学语言学"建设得和生物学地质学等同样",使之成为"客观的史学"、"科学的东方学"。从字面上看,科学的史学、科学的东方学意义十分明确,无须烦言。但事实上,傅斯年往往对它们作不同常规的解释,赋予其特定的含义,于是这几句话所蕴含的史学思想就变得扑朔迷离了。

傅斯年在谈论中国古代学术史时,对史学这个概念的使用比较宽泛,他把史书写作、历史观点、历史研究都归于史学的范畴。但当他讨论近代学术时,则将史学的使用范围作了严格的限定。把史书写作、史观、历史哲学统统排除在史学之外,把史料学当作史学的唯一对象。那么他所说的科学的史学,也就是科学的史料学,换句话说,便是在历史诸学科中,只有史料学才是科学。

傅斯年所说的"科学"的内涵是什么?为什么只有史料学才是科学?如前文所说,傅斯年不承认历史的发展具有规律性,他说:

> 历史本是一个破罐子,缺边掉底,折把残嘴,果真由我们一齐整齐了,便有我们的主观分数加进去了。①

既然史事的留存是残缺不全的,我们就无法获得一个规律性的、整体性的认识,只能认识历史上个别的、具体的事物,研究局部的历史现象。如果硬要取得一般性总体性的认识,硬要研究出一个普遍性的规律,那就不可避免地加入一些主观因素,而有违历史真实。他还用自然科学与社会科学的差异论证其观点。他说,数学、物理学可以拿"大原则"概括同类的事,这个办法用在生物学、地质学中就困难了,在历史学中更不能应用。我们所说的历史学的科学性,是指对历史客观过程及其规律性的认识,傅斯年既然不承认历史的发展具有规律性,那么他所说的科学是指什么?

傅斯年在中山大学创办语言历史研究所时说:"语言历史学也正和其它的自然科学同手段,所差只是一个分工。"② 后来他又说:现代的历史学研究,须使用"各种科学的方法",地质学、地理学、考古学、生物

---

① 国立中山大学:《语言历史研究所周刊》第1集第10期,1927年广州出版。
② 《傅斯年全集》第七册,(台)联经出版事业公司1980年版,第276页。

学、气象学、天文学等，都为历史学提供了研究的工具。① 很明显，傅斯年所说的科学的历史学，只不过是用科学方法研究的历史学，更准确地说是用科学方法研究的史料学。说到底，历史学，即史料学的科学性，只在于它的研究方法的科学性，在于能用科学的手段，去研究直接的史料，去搜集和使用新材料。

傅斯年所说的科学方法包括两个方面，一是史料比较的方法，"以科学的比较手段，去处理不同的记载"。二是自然科学的方法，"利用自然科学供给我们的一切工具，整理一切可逢着的史料"。至于史料学之外的其他历史学科，那是配不上"科学"二字的。他强调史书的写作必须建立在科学的史料学基础上，必须做到使用史料准确无误，即便如此，著史也不是科学的事业，因为著史必定有学术之外的其他目的，不可避免地受某些政治、哲学、伦理观念的影响，有"传统的或自造的'仁义理智'和其他的主观"加进去。在语言的表述中，也难免修饰雕斫，使用艺术的表现手法。所有这些，都是与科学不相干，甚至是相悖的。既然在写作史书时无法排除非科学因素，所以它就不能成为科学。至于历史哲学、史论那些距离史料学较远、理论性比较强的学科，无法施用"科学手段"，更不能成为科学的学科。

傅斯年虽然打起科学史学的旗帜，高倡建设科学的东方学口号，但他并不反对"科学"之外的其他史学工作，也不反对著史时使用"科学"之外的手法。早在"五四"时期，他就曾专门著文，指出不应把文学史写成"材料书"，写成文学资料长编。主张把材料加以"消化"，"用文学史的作法"，写成一部著作。② 什么是"文学史的作法"？后来他在中山大学讲授《中国古代文学史》时作了具体的说明：

> 写文学史应当无异于写音乐史或绘画史者。所要写的题目是艺术，艺术不是一件可以略去感情的东西，而写一种史，总应该有一个客观的设施做根基，所用的材料可靠，所谈的人和物有个客观的真实，然后可得真知识，把感情寄托在真知识上，然后是有着落的感情……宋人谈古代，每每于事实未彰之先，即动感情，这是不可以

---

① 《傅斯年全集》第四册，(台)联经出版事业公司1980年版，第259页。
② 《傅斯年启事》，《新潮》第一卷第四号。

的；若十足的汉学家，把事实排比一下就算了事，也不是对付文学的手段，因为文学毕竟是艺术……希望诸君能发乎考证，止乎欣感，以语学始，以"波涛动荡"终。①

在这里，他把史料考证和史书写作的关系讲得很明白：史料考证为文学史提供资料，立下客观的根基；有了客观的根基，便可激发感情，运用艺术手法，以达到"波涛动荡"的目的。二者互相联系，不可或缺。文学史是这样，那么一般的史书可否如此？傅斯年说，文学史是"通史之一枝"，"要求只是一般史学的要求，方法只是一般史料的方法"。② 这就是说，上述写作文学史的原则，也适用于一般通史的写作。

傅斯年曾专门著文谈历史教科书的写法，说"编历史教科书，大体上等于修史，才学识三难皆在此需要，决不是随便的事"。他提出了编历史教科书的基本原则和方法，其中不少与艺术手法有涉而与"科学方法"相悖。他说历史教科书应该有很强的可读性，应尽量使之生动，"增加兴味"，"应该把'故事'、'传记'的艺术作用，酌情引到教科书的正文中"。又说"教科书本身应当是一部有形体、有神采、能激发人、能锻炼人的书"。要编写这样的"活的教科书"，就必须"将散碎的事件，连贯起来"，"将民族中伟大人物的性格行事选几件形容出来"。③ 所有这些，都离不开艺术的手法。

总的说来，傅斯年认为社会历史诸学科中，只有史料学可以完全使用科学的方法，可以称得上科学。所谓科学的史学、"史学只是史料学"等命题的提出，皆以此为立论的基点。他认为史书的写作，虽然能够以客观的历史知识、真实的史料为基础，但在叙述的过程中一定要使用艺术的手法。其余如史论、历史哲学等，不能使用科学的方法进行研究，所以它们都不是史学研究的对象、不能成为科学。

傅斯年认为史料学可以成为科学，而著史离不开艺术，这与欧洲史学家所谓历史是科学又是艺术的说法是不同的。后者认为，摆在历史学家面前的任务是双重性的工作，他们为探究某一史实，搜集整理史料，努力发

---

① 《傅斯年全集》第一册，（台）联经出版事业公司1980年版，第11页。
② 同上书，第12—57页。
③ 《傅斯年全集》第四册，（台）联经出版事业公司1980年版，第309页。

现寻求历史的真相,这是科学的工作。当他们把历史的真相用语言文字进行叙述的时候,便加入了个人的主观意念,这种工作则是艺术的,是非科学的。据此他们作出结论:历史既是科学,又是艺术。他们看到了历史客体与历史主体之间的差别和对立,但是将这些差别和对立绝对化,否认二者之间的统一性,否认人的主观意识能够正确地反映客观史实。从认识论和方法论上看是机械的、形而上学的。傅斯年的观点与此不同,他不否认历史主体与历史客体之间的统一性,认为只要"客观地处理实在问题","客观地处理历史学和语言学的题目",就可以得到"客观的知识",就可以辨明历史事实,绝不会因为人们的语言表述使之成为主观的、非科学的东西。但史料学之外的历史学科,史论、历史哲学和著史等,由于研究对象和表述方法不同,主观的、非科学的因素加入再所难免。它们不能成为科学,并非由历史的主体、客体的差异产生,而是由其学科的内容特点所致。傅斯年的科学历史学思想在"历史是科学还是艺术"之争的大环境中产生,明显地受到这场论争的影响,但他不以西方史学理论为雷池,而是继承中国的史学传统,根据中国的学术现状,提出了用科学的方法搜集整理史料的思想,从这个角度讲,他的史学思想是有价值的,尽管其中存在着不少的缺陷。

第一次世界大战以后,不少人目睹先进的科学技术之用于战争给人类带来的巨大创伤和灾难,对于科学的功用和发展前景感到困惑、失望。在中国,梁启超等人也做出了科学破产的"预言"。所以"五四"时期青年学子中兴起"科学热"的同时,也出现了一股反科学思想的逆流。用科学的方法从事学术研究,尤其是从事社会科学诸学科的研究,更受到守旧派学者的非难。在这样的情况下,傅斯年不仅鼓吹用科学的方法治中国的学问,而且最先树起"科学的东方学"旗帜,建立专门研究机构,组织起大批一流学者,展开了用科学方法研究中国学问的实践活动:发掘古文化遗址,整理档案史料,研究古人类体质,进行各种各样的实地调查等,从这个角度审视,他的学术思想,他所从事的学术事业,代表着进步的史学潮流,廓清了反科学思想的迷雾,为中国现代新史学的健康发展开辟了道路。

傅斯年注重接受西方史学理论,但不盲从、不照搬;注重继承发扬中国史学的优良传统,也能够摒弃其糟粕。他主张用先进的学术方法改造中国的旧史学,号召史学家们从文献堆里走出来,走向社会,走向民间,广泛搜求新史料，用科学的方法处理新史料，解决新问题，建立中国科学的史料考据学。他在学术理论上是个通人，他提倡考据，但不拘泥于考据，鼓吹以自然科学方法治史，但也不排斥其他方法；否认史事有则有例，但主张把社会发展分作若干时期，认定进化论适用于人类社会，认为文化的演进有阶段性，号召"把发生学引入文学史来"。在新考据学家中，他的才、学、识皆堪称一流。有人称他为"科学派"的领袖，或称他为"史料学派"的旗手兼舵手，是不过分的。

当然我们也应该指出，尽管傅斯年提出"要科学的东方学之正统在中国"的口号，以建立科学的历史学为己任，但是由于他否认社会历史发展具有规律性，因此他所要建立的"东方学"、历史学并不是真正的科学，他所从事的史学工作也没有能够成为科学的事业。退一步说，他提倡的科学的历史学，充其量只能说是使用科学方法从事研究的史料学。而且他所使用的科学方法，并不具有普遍、广泛的意义。他没有广泛地接受和利用当时历史学家们提出和使用的科学的历史研究方法，对于已经广泛传播的马克思主义的史学理论、方法更持反对、排斥的态度，因而傅斯年并没有建立起真正的"科学的东方学"，即便是他一生苦心经营的史料学，也没有能够成为真正科学的事业。

（三）史学研究方法简述

早在《新潮》社时期，傅斯年就已开始了对于治学方法的探求。从他在《新潮》的"故书新评"专栏里发表的讨论读书入门途径的文字和介绍西方逻辑学著作的三篇书评来看，他明显地受到了胡适重视逻辑、讲求方法的治学风格的影响。有时他甚至直接引述阐释胡适的理论观点，乃至被后人讥为"拾胡氏的牙慧"[①]。但是由于两人学习经历、思想渊源不尽相同，所以他们宣传、使用的史学方法的具体内容也存有较大差异。傅斯年没有追步胡适侈谈"大胆地假设，小心地求证"，而是根据史料学的存真、求实的原则，提出了自己的治史方法。他在1927年写作的《中国古代文学史讲义》、次年发表的《历史语言研究所工作之旨趣》和30年代初任教于北京大学时讲述的《史学方法导论》中，对史学方法做过专门的讨论，在其他的史学论著中，亦时有论及。归纳起来说，他所提倡和

---

① 许冠三：《新史学九十年》，岳麓书社2003年版，第233页。

使用的史学方法主要有以下几种：

其一，"以科学的比较为手段，去处理不同的记载"。用比较的方法处理史料、研究史事，在我国有着悠久的历史。战国晚期的学问家常用比较的方法说明各学派的优劣异同；司马迁作《史记》，用比较的方法选择史料、考究史事、评论人物；后代的学者在校订文献、评论史事、处理史料时都经常使用历史比较的方法。至清代考据学兴起，这种方法蔚为大观。不过近代以前的学者只是简单地、孤立地对个别历史现象或历史资料进行对比，没有从广泛的、普遍联系的方面认识和使用这种方法，更没有升华到理论的高度。

20世纪初，这种方法在新考据学家手中得到充分的发展，王国维提出"二重证据法"，"将地下纸上，打成一片"。陈寅恪提出用古诗文证史的方法（又称文史互证法），开辟出比较方法的新天地。胡适也曾明确地提出研究古学要"博采参考比较的资料"、"用比较的研究来帮助国学的材料的整理与解释"。[1] 他们提出了比较方法的概念并将其提到方法论的高度上来认识，但都没有对这种方法进行系统的阐释和论证。傅斯年继承中国历史比较研究的优良传统，借鉴西方比较文学、比较语言学的理论和方法，对于用比较方法治史料学的理论进行了全面的总结和系统的说明，同时将比较方法应用于其他史学领域，提出了不少有价值的见解。

傅斯年认为，比较的方法是处理史料的最根本的、最重要的方法："史学的方法是以科学的比较为手段，去处理不同的记载"，"史料学便是比较方法之应用"。他强调说：

> 假如有人问我们整理史料的方法，我们要回答说：第一是比较不同的史料，第二是比较不同的史料，第三还是比较不同的史料。[2]

为什么要使用比较的方法呢？他说：

> 历史的事件虽然一件事只有一次，但一个事件既不尽止有一个记

---

[1] 胡适：《国学季刊发刊例言》，《胡适文存》第二卷，上海书店1989年版，第245页。
[2] 傅斯年：《史学方法导论》，以下引文未注出处者，皆与此同，见《傅斯年全集》第二册，（台）联经出版事业公司1980年版，第5—62页。

载,所以这个事件在几种情形下,可以比较而得其近真;好几件事情又每每有相关联的地方,更可以比较而得其头绪。

比较同一历史事件的不同记载,可以去伪存真;比较相关联的几件史事,可以理清其相互关系。他将史料学的比较方法归纳为八对性质不同的史料的对勘互证:

1. 直接史料对间接史料。所谓直接史料是指未经中间人修改、省略或转写的史料;而经过中间人修改、省略或转写的材料则是间接史料。直接史料是最可信的,间接史料则往往经过了后人的更改和增删。间接史料的讹误、不足、错乱,要靠直接史料去更正、弥补、整齐。直接史料固然重要,但间接史料的作用也不可忽视,因为直接史料有时是孤立的、零散的,必须靠间接史料"做个预备,做个轮廓,做个界落"。我们如果不先对间接史料下些工夫,有些直接史料的内容和意义就难以把握。傅斯年特别强调搜集运用新史料,但他并不忽视旧史料的学术价值。他说:

> 必于旧史史料有功夫,然后可以运用新史料;必于新史料能了解,然后可以纠正旧史料。新史料之发现与应用,实是史学进步的重要条件;然而但持新材料,而与遗传者接不上气,亦每每是枉然。

新旧史料各有长短,二者"相互为用",才能收到好的效果。

2. 官家的记载对民间的记载。大体说来,官书的记载关于年月、官职、地理等,"有簿可查有籍可录者",常比私家的记载确实;而私家记载对一件事的来龙去脉及其内幕,能披露一些官书不能说或不敢说的东西。"官家的记载时而失之讳","私家的记载时而失之诬",兼取二者之长而补其短,便可得到确实的史料。

3. 本国的记载对外国的记载。外国人之记他国的史事,多有讹传误记,但却"无所用其讳","比民间更民间",能记下"本国每每忽略最习见同时却是最要紧的事"。研究边疆民族史,不可不注意外国的记载,研究中外关系史,不利用别国的史料更无从着手。

4. 近人的记载对远人的记载。除去特殊的情况之外,近人的记载比起远人的记载来,其史料价值总是要大些。

5. 不经意的记载对经意的记载。"记载时特别经意,固可使这记载格外信实,亦可使这记载格外不实。"不经意的记载常是乱七八糟,但有时却可保存些原始的材料。

6. 本事对旁涉。一般说来,本事是最重要的,旁涉似乎没大关系。但有时旁涉能"露马脚",使我们觉得事实并非如本事所说。他特别强调说:

> 史学家应该最忌孤证,因为某个孤证若是来源有问题,岂不是全套议论都入了东洋大海呢?所以就旁涉中取孤证每每弄出"亡是公子"、"非有先生"来。然若旁涉中的证据不止一件,或者多了,也有很确切的事实发现。

历史上的事直接可以证明的较少,这就需要考证。考证是要严肃谨慎的。"聪明的考证"结论未必正确,而"笨伯的考证"更是一无是处。

7. 直说对隐喻。凡事不便直说,但作者又很想说,便常用隐喻以暗示后人。而后人有时"神经过敏",想得太多;或古人故作"迷阵"、"恶作剧"以欺后人,这是"史学中最危险的地域"。他特别强调对待隐喻要慎之又慎,不可轻易拿来解释历史:

> 我们生在百千年以后,要体会百千年前的曲喻,只可以玩弄聪明,却不可以补苴信史也。

8. 口说的史料对著文的史料。人们历来重视文字的记载,而忽视口说的材料,这是不应该的。其实有些文字的材料如笔记小说等系靠口说的材料写成的,性质与口说实无根本差异。口说的材料自有其缺陷,但也不可视为无用之物。口说的材料往往把年代、世系、地域弄得乱七八糟,但也有一些"精要的史事为之保留",汉族典籍中所传的蒙古族源流就是一个明显的例证。

与王国维、陈寅恪等人相比,傅斯年的史料比较方法的内容范围广泛很多,理论上也细密完备得多了。他将上述理论贯彻到治史的实践中去,写出了一些颇有价值的学术论著。他将金文、甲骨文与历史文献的记载比勘互证,用以研究先秦史、古代思想史,用私家的记载与官书正史结合研究明朝历史,其成就均为史学界所称许。

虽然傅斯年只是把比较的方法看作是处理史料的方法，但是在一般史事的研究中，他也自觉不自觉地使用这样的方法。他的学术论著中最常见的是中外历史的比较。如把中国古代史学与欧洲同时代的史学相比较，说明中国古代史学的发达及近代史学落后的表现及原因。把司马迁"整齐殊国纪年"、制作诸侯及六国年表，与西方古代史学作比较，指出我们中国人习惯于阅读有详细纪年的史书，所以并不感到纪年是了不起的功劳，如果一查希腊年代学未经近代人整理之前的状态，或眼下印度史书年代之混乱，然后就加道司马迁写表，实乃史学思想极大成熟的表现。他说司马迁创作八书，"睹史学之大全，人文之大体"，在欧洲，直到19世纪才有这样的史学家。又说《通鉴考异》是中国最早的评述别择史料的一部书，从中可以看出史学方法的成熟，"在西洋则这方法的成熟后了好几百年，到十七八世纪，这方法才算有自觉地完成了"①。他认为近代欧洲史学家专在搜求新史料上下工夫，所以用力小而成绩大；中国的史学家却只是照着《史记》的旧格式修元史修清史，做官样文章，这只能是"化石的史学"。此外他还对中西社会问题、教育制度、语言学、哲学等作过比较。从这些比较中可以看出，他既反对妄自尊大、"保存国故"、"保存国粹"，排斥西方文化，又反对所谓"全盘西化"，认为"全盘西化"在理论上站不住脚，从实践上看也是行不通的。②另外，他对中国历史上的各种社会现象、人物事件、思想学术也常进行相互比较，如先诸子思想的比较，清代学者治学方法的比较，民族学方面的比较，等等，其中不乏真知灼见。

他提倡和使用的比较方法有很大缺陷。首先，科学的比较方法不否认微观考察的必要性，但更重视从宏观上考察历史，强调通过重大历史事件、人物、现象的比较，作出一种具有广泛适用性的结论，说明具有普遍意义的社会历史问题。傅斯年的比较方法大体上只限于史料学领域，只是对某些历史资料、具体问题进行比勘互证，作一些孤立的对比，这是微观考察的方法。这种微观考察方法虽然是必要的，但与宏观考察方法相比，还处于较低的层面。其次，科学的比较方法是历史研究的一种手段、一个环节，通过历史现象、事物之间的对比，找出其相同处、不同处，发现其

---

① 欧阳哲生主编：《傅斯年全集》第二卷，湖南教育出版社2003年版，第308—309页。
② 参见傅斯年《我所景仰的蔡先生之风格》，《傅斯年全集》第七册，（台）联经出版事业公司1980年版，第30页。

共同性与特殊性，最终达到认识事物发展的一般规律与特殊规律的目的。傅斯年把比较作为研究的全过程和终极目的，他只是寻求事物之间表面上的同异，不去探求其内部联系，不去寻求规律性的认识。所以他的历史比较，还只是些简单的、表层的比较，基本上停留在传统比较方法的水平上。另外，由于认识能力及所处时代的局限，傅斯年有时忽略比较的条件和范围，对于用来比较的事物作了片面的理解，得出了不恰当的结论。尽管如此，我们仍应肯定，傅斯年的史学比较方法是对我国传统比较方法的继承和发展，是对20世纪初兴起的史料比较方法的系统总结，在史料学方法论方面作出了突出的贡献。对于我国现代比较史学理论的发展具有促进作用。

其二，"以语言学之立点，解决哲学史之问题"。在《历史语言研究所工作之旨趣》中，傅斯年对于语言和思想的关系作了一个基本的界定。他说："本来语言即是思想，一个民族的语言即是这民族精神上的富有，所以语言学总是一个大题目。"在这个时期写成的《中国古代文学史讲义》中，他首先对于"把思想当作内体，把语言当作外用，以为思想是质，语言是具"的观点提出异议。接着提出了语言支配文学的观点："总而言之，文学是根据语言的，不是根据思想的，至多是牵涉及于思想的。"在稍后写成的《战国子家叙论》中说，古往今来以哲学著名的民族有一个共同的特点，就是由于异族的侵入或征服，使某民族的文化忽然极度提高了，但其语言之原形犹在，而"语言又是和思想分不开的"，于是"繁丰的抽象思想，不知不觉的受他的语言的支配，而一经自己感觉到这一层，遂为若干特殊语言的形质作玄学的解释了"。于是他得出结论："哲学乃语言之副产品。"基于这样的认识，他在《性命古训辨证》中提出了从语言学入手治思想史的观点。他说：

> 思想不能离语言，故思想必为语言所支配。一思想之来源与演变，固受甚多人文事件之影响，亦甚受语法之影响。思想愈抽象者，此情形愈明显。性命之谈，古代之抽象思想也，吾故以此一题为此方法之试验焉。

由训释文字入手，探究文章的义理，是中国传统的治学方法。早在战国秦汉时期，公羊、谷梁派传《春秋》。便讲求"微言大义"、"以一字定褒贬",从一字一词中寻绎出深奥的意义、道理来。古文学家注重训诂,亦通过对字词的训释说明义理。这样的传统一代代沿袭下来,到清代,乾嘉学者明确提出"由声音文字以求训诂,由训诂以求义理"的治学方法,① 也就是"由字通辞,由辞通道"的言语文字考据方法。当时以及后来的许多学问大家皆深通古音韵、古文字之学,以此作为治史的基点。但是由于古代学者缺乏历史发展的观点,他们不能够从语言文字的变化入手,解决思想史上的大问题。因此这种方法始终处于低级的阶段,没有达到成熟的程度。在欧洲,语言学的研究起步较晚,但由于近代比较语言学、实验语音学兴起,对历史研究产生了重大影响。在德国和法国,很多研究柏拉图和亚里士多德的学者,都使用了语言文字的考据方法。

傅斯年自幼接受中国的传统教育,熟读群经旧籍,通晓语言文字之学。在新文化运动中,他虽然激烈地抨击章太炎关于语言文字的研究方法,但是中国传统的治学方法在他心中已根深蒂固,难以动摇。他认定语言文字是治文史类学问的"基本功夫",是读书入门的途径;认定文字学是清代学者的"第一大发明",并打算研究"中国语言学的起源演变"过程。② 在欧洲留学期间,他又认真学习了西方的比较语言学、语音学,以致当时颇有名气的学者刘半农写成语音学著作《四声实验录》后,还专门请他写了一篇洋洋数千言的序文。后来他到广州中山大学创办语言历史研究所时,尚且将"语言"置于"历史"之前,此亦足见其对语言学之重视。中央研究院历史语言研究所成立后,"语言"虽改置于"历史"之后,但语言学的研究仍是该所的重要学术工作。傅斯年个人主要致力于历史学研究,没有直接参加过语言学调查和语音学研究,但他对语言学的兴趣却一直没有衰减。与他共事多年的李济曾说过这样一段话:

> 假如说他有所爱憎,为他所偏爱的就是"科学的语言学"。这一点倒是很显然的;他在中山大学初办研究所时,把语言放在历史前面,那时他的中心信仰大概如毛先生(按:指毛子水)所说的,以"语言文字为读一切书的路径"……讲历史,归根总要讲到思想史,

---

① 钱大昕:《潜研堂集》卷二十四《戴先生集》,《经籍籑诂序》。
② 傅斯年:《清代学问的门径书几种》,《新潮》第一卷第四号,上海书店出版社1986年版,第699—705页。

原始的材料就是语言。这一中心观点不但解释了历史与语言的研究为什么分不开，由此也可以看出，蕴藏在他的内心最深密处为他最关切的学术问题，实是中国民族文化的原始阶段及其形成的主动力量。①

《性命古训辨证》是傅斯年的力作，也是他的得意之作，1947年中央研究院举行第一届院士选举时，他提交了这部著作并自作介绍与评价说：

> 此书虽若小题而牵连甚多。其上卷统计先秦西汉一切有关性命之字义，其结论见第十章。本章中提出一主要之问题，即汉字在上古可能随语法异其音读也。以语言学之立点，解决哲学史之问题，是为本卷之特点，在中国尚为初创。其中泛论儒墨诸家之言性与天道，引起不少哲学史上之新问题，富于刺激性。其地理及进化的观点，自为不易之论。其下卷乃将宋学之位置重新估定。②

在这本书的上卷中，傅斯年搜集卜辞、金文中有关性、命二字的资料一万余条，通过比较，说明其原训及字义演变，从而对先秦时期的哲学、伦理观念进行疏理，进而讨论其发展演变过程，涉及思想史上的许多问题。他认为"思想非静止之物"，故研究思想史方面的问题，一定要持历史演进之观点；思想乃由语言所支配，故治思想史须从语言入手，用语言学的观点察其本源，用历史的观点求其变化，二者参互并用，不可或缺，不可偏废。他批评二程、朱熹到戴震、阮元，都把古代儒家的思想看作是永恒不变的真理，不去分析其演变，只倡言"求其是"，把一个"是"字看作是绝对的东西，永久的准绳。他们虽然懂得从语言学入手解决思想史方面的问题，但由于缺乏历史观点，仍不能得出正确的结论。

傅斯年继承中国古代学者"以辞通理"的优良传统，借鉴西方语言考据学的方法，输入发展演变的观点，辅之以历史比较的方法，创立了由语言学入手治思想史的新方法，对中国古代思想史的研究作出了重要的贡献。

---

① 《傅孟真传记资料》（二），（台）天一出版社1979年版，第30页。
② 转引自傅乐成《傅孟真先生年谱》，《傅斯年全集》第七册，（台）联经出版事业公司1980年版，第300页。

语言是思维的外壳，文字是语言的符号，思想意识的变化必然引起语言文字的变化；反之，语言文字的变化，能够反映出思想意识变化的端绪来。所以从语言学的观点入手进行考察，可以解决思想史上的许多重要问题。但是傅斯年对语言与思想关系的理解是片面的、有偏差的，他断言"哲学是语言的副产品"，认为"思想必为语言所支配"，"甚受语法之影响"，而忽视经济、政治、社会诸方面因素对思想的支配作用，所以他的研究不可能十分深入，尤其无法揭示决定思想发展演变的深层原因。

其三，"利用自然科学供给我们的一切工具"。在北大读书时，傅斯年就已认识到自然科学发展对于社会科学进步起着重要推动作用。他在《新潮》第一卷第四号上发表《清代学问的门径书几种》一文，将周、宋、清三个朝代学问的差异及其成因作了分析，说晚周的学问之所以有所成就，是因为它有两种原动力，"第一是历史，第二是粗浅的自然科学"。唐朝学者没有在科学上研究出粗浅的条理来，宋代学者无从取材，只好以佛道为学问的动力，因而宋代的学问不成系统，只能产生一些"如风如影"的观念，"东一堆西一堆的零碎话"。清代学问是宋明心性之学的反动，清人做学问的方法"很有科学的味道"，可他们没将这些方法用在"窥探自然界"上，只是用来整理古物，其方法与西洋人的相似，结果却大不相同。傅斯年的上述说法并不完全正确，但他指出自然科学的发展对于社会科学影响甚大，在当时提出这种见解的并不多见。傅斯年自称早年是个"科学迷"，认为自然科学的方法具有普遍的意义，可以用来治其他的学问。在留学欧洲期间，他努力研习自然科学的许多课程，渴望学习更多自然科学知识，同时嗜读通论科学方法的书籍。主要是想掌握西方自然科学的知识和方法，为研究人文诸学科打好基础，并拿它来治中国传统的学问。

史语所建立伊始，傅斯年就提出了该所研究工作的三条宗旨，其中一条就是"扩张研究的工具"。怎样"扩张研究的工具"？他讲了许多道理，举了不少例子。就历史学方面来说，他主要讲如何利用自然科学知识和方法的问题。他说：

> 利用自然科学供给我们的一切工具，整理一切可逢着的史料，所以近代史学所达到的范域，自地质学以至目下新闻纸，而史学外的达尔文论，正是历史方法的大成。

接着他又作了更加详细的说明：

> 现代的历史学研究，已经成了一个各种科学的方法之汇集。地质、地理、考古、生物、气象、天文等学，无一不供给研究历史问题者之工具。顾亭林研究历史事迹时自己观察地形，这意思虽然至好，但如果他能有我们现在可以向西洋人借来的一切自然科学的工具，成绩岂不更卓越呢？若干历史学的问题非有自然科学之资助无从下手，无从解决。①

这里所说的"利用自然科学之工具"研究历史，包含有两层意思：

第一，将自然科学的知识直接运用于史学研究，解决历史问题。他举例说，我们要想知道《春秋》经是不是终于"获麟"，《左传》的后一段是不是刘歆伪作，可以算一算哀公十四年关于日食的记载是不是对的。如不对，自然是伪作；如对了，就说明和"获麟"之前的文字同出史书所记。再如要搞考古发掘，没有经过科学训练的人一铲子挖下去，不知要毁坏多少古物，而经过科学训练的人搞挖掘，不仅能得到古器物，而且可以得知入土的时代，这常常比器物本身更有价值。他颇有感慨地说："古史学在现在之需要测量本领及地质气象常识，并不少于航海家。"②

第二，将自然科学知识和方法引入史学领域，加以改造，使之成为史学方法。比如达尔文的进化论本来是生物学的方法，用于史学领域后，便成了"历史方法之大成"。统计学的方法本是一种数学的方法，引入史学领域后，便成为历史研究的方法。1925年至1926年傅斯年在柏林大学所做的数学笔记中，记有不少关于统计和或然率方面的问题，他说"统计的观点，尤可节约我的文人习气，少排荡于两极端"。又说或然率的观念"在近代物理学尤表显威力，几将决定论取而代之。这个观念，在一般思想上有极要的施用"。③ 他归国前夕写信给顾颉刚，对于如何使用统计方法的问题进行了讨论。他盛赞丁文江"去试着用统计方法于各种事物上，

---

① 《傅斯年全集》第四册，（台）联经出版事业公司1980年版，第259页。
② 同上书，第260页。
③ 转引自王汎森、杜正胜编《傅斯年文物资料选辑》，（台）傅斯年先生百龄纪念筹备会1995年版，第50页。

包括着人文科学,这实在是件好事"。他同时强调说,用统计方法研究历史很有必要,但需十分"仔细"。他说:

> 研究历史要时时存着统计的观念,因为历史事实都是聚象事实(massfacts)。然而直接用起统计方法来,可须小心着,因为历史上所存的数目多是不大适用的。①

傅斯年在中山大学任教时,曾写过一部《统计方法导论》的讲义,讲义的"叙语"中有"统计学与统计学方法"、"众体事实"、"统计学方法应用之范围"、"皮耳森之科学论"等题目。② 他在北京大学讲《史学方法导沦》时,其中也有一节讲"统计方法与史学"。可惜这两种讲义仅存篇目,具体内容已不得而知。他也曾将这种方法用于史学研究,在《性命古训辨证》一书中,他对甲金文字中的"性"、"命"二字作了全面统计,由此分析其思想内涵且做了如下说明:"本文对甲骨文字的统计虽不甚完备,然诸家著录之甲骨又多杂具各时代,皆非所谓'选择标样',故在统计学的意义上,此一'非选择的标样'之代表性更大。"可见他使用统计方法是十分慎重的。

应该说,傅斯年只是提出了用自然科学知识方法治历史学的口号,理论上还没有形成方法论体系,实践上也没有很大的建树。但是,早在20世纪二三十年代,他就认识到社会、自然各学科在研究方法上互相影响、互相渗透,提出自然科学的发展将推动人文学科的进步,号召人们利用自然科学的知识、方法治历史学,其远见卓识令人称许,其首倡之功不应抹杀。

(四)古史新论

1918年至1919年,傅斯年先后在《新青年》《新潮》上发表学术论文及书评多篇,对于文学、哲学、史学方面的许多问题提出了自己的见解,显露出他对学术问题的浓厚兴趣和破除陈旧观念、标立新学说的才力

---

① 《傅斯年全集》第四册,(台)联经出版事业公司1980年版,第495页。
② 参见王汎森、杜正胜编《傅斯年文物资料选辑》,(台)傅斯年先生百龄纪念筹备会1995年版,第61页。

和锐气。赴欧留学的 7 年中，他深愧学问浮浅、持论偏狭，乃决计广涉博览，探求治学方法，细察学问渊薮，务求学问坚实而后发为议论。在此期间他除给刘半农的《四声实验录》写过一篇序言外，基本上没有对学术问题发表过什么见解。自 1926 年归国前后到 1940 年前的 15 年间，是他学术研究的黄金时代。他在《中山大学语言历史研究所周刊》《中央研究院历史语言研究所集刊》等刊物上陆续发表了《与顾颉刚论古史书》《大东小东说》《周颂说》《论所谓五等爵》《周东封与殷遗民》等研究先秦历史的论文；出版了《东北史纲》《性命古训辨证》两部学术专著。在商周史、古代民族史、先秦诸子、古代思想史、学术史、古文献及古代文学史方面作了广泛深入的研究。此期间他执教于中山大学、北京大学，写有《中国古代文学史》《史学方法导论》《史记研究》《诗经讲义稿》《战国子家叙论》等讲义，发表了许多有价值的学术见解。抗日战争爆发后，他怀着"书生报国"的一腔热情，发表了大量政论性文章，反对妥协，力主抗战，分析形势，鼓舞士气。他领导史语所辗转迁徙，且频繁地出席国防参议会、国民参政会。抗日战争胜利后，他先是主持北京大学的复原，翌年赴美养疴，归国后又操持史语所迁台之事，更无时间研究学术。1949 年初东渡任台湾大学校长，其工作之繁剧较前尤甚。所以，20 世纪 40 年代初至 1950 年病逝这 10 年中，他除发表政治评论、学校教育方面的文章外，只偶尔于序跋题签、信函往来中论及史学问题。所以研究傅斯年 20 世纪 20 年代中期至 30 年代的学术论文著作讲义等，其学术成就便可一览无余。

其一，史前文明多元说。1928 年，史语所考古组在山东章丘龙山镇发现城子崖文化遗址，1930 年、1931 年进行了两次发掘，1934 年出版发掘报告《城子崖》，傅斯年在为发掘报告所作的序言中提出了史前文明多元说。他说：

> 中国的史前文化本不是一面的，而是多面互相混合反映以成立在这个文化的富土上的，海边及其邻近地域有一种固有文化，这文化正是组成周秦时代中国文化之一大分子。①

---

① 《傅斯年全集》第三册，（台）联经出版事业公司 1980 年版，第 207 页。

在傅斯年看来,中国古代文化呈多元性,中华民族文明史就是这种多元文化交汇混合的历史;中国上古时期存有甚多族类,中华民族是由众多族类融合成为一体的。尽管他的这种多元说长期没有被学界采纳甚至遭到批判,但随着田野考古的发展,他的论断愈来愈被考古资料所证实,近些年中国古代文明起源于多个中心,差不多已经成为考古学界的共识。[①]

其二,夷夏东西说。"五四"运动之前,胡适在北大讲授中国哲学史课,他一反前人成说,不讲三皇五帝,开头便从东周讲起,而且提出东周以前无信史的理论。嗣后顾颉刚阐扬胡氏的观点,辩论古史,创立"层累地造成的古史说",以疑古史而蜚声中外。傅斯年膺服胡适的才学和勇气,也曾一度称赞顾的疑古史的成绩。但是当他悟出疑古学派的缺失后,则力本"照着材料出货"的原则,致力于建设古史。论及夏朝的历史,他赞同顾颉刚的说法,认为古代典籍中关于禹的描绘多不可信,但他断言禹和夏朝绝非子虚乌有。他以为禹是夏后氏的"宗神",是中国的一种"创世传说",从殷墟发掘的遗物来看,商代的文化已不是原始文化,"其前必有甚广甚久之背景",即以文字而论更是如此,所以绝不可因为如今尚未发现夏朝的遗物遗文而否定其历史的存在。他认为,殷文化与夏文化有一脉相承的关系,由殷文化之兴盛可推知夏文化亦当有所发达。

傅斯年认为,在中国历史上,东汉以后经常因国家分裂、异族入侵而发生南北之间的政治对立。在东汉以前,长江流域经济不发达,我们先民们的政治、组织活动,大约以河、济、淮流域为囿。就此区域之地理形势来看,仅有东西之分,而无南北之隔。所以三代及三代以前,经常发生东西抗争。具体言之,则是东系之夷商与西系之夏周的抗争。而抗争之结果是"夷夏交胜"。傅斯年就此立论,对先秦民族史进行了深入的研究。

古代文献于周称周人,于殷称殷人,独于夏称"夏后氏","氏"是族类,"后"是王号,他据此推断夏由许多部落组成,夏族乃是这些部落的"盟长"。他排比古代文献中的记载,认为夏人活动的区域是晋南、豫西到陕南一带。而广大的东部地区居住着族类甚多的夷人(《论语》中有"九夷"之称)。整个夏代的历史,可以考知者,全是夷、夏斗争的历史,

---

① 近年绝大多数学者持中国文明起源多元说或多元一体说,参见严文明《中国文明起源的探索》,《中原文物》1996年第1期;吴汝祚《探讨中华文明起源的几个有关问题》,《华夏考古》1995年第2期。

其中有"三段大事"：开头是益、启之争，结果夏胜而夷败；而后是羿与少康之争，夷、夏混战几代，夏终于占了上风；最后是汤、桀之争，汤所率领的东方夷人最终推翻了夏族人的政权。夏代的夷、夏之争十分剧烈，也十分明显，只是被"春秋战国的大一统哲学家"给抹杀或曲解了。①

傅斯年的《夷夏东西说》发表后，当即引起学界的关注，徐炳旭对豫西夏文化进行调查，王献堂对山东古国史进行研究，都认为夷夏东西说可为定论。随着考古资料的不断丰富和研究的逐步深入，傅斯年的说法似有进一步被证实的趋势，诚如邹衡先生所言：

  当前考古学界已公认东方特别是山东的考古文化基本上属于东夷系统的文化，在考古学上印证了"夷夏东西说"。②

目前，仍有人对"夷夏东西说"持有异议，③应该说，夷夏文化之东西差异是十分明显的，但这种差异并不是绝对的，这两个文化系统中都有明显的南北之别，也是不容忽视的问题。

傅斯年根据历史文献的记载对古代的东夷、戎狄等部族进行研究，提出过不少有价值的见解。

他认为，古籍中所说的太暤、少暤之族均属夷人。太暤之族分布于淮水、济水之间，西至陈，东到鲁，北临济水，现在河南东部、山东西南部的广大地区，都属他们的活动区域。远古时候，他们在物质生活、礼乐文化方面已相当发达。

少暤之族分布的地区大体与太暤氏相同。其活动中心在今曲阜一带。太、少二字，金文中写作大、小，所谓大、小，可按区域、人数来分，如大月氏、小月氏；亦可按先后顺序来分，如太康、少康。太暤、少暤既处同一区域，则当以先后为别，即太暤在前，少暤在后。太暤一族，后世生活于泰山南隅，有风姓小国三四个便是。而少暤一族种姓繁衍，有嬴、己、偃、允四著姓，或居于陈、鲁一带，或迁居西土。嬴姓之国分布尤

---

① 《傅斯年全集》第三册，（台）联经出版事业公司1980年版，第86页。
② 王迅：《东夷文化与淮夷文化研究》序言，北京大学出版社1994年版。
③ 参见杨向奎《评傅孟真的〈夷夏东西说〉》，《夏史论丛》，齐鲁书社1985年版；程德祺《夏为东夷说》，《中国古代史论丛》1981年第3辑。

广，其可考者有东方之奄，淮夷之徐，西方之秦、赵、梁（《左传·僖公十七年》："梁嬴过期"），中原之葛（《左传·僖公十七年》有"葛嬴"），东南之江、黄。

傅斯年认为秦、赵之祖先皆为夷人。商代向西开拓疆土，嬴姓夷人遂在商人的旗帜下入于西戎，时间既久，遂同于当地土著之人。《史记·秦本纪》有嬴氏西封之记载，此乃司马迁据《秦记》写成，与少皞氏的其他传说相合，大致是可信的。傅斯年对《左传》《世本》《史记》《左传杜注》《潜夫论》中所载之嬴姓方国进行统计，指明其分布于今山东东南部、河南东部到江苏北部一带。商代夷人与王室的关系密切，为政权的支柱。周人谈起纣王，往往称其为纣夷，纣亡国时，夷人飞廉、恶来皆为之死；商亡后，东方的奄地夷人奋力抗周，皆其明证。商代之奄为东方嬴姓大国，鲁于其地建国，嬴姓乃退保淮水。等到周人势力稍衰，又起来反抗，西伐济、河，终为周人边患。另外分布于今安徽北部、湖北东部、河南东南部的偃姓方国也属于淮夷中之一部，入春秋后，其地为楚人兼并。后来西迁的夷人后裔转而兴盛，建立起秦、赵等国。

戎、狄最初是方国名，后来才成为一种泛称。徐中舒曾著文说古籍中常有殷戎、戎殷之称，乃殷为戎人之证。傅斯年同意他的看法，说殷人亦自称其来自"有（女戎）"。《诗经·商颂》有"有（女戎）方将，帝立子生商"的诗句，《左传》中有"小戎子生夷吾"之说，证明戎族中有以子为姓者，殷宗室来自有戎氏无须怀疑。大约到了西周，戎之称渐泛，除所谓姜戎、大戎、小戎外，又有西戎，说明戎不是专指西方民族，再往后戎才成为西方民族的称谓。狄最初也是部落方国名，本作易，不从犬，活动于易水流域，后来成为北方民族的泛称。

傅斯年认为，楚人的祖先与夷人关系至为密切。他据《国语》《左传》《史记》的有关记载推定，楚为祝融氏的后裔。祝融氏在上古为一强盛部族，分布在西起今之洛阳，东濒大海，南抵淮水，北至河济的广大区域内，西北的一支达到河东汾水流域，西南的一部活动在今湖北省汉水中游。夏、商兴起以前，黄河流域必以祝融诸姓最为强大。祝融诸姓在中原地区过着林隩的生活，后来大概由于中原地区气候渐趋干燥，林木被大量砍伐，迫使其南迁。当然，中原地区兴起强大的夏、商、周王朝，也是祝融氏南迁的重要原因。祝融诸姓中的"黎"部落等继续留居中原地区，后来他们被称为黎民，再往后黎民便成为社会下层人的代名词了。

傅斯年据《周书·作洛解》等篇分析，周公东征时，曾及于东夷，"征熊姓盈族十有七国"，而熊姓便是楚人的祖先。殷周之际，熊姓在东南曾加入夷人的队伍，帮助殷人抗周。从文献的记载来看，楚人与殷人的关系很密切。主要表现为：宗法之制同，王位传袭，"恒在少者"；官名有同者，殷阿衡称伊尹，楚之执政者则称令尹；乐舞相同，如万舞所分布的区域便在商和楚地；楚人屈原《离骚》中所用典故殷事甚多，周事反少。此皆可证明楚与殷关系甚为密切而与周则较疏远。西周时，楚人大受压迫，但仍努力抗争。熊渠时楚之疆土有所开拓，熊通时继续发展。从楚武王以后，又与中原诸侯争夺"南国"，势力益发强大起来。

其三，商族起源于东北说。古人以为商是起源于西方之民族。司马迁《史记·六国年表序》中说，商起于亳，而亳乃西方之地；《封禅书》又说秦地有"亳社"；《秦本记》说宁公三年，秦"与亳战，亳王奔戎"。其后东汉徐广附会此意，说"京兆有亳亭"[①]。郑玄等认为亳在华山之阳，而许慎《说文解字》说亳即"京兆杜陵"。后人据此认定商乃起源于西方之民族。至清代，孙星衍、胡天游、郝懿行、金鹗等皆对此提出异议，后来王国维著《说商》《说亳》，指出《史记》中之亳乃后起之西亳，而商初之亳在东方，商是起源于东方的民族。[②] 1930年徐中舒著文说商族初起于环渤海之地区，而后由东向西发展。[③] 约与此同时，傅斯年提出并论证了商族起源于东北之说。

"九·一八"事变以前，傅斯年着手写作《民族与古代中国史》一部著作，其中有两章写成于1931年春，后来以《夷夏东西说》为题目发表在《庆祝蔡元培先生六十五岁论文集》（《国立中央研究院历史语言研究所集刊外编》第一种，1933年1月）上。在这篇文章中，他提出了"商代发迹于东北，渤海与古兖州是其建业之地"的说法。他从5个方面论证了自己的观点。

（1）《诗经·商颂》有"天命玄鸟，降而生商"的故事，传说商的

[①] 《史记·六国年表序·集解》引徐广说，按：京兆，汉代郡名，辖今西安市及以西诸县。
[②] 王国维：《观堂集林》卷十二，《史林》四，中华书局2004年版。
[③] 参见徐仲舒《殷人服象及象之南迁》，《历史语言研究所集刊》第二本第一分册。1970年徐仲舒又在《四川大学学报》上发表《殷商史中的几个问题》，说殷人早期活动于山东半岛的齐鲁地区。

始祖契以卵生而创业（此传说亦见于《史记·殷本纪》）。后代的神话与此同类者全是东北地区之民族及淮夷各族。他列举了《论衡》《魏书·高句丽传》《高丽好大王碑》朝鲜王氏朝金富轼撰《三国史记·高句丽纪》《朝鲜旧三国史·东明王本纪》《清太祖实录》等书中的有关资料，说明此类传说在东北各族中甚为普遍且长期流传。另外淮夷分布的地区也有相同的传说。由此可见，商族和东北各族在文化上曾有"深切接触与混合"。

（2）《诗经·商颂》曰"殷宅土茫茫"，殷土在何处？经过一番考证，他认为古时殷、衣、韦、郼、卫、沈、兖，或声同而转借，或为一字之异体，是皆同出一源，其地望在河济之间的兖州（古卫地，非今之兖州）。从这里可以看出商族由东北南迁之踪迹。

（3）《诗经·商颂》有"相土烈烈，海外有截"句。对于"景员维河"的殷人来说，最近的海当为渤海，最近的、最有可能的"海外"便是辽东半岛或朝鲜北境。由此可见殷人的根据地必离渤海不远。殷亡后，箕子远奔朝鲜，退保辽水之外，朝鲜若不是早在其统治区域内，他怎么可能以亡国之余烬，远建海邦？箕子退保朝鲜与后世金、元退居东北、漠北一样，都是在中原失利后退回到其初起的地区的。

傅斯年说，以上三条史料出自《诗经》，是最早、最可信的史料。这些史料已明明告诉我们，殷人的祖先起自东北。以下两事尚可补证此结论。

（4）根据王国维的考证，殷人的先王王恒、王亥、上甲微皆曾与有易氏发生关系。王恒曾被有易氏虏去做牧夫（或曰被有易氏之君杀死）。屈原《天问》《山海经》《竹书纪年》中皆有与此事相涉之记载。殷人既然数世与有易氏争斗，必与有易氏为近邻。有易氏以地名为氏，居住在易水流域，则殷人必居于今河北之中部或南部矣。

（5）《山海经》中虽有许多神怪传说，但《大荒经》所记地望，并不紊乱。对《大荒经》中有关"帝俊"的记载进行统计梳理，可知帝俊的踪迹及他的宗族，"独占东北方最重要之位置"。甲骨文中有帝俊，殷人称其为高祖。此亦可证明殷人的祖先生活于东北地区。

傅斯年对于殷都"亳"之地望进行考证，认为"亳，实一迁徙之名"，而薄姑、博、薄等古地名皆可能是亳之音转，这些地名的地理分布，全在济水两岸。由此可推断殷人是从东北经由渤海岸至山东，然后逆济水向西发展的。

有关商族起源之地点,目前学术界尚有争议。除极少数学者仍持商起源于西方的观点外,绝大多数学者认为商是起源自东方的民族。但商起源于东方之何地?则又有渤海沿岸说、山东半岛说、河北北部说及东北说。尽管傅斯年提出的商起源于东北地区乃是一家之言,但他首先创立此说并提出了不少有价值的论据,故对商族起源的研究有重要的意义。近年不少学者将辽西红山文化与殷商考古文化进行比较,认为二者存在某些内在的联系,从而使殷先人起源于东北之说有了坚实的考古学基础。①

其四,周族起源与商周关系。1930年,傅斯年在《历史语言研究所集刊》第二卷第一期发表《姜原》一文,对于姜之世系、族系、地望等问题进行研究。他根据《诗经》《左传》《国语》等古籍上的有关记载,证明姜乃四岳之后,分布于今河南西部地区(今山东境内之齐,乃周初姜姓族长太公望受封之地,与其初居之地无关),乃戎姓之部落。其中有些族姓于周初受封,列为诸侯国;有些族姓进化较慢,仍称"西戎"。古代姜、羌本是一字,《后汉书·西羌传》说"西羌之本出自三苗,姜姓之别也"这是符合历史事实的。姬姓之周与姜姓方国部落始终保持着密切的关系,周之兴有姜姓部落的族长太公望为辅佐;西周之亡因姜姓方国之申侯发难所致,足以说明姜姓之国在西周政治中所起的作用。从《诗经·大雅·生民》之"厥初生民,时维姜嫄",《鲁颂·閟宫》"赫赫姜嫄,其德不回"等诗句来看,姬姓的周族人用的是姜姓的神话,由此亦可推知"姬周当是姜姓的一个支族,或者是一更大之族之两支"。

关于姬、姜同出自戎族之说,傅斯年早在1926年自德归国前写给顾颉刚的那封长信中就已提到。他说:

> 周之号称出于后稷,一如匈奴之号称出于夏代。与其信周之先世曾窜于戎狄之间,毋宁谓周之先世本出于戎狄之间。姬姜容或是一支之两系,特一在西,一在东耳。②

---

① 近年论证商族起源于东北地区的论文甚多,较有代表性的有:金景芳《商文化起源于我国北方说》,《中华文史论丛》第7辑;张博泉《关于殷人的起源地问题》,《史学月刊》1981年第10期;于志耿等《商先人起源于幽燕说》,《历史研究》1985年第5期。

② 《傅斯年全集》第四册,(台)联经出版事业公司1980年版,第485页。

1935年傅斯年为董作宾的《新获卜辞写本后记》写了一篇洋洋数万言的跋语,在这里他再度申述周族出自西戎的说法。他说,从甲骨文的有关内容来看,《史记》对殷先世的记载是大体可信的,周晚于殷,那么《史记》对周先世的记载当更为可信。司马迁说周人的始祖契是姜嫄所生,从《诗经》看,周人也自称其祖先出自姜嫄,而且《史记》《诗经》所记周先世的地名人名,多是单音字,可推知周先人是说印度支那语的人,与姜姓同为羌族中的一支。①

周人何以能够灭商?傅斯年认为儒家经典中所谓纣王残忍暴虐、周先人文化进步且有良德,故周终灭商的说法全靠不住。他说:

> 世传纣恶,每每是纣之善。纣能以爱亡其国,以多力亡其国,以多好亡其国,诚哉一位戏剧上之英雄,虽siegfried何足道哉。我想殷周之际事可作一出戏,纣是一大英雄,而民疲不能尽为所用,纣想一削"列圣耻",讨自亶父以下的叛房,然自己多好而纵情,其民老矣,其臣迁者如比干,鲜廉寡耻如微子,箕子则为清淡,诸侯望包藏阴谋,将欲借周自取天下,遂与周合而夹攻。纣乃以大英雄之本领与命运争,终于不支,自焚而成一壮烈之死。周之方面,毫无良德,父子不相容,然狠而有计算,一群的北房自有北房的品德。齐本想不到周能联一切西戎南蛮,牧誓一举而定王号。及齐失望,尚想武王老后会有机会,遂更交周,不料后来周公定难神速,齐未及变。周公知破他心,遂以伯禽营少昊之墟。②

傅斯年说这不是考证古史,而是一篇"笑话",但他又自信世传的"隆周贬纣"的故事,并不见得比这笑话更符合历史事实,"越想越觉世人贬纣之话正是颂纣之言"。读了上面的文字,我们不禁想起郭沫若对商纣王的评价来。在傅斯年的文章发表10年之后的1937年,郭沫若著《借问胡适》(后改名为《驳〈说儒〉》)一文,说纣的失败"表示着一幕英雄末路的悲剧,大有点像后来的楚霸王,欧洲的拿破仑第一。他自己失败

---

① 参见傅斯年《〈新获卜辞写本后记〉跋》,《傅斯年全集》第三册,(台)联经出版事业公司1980年版,第223页。
② 傅斯年:《与顾颉刚论古史书》,《傅斯年全集》第四册,(台)联经出版事业公司1980年版,第484页。

了而自焚的一节，不足以见他的气概吗？"① 郭沫若的这番"英雄崇拜的感慨话"（郭自谦之辞）并不是他自己的发明，而是傅斯年言论的翻版。总之，自傅斯年以后，不少学者认为，古籍中对于纣亡周兴的原因的传述是失实的，最近几年，尚有不少人写文章，继续申述类似的观点。

傅斯年认为，周建国后分封诸侯，实行原始的"殖民地政策"，各诸侯国统治者之部族不仅人数甚少，而且文化亦较落后；而被统治的殷遗民不仅人数众多，而且文化发达程度比周人高。故民间长期保持着殷人传统的信仰和习俗。他列举了许多例证，兹举数端：

（1）"亳社"屡见于《春秋》经传，乃殷遗民祭祀之处。直到春秋时，鲁国国君尚"盟国人于亳社"，允许殷遗民保持自己的习俗信仰，这说明当政者一直奉行"启以商政，疆以周索"的政策。

（2）孟子鼓动滕文公行三年之丧，滕国的卿大夫说："吾先君莫之行，吾宗国鲁先君亦莫之行也。"由此可知邹鲁之君不行三年之丧，三年之丧亦非周礼。可是孔子却说："三年之丧，天下之通丧也。"前者说邹鲁之君不行三年之丧，后者却说三年之丧是天下之通丧，这到底是怎么回事？傅斯年认为，这两种说法表面上截然相反，但实际上并不矛盾。三年之丧是殷之丧礼，东方各国的殷遗民普通实行这种丧礼，故谓之天下通丧；周族人不用此制，邹鲁之君是周族人，故言"莫之行也"。此亦可以证明殷遗民长期保持自己的旧礼俗。②

（3）《论语·先进》说："先进于礼乐，野人也；后进于礼乐，君子也。如用之，则吾从先进。"傅斯年认为诸家的训释皆不通。他说这里的"野人"是指农夫，是殷遗民；"君子"是指统治者，是周人。这句话的意思是：那些先到了开化程度的，是乡下人（殷遗民），那些后到了开化程度的，是上等人（周人），如果问我何所取用，则我是站在先开化的乡下人一边的。这是殷文化高于周文化的证明。③

以上的论述确当与否尚值得商榷，但傅斯年强调指出，灭商的周人起初比商人落后，周灭商不是文明取代野蛮，这一点已成为学术界公认的

---

① 郭沫若：《驳〈说儒〉》，见《青铜时代》，《郭沫若全集》历史编（一），人民出版社1982年版，第452页。

② 胡适在《说儒》中曾把傅斯年的上述观点大加发挥，而郭沫若在《驳〈说儒〉》中则认为三年之丧并非殷人之丧礼。

③ 《傅斯年全集》第三册，（台）联经出版事业公司1980年版，第158页。

事实。

其五，班爵制度与周初封国。傅斯年对殷周时期的班爵制度进行研究，认为《周礼》上说的"五等爵"制与《尚书》《诗经》、金文不合，以其他史籍推论亦不可通。他依据顾栋高的《春秋大事表》，参照金文资料，对周代诸侯国之爵名、地望进行全面统计，据此分析说：称公者除王室卿士外，只有宋国；侯、伯独以姬姓为多；称子者非蛮夷戎狄即奉前代之祀者，姬姓甚少；男实乃诸侯之附庸。

傅斯年从字义入手对殷周班爵制进行分析。他说：公与兄、君、尹、昆、翁、官、哥似皆一名之分化，当时乃一泛称，不是爵名。宋国不在诸侯之列，既不可称侯，又不能称王，所以取此泛称曰宋公。侯，射侯之义，如汉代之所谓"持节"（持符节以作凭证），为王守土御乱称为侯。伯者长也，亦一泛称，不是爵制，受封于畿外的侯可以称伯，王之卿士亦有称伯者。伯与侯的不同在于，封于畿内者不称侯，而不论封于畿内、畿外者皆可称伯。"由此可知伯为泛称，侯为专号，伯为建宗有国者之通称，侯为封藩守疆者之殊爵也。"子、男意义甚明确，皆附庸隶属之意。子是对伯而言，男是对侯而言。总之，他认为公、侯、子、男，都是家族内部所用的称号，起初不指官爵，也不是指班列；侯是对武士的称谓。这两类名称都是宗法制度下的产物。在宗法制度下，"制则家族，政则戎事"，官属、邦君皆世袭，而周与封国的关系，非同宗即姻亲，非姻亲即"夷狄"，所以这些家族称谓也就成了政治称谓。到了战国，宗法之制与国家政治分为二事，当时学者不明白这一点，乃用班爵之说解释上述称谓，遂有《周礼》之"五等爵"说。

总之，傅斯年认为"五等爵"并非一回事，既无差等可言，亦无所谓班列。① 商周时期是否存在班爵制度？学界对此多持肯定态度，傅斯年的上述观点，仅可聊备一说。但是，《周礼》上所记的"五等爵"不符合历史实际，已成为学界之共识，为不刊之论。

关于周初的分封，傅斯年也发表了与众不同的见解。《诗经·小雅·大东》有"小东大东，杼轴其空"一句诗，郑玄笺云"小也大也，谓赋敛之多少也。小亦于东，大亦于东，言其政偏，失砥矢之道也"。傅斯年说这是"求其说不得而敷衍其辞者"。他认为大东小东是地理名称。《诗

---

① 《傅斯年全集》第三册，（台）联经出版事业公司1980年版，第67页。

经·鲁颂·閟宫》有"奄有龟蒙，遂荒大东"句，已指明大东之所在，即泰山以南、以东的地区。而小东当指今山东、河南交界处的范县、濮阳一带，即秦汉以来的东郡。此一地理概念与周初封国之地望关系甚大。

傅斯年认为《诗》《书》所载周之功业，乃周太王至宣王数百年经营之结果，后人误认为宣王以后的齐、鲁、燕之地就是周初的封国，这实在是不妥之甚。他对周初东方的封国作了研究，认为鲁、齐、燕初封时皆在成周东南，后来才迁至今山东、河北一带。

《史记·燕世家》说"周武王灭纣封召公子北燕"，让他管辖陕以西的地方。召公既主陕以西之地，其封国便不会在今河北省的北部。因为两地相距甚远，往来太不方便。而且武王灭纣时，东方尚未平定，根本不可能在河北地区建立燕国。金文中燕皆作郾，汉代颍川、汝南二郡（属今河南省）有郾县、召陵县，即有郾，又有召，足以证明召公初封于此。

《诗经·鲁颂·閟宫》两次提到分封鲁国之事，清楚地告诉人们鲁曾迁徙。春秋时成周东南有鲁县（今河南省鲁山县），鲁国初封可能就在此处。《史记》说周公危难时出奔至楚，鲁县正处后世楚国境内。周公的儿子伯禽封鲁，另一个儿子嗣周公封于王畿之外，其余的儿子封国均在鲁县东北一线地区。此皆说明今河南鲁山县一带是周公的初封之地。

《国语·齐语》说"齐许申吕由太姜"，可见姜姓诸国皆因与周世代通婚而受封。由《左传》看，申、吕、许皆在成周之南，即今河南省西部地区。古籍中称太公望为吕望，《尚书·顾命》中有齐侯吕伋，西周时男子不称姓，国君无氏，则此吕系封邑无疑。据此可知太公初封于吕，后迁至齐，故后世仍以吕称。吕东迁建立齐国后，吕地仍为一封国。此封国是否为太公望之后不可考知。[①]

傅斯年论述周初封国的地望、方域时，所据资料实有过于薄弱之嫌，推测臆断处亦颇多。但他讨论此问题的立点及方法是值得重视的：后人往往以"大一统"的观念看待三代历史，以为殷、周初建时便为泱泱大国，乃至以其兴盛时期之文化、疆域置于其初建之时，于是造成了对许多史籍、史事的误读，这是今天研究先秦史仍需注意的问题。

其六，东北地区史研究。傅斯年对中国古代史研究虽然涉及东北地区，但较为深入地进行研究是在"九·一八"事变发生后，以《东北史

[①] 以上内容皆引自《傅斯年全集》第三册，（台）联经出版事业公司1980年版，第9页。

纲》第一卷的撰写为代表，这里主要阐述《东北史纲》的主要内容及学术价值。此书第一卷的标题是"古代之东北"，主要叙述上古至隋代以前东北地区的民族分布、民族迁徙演变、区域关系、地理沿革等。

在第一章中，他首先以民族学知识，说明古代东北人与中原人属同一种族。又依据当时考古发掘的资料，指出辽宁一带新石器时代的文化遗存，与仰韶文化"异常的合同"，从而说明上古时"东北在文化及民族上即为中国之一部"。而后根据先秦典籍、历代史书、朝鲜史籍等文献资料，勾画出东北民族由肃慎经挹娄至女真的族名演变脉络，说明古代渤海两岸本为一体。同时通过清理古代神话，比较东北各族与内地民族生活习俗的异同，说明东北部族与东夷族、商族及后来的汉族关系均甚密切。其结论是"人种的、历史的、地理的，皆足说明东北在远古即是中国之一体"。

第二章主要讨论战国秦汉时期东北各族与内地交往的情况。他首先依据《史记》等书的史料，指出燕、秦、汉政府均曾在辽东设郡进行管理，东北与内地的关系比南粤与内地的关系密切得多。而后根据扬雄《方言》中的记述，断定辽东、辽西至朝鲜，在东周秦汉时为一方言区，其方音"皆汉语之音变，并非异族名词之借用"。

第三章讨论西汉至魏晋时期内地政权在东北地区所设的郡县，编制成十分详细的"东北诸郡县沿革表"。

第四章述说两汉魏晋时期东北各族分布情况。本章上篇胪举史料，附以识语，述此时期东北之民族。所引材料，大部分出自《后汉书》《魏书》《魏略》《晋书》及《北史》；所涉及的民族，有夫余、挹娄、高句骊（高句丽）、沃沮、秽及三韩。下篇先论述各族的地望、族类，而后述其分化、演变、部族迁徙及其与该地后起民族的关系。

第五章叙述汉晋之间有关东北地区的几件大事，分别是曹操征乌桓、公孙氏据辽东、毋丘俭平高句骊、慕容廆创业辽西等。

《东北史纲》第一卷因时间仓促，急于成书，故在史料运用、史实考证及若干细节方面甚多罅漏粗疏之处。出版之后，曾受到缪凤林、郑鹤声等人的激烈批评。从傅斯年手拟的一份写作计划来看，他曾打算回答缪、郑等人的批评，亦准备对《东北史纲》第一卷进行修订，终因工作繁忙而未果，其余几位学者拟撰写的几册均因种种原因被搁置。

尽管此书存在一些问题，但它的学术价值及政治意义皆不容简单予以否定。

其七，秦汉史与明史研究。傅斯年一生治先秦史用力最多，除此之外，他对秦汉史的研究也颇有成就。他在北京大学曾开设"秦汉史"课，惜其讲义没有保存下来。他的学术论著中，讨论秦汉思想史的地方也很多，下文尚有详述，兹不赘论。1942年4月至10月间。他曾因推荐劳干的《西汉地方行政制度》一文，给吴景超写过两封长信，阐述了他对西汉政治制度的看法。他认为西汉初年分封同姓王的制度，既不同于西周的分封，而后来中国历史上也无其例。封国自置官吏，自行征收赋税，有自己的军队、法律，保持相对的独立性，因而它不是西汉政府的地方行政机构。另外在傅斯年的档案中，有一份名叫《赤符论》的文化史通论写作提纲，共列有30个题目，其中泛论3篇；旨论20篇，讨论秦汉时期的政治、社会、文化、人物等；枝论4篇，讨论文学、艺术方面的问题；辅论7篇，讨论南北朝至清代之哲学、宗教及文化等。由此看来，傅斯年对汉代历史肯定有深入的研究，有真知灼见，只是没有著之竹帛流行于世而已。

傅斯年对明史颇有兴趣，而且下了很大的工夫。虽然他发表的关于明史的论文只有《明成祖生母记疑》和《跋〈明成祖生母问题汇证〉并答朱希祖先生》两篇文章，但他在明史研究方面的素养和水平却为学界公认。在史语所保存的傅斯年档案中，有王云五、黎东方邀请他撰写明史的书信数通。黎东方的信说，如果傅斯年不答应，再找吴晗写。傅斯年在写给胡适的信中，曾表示要给明太祖写一部传，大约也是因为事务繁忙而未能如愿。后来，吴晗写作《朱元璋传》时，曾先将写作提纲寄给傅斯年请求指教。吴晗的信中还说，他最近在清华学校发表的《明教与大明帝国》一文，是"三年前在北门外草地上躲避警报时和先生（指傅斯年）的一次谈话演绎而成文"[①]。另外，在傅斯年1939年的一个笔记本中，记有他准备编写的《明书三十志》的目录，这30篇志是：

> 历法志、皇统志、祖训志、地理志、京邑志、土司边塞志、氏族志、礼乐民风志、学校选举志、职官志、刑法志、兵卫志、财赋志、

---

① 吴晗的信现存台湾史语所傅斯年档案中，王汎森、杜正胜编《傅斯年文物资料选辑》中有影印件，可参阅。

河渠志、商工志、儒学志、文苑志、典籍志、书画志、器用志、宦官志、党社志、释道志、朝鲜安南志（琉球附）、鞑靼西域志、乌斯藏志（喇嘛教附）、倭寇志、南洋志西洋志、远西志、建州志。

据郑天挺回忆说，傅斯年曾邀他共同写作此30篇志，拟用5年时间完成，傅斯年认为此志写成，则明史不必重修。① 他们当时还准备请汤用彤、陈受颐合作，后因战乱而未果。

从傅斯年档案看，他搜集了辽代帝后哀册的拓片，编过宋辽外交关系文书目录，可见他对辽史也有兴趣。他还准备写作《清太祖建号时八旗制之性质》等文章，又准备编写《民国北府纪》（民国史）。可见傅斯年的学术兴趣十分广泛，也曾拟订过一个庞大的写作计划，只是因为庶务繁忙，加上其英年早逝，所以许多研究成果没有留给后人。

傅斯年在古史研究方面的论著不算太多，但其学术成就却很大，在许多领域中做了开创性的工作。他提出史前文明多元说，破除了中国文明起源于中原地区的单元论；阐发夷夏东西说，认定夏朝处于较高的发展阶段上，将夏朝的历史置于考古学的坚实基础之上；论证商族起源，提出商族起源于东北说；论证商周关系，指出灭商的周人当时政治、经济、文化方面均较商落后。所有这些，都为后人的研究开辟了新的领域、新的道路。傅斯年曾致力于先秦民族史的研究，准备将研究成果集为《民族与中国古代社会》一书出版②，但又感到此问题太复杂，须作深入研究，故终于放弃出书的打算，而将有关章节以论文的形式在《历史语言研究所集刊》等刊物上发表。这些论文在先秦史研究方面至今仍有重要的地位。

在古史研究的方法上，傅斯年也作出了较大的贡献。首先，他用历史主义的观点研究中国古史，每研究一个问题，必将其置于历史发展的长河中，"原始察终"，考察其演变之迹，并注重从"物质的凭借"方面探究其产生、发展、演进的原因，他不仅从理论上提倡使用科学方法，而且在学术研究的实践中使用了许多科学的方法。其次，他突破了仅依靠历史文献研究古代历史的旧传统，充分利用新材料——甲骨文、金文及一切考古资料作为立论的依据。尽管当时甲骨文字的释读、研究还处于起步的阶

---

① 吴廷璆等编：《郑天挺纪念论文集·自传》，中华书局1990年版，第700页。
② 欧阳哲生主编：《傅斯年全集》第二卷，湖南教育出版社2003年版，第395页。

段，考古资料的发现甚少，他使用新材料的数量也颇为有限，但从研究方法上看毕竟是一个重大的突破，具有开创性意义。另外，他将民族学、语言学、统计学等学科的理论和方法引入历史研究，做了有益的探索，尽管这样的方法的使用并不普遍，仅仅是偶尔为之，在他的整个学术研究中不占重要地位，但毕竟是一种重要的尝试，是一种创举。

勿庸讳言，傅斯年的先秦史研究存在着不少缺陷。他论述先秦史事，不拘泥于前人成说，思想敏锐，大气磅礴，时有石破天惊之语。但往细微处看，则不免给人以粗疏的感觉。如关于燕、齐、鲁诸国初封地的论证，多以汉代以后的地名为据，臆作推测；关于大东小东的论说，亦无充分之证据。关于造成此缺陷的原因，陈槃曾做过解释，他说"孟真师写文章，有时只凭记忆，当然疏忽的地方也是不可能免的"[1]。这话没有说到关键处。应该说，这种缺陷的出现，与他豪放的性格，与他那好为宏论的文风有关系。我想对此用不着列举多少例记，仅是"傅大炮"的绰号，"学林霸才"的雅称（许冠山语），已足以说明这个问题。当然我们还应该注意到，在证据不足时好作推测，这种情况在20世纪二三十年代的许多学术著作中都不同程度地存在着，顾颉刚是这样，胡适是这样，郭沫若也是这样。当时新史料发现甚少且缺乏研究，旧史料芜杂而未作认真清理；史家要破旧论，立新说，多就大处着眼，而于细微处有所忽略，于史料缺乏处强作推论。时代造就了这样的治学作风，我们无须苛求于傅斯年本人。

三　思想史研究

傅斯年在广州中山大学任教时，写有名为《战国子家叙论》的讲义，对先秦诸子思想进行了论说。1936年写成《性命古训辨证》，对中国古代的人性论、天命观两个重要问题作了系统的论证和考察。今以此二文为主要依据，参考他的其他论著，讨论他在先秦诸子和中国古代思想史研究方面的基本观点和学术成就。

（一）评论先秦诸子

1. 诸子出于职业说。乾嘉以来的今文经学家们以为孔子以前文化十

---

[1] 陈槃：《怀念故恩师傅孟真先生有述》，见《傅孟真传记资料》（二），天一出版社1979年版，第32页。

分之落后,春秋战国之际文化的发达出自孔子的创造力,而诸子学说皆起于晚周。古文经学家们则认为中国文化发达甚早,周公是大圣,孔子述而不作,诸子学说皆有历史的渊源。傅斯年说,我们今天对西周的事情知道的不多,但可以断定当时的社会、人文已经有了相当的发展。他说:

> 西周晚年以及春秋全世,若不是有很高的人文,很细的社会组织,很奢侈的朝廷,很繁丰的训典,则直接春秋时代而生之诸子学说,如《论语》中之"人情",《老子》中之"世故",《墨子》之向衰败的文化奋抗,《庄子》把人世间看做无可奈何,皆都若无所附丽。①

他认为春秋战国时期百家并兴、异说纷起,"只能生在一个长久发达的文化之后,周密繁丰的文化之中"。具体说来,当时出现诸子并兴局面的原因有如下几点:

第一,春秋战国时期书写工具有了很大进步。西周的文籍今可见者全是官书,春秋虽有《论语》那样的私家记录,却简括到令人很容易产生误会的程度,可知当时书写条件很差。进入战国,洋洋大作见于各地,原因是书写工具进步了,著书立说有了"必要的物质凭借"。

第二,春秋战国之世,政治无主,传统已不能支配社会,加上世变纷繁,必然"摩擦出好些思想来"。

第三,春秋之世中原大乱,周边的诸侯国个个大启疆土,大开拓、大兼并使生产发展,国力增强,经济文化方面出现了新趋势。民族融汇加强,也使得文化盛于前代。这是诸子思想产生的沃土。

第四,社会组织变化,部落式国家进而成为军戎大国。诸侯尚侈,养客之风大盛,为各种学说产生提供了条件。

《汉书·艺文志》有九派十家皆出于王官之说,胡适作《诸子不出于王官论》,力驳此说,以为诸子之出并无背景。傅斯年说胡适之论"甚公直",但亦"不尽揣得其情"。诸子虽并非出于王官,但"诸子之出实有一个物质的凭借"。这个"物质的凭借"是什么?他说:

---

① 《傅斯年全集》第二册,(台)联经出版事业公司1980年版,第103页。

百家之说皆由于才智之士在一个特殊的地域当一个特殊的朝代凭借一种特殊的职业而生。

具体说来,儒家是起于鲁地,后流行于各地的"教书匠"。墨家为儒家之反动,其中一部分职业与儒者同,另一部分则各有其职业。纵横、刑法本身就是一种职业。史官这种职业可以造就一些多识前言往行、深明事故之人,所以道家之老子出于史官是自然的事。一切名家辩士,大都是诸侯所养的宾客,他们专以口辩谋生活。总之,无论是有组织的儒墨显学,还是无组织的学派,思想倾向都受其职业的支配,所以《汉书·艺文志》说诸子出于王官,"其辞虽非,其意则似无谓而有谓"。

傅斯年对诸子产生的地域背景作了分析。他说,齐地近海,可能因海路交通而接触些异人,且是西来移民之最后一层次,加上姜田两代颇有些礼贤下士的君王,所以这里文化发达,且有其特殊性。齐国贡献于晚周文化的约有5类:宗教、五行论、托名管晏的政论、齐儒学、齐文辞。鲁是周人在东方开辟的殖民地,西周亡后,"周礼尽在鲁矣"。然鲁毕竟是二等国家,其富与强难得与齐楚秦晋抗衡,于是拿诗书礼乐作法宝的儒家产生于此。而儒家弟子一出鲁国就变了样,墨子最明显。墨家为何在宋地最盛?傅斯年说,宋是文化悠久的国家,当时齐人之夸、鲁人之拘、宋人之愚,都是很有名的(如寓言中揠苗助长、守株待兔之人皆指为宋人),宋地文化既高,其人心术质直,民风淳朴,且富有宗教性,所以墨家能以宋地为重镇。周郑在当时为一个文化中心,文化比较落后的三晋因地近周郑而受其影响,出了不少学者。

傅斯年认为先秦诸子有组织系统者少,无组织系统者多。儒家为有组织之宗派,墨家组织最为严整,其余如道、法、阴阳、纵横、名辩诸家,均非有组织之宗派。其或为独行之士、个体思想家,或为求治世之术的人、诸侯的宾客。

2. 儒家与墨家、黄老学派之争。傅斯年认为儒家是先秦诸子的先驱,孔门弟子游说四方,阐扬己说,开诸子争鸣之风气。孔子的先人是殷王室后裔,其家世传旧礼,故儒学殷遗之色彩十分浓厚,但对周之政治亦充分肯定,可以说其政治以周为目标,其宗教以殷为归宿。

进入战国之后,儒家首先遇到了来自墨家的挑战。墨子早年学儒,后以不安于儒学而革命,故其学说之内容范围全与儒同,而立意却全与儒家异。儒家倡"亲亲之义",墨者倡"尚贤";儒家以为事皆有别而墨家主张"尚同";儒家说爱有差等而墨家言"兼爱";儒家区分义战与不义之战,而墨家有"非攻"之说;儒家主张厚葬而墨家力主"节葬";儒家言天命,墨家言天志;儒家"敬鬼神而远之",墨家确信鬼神存在;儒家持命定论而墨家有"非命"之辩。可见墨家学说立意无不与儒家对立,但是从逻辑学的角度看,这种对立仅是度的问题,在诸如尚贤、爱人、战争观、鬼神观、礼乐观方面二者亦有相通之处。总的说来,儒家"持中"而墨家走极端。儒、墨之争的结果是儒胜而墨败。

战国时期,儒家还遇到了黄老刑名一派及阴阳家的挑战,入汉以后,儒家与他们的争斗更加激烈。傅斯年说:

> 儒家黄老之战在汉初极剧烈,这层《史记》有记载。汉代儒家的齐学本是杂阴阳的,汉武帝时代的儒学已是大部分揉合阴阳,如董仲舒;以后纬书出来,符命图谶出来,更向阴阳同化。所以从武帝到光武虽然号称儒学正统,不过是一个名目,骨子里头是阴阳家已篡了儒家的正统。直到东汉,儒学才惭渐向阴阳求解放。①

孔子是旧文化的继承者,后来为什么会成为两汉新时代的中心人物?傅斯年说,孔子的政治思想是行霸道,"强公室杜私门",与当时的社会相合。所以成了邹鲁地区的"大闻人",在国际上影响很大。秦汉虽然是一个新的时代,但孔子的思想里也有与这个新时代合拍的东西,而且其学派势力大,传人多,在这方面比其他学派也有优势,所以尽管他们的某些主张与新时代相悖,但是汉朝找不到比它更合适的统治思想。儒家思想在汉代站稳了脚跟,以后不断随着时代的变化作些小变动,遂统治中国社会达两千多年。② 他还认为,中国社会虽然经过了战国的大动荡,但宗法制度未破除,宗法思想仍支配社会伦理,黄老申韩诸学说可用于政治,但却不能为社会伦理观念所认同,故难深入人心。而儒家思想保留宗法观念最多,易于为社会所接受。

3. 老庄学派及其演变。清人江中认为《史记·老子韩非列传》中之

---

① 《傅斯年全集》第二册,(台)联经出版事业公司1980年版,第108页。
② 《傅斯年全集》第四册,(台)联经出版事业公司1980年版,第441页。

老子实为三人：著五千言者为史儋，孔子问礼者为老聃，家居苦县者为老莱子。傅斯年同意江中说，认为《老子》的作者是战国人太史儋。《老子》一书的内容大约可分两方面，一是道术，二是权谋。这两方面其实是一回事，道术是权谋的扩充，权谋是道术的应用。老子生当战国之乱世，通晓往古史事，洞彻事故人生，所以其书中"全无主观之论，皆成深刻之言"。《韩非子》一书中《解老》《喻老》两篇所解释的正是老子的本旨。

他认为今本《庄子》乃向秀、郭象所编定，其分为内、外、杂三部分全凭主观，既无逻辑标准，也无前人遗说为据。若以《天下》篇衡量，则《逍遥游》《秋水》等篇最接近庄子的本旨。是则外篇、杂篇反比内篇更能反映庄子的思想。在傅斯年之前，学界普遍认为《庄子》的内篇反映了庄子的思想，而外篇乃其后学所作。近些年有的学者深入研究《庄子》一书，所得结论正与傅斯年的观点相向[①]

傅斯年认为，汉初的黄老之学并没有大变老子的要旨，即以阴谋运筹帷幄之中，以权谋术数决胜千里之外，史称汉文帝好黄老刑名，今观其行事，持大体、不扰民、尚节俭、除浮华，以无用为用（对功臣），以柔弱胜刚强（对诸侯王），这并非庸人多厚福，乃帷帐中之深谋也。所以尽管贾谊少年气盛，侈言高论，但文帝终不为其所动。辕固生说《老子》"此家人言耳"，亦可见汉初人认为老子乃处世之论。此后黄老之学中渐杂神仙方士之说。

神仙方术本起于燕齐海滨，因其影响力小，故求比附显学以自重。秦始皇坑术士而扶苏谏曰"诸生皆诵法孔子，今上重法绳之，臣恐天下不安"，把坑术士说成坑儒生，则当时术士自附于儒家可知。文景之世，黄老成为显学，于是神仙方士又附于黄老，《淮南子》一书已显露出这种趋势。神仙方术与道家合流是时代的产物，不是道家思想本身演化的结果。汉武帝尊崇儒学，阴阳五行之说随之大盛，黄老之学式微。但其在民间仍旧流传，当政者亦未能完全抛弃此学说，如宣帝就鄙薄儒术而尚黄老刑名之学。这时阴阳学说已磅礴于世，道家便向它靠拢，用它作为阐扬己说的载体，这与汉初的黄老之学便大异旨趣了。

[①] 任继愈、张恒寿均认为《庄子》外篇反映了庄子的思想，而内篇乃后学所作。参见任继愈主编《中国哲学发展史》先秦卷，张恒寿《〈庄子〉新探》。

汉魏之际，儒学停滞，老氏之学复兴。傅斯年强调指出，魏晋时期的"老"是"庄老"，既不同于战国的老学，也不同于汉初的黄老。黄老乃治国之具，庄老乃玄谈之资。有关《老子》和《庄子》的区别，《庄子·天下篇》讲得很清楚。《老子》世事洞明，主张以权术御众；《庄子》人情练达，流露出无可奈何的感情，主张糊里糊涂，以不了而了之。魏晋时人大都像看破红尘样子，与世俯仰，这与《庄子》的思想相一致。干宝《晋纪总论》说"学者以庄老为宗而绌六经"，不言"老庄"而言"庄老"，甚得时代之要旨。魏晋人取《老子》以释《庄子》，这样老子之学的经世之意被掩没了。至于说晋人葛洪的神仙之术，北魏寇谦之的符箓之术，离老子学说就更远了。

傅斯年对于先秦诸子中的其他学派，如儒家的孟荀二派、墨家、道家的庄子学派、阴阳家、齐晋的政论家、稷下学派、杂家等也都作过一些分析研究，篇幅所限，不再详述。

（二）《性命古训辨证》

20世纪30年代，傅斯年对中国古代之天命观、人性论进行专题研究，进而深入探讨中国思想史中的许多重要问题。其研究方法也有所创新，取借清代阮元《性命古训》一书为例证，对历史典籍中性、命、生、令诸字进行个案梳理，"用语学的观点所以识性命诸字之源，用历史的观点所以疏性论历来之变"。[①] 经过几年努力，撰写成《性命古训辩证》一书。

在这部书的上卷中，他将周代金文、《尚书·周诰》《诗经》《左传》《国语》《孟子》《荀子》《吕氏春秋》中的生、性、令、命四字进行了全面统计、排比，而后分析研究，所得结论是：

> 独立之性字先秦遗文所无，先秦遗文中皆用生字为之。至于生字之含义，在金文及《诗》、《书》中，并无后人所谓性之一义，而皆属于生之本义。后人所谓性者，其字义自《论治》始有之，然犹去生之本意为近。至《孟子》，此一新义始充分发展。令之一字自古有之，不知其朔。命之一字，作始于西周中叶，盛用于西周晚期，与令

[①] 《傅斯年全集》第二册，（台）联经出版事业公司1980年版，第169页。

字仅为一文之异形。其"天命"一义虽肇端甚早,然天命之命与王命之命在字义上亦无分别。①

此书上卷重在解释性、命二字的字义及其演变,一般不涉及思想方面的问题。中卷主要讨论周初至战国时期的天道、人性观念,其中尤以儒家各派与墨家为重点。

傅斯年认为,远古时代人们以自然、自然力或祖先为崇拜对象,并没有产生抽象的皇天观念。经过了"甚多政治的、社会的、思想的变化"以后,才由宗神演进为上帝,由不相干的群神演进为皇天的系统。在中国上古社会,每个部落都有其特殊的宗神,部落间的混合,导致宗神的混合。后来大一统的思想发展起来,便形成了普遍的混合。他对孙海波《甲骨文编》中的"帝"字进行统计,计得61例,其中单称"帝"者26例,用作动词意义与"禘"同者(甲骨文中帝与禘为一字,祭帝之礼为禘,禘之对象曰帝)17例,用为先王名号者6例,意义不详者14例,称上帝者1例。据此统计看,不著名号之帝出现次数最多,从占卜内容看,此乃上天之主宰。其余先王或图腾前冠以帝字者,乃次等之帝即所谓配天、郊祀者。看来殷人最初只有单称的帝,后来先王等也冠以帝字。为了将天帝与祖先之帝加以区别,乃在单称的上天之帝前面加上一个"上"字曰"上帝"。后来周人继承殷商文化,把殷人的上帝置于其宗神之上。经过这番转移,上帝便成为一普遍的观念,"无偏无常"、"其命无常",完全失去了宗神性。他概括西周初年统治阶级中的天道观念说:

> 此时此辈人之天道观,仍在宗教的范畴内,徒以人事知识之开展,故以极显著的理论色彩笼罩之,以为天人相应,上下一理,求天必先求己,欲知天命所归,必先知人心所归……此说有一必然之附旨,既天命无常是也。惟天命之无常,故人事之必修。此一天人论可称之曰"畏天威重人事之天命无常论"。②

傅斯年说,当西周全盛时,王庭中有这样一种人,他们上承夏商文化

---

① 《傅斯年全集》第二册,(台)联经出版事业公司1980年版,第173页。
② 同上书,第299页。

之传统，下启文化转变、思想发展之端绪，在王迹赫赫时，他们不过为王朝典守文献、增助文华，等到王纲不振时，这些人的地位便渐渐提高了。宗周既灭，他们散往各国，得到发挥才智的场所，于是异说纷出。东周的天命论，便是他们讨论的大题目。大体说来，当时出现了五种不同的天命论：

（1）命定论，以为天命固定，不可改易，此观念源于民间。

（2）命正论，以为天眷无常，天根据人的行为善恶以降福祸，这是周人的正统思想。

（3）俟命论，承认天福善祸恶，但认为天有时亦不按此原则行事，此说流露出非宗教的道德思想趋向。

（4）命运论，此说自命定论出而更有理性色彩，它源于民间迷信，至邹衍创立五德终始之论，乃形成复杂的系统。

（5）非命论，此论自命正论出，而更变本加厉，墨家持此说。

傅斯年明确指出，西周与战国是两个完全不同的时代，介于二者之间的春秋时期是一个转变的时期，一个充满矛盾的时代。在这个时期，旧观念尚未完全破除，新思想已在萌生之中，对于天人关系的看法也是如此。

春秋时期的社会变动在孔子思想中有明显反映，他谈性命与天道，都表现出过渡的、转变的色彩。他一方面继承了传统的天命观，认为天有意志，命定论的意味很浓；另一方面又有了命正论的成分，认为人的善恶是天行祸福的依据。此二者调合的结果是走向俟命论，即所谓尽人事而听天命。孔子谈天道，总是在若隐若现之间，持模棱两可的态度。

孔子的人性论中也充满着矛盾，孔子以前以为人生来就因族类、等级不同而其性亦不同，到了孟子则提出人生来皆具善性，圣人善于扩充善性，后来才与常人有异。孔子介于二者之间，一方面说人生来性相近，因习染而相远；另一方面又说人有上智下愚之分，有生而知之与学而知之之差别。

孔子言中庸之道，持中间立场，墨子沿着与其相反的方向走向极端。儒者于鬼神疑信参半，时而表现出不信的姿态，墨子则坚信鬼神存在，弃儒家的天道自然论而向全神论迈进。但墨子是一位革新的宗教家，他把天人格化、道德化，将人的道德理智全纳入宗教范畴，对儒家的命正论、俟命论提出严厉批评，以为朝代兴亡、人之祸福皆由人的行为造成，非天所预定。傅斯年说，墨子虽为士大夫中人，但其教徒中甚多工匠及下层民众，这与儒家之阶级属性显然不同。但傅斯年不承认阶级的差别将导致思想观念的差异，不能由此揭示儒、墨立论相悖的深层的原因。

傅斯年说，大凡以宗教为本的思想家皆侈言天而少谈人性，墨子是其代表。务求脱去宗教色彩的思想家，则极力避开天而另立"大本"，最适合作大本的莫过于人了，孟子则如此。孟子从反墨学的立场出发阐扬儒学，比孔子更近于泛神论和自然神论，更少宗教色彩。他在性格、言谈、逻辑方面皆非孔子正传，立意常与《论语》相悖。他喜谈人性，首创性善说，认为仁义礼智皆是生来就有的禀赋，扩充之则为善，否则，为外物所累则为恶。他强调内心修养，不重力学，与孔子的人性说、教育论是不同的。孟子也谈命、天命，但他说的天命含有义、则的意义。他有时将性、命二字连贯使用，视天命与人性为一事，"谓性中有命，命中有性，犹言天道人道一也，内外之辩妄也"①。其思想是泛神论的、半自然论的、人本主义的。他用人道解天道，使得儒家思想前进了一大步，人本主义形成了。

荀子持性恶说，认为人之生也本恶，其所以至善者，人为之功也。这就等于说，历代圣贤皆学问而得，力行所致，如从其本性自然发展，则只能归于恶而无法达到善。这种理论虽难自圆其说，但从逻辑方面看远在孟子性善说之上，与孔子的人性说较为接近。尤其是由此引发的力学论，更与孟子相违而得孔子正传。在天道观方面，荀子超越孔、孟故域，另辟新径，走尽泛神论之路，达到无神论境界。傅斯年评价荀子之学是"一面直返孔子之旧，一面援法而入以成儒家之新"。他总结儒家天道观念发展演变的过程说：

> 早年儒家者，于天道半信半疑者也，已入纯伦理学之异域，犹不肯舍其宗教之外壳者也。孔子信天较笃，其论事则不脱人间之世，盖其心中之天道已渐如后世所谓"象"者，非谆谆然之天命也。孟子更罕言天，然其决意扫尽一切功用主义，舍利害生死之系念，一以是非为正而毫无犹疑，尤可见其宗教的涵养，彼或不自知，而事实如此。自孟子至于荀子，中经半世纪，其时适为各派方术家备极发展之

---

① 《傅斯年全集》第二册，（台）联经出版事业公司1980年版，第346页。

世。儒家之外，如老子庄周，后世强合为一，称之曰道家者。其天道论之发展乃在自然论之道路上疾行剧趋。老子宗天曰自然，庄子更归天于茫茫冥冥。荀子后起，不免感之而变，激之而厉，于是荀子之天道论大异于早年儒家矣。①

傅斯年认为，先秦儒家思想比较单纯，不管是荀子援法入儒，还是孟子阐扬心学，都不是杂学。后来阴阳家借儒学以自重，秦始皇坑儒，儒学也不得不附阴阳学以求生存。所以到了汉初，儒学已成为杂于阴阳的儒学。《易·系辞》《中庸》皆此学说的代表作。这种杂儒学的天道论没有继承先秦儒学的正统，而主要是吸收了"民间信仰传自远古而未经古儒家之净化者"，其宗教意识转而浓厚。

傅斯年说，先秦儒家谈性、命皆分别言之，命指天命，即所谓吉凶福祸者；性指人之禀赋，即所谓善恶质材者。孟子虽将二字相连使用，但并没有作为一个名词。将性命作为一个名词，始见于汉人著述如《乐记》《中庸》中，而这里所谓性命，意义与先秦的性字同，而不含天命的意思。汉儒人性说的特点为善恶二元论。最先发挥这种观点的是《春秋繁露》，其说多出自《荀子》，兼取《告子》，或邻于《孟子》。董仲舒以人副天数为立论之本：天具阴阳，故人性必兼善恶，由阴阳家的天道二元论推演出人性二元论。此后，许慎、郑玄、《白虎通义》及种种纬书皆据此发挥，于是此说成为汉代四百年间人性论的正统。

汉代的通人硕儒对性二元论亦有异议，刘向的性情相应说，扬雄的善恶混说，王充的性三品说，荀悦的性情相应兼三品说，对此正统人性说皆提出批评，他们都想返回到孟荀性论分途之前，而以孔子品差的性论为依据取代汉代的性二元论。

傅斯年系统总结"性""命"含义演变的历史后得出结论：自晚周至魏晋，人性论的发展经历了三个阶段。晚周为分驰时代，性善性恶之辨由此产生；西汉至东汉初年为综合时代，百家合流，异说杂糅，性二元论最盛行；东汉至魏晋为净化时代，人智复明，拘说迂论渐以廓清，性三品说渐渐取代了性二元论。

张政烺读过《性命古训辨证》书稿后，赞叹道："数千年儒学精蕴所

---

① 《傅斯年全集》第二册，（台）联经出版事业公司1980年版，第367页。

在，竟使原委条贯，豁然大白于今日，诚快事哉！"[1] 劳干曾说这部著作"对于中国哲学思想史是一部很重要的典籍"[2]。赵纪彬也说此书："穷究天人之际，通论思想之变，溥薄渊源，精义时出，实有美不胜收之慨。"[3]

傅斯年讨论中国思想史上的问题，十分重视其"物质的凭借"，认为思想意识皆有物质的条件为依托。从此观点出发解释思想史上的现象，立论坚实，析辨深刻。如论战国诸子并兴的原因，从书写工具进步、政治无主、民族融合、社会组织变化等几方面论述；分析诸子思想，强调地域、时代、职业三个因素，立论平实，言之有据。他研究古代思想史，抓住天命观、人性论两个核心问题，认定春秋战国为天命观的转变时期，将当时的天命观分为五个类型；认定战国为人性论的发端时期，对后代人性论的发展演变缕述析论，其见解甚高远，分析颇透辟，今天看来，他的许多论断仍为不刊之论。

在研究思想史的过程中，傅斯年充分地使用了他一生所极力倡导的治学方法。首先，他尝试使用了"以语言学之立点，解决思想史之问题"的方法，对此前文已有详述。其次，他成功地运用了历史比较的方法，他比较儒、墨两家的思想，指出墨子早年学儒，故其讨论问题的内容范畴、逻辑起点皆与儒同；但其既然背离儒家自立门户，则刻意与儒家唱反调：儒家"持中"，墨家则走向极端。这样理解儒、墨之争极富新意，亦极为深刻。他比较孔、孟、荀三人，认为在人性论上，荀子接近孔子，孟子走向歧途，汉代儒家多为荀子的传人。如今越来越多的学者接受了这种观点。再次，他"用历史的观点"探究"历来之变"，用历史演进的观点考察思想意识变化的轨辙。不管是研究某一个学派，还是研究某一种思想观点，都十分注重考察它们的来龙去脉，或讨论其发展阶段，或考察其演进之轨迹。他强调从特定的时代研究发展变化的原因，从各种思想相互影响中求变化的动力，所以他对古代思想流派的论断一般比较公允，比较符合历史实际，对各派思想实质的认识也比较深刻。

---

[1] 王汎森、杜正胜编：《傅斯年文物资料选辑》（四），有关《性命古训辨证》的一些讨论，（台）傅斯年先生纪念筹备会1995年版，第107页。
[2] 《傅孟真传记资料》第一册，（台）天一出版社1979年版，第184页。
[3] 《赵纪彬文集》第2卷，河南人民出版社1985年版，第14页。

四　考论经史典籍

先秦秦汉时期的典籍问题甚多，流传过程中之脱漏讹错、后学改窜且不说，仅是某些书籍的作者、成书年代问题，已成为一专门学问，令学者们深究穷考。因为一旦把年代搞错，则研究结果之价值将大打折扣。故先秦秦汉古籍之年代考证，向来为治史者所普遍重视，傅斯年自然不会例外。他在大学里曾专门开设古籍研究类课程，传世的讲义有《中国古代文学史讲义》《〈诗经〉讲义稿》和《〈史记〉研究》等。在《历史语言研究所集刊》上也发表过几篇研究古籍的文章，其他学术论著中也时常论及某些古籍的内容、价值、篇式、作者、成书年代等问题。今择其重要者评述如下：

（一）尚书

傅斯年在《中国古代文学史讲义》中对《尚书》进行了专题研究，他认为，《尚书》的各篇不仅时代不同，而且东周时不同地区所流传的《尚书》内容可能也不尽相同，所以流传至今的《尚书》28篇不能当作一个系统来看。他把这28篇分作7类：

1. 周诰类，包括《大诰》《康诰》《酒诰》《梓材》《召诰》《洛诰》《多士》《无逸》《君奭》《多方》《立政》《顾命》《文侯之命》共13篇。其文辞诘屈聱牙，文法语法皆为一贯，是为"一部《尚书》之精华，最为信史材料"。这13篇凡可解释、可句读的文字，皆文辞炳朗，有雍容的态度，有对仗的文辞，有时还有韵，并不使人感到晦涩难解。凡今日不可解、不能句读处，与其归咎于当时文辞拙陋、土话太多，不如说是因为文字经隶篆之变而致误，经多次传写而生讹，或因当初章句家无识而错简。这13篇中除《文侯之命》外，其余12篇都是武王到康王时代写成的（《无逸》有后人润色的痕迹）。《文侯之命》的文体词义皆与其他篇不同，可能是抄录战国时出土的或古代流传下来的彝器铭文而成。这类诰书或由王室、诸侯国册府中保存下来，或铸在青铜器上流传于世，或作为贵族教育的教材而传播。诰书有了这样的"物质凭借"，故得以流传后世。

2. 鲁书类，包括《金縢》《费誓》两篇。《金縢》当是后人根据前代流传下来的故事及语句拼凑而成。这两篇文辞近于周诰而无深义，价值自然不能与周诰相比。

3. 宋书商书类，包括《盘庚》《高宗肜日》《西伯勘黎》《微子》四篇。前两篇文辞比周诰易解，故成书时间比周诰晚，但又不类春秋的文辞，大概是宋人根据传训写成的典书。后两篇是宋人追忆其先人功业及族属而归入档案的文字。

4. 外国书，包括《吕刑》《秦誓》两篇。《吕刑》开头有"惟吕命王"四字，周代彝器中有吕王之器数件，则此吕王者即是吕国之君，"命"字可能传写有误，当是吕王的谥号，则此篇乃吕王之诰。文中发号施令者绝无王者气象，俨然一部落族长，可见与成周无关。《秦誓》并非秦穆公崤之战败后自责之诏，古人大概亦不知出自哪位君主之口，而硬加在一位知名的君主头上。不过就文辞而论，此篇乃《尚书》中上乘的作品。

5. 三代誓辞，包括《甘誓》《汤誓》《牧誓》三篇。大概到了春秋中叶，禅代、征伐两种政治思想已形成一个系统，这三篇就是凭借这种思想而产生的文章。

6. 《禹贡》《洪范》两篇。前者以九州观念为纲，后者以五行观念为领，均系后世"托古抒今"之作，大体可断定为东周的东西。九州观念的产生不会晚于西周，但这并不能说《禹贡》是西周的书；有人说《禹贡》中地名有仅见于汉代者，因而疑其成书甚晚。这也讲不通，因为仅见于汉代的地名不一定就是汉代才出现的。说此篇成于战国也无确凿的证据，说它成书于东周是不会有问题的。

7. 虞夏书，包括《尧典》《皋陶谟》两篇。此二篇陈"禅让"思想，乃战国学者谈论的大问题，故为晚出之书。[①]

傅斯年论述了《尚书》各篇的成书年代、核心思想、史料价值等，应该说他的研究还很不深入，某些具体结论尚待商榷或有明显错误，但从总体上看，他对此书各篇的年代分析大体不错，对其思想价值的认识也每每有精辟独到之处，对我们研究《尚书》、运用其中的史料仍有一定的参考价值。

---

① 《傅斯年全集》第一册，(台)联经出版事业公司1980年版，第85页。

（二）《诗经》

傅斯年最早系统研究的古史典籍是《诗经》，1928 年，他在中山大学开设《诗经》专题课，边梳理研究，边讲授，其撰写的《诗经讲义稿》完整保留，经修改后出版面世。傅斯年在书中对诗经产生的年代，主要内容、后人研究状况进行了系统考论。关于《诗经》产生的年代，傅斯年认为雅、颂有不少西周的诗，其中无韵的颂产生得最早，但颂不全是西周的诗，有些产生较晚。大体说"诗三百之时代一部分在西周之下半，一部分在春秋之初期中期"①。

关于《诗经》的分类及各类名称的来源，傅斯年做了如下考证：《诗经》原来都是以地域分类的。"风"原非一部类的名称。"风"起初泛指歌词，诵之则曰讽，风、讽本为一字，并无讽刺之意，到春秋战国时有人把一种含有寓意的诗乃至辞章称作"风"，于是将讽刺的观念引入以解诗。约到战国末，人们将含有讽刺意义的诗归为一类而命名曰"风"了。"雅"汉儒皆训为正，此乃引申之义，其本意为"夏"，夏即指中国，所谓大雅、小雅，均是以地域将《诗经》分类的。"颂"可训为容，其诗为舞诗。

《诗经》的雅、颂中主要内容有两个，一是颂美文武，二是称道南国。西周历数百年，而诗篇的年代分布为什么这样不均匀？为什么南国的分量那样重？傅斯年认为，西周亡后，王室保存的诗散佚，流传到今天的诗一部分来自鲁，这是颂美文武的诗；另一部分来自南国，也就是称道南国的那些诗。西周之初开辟了成周以南、江汉以北的地区，由王室直接管辖，当时人称此地为南国。分封诸侯之后，由召公管辖的地区叫召南。后来这里的文化逐渐发达，且有地方特色。西周之末，王室所存之诗遭兵燹，南国未经战争，保存下来的较多。鲁乃周文化的东方大本营，南国亡于楚，"周礼尽在鲁矣"，故鲁地保存的诗书最多。到汉初，传诗书的大都是齐鲁之士。

傅斯年认为，大雅、小雅中那些耀武扬威的诗，分别产生于宣王、厉王、夷王时，《毛诗序》之所以把这些诗都加到宣王的头上，是因为太看重诗的流传次序了。其实今日所见诗之次序是绝不可靠的。小雅中一切歌

---

① 《傅斯年全集》第一册，（台）联经出版事业公司 1980 年版，第 188 页。

乐、祝福之诗，都被后人看作是刺幽王的诗，也是这个缘故。此外他对大雅的类别，大小雅的同异，雅与风在文体上的差别也作了简要的考证与说明。

世有诗三百篇为孔子删定之说，傅斯年认为这是"汉儒造作之论"。因为"诗三百"一词，《论语》中数见，如果孔子把三千篇诗删为三百篇，他不会把"诗三百"这个名词用得这么现成。从孟子开始，诗超越了孔子的"小学教育"而进入了儒家的政治哲学。战国秦汉之际，这部"绝美的文学书成了一部庞大的伦理学"。汉代又有人把它当作谏书，这虽然引出了诗义解释上的许多谬说，但对《诗经》的流传却很有益处。后来齐、鲁、韩三家诗亡佚，是因其政治哲学味太重。毛诗素朴，与古文经相互发明，故借其势得以伸张。东汉大儒舍家学而就通学，不满三家诗之孤陋寡闻而取毛诗。六朝到唐，学人讲诗无多可取之处，宋代古文学复兴，人们大胆去想，产生了许多新观点。朱熹拿《诗经》的本意解诗，于是以前的一切美化附会之说扫地以尽，诗的文学作用复显出来。由于时代所限，"他走着最是的路，偏又不敢尽量的走去"。清代学者对《诗经》的贡献，一是古韵，二是训诂。自陈第、顾炎武建立系统的古韵学后，各家继起，发明甚多。训诂方面，戴、段、二王虽不专治诗，但在《毛诗》训解上贡献甚大，还有一些专治诗的二流学者也很有成绩。不过清人所得新材料不多，旧材料又太紊乱，因而在许多问题上聚讼纷纭，得不出结论。而且对于诗的作用的认识过于泥古，反不及宋人。他认为研究《诗经》的正确态度应该是：

  一、欣赏他的文辞；二、拿他当一堆极有价值的历史材料去整理；三、拿他当一部极有价值的古代言语学材料书。[①]

傅斯年提出研究《诗经》的原则是：在《诗经》本文中求诗义，不管经书所载还是近儒之说，皆须以本文衡量，与本文合者从之，不合者舍之；声音、训诂、语词、名物之学乃经学的根基，须继承前人的研究成果而继续提高。

[①] 《傅斯年全集》第一册，(台) 联经出版事业公司1980年版，第199页。

（三）《礼记》

在《中国古代史讲义》中，傅斯年对《礼记》的部分篇章进行了研究。他认为《檀弓》是《礼记》中最早之篇，"里面找不到一点秦汉的痕迹来"。它大约成书于孔门七十子之后、荀子之前，其中保存有战国儒家的可贵史料。《曲礼》中的材料大部分是先秦的，或者在春秋战国之交，其史料价值甚大，但有的地方混入了秦汉间方士的言论。

《礼记》中成于汉代的篇章甚多，如《王制》中的制度与《孟子》《周礼》均不同，且十分刻板，纯属一种政治的理想，故不可能产生于战国，而与汉初儒家的思想大体相合，当如东汉卢植所说为文帝时博士所作。《礼记》中的《月令》是汉初儒术与阴阳合糅的一个好例证。《文王世子》是汉代的作品，可能是太子或诸侯王之师傅所作。《礼运》由几个不同的小节拼凑而成，好几处有反复、颠倒的痕迹，且杂有黄老、刑名之旨，不是纯粹儒家的话，乃汉初儒道两种思想的混合物。《学记》乃汉初儒者论教育及学习方法的作品，从中可以看出儒者的生活状态。《乐记》是汉儒集合战国、汉初儒者论乐之文贯串起来写成的。《经解》《哀公问》《仲尼燕居》《孔子闲居》几篇与《荀子》有相证处，很可能是汉初儒者"述而兼作之言"。《儒行》篇中言儒服儒冠受之自然而不敢指斥那些毁笑儒服的人，恐怕是汉初儒者感到苦痛而自解之词，哀公就是指刘邦。

他认为《中庸》《大学》的成书年代不会太早。《中庸》由三个部分组成：第一部分从"仲尼曰，君子中庸，小人反中庸"到"子曰：父母其顺矣乎"，这段话里面的"中庸"是"两端之中，庸常之道"，反映了"中间阶级的世家人生观"。它不谈怪异，大谈人的修养；不谈大题目，而论家庭间的事，显然产生于鲁国细密的文化环境中，不是汉儒那种大发议论的手笔。传说子思作《中庸》，从这部分内容来看，是很有可能的。第二部分从"子曰：鬼神之为德，其盛矣乎"起至"明乎郊社之礼，禘尝之义，治国其如示诸掌乎"，与第一部分毫无相干，乃自他篇羼入者无疑。第三部分自"哀公问政"以下至篇末，再加上《中庸》开头的一大段，这纯粹是汉儒的东西，这里讲的"中庸"已不是"两端之中，庸常之道"，而是"中和"了。他认为西汉人的文章和晚周人的文章是截然不同的，如果一篇文章的时代属周还是属汉不好确定，那么可以用下列四条标准衡量：

（一）就事说话的是晚周，做起文来的是西汉的。（二）对当时问题而言的是晚周，空谈主义的是西汉的。（三）思想成一贯，然并不为系统的铺排的，是晚周的；为系统的铺排的，是西汉。（四）凡是一篇文章或一部书，读了不能够想出他的时代的背景，就是说，发的议论是抽象的，对于时代是独立的，是西汉……汉朝也有就事论事的著作家，而晚周却没有凭空思之为方术者。①

《大学》讲平天下，不谈列国纷争等事，只说理财，且又以财为末，大骂聚敛之臣。以理财为天下要务，必在天下一统之后，可见《大学》之作，不会早于秦始皇。秦在东周时被东方诸侯视为夷狄，《大学》却引《秦誓》，亦可见其非战国人所作（《尚书》中有《秦誓》大概是因为伏生为秦博士的缘故）。《大学》大骂聚敛之臣，说明其非产生于汉初，因为汉初兵革纷扰，无聚敛之臣，文景时亦无此等人，到汉武帝时才大用聚敛之臣。如果《大学》是据时立论的话，那么它应当产生于武帝用孔仅、桑弘羊之后，轮台下诏之前。

傅斯年说，文籍上起初并没有《大戴礼》《小戴礼》之分，直到东汉马融、郑玄才将其分开。小戴所传49篇即今之《礼记》，而大戴所传85篇约亡于汉魏之际，它是什么样子今已不可考知。今天见到的《大戴礼》内容十分驳杂，其与《荀子》《小戴礼》《汉书·贾谊传》《孔子家语》中的某些内容相合，大概是魏晋时《礼记》盛行之后，想自立门户的人将史书、子家、杂记抄缀而成。但是这部书中保存了许多珍贵的材料，我们不能轻视它的史料价值。他还认为，与《礼记》关系最密切的子家不是孟子，而是荀子，研究《礼记》是不能不参考《荀子》的。

（四）《易》与《春秋》

傅斯年认为《易》和孔子没关系，和儒家也没关系。《论语》只有一处提到《易》："加我数年五十以学易可以无过矣。"这里的"易"字《鲁论》里作"亦"字。据此看来，《论语》里对《易》只字未提。孔子喜《易》，韦编三绝之说最早见于《史记》，不可信。《孟子》《荀子》也

---

① 《傅斯年全集》第一册，（台）联经出版事业公司1980年版，第146页。

都不引《周易》。《易》为卜筮之书，孔子连祈祷都不肯，更不要说卜筮了。《史记·儒林列传》叙说孔子与《诗》《书》《礼》《乐》《春秋》的关系，并没说到《周易》。《易》本齐地阴阳家之学，与儒家学说本不相干，到了战国晚年，儒生术士合流，《易》才与儒家攀上了亲。至于《易》之十翼，乃是汉人所作，连司马迁都没提到它，可见不会太早。傅斯年所作的结论是："儒家受了阴阳化，而五经之外有《易》，阴阳家受了儒化，《易》有文言系辞。"①

他认为孔子与《春秋》的关系不易说清，既不好肯定说《春秋》乃孔子所作，也不好说《春秋》与孔子没有关系。不过，"孔子订《春秋》，不见得不是事实"。即使《春秋》未经孔子之手，恐怕也是孔子以后不久产生的，其思想渊源来自孔子。所以有人说孔子作《春秋》，或说孔子的后学作《春秋》，这在道理上是没有分别的。他说：

> 我觉得《春秋》是否孔子所作是小题，《春秋》传说的思想是否为孔子的思想是大题。由前一题，无可取证。由后一题，大近情理。我觉得孔子以抓到当年时代的总题目而成列国的声名，并不是靠什么"六艺"。②

傅斯年认为《公羊传》的思想与《论语》相合，是在春秋末年社会背景下产生的，不会是战国，尤其不会是汉朝。由于写成定本较晚，所以羼入不少汉代的东西。至于《左传》，"绝不是一时所生，谅也不是刘歆一手而造"。他提出了这样的设定：西汉初年流传着一部《国语》，又名《左氏春秋》，而传《春秋》的公羊家不能说明这部书的由来，人们感到不满意，于是就产生了一种联想，以为《春秋》与《国语》有关系，这种观念一产生，就打动了不少人。汉武帝时，公羊学成了国学，其势愈盛，反动力就愈大，愈有人为《国语》造新解。到了刘歆，终于成就了《左氏传》的巨观。当然古文经学不是刘歆一手之力，在此以前必定有一个很长的渊源。拿《左传》与《国语》比较，可以看出它们在文字上有分别，在体裁上也有分别，而且在内容上也有相矛盾的地方。当年《左

---

① 《傅斯年全集》第一册，（台）联经出版事业公司1980年版，第155页。
② 《傅斯年全集》第四册，（台）联经出版事业公司1980年版，第71页。

传》的作者把《国语》大部拿来做材料，又加上了好多别的材料或自造的材料，写成了这部书。

（五）《史记》

傅斯年十分重视对于《史记》的研究，在他看来凡治古史者都必须认真研读《史记》，所以他在大学任教时，专门为学生开设了《〈史记〉研究》一门课程。研究《史记》具有什么样的意义呢？他说：1.《史记》是读古书治古学的门径。2.《史记》研究可以为治古书之训练。将《史记》与经传子集参校，是一项很有意义的工作。3. 司马迁有大综合力，整齐异说，又有独到的见解，文词星历，综于一人，这是很值得后人学习的。4. 可以学得不少历史知识。

同时他又指出，《史记》不是一部容易研究的书。其说有三：1. 司马迁生前没将《史记》写成定本，后来很多人补作，又有人删改，至今成为古籍中最紊乱的一部书。2. 司马迁所引用的书，如今几乎都有问题，只有互校互订，才能寻出些端绪来。3. 整理《史记》需要许多专门知识，要用新观点、新方法，靠个人之力是无法完成的，必须集合一批学者，分工合作。

傅斯年认为，司马迁对中国古代史学的贡献有三点：第一，"整齐殊国纪年"。此虽有《春秋》为其前驱，但彼不过是一国之史。古时列国并立，纪年全不统一，司马迁写成《十二诸侯年表》《六国年表》，此乃史学方面的"绝大创作"。在西方，古史之年代学直到近代才发展起来。第二，写作八书，将文化史纳入史书之中，"斯睹史学之全，人文之大体矣"。在欧洲直到19世纪才有了这样的史学家。以上两个方面，"皆使吾人感觉子长创作力之大，及其对于史学观念之真（重年代学科文化史），希腊罗马史家断然不到如此境界"。第三，"疑疑亦信"，对于古代史事，不雅驯者不取，说法不同又难作抉择者则异说并存，这种求实求真的精神值得后人学习。①

傅斯年特别强调说，司马迁不是一位古史家，他采用《诗》《书》，并无心得，记五帝三代之事，但求折中于六艺，"因仍师说，不求断制"，在这方面尚不如谯周的《古史考》。入春秋之后，其记事则较丰，及战国

---

① 《傅斯年全集》第二册，（台）联经出版事业公司1980年版，第80页。

更详,至汉代而蔚然成其大观。其所记汉事与记秦以前之事判若两书。记秦以前事"疏略抵牾",记汉代事则"文直事核"。记汉事也是愈往后愈见其别择与文采。八书乃《史记》最伟大处,所记也大多为汉事。他在实地调查的基础上写史,这已是近代的著史方法了。

傅斯年一生喊得最响亮的口号是使用新工具搜求新史料,这是他领导的历史语言研究所工作的宗旨。但是傅斯年绝不忽视对于旧材料的搜求与整理,绝不贬低旧材料的作用和价值。

他指出,在搜求利用新材料之前,首先必须对旧材料进行一番清理,廓清对旧材料的误识;当时可资利用的新材料还比较少,人们进行学术研究主要还是依靠旧材料,即便我们发现了大量的新材料,旧材料也仍具有无可替代的价值。基于这样的认识,傅斯年十分注重对群经旧籍的研究和整理。要准确无误地使用古籍中的材料,首要的问题是判定其成书年代、来源,纠正前人的偏见、误释,重新审定其史料价值。这是傅斯年研究古籍的目的与归宿。他在这方面的许多论题、结论,均具有重要的学术价值,他研究古籍的方法,对于我们来说也有一定的借鉴意义。

当然我们也应该看到,他一生专注于古代政治、思想史的研究,对于古籍研究用力较少,也不甚深入,有时采用推理、臆测的方法论定古籍的年代和价值。如前文所说,他研究古代史事有时用推断代替严密的论证,在研究思想史时,也时常离开史料的实证,大段大段地发为宏论。与他《历史语言研究所工作之旨趣》中的史学观点对照,便不难发现,尽管他为史语所的研究工作制定了"存而不补,证而不疏"、"照着材料出货"的原则,但是他在进行研究的时候,却没有恪守这个原则,甚至经常背离这个原则。傅斯年是史料学派的旗手,但不是整理、研究史料的专门家。

与同时代的著名学者相比,傅斯年一生的学术著作的数量是较少的。于是乎有人为他英年早逝,没有把全部学问留给后人而深感惋惜,有人抱怨他过多地从事行政工作,影响了著书立说,也有人尤其是后来的学者认为他并没有多高的学术水平,没有多大的学术贡献。但是,衡量一个人学术水平的高低、学术贡献的大小,不应单纯以著作的数量多少作判断。诚如许冠三所说:"既令长达两百页的《性命古训辨证》不算'巨著',仅仅是《历史语言研究所工作之旨趣》一文,和准此而推行的现代研究事业,已足够令他名垂青史了。"① 邓广铭也作过类似的评价,说:"我们不能用著作多少来衡量一个人在学术上的贡献。即如傅先生(按:指傅斯年)关于中国古代史的文章,几乎每一篇都有其特殊的贡献,都具有开创性的意见和里程碑的意义。"②

五　学术成就与贡献

(一) 学术成就

傅斯年的学术研究领域涉及中国古代史、中国思想史、学术史,最有成就的是中国上古史和中国古代思想史。他从1929年开始着手写《民族与古代中国史》,先后撰写的主要章节分别以《夷夏东西说》《姜原》《周东封与殷移民》《大东小东说——兼论鲁、燕、齐初封在成周东南后乃东迁》《论所谓五等爵》等题目发表。2002年,其学生、著名历史学家何兹全先生对这些论文进行了系统整理,以傅斯年生前所定书名出版面世。何兹全在前言中曾肯定地说,可以作为傅斯年史学代表作的"就是这部未完成的《民族与古代中国史》"。他对构成该书的几篇论文评价说:"篇篇都有精意,篇篇都有创见——独到的见解,篇篇都是有突破性、创造性的第一流的好文章。就这一本未完成的书之已完成的几篇文章,已足以使傅斯年坐上二十世纪中国史学大师的宝座,享有大师荣誉。"③

傅斯年撰写该书的主旨,是用文字资料和考古资料相结合的方法论证中国上古时代族群的分布、发展和融合。他在几篇论文中系统阐述了中国上古时期族群发展和融合的脉络,认为在中国上古时期,由于山河多东西走向,先民南北交流困难,黄河流域的先民主要是东西方向交流和冲撞。其基本线索如下:夏商周三代及上古黄河、济水、淮水之间地区的民族构成及其相互关系,是夷与夏、商与周的东西对峙。夷商属于东系,夏周属于西系。这两个系统"因对峙而生斗争,因斗争而其混合,因混合而文化进展"。在夏及其以前,夷族的区域"包括今河南之中心,东尽东海,北达济水,南则所谓淮夷徐舒者皆是"。在夷夏对峙时期,后来的东部封

---

① 许冠三:《新史学九十年》第七章,岳麓书社2003年版,第237页。
② 邓广铭:《回忆我的老师傅斯年先生》,《傅斯年》,山东人民出版社1991年版,第8页。
③ 何兹全:《民族与古代中国史·前言》,河北教育出版社2002年版,第4页。

国地方都是夷族居住区域，这里的文化主体是夷族文化。

后来，夷族居住的区域为商人所占领。商发迹于东北，渤海和古兖州为其建业之地。他们由北向南，抚有夷族的人民土地，接受了夷族文化，并部分地同化了夷，使夷夏对峙变成了夏商对峙。在夏商对峙时期，黄河下游的东部地方是商族的发祥地和根据地。这里的文化都是商族在接受了夷族文化的基础上发展起来的商文化。

周人兴起的区域是岐山渭水地区。后来东扩，与殷商形成对峙局面。武王灭殷后，平定今山东地区的奄、蒲姑等夷人殷人方国，以其封建齐鲁等诸侯国。齐鲁等国的统治者是周人，而国民则是殷遗民。周统治者在齐鲁等国推行以氏族血缘关系为基础的宗法制度，在损益殷礼的基础上制定周礼，这是周文化在东夷诸国发展的事实。

傅斯年关于东夷文化是殷周文化"混合"产物的论述，为王献唐等学者所赞同并进一步论证。王献唐从考证山东滕县出土的周代郳国彝器铭文入手，运用古音韵学、古文字学、古地理学和民族学的知识和方法，详细考证历史文献资料，撰写了《炎黄氏族文化考》一书，论证了夏以前今山东居民为东夷族，他们在文化上有广泛的贡献。

傅斯年得出的结论是："直接史料与间接史料相互参考，均揭示我们商起于东北，此一说谓之为已经证成可也。"傅斯年的中国上古东西两大族群对峙发展理论得到学术界的逐步认可。美籍华裔学者、著名考古学家张光直评价说："傅斯年先生是一位历史天才，是无疑的。他的《夷夏东西说》一篇文章奠定他的天才地位是有余的。这篇文章以前，中国古代史毫无系统可言。"傅斯年所系统论述的先秦东西两大族群的对峙和发展，"成为一个解释整个中国大陆古史的一把钥匙"①。

傅斯年的另一学术成就是从语言文字学入手，研究中国古代思想史，代表作是《性命古训辨证》。全书分3卷，上卷"大体以先秦遗文中'生'、'性'、'令'、'命'诸字之统计为限，并分析其含义"；中卷"疏论晚周儒家之性命说"；下卷是"汉代性之二元说"和理学之地位。傅斯年1947年参加中研院院士选举，按规定提交2项代表性研究成果，傅斯年提交的著作即《性命古训辨证》和《夷夏东西说》。傅斯年在提交《性命古训辨证》一书的简介中说："《性命古训辨证》，此书虽若小题而牵连

---

① 何兹全：《民族与古代中国史·前言》，河北教育出版社2002年版，第9页。

甚多。其上卷统计先秦西汉一切有关性命之字义，以语言学之立点，解决哲学史之问题。是为本卷之特点，在中国尚为初创，其中泛论儒、墨诸家之言性与天道，引起不少哲学史上之新问题，富于刺激性。其地理及进化的观点，自为不易之论。其下卷乃将宋学之问题重新估定。"① 《性命古训辨证》刊印后，许多人从不同的视角给予评论。傅斯年的许多论点已为学术界所肯定。② 正如现代学者所评论："傅斯年《性命古训辨证》的研究是继承中国古代学者'以辞通理'的优良传统，借鉴西方语言考据学的方法，输入发展演变的观点，辅之历史比较的方法，创立了由语言学入手治思想史的新方法。"③ 也就是说，把傅斯年的《性命古训辨证》视为用新学说理论研究传统学术问题的典型例证。

（二）学术贡献

傅斯年1926年回国任教于中山大学不久，就创办了语言历史研究所，1928年10月又在语言历史研究所的基础上，筹备建立了中央研究院历史语言研究所，并长期担任所长。傅斯年以历史语言研究所为基础，对中国近代学术事业发展和进步作出了重要贡献。

其一，傅斯年带领学术团队运用新的学术理论进行集众式研究，完成了历史语言考古诸学科的研究从传统方法向现代方法的转型。

1928年，中央研究院历史语言研究所成立，傅斯年担任所长。历史语言研究所的成立，不仅成为组织领导历史学、语言学、考古学等学科研究的领导机构，而且成为傅斯年组织这些学科精英进行集众式研究的平台，傅斯年在历史语言研究所成立不久，发表了《历史语言研究所工作之旨趣》，在文章中他对历史学、语言学在世界学术界的研究状况进行了概述，对欧洲人盗取中国这两个学科研究资料进行了批评，号召国内学者组织起来，用先进的学科理论和方法进行专业研究，赶超西方研究水平。他说："在中国境内语言学和历史学的材料是最多的，欧洲人求之尚难得，我们却坐看他毁坏亡失。我们着实不满这个状态，着实不服气，就是

---

① 欧阳哲生主编：《傅斯年全集·序言》第一卷，湖南教育出版社2003年版，第39页。
② 参阅安作璋、唐志勇《傅斯年与齐鲁文化研究》，载布占祥等主编《傅斯年与中国文化论文集》，天津古籍出版社2006年版，第414页。此文多处参考此文，不再一一注明。
③ 李泉：《傅斯年学术评传》，北京图书馆出版社2000年版，第16页。"学术霸才"一章中许多内容亦以其书某些章节为底稿写成，在此特别说明。

物质的原料之外,即便学问的原料,也被欧洲人搬了去乃至偷了去。我们很想借几个不陈的工具,处治些新获见的材料,所以才有这历史语言研究所之设置。"① 同时,傅斯年在文章中阐述设立历史语言研究所的意义,认为历史学和语言学发展到现在,已经不容易由个人作独立的研究了,他既靠图书馆或学会供给他材料,靠团体为他寻找材料,并且须得在一个研究的环境中,才能大家互相补其所不能,互相引会,互相订正,于是乎孤立的制作渐渐地难了,集众的工作渐渐地成一切工作的样式了。

傅斯年在文中提出破除传统"读书就是学问"的风气,向学术界宣布"我们不是读书的人,我们只是上穷碧落下黄泉,动手动脚找东西"。

最后他提出三个响亮的口号:第一,把些传统的或自造的"仁义理智"和其他主观,同历史学和语言学混在一起的人,绝对不是我们的同志!第二,要把历史学语言学建设得和生物学地理学等同样,乃是我们的同志!第三,我们要科学的东方学之正统在中国!

在《历史语言研究所工作之旨趣》发表以后的几十年里,史语所的学者们一直恪守着上述几项原则,遵照傅斯年提示的研究方向进行各项研究工作。傅斯年的同事李济曾评论说:"以历史语言研究所为大本营在中国建筑'科学的东方学正统',这一号召是具有高度的鼓舞性的;举起这面大旗领首向前进的第一人,是年富力强的傅斯年……他的确为中国的现代学术奠定了一个新的基础。"② 劳干曾对《历史语言研究所工作之旨趣》发表评论说:"这篇里面的内容决定了以后的时期史学研究应当走的路线,至今日还没有重大的修改。……诚然自清末以来,前辈的人对于历史学研究的意见,和示范的工作,不是毫无一点贡献,只是都比较零碎,而影响比较上也不算最大。只有胡适之先生的北京大学国学季刊发刊词,和傅孟真先生的历史语言研究所工作之旨趣,两篇文字可以说是近年来中国历史研究经过上的重要文献,而奠定了中国现代历史学的基础。"③

其二,为中国社会科学研究培养了一大批优秀人才。傅斯年在历史语言研究所成立后,聘请陈寅恪、李济、赵元任、李方桂、董作宾、徐中舒

---

① 欧阳哲生主编:《傅斯年全集》第三卷,湖南教育出版社 2003 年版,第 3—13 页。
② 劳干:《傅孟真先生与近二十年来中国历史学的发展》,(台)《大陆杂志》第二卷第一期。
③ 李济:《创办史语所与支持安阳考古工作的贡献》,载台湾《传记文学》第二十八卷第一期。

等著名学者领导并参加了历史、语言、考古各组的研究，为他们创造良好的工作条件。同时，他特别注意培养年轻学者，这些在历史语言研究所接受培育的学者从20世纪30年代开始直至21世纪初，成为海峡两岸重要的学术机构和高等学校社会科学研究领域的骨干和代表人物，为中国社会科学研究的进步和发展做出了重要努力，取得了世界瞩目的成就。

其三，积累了丰富的学术资料。遵照傅斯年提出的"扩张研究的材料"的宗旨，历史语言研究所的学者们努力搜求、整理新材料，地下埋藏的甲骨、金石、陶瓷、竹木的文字刻辞及实物，地上遗存的古公廨、古庙宇、其他古建筑、雕塑绘画，少数民族的语言、文字、民物、制度、风俗、观念、信仰，各地的方言、方音，群经旧籍、档案、方志、笔记、小说、戏曲、诗文、宗教典籍等，统统被当作研究材料予以搜集整理，为历史学、语言学和其他社会科学积累了丰富的研究材料。

其四，开拓了广泛的学术领域。历史语言研究所的学者们遵循傅斯年所创设的原则和规范，在学术研究中致力于使用新工具、新方法研究新材料，破除了千百年来由文献到文献的传统学术研究方式，开辟了历史学、史料学、文献学、考古学、甲骨学、简牍学、古器物学、古人类学、文化人类学、民族学、语言学、语音学等新的学科和研究领域，促进了中国学术事业的繁荣与发展。

第 七 章

书生报国

爱国、救国是傅斯年一生思想的主流，无论是从事学术研究、从事教育还是从事社会政治活动，基本目的都是实现其救国、强国的志愿。正如其侄傅乐成所说："孟真先生具有强烈的民族意识和国家观念，报纸上曾说他是狂热的爱国者，他的这种狂热，随时见之于言论行动。在他所遗留的作品与函件中，这类资料可以说俯拾即是。"[①] "九·一八"事变以后，民族危机日益严重，傅斯年开始走出书斋，投身社会，为抗日救国或从事舆论呼吁，或进行思想文化的阐释和宣传，或利用各种场合和舞台讨奸御寇，用行动书写着其书生报国的爱国热忱。

一 学人深知亡国恨

1931年9月18日晚，按照蓄谋已久的计划，盘踞在中国东北的日本关东军铁道"守备队"炸毁沈阳柳条湖附近的南满铁路路轨，并嫁祸于中国军队，反诬中国军队破坏，并以此为借口，当晚日军便攻占了北大营，第二天占领了整个沈阳城。继而在短短4个多月内占领了我东三省地区，3000多万父老成了亡国奴。这就是震惊中外的"九·一八"事变。

"九·一八"事变后，日本帝国主义要变中国为其殖民地的狼子野心昭然若揭，民族危亡迫在眉睫，这激起了有良知的中国知识分子对国家民族的责任心。"国家兴亡，匹夫有责"的古训激励着他们，他们都在思索着同一个问题：民族危难，自己将何以报国御辱？富有爱国激情的傅斯年

[①] 傅乐成：《傅孟真先生的民族思想》，《傅孟真传记资料》（一），（台）天一出版社1979年版，第163页。

更是心潮难平,思绪万千。事变发生时,傅斯年正在北京,担任中央研究院历史语言所所长兼任北京大学历史系教授。事变发生后,北京大学召集教授、学者讨论时势。座谈会上,傅斯年拍案而起,即席慷慨陈词,提出了"书生何以报国"的问题,让大家讨论。这既是爱国知识分子面对民族危亡发自内心的呼吁,也是对那些处于困惑与探索中的知识分子提出的发其深思、催其解答的重大社会课题。这个问题一提出,立即引起了知识分子群体的广泛思考,并用自己的行动做出了不同的回答:有些书生毅然投笔从戎,立刻奔赴抗日前线,将一腔热血和民族的尊严撒遍白山黑水,汇成一幕幕中华儿女不畏强暴的悲壮洪流;更多的则是利用自己的口和笔,奔走呼号以唤起民众,口诛笔伐以讨寇刺奸,在全国形成了抗日救国的另一条战线,傅斯年便是奋斗在这一条战线上的一名勇士。

日寇进攻中国的隆隆炮声,震醒了中国的知识阶层和广大民众,却吓坏了当政的国民党政府,其执政当局采取了不抵抗政策,把军队撤回关内,将东三省的锦绣山河拱手让人。为了蒙骗人民群众,国民党政府一面发布《告全国军民书》,要求国人镇静忍耐;一面将事变的经过诉诸国联,希望国联主持公道,出面制止日寇,给予所谓的"合理"解决。当时国联对世界各国并没有实质的约束力,它始终被西方几个大国所操纵,只代表着列强的利益,充当帝国主义国家推行侵略政策、维护殖民统治的工具。国民党政府寄望于国联这一外交政策,除了说明它的软弱无能外,实在不可能有任何实际作用。国联会议听了中国代表施肇基的报告,经理事会讨论后,授权大会主席西班牙外长勒乐向中日两国发出不分是非曲直的通牒,劝告中日避免事态扩大,由两国协商撤兵。

日本政府对国联的通牒虚与委蛇,一方面继续整军备战,准备扩大侵略;一方面又开动舆论机器,宣扬"满蒙在历史上非支那领土",试图为其侵略寻求合法依据。国民党政府不是组织民众奋起自卫,却一味在国联身上下功夫。1932年1月,国联答应中国政府的请求,决定组织以英国李顿爵士为首,法、意、德等国派员参加的调查团,到中国和日本进行调查。

傅斯年作为具有强烈民族意识的知识分子,对日寇侵占中国东北地区既痛愤又忧虑。他在致友人的信中写道:"弟自辽事起后,多日不能安眠,深悔择此职业,无以报国。近所中拟编关于东北史事一二小册子,勉求心之所安耳。惟丁此国难，废业则罪过更大，只是心沉静不下，苦不可言。"① 这不仅真实反映了傅斯年当时的心情，也为他撰写《东北史纲》的动机做了说明。

为驳斥日本所谓中国东北地区历史上不是中国领土的谬论，增进国内外各界人士对中国东北历史与现状的了解，提高广大民众的向心力和凝聚力，傅斯年联络历史学者方壮猷、徐中舒、萧一山、蒋廷黻等，准备编写一部东北地方通史。计划分五卷：（一）古代之东北（傅斯年）；（二）隋至元末之东北（方壮猷）；（三）明清之东北（徐中舒）；（四）清代东北之官制及移民（萧一山）；（五）东北之外交（蒋廷黻）。

傅斯年满怀激情，夜以继日，奋笔疾书，从1931年10月下旬动笔，1932年1月完稿，用时三个多月写成了第一卷，命名为《东北史纲》，当即出版。全书约10万字，其内容从远古到隋以前，书中运用考古学、古人类学、生物学和历史学的理论方法，采用各种史志典籍方面的记载，论证了东北地区的民族、地理等方面的演变。书中用大量不容置辩的历史事实和原始资料，证明东北地区自古就是中国的领土，与日本没有任何关系。由于时间比较仓促，在内容上有一些疏漏之处，细微末节等方面也存在一些错误，出版后曾遭到一些人的批评。但从当时的时局背景来看，傅斯年著史主要是为政治服务，国家利益服务，旨在证明东北自古以来就是中国的领土，反驳日本帝国主义叫嚣的东北非中国论，并非单纯的学术著作，因此似不应过于苛求。

傅斯年在《东北史纲》的卷首引语中，阐述了其写作的原因和目的，充分反映了他当时的思想观念。他说：

中国之有东北问题数十年矣。欧战以前，日俄角逐，而我为鱼肉。俄国革命以后，在北京成立《中俄协定》，俄事变一面目，而日人之侵暴愈张。所谓"大陆政策"，"满蒙生命线"者，皆向我施其露骨的进攻之口号，而国人之酣梦如故也。民国二十年九月十八日，遂有沈阳之变。吾国愈求诉之于公道及世界公论，暴邻之凶焰愈无忌，战嫩江，取锦州，李义山诗所谓"太息先朝玄菟郡，积骸伏莽阵云深"之景象，扩充至数万里之国土……国人不尽无耻之人，中

---

① 欧阳哲生主编：《傅斯年全集》第七卷，湖南教育出版社2003年版，第103页。

国即非必亡之国！然而前途之斗争无限，知识之需要实殷，持东北事以问国人，每多不知其蕴，岂仅斯文之寡陋，亦大有系于国事者焉。吾等明知东北史事所关系于现局者远不逮经济政治之什一，然吾等皆仅有兴会于史学之人，亦但求尽其所能而已。

很明显，傅斯年之所以赶写《东北史纲》，一方面是为了揭露敌人，反驳其谬论，以正视听；一方面是为了对国人进行历史和国情教育，让人民了解东北地区的历史与现状。傅斯年强调指出：东北作为中国的领土，这是永远不容抹杀的事实。就远的而言，东北是中华文明的发祥地之一，就近的来说，东北是中国最后一个封建王朝的故乡，在清末设省进行管理，东北是中国的领土就如江苏、福建是中国的领土一样，如日月经天，山河行地之不可变更。日本鼓吹的"满蒙在历史上非支那领土"纯属颠倒黑白，歪曲历史，只要有一点中国历史常识的人都看得出来，本不值一辩，"然日人竟以此为其向东北侵略之一理由，则亦不得不辩"。

为了更具说服力，傅斯年采取"以子之矛陷子之盾"的方法，在《东北史纲》中引用了一些日本学者对东北问题的实事求是的论述。傅斯年明确指出："日本学人近于东北史地之致力，颇有功绩，今亦引其吾人得见而可信者，借以循是非不以国界为限之义，且以见日本治历史者，如公实立言，亦只能将东北史作为中国学之一部研究之，亦不能不承认东北史为中国史事之一部，其地或为中国郡县，或为中国藩封，且东北在历史上永远与日本找不出关系也。史学家如不能名白以黑，指鹿为马，则亦不能谓东北在历史上不是中国矣。"① 李顿调查团到中国后，傅斯年又让李济将《东北史纲》的主要部分译成英文，交给李顿调查团，作为证明东北地区是中国领土的证据，用史实驳斥日本政府的谬论和狡辩。

李顿调查团经过对东北历史的了解和对现状的调查，向国联写出了报告书。该报告虽然对日本的侵略行为有所偏袒，但也明确指出东三省"为中国之一部，此为中国及各国共认之事实"。日本在中国东北谋取"非常权力"和"特殊地位之观念"，限制中国主权的行使，是导致中日冲突的根源。报告书公布以后，世界舆论开始倾向中国，纷纷谴责日本帝国主义，要求国联以报告书为基础，解决中日问题。国联做出这种裁判，

---

① 欧阳哲生主编：《傅斯年全集》第二卷，湖南教育出版社2003年版，第374—375页。

《东北史纲》提供的证据究竟起了多大作用，我们不好估量，但报告书中明确表述东三省是中国的领土这一内容足以证明，《东北史纲》为此提供的大量证据之功是不可抹杀的。傅斯年撰写《东北史纲》是他"书生报国"思想观念的一次尝试和具体实践。

二　积极参与《独立评论》

"九·一八"事变后，日本迅速占领了中国东北地区。占领东北地区只是日本全面侵华的一个步骤。东三省的炮火还没有完全停息，日军又开始向我华北地区渗透和入侵。对此，国民党政府仍然采取妥协、退让政策，民族危机不断加深。严重的国难，对国人尤其是生活在北方的知识分子是一个极大的震撼。傅斯年曾明确表示："九·一八"是我们有生以来最严重的国难。为此，他在相当长的一段时间内心情沉重，寝食难安，苦思书生何以报国，为挽救民族危亡贡献心力。当时，与傅斯年具有相同心情的有一大批人。面对咄咄逼人的日本侵略势力，他们不甘沉沦，不甘寂寞，通过办刊物，检讨时弊，说他们想说的话，这是书生在乱世对社会做贡献的方式。正如《〈独立评论〉的一周年》一文所说："最严重的困难时期，我们只能用笔墨报国。"《独立评论》创刊于国难民危之时，承载着救亡的时代主题，是知识分子"笔墨报国"的充分显现，也是傅斯年等人欲通过舆论揭露日本侵略者的阴谋，使四万万中国同胞认清日本侵华的野心，树立胜利的决心和民族自信心。

《独立评论》是蒋廷黻1932年春提议创办的，此议一出，立即得到傅斯年、胡适等人的大力支持。为筹备办刊经费，傅斯年、蒋廷黻和胡适等11位好友每人按固定收入的5%捐款，几个月内筹得4205元，就把这份周刊办起来了，由胡适总其事，蒋廷黻和丁文江协助编务，傅斯年、任鸿隽、陈衡哲、翁文灏等为社员，负责撰写稿件，其中傅斯年是最积极的参与者和支持者。筹备工作初步完成，傅斯年便立即向北平市政府办理了《独立评论》的登记手续，并手书"情愿具结作保并声明负具体之一切责任"的字据。

1932年5月22日，《独立评论》第一期与广大读者见面。胡适在第一期发表的文章中，叙述了办刊的动机和宗旨，他说：

> 大火已经烧起来了，国难已临头了。我们平时梦想的"学术救国""科技救国""文艺复兴"等工作，眼看见都要被毁灭了……《独立评论》是我们几个朋友在那无可奈何的局势里认为还可以为国家尽一点点力的一件工作。当时北平城里和清华园的一些朋友常常在我家里或在欧美同学会里聚会，常常讨论国家和世界的形势，就有人发起要办一个刊物来说说一般人不肯说或不敢说的老实话。①

《独立评论》从1932年5月创刊至1937年7月，共出版了244期，刊载各种文章1317篇，涉及对日方针，训政还是宪政，民主还是独裁，民族自省，如何统一等外交、内政领域的重大问题。在该刊撰稿10篇以上的约23位，傅斯年是其中之一，发表文章20多篇。他在《独立评论》发表的大量时事评论中，核心思想只有一个，就是抗战到底，坚决反对妥协投降。

1934年，日本侵略者为便于统治我国东北地区，对付国际舆论，决定将其在东北的傀儡组织升级。他们选定的傀儡头目是清王朝的废帝溥仪，并于1931年11月将其挟持到东北，次年成立了伪满洲国，建都长春；1934年3月，溥仪将满洲国改称为满洲帝国，由执政正式改称皇帝。日本导演的这一幕丑剧，遭到中国人民的坚决反对，许多正直之士对此予以声讨和谴责，而国民党政府慑于日本侵略者淫威，只发表了一个通告，没敢采取任何实质性的制裁措施。傅斯年义愤填膺，于3月11日在《独立评论》第九十一号上发表了《溥逆窃号与外部态度》时事评论，对溥仪及其追随者给予了辛辣的嘲讽，怒斥他们是"给奴才做奴才的奴才"！国家有人卖国求荣成为汉奸，政府对这种敌对势力竟连句像样的指斥话都不敢说，这不能不使正直之士扼腕和心冷。他指出，目前日本人在政治上，要我们承认伪满独立，以便在北方弄出个傀儡政权，服服帖帖的听日本人的话；文化上要我们取消爱国主义教育，最终实现取消中华民族独立，做大日本帝国顺民的野心。如此下去，日本人的胃口必然不会满足于只侵占东三省，时机一旦成熟，必然会南下侵略华北，中日之间的全面战争不可避免。幻想中日问题可以和平解决，无异白日做梦。同时针对各界的彷徨动摇，傅斯年明确提出赢得胜利的最伟大力量存在于民众之中，在

---

① 耿云志：《胡适遗稿及秘藏书信》第十二册，黄山书社1994年版，第25—33页。

于"三四万万农民的潜力",坚信战争的最后胜利必然属于中国。"对倭只有一条路,即一切都无顾忌,只有拼上去","中国的命运,在死里求生,不在贪生就死",① 傅斯年为中华民族的抗战注入了一支强心剂。

1935年,日寇加紧对华北地区的渗透,制造各种借口,随时准备扩大侵略,民族危亡进一步加深。傅斯年认识到局势的严峻,呼吁民众为救国做出牺牲。他告诉国人:"没有一个国家能够不出代价便存在的,也没有一个民族能够不奋斗不牺牲便得自由的","若中国绝不准备牺牲,只有走朝鲜一条路,提携只是合邦之前一幕"。他再次提醒人们:"生路是在死里出来的。"② 而当时的国民党政府束手无策,只知一味妥协,一些亲日派更是与日本的舆论相呼应,鼓吹"中日亲善"、"经济提携",干尽投降卖国的勾当。"华北之大,已经安放不得一张平静的书桌了!"傅斯年出于知识分子的良知和爱国心,对这些卖国行径口诛笔伐。同年3月,他写了《中日亲善??!!》一文,文中首先对所谓的"中日亲善"进行了辛辣的讽刺:"最近两个月真是'中日亲善'论最走运的时代。也许这个理论与行为在将来更时髦,更成国事,更不得了……这真是历史上的最残酷的幽默。"他在文中分析了中日提携的本质,就是"提之于股上、携之于胯下"③,就是要一步一步蚕食中国的领土,先是东三省,继而是华北,最终把中国变成它的殖民地,让中国人做它的奴隶,进而义正词严地阐明了中国应对日本所采取的立场和态度。

事实证明傅斯年是正确的。"中日亲善"很快就被残酷的现实打破了。日寇不断在华北制造事端,强迫中国政府签订了一系列屈辱的条约,其中最主要的是《何梅协定》和《秦土协定》,这两个条约使中国丧失了河北、察哈尔等省的大部分主权。之后,他们又推出"华北五省自治",搜罗社会上的汉奸、余孽组织傀儡政府。一些国民党政府官员,不仅自己对日寇妥协,还反过来压制抗日舆论,打击抗日志士。由于傅斯年坚持抗日主张,不断发表激烈的反日言论,抨击妥协投降的行为,因而深为日寇和亲日分子所忌恨。傅斯年依然故我,泰然处之,虽身处危境,但毫不畏惧。有一次,宋哲元的高级幕僚、在北平主政的萧振瀛召开北平教育界人

---

① 欧阳哲生主编:《傅斯年全集》第四卷,湖南教育出版社2003年版,第80—82页。
② 同上书,第110页。
③ 同上书,第107—109页。

士座谈会,要求教育界人士对日寇的入侵沉默箴言,不要发表对日不利的言论,对傅斯年等人发出了警告,并以人身安全相威胁。傅斯年十分恼怒,立刻站起来慷慨陈词,把萧振瀛狠狠教训了一顿。傅斯年在会上明确表示,坚决反对华北自治,并警告汉奸和亲日分子,任何背叛民族,分裂祖国的行径,必然遭到唾弃。他揭露所谓"华北五省自治"的实质是强奸民意,分裂祖国。与会人士群起响应,使萧振瀛当场丢丑,狼狈不堪。傅斯年怒斥萧振瀛一事,当时在北平各界广为流传,伸张了正气,极大的鼓舞了人心,教育界也成为左右北方政局的重心。会后,傅斯年又与蒋梦麟、胡适等人联合平津教育界人士公开表明态度:(一)反侵略;(二)反日奸,反对政府让步;(三)自己决不退却。这种主张在当时的华北地区,起到了稳定民心、安定社会的作用。

在反对和揭露日本人推行"华北自治"期间,傅斯年的两篇文章最能代表他当时的思想观念,即《中华民族是整个的》和《北方人民与国难》。傅斯年在文章中阐述了中华民族的向心力和凝聚力,揭露日本人和汉奸推行"华北自治"的阴谋,警告那些具有亲日倾向的地方官僚政客,不要只顾眼前利益,做出"亲者痛,仇者快"的蠢事,最终成为千古罪人。如在《中华民族是整个的》一文中,他反复说明了这样一个道理,即秦汉以来,中国就是一个统一的民族和国家,几千年来,统一是中国的主流和人心所向,分裂是暂时的,也是历代人们所坚决反对的。进一步指出,目前社会上所谓鼓吹自治是一种阴谋,是社会渣滓的丑恶行为,逆社会潮流而动,根本不能代表民意,他要求国家对鼓吹自治的汉奸提高警惕,进行严厉惩治,"负责当局,应以国家民族的立场,把背叛国家的败类,从严防范,尽法惩治"[①]。

当时的日寇和汉奸除大力宣传"日中亲善"来麻痹、迷惑广大人民群众外,还利用各种方式挑拨离间,在中国制造南北矛盾。宣扬什么国民政府歧视北方人,南方人统治北方人,为华北自治寻找借口。针对这一阴谋,傅斯年写了《北方人民与国难》一文,在文中他用大量事实说明全国一体,不分南北,并着重指出:北方人民地处民族斗争的最前线,更应该顾大体,反对各种破坏民族团结、制造祖国分裂的阴谋。他强调,在复杂严峻的局势下,北方人民特别应注意以下几点:

---

① 欧阳哲生主编:《傅斯年全集》第四卷,湖南教育出版社2003年版,第128—132页。

一、我们的处境已是站在全国家全民族最前线上的奋斗者，我们的中心要长存，我们的志气要永在。

二、我们只有在整个的国家民族中才能谋生存，我们一分裂便是俎上的鱼肉！

三、这时候，在此间空气中掩护着攻击政府，至少也是没出息。责备政府的话要到南京去说。"兄弟阋于墙，外御其侮。"

四、这时候，这环境，说话不留意，极易为人利用，所以要小心，要顾大体。应知"自治"之说，现在做来，徒得"外治"之结果，此皆天下共知。难道亡国是"自决"的归宿？别有用心者，不足与谈。看不清楚者，要想一想。①

在当时气候和环境下，傅斯年的言论，代表了中华民族的正气，表现了一个知识分子忠于国家和民族的赤子之情。当时有人评论说："傅斯年的政论文字，对于隐伏在天津租界中伺机而动的北洋余孽以及日本特务人员策动的所谓'华北自治'，都是一把寒光逼人的利剑。"

傅斯年在《独立评论》上撰写的文章议论深刻，抗日救国、讨奸御寇的立场和态度严正。蒋廷黻在回忆录中曾评论说："《独立评论》同寅中，最值得一提的是傅斯年。他也和其他人一样，为《独立评论》花了许多时间撰稿。他有丰富的历史知识。一旦他撰写一篇稿子，就好像是集合了四千年的历史经验似的。他把文章重要内容摘出来登在前面，此举成为出版界的创举。令许多朋友吃惊的是他的文章不仅能引起读者知识上的共鸣，而且也能引起他们心灵上的共鸣，能够引发最深的情感，也能使某些人感到莫大的嫌恶。"②

三 反对妥协

除了对日寇口诛笔伐，傅斯年亦以实际行动表明了自己反对妥协投降的坚定态度，同时发表文章从不同方面论述反对妥协投降的基本主题，在

---

① 欧阳哲生主编：《傅斯年全集》第四卷，湖南教育出版社2003年版，第132页。
② 蒋廷黻：《蒋廷黻回忆录》，岳麓书社2003年版，第146页。

当时起到了动员和激励人民、揭露和抨击日本侵略者的作用。

1932年10月,日本入侵华北,平津危急。国民党政府依然执行"攘外必先安内"的政策,对日妥协退让,极力约束中国军队避免与日军冲突。一些文人害怕战争烧掉自己的安乐窝,幼稚的以为只要把北平作为中立区,便可躲过日军的炮火。因此,北大马衡等人出面发起北平"文化城"运动,这是极不切合实际的。因为就日寇方面而言,它的侵略野心决定了它不会允许北平以此状况存在;就中国方面而言,这种消极软弱的举措,有损于民族尊严和国格、人格。当时北平是文人荟聚之地,傅斯年领导的中央研究院历史语言研究所仍在北平,于是他写信给中央研究院院长蔡元培、总干事杨杏佛,表示反对,喟然曰:"斯年实为中国读书人惭愧!"傅斯年在信中申明自己的严正立场,反对马衡等人的行为,同时还公开发表文章,对马衡等人进行劝告和委婉的批评。他说:

> 至于北平,有些斯文先生们,以所谓文化事业及国宝为虑。然而国宝也者,在太平盛世果然是宝,在这年头儿,直是石呆子的扇子,乱时能拿着走,仿佛像"抱祭器而去之",固然很好,有管理国宝之责任者,固也应早准备,若不得不蒙损失,则亦只好付之无可奈何,比起东北失地来,真不值得什么。好在这些国宝皆是人造的,我们总要给我们的子孙留下一个更为世界贡献文化的凭借,这即是国民的人格。[1]

《独立评论》创办后,负责撰稿的同人们学识、立场、观点不完全相同,他们对许多问题的认识存在着差异,由此经常发生一些矛盾。傅斯年在大是大非面前,尤其在抗日救国、反对妥协投降这个根本问题上,立场坚定、旗帜鲜明,一旦遇到不利于坚决抗日的言论,他必然进行坚决的反对,甚至对平时比较尊敬的胡适也不肯让步。1933年5月,国民党政府与日军缔结了丧权辱国的《塘沽协定》,承认日本对东三省、热河的占领,并把察北、冀东的权益出卖给日本,这是继袁世凯承认"二十一条"之后最严重的一次卖国条约。当时,胡适虽然也认识到了日本帝国主义的侵略野心,但他认为中国没有能力抵抗,因此主张对日妥协,延缓战争爆

---

[1] 欧阳哲生主编:《傅斯年全集》第四卷,湖南教育出版社2003年版,第27页。

发的时间,以便中国在人力、物力方面做准备,他和丁文江都持这种观点。傅斯年则认为,任何妥协只能是中国蒙受损失,助长日本侵略者的气焰,加速战争的爆发。只有唤起民众,进行坚决的抵抗,才是挽救民族危亡的最好办法,所以在反对日军侵略的态度上与胡适存在分歧。对国民党政府对日谈判,出卖华北的大量权益,寻求对日妥协,换取暂时的和平,傅斯年坚决反对,而胡适却站在国民党政府的立场,支持对日妥协。他在《独立评论》上发表了《保全华北的重要》,主张对日妥协,华北停战。文章说:"我个人认为是为国家减轻损失,我不信失地绝对不能收复,但我深信此时单靠中国的兵力不能收复失地……如果此时的停战办法可以保全平、津与华北,这就是为国家减轻了一桩绝对的损失,是我们应该原谅的。"① 很显然,胡适的言论与傅斯年的主张存在着分歧。傅斯年看到胡适的文章后十分生气,当即给胡适写了一封信,要求退出《独立评论》社。经过丁文江从中调解,傅斯年与胡适又进行了一次长谈,两人才和好如初。②

傅斯年在反对日寇不断向华北渗透的活动中,一方面自己毫无顾忌,讨奸御寇,不时地揭露日寇实施占领华北地区的图谋;另一方面努力启导舆论,唤醒民众。傅斯年认为,中国要避免亡国灭种之祸,必须进行全民族的抗争。只要唤醒民众,就可以战胜日本,实现民族复兴。"中国人不是一个可以灭亡的民族",因此,唤醒民众是自己的责任和义务,战胜敌人,实现民族复兴的希望"不在天国,不在未来,而在我们的一身之内"。他说:

> "中华民族是整个的!"这一句话怎么讲呢?原来二千几百年以前,中国各地有些不同的民族,说些多少不同的方言,据有高下不齐之文化。经过殷周两代的严格政治之约束,东周数百年经济与人文之发展,大一统思想深入人心,在公元前221年,政治统一了。又凭政治的力量,"书同文,车同轨,行同轮"。自从秦汉之盛时算起,到现在二千多年,虽有时候因为外夷之侵入,南北分裂;也有时因为奸雄之割据,列国并立,然而这都是人力强的事实,都是违背物理的事

---

① 胡适:《保全华北的重要》,《独立评论》第52期。
② 参阅吴相湘《风云际会下的书生胡适》,中国工人出版社2009年版,第342—344页。

实。一旦有适当的领袖,立时合为一家。北起朔漠,南至琼崖、交趾,西起流沙,东至鸡林、玄菟,这是天然赐给我们中华民族的家园。我们中华民族,说一种话,写一种字,据同一的文化,行同一伦理,俨然是一个家庭。也有凭附在这个民族上的少数民族,但我们中华民族自古有一种美德,便是无歧视小民族的偏见,而有四海一家之风度。即如汉武帝,正在打击匈奴用气力的时候,便用一个匈奴俘虏做顾命大臣;昭帝时,金日䃅竟和霍光同辅朝政。到了现在,我们对前朝之旗籍毫无歧视,汉满之旧恨,随清朝之亡而消灭。这是何等超越平凡的胸襟!所以世界上的民族,我们最大;世界上的历史,我们最长。这不是偶然,是当然。"中华民族是整个的"一句话,是历史的事实,更是现在的事实。

有时不幸,中华民族在政治上分裂了,或裂于外族,或裂于自身。在这时候,人民感觉无限痛苦,所渴望者,只是天下一统。未统一时,梦想一统;既一统时,庆幸一统;一统受迫害时,便表示无限的愤慨。文人如此,老百姓亦复如此。居心不如此者,便是社会上之捣乱分子,视之为败类,名之曰寇贼,有力则正之以典刑,无力则加之以消极的抵抗。[①]

为能团结一心,共同抗日,傅斯年向社会各界大声疾呼,应拥护政府,维持现时中央政府对全国的统治,以便统率全国民众对日斗争,"这个时候,内争显得不合时宜,不管什么原因,任何内耗都将被刻在历史的耻辱柱上。分裂就是叛国!"然而令傅斯年失望的是,国民党政府的内争却是愈演愈烈。1932年,上海"一·二八"抗战后,中国与日本签订《上海停战协定》,监察院以汪精卫在停战协定上签字未经立法院批准为由对其提出弹劾,傅斯年认为这是国民党政府内部争权夺利的"杰作"。1936年,又发生了"两广事变"。以李宗仁、白崇禧为代表的两广实力派为与蒋介石争权夺势,以反对蒋介石对日妥协为名,自行率军北上抗日。在此以前,两广实力派为了反对以蒋介石、汪精卫为首的南京政府,派代表北上联络阎锡山、宋哲元、韩复榘等地方实力派,支持北方实力派联合,成立统一组织。当时,宋哲元、韩复榘等人也酝酿策划组织联合机构

[①] 欧阳哲生主编:《傅斯年全集》第四卷,湖南教育出版社2003年版,第125—126页。

以自保。日本侵略者对此表现出出奇的热心，四处活动，鼓动和策划"华北五省自治"，支持地方实力派联合反对南京政府，以便实现其分裂中国、逐一吞并中国的阴谋。应该说，西南地方实力派与北方实力派所进行的联合反蒋，与日本所策划的阴谋具有本质的不同，但如果得以实现，后果是相同的，有利于日本侵略者对中国分期占领，最后灭亡中国。面对这种严峻的形势，傅斯年深感忧虑，发表了《北局危言》一文，劝告宋哲元、韩复榘等应以民族大义为重，拥护国民党中央政府，不要与西南两广实力派相呼应而自行独立，以给日寇各个击破之机。在傅斯年看来，虽然当时的国民党政府有弊端，但它毕竟是名义上的中央政府，而且当时还没有别的力量、组织、政党可以取代它，为了对日寇的入侵进行有组织的抵抗，中国必须有一个领导核心，即统一的国家政权。也就是说：在当时的局势下，中国必须存在一个统一的政府，领导全国人民抗敌御侮，才能避免亡国灭种之祸，一旦失去统一的国家政权，再次陷入四分五裂的割据状态，中国必定被日寇灭亡。因此，傅斯年要求全国各派政治势力放弃内争，拥戴国民党政府，团结御敌，同时又希望国民党政府放弃对日妥协投降的政策，完善其内部统治机制，取得人民的支持，真正成为领导人民抗日的核心。

四　抵制日寇"华北自治"阴谋

自1935年始，日本帝国主义为扩大对中国的侵略，精心策划和制造了分裂中国华北的"华北自治运动"。企图把华北地区置于自己掌控之中，为进一步扩大侵略建立根据地。为此，日本政府和在华军政人士纵横捭阖，诱导和强制华北地方领导人与其合作，北方爱国知识分子与各界人士，深感民族危机进一步加重，为抵抗和挫败日本人推行的"华北自治运动"积极努力，与国民党政府、华北地方军政机构联合互动，采取各种措施制止日本帝国主义的阴谋。傅斯年等学术界人士积极努力，奔走呼吁，联络各界力量，为粉碎日本人"华北自治运动"的图谋做了大量行之有效的工作。

（一）积极投身反对"华北自治"的社会活动

日本侵略者从1935年11月开始实施所谓"华北自治"方案，11月6

日，日本特务头子土肥原携带所谓"华北高度自治方案"到达天津，压迫平津卫戍司令宋哲元宣布自治；11日，日军参谋官前往保定走访河北省主席商震；12日，天津日本驻军司令官多田骏到济南访晤山东省主席韩复榘，其目的是策动韩复榘、商震参与"华北五省自治"。日本特务土肥原曾以最后通牒的形式告知宋哲元等人，要其在11月20日宣布自治，如届时宋哲元不宣布，日本方面将自行宣布。这期间日本人不经中国政府同意，大肆逮捕中国各界人士，其中包括国民党各级官员、大学教授，甚至包括宋哲元的亲信、政训处长宣介溪。北京大学校长蒋梦麟也曾被传唤和短期扣压。日本人的威胁和肆意胡为使华北地区教育界人士深切地感受到黑云压城、风雨欲来的态势。

而在此时，中国国民党第五次全国代表大会召开。宋哲元、韩复榘分别于11日、13日致电国民党第五次代表大会，要求国民党开放政权，结束训政，实施宪政，实际上是要求国民党政府分权于地方。不管他们的举措是否与日本人有关，都引起了北方广大知识分子群体的密切关注与不安。

傅斯年、胡适等人密切关注形势的发展，积极投入抗日救国的活动，其中傅斯年更是口诛笔伐，揭露日军扩大侵略的阴谋，呼吁中国内部消除矛盾，团结御敌。更值得称道的是傅斯年不仅是坐而论道，利用报刊和演讲进行舆论呼吁，而且积极活动，亲自参加各种社会活动，联络上下，沟通内外，讨奸御寇，反对日本人推行"华北自治"的图谋，在当时产生了积极的影响。

1935年11月19日，秦德纯、萧振瀛代表宋哲元邀请北平教育界、学术界代表人士座谈，说明日本军方压迫他们宣布"华北五省自治"。参与座谈的陶希圣回忆说，"在日本浪人策动冀察自治的时期，孟真首先反对，北大同仁群起响应。事情是这样的：孟真在萧振瀛的招待会上，悲愤的壮烈的反对华北特殊化。这一号召，震动了北平的教育界，发起了'一二·九'的示威运动"[①]。陶希圣的回忆说明了当时的情况，但不够详细，傅斯年在10月21日致国民党政府朱家骅[②]等人的信中，较为详细地

[①] 韩复智：《傅斯年先生年谱》，《台大历史学报》第20期，第264页。
[②] 朱家骅，字骝先，时任交通部长，国民党中央委员会代秘书长，与傅斯年、胡适关系密切。在台湾"中央研究院"近代史研究所档案馆藏有朱家骅与傅斯年、胡适等人往来书信手稿。

记述了他与胡适等人的活动。信中说：

> 十九日中午，宋、秦、萧约此间教育界人午餐，适之想借机发论劝之，弟甚赞成，相熟人中有不愿到者，弟等勉以必到。吃饭时，宋因赴津（据秦云避土肥原）未到，秦只说了几句话，一切由萧说。萧说甚多，大意为（1）诸君之安全已与日本人接洽好，绝对保障（以此见好于教育界也），（2）北平之为文化中心不可失坠，（3）中央无办法，地方不得已，（4）即所谓三条件（不侵土、不预政、不犯主权），其言甚滑，显然非良士也（秦之样子甚忠实）。适之先生起立发言，谓此等举动丧土误国，以二十九军之名誉决不可做。国家事至此，只有就地抵抗。吾（适之）乃廿五年之和平主义者，塘沽协定时冒天下之大不韪而赞成之，无非为缓形势，以便自己准备耳。今知日本之要求永无止境，非抵抗不可。如谓中央无命令，则"共撑"即命令也（萧云：中央来电只有"共撑"一句）。此时是人人之责任，无能推诿云云。适之先生此一演说，文情并茂极其动听，弟闻之泪下，且适之先生在此环境中作此等语，语时全无顾忌，可佩也。旋月涵说了几句，其扼要之点为紧箍咒之比喻，谓一经套上无法拿下，即是催命符矣。弟即起立以喜峰口说起，说了尚不多，乃情不自禁，一面落泪一面说，大意谓满洲国国贼之下场，独不见乎？袁金铠始参加沈阳治安维持会时，岂必以为即是卖国贼也？此时办法只有"一来便打"，别无方策。至于北平之文化中心，与吾等之身家性命，与国事相比，乃一文钱不值也，继有徐诵明、刘运筹，所说皆在此一点上。后来新任社会局长商某演说，大为当局辩护（据闻此人师大毕业，冯之秘书，黄少谷之好友，此时萧之灵魂也）。继有一中国学院宋价者起立说话，与萧某同一腔调。适之起来回答他们两人，弟亦想再说，而秦起立云，今日时已不早，诸公意见弟在理论上（此语可疑也）极端同意，且钦佩。于是散会。①

从傅斯年的信中可以看出：傅斯年、胡适等人自日本人策划"华北

---

① 《抄傅所长斯年来函》11月21日北平发，（台）"国史馆"：国民政府档案，档案号8368（未刊）。

自治"，就积极介入社会，除连续在《独立评论》发表文章，揭露日本人的阴谋，制造反日救国的舆论外，同时努力参与社会活动，试图影响华北地区行政领导人，坚持国家主权完整、民族独立的立场，不要与日本人和汉奸亲日派妥协，甚至合作。傅斯年在信的开始就陈述了他到北平后与胡适等人所做的工作。信中说："弟于十八日上午到此，下午到适之先生处，见一外国记者，知'宣布自治'事。当日下午萧振瀛已向记者发表，此若干日中，适之先生向布雷询问，有孔必入。诸人对宋、秦等人说明一失足成千古恨之境况，劝其悬崖勒马。据云张季鸾与宋等谈，知转回当非无望也。适之前一日遇查勉仲良钊，此君与西北军多所认识，劝其多所奔走，查君遂积极进行。"① 从信中可以看到，在会上，傅斯年、胡适向地方领导人陈述学术教育界人士反对华北自治的立场、态度，是有预谋并且为此做了许多准备工作。

（二）制止北方领导人合作对日妥协

1935年11月中旬，华北地区成为中日最高当局博弈的重点地区，政治形势迅速变化，11月18日，日本政府外、陆、海大臣会议，以中国态度强硬，决定不于此时迫令"华北自治"这个信息迅速传达到国民党政权最高当局。19日晚上，蒋介石致电宋哲元、萧振瀛，土肥原没有资格代表日本政府进行谈判，不要再与土肥原接触。据记载萧振瀛当即将蒋介石的电令通知了土肥原，土肥原于20日早晨悄然离平赴津，日本人策划的"华北自治"运动暂时延缓。

傅斯年及时得到了消息，但他认识到日本人不会放弃控制华北的图谋，危机并没有解除，他在致国民党政府的信中提出了自己的认识与建议。他说："昨日晨，查又见到秦，知交涉移京，此间暂缓。韩既未来，宋亦避之。一时当缓于揭晓，然此一危局，不能以为已经转好，甚望当局积极努力耳，弟意以为下列各点必求注意。一、韩、宋等人均须积极做工夫，即老冯亦须请其积极帮忙。老冯此次派李某来，云：'南京毫无办法，弟深悔此行之孟浪'，'你们可自打算'云云。此乃商某当场宣布者也。二、此间'汉奸'两日中大恐慌，怕'不要中央卖了我们'。三、此

---

① 《抄傅所长斯年来函》11月21日北平发，（台）"国史馆"：国民政府档案，档案号8368（未刊）。

次中央交涉，须有节节奋斗之计划，并须预先有以安宋、韩之心。"傅斯年将长信发出以后，经与胡适商议又写一封信给朱家骅，提出了他们解决"华北自治"危机的意见和建议。信中说：

顷函计达，与适之谈，我们同意下列各主张。（1）此间之暂若停顿，不可以为是转机，此间之积极活动者，已恐慌将其置外，无以下台，故将更积极活动了，故一切万不可松。（2）中央必当力阻（用尽方法）使宋、韩等之聚会开不成，并须时时向他们做工夫，对宋尤当力劝力阻。（一）责以此等交涉谈判，必力（应为"立"。——作者注）即停顿，一切可能之结果，由中央负之。（二）安顿其失败后之下场。（三）地方有扰乱秩序者，即以武力对付，应以香河事为戒。（四）宁做到占领不做到内乱。（3）中央万不可慑于局面之严重，随便答应，此中固应做工夫，然绝不可随便承允。报载此间方式由中央承认之是万万不可的，必不得已宁可破裂，即石友三、刘桂堂等占领北平，也比自变好的。（4）国际上应一一即做工夫了，训令各使并与此间诸使接洽，若一成侵占之事实，应立即诉之国联，不论国联暂时如何办。①

傅斯年的两封信反映出他对北方局势的现状及其幕后情况了解得相当清楚，因此建议和意见可行性、可操作性都很强，引起了国民党当局的重视，朱家骅接到傅斯年的两封信后连同其他渠道收集到的情报，立即呈送给了蒋介石，朱家骅在呈文中强调："顷接傅孟真兄及巴立地邮务长自北平来函，傅函叙述事实颇详，所言亦不为无见，巴函所陈亦有可采，谨各移录一份，仰供参考。"

傅斯年对北方局势的认识与建议送到蒋介石手中，虽没有看到蒋介石等人的直接反应，但当时所采取的一系列措施与傅斯年两封信中意见建议颇为一致。

11月22日，秦德纯致电南京参谋本部次长熊斌，其内容是："此间局势渐趋安靖，而对方仍催促不已，弟定今日下午赴津面谒宋公，决禀委

---

① 《抄傅所长斯年来函》11月21日北平发，（台）"国史馆"：国民政府档案，档案号 90101—105（未刊）。

座意旨，坚持不渝，祈转陈。"电报有熊的批示，"呈委座钧阅，职熊斌，十一，廿二午后四时半"，中间有一毛笔手写体"悉"，想是蒋介石的批示。①

同一天，石敬亭自天津发给熊斌的电报，电文内容是："为在京诸承款接，至感盛情，今晨抵津，晤明轩兄转达委座意旨，轩兄态度甚好，始终艰苦撅持，镇定应付，为中央分忧不少。然根本大计，彻底解决，仍有待于中央之速为决策也。知注特闻。"电报有熊斌的批示和签章，"呈委座钧阅，职熊斌，十一，廿二辰"。②

从两封电报的内容可以看出，都是蒋介石采取措施，用不同策略对宋哲元施加影响和压力，让宋哲元摆脱日本人的控制，服从国民党中央政府，第一封电报是让宋哲元的同僚副军长秦德纯做宋哲元的工作。因自11月19日，宋哲元为避免土肥原等日本人逼迫纠缠去天津居住，留秦德纯、萧振瀛在北平应付局面，所以秦德纯在电报中强调"今日（11月22日）下午赴津面谒宋公（哲元），决禀委座意旨，坚持不渝"。也就是遵从蒋介石的意旨，不与日本人妥协、合作实施所谓的"华北自治"。第二封电报内容更明确，石敬亭是西北军元老，与宋哲元关系颇厚，应邀到南京接受蒋介石指令，到天津劝说宋哲元听命国民党中央政府，石到天津会晤宋哲元，将会晤结果及时向蒋介石汇报，从中可以看出，蒋介石和国民党政府正密切关注北方局势变化，及时采取措施对华北地区行政首脑宋哲元施加影响，防止宋哲元经不住日军威逼利诱而与日本人合作。

从当时的档案资料来看，宋哲元在各方面的影响和帮助下，态度迅速转变。11月26日，朱家骅呈送给蒋介石的材料记载说，"介公委员长钧鉴，顷据天津密报称：……宋、萧等已赴平，另据密息二十五日举动与直系有关，等于唱戏与中央及宋看，另有作用。因二十四晚齐燮元宅开会议，除齐外，到有多田上池及吴佩孚代表劳之常，闻萧、孙亦列席，程市长闻有辞职之说亦系手段。惟宋态度极佳，表示非得中央许可不动亦不可轻视，恐弄假成真云云。崭肃奉陈"③。从当时形势发展来看，华北地区确实风云变幻，各种势力都在积极运动，宋哲元等人一方面应付各方面，

---

① （台）"国史馆"：国民政府档案，档案号2033（未刊）。
② 同上。
③ 《朱家骅致蒋介石信》11月26日，（台）"国史馆"：国民政府档案，档案号90101—107（未刊）。

一方面加强了与蒋介石及国民政府的联系。从 11 月 27 日至 30 日，宋哲元函电交加，其中四封函电直接致蒋介石、孔祥熙，陈述平津地区迅速恶化的形势，要求国民党政府迅速采取对策。11 月 27 日，宋哲元致电孔祥熙，陈述形势变化急速，日方加紧活动，要求国民政府明定平津地区军政人员职权，严加防范日本人阴谋，其电文说："孔院长钧鉴，密近因外交形势紧张，竟有不逞之徒公然赴天津市政府请愿，要求接收政权，幸经程市长、刘公安局长事前问讯，紧急应付，严加防范，始未酿成巨大事变，窃维职部防区仅在北平四郊，洲口（原字难以辨认。——作者注）一带，则非力所能及。循名责实既有未符，而顾名思义又难卸责，思维再三，惟有恳乞明定权限，俾津估（应为'沽'。——作者注）保安司令得以充分负责，庶权责既分，各有专守，卫国成较易，或少疏虞。迫切上陈，伏祈鉴核施行为祷，职宋哲元叩。"①

从宋哲元此电可以看出，他要求国民党政府"明定权限"，其中也含有加大自己权力，支撑北方局面的意图。所以傅斯年、胡适等学术界人士对宋哲元等军政人员的行为不放心，特别在宋哲元致电孔祥熙的同一天，翁文灏致电钱昌照要求速转蒋介石，陈述自己了解的信息和应采取的对策，其中特别强调：要努力阻止宋哲元与日本签订有关"自治"字样的协议。其中说：

  钱乙藜兄速转蒋委员长钧鉴密：今日在银行公会共谈华北问题，闻昨日天津已有人悬华北自治旗帜，并有多数人拟为自治请愿，此后仍将从伪造民意入手。到会者皆表示：（一）各就友人切劝阻宋诸君，务以国家统一为重。切勿过于迁就。（二）重要问题皆由中央交涉，对于华北须求统一，即因不得已而设立委员会时，亦勿加自治字样。敬以奉闻。翁文灏叩。②

在宋哲元、翁文灏致电蒋介石、孔祥熙的电文中可以看出日本人为实现"华北自治"阴谋而不断逼迫华北地方行政领导人，形势日趋危急。仅隔一天，11 月 29 日宋哲元急电蒋介石，系统陈述了平津地区的复杂形

---

① 《照抄宋哲元来电》，（台）"国史馆"：国民政府档案，档案号 8379（未刊）。
② 《翁文灏致钱昌照电》，（台）"国史馆"：国民政府档案，档案号 8390（未刊）。

势，自己的险恶处境以及对中央政府的要求。电报内容是：

> 提前限即刻到。南京委员长蒋钧鉴：蓟密。连日以来艰苦支撑，业已智尽能穷，因彼方对于华北策动为其既定国策，断非枝节应付所能解决。战区变起，且以兵力威胁，平市、丰台险象环生，痛心曷极。愚见以为，如尚须避战。待时则似应迅筹妥善有效办法，以挽危机。今日对方压迫，限二日内答复，否则取断然之自由处置，哲元力量薄弱，只可再敷衍二日，如过此以往，仍无有效之紧急应付办法，则华北前途即不堪设想矣。近日征询多数意见，有主张如能在中央系统之下，政府予以适应环境办法，既不丧失主权，亦可应付艰迫。外交是否可备采择，哲元亦未敢妄为评判，究应如何，速定大计以救华北之危，伏乞训示。总之，哲元拥护中央，服从钧座，始终不渝。因知遇之厚，故敢直陈，谅不深责。倘蒙采纳，再将具体意见电陈以备裁夺。职宋哲元叩。[①]

在此期间，日本人不断采取措施对北方军政人员施加压力：11月27日，日本特务土肥原再度限令宋哲元在11月30日以前宣布"自治"；27日，日军宪兵占领丰台火车站，扣留南下的火车；原驻防榆关的日军陆续进关；同天日军占领了天津飞机场，并积极扩建；29日，日本宪兵传讯北京大学校长蒋梦麟，并一度想劫持其去大连。11月28日，国民党政府针对日本人的阴谋与扩大侵略的措施，对日提出严重抗议：（一）日本军人策动所谓"华北自治运动"。（二）日军擅自占据丰台车站。同时为了了解北方信息，安抚宋哲元等人，蒋介石派刘健群北上，向宋哲元传达对付日本人的意见。

11月30日，宋哲元给蒋介石发出一函一电，电报主要是陈述北方政治形势的险恶，进一步要求蒋介石迅速采取措施，其主要内容是："忧患叠乘，情势威迫。屡经电陈，计邀钧察。刻下民情愈益愤昂，城乡市镇，议论纷纭。倡导自治者有之，主张自决者有之，一一阻遏，既有所不能，徒欲苦撑，亦绝非空言所能奏效。哲元德薄能鲜，抚驭无方。综衡情势，似非因势利诱，别有以慰民望定民心之有效办法，纵外患不计，亦内忧堪

[①]《宋哲元致蒋介石电》，（台）"国史馆"：国民政府档案，档案号6377（未刊）。

虞。哲元职司兹土,见闻较详。心所谓危,不敢不告。谨电披陈,不胜悚惶待命之至。"① 当天,宋哲元又给蒋介石写了一封信,主要是解释自己的处境和政治态度,其内容要比前几封函电深刻得多,可以看作宋哲元当时心理的表白,也可视为宋哲元针对各种舆论的自我辩护。信的主要内容:

> 委员长钧鉴,健群先生北来具道钧旨,敬谨闻命。哲元蒙钧座恩厚,当大难不敢自菲薄,请尽其辞以备裁夺。处今日之变,存亡系于俄顷,应付之道不外两途,即自身之成仁取义与为国家保土救民是也。溯自中央军南撤之后,华北人民已陷于极度之恐慌,加以何梅协定之限制,除现有兵力外,更无充实边防之余地。哲元当此紧急关头,倘至万不得已,而与对方决裂,不计成败贸然用兵,不敌则退出平津、退出冀察。不惜领土人民之极大牺牲,但求个人之成仁取义,此易事也。哲元不敏,诚忧为之。从另一方面言,东北沦陷,继以热河忍痛已逾四载,收复皆成空论。是知失之甚易而复之至难。今冀察平津数千万民众,但见四省之亡,不见四省之复。懔于亡国,惨痛且将及身,有如待死之囚,仍冀邀天之幸。其情可悯,其心可哀。哲元决不忍因个人之成名集数千万父老兄弟姊妹之生命财产付诸一掷,而窃愿以民存俱存、民亡俱亡之决心为最后之努力也。且何梅协定限制甚严,如中央立派大兵北来,势必对日宣战,若果准备已熟,自为上策;如中央责令现有华北兵力与之周旋,终必陷于丧权失地之结果。世人尝谓东北之失为钧座盛德大累,倘冀察平津再不幸而亡,哲元虽博得一时之抗日美名,而千载后仍难逃于失地丧权之唾骂。
>
> 钧座为领导中国革命唯一领袖,恐亦终不能见谅于国人也,窃以为华北之政治生命即钧座之政治生命,而钧座之政治生命亦即全国之政治生命,倘华北亡于举国决战之下,终必不亡。倘亡于局部应付之下,则必为东省热河之续,使人民信仰中央之心日趋薄弱,而钧座之威信恐亦随之受其影响也。总之,以民意定国策,国乃可为,若将此彷徨恐惧之民心一再使之陷溺,则纵有回天之力,亦难挽救矣。哲元

---

① 此电刊于《国闻周报》第 12 卷第 48 期,现见于南开大学马列主义研究室中共党史教研组编《华北事变资料选编》,河南人民出版社 1983 年版,第 407 页。

向重信义，决少言不顾行之处。追随钧座生死不渝，所望俯顺民心，颁示最后之命，虽赴汤蹈火，在所不辞也。谨陈管见，伏维钧察，敬请钧安。职宋哲元谨呈。①

11月30日，国民党政府派何应钦北上，与宋哲元共商华北时局，12月3日到达北平。当晚宋哲元、秦德纯、萧振瀛到何应钦住处拜谒，向何氏表明自己态度，"我可以用生命保证，我在和日本谈判期间，绝对遵照中央的命令，不屈服、不妥协，同时对外我也决没有丝毫秘密协定"②。这可以看作在日本人策划所谓"华北自治"运动过程中，宋哲元向社会各界表明的立场和态度，澄清了日本人的各种谣言、诽谤，从某种程度上化解了社会各界对他的误会。傅斯年11月21日致国民党政府的两封信中反复强调须时时向宋做工作，"对宋尤当力劝力阻"，"韩、宋等人均须积极做工夫，并须预先有以安宋、韩之心"。不论傅斯年的两封信起了什么作用，国民党政府及蒋介石均从不同角度对宋哲元等人积极施加影响，激发宋哲元的民族意识、大局意识，坚定了宋哲元服从国家利益、民族大义的信心和决心。

（三）为制止"华北自治"积极奔走

在日本人积极推行"华北自治运动"的过程中，傅斯年除配合国民党政府，努力制止地方军政领导人与日本人妥协、合作外，还团结学术教育界的人士积极活动，奔走呼吁，做了大量实际工作。

在日本特务土肥原逼迫宋哲元11月20日宣布"华北自治"阴谋受挫后，随于11月24日策动蓟密区兼代滦榆区行政专员殷汝耕发表宣言，在通县成立"冀东防共自治委会员"，殷汝耕在"宣言"中宣称："自本日起，脱离中央，宣布自治，树立联省之先声，谋东亚之和平。"③ 殷汝耕的叛国行为实际是日本人策划"华北自治"打开的一个缺口，引起了华北各界人士的愤怒和警觉。傅斯年、胡适联合北平学术教育界领袖人物蒋梦麟、梅贻琦等人发表宣言。据胡适《华北问题》一文中记述说："我

---

① 《宋哲元致蒋介石信》，（台）"国史馆"：国民政府档案，档案号0967—0971（未刊）。
② 张放：《卢沟风云——宋哲元传》，（台）近代中国出版社1982年版，第68页。
③ 同上书，第64页。

们在北平教育界服务的人……是反对这种破坏国家统一的阴谋的。十一月二十四日北平各大校长……和各校教员多人曾发表下列宣言：因为近来外间有伪造名义破坏国家统一的举动，我们北平教育界同人郑重的宣言：我们坚决的反对一切脱离中央或组织特殊政治机构的阴谋及举动。我们要求政府用全国的力量维持国家领土及行政的完整。"[①] 这是北京教育界人士连日聚谈，商榷发表的宣言之内容。24日，大家在银行公会聚餐时起草签署发表的宣言，傅斯年是重要发起人和联络者。共20余人签名，傅斯年签名在陆志伟之后，名列第六。

日本人在策动"华北自治"过程中，华北地方军政领导人被拉拢的重点对象是宋哲元、韩复榘、商震等人。商震时任河北省主席，11月19日，日本军方要挟宋哲元、商震接受"华北自治"计划，商震为避开日本人的纠缠，当天称病，次日，又请假7日，谢绝见客。11月24日，殷汝耕在通县成立冀东防共自治委员会，脱离中央政府，成为日军控制的傀儡政权。冀东是河北省东部滦州、开平等县区，是联系山海关内外的重要通道。商震如何处置此事为当时人所注目。11月27日，傅斯年致信国民党政府，其信内容主要有两部分，其一是陈述了平津局势。信中说："此间教育界除坐着不动以安人心，自发宣言见当局慷慨陈词外，无任何事可作到也……昨日宋言，有二原则：（1）服从中央；（2）不失主权。其词甚美，其人可信，然当时秦、萧即语记者云：中央无办法时，我们需自想办法云，此间汉奸已着手自由行动，而报上不许登吾辈之宣言，转登殷贼宣言，并散布各种吓人新闻，此系何居心。恐宋之左右多无良之人。萧不必说，即社会局人雷某亦小鬼头叵测。故前途极其危险，如何公果立即北来，纵对外无办法，对内或可暂时协力耳。总之，时间局面决不容乐观。"信中主要叙述华北地方行政状况和政治动向，对形势的变化表示忧虑。信的后半部分着重叙述与商震会见情况，信中说："弟与枚荪、月涵今夜赴保谒商，不知可见到否，商之至友今日对弟等云，此君毛病在于地盘心太重，又猾又怯，呜呼，河北事可知矣。"信中附言说："昨晤商，谈甚恳切，但均不出前预料，彼亦在依赖中央办法中似无决心，此间局势

---

① 胡颂平：《胡适先生年谱长编初稿》第四册，（台）联经出版事业公司1990年版，第1434页。

万分险恶，土肥坐催，左右包围，期在必成，务告当局诸公。"① 据记载：11月28日，商震电请宋哲元制止冀东事态发展，虽然是推脱责任，但对冀东事件表明了正当的态度。

1935年11月30日，蒋介石和五院院长共同制定了一套解决华北问题的方案，任命何应钦为行政院驻平办事长官，即日率陈仪、熊式辉、殷同等北上，与宋哲元等人共同处理华北问题。何应钦12月2日晚上到达保定。傅斯年和周炳琳受北平文化教育界推举，于12月3日由北平到保定面见何应钦，陈述平津地区政治形势，迎接何应钦北上，当天陪同何应钦到达北平。第二天（12月4日）下午，傅斯年、周炳琳与平津教育界知名人士徐诵明、梅贻琦、陆志韦等人赴居仁堂谒见何应钦，"报告华北时局经过情形，并陈述处理时局意见"。同时，再次发表通电宣言，阐述对平津时局的意见，坚决反对日本人操控的"华北自治运动"，要求各级政权组织共同努力，维护国家主权和领土完整。宣言强调："近有假借民意，策动所谓华北自治运动，实行卖国阴谋。"由此正式将"华北自治"定性为卖国阴谋。宣言进一步向国人阐明："中华民国为吾人祖先数千年披荆斩棘艰难创造之遗产，中华民族为我四万万共同血统，共同历史，共同语言文化之同胞所组成，绝对不容分裂，大义所在，责无旁贷，吾人当以全力向中央及地方当局请求立即制止此种运动以保领土，而维主权，并盼全国同胞，一致奋起，共救危亡。"傅斯年等人代表平津教育界致国民党政府的通电中再一次强调"今有假借民意，策动所谓华北自治运动，实行卖国阴谋，同人等坚决反对，并发表宣言，唤起全国同胞，一致奋起，共救危亡，务恳迅即设法制止此种运动，以保领土，而维主权，不胜迫切待命之至"②。经过教育界与军政各界的共同努力，平津形成反对"华北自治"的高潮，为挫败日寇推行"华北自治"阴谋打下了舆论基础，成为著名的"一二·九"运动的先声。

傅斯年在此期间还利用各种场合宣传民族意识和爱国思想，以传统的忠义志节来影响地方军政领导人。他在与宋哲元等华北地方当局领导人一次座谈时曾专门以同乡的身份劝诫宋哲元，其大意是山东人在中国历史上

---

① （台）"国史馆"：国民政府档案，档案号0802000259114（未刊）。
② 南开大学马列主义教研室中共党史教研组编：《华北事变资料选编》，河南人民出版社1983年版，第383—384页。

以忠诚侠义著名,出现了许多英雄义士,从无卖国求荣的汉奸。"劝宋勿为千古罪人,使桑梓蒙羞。"明确强调山东绝非藏污纳垢之地。据说宋哲元"听后虽为之动容,但意有未惬"①。宋哲元虽然当时心里不舒服,但忠言逆耳,良药苦口,宋哲元此后的实践证明,他确实没有让故乡蒙羞。

在日本军阀特务积极推行"华北自治"期间,傅斯年进一步认识到了民族危机的严重,他已经无法安心地从事学术研究。他走出书斋,积极参与社会活动,广泛联络各界人士发表宣言通电,阐明文化教育界和中国各界人士的正义立场,讨奸御寇。同时利用各种机会,对地方军政领导人进行规劝告诫,申明民族大义,表彰忠勇之气,影响他们的行为。他的行为在某种程度上代表了社会正义,反映了世道人心,在某些方面影响了中央和地方的决策,挫败了日本人"华北自治"的阴谋。

五　汉贼不两立

自 20 世纪 30 年代以来,面对日寇咄咄进逼的侵略、蹂躏,傅斯年十分重视国家的民族大义。其间,傅斯年写了大量文章,通过对历史人物的褒贬,借此表达其民族思想和抗日到底的信念。在这些文章里,傅斯年对那些热爱祖国、具有民族意识的人和对国家、民族有益的事都给予褒奖和肯定;对于汉奸贰臣、有损于国家和民族利益的事则给予贬斥和诛伐。

在抗战期间写成的《中国民族革命史稿》一书中,傅斯年借评价文天祥、谢枋得等南宋末期志士表明了他强烈的民族意识与爱国情怀。他指出:"南宋之亡,虽之于政治上不竞,而其殉国之烈者,则前古所未有也。其尤难者,则文谢二公也。夫自死犹易,而置其妻子于死则不易;一时于义愤而死犹易,十年如一日,志事一贯,不以日月之迁移而缓其初志,不以形势全非而弛其努力,则极难矣。夫一死了事,固贤于偷生者万万,然君臣之节,民族之义,非可徒以一死了之者,故应奋斗不懈,及其万不可为,而后一死焉。文山,叠山之所为,所以照耀千古者也。自文山率勤王之师以入卫,至于身死燕市,经无穷之拙败,终不改易初志。读其

---

① 李云汉:《抗战前中国知识分子的救国运动》,载《中国现代史论和史料》上册,(台)商务印书馆 1979 年版,第 587 页。

指南录者，顽夫廉，懦夫有立志焉。"① 傅斯年撰写《中国民族革命史稿》就是借叙述中华民族的形成、发展过程是在不同时期抗击异族侵略，对民族敌人不屈不挠的斗争中发展壮大，他对南宋后期文天祥、谢枋得的评论实际上也是对中国人民抗日救国战争的激励。1944 年，傅斯年的儿子 8 岁，为了教育儿子成才，他利用一个晚上的时间恭笔书写一个横幅，其内容是文天祥的正气歌、衣带赞，在其跋中叙述了撰写横幅的寓意："为仁轨儿书文文山先生正气歌、衣带赞并以先生他诗补余幅。其日习数行，期以成诵。今所不解，稍长必求其解。念兹在兹，做人之道，发轨于是，立基于是。若不能看破生死，则必为生死所困，所以异于禽兽者几希矣。"② 傅斯年的妻子俞大綵曾记叙当时情景说："在一个寂静的深夜，他在烛光下，伏案为儿子写了一张文山的正气歌，那时仁轨才是一个不满八岁的孩子。"③ 傅斯年用文天祥诗文教育儿子，既表明他对忠义之士的尊崇，也显现出他思想意识深处的价值观和对下一代的期望。

　　褒扬正义与贬斥邪恶往往是人们思想的两极，趋向一极而远离另一极，傅斯年民族思想的表现就是如此。他对忠贞义士的褒扬是出自真情，对奸邪的贬斥更是发自内心，充满义愤。傅斯年的七世祖傅以渐，为清代开国第一科状元，是傅氏家族兴盛的奠基人，其后人多以此为荣耀。据史书记载：傅以渐"方面丰颐，颏下多髯，伟腰大腹"，居官尚称清廉，"每闻百姓疾苦，若切于身，间里有义举，必赞成之。自处无异寒素，汲奖后进，唯恐不及，未尝有疾言遽色"。④ 但是傅斯年却认为，在明清易代之际，傅以渐身为汉人，却出仕清朝，有违汉族士人的民族气节，因此不以为荣，反以为耻。傅斯年成人后，从不向人提及他这位宰相祖公，更不引以为荣，由此可看出傅斯年的民族意识。王世杰曾回忆说："有一次我问他，你的老祖先傅以渐是怎样一个人。他不回答。他知道我一定是对傅以渐在清初做大官一事心里有所不满，所以有此一问。他不回答，我也就不再往下说。不过可以看出他对其先人之不满，是由于强烈的民族意识

---

① 傅斯年：《中国民族革命史稿》（未刊），档号 1707。
② 傅乐成：《时代的追忆论文集》，（台）时报文化出版事业有限公司 1984 年版，第 144 页。
③ 《傅斯年全集》第七册，（台）联经出版事业公司 1980 年版，第 238 页。
④ 傅乐成：《时代的追忆论文集》，（台）时报文化出版事业有限公司 1984 年版，第 114 页。

和爱国思想。"① 傅斯年的侄子傅乐成对此也曾记述说,傅以渐"明清易代之际,亟求功名,应科举试,并在异族政府中为官。孟真先生本于民族大义,对他极表不满"②。傅斯年一生议人论事,爱憎褒贬,虽有时偏激,但民族意识强烈,有人说他"本性中包括着赤诚的爱国心和极强烈的民族意识",的确如此。

他不因傅以渐是其祖先而进行维护,对其他历史人物更是如此。明末清初文坛领袖钱谦益,学问有成,领袖一时,道德气节有亏,降清叛清反复无常。傅斯年对其十分蔑视,曾在其文集《牧斋有学集》封面题写道:"此老行事奇丑,斯文之耻辱,人伦之败类也。然三十载风流,数朝掌故,其书固不可删,存之益彰其丑焉。"③ 对其学术成就的肯定和对其人品的贬斥,充分显示了傅斯年强烈的民族意识和鲜明的崇尚忠义志节的观念。

傅乐成在谈到傅斯年对历史人物的评论时说道:"我们可以发现,他对历史人物的推崇和贬斥,主要以其人的节操如何为标准。他对具有气节的人,尤其是抵御外侮、为国捐躯的烈士,常致无上的景仰;对于汉奸二臣,则诛伐不遗余力。"④ 正是由于傅斯年具有强烈的民族意识和爱国情愫,所以在中国遭受西方列强尤其是日寇侵略、蹂躏的关头,除了通过褒贬历史人物来唤起全民族的抗战热情外,更是利用各种舆论工具,表彰民族正义,贬斥妥协投敌的汉奸卖国贼,维护人间正气。

1937年12月,日寇进攻山东,山东省政府主席韩复榘率军队稍作抵抗便南逃,驻守聊城的鲁西行署专员范筑先,不听从韩复榘撤退的命令,率部英勇抵抗日军进攻,终因寡不敌众而壮烈牺牲,是最早在抗敌前线与日军作战殉国的高级将领。傅斯年闻知范筑先在故乡为抵抗日寇英勇战死的事迹,既景慕又自豪,写了四首诗进行褒奖和颂扬,其中两首是:"受任孤危际,抚民水火中;歃血召英俊,誓死奏肤公;郡陷廿城在,北门管钥通;方期收河朔,何意殒方戎。""立国有大本,亮节与忠贞;三齐多义士,此道今不倾。一死泰山重,再战浊济清;英英父子业,百世堪仪刑。"⑤ 显

---

① 王世杰:《傅先生在政治上的二三事》,《傅孟真传记资料》(一),(台)天一出版社1979年版,第211页。
② 傅乐成:《傅孟真先生的先世》,《时代的追忆论文集》,(台)时报文化出版事业有限公司1984年版,第115页。
③ 同上书,第144页。
④ 同上书,第142页。
⑤ 同上书,第147—148页。

然，傅斯年主要称颂的是范筑先抵御日寇、壮烈殉国的民族精神和忠义之气。

1940年，祖籍聊城的张自忠将军，在湖北抗日前线指挥对日作战，壮烈殉国，成为中国抗日战争乃至世界第二次反法西斯战争在前线战死的最高将领。傅斯年闻讯义愤难抑，特赋诗悼念，其诗曰："泰山重一死，堂堂去不回，身名收马革，风日惨云雷；忠义犹生气，艰难想将才，中原谁匡济，流涕楚郢哀。"① 张自忠将军牺牲后，其弟张自明曾将张自忠的生平资料送给傅斯年，希望傅斯年撰文，表彰张自忠忠诚爱国的民族精神。傅斯年应允为张自忠写传记，褒扬张自忠高扬民族大义，与日军进行艰苦卓绝斗争的事绩。他与邓广铭等人讨论了撰写体例、基本观点，可惜由于环境条件不允，传记终未写出。② 傅斯年对范筑先、张自忠的称颂，是对抗日救国烈士的褒奖，从一个侧面反映了他个人的民族意识和爱国救国思想。

六 书生知兵参戎幕

傅斯年被同时代赞誉是懂军事的文人。陈之迈曾评论说："当代文人中懂得军事的有三位最为出色，一为张季鸾先生，一为丁在君先生，一为傅孟真先生。从他们的著作及言论中我学到了许多军事常识。"③ 傅斯年懂军事过去很少论及，但认真研读他在抗日战争中发表的论著，尤其是他参与最高决策层谋划过程中，对当时国际国内军事形势的分析，对中日战争战略、策略及其变化的研判，颇有先见之明，所得结论许多经过验证是正确的。

（一）研判国际形势

全面抗战开始后，为取得国际的支持和同情，1937年9月12日，中国将日本侵略中国的事实诉求于国际联盟，申请援用国际联盟盟约处理中日问题。9月15日，国联决定交远东顾问委员会处理中日问题，10月初

---

① 傅乐成：《傅孟真先生的民族思想》，《时代的追忆论文集》，（台）时报文化出版事业有限公司1984年版，第147—148页。
② 邓广铭：《怀念我的恩师傅斯年先生》，《台大历史学报》1996年第20期。
③ 《傅孟真传记资料》（一），（台）天一出版社1979年版，第13页。

国联远东顾问委员会建议：由国联大会召集九国公约会议，处理中日冲突，同时对中国抗战表示道义支持。10月15日，比利时邀请九国公约签字国于10月30日在其首都布鲁塞尔召开会议。中国政府派顾维钧、郭泰祺、钱泰为代表出席九国公约会议，而德国、日本拒绝参加。德国通过外交途径告诉中国：盼望中日直接谈判，德国出面斡旋。同时，美国、英国、苏联对中国的抗战有不同的表示，英美虽表示同情，但态度不积极，苏联除对中国借款外[①]，还曾向中方表示："中国对日战争如到生死关头，俄必出兵，绝不坐视。"[②] 中国除面对日军的疯狂进攻外，还必须对复杂的国际形势进行研判，国民党政府为了集中人才对抗日救国事业进行研究，于9月9日成立国防参议会，吸收容纳各党派和各界人士为抗日救国建言献策，其中包括周恩来、曾琦、张君劢、陈布雷、陶希圣、傅斯年等，国防参议会的设立，为傅斯年等人参政议政、建言献策提供了场所和平台。事实证明，傅斯年充分利用参政议政的机会，为抗日救国贡献自己的才智。

1937年11月，在国联召开九国公约会议前后，傅斯年为利用此次国际会议，争取有利于中国抗战的环境和氛围，详细分析了中日双方当时的态势和世界各国对中日战争的态度，提出建议和对策，表现出了他丰富的军事知识和外交认知能力。

傅斯年在九国公约会议期间给远在美国从事民间外交的胡适、钱端升写了一封长信，叙述在会议前对国际国内形势的研判和对政府的建议。他在信中说："自开战以来，至于二三星期以前，可以说是盼望俄国如大旱望雨一般，然而又绝不敢得罪德国，而求与之敷衍。汪似乎尤其重视德意交情。蒋百里走了之后，继之以陈公博（云与Ciano有交情），我看都是白费。此等双扇外交中，足以表示政府的集体心理。最近一个月是'英美路线'一天一天高涨的时候，至上一星期，可以说是在此一路上占定了，这是可喜的事情，只惜不早几年耳。"[③]

傅斯年本人态度很明确，就是在国际上不能听从德国的建议，与日本

[①] 中苏第一次信用借款五千万美元，五年还本，1937年11月1日达成协议。转引自《中华民国史事日志》，（台）中研院近代史研究所1984年版，第731页。

[②] 转引自《中华民国史事日志》，第735页。

[③] 王汎森、潘光哲、吴政上主编：《傅斯年遗札》第二卷，（台）中研院历史语言研究所2011年版，第833—834页。

直接谈判，而应该与英美结成统一战线，坚决抗日。傅斯年在信中阐述了自己的意见："忆在半月以前，我在参议会中，演说了一回，大致谓，外交有三种可能（广泛言之），一为对日直接交涉，此路决不通，盖虽此法一时纵令价钱低些，而和平决无保障，一走此路，必断英美之联系，危险万分。一为联俄，此路不可希望太奢。一为英美，此路目前也许缓不济急，也须日本更不理会或抬高价钱，但此一路是可靠的，在内政外交上危险都较小。比京会议，既是第三路，应积极赞助之，不应该公然的说失败又如何，而应该说，尽力使其成功。其尽力使人成功之说，即谓对英美表示，我国可于此会中作在其他机会中不可让步之让步，俾英美易于运用，而此让步必为每题之对案，不可但空洞谈原则。"① 傅斯年对于九国公约会议的认识和国际形势的研判不是停留在演说和一般性呼吁，而是形成系统的建议案直接交付最高决策者，供他们参考和执行。傅斯年把建议写成意见于11月4日下午交给了汪精卫，同时又约张群共同面见蒋介石，将意见书另一份面呈蒋介石，并将主要意见向蒋陈述。傅斯年意见书的主要内容包括七个方面：

其一，美英法诸国召开《九国公约》缔约国会议，"目的在将中国纠纷作合意解决"②。傅斯年认为："比京会议系诸友邦用大力图谋方得实现者，吾国理宜希望其成功，襄助其成功。"同时为在开会期间，中国代表团不失时机，应给予吾国代表团以较大之自由，傅斯年认为，中国代表团"办此等事较有历练"不必事事请示国内执政当局，"国内之外交机构或欠迅敏执政，若责代表团以每事请训，恐误事机……应付吾国代表团以比较大之自由也"。这样可以使中国代表团把握时机，便宜行事。

其二，妥协与退让的底线。傅斯年根据日本侵略者发动侵华战争的理由和借口，又考虑参会国可能会压迫中国让步的要求，在《意见书》里设想了具体事项之让步的底线，其中说：

> 具体事项之退步，在不得已时可以较大，但须为条件的，即谓"会中能办到如何如何地步，则吾国可以更勉强作某某让步"也。

---

① 王汎森、潘光哲、吴政上主编：《傅斯年遗札》第二卷，（台）中研院历史语言研究所2011年版，第834页。
② 1937年10月12日，美国总统罗斯福宣称《九国公约》会议目的在将中国纠纷作合意解决，《中华民国史事日志》，第727页。

此项假定条件之退步，举例如下：

1. 如会中作华北领土行政完整之保障，则吾国可提同地经济开发及原料供给上作较大之让步。

2. 如不于无形中使租界扩大，且办法足以防止日本军在上海登陆集中，则中国可于"上海中立区"一办法中作让步。

3. 如此后之不再受侵略有效的保障，则中国亦可于此时勉谈"满洲"问题。

4. 如停止走私，则关税事酌量更变（用日本声明之手续），但须以不妨碍国内实业及他国利益为条件。

5. 如日本停止其侵华之宣传，则中国自然无所谓排日之运动。①

从《意见书》预设的让步底线可以明显看出，傅斯年的基本立场是保证中国领土和主权的完整。

其三，中国人对会议的要求及应对措施。《意见书》的四、五、六三部分强调了中国对基本权益的要求和应对措施。《意向书》强调的内容是：

四、基本调整及维持正常关系之机构。此次会中，吾国必要求得到长期之安定。（此固绝不易办到，然吾国不可不如此要求。）达此目的必须①以后中国、日本间如有争端，须用外交解决，绝不得诉之武力。②不能直接解决时，由调解仲裁之机构为之。此机构即由此会定之。吾国之一切让步皆以换取此事为目的，否则短期和平，无补于太平洋大局。五、所谓防共。此事关系内政，且既与苏联签不侵犯条约，不能反转。故今后所可办到者，①作一宣言，说明内政事项，不用外国干预。然中国亦必永循其三民主义之路，不加入其他任何□□"主义集团"。②在日本放弃侵略时，可与日本订不侵犯条约，但日本不能作对俄任何形式之联盟。六、"太平洋永久和平"之"高调"。中国应于会中说明，（或暗示，或明说）愿勉强牺牲自己一部分之利益，以谋太平洋上永久和平，即谓中日关系粗得头绪后，由太

---

① 王汎森、潘光哲、吴政上主编：《傅斯年遗札》第二卷，（台）中研院历史语言研究所2011年版，第839页。

平洋各国商议共订不侵犯条约。此实空而且高之调，然此调最易得英国各自治领之欢心，亦甚合一部分美国舆论。吾国应申言为此作不小牺牲。有此一著，自增加人之同情，则于此会失败后，当大有用处也。①

其四，军事和外交两者关系。傅斯年在《意见书》中特别强调："无论外交如何，不能影响军事之努力。近中颇闻有一种议论，以为注重军事时，不可策动外交。此两事本相因为用者也。"傅斯年所拟《意见书》最后一部分文字虽简单，却是他当时思想观念的核心内容，军事战争和外交政策两者交相为用，在国内外充分运用外交手段，团结一切可以团结的力量，争取一切外来援助，包括物质的和精神的，做为军事上战胜日本侵略者的助力，实现抗日救国的神圣目标。

傅斯年的《意见书》对当时最高层决策有无影响。他在信中曾透漏说："六日，汪与张岳军说，五日曾开了一会，我之意见书，（当时发出最后详细具体之训令）大体采用。"②

1937年10月，德国外交部曾采取一系列动作，表示愿意调解中日关系，傅斯年根据德日关系现状认为，德国与日本关系密切，不可能真心帮助中国抗击日军的侵略。他在致胡适、钱端升的长信中也谈及此事。信中说：

> 六日，又出德国调停说，此事试探空气则有之，具体提出则无，政府未为其所动。友人中对此事之意见亦不一致，且大多数Emphasize德国交情要紧，我以为此事不是可以犹疑的。六日，又送去一意见书（第三件）。现在政府对外交路线站得很坚定。故此一事，三位可以不必忧虑，适之先生致当局累次之电报，均发生极大效力。（我们时有所闻，都未见过。）至于去电不多，话语不足，茫然莫知之苦，乃由于结构如此，运用又缓慢，且在一人胸中，事后自知，事先谁敢乱猜，所谓"中国是中国"也。

---

① 王汎森、潘光哲、吴政上主编：《傅斯年遗札》第二卷，（台）中研院历史语言研究所2011年版，第839—840页。

② 原文如此，根据前后文，汪指汪精卫，张岳军即张群。两人应该说是当时最高决策集团成员。

外交线路已定，只待我们运用。此中一大关键，是我们的抗战力。①

傅斯年信中所提到第三件《意见书》内容主要包括两大部分：其一，"关于九国公约会议之意见"，其中重点是分析英美两国在九国公约会议中所起作用以及与中国的关系。同时分析了在会议期间日本人的态度和可能采取的对策及措施。意见书对此进行了陈述和分析：

  一、目前国内之普遍见解，颇以为此次英国热心而美国欠好。斯年曾数次在会中说明此见之不尽是。盖英国表面上难似热心，事实上则其求"苟且了结"之心理甚切；美国不动则已，一有所发动，必揭示某某理想主义，非以"苟且了结"为荣誉者也。（欧战后威尔逊为巴黎和会之环境所屈服，在国内遂失政权，即其例也。）今日英、美两国之意向如何，虽不可悉知，然英国必是以速了为幸者，决不重视何种抽象原则之完整，美国则当标揭若干抽象标准，尽可嫌其空泛，亦尽可以环境太难而中道缩头，然若由迁就以至于放弃，则不能也。（即如威尔逊时代，凡事皆为环境所屈服矣，独于国联一事则不放，亦其例也。）有此情形，中国此时不可将美国之作用，看作次要于英国。且英国人是专顾目前利害者，美国人则颇以保障中国事自喜（一向如此），此心理当充分利用之，万勿使美国人觉得我国信赖英国过于美国。
  ……
  万一在会议进行时，英、美又生意见之不同，殊为可虑。今日英国人固多数怨憎西门前外相矣，然有力量之保守党人，其论调犹似西门，其怨艾登轻率，大足证其心理，故前途如何，非一无可虑者。然则我国似不妨相机直告。
  英国曰：万一英、美若以后有不一致之处，即谓美国主张英国赶不上，（以为了事）则此后英、美合作将永不可能，不止在远东一隅而已。其实此情英国人亦深知之。

---

① 王汎森、潘光哲、吴政上主编：《傅斯年遗札》第二卷，（台）中研院历史语言研究所2011年版，第835—836页。

二、有人谓，吾国对此会应从头表示绝不妥协之态度者，此则斯年以为一无是处，何以言之？外交之事，不厌曲折。今日之局，日本来否，犹未尽定，纵其来会，必有万分不合情理之主张。夫既为九国公约之会议，而九国公约之原文具在，则会中多数所能拿出来者，必与满足日本之办法相去甚远。是则后来此会之大可能的失败，责任皆在日本。若中国自始表示绝不能丝毫妥协之态度，无异分担日本人破坏此会之责任，足致各国袖手。故斯年以为此见甚不可行也。

三、假定之会期尤有半月，而此会决非可以一开即了者。此时倭贼必加紧攻击，犹以对北方诸省为甚。设若不幸在开会时五省省会俱已陷落，日本在会中复作各种捣乱使其拖延，则非我国所能受矣。日前某处有一消息，谓此会或将设置一常务委员会，是则将为西班牙内战不干涉委员会之继续矣。此应竭力预防者，吾国决不能听其变成慢性病。①

其二，"具体问题"傅斯年在《意见书》的第二部分列举了五个问题。主要是日本可能提出的要求和应对措施。意见书列举的问题如下：

一、所谓"华北问题"，在"行政完整"上决不可放松，至于经济开放，则当为全国的，面对全世界各国的。日本如有资本，不妨在某事某事上尽先办，但须与一般的外国投资同样办理，不能预为保留，不能夹杂政治力量。至于所谓华北非武装化，当然不可行，万不得已，在界区中数百里作一非武装之协定，亦须彼此同样办。至于辛丑条约关涉平津驻兵者，正可借此会中正式提出废止之议。

二、上海中立区问题。此事虽系日本之祈求，却甚合于极多外国人之口味（尤其是在上海者），故正面驳回，恐亦非策。但在办法中，必求保持住：（一）租界不无形扩大，（二）日本不能借题上岸（须有保障），然后可以谈办法，否则东南半壁失其天关，下次战争开始即当在昆山以西，将如何为国乎？

三、我国应提出一件"门户开放"之大方案，具述中国对此原

---

① 王汎森、潘光哲、吴政上主编：《傅斯年遗札》第二卷，（台）中研院历史语言研究所2011年版，第841—843页。

则所能办到之各项事实,例如,投资方便之给予等,亦包含在内,以此为对付日本各种经济要求之基本原则。日本以特殊要求来,吾国则以对一切外国在任何地方上通用之经济合作原则应之。此调甚合九国公约条文与精神,会中当得多助。

四、东北问题,多数人思之欲哭,亦有若干人士良心上以为不妨放松者。然此事国外形势之关系虽较小,国内政治上之意义却极重大。且承认伪国之说,虽为英国所乐闻,恐非美国所祈向,盖不承认原则固是美国人发之,而美国人尤引以自负者也。当此正靠美国时,不可徒徇英国人之意见也。

五、反共问题,似可取如下之声明:(一)关于内政者,他人不得干预。(二)关于外国者,中国声明愿与日本定互不侵犯协定,如此则日本无不放心之借口矣。①

傅斯年列举的五个方面的问题与第一个意见书有些重复,但提出问题的角度和应对措施并不完全相同,如第三个问题:"我国应提出一件'门户开放'之大方案",既可以化解日本可能提出一切有关经济方面的要求,又符合九国公约条文与精神,会中可以获得多数国家的支持,可以说是对我国表面有害实际有利的政策措施。

傅斯年在11月9日致胡适、钱端升长信的第二天又给钱端升发了一封信,在此信中着重叙述了德国与中国关系发展的新动向及他对德日、德中关系的认识及判断,信中说,"德国出头调停之一说,我所知道者如下:德国会在南京试探空气。Trautmann一晚请汪先生吃饭,饭后拉到一间中谈了些,大意是劝中国适可而止,并以德国在大战中之经验为言,谓当时早不乘机下台,至于不可收拾。……至于是否说明自己愿出头,则汪未说。汪云,如彼无政府训令,决不至有此谈话。此言是也。至于此外有无试探,我们不知道。我听到这个消息时,大着急,次日送一意见书,昨信中之第三附件是也"②。

傅斯年在叙述了德人Trantmann与中国政要接触的情况后对德英、德

---

① 王汎森、潘光哲、吴政上主编:《傅斯年遗札》第二卷,(台)中研院历史语言研究所2011年版,第843—844页。

② 同上书,第844—845页。

中关系及发展前景做了一个简短的评价,他说:"然而甚可怪者,即政府中多数意见,友人中多数,皆过分重视德国也。夫德国固不应该忽略,然与德之交情,只有经济此一路上可通。若使德国影响我们的外交,即无异使德意影响我们的外交,即无异断送英美一路。中国人无论何事——外交与政治——每每不能守分寸,可叹。"① 1937年11月是日军全面侵华,攻势最猛烈的时期,中国人民的抗日迫切需要世界各国的同情和支持。然而,危难见真情,各国的声援和支持,有的是真情实意,有的是虚情假意,甚至有的国家是借机帮助日本诱降。当时德国法西斯为了在欧洲扩张和称霸,积极寻求盟友,虽然和日本尚未结盟,但与日本联合谋求世界霸权的倾向日渐明显。因此,傅斯年多次发表自己的意见,主张多与美英法俄联系,求得它们的同情和支持,警惕德国、意大利法西斯国家,与它们保持距离,防止它们在关键时期与日本联合,出卖中国利益。历史证明,傅斯年亲英美,警惕德国的战略思想是正确的。

(二)"智库"成员

1938年3月,国民党临时全国代表大会召开,大会通过《抗战建国纲领》,对党政体制进行改革,其中一项是召集国民参政会,结束国防参议会。同时因抗战的需要,又在蒋介石为首的军委会内设立参事室。陈布雷日记记载说:"战事范围日广,各种专门问题,固待收集资料,分类研究,贡献统帅……加之各有志之士,愿自效者甚多,蒋公既不履行政院自行;亦宜有一直属之机关以资延揽,爰请于蒋公,在军委会内设置参事室,蒋公许之,命余草拟组织以呈。……率获批定,派朱骝先君为参事室主任。"② 参事室成立,为了方便专门研究讨论战事,外交问题,备蒋介石咨询顾问,以参事室成员为主"组织星期会谈",邀请有专门知识的重要人士每星期六晚会议一次,傅斯年名列其中,成为傅斯年参与研究战事、外交问题,发表个人意见建议,供最高决策者参考的平台。对此,陶希圣曾专门写信,通知傅斯年,"孟真兄:蒋先生前日要兄参加星期会谈(以参事为中心,邀集重要的人每星期六晚会谈一次,多讨论外交问题)。

---

① 王汎森、潘光哲、吴政上主编:《傅斯年遗札》第二卷,(台)中研院历史语言研究所2011年版,第845页。

② 《陈布雷回忆录》,东方出版社2009年版,第187页。

兄不在汉？弟意如兄在渝无甚要者似仍以来汉为宜。因此间可以注视一切之发展而献纳于当局也"①。

傅斯年成为星期座谈会成员，他自己在致朱家骅信中也有记述："承示蒋先生再命弟参加每星期六之会谈，至感光宠，以弟之山林拙夫，久自知其为废物，而蒙介公一再不弃者，当亦兄等谬加扬举误之也。有人以此等际会可以发抒其怀抱，更有以此为进身之阶者，弟则自知其无能，又全无心于进取，前者曾思贡其愚戆，于权奸有所指弹，而其结果如此，更自知其无用矣。"②傅斯年致朱家骅的信进一步证实他应邀参加"星期会谈"的事实，同时也表明他参加此种座谈会的态度。

傅斯年成为国民参政会参政员，尤其是被蒋介石钦定为星期会议成员，实际成为蒋介石高级智囊团中的成员，为傅斯年参政议政，参与决策搭建了重要平台。傅斯年也确实没有辜负蒋介石为首的国民党统治集团的信任和重视，利用广博的知识和睿智的思想研究军事现实，纵览世界风云，不时将对日战争的战略和策略、世界形势的变化及发展趋向形成个人意见或直接贡献给决策集团供参考，或形成文字公布报刊、引导舆论，指示民众，为抗日救国献智出力。

1938 年 11 月，傅斯年与部分参政员讨论日军的进攻重点和方向，根据敌我双方军事力量及调配形势，更重要的是我方应做的防御重点，傅斯年总结讨论结果，结合自己所了解的情况及应对措施，直接上书蒋介石，要求蒋介石妥善应对。

信中首先强调了敌军的进攻态势，信中说："□□等推测倭贼最近战略，必以长江、广东两股倭贼向我主力穷追，以图广西、湘南，同时向西北增兵，以断甘凉通路。"③傅斯年根据日军的进攻态势提出了具体的防御措施和应对预案。其建议共七条：

  一、调距剧争处为远之大军，固守湘西、湘南、广西全境，并赳日将两广历年训成之壮丁，编成部队。

---

① 傅斯年档案，档号 I：508（未刊）。陶希圣此信落款日期是 5 月 3 日，与国民党政府改革，设立参事室时间相符合。

② 王汎森、潘光哲、吴政上主编：《傅斯年遗札》第二卷，（台）中研院历史语言研究所 2011 年版，第 950 页。

③ 同上书，第 946 页。

二、西北方面似应有大将负其专责，务求应付迅敏，统一指挥。

三、西南各省交通缺陷太多，敌人若能于将来利用平汉等路，则我之首尾调转不灵，为救急起见，似应集中力量于公路，拟请饬主管人，迅将滇缅公路及川滇直达路及四川境内各要路，赶日完成，所有由成都通天水及通汉中之路，亦应赶期改善，俾即成就内部之公路网，以便调度，至于铁路建设，其无关目下战局者，似可从缓。此类事宜，统筹全局，分别缓急，尤应注意目下迫切之需要。

四、内部食粮、衣料必宜大量屯积，纺织能力亦应因需要勉日扩充。

五、西南各省壮丁不敷，所有局部陷落各省之壮丁，如何抽调，及失业之壮丁如何编练，请饬所司加倍努力。

六、湘西、鄂西、豫西、汉中、陇南一线必须巩固，此线中各地之绥靖，刻不容缓，务当在此线中布置一切，使其为不可突破之线。

七、将来敌人威胁汉中，必以豫西、鄂西为主路，此路中虽多山，亦多缺口，历史上每多因此地防守疏忽，危及秦、蜀之例，敢请特别注意。

上各事闻多在办理中，然进行是否迅速，不至贻误，万乞注意。[①]

1939年5月，抗日战争已进行近两年，虽然日军仍处于进攻态势，由于遭遇中国人民的顽强抵抗而面临许多困难，势头有所减弱，同时许多劣势及战略策略方面的弱点开始暴露。傅斯年根据自己的观察和通过对掌握的资料进行认真分析，撰写了《地利与胜利》评论文章，对中日双方的战略态势进行分析，文章主要分三个部分：

其一，日军战略与我军基本对策。傅斯年首先阐述了中日全面开战22个月以来日军暴露出来的战略特点，其中说，"可以判定倭贼作战的总策略是这样的：用他认为最相应的代价，换取我们最重要的交通枢纽，而且在一处呈胶滞状态时，另从侧面袭攻，或在距争夺处甚远之另一区域进

[①] 王汎森、潘光哲、吴政上主编：《傅斯年遗札》第二卷，（台）中研院历史语言研究所2011年版，第946—947页。

攻，使得我们感觉着调动上之困难。倭贼用这个方法侵略我们，自始至今没有例外"①。如何应对日军的战略，策划我方制敌取胜的战略策略，傅斯年也总结出了基本方案，他阐释说，"我们这个策略的原则便是：充分利用我们现在所据地形上的优点，迅速补救我们地形上的弱点，使得我们的'腹里'成不可攻之地位，而运用我们在东南和西北的两臂，使他沿江的深入，沿海的占据，不发生任何效力"②。

其二，为实施制敌的战略而做出预案。傅斯年为应对日军战略进攻的重点，提出了三个方面的原则性纲领。一是"我们要充分发挥江南山地中地形的便利，使得倭贼沿江的深入失其重要。自抗战以来，最能利用地形上的便利者，可以拿山西的战事经过做例子。我们在山西，失去了正太、同蒲两路的时期颇早，但我们的主帅决定，国军并不自山西退出，而且更派生力军时常加入，使得倭贼在此地，如同陷在大泽中。一年以来，倭贼之不能南向渡河以窥郑洛，西向渡河以扰秦夏者，以此为主要原因；倭贼人力物力在此一带消耗之大，亦以此为原因"。二是对日军在华中进攻重点预作防备。傅斯年指出："因为倭贼的战略，是没有变化的。我们大致可以料定，他在每下一步的攻击地是何处，而预谋对付。从他在大亚湾登陆算起，他之敢于在广东登陆，是他料定英国当时的心理，不是他愿在华南出大本钱。接着犯海南岛，也是同样的把戏。接着修水一带，也是要占交通形胜，而不肯出大价，不过事实上他出的钱比他预料的高多了。自今而后他的方向，我揣断如下：就华中华南论，他绝不会在北海登陆侵略广西，纵使在那一带的海岸上强力占个据点，其情形不过与占厦门一样，其作用无非空军海军在海南岛之对岸有个照应；他决无深入广西的志愿，因为广西的地形，既使他深入不利，而广西的民众组织为各省冠，尤使他深入即等于寻死。至于由广西境向百色攻以胁滇省之一说尤其是绝对不可能，这层忧虑，在后方的人，大可不想。为这层忧虑太近于幻想了。"三是把川滇黔桂四省建设成为抗战复兴基地。"我们用作抗战复兴的根据地川滇黔桂四省，固有其地形地利上之绝大优点，亦有其缺点，发挥其优点，补救其缺点，是现在当务之急，亦是后方军民应日夜不息，合作进行之事。川省之东面、东南、北面，都有大山，层层叠叠的峙立。北

---

① 欧阳哲生主编：《傅斯年全集》第四卷，湖南教育出版社 2003 年版，第 211 页。
② 同上书，第 211—212 页。

面则汉中之北山形更佳,所以这几省的地域,可以说是不可侵犯的区域。"①

其三,预测抗日救国战争的前景。傅斯年在文章最后总结说:"总而言之,在战争期间,国民经济应该自给自足,生活指数应该相当安定,这样才可以精神奋发,才可以努力奋战。抗战的大业,决不能在最近期间结束,至少还有三年。三年以后,我们必偕英法美以全胜,倭国必随中欧的桀纣以灭亡。在我胜利而他灭亡之前,苦是要吃,人力是要尽的。"②

傅斯年在撰写《地利与胜利》两个月以后,也就是抗日战争全面爆发两周年,傅斯年又撰写了《抗战两年之回顾》,对中国人民抗战两年所取得的成绩及前途进行了总结。他在文章开头总结说:"这两年中,我们的同胞虽然饱受艰苦,大量死亡,但我们的民族充分表现其伟大的力量,不屈的精神。在这个表现中,看定了最后的胜利,光明的前途;以后的中国历史,要比四千年历史上任何时代都光荣伟大。所以这次的大艰难,已是缔造将来的大光荣的基石。"③

傅斯年对中日战争两年所表现出的现象及深层原因进行了分析,从而揭示出了战争的前途和结局。他在文章中指出:

> 第一,愈战愈疲的倭国,愈战愈强的我国。这虽是一句恒言,但也是铁一般的事实。本来中倭两国的力量大相悬殊,这也就是倭贼敢于屡次下手侵略我们的理由,但是倭贼却未料到我们在南京陷落后不瓦解,我们在武汉广州陷落后不颓丧。在对我们无利的地形上和他磨擦了两年,而现在战事转到与我们有利的地形上了。……第二,我们的军事力量,实有惊人的伟大。……第三,新教育之表现其力量。这里所谓新教育,专自清季以来之新制而言,尤其着重在五四以来之开明运动,近几年中之民族主义教育。在今天,回想我们在小学时代——前清光绪末年——真正是两个世界了。现在的青年,以考上空军学校炮兵学校为荣,尤其是在好家庭中之青年,有此志愿;至于一般"老百姓"爱国心之发动,更可以看出时代的转变。……第四,

---

① 欧阳哲生主编:《傅斯年全集》第四卷,湖南教育出版社2003年版,第212—214页。
② 同上书,第215页。
③ 同上书,第216页。

政治上也有好的开端。战事可以作为改良政治的准备，但政治不能在战时大量改革，这本是一个不可移的原则。所以，我们如果希望一下子到了儒家梦想的"唐虞三代"便也是做梦了。不过，这两年中，政治在精神上已有了大进步，国家意志成立，共信心成立，因共信而互信，遂有真正统一。在这里新国家之基石就奠定。夫共信不立，则互信不成，互信不成，则统一不固。战前之统一运动，成就的颇偏于表面；自抗战以来，乃有心理上统一，即是真正之统一。所以抗战是建国的训练，抗战是建国的基础。①

傅斯年通过对抗日战争敌我双方态势发展与演变进行总结，得出结论说："综观两年中的趋势，我们是一天一天的上升，日本是一天一天的下降。自今而后，就国内论，地利人和更好过以前；就国际形势论，慕尼黑的恶迹，已将结束，欧局将有大变动，而影响及于远东，倭贼将随其贼伙而没落。所以大光明的前途，正在不远。然而天下事总在人为，成功总在努力。"② 傅斯年在关于抗日战争前期两年所发表的言论中表现出几个方面，一是对战争形势的研判，或作舆论宣传，或供决策者参考，都表现出有理有据，实事求是，使人读后增长见识，对战争的观感由恐惧转向乐观，增加努力奋斗的信念。二是可以透视出赤诚的爱国心和强烈的民族意识。

1937—1939 年，是中国人民抗日战争最艰苦的时期，也是世界形势风云变幻、大动荡、大改组的时日。尤其是德国法西斯崛起，推行侵略扩张的政策，先后吞并了奥地利、捷克斯洛伐克等国家和地区，英美法等国采取"不干涉"政策。德国在英美法等国的纵容下一面与意大利、日本等加强勾结，一面继续扩张。1939 年 9 月 1 日，德国进攻波兰，引发了第二次世界大战。苏联为了国防安全和应对德国法西斯的扩张，在西部边境采取了一系列行动。9 月 17 日，苏联红军越过西部边界，进入波兰境内，苏联与德国由东西两个方向入侵波兰，引起了世界各国的关注。中国最高当局领导人蒋介石在当天召开了以参事室成员为主的会议，讨论世界局势的新变化，分析苏德对峙将对中国抗战产生的影响，傅斯年参加了该

---

① 欧阳哲生主编：《傅斯年全集》第四卷，湖南教育出版社 2003 年版，第 216—218 页。
② 同上书，第 218—219 页。

次会议。第二天又接王世杰电话,要求傅斯年将其发言整理成书面文字交蒋介石等决策参考。傅斯年在致蒋介石的信中对此有所证实,信开头说,"议长钧鉴:昨晚王秘书长电话转示钧谕将昨日侍座时口陈各事写下,兹谨录写上呈。"傅斯年在《意见书》中对于苏联9月17日出兵波兰的原因及可能产生的后果及其对中日战争的影响分别进行了阐述,其中包含他个人的认识和判断。其上书的第一部分是"苏联迅速出动之近因":

> 苏联侵入波国之举,虽在与德国订立不侵犯协定时必即有默契,该约所谓"两国交换情报"一条,当时本已使人生疑,然其于昨日上午六时入波边,则受有新的激动,自以为不可迟缓。此次新的刺动有二:其一为日本内部之调换,此事本月七日已向钧座言之,日本少壮派主政府是中国之幸,老成人主之,反是中国之不幸,盖少壮军人之横冲直撞,必引起各国纠纠(纷),老成人必谋收敛,而集中对我。最近日阁以梅津(统治派)长关东军,以坂垣作侵华军参谋长,其欲在东北不出事,欲专力对我之心情明显暴露。故苏联把握着此事,而与其订边界协定,以便在西方大举。此项协定,内中必有可恃之谅解,(即真正互不攻之信心,不仅是一边界问题。)否则,苏联不敢恃以在欧洲大举也。其二为德军在波进展之速。大约苏、德原来之默契,虽有瓜分波兰之原则,而无其详细计划,故先占者有其利,而罗夫一城乃波属乌克兰之首城,其地位至重要,其近处有煤油田,此为苏联必欲得之者。有此两种考虑,于是苏联迅速下手。大凡此等国际盗贼行为,固有预定之计划,然其行动之时机,仍按每日形势之进展而决定之也。①

傅斯年《意见书》中用很大的篇幅分析了苏德瓜分波兰的办法,苏德与美英法三国关系的变化,苏联此次行动对中日的影响。欧洲局势变化对日本将产生什么影响?由于《意见书》有残缺无法看到其结论。但据《意见书》现有内容分析,傅斯年具有亲美英法、敌视苏联的倾向,其分析中认为苏联有可能加入德意日联盟的言论,以后的历史证明傅斯年

---

① 王汎森、潘光哲、吴政上主编:《傅斯年遗札》第二卷,(台)中研院历史语言研究所2011年版,第1031—1032页。

《意见书》的分析和结论是不正确的，说明傅斯年的政治倾向导致他的分析不是纯客观的，影响了他对世界局势变化的研判。

（三）预判战争未来

傅斯年在抗日战争期间对中外军事历史和兵法战略战术相当关注，其对世界军事历史和各国战略地位等也颇为熟悉，略举一例，1944年美英开辟第二战场，傅斯年为此写了《第二战场的前瞻》，首先是以世界近代军事史开篇，他说：

> 近代战术，大体可说是拿破仑、沙恩霍斯特、克劳塞维次建设起来的，以"国民战"代替了"偏兵战"，以动员供给为要点，以散布惶恐为策略，以速战速决为企图。发展这个战术的地理背景，正是西欧中欧的国度，人烟稠密，实业发达，文化最高，交通便利。不消说，这就是法德陆军的传统。……这次大战中希特勒的进攻西欧，仍是这个战略。虽然在技术上作了许多的革命事。这战略一旦转移到攻俄罗斯，局面全变了，因为东欧不是西欧。然而希特勒仍旧以为近代的交通工具，空军坦克的威力，可以变东欧为西欧，殊不料在查理士第十二、拿破仑第一之后，又做一次更伟大的失败。[①]

也许正因为傅斯年具有丰富的军事知识和对兵法战策的了解引起最高当局的重视。从1944年年初开始，由于世界反法西斯战争已开始反攻，中国抗日战争也进入战略反攻的前夜，所以最高当局不时地邀请傅斯年参加有关军事战略和世界军事外交方面的座谈会。傅斯年也非常关注国内外军事形势的变化，收集有关方面的资料，进行认真研究分析，不时地建言献策供决策者参考，有时撰写文章引导舆论。

自1943年下半年开始，国内国际局势都在发生剧烈变化。国际方面，自1943年7月，美英盟军登陆意大利岛，消灭德意联军16.5万人，墨索里尼政府垮台，意大利向盟军投降，德意日轴心国解体。美英盟军自1944年开始筹备开辟第二战场，苏联自1944年年初开始对德实行战略大反攻，世界反法西斯战争开始全面反攻，胜利在望。以国民党政府立场而

[①] 欧阳哲生主编：《傅斯年全集》第四卷，湖南教育出版社2003年版，第270页。

论，国内形势比较复杂，日军虽已感到大局无法挽回，然困兽犹斗，不时地发动攻势，先后占领了洛阳、长沙等地，又在豫南等地发动攻势。而与苏联在新疆、外蒙等地发生军事冲突，与美国关系出现不和洽现象，如美国《生活》杂志刊出白修德（Theodore White）通信，指斥"国民党为一腐败残暴政治集团，依赖美国而不自奋"[1]。国共关系也长期处于紧张状态，对于各种矛盾，蒋介石连续召见傅斯年等人座谈，征求其意见、建议。6月5日，傅斯年上书蒋介石，就军事政治形势提出意见。从意见书分析可知此意见只是他参加座谈会陈述意见的补充内容，他在意见书中写道，"主席钧座：谨肃者，昨日侍教，既蒙温语移时之隆遇，更闻定国应急之长策，公私感幸，何可尽书。所口陈者，意犹有未尽处，补述二事"[2]。

傅斯年《意见书》分两部分，第一部分主要是军事和外交，也就是对日本、苏联的认识和对策，《意见书》说：

> 日本人在今日已全部放弃其与德国结伙之立场，凡所企图皆为自己打算，而求幸免于危亡也。彼已明白断定德国之必归失败，故已不作全部胜利之梦，而作自己之撑过之图，于是不得不小心翼翼以和苏俄，同时，在中国占得地步，使美国无从自中国反攻，于是退集海军于日本近海，广集陆军于中国大陆，一旦彼所认为适宜之时机来临，即利用英美人不肯多牺牲人命之心理，向英美乞和，决不肯迟至欧陆局势解决，苏联可在远东自由行动时，再作奋斗也。此计在今日为日本人设想，亦只有如【此】耳。
>
> 日本人为实现此目的，其攻击之重心，自当为"三南"，即河南、湖南、云南也，外此如有蠢动，当为策动此一系列攻势之用，所谓打通平汉、粤汉路，收效甚缓，非彼此时急切之图。今湖南战事已起，云南为今日咽喉重地，而地形又于敌为有利。（一、边境去昆明不远；二、边境之内仅有百里为山地，昆明以南之三百里，可用机械化部队；三、铁路西之云南军，非昔日比，未必善战。）惟彼处空军

---

[1] 郭廷以编著：《中华民国史事日志》第四册，（台）中研院近代史研究所1985年版，第279页。

[2] 王汎森、潘光哲、吴政上主编：《傅斯年遗札》第二卷，（台）中研院历史语言研究所2011年版，第1490页。

  优势在我方，兼以雨季已至，或不即发动耳。彼之进一步图谋，似当为老河口、恩施之钳形地势。此则为孤军深入之事，最忌对方之空军优势，若四川境内之空军力量迅速大增，所以敌之也。

  苏联必于欧战分晓后参加远东战事，未分晓前，必不为之。日本亦看到此点，故为时间之争夺。苏联之参战，初于远东有大利，后乃中国之大忧。然此非中国所能劝之阻之之事，姑以不论。欧洲战胜后，苏联凭其胜利之优势，五年可以恢复，故战后世上最强之国仅美国与苏联耳。窃以为今日中美之合作，似更有加重加密加速之必要，<u>其中有关因素，不以利小而不为，不以害小而忽之</u>。即中苏关系，或亦可于中美亲交中得其一时之解决耳。①

  历史事实证明，傅斯年对日、苏、美、英等国在第二次世界大战后期的战略及其演变的研判许多方面是正确的。

  1944年5月25日至26日，国民党中央执行委员会召开第十二次全体会议，会议讨论了国内国际局势，会后发布宣言：要在全国"推行自治，厉行法治。加强战力、巩固经济，提高行政效率"②。并对政府机构与人事进行了调整和改革。傅斯年《意见书》第二部分内容针对国民党政府实施的改革措施提出了意见。其中说：

  物资统监本部之设置，以经济局势之迫切言，有如孤注一掷，不得不求其必成，防其有失也。今日孔副院长既继续负行政之重责，又把握财政、经济、金融之全权，则以彼兼此重任，自为逻辑上顺理之事，亦为确定责任必要之方，然兹事为国家命脉所系，不容其失败。方法虽具，犹有待于治人，机构徒换，往者未著成效。大凡机构之改革，每与人事之改革同办，方可生效。此事虽尚未发表，社会上已多知之，似皆以为人事不变，机构之更改难如预期，其结果或仅是孔副院长更加一官。斯年以为今既有此转机，若能至公至平，绝无瞻徇，应可办不少之事。惟亦不能不虑及孔先生观念之不易遽改，用人之仍

---

  ① 王汎森、潘光哲、吴政上主编：《傅斯年遗札》第二卷，（台）中研院历史语言研究所2011年版，第1490—1491页。其注重号为原作者所加。
  ② 郭廷以编著：《中华民国史事日志》第四册，（台）中研院近代史研究所1985年版，第283页。

是若辈也。设若任务不达，则负责者将诿过于军事之变迁，此必造成一空前之危机，盖其形势有如最后一著也。敢望钧座随时留神，万一进行鲜效，则改弦更张，似乎宜早不宜迟，人事革新必可振作，有补于大政。若待失败之形毕露，有不可挽救者矣。①

傅斯年上书的时间是6月5日，也就是美英盟军开辟第二战场，诺曼底登陆的前一天，世界反法西斯战争随着第二战场的开辟加快了胜利的步伐，实际上第二战场开辟是美英盟军与德国军队在欧洲战场上的一次决战。战争进行两个多月，共消灭德军45万人，以巴黎的光复而告终。傅斯年在诺曼底登陆期间写了《第二战场的前瞻》，其中对第二战场的选址、军事展开、决战及结果进行预测，表现出他对欧洲地理的熟悉和军事知识的丰富。他在文章中论述的要点主要包括以下几个方面：

第一，盟军为什么选在诺曼底登陆。傅斯年论述说："在这次诺曼底登陆之先，我和几个朋友辩论，我说非在英国南部海岸对面的地方不可，却不能在海峡最窄处。这话，大致被我猜中了。这道理可以这样说：开辟第二战场的基地是英格兰东部南部，一切计算应从这个地点算起。登陆的时候，交通工具只有船，又非有空军伞兵不可。空军与船都要选一个近的目标，这样可以缩短飞行航行的路程，则船与飞机可以重复着穿梭着用去。"② 在西欧海湾，符合登陆条件的只有诺曼底为中心的地域合适。"这一带，德虏的远程炮既接近不着，制海权又全在盟军手中，即德国的潜水艇也无甚作用。登陆以半岛及突出地为相宜者，因为这样地形可以发挥海军的大作用，应付一边上陆的德虏部队，易受后面的攻击。这一带的半岛中，其较小的诺曼底半岛，上端名瑟堡半岛，最大的是不列坦尼半岛，此半岛中有法国的五个州。甚小的是哈佛突出地，最小的是加雷布隆间，也是一个突出地。现在既以瑟堡半岛为登陆的中心，以后便当在两翼地带继续登陆了。陆地战事之旁行发展，也可以促成登陆的发展。"③ 傅斯年对选择诺曼底的论证充分说明了他对此地区地理环境相当熟悉。

第二，登陆后战线如何展开。傅斯年对此也进行了精辟的论述。他

---

① 王汎森、潘光哲、吴政上主编：《傅斯年遗札》第三卷，（台）中研院历史语言研究所2011年版，第1491—1492页。

② 欧阳哲生主编：《傅斯年全集》第四卷，湖南教育出版社2003年版，第271页。

③ 同上书，第272页。

说，第二战场是个大战场，"照这一段话的道理，在进行决战之先，必须解放法国，这因为战略上有此必要，不是政略上有此闲工夫，凡以为登陆之后不大扩充地盘便可进行决战者，诚皮相之言也"①。也就是说，在诺曼底登陆成功后，向两翼持续展开，集结几十个师的部队攻取巴黎，解放法国。然而向德国本土反攻推进，直至取得全面胜利。

第三，预测第二战场进展的速度。傅斯年认为：盟军开辟第二战场是与德国的战略决战，时间最迟在1945年夏天结束，他说："至于第二战场进展的速度，我的看法如此：扩充阵地要三四个月，这必须在10月末海岸雾季到来之先。建立成大阵地，即解放法国，要在秋冬。决战要在冬季或明春。总之，明年夏天欧洲战事可以结束，若是东西战场之一有了决战，其地即不待决战，若是德国内部有了变化，也不待决战，所以进展还可以很快，这是一个最保守的估计。本文既以讨论地形为限，不再解说了。"② 历史事实证明，诺曼底战役于8月下旬结束。诺曼底登陆成功是欧洲反法西斯战争的又一个转折点，从此开始，世界反法西斯战争进入了最后决战阶段。

傅斯年在文章的最后轻松地说明了他撰写此文的动机："第二战场开辟了，五六月我在重庆时，看见报上偶有论这一带地形的文章，似乎颇不扼要。所以回家后用两夜之力写此一文。第二战场一带，正是二十年前我在欧洲时旧游之地，今为之神往，欲罢不能。书生谈兵本是千古的笑话，明知故犯，借博朋友们一笑而已。"③ 傅斯年坦言："书生谈兵本是千古的笑话"，是说书生谈兵往往难以深入，而事实证明，傅斯年谈兵论军有时却相当深刻，颇多精彩，说明傅斯年不是纯粹的书生，而是文武全才的智能人士。

1944年10月国际形势急剧变化，世界反法西斯战争已至全面胜利前夜，国内抗日战争也趋于全面反攻的关键时期，但是各种矛盾也逐步激化，傅斯年当时生活在重庆，耳闻目睹国际国内各界对国民党政府的批评，下层民众的反抗，政府内部矛盾及弊端等，写了一封长达数千言的信给蒋介石，言辞深刻激切，内容丰富全面，反映了傅斯年忧患时世的心

---

① 欧阳哲生主编：《傅斯年全集》第四卷，湖南教育出版社2003年版，第273页。
② 同上书，第275页。
③ 同上。

情。他在信的开头明确说明了写信的动机:"斯年因私事在渝留居两月,颇闻国外近对吾国内事有不少批评,思袪心中之疑,曾尽力搜集在此可见之此类文字,兼访美国近日一般之政论,分解体会之后,以为此等批评之各种背景,与其在外交上可能之影响,不可不恰如其量而推测之,一面无需过以刺激,刺激过以感情之反应,一面亦当把握其关键,而以实事答复之。庶几中美合作益臻亲切,而战后之建设得以发挥,即对俄、对共亦于此中获得莫大之助。"[①] 傅斯年在信中就如何巩固和强化与美国关系,实施真正意义上政治改革等问题提出了意见和建议。信的主要内容可分为以下三个方面:

第一,如何应对美国批评与中美邦交。在中国抗战期间,尤其是进入20世纪40年代,美国朝野对于国民党政府消极抗战、积极反共,政府各级机构官员贪污腐败,钩心斗角,工作效率低下,军队军官派系斗争激烈,政府不关心民众生活等表示严重不满。上至罗斯福总统和军政要员,下至外交人员和记者、工商界人士都经常对中国各界进行指责和批评。傅斯年对美国批评中国的原因和批评内容进行了总结,他在信中记述说:

> 英、美两国对中国之批评姿性实异,英国有微弱的善意表示,而鲜共产党口调之批评;美国有强烈的善意行动,而有共产党口调之批评。美国历来同情中国者多为其左派或自由思想之人士,然英国之"左派思想"中,共党与非共党判若鸿沟,劳工运动极与共党运动永久水火,而美国则不然矣,自真正之斯太林派至于"新政",两端固绝不同,然其间层层叠叠,逐步过来,并无明确之界限,且时有转动。此中一重要原因,即为美国人并未真有与共产共事之经验,其良心易为簧舌所愚也。……美国一部分舆论之批评,其确在我有所缺陷者,如不迅速以事实纠正之,而听其蔓延,未必不于将来邦交上有重大反应。……美国舆论批评中国之项目,大致可分为下列各题:一、办事之无能。二、灾重而不努力救济,反有中饱,遂致动辄有数百万之死亡。三、通货膨胀,物价不可控制。四、各层之贪污。五、若干部队作战之不努力,及部队中之若干情况。六、所谓"法西斯运

[①] 王汎森、潘光哲、吴政上主编:《傅斯年遗札》第三卷,(台)中研院历史语言研究所2011年版,第1550页。

动"。七、所谓"准备内战"。此外则小节矣。分解以上各种批评之来源，六、七两项纯为共产党之口调，然彼亦以社会上先有一至五各项之一般批评，然后趁火打劫，转移视线于此两项假想题目也。大约彼辈之顾虑，在乎中国以租借法之助建设新军，国军兵力充实，共党即比较的大为失势，故先预多此著，而以共军亦得租借法之益为其最后目的。近以华北根据地为借口，已作此要求矣。美国之周刊如《国民》（The Nation）、如《新共和》（The New Republic），杂志如《美亚》（Amerasia），日报如芝加哥《每日镜报》（Daily Mirror）等（日报在此间不易见到），皆有真正共党于其中撰文。

兼以美国人之一般纪律比国人为强，故向其政府作批评者，多不在报上宣扬也。（美国人批评中国不自今年暑假开始，特为数至微，或词涉和缓耳，即如威尔基之《四海一家》所说固非重要报告，重要报告当送之罗总统矣，然即此一书中于中国含义深长或尖利之讽刺数见，特中文译本，或删之或全改其语气耳。）重庆有人主张隔离外国人之观察接触，此为极不易办到之事，而且有害。盟国相处，照例不便隔离其视听，而以国人之脾气与社会组织，尤不易办到，仅苏联以其怪异之组织办到一部分，而不胜其弊，盖人性于其所不知者，多作更不好之假想，故曰有害也。然则只有以新事实答之而已。……

今日美国舆论之批评中国已如此，而其政府所得关于中国之报告更如彼，诚可虑矣。然若有新事实以改正之，鼓励之，中美民族之邦交，固犹在坦途中；若无新事实以改正之，实可有不测结果，而欧战结束之前，最大之难关转至矣。此意分解如下。

中美两国历来之友谊俱在，亚洲需有一安定、强大、和平之中国，又为其不动摇之国策，兼以美国对苏俄之感情，实际上甚为恶劣，故其协助中国以安定远东，实为其政府民众之大愿。遍观近来美国出版之战后问题书，无不以中国炽盛为安定远东之第一要素者。英、苏已不和，美、英亦未洽，三者之中只有一事共同，即敌人是也。故不与中国政府合作之美外交，实为不可想象之事，中美邦交犹在坦途中者以此。然美国政府之政策，必须以百分比例反映其舆论，此其国情如此。如其国内批评日增，且把握若干实力，则一部之军事与建设之合作恐不免于迟缓，而迟缓即为中国之大害。一俟明年春间德国趋于崩溃，苏联必对日本作战，则吾国之大困难到矣。今日苏、日之妥协，正是此种掩护计，苏联之决不放下远东霸权，全无可疑。准以斯大林之惯技，彼必于美、英将欲全力对日本时参加作战，所谓"浑水摸鱼"者。（此事，斯年敢断其必然。盖苏如不战日，远东和会苏联例不能参加，此岂苏联所肯者，况其近来野心之大，处处流露无疑乎？）届时美、英固无借口以制止之，亦无此力。如是则苏联军队可与中国共产军在东北或内蒙相遇，苏联必即大量武装共产军。然则日本海上战败之后，对此新加装配之共产军将如之何？此真未来之大患而可想象其必至者也。故今日必要之军事改革，不容迟缓，利用租借法之装备新军，宜必迅速，与共产党争取时间，而于我有利者，不过一年矣。

美国舆论中批评中国，固有一部分来自共党，然各方所发挥关涉内政问题，除"法西斯化""预备内战"全为共党口调外，凡事之确有缺陷者，自只有以改正的事实答复之，方可有效。此即舍外交不书，亦国家之利也。①

很显然，傅斯年要求国民党政府认真对待美国朝野的批评，切实改革存在的问题，争取美国各方面的支持，进一步强化两国邦交，争取战胜日本后巩固其国民党政权的统治。

第二，内政存在问题及其改革办法。傅斯年通过收集美国批评国民党政府的各种资料，进行梳理，结合自己的见解向蒋介石陈述了存在的内政问题。

傅斯年对国民党政权存在的弊端之所以了解的很清楚，一方面他曾认真收集，另一方面是他为在国民参政会中弹劾孔祥熙掌握的许多资料和证据，经过认真整理，汇集在一起，以期打动蒋介石，引起其重视。

第三，如何进行改革。傅斯年通过总结政治、经济、人事方面存在的问题，用直谏的方法对蒋介石进言，必须进行改革，改革的重点是人事改革，选贤任能、去除贪腐是改革的关键。人事改革以后，能者任事贤者在位，然后再进行事业改革。傅斯年在事业改革列举了七个方面，其信中对此阐述说：

---

① 王汎森、潘光哲、吴政上主编：《傅斯年遗札》第三卷，（台）中研院历史语言研究所2011年版，第1551—1554页。

事务改革，必以人事改革为前提。大凡今日讳言改革者，每存一心理，即深恐多事转致不安也。斯年之愚，以为今日政府之地位，如以为稳固而发挥功能，则诚稳固如磐石矣。如不以为稳固，而诸事过于迁就、迁延与隐忍，转不稳固。何以言之？抗战七年，物价之高涨如此，民困兵饥，各地并无大不安之事，足征其稳固。

至于事业之改革，谨贡以下之愚见：

一、捐弃一切两年中不能直接生效之事业与建设。今日专为对日反攻而工作，其不对此事直接生效者，皆留待两年之后。例如铁路、农田水利等事项，可以从缓者甚多，即工业制造亦有然者。

二、裁并一切骈枝机关，不发生效力之机关，名为事业，实仅有行政事项之机关，或机关中部门之类此者，即学校亦不妨归并。此举固引起甚多失业之事，然各新县制之实行，正患无人，中学极不易觅教员，非无调剂之法。

三、彻底禁止官吏及其家属兼营商业。

四、厉行资本之管制，主要物资之管制。办理此事时须许人民控告办事者之舞弊情事。盖公正乃推行强烈方案之本也。

五、川、汉等省之征实。盐、粮可以酌量增加，亦改为征实，而办事之弊病必尽量祛除。抗战七年，川、滇两省实未动其毫毛，实即储富于土豪劣绅及更大势力者。

六、除伤害生产者外，大量扩充税源。例如创办土地多额递加税则。

七、每一事责成单一机关负其责，而以结果定其赏罚；不以数机关共办一事，不以形式的报告为考绩之本。[①]

为了引起蒋介石的重视，傅斯年在信中特别强调了为和美国加强邦交进行改革的意义，用改革政府弊端发展经济、强化军事的措施提高国力，尽快战败日本，奠定国家强盛的基础，正如他最后所说：通过改革，"转今日之危机，奠千年之伟业"。他的信中对此系统总结说："事务改革必

---

① 王汎森、潘光哲、吴政上主编：《傅斯年遗札》第三卷，（台）中研院历史语言研究所2011年版，第1559—1560页。

以人事改革为之本，而人事改革有迫不容缓者，综览今年内外之局势，必与倭贼争取时间，必与共党争取时间，甚且必与盟邦之军事进展争取时间。今日而言改革，其主动仍操之自我。若形势更有演变，改革为势所必至，而主动不操之于我，则其不利大矣。若钧座于此时以人事之改革，一新中外之耳目，而以事务之澈革随之。（一扫今日官官相为之大情面网，此中节目，所欲言者，非本文所能尽。）在外则好我者劝，恶我者惧；在内则民众于焉兴奋，'麻痹'因以革除，大政维新，所以转今日之危机，奠千年之伟业。"①

傅斯年在抗日战争即将胜利反攻的关键时期，深切认识到国民党政权、军事、政治、经济诸多方面存在的弊端直接关系着抗日救国大业的进行，为此他利用顾问的特殊身份建言献策，向国民党政府呼吁实施军事、政治改革，为对日反攻、夺取抗战全面胜利做好准备。事实证明，当时国民党政权已积重难返，无法进行根本性改革。言者谆谆，听者藐藐，蒋介石本人既无决心，也无能力按照傅斯年的建议、方案进行全面改革。其结果是，抗日战争虽然取得胜利，但国民党政权没有在胜利后振兴，反而迅速走向败亡。傅斯年"转当日之危机，奠千年伟业"的意愿没有实现。

在抗日战争进行期间，曾有两部对中国抗战进行全面论述且影响较大的军事理论著作，一部是蒋百里的《国防论》，另一部是毛泽东的《论持久战》。两部书对中国抗日战争的性质、过程、结局以及应采取的战略战术都有系统论述，从理论上对抗日战争有重要的指导意义。傅斯年作为懂军事的学者，其军事理论素养和全局性战略思想和蒋百里、毛泽东等人有差异。但是，傅斯年自从"九·一八"事变以后，就认识到日本欲将中国变成其殖民地的野心是无法改变的，中日必将进行全面的战争。他从此开始对日本国情、民族特性、中日关系进行研究，全面抗战开始后，尤其是有机会参与对日战争决策活动后，他投入更多的时间和精力，研究敌我双方的战略战术、战争要素对双方的影响，国际国内各种关系在战争中的作用，及时将研究成果和个人意见或向社会公布，或向有关最高决策及有关部门和个人提出建议和实施方案。随着时间的推移，傅斯年的论著和向最高决策层表达的意见建议逐步面世，如果稍加整理就会发现，他的许多

---

① 王汎森、潘光哲、吴政上主编：《傅斯年遗札》第三卷，（台）"中研院"历史语言研究所 2011 年版，第 1561 页。

军事理念和战略战术意见与同时代的军事论著相比，有许多相同或相似的观点，具有相当高的价值，值得深入研究。

七　艰苦岁月

"七七"事变后全面抗战爆发，面对日寇咄咄逼人的进攻和国民政府的腐败无能，国土大量沦陷，为展示国人不屈之精神，保留学术之种子，一批高校和研究机构陆续内迁，开始了长达八年颠沛流离的生活，傅斯年领导的历史语言研究所便是其中一个典型。傅斯年为学术之延续和研究所同人提供一个稳定的工作场所，殚精竭虑，带领所中同人辗转迁徙，行程数万里，备尝艰辛，保证了学术研究的继续和发展。

（一）转徙大西南

1936年1月，中央研究院总干事丁文江病逝，蔡元培院长属意朱家骅继任，朱家骅起初不同意，经傅斯年等人劝说勉强同意，但时间不久，蒋介石又任命朱家骅为浙江省政府主席，抗日战争全面爆发后，浙江地处抗日前线，朱家骅政务繁忙，无法兼顾中央研究院事务，多次请辞，未获蔡元培同意，只好请傅斯年代理总干事。所以抗日战争全面爆发初期，傅斯年事实上是以总干事身份，处理中央研究院的事务，历史语言研究所事务只是其中的一部分，再加上蔡元培长住上海，而中央研究院所属的十几个所级研究机构分散各地，傅斯年事务性工作更加繁忙。全面抗战开始不久，傅斯年到上海向蔡元培汇报研究院工作，决定研究院各研究所向内地转移，当时初步决定转移到湖南，并开始与湖南省政府接洽，让其安排地方，并就物理、化学等所迁至湖南后与当地合作科研等事达成了协议。1937年8月6日，傅斯年致信蔡元培，就向湖南迁徙与合作事项进行了汇报。信中说：

孑民先生尊鉴：

　　拜辞后下午仍未成行，改于夜车来北京。昨日、今日分访到有关各人，谨以一切奉陈：

　　一、长沙房屋。何健已允借四十九标之房，（原可容二千人者）初谓办训练班，继以经农谓训练班可在南岳，然后允之。日内行政院再与之办一公事,俾成定案。圣经学校。此事,美使馆尚未回信(回信本不能如此速也)。

以上两事,前本为本院大规模作工作站之用,今既缩小其范围,皆不需要。然此时另有在设立"临时大学第一区"之计,故此项房子要到,仍有用处,虽大部分由他人用之,本院自可分占一部分,不必为原意改变停顿也。

二、与资源委员会事。今日晤到何、钱二位。当谓先生对彼会之善意非常佩服,同人在原则上亦均赞成。但各有各所之实在情形,未能全盘同一办法,乃将三事分谈如下:

1. 铁工厂事。此事该会计画者,共有四处,规模皆甚大。因此斯年未与之立即细谈,但云后来可以仔细商量,乙藜亦谓可待此一紧张时期稍过后再商量。

2. 造化学玻璃及仪器工厂事。此事乙藜谓前者巽甫兄已谈过,当时因兵工署已计画此事,不欲重复,故告巽甫兄与兵工署接头。兵工署办此者,据云,名周自新。此事待晤大维后询之。

3. 化学实验室事。此事说得比较具体些。乙藜云:"请丕可兄考虑一下,将来如在内地,以化学所之人力及设备,究有何事与国防(非以兵事为限)有关。凡此有关各事之迁移费及开张费,资源会想法,其后来为此工作之经费,自亦列在资源会方面。"斯年以为,此事若可行,其不关国防者,自可同时开张,其用费则省得多矣。

此斯年日前在先生座中归纳出之三事,目下接洽之地步如此,敬乞垂察。并希转交巽甫、子竞、丕可三位先生一看。①

1937年8月17日,国防参议会最高会议在南京召开,傅斯年、胡适、蒋梦麟、梅贻琦等学术教育界代表人士参加了会议。在会议上,傅斯年等人力劝散处北方及沿海地区的学术研究机构和高校内迁腹地,以免学术精英和设备毁灭于战火。这一建议得到多数与会人员的响应和支持,最后成为政府决议,命令中央研究院与平津地区的大学及科研机构向湖南和

---

① 王汎森、潘光哲、吴政上主编:《傅斯年遗札》第二卷,(台)中研院历史语言研究所2011年版,第819—820页。

西北地区转移。

　　国防参议会结束后，傅斯年开始筹划中央研究院各研究所向湖南迁移，而历史语言研究所的迁移由李济、梁思永等人负责。中央研究院历史语言研究所考古组已根据淞沪战局演变，在李济指挥下，开始对历次发掘的器物和各种器材打包装箱，准备内迁长沙。据历史语言研究所《大事记》记载：1937 年 7 月"本所随本院西迁，先选装最珍贵中西文图书、杂志及善本书共六十箱，首批运往南昌农学院，其余一千三百三十三箱分批运长沙。但部分殷墟出土的人骨、兽骨及陶片等，限于运输工具，暂留原址"。8 月，"本院组织长沙工作站筹备委员会，本所迁入长沙圣经学院，所长傅斯年仍留南京，派梁思永为筹备会常务委员"①。随着战事的进一步升级，武汉会战爆发。傅斯年担心武汉失守危及长沙，1938 年 1 月，在傅斯年的筹划下，历史语言研究所的工作人员及图书资料仪器设备，一部分经贵州转至昆明，一部分取道广西至桂林，然后绕道越南赶赴昆明。到达昆明后，选定拓明东路与青云街三号为所址，后为躲避敌机轰炸，迁至昆明北郊的龙泉镇。

　　在历史语言研究所南迁的同时，国民党政府命令北京大学、清华大学和南开大学南迁至长沙组成临时大学。北京大学奉命南迁时间仓促，图书没有运出，南开大学因图书馆被日机炸毁，图书全被被毁，只有清华大学将大部分图书运至重庆，存放于顾毓琇处。1938 年 6 月，日军轰炸重庆，清华大学运至重庆的图书全部化为灰烬。所以三校再迁昆明，组成西南联合大学，但基本上没有图书供师生研读。而历史语言研究所南迁时，将所藏图书分批运至长沙、昆明，成为供西南联大和迁驻昆明各学术研究机构使用的主要图书资料。

　　1940 年 7 月，日本人利用欧洲战场上德国法西斯政权取得暂时胜利的有利时机，直接出兵占领了越南，不仅切断了滇越铁路，而且由于距离缩短，日本飞机轰炸滇缅公路和昆明更加频繁起来，其轰炸范围已扩大到昆明郊区，同时日军开始组织精锐部队向云南境内进犯，形势日趋危急。住在昆明郊外龙泉镇的历史语言研究所与中央博物院筹备处人员，每天都在警报的鸣响中惶恐度日。

　　面对新的战争形势，重庆国民政府指示，西南联合大学、同济大学、

---

① 《中央研究院历史语言研究所七十年大事记》，1998 年。

中央研究院历史语言研究所、社会学所、中央博物院筹备处等驻昆学校和科研机构，全部向大后方转移，并指出最合适的地方是三峡以西的四川辖境。因蜀地既有千山万壑的阻隔，又有长江和岷江、金沙江、嘉陵江等支流和国民政府战时首都重庆相通，是一个可进可守的天然避难场所与积蓄力量待机反攻的后方战场。傅斯年为历史语言研究所研究人员的安全考虑，决定为历史语言研究所选一个在地图上找不到的地方作为新所址，从教育部了解到同济大学派人到四川南溪县李庄镇考察，准备将同济大学搬迁到李庄镇，于是派芮逸夫随同前往，最后决定将历史语言研究所及附属机构、图书资料迁居李庄镇。

傅斯年此时仍代理中央研究院总干事，奔走于重庆、昆明、李庄各处，处理中央研究院事务和诸研究所搬迁等事。他在与友人往来书信中不止一次抱怨感叹劳累、困难，因劳累致病等，如在10月11日致朱家骅信中说："连奉函电，某一职务必欲勉强弟以所难能，此事之困难万分，及弟之最不适宜处，本当在吾兄洞鉴之中，兄之固执又如此，只好一时勉从尊命，然亦为此两日不得睡觉矣。……弟于十日后当一至重庆，奉陈各事，然后再返此料理他所迁事。再返重庆，再赴李庄，布置后即又返重庆，即住一时矣。本年之日，无可休息之日矣。"[1] 历史语言研究所决定迁居李庄镇，傅斯年具体负责策划运筹，因当时正是抗日战争最困难的时期，不仅需要大笔经费，而且交通工具、人员物资长途运转都存在很大困难。傅斯年为解决搬迁的费用、交通工具等问题，多方联系，上下求告，劳累致病多次。他在致朱家骅等人的信中谈及搬迁的困难，其中说："敝所迁移事，进行万分困难。幸大维及沈立荪兄加以协助，车辆已妥，比市价至少廉15%，或不止也……但经费问题，大是困难……凡此所计皆算得太紧，故全数非五十万不可。此一估计，已包含弃去应运物件四分之一矣。若无此数，必是局部搬家，以后本所事乃不堪问。去年以二万元运至此之物，今年二十万运不走也。"[2] 10月19日致彭学沛信中说："弟返滇后，以研究所迁移，诸事忙得要命。每次迁移，皆不需要此等大力，此次则全盘荆棘，奋斗一月，问题始解决过半，皆诸友人协助之力也。"[3]

---

[1] 王汎森、潘光哲、吴政上主编：《傅斯年遗札》第二卷，(台)中研院历史语言研究所2011年版，第1132页。
[2] 同上书，第1127—1128页。
[3] 同上书，第1137页。

历史语言研究所的搬迁事宜具体由李方桂主持,石璋如作为总提调予以协助。由于物资较多,李方桂从利国公司雇用了二十多辆汽车,每三辆为一组,分批行动。第一批车队于1940年10月2日出发,须经滇黔公路入川,到达泸州后改陆路为水路,沿长江水道运往宜宾,最后从宜宾再运到李庄码头上岸。经过一番艰苦跋涉,至1941年1月13日,历史语言研究所的大队人马和携带物资终于安全运达李庄。时在重庆大病初愈的傅斯年闻讯,乘船匆匆赶往李庄,主持安置事宜。傅斯年描述当年历史语言研究所搬迁工作之艰辛时说:"前年(按:指1940年)秋冬,奉命迁移。彼时交通无办法,竭尽平生之力而谋之。一面跑警报,一面办这些事,故每日有时走三十里,幸而把研究所搬了。"①

历史语言研究所虽说是在李庄,实际上是在李庄山上一个叫"板栗坳"的地方,离李庄还有十多里路。关于板栗坳的位置和情况,罗常培曾描述说:

> 历史语言研究所的所址在板栗坳,离李庄镇还有八里多……离开市镇,先穿行了一大段田埂,约有半点钟的光景。到了半山的一个地方叫木鱼石,已经汗流浃背,喘得上气不接下气。躲在一棵榕树荫下休息一会儿等汗干了,才能继续登山。又拐了三个弯,已经看不见长江了,汗也把衬衫湿透了,还看不见一所像样的大房子。再往前走到了一个众峦逃拱的山洼里,才算找到板栗坳的张家大院。②

在这个远离市镇的"世外桃源",看不到弥漫的硝烟,遇不见敌机轰炸,学者们终于可以静心于学问和研究,但麻烦也接踵而至。首先是得不到当地百姓的理解。一次搬运时,不巧撞坏了一个木箱,里面的人头骨和其他骨骼化石全都暴露无遗。当时农民一片哗然,加之此前有位来自广东的同事打了条蛇吃以解馋,当地人便传说这个机关不光吃蛇"还吃人"。一到晚上,便有人站在附近的山头上高喊:"研究院杀人了!研究院杀人了!"弄得人心惶惶。傅斯年只好出面,邀请当地官员和地方乡绅座谈,再三向他们解释研究人骨的意义,请他们对民众做些必要的解释,这才化

---

① 《傅斯年全集》第七册,(台)联经出版事业公司1980年版,第303页。
② 罗常培:《蜀道难》,辽宁教育出版社1996年版,第19—20页。

解了一场危机。

当时兵荒马乱，治安也是个问题。所里有许多珍贵的图书，很容易成为偷盗者的目标。于是，傅斯年让人把"善本书库"的牌子取下来，换上"别存书库"的牌子，以免过于招摇，引狼入室。为所里同人的人身安全着想，傅斯年还专门召开了一次会议。会上，傅斯年提议每个人床头上放一面小铜锣，一旦发现异常情况，马上鸣锣报警，引得与会人员哄堂大笑。而最难解决的还是吃饭问题。当时战事正紧，研究所又僻处山坳中，一些衣食供应不足，不要说肉类蔬菜了，就是粮食也往往成问题。傅斯年每顿饭只能吃一盘"藤藤菜"，困难的时候连菜都没有，只能喝稀饭。实在揭不开锅的时候，就只好卖书度日。他卖书换来粮食，除解决自己的燃眉之急外，还周济朋友。一家如此，家家如此，一些孩子多的人家，生活更是困难。为了解决研究人员的生活问题，他不得不和地方政府打交道，把工作的重点放到卑言温语的"乞食"上去。他曾给驻宜宾的四川第六区行政督察专员兼保安司令王梦熊写过不少求助的信，其中一封信写道：

> 请您不要忘记我们在山坳里尚有一些以研究为职业的朋友们，期待着食米……
>
> 敝院在此之三机关约〔需米〕一百石，外有中央研究院三十石，两项共约一百三十石。拟供应之数如此……凤仰吾兄关怀民物，饥溺为心，而于我辈豆腐先生，尤为同情——其实我辈今日并吃不起豆腐，上次在南溪陪兄之宴，到此腹泻一周，亦笑柄也——故敢有求于父母官者。①

李庄地处偏远，在很短时间内涌进了同济大学、中央研究院所属的几所科研机构，总人数达一万多人，超过本地人口的几倍，自然生活环境发生了很大变化。傅斯年曾长期住在李庄，一方面与各方联系，争取救助，尽力为历史语言研究所同事排忧解难，营造让同事们尤其是青年学者和研究生安心读书、科研的环境；一方面督促研究所成员克服各种困难，潜心

---

① 转引自那廉君《追忆傅孟真先生的几件事》，《傅孟真先生轶事》，载（台）《传记文学》第14卷第6期、第5卷第6期。

科研，以学术研究成果为抗日救国服务。历史语言研究所在李庄近五年，虽生活条件相当艰苦，但学者们始终没有中断各自的学术研究，所取得的学术成就在当时和以后都曾产生重要影响。

1941年12月，傅斯年因身体健康原因辞去总干事职务，携带妻子到李庄长住，又担负起了历史语言研究所所长的职责，在与历史语言研究所成员患难与共的同时，加强了对历史语言研究所的管理，尤其是对青年学者和研究生的生活关怀备至，尽心尽力解决他们的生活困难，同时对他们的教育和管理也相当严格，钱穆曾回忆说："凡北大历史系毕业成绩较优者，彼必网罗以去，然监督甚严。有某生专治明史，极有成绩，彼曾告余，孟真不许其上窥元代，下涉清世。然真于明史有所得，果欲上溯渊源，下探究竟，不能不于元清两代有所窥涉，则须私下为之。故于孟真每致不满。"① 钱穆所说傅斯年对进入历史语言研究所的新秀"监督甚严"，基本上是确论，如傅斯年对历史语言研究所的新进青年立有一条"规矩"，即"三年内不许发表文章"。对此董作宾曾风趣地说，这是傅斯年对青年学者的"下马威"②。在李庄时，傅斯年对新进青年"管理又是很严的"，因此这些青年学者对傅斯年是"爱之敬之而且畏之"，更多时候"敬"和"畏"又超过了他们的"爱"。傅斯年另一位学生何兹全晚年曾以"众家弟子心中的老师傅斯年先生"为题纪念傅斯年，其开头就像破题一样叙述了他与其他同学对傅斯年的整体评价："从我与傅斯年先生的众多弟子的交往和接触中，我能体会得到，大家对傅先生的感情和心态，大约可以用三个字来表达：'敬'、'怕'、'亲'。"③ 何兹全的记述表达了历史语言研究所同人尤其是青年学者对傅斯年的感情和态度，也从另一个侧面反映了傅斯年的工作作风和在青年弟子心中的地位。

（二）兼任北大文科研究所所长

1938年，北京大学与清华大学、南开大学迁至昆明，合组为西南联合大学，教学、科研工作开始步入正轨。同时，傅斯年领导的历史语言研

---

① 钱穆：《八十忆双亲·师友杂忆合刊》，第147页。
② 董作宾：《历史语言研究所在学术上的贡献：为纪念创办人终身所长傅斯年先生而作》，第3—4页。
③ 布占祥、马亮宽主编：《傅斯年与中国文化》，天津古籍出版社2006年版，第1—3页。

究所也迁至昆明，租赁云南大学附近的青云街靛花巷三号的一座楼房，暂时安居下来。1939年5月傅斯年为了史语所与北京大学合作进行学术研究、培养人才，经与蒋梦麟、郑天挺等人商议，决定恢复北京大学文科研究所。

北京大学文科研究所创立于1918年，是以培养文史哲等学科研究生为主的学术机构。1921年定名为北京大学研究所国学门。北大校长蔡元培兼任委员长，顾孟余、沈兼士、马裕藻、朱希祖、胡适、钱玄同、周作人等人为委员，沈兼士为主任，负责主持日常工作。1934年6月，北京大学内部体制有所改革，颁布了《国立北京大学研究院暂行规定》，其中一项为：研究院与文理法三个学院相应设立文科研究所、理科研究所和法科研究所，各研究所所长由该院院长兼任，文科研究所所长由文学院院长胡适兼任。罗常培、钱玄同、沈兼士、唐兰、傅斯年、汤用彤等兼任导师。傅斯年因参与了文科研究所的改革，对文科研究所的组织、培养人才的方式了解的很清楚，他建议恢复文科研究所时回忆说：

> 北大原有此一研究所，在中国历史最久，即所谓"北京大学研究所国学门"也。此一所，与北大他事皆同，即每每为政治之牺牲品，旋作旋辍。五六年前适之先生发愤整顿，弟亦大有兴趣，弟曾为北大借聘半年，即为此事。当时适之先生为主任，弟为其秘书，弟只任半年即南迁，受颐继之。卢沟桥事起而一切休矣。①

傅斯年为恢复北大文科研究所获得中英庚款委员会经费的帮助，曾致信中英庚款委员会秘书长张群与杭立武进行磋商，决定恢复文科研究所。在信中叙述了恢复文科研究所的原因、目的和设想，信中说：

> 弟数年以来，深感觉大学毕业生之优秀者，如于其毕业后不置之于良善环境中，每每负其所学，故以为大学毕业研究生一层实属重要，此等兄亦具有同感者。尽此一关之力，未必皆成，然无此一关，中道而废者多矣，良可惜也。并以中国大学之多不长进，高材生毕业

---

① 王汎森、潘光哲、吴政上主编：《傅斯年遗札》第二卷，（台）中研院历史语言研究所2011年版，第971页。

者不过初得其门，若一旦置之四顾茫茫之境，实不知所措。弟数年中，颇思在研究所中大招研究生，终以各种不便，未能实现，初招四名，未到所而战事起矣。

何以不在研究所中办此事，而由北大办，敝所与之合作？此亦有故。敝所历年以来，亦常招致大学新毕业生，其选择甚严。然本所既无讲堂上之课程，而每人之工作又紧张，故一入所便等于做事，所习之题专之又专，此与大学高级教育，各有其短长，然为造就一科之通人，此非最善之法也。若研究所特为此事设备，则同人工作已重，决不容许。故在研究所中训练研究生，不如在一个好大学中，教师较多，有课可上，不必做机械事，空气比较自由，此皆彼善于此者也。①

傅斯年特别强调了北大与史语所合办对双方有益，也是他长期坚持的"狼狈为善"的理念，他在信中特别阐释了"合作之意义"，他说：

目下北大拟恢复此物，孟麟先生与北大诸位托弟主持，以便与敝所合作。在以前，此两【研】究所最好分道扬镳，风气太相似，亦有其不便；在目前，力量自以集中为上策。此一合作（即招考研究生之合作），事实上两俱有利。就北大论，可延续此事之生命，以便将来待机发展。就敝所论，可以免去管理研究生之一切麻烦而得到研究生之实惠。虽所造就者，未必多数为敝所任用，但为此一学问、此一风气造就人才，即皆有利也。管理研究生之麻烦，弟知之悉，故北大任此管理最佳，好在他们虽少此十人，亦尚有几百学生待管，增此不为多，若在敝所，则已来不及。至于学术之训练，固可任之也。②

对于北京大学恢复文科研究所及招收研究生，主要当事人郑天挺也有记述："1939年5月底，北大决定恢复文科研究所，由傅斯年主持，傅原

---

① 王汎森、潘光哲、吴政上主编：《傅斯年遗札》第二卷，（台）中研院历史语言研究所2011年版，第970页。

② 同上书，第970—972页。

是北大国文系1919年毕业生。……这时史语所亦在昆明，所以与北大形同一家。第二年史语所迁往四川李庄，傅也离昆至渝。傅事情很多，难以全面兼顾。他拉我作副所长，协助工作。我觉得自己无论从学识、年龄及资历上都差之甚远，没有同意。后来许多同事也来敦促并加以鼓励，我才勉为其难。六月中，北大正式通过设立文科研究所。所中分设宋史工作室及明清史工作室，分别由姚从吾及我负责。是年暑假正式招生，以后又陆续招过几次。"① 傅斯年在与蒋梦麟、郑天挺等人商定恢复文科研究所的同时，就研究所的组织管理机构、聘请导师及招收研究生等事项也拟定了规程。傅斯年在致杭立武的信中进行通报说：

> 拟定之组织如下：（已与蒋梦麟先生商定：主任由弟代理。照章由北大文学院院长兼。北大文学院长系适之先生，不在国内，故由弟任之名曰代理者，以为代适之先生也。）
>
> 副主任郑天挺先生，（或名秘书，未定。郑先生虽刊布之著作不多，然任事精干，弟知之深，故推其任此事，亦因弟事不专此一件也。）
>
> 委员已定者有汤用彤、罗莘田、姚从吾、叶公超、钱端升（法学院无研究所，故暂入此，此一研究范围，兼括经济及制度史，端升列入，亦当时枚荪之例也。）诸位，其他尚有二人待与孟麟先生商定。
>
> 此当为一个"民主组织"，庶几各个人均能发挥其责任。弟亦可谓好事，此一事等于自寻兴趣之大可知，办时必负责尽心，故兄如即以为弟之事业视之，亦无不可也。
>
> 研究生。此一事业，弟之兴趣所在，皆在研究生，注意之、分配之，为之引近相合之导师，督责其课业，均弟所好之事也。②

傅斯年认识到，北大文科研究所恢复，与史语所合作招收研究生，必须解决经费来源问题，没有固定的经费支持，诸事无法进行，为此他写信

---

① 吴适璆等编：《郑天挺纪念论文集·自传》，中华书局1990年版，第699页。
② 王汎森、潘光哲、吴政上主编：《傅斯年遗札》第二卷，（台）中研院历史语言研究所2011年版，第972页。

给杭立武，要求杭立武从中英庚款委员会补学术研究款项中，安排专款补助此项事业。

　　此举与贵会补助学术研究，实同其性质。试看款之目，共有三项：

　　（1）研究生。此即贵会补助各大学之助理，组织考察团以容纳新毕业生之意。然彼似较此为散漫，此则为一有组织之训练，且选拔上亦严也，此虽不限于新毕业生，然年龄有限，决非老毕业生矣。（考选方法，以论文为主要，笔试乃为每一人出一份题，此取外国高级学位考选之办法，既如此则论文审查，不得不严矣。）

　　（2）专任导师有学问极有可观而不肯教书者。此中固可待贵会补助科学工作人员之救济，然目下既不再登报，而人才若发现，不可交臂失之，前与兄商及向达君，兄允待补助事项结束后为之设法（此君绝不愿教书），弟心中即以彼为一人，其他要看此待办研究所之需要。目下弟心中尚无其人也。此一类实即补助科学研究人员之事，特亦须顾到北大之需要耳。

　　（3）助理此等助理事务甚少，实即导师研究生中间之一种研究员，论其性质亦与贵会补助科学人员为同类事。

　　故请款之三项，论其性质可谓全在贵会现在各项救济工作范畴之中，特彼以救济之用心达到补助学术之目的，此则虽不免或有救济之用，要以给学术工作者以适宜之机会为其目的耳。

傅斯年在信的附件中开列了"请款概算"：第一项，研究生十名（每名每月生活费五十元）每月五百元。第二项，专任导师二名（每名每月薪俸平均一百五十元）每月三百元。第三项，助理员二名（每名每月薪俸平均一百元）每月二百元。以上每月全数一千元，全年一万二千元。傅斯年申请的款项迅速获得批准，经费解决为招收研究生奠定了基础。

傅斯年曾在决定恢复北京大学文科研究所并兼任所长时表示两项承诺，一是要负责任，一定要办好此事，为将来胡适回国接任奠定基础，他在致友人信中曾表示："弟之热心此事，非一新花样，乃是多年之志愿，且曾一度行之。在弟虽多些事，却觉得值得。弟虽未必永负此任，亦盼适之先生能早早建一功,回到北大,由其主持耳。"① 有意思的是,傅斯年此时设想办好文科研究所为胡适回国打好基础,其结果由于时事变化,傅斯年1945年代胡适做了北京大学校长,待胡适1946年回国交付其一个复员后的北京大学,这恐怕是傅斯年本人此时所没有想到的。

二是招收研究生要严格选拔,对各高校的毕业生一视同仁,不只限于北京大学和西南联合大学。他曾表示:"此一组织虽在系统上为北大之一部分,但决不予北大毕业生以特殊之方,研究生之考试向全国公开,其考试委员会组织,亦系内外参合,以明一视同仁之义。所有专任导师及助理,弟想到者亦皆非北大人也,故此事之办,乃为此一学问耳。"② 傅斯年的承诺在以后的工作中分别得以实施。

傅斯年等人恢复北京大学文科研究所的重要目的是招收研究生。为了使招收研究生有章可循,按制度办事,在招考以前,制定了《国立北京大学文科研究所招考研究生办法》,对研究生招生数量、专业、考生资格、考试办法、待遇、考试时间等都作了明确规定。具体规定是:

一、名额。本所暂设研究生名额十人,每人之科目,应不出下列范围。

(1) 史学部分。通史中各段,及哲学宗教史,文学史属之。

(2) 语学部分。汉语学各科,边地语言,英吉利语言学属之。

(3) 考古部分。考古学及金石学属之。

(4) 人类学部分。物质及文化人类学属之。

以上 (1)、(2) 两项名额约当全数十分之六七,(3)、(4) 两项约当全数十分之三四。

二、资格。应考人之资格须具备左列各条件:

(1) 公私立大学文学院毕业者,但其他学院毕业有适当之论文者,亦得应考。

(2) 著有论文者。

(3) 年龄在三十岁以下,身体强健者。

---

① 王汎森、潘光哲、吴政上主编:《傅斯年遗札》第二卷,(台) 中研院历史语言研究所2011年版,第972—974页。

② 同上书,第974页。

三、考试。考试之程序如下：

（1）应考人须于报名时缴付（一）毕业证明文件，（二）论文，（三）其他关于学业之证件（此项如无，可缺）。

（2）本所收到后即付审查，初审合格者，通知其在昆明或重庆应试。

（3）考试科目如下（一）口试，（二）外国语试（英、法、德之一），（三）笔试（就其论文性质作成试题以副其学力）。

（4）注意点，初审及录取，均以论文为主要，此项论文以确有工夫并颇具心得者为限。

四、修业及待遇。

（1）研究生修业期限为三年，但得延长之。

（2）在第一年修业期中，每人每月给予生活费五十元，并由本校供给住宿。

（3）在修业期中应遵守本校各项规则，并服从导师之指导。

（4）在第一年修业满期后，考核成绩。其有成绩者分别给予奖金，以为第二年之生活费，无成绩者，停止修业。

（5）全部修业满期后，考试及格，由本校依照部章给予证书，并择成绩尤佳者三分之一留校任助理，或介绍服务。

五、考期。为适合投考者之方便，将入学考试分作两期举行：

（1）第一次考试。接收论文于本年七月十五日截止，八月五日考试。

（2）第二次考试。接收论文于本年八月三十日截止，九月十五日考试。

（3）论文随到随付审查，故以早缴为有利。

（4）第一次考试中，如录取名额已满，即将第二次考试取消。

六、考试委员会。考试委员会由本校聘请校外学人参加。[1]

北大文科研究所成立后，于当年开始招收研究生。6月3日，上海《申报》对北京大学文科研究所恢复招收研究生工作进行了详细报道，实

---

[1] 王汎森、潘光哲、吴政上主编：《傅斯年遗札》第二卷，（台）中研院历史语言研究所 2011 年版，第 975—977 页。

际是为招收研究生进行宣传，其报道内容："北大文科研究所于1939年7月和8月两次举行研究生考试和论文评审，招收科目为史学、语言、中国文学、考古、人类学、哲学。初审合格者被通知前往昆明青云街靛花巷三号报到。每月发给生活费50元。"①

1939年7月，文科研究所进行了研究生考试，按规定报名者必须经过三个审考程序：考生首先提交一篇论文，审查通过后再参加笔试，笔试通过后再进行面试。其中笔试主要考外语和专业课，可见研究所非常重视考生的学术研究能力和外文水平，这也是傅斯年平时对研究人员的基本要求。傅斯年对第一次研究生招生相当重视，杨志玖是首批录取的研究生，他曾回忆说：

> 1939年夏天，北京大学文科研究所恢复招生，傅先生兼任正所长，他劝我们投考。他对此次考试非常认真，亲自主持了一些口试，并检阅每个人的英文试卷。②

1939年北京大学毕业生参加考试而录取的还有马学良，他回忆说：

> 傅先生用人唯从贤能，而且爱才如命。当时都传说史语所难进难出，进所严格考核，离所更要有充分理由。因此。不论研究人员，行政人员，乃至工友进所后，都能安心工作，以所为家，傅先生知人善任，对人要求从严，处事从宽。③

其中周法高是中央大学毕业生，因受姑父王伯沆、姑母周育卿夫妇的影响，对古诗词有浓厚的兴趣。1939年中央大学毕业考入文科研究所。他后来回忆说："口试时傅斯年先生对我说，我的研究属历史语言学的范围，可谓一语定下我终生的研究范围。"④ 考取后，周法高学习语言学，

---

① 王汎森、潘光哲、吴政上主编：《傅斯年遗札》第二卷，（台）中研院历史语言研究所2011年版，第975页。
② 杨志玖：《回忆傅斯年先生》，《傅斯年》，山东人民出版社1991年版，第34页。
③ 马学良：《历史的足音》，《新学术之路》下，（台）中研院历史语言研究所1998年版，第864页。
④ 周法高：《记昆明北大文科研究所》，《传记文学》（台）第24卷第1/2期（1983）。

导师是赵元任、李方桂和罗常培。

　　研究所第一届录取的十名研究生中北京大学六人：杨志玖、马学良、王明、逯钦立、任继愈、阴法鲁。另外四人是，毕业于东北大学史地系阎文儒，毕业于清华大学历史系汪篯，毕业于中央大学国文系周法高，毕业于四川大学中文系刘念和。傅斯年实践了对各高校一视同仁的诺言。其专业分配及导师为：文学组：逯钦立、阴法鲁，导师是傅斯年、罗庸、杨振声；哲学组：任继愈、王明，导师是汤用彤；史学组：汪篯、杨志玖、阎文儒，导师是陈寅恪、姚从吾、向达、郑天挺等；语言组：马学良、周法高、刘念和，导师是罗常培、李方桂、丁声树。该次招生第一批研究生录取后集中在昆明青云街靛花巷三号楼，该地是历史语言研究所西迁时租用的办公地方，共三层十八个房间，后来历史语言研究所迁到昆明北郊龙泉镇外宝台山，靛花巷三号楼便成为文科研究所专用的办公地点。历史语言研究所和北京大学的部分学者陈寅恪、董作宾等人也住此楼。食堂、图书室皆在其中，研究生与导师切磋问题极为方便。傅斯年与史语所的工作人员一起住在乡下，他经常到靛花巷了解同学们的学习情况，有时也到研究室询问同学们的学习进度。杨志玖曾回忆说：

　　　　文科研究所开学之日，傅先生又召集全体同学讲话。大意是，用研究生这个方式学习是一个好办法，同学们要好好利用这个机会，潜心学习。文研所在云南大学脚下的青云街靛花巷三号，本是史语所所址，文研所成立后，史语所迁到乡下。傅先生还不时到靛花巷来了解同学学习情况，同学们对此深为感动。①

　　对于文科研究所的生源和师资力量，傅斯年也极为满意，在1940年写给胡适的信中说：

　　　　北大文科研究所去年恢复，向中英庚款会捐了点小款，除教授兼导师外，请了向觉明做专任导师，邓广铭做助教，考了十个学生，皆极用功，有绝佳者，以学生论，前无如此之盛。汤公公道尽职，指导有方，莘田大卖气力，知无不为，皆极可佩。此外，毅生、公超、膺

---

① 杨志玖：《回忆傅斯年先生》，《傅斯年》，山东人民出版社1991年版，第34页。

中皆热心。①

1940年8月，北京大学文科研究所又开始了第二次研究生招生工作，招生方法与第一次大体相同，傅斯年等人亲自主持面试。在昆明考试过程中，北京大学应届毕业生王玉哲、李埏、刘熊祥等同学报考，其中李埏顺利通过，王玉哲的考取过程却相当曲折，其原因与傅斯年有关。

傅斯年1936年曾写一篇考据性论文《谁是〈齐物论〉之作者》，王玉哲在北京大学历史系读书期间选修了刘文典"庄子研究"专题，写了一篇读书报告，题目是《评傅斯年先生〈谁是齐物论之作者〉》，对傅斯年的文章提出了异议。文章在师生中传阅时被罗常培看到，想在其主编的《读书周刊》上发表，为了提倡讨论和争鸣，罗常培特意拿着王玉哲的文章找傅斯年让其再写一篇答辩文章，然后将两篇文章同时刊出。王玉哲回忆，傅斯年看到王的文章后很生气，不但没有写答辩文章，反而对王玉哲留下了不好的印象。王玉哲后来回忆说：

> 1940年暑假前，我是在这种气氛中报考北大文科研究所的。有的同学对我说，你的成绩好，考取绝对没有问题；有一个教过我日文的老师对我说，只要不是傅斯年看考试卷，就一定会考上。我也被这些称赞冲昏了头脑，也认为考试很有把握。

王玉哲按正常的考试程序进行，论文审查笔试顺利通过。但口试出了问题。"最后是口试一关。面试我的老师，正是我最怕见到的傅先生。傅先生问我几个问题，记得全很难回答，其中有一问题是：《秦公簋》铭文中'十有二公'是哪十二公，是从非滋算起，还是从秦仲算起？还是从襄公算起？该器是什么时代作的？这一连串问题，问得我张口结舌，汗流浃背。我完全没料到会问金文上这些问题。"可能是口试成绩不理想，王玉哲被录取为"备取生"。王玉哲考试时已经放暑假，在愁眉不展、坐立不安的心境中度过了一个暑假。王玉哲回忆说：

> 幸运地很，开学不久，李埏即去告诉我说，我已被正式递补。就

---

① 欧阳哲生主编：《傅斯年全集》第七卷，湖南教育出版社2003年版，第222页。

这样，我才正式进入了北大文科研究所。……我到靛花巷入学不久，便也搬到宝台山，安顿完后即由两位老同学带我拜见我们的所长傅先生。傅先生家就住在宝台山下，见面之后傅先生非常客气，对我问长问短，旧事一字未提。这是我已正式成了他的学生，变成师生关系了。我的专业是先秦史，听说傅先生本来是作我的导师，由于这时中日战事、昆明吃紧，傅先生专职负责的中央研究院史语所，于1940年冬从昆明迁往四川李庄。我没有随傅先生到四川，仍留在昆明，我的导师就改由唐兰先生担任。[①]

王玉哲入文科研究所师从唐兰先生从事金文、甲骨文古文字学研究，后长期从事先秦史研究，但是他关于《齐物论》作者的论文直到21世纪初才收进自选集《古史集林》中公开面世，因与傅斯年讨论而形成的心结也伴随了其一生。

傅斯年在昆明主持完考试后又到重庆主持了招生考试。在重庆参加考试的有殷焕先、李孝定、王叔岷等人。其中，殷焕先、李孝定毕业于中央大学，殷焕先考取文科研究所后，师从罗常培、唐兰等人学习语言学。

李孝定在大学期间对甲骨文产生了兴趣，报考了文科研究所。但因处于战争期间，直到1941年面见傅斯年时李孝定才确认被录取。他后来回忆参加考试的过程及面见傅斯年的情景，其过程也颇为曲折。李孝定于1940年将大学本科毕业的论文《商承祚：殷墟文字类编补》寄给北京大学文科研究所获通过，按通知要求到重庆两路口巴县中学参加考试。笔试后不久，接到录取通知书，通知要求："请暂留重庆，等候第二次通知。"可是一直等了近一年，直到1941年三四月份，他看报得知傅斯年已到重庆参加国民参政会，李孝定决定去找傅斯年。他回忆说：

我立即赶往重庆上清寺中研院办事处孟真先生下榻之处请谒。见面第一句话："你是谁？来访何事？"我告以故，并说："等了近一年了，校方迄无后命。"先生闻言，出乎意外的，哈哈大笑说："此北京大学之所以为北京大学也。"这里我用引号，是一字未易的原文。先生以北大校友、文科所所长，面对文科所新生所提出的这个问题，

[①] 王玉哲：《古史集林》，中华书局2002年版，第10—11页。

照常理是应该颇为尴尬的，他竟匪夷所思，作了如此的答复，好像是理所当然，天经地义的事，那种天真率性的赤子之心，竟有莫大的说服力。当笑容还留在我嘴角时，先生又说话了："不必再等了，有两条，你自己决定：要看第一手资料，利用丰富的藏书，你就去李庄。想听听较多好老师的讲授，就去昆明。"我立即说："去李庄。"许多重要的事，就此片言而决。以前久仰先生之名，只知他博学卓识，有担当有魄力，却没有想到他竟如此妩媚可爱！①

李孝定入研究所后师从董作宾、唐兰学习甲骨文，毕业后留在史语所。

王叔岷1940年春在成都参加笔试并通过，9月接到文科研究所录取通知书。王叔岷回忆说："不久，得傅先生函，谓文科所已随原在南京中央研究院历史语言研究所迁至四川长江北岸南溪县李庄镇，所址安定在距镇三四华里之栗峰（俗名板栗坳），秋间可以入学。"王叔岷到李庄报到后拜见傅斯年，留下了深刻的印象，他回忆说："我第一次见到傅先生，将写的诗文呈上，向他请教，他说说笑笑，学识之渊博，言谈之风趣，气度之高昂，我震惊而敬慕。……傅先生继续翻看我的诗，又说：'要把才子气洗干净，三年之内不许发表文章。'"② 王叔岷第一次拜见傅斯年受到的训诫，影响了他一生。

文科研究所第二届研究生入校初仍住在昆明靛花巷，后为躲避日机轰炸，研究所迁址昆明郊外龙泉镇龙头村。王玉哲回忆说：

> 我们研究所的部分导师如罗常培、汤用彤、姚从吾、郑天挺诸先生，后来也迁到这里来，除了到联大上课时进城外，一般都和我们研究生共同生活，朝夕相处。我们隔壁还有一个破落寺院"响应寺"（冯友兰先生家住在这里），仅住着一老僧，从不见他拜佛诵经，而外面香客亦复鲜过。这真是一种近乎旧式书院的清净生活。几十个同学每天除了各自读书和写作外，便促膝相互切磋获辩论，为了一个学术问题，有时争得面红耳赤。当时那种切磋之乐，现在回想起来，仍

---

① 李孝定：《逝者如斯》，（台）东大图书股份有限公司1996年版，第50页。
② 王叔岷：《慕庐忆往》，（台）华正书局有限公司1993年版，第43页。

令人为之憧憬不已。①

郑天挺在晚年《自传》中记述了研究生生活情况说：

> 北大文科研究所设在昆明北郊龙泉镇（俗称龙头村）外宝台山响应寺，距城二十余里。考选全国各大学毕业生入学，由所按月发给助学金，在所寄宿用膳，可以节省日常生活自己照顾之劳。所中借用历史语言研究所和清华图书馆，益以各导师自藏，公开陈列架上，可以任意取读。研究科目分哲学、史学、文学、语言四部分，可以各就意之所近，深入探研，无所限制。②

1940年冬，历史语言研究所迁到四川李庄镇，因为图书馆随迁，文科研究所的部分研究生愿意随迁，为保证研究生有书可读，郑天挺专门致信傅斯年商谈此事：

> 北大研究所址，非随史语所不可。此事已数向兄言之……北大无一本书，联大无一本书，若与史语所分离，其结果必养成一般浅陋的学者。千百年后探究学术史者，若发现此辈浅陋学者，盖我曹之高徒，而此浅陋学风为北大所初始，岂不大糟……弟意：万一史语所与联大不能在同一地，而研究生必须随史语所者，北大可每年或每学期，请一位教授随同前往，俾稍减史语所之麻烦，并负其他事务责任。③

此事涉及问题较为复杂，但傅斯年从爱护学生的角度出发，认为在李庄可以为学生们创造一个读书的环境，虽然管理方面有些困难，但傅斯年认为有利于研究生的培养，自己义不容辞，毅然顶住压力，最终同意了郑天挺的意见，在自愿的原则下，部分研究生随所迁到了李庄，被安排在板栗坳与历史语言研究所一起居住、生活、学习。

---

① 王玉哲：《古史集林》，中华书局2002年版，第12页。
② 吴适麐等编：《郑天挺纪念论文集》，中华书局1990年版，第699页。
③ 郑克晟：《中研院史语所与北大文科研究所——兼忆傅斯年、郑天挺先生》，载布占祥、马亮宽主编《傅斯年与中国文化》，天津古籍出版社2006年版，第29页。

1941年，文科研究所进行第三届招生，傅斯年仍坚持亲自主持，王利器、王达津、程溯洛等在不同地点参加了考试并被录取。

王利器是在重庆参加考试并被录取，其考试过程颇有戏剧性，王利器回忆说：

> 1941年，我在四川大学毕业后，适逢北京大学文科研究所在陪都重庆招生，于是拿我的毕业论文《风俗通义校注》去报考，不久，接到由昆明靛花巷发来的通知，限期去重庆中英庚款管理委员会参加考试。……当我接到通知时，考期已经过了，我想还是去看看。于是我到中央研究院总办事处找到了傅孟真先生……傅先生看了我一眼，笑一笑说："你来了，很好。试卷还在我这里，你就在我的办公桌上答卷吧。"傅先生就把试卷交给我，随即走开了。……刚要动手写答题，警报拉响了，傅先生急急忙忙走来说："走，进防空洞躲警报。"……那天，我就上下试场、出入防空洞七次，翻译文章才写几行，已经是中午十二点钟了。……傅先生对我说："你明天回江津去吧。敌机滥轰炸重庆，很危险，下午不要考试了。老实告诉你，你早取了，就是不来，也要录取的，准备给你中英庚款奖学金。你去昆明，还是去李庄，由你选择。昆明，西南联大在那里，有老师；李庄，中央研究院历史语言研究所在那里，有书也有人，还有你们川大两个同学在那里。"我想：去昆明不方便，李庄离家总要近些，还有我的川大同班同学王振燊家在李庄呢！于是我说："去李庄。"

于是傅斯年说："好，你回去等通知吧。"王利器回家不久接到了通知，稍事准备去李庄历史语言研究所住地报到。王利器回忆当时的情况说：

> 李庄，古六同地也。中央研究院历史语言研究所设在离李庄十来里地的板栗坳，北京大学文科研究所在那里设有办事处，由邓广铭先生负责。我到李庄，先住在同学王振燊家，第二天，由他引我上山去报到，见到了傅先生和邓先生，安排我和邓先生、任继愈、马学良同住一个房间，是工作室，也是寝室。其时，北大文科研究所同学：王明、任继愈、马学良、刘念和、逯钦立、胡庆钧、王叔岷、李孝定诸

君已在那里,而刘念和、王叔岷二君则又川大旧同学也。①

王利器报到后拜谒了傅斯年,他的导师由傅斯年担任。在傅斯年的指导下,他选定的研究题目是《〈吕氏春秋〉比义》,从此王利器开始了学术研究生涯。另外,王达津考取文科研究所后师从唐兰学习古文字学,程溯洛怀师从向达、姚从吾教授,学习宋辽金元史。

1941年录取的研究生多数留在了昆明。根据不同的记载,文科研究所三届共招收了22名研究生。郑天挺在《自传》中对三届研究生的师承学习情况记述说:

> 研究生各有专师,可以互相启沃。王明、任继愈、魏明经从汤用彤;阎文儒从向达教授;王永兴、汪篯从陈寅恪教授(我亦在其中);李埏、杨志玖、程溯洛从姚从吾教授;王玉哲、王达津、殷焕先从唐兰教授;王利器、王叔岷、李孝定从傅斯年教授;阴法鲁、逯钦立、董庶从罗庸;马学良、刘念和、周法高、高华年从罗常培教授。其后,史语所迁四川李庄,也有几位(任继愈、马学良、刘念和、李孝定)相随,就学于李方桂、丁声树、董作宾诸教授。

北京大学文科研究所在抗战期间恢复,傅斯年兼任所长两年多,对文研所工作认真负责,尤其是对研究生的招收和培养倾注了大量的时间和精力,其中十余名研究生毕业后进入历史语言研究工作,从事本专业的学术研究。他们是王明、周法高、李孝定、王叔岷、马学良、刘念和、阎文儒等,其中周法高、李孝定、王叔岷等人在史语所工作了一生。

文科研究所的研究生不论在昆明学习,还是在李庄借读,虽然物质条件比较艰苦,但都受到了良好的培养,取得了优异的成绩。其主要原因有以下几个方面:

其一,傅斯年等人对研究生管理严格,方法科学。傅斯年对学生们督导极严,制定了"高标准要求,自由式发展"的培养模式,即要求学生学业基础扎实,学术研究能力强,但具体的研究方向可以根据个人的情况

---

① 王利器:《李庄忆旧》,《新学术之路》下,(台)中研院历史语言研究所1998年版,第791—793页。

自由选取。他规定历史语言研究所和文科研究所定期举行学术报告会，大家轮流担任报告人，读研究生的学生也不例外。据何兹全回忆，"史语所有个好传统，就是不定期的学术报告。在李庄期间，我记得傅先生、董彦堂先生、劳干、董同龢、逯钦立都作过报告。这是学术交流，对每个人的研究也是个督促"①。其中逯钦立、王利器都是在读研究生。王利器就曾作过一个题为《"家"、"人"对文》的报告，颇得傅斯年的赞赏和大家的好评。王利器读本科时候作的论文是《风俗通义校注》，偏重于古籍的校勘注解，在读研究生的时候，他又对《吕氏春秋》产生了兴趣，傅斯年尊重他的学术兴趣，指导他以《吕氏春秋》为题目，采用注疏体写论文，最终完成《〈吕氏春秋〉比义》的长篇论文。除傅斯年以外，文科研究所其他领导人郑天挺、汤用彤等人也认真负责，他们曾长期与研究生一起生活，督促他们读书研究，解决生活学习中的问题。

其二，研究生导师认真负责，热情指导。文科研究所导师除西南联大文史科知名教授陈寅恪、汤用彤、罗常培、唐兰、姚从吾、罗庸等以外，又聘中央研究院历史语言研究所李济、董作宾、李方桂、丁声树等人为导师，傅斯年、郑天挺等也亲自兼任导师。向达则专任导师，和邓广铭两人具体管理和指导研究生学习。其他导师或当面指导训诲，或通信指导教育，这些学者不仅道德学问都是一时之选，指导研究生也特别认真负责。1941年7月初，梅贻琦、郑天挺、罗常培曾专门到李庄主持文科研究所研究生的答辩，罗常培记述李庄几位研究生学术研究及与导师关系情况说："马、刘两君（马学良、刘念和）受李方桂、丁梧梓（声树）两先生指导，李君（李孝定）受董彦堂（作宾）先生指导，李、董、丁三位先生对他们都很恳切热心。据马君告诉我说，李先生常常因为和他讨论撒尼语里面的问题，竟至忘了吃饭，这真当得起'诲人不倦'四个字。任君（继愈）研究的题目是'理学探源'。他在这里虽然没有指定的导师，可是治学风气的熏陶，参考图书的方便，都使他受到了很大的益处。"②

其三，同学们都具有积极的求学意识。郑天挺曾总结说："在抗日战争期间，一个爱国分子，不能身赴前线或参加革命，只有积极从事科学研

---

① 何兹全：《李庄板栗坳·史语所》，《新学术之路》下，（台）中研院历史语言研究所1998年版，第824页。

② 罗常培：《苍洱之间》，辽宁教育出版社1996年版，第20页。

究，坚持谨严创造的精神，自学不倦，以期有所贡献于祖国。宝台山的研究生（或称宝台山士）就是这样的。"① 当时的研究生都是高校的优秀毕业生，具有强烈的爱国救国意识，傅斯年等人经常对他们进行爱国、救国教育，许多研究生都树立了读书救国的思想理念。

由于傅斯年与文科研究所导师的科学管理和严格要求，研究生学习刻苦，学风正派，正如当时一位研究生评价："所长傅斯年先生为人正派，不摆架子，不弄权术，一派长者之风，令人敬重。"在傅斯年的带动和影响下，研究所内"学风正，工作勤，大家专心科研，很少受到外界影响"②。研究生学习目标明确，所以每位研究生都受到严格而科学的学术训练，学术研究方法和能力都有很大的提升。自 20 世纪 40 年代以后，这批研究生几乎都成为海峡两岸社会科学领域的领导人物和骨干力量。

（三）救难济困

傅斯年在抗日战争期间国家极端困难的情况下，虽然自己也经常处于贫病交加、衣食不继的状态，但他为救助同事、朋友而积极努力，其最典型的便是救援陈寅恪、梁思成兄弟全家。其他同事、朋友、学生遇到困难、他也尽心尽力施予援手，如他救助向达、邓广铭、杨志玖等人。如果分析傅斯年救助学人的原因，是为国保存、爱惜人才，其中典型如陈寅恪，他一生尊重和佩服陈寅恪的学问和人品，不止一次对人说，陈寅恪的学问是三百年来第一人，是中国最有希望的读书种子。他在致朱家骅、杭立武为陈寅恪、梁思成请求援助的信中曾感叹说："即如两兄为寅恪兄事之尽力，弟不特感如身受，亦且觉此举之能得要领，盖寅恪之文史学问，今日国内无第二人能比其质实邃密也。寅恪之重要性，清华大学当局似不知之，而两兄知之，而又行之，故可佩也。"③ 傅斯年身处学术界领袖地位，他所关心的是文化学术事业的继亡图存，在国家民族危难之时，他对那些身处艰难困苦之境，仍保持志节，为学术文化发展努力奋斗的学人持有深刻的同情之心，对他们进行救助视为自己义不容辞的责任。

---

① 吴廷璆等编：《郑天挺纪念论文集·自传》，中华书局 1990 年版，第 700 页。
② 马学良：《新学术之路·历史的足音》下，（台）中研院历史语言研究所 1998 年版，第 863 页。
③ 王汎森、潘光哲、吴政上主编：《傅斯年遗札》第三卷，（台）中研院历史语言研究所 2011 年版，第 1272 页。

1941年春，傅斯年高血压病复发，一病不起，后经治疗，病体稍愈，便赶往李庄，一边养病，一边组织和督促历史语言研究所人员进行学术研究。俞大綵回忆傅斯年在李庄时的生活状况时说：

> 三十年，昆明时局紧急，孟真本人在重庆，又设法把史语所迁往四川南溪县李庄镇。我携仁轨及所中同事数十余人，分乘两部破旧大巴士，经群山万壑，抵达四川，我与仁轨便暂时留在重庆孟真身旁。
>
> 孟真屡年来，因为公务奔波劳碌，感时忧国，多年的高血压症暴发，头昏眩，眼底血管破裂，情形严重。不得已，在郊区山中，借屋暂居，借以养病。那时，他奄奄在床，濒临危境，悲身忧世，心境极坏，看不见他常挂在嘴角的笑容了。
>
> 那是一段穷困悲愁的日子。孟真重病在身，幼儿食不果腹。晴时，天空常有成群的敌机，投下无数的炸弹，廊外偶细雨纷霏，又怕看远树含烟，愁云惨淡，我不敢独自凭栏。
>
> 记得有一次，三五好友，不顾路途遥远，上山探疾。孟真嘱我留客便餐，但厨房中除存半缸米外，只有一把空心菜。我急忙下楼，向水利会韩先生借到一百元，沽肴待客（我与韩君，素不相识，只知他曾在北京大学与孟真同学，但不熟）。那是我生平唯一的一次向人借钱。

当时迁居李庄的科研机构除中央研究院历史语言研究所、社会学研究所外，尚有同济大学、中国营造学社等单位，梁思成、林徽因夫妇与傅斯年等人比邻而居，梁思永因是考古组骨干成员，与傅斯年等人关系密切。此时，林徽因、梁思永积劳成疾，一家陷入困苦之中。林徽因年幼时就有肺病，随历史语言研究所迁到李庄后，由于四川气候潮湿，阴雨连绵，这对身体一直欠佳，特别对曾患有肺病未得到根除的林徽因来说无疑是雪上加霜。恰逢梁思成为了营造学社的生计问题，已赴重庆向国民政府教育部"乞讨"经费。当他从信中得知爱妻发病的消息后，向重庆的朋友们借钱，买了些药品匆忙回赶。据梁从诫回忆说，当时没有肺病特效药物，也不可能进行肺部透视检查。病人只能吃点于事无补的药物。因了这一场病，林徽因卧床不起。梁思成在和梅贻琦谈到生活和工作的情形时不无伤感地说："除徽因有病外，由于营造学社经济窘迫，到重庆政府'化缘'

又没得到几个钱，大半年来未开展什么具有开拓意义的工作，也不能组织野外考察，只是猫在这房子里，整理前两年在昆明野外考察的资料，同时把抗战前在山西五台山佛光寺考察的报告也找了出来，继续整理。"① 正当梁思成照顾病重的妻子，生活苦恼不已之时，弟弟梁思永也突然旧病复发，一病不起。

1930年夏，梁思永获哈佛大学硕士学位，回国后即受聘于历史语言研究所考古组，随即投入繁忙的田野考古工作，先后参与了对黑龙江昂昂溪史前遗址、河南安阳殷墟和山东城子崖遗址的调查发掘，撰写了《昂昂溪史前遗址》《城子崖——山东历城龙山镇黑陶文化遗址》等考古发掘报告。抗战爆发后，梁思永随历史语言研究所辗转迁徙至李庄。到李庄后，梁思永开始着手撰写抗战前殷墟西北冈的发掘报告，由于工作强度大，生活条件差，不久肺病复发，并迅速恶化。为了救治梁思永，傅斯年要求历史语言研究所医务室全力治疗。无奈历史语言研究所医务室医疗条件简陋，药品缺乏，虽竭尽全力，"弄得医务室完全破产"，仍不见起效。迫不得已，傅斯年只好向中央研究院代院长朱家骅写信求助，信中写道：

骝先吾兄左右：

兹有一事与兄商之。梁思成、思永兄弟皆困在李庄。思成之困，是其夫人林徽因女士生了T. B.，卧床二年矣。思永是闹了三年胃病，甚重之胃病，近忽患气管炎，一查，肺病甚重。梁任公家道清寒，兄必知之，他们二人万里跋涉，到湘、到桂、到滇、到川，已弄得吃尽当光，又逢此等病，其势不可终日，弟在此看着，实在难过，兄必有同感也。弟之看法，政府对于他们兄弟，似当给些补助。其理如下：

一、梁任公虽曾为国民党之敌人，然其人于中国新教育及青年之爱国思想上大有影响，启明之作用，在清末大有可观，其人一生未尝有心做坏事，仍是读书人，护国之役，立功甚大，此亦可谓功在民国者也。其长子、次子，皆爱国向学之士，与其他之家风不同。国民党此时应该表示宽大。即如去年蒋先生赙蔡松坡夫人之丧，弟以为甚得事体之正也。

二、思成之研究中国建筑，并世无匹，营造学社，即彼一人耳

---

① 转引自岳南《南渡北归·南渡》，湖南文艺出版社2011年版，第239页。

(在君语)。营造学社历年之成绩,为日本人羡妒不置,此亦发扬中国文物之一大科目也。其夫人,今之女学士,才学至少在谢冰心辈之上。

三、思永为人,在敝所同事中最有公道心,安阳发掘,后来完全靠他,今日写报告亦靠他。忠于其职任,虽在此穷困中,一切先公后私。

总之,二人皆今日难得之贤士,亦皆国际知名之中国学人。今日在此困难中,论其家世,论其个人,政府似皆宜有所体恤也。未知吾兄可否与陈布雷先生一商此事,便中向介公一言,说明梁任公之后嗣,人品学问,皆中国之第一流人物,国际知名,而病困至此。似乎可赠以二、三万元(此数虽大,然此等病症,所费当不止此也)。国家虽不能承认梁任公在政治上有何贡献,然其在文化上之贡献有不可没者,而名人之后,如梁氏兄弟者,亦复甚少,二人所作皆发扬中国历史上之文物,亦此时介公所提倡者也。此事弟觉得在体统上不失为正。弟平日向不赞成此等事,今日国家如此,个人如此,为人谋应稍从权。此事看来,弟全是多事,弟于任公,本不佩服,然知其在文运上之贡献有不可没者,今日徘徊思永、思成二人之处境,恐无外边帮助,要出事,而此帮助似亦有其理由也,此事请兄谈及时千万勿说明是弟起意为感,如何乞示及。

傅斯年在给朱家骅写完信后,因知道当时朱家骅亦在病中,便又给翁文灏写了一封内容大致相同的信,他在给朱家骅的信后曾附言说"因兄在病中,此写了同样信给泳霓,泳霓与任公有故也"①。傅斯年信发出后,梁思永的病情继续恶化,因知朱家骅亦在病中,担心其不能及时阅信,处理事务。4月28日,傅斯年又补写了一信给朱家骅、叶企孙、王敬礼,信中一方面陈述梁思永发病原因是为学术研究过度劳累引发,一方面强调梁思永在学术界的地位等必须及时救治的原因。信中说:

骝先先生院长,企孙、毅侯两兄赐鉴:梁思永先生病事,兹述其概,十年前,思永于一年过度劳动发生肋膜炎。在协和治愈,但结疤

---

① 欧阳哲生主编:《傅斯年全集》第七卷,湖南教育出版社2003年版,第239—241页。

不佳，以后身体遂弱。自前年起，忽生胃病甚重，经两年来，时好时坏。去年胃病稍好，又大工作，自己期限将《殷墟报告》彼之部分完成。四个月前，即咳嗽，尚听不出肺病声气。上月医生大疑其有肺病，送痰往宜宾验，结果是＋＋＋！所听到左右几大片。此次肺病来势骤然，发展迅速，思永自谓是闪击战，上周情形颇使人忧虑，近数日稍好。思永之生病，敝所之最大打击也。兹谨述其状。思永虽非本所之组主任，但其 moral infiuence 甚大，本所考古组，及中央博物院之少年同志，皆奉之为领袖，济之对彼，尤深契许。彼学力才质，皆敝所之第一流人，又是自写报告、编改他人文章之好手。今彼病倒，《殷墟报告》之进行，一半停止矣。思永尤有一特长，本所同人多不肯管公家事，或只注意其自己范围事，弟亦颇觉到敝所有暮气已深之感。思永身子虽不好，而全是朝气，其于公家之事，不管则已（亦不好管闲事），如过问，决不偏私而马虎也。其公道正直及公私之分际，素为同人所佩。……彼如出事，实为敝所不可补救之损失，亦中国考古学界前途之最大打击也。故此时无论如何，须竭力设法，使其病势可以挽回。此当为诸先生所赞许也。……敬乞赐以考虑，并规定一数目，其数亦不可太少，至为感荷。若虑他人援例，则情形如思永者亦少矣。以成绩论，尚有数人，然以其在万里迁徙中代弟职务论，恐济之外无他人，故无创例之虑也，如何其考虑赐复，至感。①

傅斯年在信后又专门给朱家骅附上一段话，其中说，"骝先吾兄：此函尚有未尽之意。思永是此时中国青年学人中绝不多得之模范人物，无论如何，应竭力救治。彼在此赤贫，即可卖之物亦无之（同人多在卖物补救生活中）。此种病至少需万元以上。此信只是一部分办法耳。……思永身体虽原不好，然其过量工作，实其病暴发之主因。报销既无问题，甚愿兄之惠准也"。傅斯年在致朱家骅等人信后，又考虑应多方救助，分别致信中英庚款委员会负责人杭立武等人，请求给予经济帮助。得到同意后，傅斯年两次致信朱家骅、杭立武就救济事项进行磋商，其5月13日信中说：

---

① 王汎森、潘光哲、吴政上主编：《傅斯年遗札》第三卷，（台）中研院历史语言研究所2011年版，第1252—1254页。

骝先、立武两兄左右：骝先兄电，立武兄手示，关于梁思成兄及其夫人者，后先奉悉。盛意如此，弟实钦感。当将尊意转达思成兄嫂，以此事弟事先均未与他们谈过，係弟之自作，他们于看到立武兄信后，自深感友朋眷念之意，而于事之可行与否，曾加以数日之考虑，盖以徽因嫂实在病中也。……事实上徽因嫂旧有"中国之建筑"一稿，将过半矣。彼在病中初未问断各事，如写文艺作品之类，如尽舍他事，专成此稿，事既可行，转于病为益。今日徽因嫂来一信，云：今为实际生活所需，如不得已而接受此项实利，则最紧要之条件，是必须让我担负工作，不能由思成代劳顶替。与思成细商之后决定，用我自己工作到一半的旧稿，用我驾轻就熟之题材，用半年可完之体裁，限制每日工作之时间，作图解及翻检笨重书籍时，由思成帮忙，则接受，不然。仍以卖物为较好之出路，少一良心问题。事实如此，则弟以徽因嫂受此辅助一事，与立武兄近开名单中各人比一下，觉此事当在前列（此单事令详）。故弟亦不以为"经纪人"，而觉良心上有所不安也。[①]

中国建筑在世界美术上所占地位之重要，中外学者多所论定，而十年中营造学社之成绩，亦为人所共知，皆不待悉言。梁思成先生之夫人林徽因女士，虽非营造学社之有给职员，实于营造学社贡献甚多，思成兄多次旅行之后见，皆林女士之共同工作，其人富于才力，用心深邃，故于营造学社之研究工作助力甚多也。去年林女士曾一度旧病发作，入秋冬后大为好转。弟等深觉在彼此时既不能与思成兄一同出外调查，似以在家整理其已成将半之"中国之建筑"一书为宜。此书正为此时需要殷切之书，而林女士之力量，及在营造学社之环境，复可以成之。彼虽此时病未全愈，然若摒除他事（如写文艺作品等）专心为之，可早观厥成。兹敢提请两先生考虑，可将补入"科学研究协助人员"类中。附上计书一件，其办法分陈如下：一、所在机关：营造学社。二、指导人：刘士能先生。三、每月待遇：准以林女士以往之资历成绩，在国内实为美术史与建筑学中之地位，拟

[①] 王汎森、潘光哲、吴政上主编：《傅斯年遗札》第三卷，（台）中研院历史语言研究所2011年版，第1271—1273页。

请以最高之待遇，即立武先生近示一般办法中三百八十元之数。四、因弟等久劝其摒除其他工作，完成旧稿。彼自上月已开始，似可由四月份或五月份起支给。如荷同意，无任欣佩，诸希考虑，至感。①

傅斯年致信朱家骅，翁文灏请求蒋介石特批专款救治梁思永与林徽因，实际难度相当大，事过两个月，傅斯年与李济商议，决定直接给蒋介石上书。6月16日，李济起草的信稿经傅斯年改正后直接寄给了蒋介石，信中对梁思成兄弟及林徽因的为人、贡献及地位进行了介绍。其信说：

> 梁任公长子思成、次子思永在学术上之贡献。梁君思成及梁君思永，在近十余年间，皆为中国文化史搜到无上之瑰宝，为国际知名之学人。其治学之精勤与方法之精密，均可开创彼所治科目之风气，故今日声闻国内，驰誉域外。论其成绩，虽百里之程，行未及半，然中国文化史之资料，已为之增益不少，且在若干事上改旧观矣。兹分述如下：
> 一、梁思成及夫人林徽因对于建筑学之贡献
> 若干年来，中国学生在欧美学建筑者，类多以营业为目的，模仿为观点，故近年颇有穷极奢华而无当于用之建筑。若夫古建筑之研究，本为中国文化史之一重要门类者，仅有日本人为之，而日本人遂以"东方式建筑"标榜于西洋人，此亦中国学人之耻也。中国营造学社在北平创办十余年，其中科学工作，大体由梁君思成主持，出版刊物，积数十卷。抗战以来，与其夫人迁来后方，辗转云南、四川，其弟思成（应为永）亦然。……抗战以前，政府推行建设计划，其关建筑者，多采纳其意见或聘其主持，如北平天坛之重修，曲阜孔庙之拟修，大同云冈之修理，国立博物院建筑计划之番查，皆由梁君主持之。其夫人与之同治此学，负有才名，各事均参与之。营造学社者，一学术团体，其经常费、事业费皆由募捐而来，工作人员之报酬至薄，全赖数人之志趣与精神维持之。思成之夫人林徽因女士，当代之才女也。亦留美学建筑，与思成同志，于营造学社之工作贡献甚

---

① 王汎森、潘光哲、吴政上主编：《傅斯年遗札》第三卷，（台）中研院历史语言研究所2011年版，第1274页。

多。抗战军兴，募款困难，学社同人虽于生活毫无保障，仍自动随政府内迁，由湖南而昆明而四川，在流离颠沛中，工作不辍。徽因女士与思成，梁孟同心，甘之如饴，但入川以来，气候不适，肺病复发，已卧床一年又半。徽因女士虽工作亦如其他营造学社社员，但并无独立之收入；思成之工作能力虽优，但经济状况至劣，自其夫人病后，已欠债累累，几已无法维持其日常生活，卧病之人尤不能缺少医药营养，故思成所需之救济，与思永等。

二、梁思永对于中国上古史之贡献

民国二十四年，法国汉学家伯希和在美国哈弗大学成立一百年周年纪念会讲演，谓正在中国进行之殷墟发掘实近代汉学发展之一重要阶段，尤推崇梁思永在侯家庄之工作。伯希和氏为现代欧美以及日本共认之现代国际汉学家最大权威，曾亲莅安阳，参观殷墟发掘。至此国际之汉学家与考古学家，莫不认梁氏贡献之重要矣。此贡献大略如下：中央研究院自民国十七年起，在安阳开始考古发掘。前数年发掘所得，以甲骨文字为最要。其他泰半破碎散乱。自二十一年由梁君主持，扩充发掘区域，其所出器物在质与量上说，皆为大观。可与世界上最大发掘比拟矣。……思永自民国十九年归国，即参加中央研究院之考古工作。抗战以前，多在野外执务；七七事变后，随中央研究院历史语言研究所内迁。积中精力，整理《侯家莊报告》，兀兀穷年，锲而不舍，成稿盈箧。近以积劳，旧病复发，来势极猛，医者断为肺病第三期。而家无积蓄，每月薪资已不足维持日常生活。今得此重病，医药所需，日在二百元上下，虽服务机关及及亲朋均竭力协助，但杯水车薪，实难继续。此一典型之学人，其已有之工作，已关古文化甚巨，其将来对于此学之贡献，更不可限量，实需即时之救急。[①]

历史上许多事情很难及时解决，傅斯年从1942年年初得知梁思永患严重肺病，开始为治疗梁思永和林徽因的肺病，解决梁氏兄弟家中困难奔走呼吁。连续几个月效果并不显著，尤其是梁思永的病情一直在继续恶化，李庄镇历史语言研究所的医务室虽全力救治，但经费有限，购置有效

---

① 王汎森、潘光哲、吴政上主编：《傅斯年遗札》第三卷，(台)中研院历史语言研究所2011年版，第1280—1283页。

药物困难，所中有些人对傅斯年全力救治梁思永和林徽因亦有责言，傅斯年在致友人的信中几次述及此事。正如8月6日傅斯年给中央研究院总干事叶企孙信中所说："又云弟平日办此所事，于人情之可以通融者，无不竭力，如梁思永兄此次生病，弄得医务室完全破产"，"为思永病费，已受同人责言。"① 又8月14日在致陈寅恪信中说："本所诸君子，皆自命为大贤，一有例外，即为常例矣。如思永大病一事，医费甚多，弟初亦料不到，舆论之不谓弟然也。"②

傅斯年除为梁氏兄弟全家积极争取各方面医疗费救助外，还通过各种关系购置有效药品，及时治疗。如8月23日傅斯年致信时任行政院政务处长的蒋廷黻，让他通过外交方面的关系从印度购买有关药品，语言极为恳切，其中说：

> 所示为此间诸位病朋友买药之方法，妙绝妙绝。我们即照此做去好了。……乞兄叮咛托之，谓用药之人患T. B.，皆国家之第一流人才云云。彼以兄重视此事，必办矣。……药单兹奉上（此单代替前单，但前单如已买，亦无妨也。）价钱不多，而相当占地方，可分批托人带回，有人便托。……此等药印度大约不禁出口，如有此禁，似可托金署长一下，证明其为公家用药，我们在以公函向卫生署证明之，此实是本所同人及眷属患T. B. 所用者也。……此事务乞兄格外努力，叩头叩头！③

傅斯年与蒋廷黻是好友，平时通信交往真诚直率，互不客气，而傅斯年此封信用语一反常态，如"此事务乞兄格外努力，叩头叩头！"此种语言很少在傅斯年书信语言中出现，也不符合傅斯年平时为人处事的风格，而从傅斯年此信和相关的书信中透视出其当时对梁氏兄弟全家的关心和恳切求助的心态。

朱家骅收到傅斯年的求援信后，与翁文灏等人积极设法援救，林徽因得知傅斯年如此用心救助梁家，感动不已，当即写信给傅斯年表示感谢，

---

① 王汎森、潘光哲、吴政上主编：《傅斯年遗札》第三卷，（台）中研院历史语言研究所2011年版，第1295页。
② 同上书，第1305页。
③ 同上书，第1315—1316页。

信中说：

> 孟真先生：
> 　　接到要件一束，大吃一惊，开函拜读，则感与惭并，半天作奇异感！空言不能陈万一，雅不欲循俗进谢，但得书不报，意又未安。踌躇了许久仍是临书木讷，话不知从何说起！
> 　　今日里巷之士穷愁疾病，屯蹶颠沛者甚多。因为抗战生活之一部，独思成兄弟年来蒙你老兄种种帮忙，营救护理无所不至，一切医药未曾欠缺，在你方面固然是存天下之义，而无有所私，但在我们方面虽感到 lucky（幸运），终总愧悚，深觉抗战中未有贡献，自身先成朋友及社会上的累赘的可耻。
> 　　现在你又以成永兄弟危苦之情上闻介公，丛细之事累及咏霓先生，为拟长文说明工作之优异、侈誉过实，必使动听，深知老兄苦心，但读后惭汗满背矣！
> 　　尤其是关于我的地方，一言之誉可使我疚心疾首，夙夜愁痛。日念平白吃了三十多年饭，始终是一张空头支票难得兑现。好容易盼到孩子稍大，可以全力工作几年，偏偏碰上大战，转入井臼柴米的阵地，五年大好光阴又失之交臂。近来更胶着于疾病处残之阶段，体衰智困，学问工作恐已无分（份），将来终负今日教勉之意，太难为情了。素来厚惠可以言图报，惟受同情，则感奋之余反而缄默，此情想老兄伉俪皆能体谅，匆匆这几行，自然书不尽意。思永已知此事否？思成平日谦谦怕见人，得电必苦不知所措。希望咏霓先生会将经过略告知之，俾引见访谢时不至于茫然。①

经过多方努力，朱家骅与时任国民政府经济部资源委员会主任的翁文灏商谈，由翁找蒋介石侍从室一处主任陈布雷，再由陈向蒋呈报，蒋介石以他自己掌控的特别经费赠梁氏兄弟二万元，以示救济。这对梁家兄弟来说无疑是雪中送炭，吴荔明说："林洙舅妈记得二舅曾告诉过她：收条是傅孟真代写的。……傅斯年为思成、思永兄弟送来的这笔款子，无疑是雪

---

① 吴荔明：《梁启超和他的儿女们》，上海人民出版社1999年版，第200—202页。

中送炭，二舅妈林徽因和三舅思永，从此生活质量有了改观。"①

（四）艰苦支撑学术园地

历史语言研究所建立以后，傅斯年一直把罗致和培养优秀人才作为所内要务，除延请李方桂、董作宾、梁思永、向达等著名学者领导、参加历史、语言、考古各组的研究，并厘定章程，为他们创造良好的工作条件；同时注意培养年轻学者，如夏鼐、张政烺、劳干、胡厚宣、王叔岷、杨志玖、何兹全等，都曾在历史语言研究所学习和工作过。这些在历史语言研究所接受培育的年轻学者从 20 世纪 30 年代开始直至 21 世纪初，成为海峡两岸重要学术机构和高等学校社会科学研究领域的骨干和代表人物。

在抗战之前，历史语言研究所的阵容极为齐整，不过随着抗战的爆发，尤其是迁到李庄之后，历史语言研究所开始由盛转衰。当年历史语言研究所语言组组长赵元任，已经远赴美国任教于夏威夷大学，后转耶鲁与哈佛大学任教。李济的主要精力仍放在中央博物院筹备处，李方桂也已离开李庄到成都燕京大学任教，凌纯声不久即到重庆出任教育部蒙藏司司长，梁思永则重病在身，只能躺在病榻上做一点力所能及的工作，只有董作宾、吴定良、芮逸夫、石璋如等几位同人还在李庄板栗坳艰难度日。面对日渐冷清且有些悲凉的境遇，大家仍苦撑待变。正如石璋如所说："留下的几个人不管如何，依旧规矩工作。"②

在这样战火弥漫、学者们过着近乎逃难的日子里，历史语言研究所的研究工作却始终没有停顿间断，这固然反映出学者们对学问的执着追求和甘愿为学术而献身的崇高精神，但傅斯年的组织领导之功亦不可埋没。

在学术研究上，傅斯年为历史语言研究所制定出一个总体的方向，但对于研究所的研究人员来说，则完全可以根据个人的特长和学术兴趣，选择自己的研究课题，对此傅斯年从不强行干涉。李方桂留学回国后进入了历史语言研究所，用他自己的话说"是一个崭新的留学生"。对于这样一个青年学者，傅斯年也是放开手脚，让他自由发展。李方桂后来回忆说：

> 我想做什么事情，傅先生从来不曾回拒过，只要我想做些什么研

---

① 吴荔明：《梁启超和他的儿女们》，上海人民出版社 1999 年版，第 203 页。
② 参见岳南《南渡北归》第 2 部，湖南文艺出版社 2011 年版，第 1 页。

究，他无不赞成，这也是一件难得的事情。往往办事的人总是要你做他想做的事情，而不是做你所要做的事情。从这两件事看，一是他能认识人，二是他能让你做你想要做的事，这的确是一个不可多得的领导人才。①

劳干亦回忆说，傅斯年对历史语言研究所历史组的学者们的学习和研究都进行过帮助和指导。他说：

> 在历史语言研究所历史组全体同人的工作中，差不多都得到（他）很好的启示。尤其新进的同人作好的论文，几乎每一个字他都加以指示，使他再向谨严去做。②

抗战八年中，董作宾蛰居李庄板栗坳，将所有的精力投入到《殷墟文字乙编》与《殷历谱》的编制之中。为全力支持这项工作，傅斯年特批，由重庆买来一盏煤油灯和一桶"洋油"，专门供董作宾与助手夜间写作使用，其他研究人员只能使用桐油灯，并规定不得到董氏处以各种理由"抹油"。

在傅斯年的特别关照下，董作宾集中精力完成了《殷墟文字乙编》上、下两辑，分别于1948年和1949年出版，其编排体例与之前出版的《殷墟文字甲编》相同，但所收甲骨文要多出几倍，共收入带字甲骨9105片，"所收材料，超过《甲编》的四倍以上，出土的坑位简单明晰；内容新颖而且丰富，研究的价值，也远在《甲编》之上"③。

在主持编撰《甲骨文字乙编》的同时，董作宾也开始着手《殷历谱》的写作。此前，董作宾曾感叹："殷周年代，乃古今史学界一大疑案，两千余年以来，异说孔多，悬而不决。并世治史者咸避而不谈，或谈而不能有所定，定于一说者即不免有谬误，实因年代之考定，必资历术，历术艰

---

① 李方桂：《让你做你想要做的事》，《傅孟真传记资料》（一），（台）天一出版社1979年版，第83页。
② 劳干：《傅孟真先生与近二十年来中国历史学的发展》，《傅孟真传记资料》（一），（台）天一出版社1979年版，第109页。
③ 王宇信等：《甲骨学一百年》，社会科学文献出版社1999年版。

涩,钻研为苦。而前人论述,各自成说,抉择非易,无所适从也。"[1] 殷墟发掘之后,董作宾试图通过甲骨卜辞透出的蛛丝马迹考证殷商时代的历法,由历法再转推确切的年代。经过数年的辛勤努力,1945年4月《殷历谱》完成,同年在傅斯年关照下在李庄镇石印出版。

《殷历谱》出版后,董作宾寄送有关专家学者审读。陈寅恪阅毕,以惊喜之情致信董作宾,盛赞说:"抗战八年,学术界著作当以尊著为第一部书,决无疑义也。"正是得益于像陈寅恪这样的学术大师的肯定,使得学术界上层和最高当局决定予以公开表彰,以彰显抗战以来中国学者坚强不屈的意志和在学术文化上的伟大贡献。这部皇皇大著上报后,在重庆的蒋介石亲自签发了嘉奖令:

中央研究院朱院长勋鉴:
　　三十四年七月四日呈悉,董作宾君所著《殷历谱》一书,发凡起例,考证精实,使代远年湮之古史之年历,爬疏有绪,脉络贯通,有俾学术文化,诚非浅显,良深嘉勉。希由院转致嘉勉为盼。[2]

傅斯年在李庄主持史语所工作期间,除了广聘知名学者,从事学术研究之外,特别注重对青年学子的培养和扶携,为历史语言研究所"培养学术研究的种子"。20世纪30年代前期,傅斯年、李济、董作宾、梁思永诸人曾在北大兼课,除了传授学业,培养诱掖后生学子外,另有一种企图是利用教学之便,在北大"选拔一些有培养前途的人进史语所各组做低级研究人员"[3]。李济把傅斯年的这种做法称作"拔尖主义":

　　历史语言研究所建置的初期,各大学历史系的高材生,每年都被他罗致去了。他的"拔尖主义"(这是他铸造的一个名词),往往使各大学主持历史系的先生们头痛。但是等到他自己办大学的时候,他又设法把这一群人带进去。[4]

---

[1] 《董作宾全集》乙编,第五册,(台)艺文印书馆1977年版。
[2] 董作宾:《殷历谱》,(台)中研院历史语言研究所1945年版。
[3] 参见邓广铭《怀念我的恩师傅斯年先生》,载《台大历史学报》1996年第20期。
[4] 李济:《值得青少年效法的傅孟真先生》,《傅斯年传记资料》(一),(台)天一出版社1979年版,第68页。

抗战期间，傅斯年仍一如既往，不管生活多么困难，环境如何动荡，始终把人才选拔培养当作自己的重要职责。他选拔人才务求德才兼备，所谓"德"是指学术品德，即不慕权势、不求富贵，热爱学术研究，具有为学术而奋斗终生的精神。所谓"才"，是指具有扎实的学业基础和敏锐的认知能力，在学术研究方面有潜力、有培养前途。只要符合这两个条件，他千方百计地罗致，不符合这两个条件，无论有什么样的关系和靠山，抑或是自己的亲朋好友，他一概拒之门外。

夏鼐是1941年留学归国，先任职于李济主持的中央博物院筹备处。因其在考古领域的出色表现，引起傅斯年的注意。1942年12月23日傅斯年致信叶企孙，称："夏鼐之学问前途甚大，本所早有意聘他。但博物院亦重视之（济之前云，既要办博物院，我也要留个好的）。"[①] 双方为争夺夏鼐，各持己见，据理力争。第二年夏鼐转到历史语言研究所任副研究员。夏对傅执礼甚恭，以"学生"自称。[②] 1944年2月，夏鼐代表历史语言研究所与其他几个学术机构对河西走廊和敦煌附近进行了将近两年的科学考察，成绩斐然。傅斯年1947年6月至1948年8月赴美治病期间，委派副研究员夏鼐代理所务，表现了他对夏的才干和人品的高度推崇。[③]

另外，许多如今驰名海内外的学者，不少是他于战乱期间选拔培养成才的。如严耕望1941年毕业于武汉大学后，曾跟随钱穆在齐鲁大学国学研究所继续深造，后受安徽学院之聘前往任教，旋因战乱滞留重庆。素闻历史语言研究所具有全国一流的研究水平和研究条件，他便萌生了入历史语言研究所继续读书的念头，但苦于无人推荐。后来有人告诉他："傅孟真先生的脾气比较特别，请有名的人介绍，未必能成功，不如自己寄几篇论文去申请入所，他若果欣赏，就可能成功。"[④] 严耕望抱着无可奈何、姑且一试的心境，于7月中旬写了一个申请书，连同自己已出版和未出版的三篇论文，直接寄给了傅斯年。想不到时过不久就收到傅斯年寄来的快

---

① 欧阳哲生主编：《傅斯年全集》第七卷，湖南教育出版社2003年版，第272页。
② 参见傅斯年档案（未刊），档案号Ⅲ：532。转引自石兴邦《夏鼐先生行传》，收入《新学术之路》下册，第718页。
③ 石兴邦：《夏鼐先生行传》，收入《新学术之路》下册，第717页。
④ 严耕望：《我对傅孟真先生的感念》，《傅孟真传记资料》（一），（台）天一出版社1979年版，第109页。

信，信中说：照论文的程度可做助理研究员，但论资历只能做助理员。这着实使严耕望喜出望外。此后，严耕望学习更加刻苦认真，加上具有良好的环境，有名师指导，不久他就写出了许多关于古代政治制度的论著，终于成为颇有成就的知名学者。

八　救国理念辨析

傅斯年具有强烈的民族意识，"是一个极端的爱国者"，这是熟知他的人共有的评价，也是对他一生评价的主要结论。如果探析其原因，主要表现在几个方面：

其一，中国传统文化的影响。傅斯年幼年生活的聊城，是黄河文化、运河文化交汇而成的地域文化，同时又深受齐鲁与燕赵等地域文化的影响，底蕴深厚而成分复杂。而傅斯年又出身于聊城一个破落的封建士大夫家庭，正统而不保守，所以傅斯年受到系统的儒家教育。忠君爱国观念，民族正义思想在他身上表现的特别充分。这些思想观念制约着他，成为他为人处事，评判社会人生的主要标准。他在整个民族战争期间对日寇坚决抗击，对汉奸亲日派的揭露和斥责，对一切抗日救国不利的思想行为的批评和抨击，都深受民族意识的影响。

其二，社会现实与历史文化的刺激。傅斯年长期生活于民族斗争的前线和政治斗争的旋涡之中，使他对帝国主义本质属性和中华民族的特征有着深刻的认识。傅斯年生活的年代是中国近代最为动荡的时代，他经历了清朝末年的朝代更迭，民国初年的动乱，历经八年的抗日战争和国内战争的洪流，在历史的激荡中他的思想逐渐成熟，加之那一个时期新思潮的冲击和留学欧洲所受到的教育，他形成了自己的传统、正直但并不愚忠的民族思想，而将自己的生命与民族、国家的命运紧密结合在一起，并且在抵御外辱中始终服从于国家民族大局，显示了爱国民主人士的志节和理念。

其中尤其重要的是在傅斯年的青年时代，正当"五四"反帝爱国运动的前夕。当时帝国主义列强以中国为鱼肉而人人宰割，步步紧逼，并妄图吞并瓜分中国的领土，日本帝国主义更是虎视眈眈，灾难深重的中华民族面临亡国灭种的危险。

傅斯年青少年时代长期生活的中国北方地区是帝国主义和国内各军阀争夺的主要地区。20世纪初，帝国主义瓜分中国的主战场是北方，他们设法控制北洋政府，培养地方军阀，作为自己在中国的代理人；封建军阀画地为牢，各自为战，称霸一方，混战不已，人民的痛苦无休无止，生活极其贫困，没有基本保障。傅斯年也从生活中深切体会到了战乱给人们带来的痛苦，北洋军阀当权，对外出卖国家主权，从而引发了中国近代历史上著名的"五四"爱国运动，新文化运动，傅斯年积极投身到请愿活动当中，在运动中爱国救国思想不断成熟。

1929年至1936年，傅斯年一直生活在北平，日寇发动"九·一八"事变，侵占东北三省，以后又不断向华北渗透，图谋占领全中国，变中国为其殖民地的野心日益彰显。傅斯年亲身参加了"九·一八"事变后中日斗争的重要事件，在民族矛盾激化斗争中，傅斯年认真分析研究，不时地公开发表言论的同时，全身心投入到抗日救国的实际斗争中，其中最突出的表现是在反对日本人策划、操纵"华北自治"阴谋实施的过程中，傅斯年的言行具有一定的代表性，他不是像多数学者那样只停留在言论上，而是全身心地投入到反对日本实施"华北自治"的阴谋中，他两次南下保定，动员、劝说中央和地方军政领导人不要与日本妥协、合作，几次参加华北军政领导人的座谈会，慷慨陈词，以国家安危、民族大义相责劝，制止他们与日本、汉奸相妥协，积极与国民党中央政府进行联系，为国民党政府提供信息，谏言献策。加强中央政府对华北地区的操控，阻止地方汉奸、亲日派与日本人勾结，实施"华北自治"的图谋。傅斯年积极投身社会，为粉碎"华北自治"阴谋而积极努力。认真分析傅斯年的行为，一种强烈的思想理念支配着他当时的言论和行为，那就是贡献自己的一切，挽救民族危机。傅斯年对日本侵略中国的野心及中国的前途有深刻的认识。他不止一次地告诫国人，"九·一八"是我们有生以来最严重的国难，因"九·一八"事变所引发的中国危机，"是有史以来的最大危机"[1]，"中日间问题决无和平解决之望，而在今日希望与日本和平解决者，真是做梦"。由深刻的认识引发了两种情感，一是对日本人的仇视，傅斯年认为日本灭亡中国是既定国策，中日问题决无和平解决之望，中国只有坚决抵抗，"对倭只有一条路，即一切都无顾忌，人人当求必死"。"中国的命运，在死里求生，不在贪生而就死。"[2]基于这种认识，他成为

---

[1] 欧阳哲生主编：《傅斯年全集》第四卷，湖南教育出版社2003年版，第25页。
[2] 同上书，第29页。

北方学术教育界最坚定的抗日派首领。二是傅斯年深知，中日国力悬殊，抗日救国是唯一"死里求生"的道路，从而形成了沉重的忧患意识。傅斯年在致王献唐信中陈述当时的心情说："弟自辽事起后，多日不能安眠，深悔择此职业，无以报国。近所中拟编关于东北史事一二小册子，勉求心之所安耳。惟丁此国难，废业则罪过更大，只是心沉静不下，苦不可言。"① 不久在给陈寅恪的信中又说："弟自国难起后，心绪如焚……"② 说明他沉重的民族危亡意识和爱国救国急切心情。时过四年，日本不仅控制了东北地区，又开始向华北地区渗透，中国人民面临的局势更为严峻，傅斯年的忧患情怀更重，以至于在秦德纯、萧振瀛举行的教育人士座谈会上两次情不自禁，潸然泪下，素有元气淋漓、大气磅礴的傅斯年因伤心国事不能直抒胸臆，其心其情不难想见。

　　基于为抗日救国而"人人当求必死"的理念，傅斯年在反对"华北自治"的活动中，一方面自己毫无顾忌，讨奸御寇，不时地揭露日寇实施"华北自治"的图谋；另一方面努力启导舆论，唤醒民众。傅斯年认为，中国要避免亡国灭种之祸，必须进行全民族的抗争。只要唤醒民众，就可以战胜日本，实现民族复兴。"中国人不是一个可以灭亡的民族"，因此，唤醒民众是自己的责任和义务，战胜敌人，实现民族复兴的希望"不在天国，不在未来，而在我们的一身之内。我们若以民族的希望为宗教的信仰，以自身之勤勉工作各尽其职为这信仰之行事，则大难当前，尽可处之泰然，民族再造，将贡一份助力。宋明的道学先生尚能以四书五经养其浩然之气，我们不能以近代知识养我们的浩然之气吗？我们的知识不使我们有失望之余地，我们的环境不许我们有懈惰的权利！"③ 正是抗日救国，挽救民族危亡的责任促使傅斯年竭其心智、全力以赴地投身于抗日救国的运动之中。

　　其三，傅斯年对社会历史认识的深化和对社会现实的评判，强化了其民族意识和爱国情怀。傅斯年一生生活在中国和世界大动荡、大转折、大改组的冲突和矛盾中，尤其是国家的安危，民族的存亡，时时刻刻刺激着傅斯年的灵魂，促使他在激烈的矛盾中选择，在冲突的旋涡中取舍。研究

---

①　欧阳哲生主编：《傅斯年全集》第七卷，湖南教育出版社2003年版，第103页。
②　王汎森、潘光哲、吴政上主编：《傅斯年遗札》第一卷，（台）中研院历史语言研究所2011年版，第378页。
③　欧阳哲生主编：《傅斯年全集》第四卷，湖南教育出版社2003年版，第38页。

他关于国家民族关系的论著，有一个明确而清晰的理念，就是国家民族利益高于一切，在任何时期，在任何情况下都不允许怀疑和改变。对这个理念的表达，傅斯年经常用到两个词语：一是"汉贼不两立"，二是"明是非，辨忠奸"。有时是他研究历史的结论，多数情况下是他判断历史和现代事物的标准。这在他的著作和言论中是一个永恒的主题，不用一一举证。

第八章

参政议政

　　仔细阅读傅斯年的论著，考察其言行，可以发现以"七七"卢沟桥事变为转折，其政治思想与行为前后有一变化。全面抗战爆发以前，鉴于国民党政权内部纷争，有分崩之势，全国面对强敌入侵，不知如何应对，社会各界思想混乱，他的言论侧重于呼吁全民族团结，联合一体，共同奋斗，救亡图存。日寇全面侵华，全国民众上下一心，共赴国难，但处于领导地位的国民党政府在全面抗战期间暴露出许多矛盾和弊端，削弱了自身组织领导能力，影响了全民的向心力和凝聚力。傅斯年长期担任国民参政会参政员，与国民政府上层接触较多，了解国民党政权许多上层内幕，所以他的努力侧重于国民党政权改革与全民族团结并重，为此驰驱奔走，不遗余力。

一　政治清流

　　自抗战开始，蒋介石就是国民党政权的主要领导人和决策者。傅斯年对蒋介石的认识前后有所变化，两人的关系逐渐由疏到亲。人们对傅斯年的认识和评价因此而受到影响。全面论述和评价傅斯年在抗战时期的思想和实践，有必要论述他对蒋介石的认识和两人关系的变化。

　　在"九·一八"事变前，傅斯年与蒋介石不熟悉。"九·一八"事变时，蒋介石与粤方的政争正在激烈进行，他对蒋介石的武人专权，穷兵黩武，欲建立个人独裁统治不满。在《中国现在要有政府》一文中，傅斯年对当时中国政坛的情况进行了分析。当时汪精卫任行政院长，蒋介石任军事委员会委员长；一些人对汪任行政院长不满。傅斯年认为，汪精卫政府虽然不值得赞美，但若汪精卫下台，没有合适的人可以继任。他分析说：

汪之行政院如塌台，则继承者当不出两个方式，一，出来一个居政府虚名而毫无政府效用的。这样是万万不得了的。二，蒋之复政。这是行不通的。前年去年蒋确曾有过把政治建设起来的机会，然而他把那个千载一时的机会放弃了。今日长江流域地方秩序之丧失，外交布置之忽略，极多用非其才之大官，国家实力之消耗，他负的责任至少不比任何一人小，所以他现在是不能单身出马的，他出来便是一阵大紊乱。《水浒》所说"一条棍棒等身齐，打得出四百座军州都姓赵"的方式，在中国的其他时候未必不是一个可用的政治实策，然而现在的中国此法是行不来了。愈顺民之欲者，愈能以强力专政，而求专政必先顺民之欲。我们姑且卑之无甚高论，亦应知道人民安居乐业然后天下归心。现在国人对蒋公之感想又何如？①

可以看出，他是反对蒋介石再次出山主政的。可是随着形势的变化，抗日救国的时代主题越来越明确，蒋介石在国民党政府中的地位逐步确立，抗日的态度逐步明确，傅斯年对蒋介石的认识开始有了变化。

1937年"七七"事变不久，蒋介石在庐山举行各界知名人士暑期谈话会，发表讲话强调对日要积极抵抗，明确表示："我们希望和平，而不求苟安；准备应战，而绝不求战。我们知道全国应战以后之局势，就只有牺牲到底，无丝毫侥幸求免之理。如果战端一开，那就是地无分南北，年无分老幼，无论何人，皆有守土抗战之责任，皆应报定牺牲一切之决心。"②蒋介石的讲话一反往日妥协、求和、退让的态度，是自"九·一八"事变后，第一个坚决抵抗日本侵略的声明，受到全国人民和各界人士的热烈欢迎和赞扬。傅斯年参加了此次谈话会，接着又参加了在南京举行的国防参议会。蒋介石在两次会议期间的表现使傅斯年对其认识有很大改变，认为蒋介石是领导全国人民抗战的领袖人物，蒋介石此间也开始注意傅斯年。1938年3月，国民党临时全代会决议："在非常时期，应设一国民参政会，其职权及组织方法，交中央执行委员会详细讨论，妥定法规。"4月，国民党五届四中全会通过了国民参政会组织条例及各省市应

---

① 欧阳哲生主编：《傅斯年全集》第四卷，湖南教育出版社2003年版，第14页。
② 张其昀：《先总统蒋公全集》，（台）中国文化大学出版社1984年版，第1063—1064页。

出参政员名额表，经蒋介石核定，傅斯年是国防参议会参议员，此次自然被推荐为参政员，但傅斯年坚决推辞，蒋介石不同意，让朱家骅转告傅斯年。朱家骅5月14日致信傅斯年，转达了蒋介石的口信，信中说："吾兄已为山东推出之（参政员）候选人，兄虽不愿，恐难摆脱。介公星期会谈，亦嘱特约参加，且时时提及兄之近况。"[①]说明蒋介石已注意到傅斯年，并留下了较为深刻的印象。

1938年1月，国民党政府进行改革，蒋介石辞去行政院长职务，改由孔祥熙任此职，张群任副院长。3月，国民党临时代表大会在武汉召开，蒋介石被选为国民党总裁，汪精卫虽为副总裁，实际是一个陪衬，没有任何实权。国民党及其政府的一系列调整，结果是蒋介石及其亲信分掌实权，而与蒋介石有矛盾分歧的派系，个人权力地位大大下降。这样的局面不利于团结抗战，尤其是孔祥熙升任行政院长，明显带有家族政治色彩。此局面的出现引起舆论界的不满。傅斯年从抗日救国的大局出发，上书蒋介石，对蒋介石领导的军事战争进行了充分肯定，而对外交、行政，特别是对行政院长孔祥熙、外交部长王宠惠进行了批评，认为两人皆不能胜任其职，要求给予调整。傅斯年在不久致胡适的信中谈到对蒋介石的评价，认为"蒋先生之治军，是世界上稀有的天才，其政治是初中一年级程度"。傅斯年这次上书没有产生多大影响。时隔不久，国民参政会在武汉召开，傅斯年联络一些参政员再次上书蒋介石，对孔祥熙才能物望不能胜任行政院长及其种种劣绩进行了系统陈述。蒋介石对傅斯年等人的两次上书没有明确答复，亦没有怪罪，这个时期蒋介石为团结抗战，经常召见学术界、文化界的知名人士并征询意见，有时态度相当诚恳。傅斯年数次被召见，坦诚相对，知无不言，言必有据，颇为蒋介石推崇。据粗略统计，从1938年到1947年，在不到十年的时间内，傅斯年致蒋介石信共21封，内容涉及国家政治、军事、经济等各个方面，但没有一封涉及个人私事。在各种记载中，蒋介石以各种形式召见傅斯年达数十次。在各种形式的交往中，两人的关系日渐密切，蒋介石以国士待傅斯年，傅斯年也常怀知遇之感。综合有关材料，傅斯年与蒋介石两人关系应作如下认识：

其一，傅斯年对蒋介石领导中国人民抗日救国的行为表示敬佩，并且承认蒋介石的领袖地位。傅斯年不论在致蒋介石的信中，还是在平时的言

---

① 傅斯年致胡适信，傅档（未刊），档案号No.157—12.doc。

论中对蒋介石领导抗日救国的行为都表示敬佩。1938年，他上书蒋介石曾表示自己的敬意，说："自抗战以来，我公领导将士官民，为民族生存作空前之奋斗，精灵感照，国民一心，士卒致命，友邦倾服，人类共仰，固中国历史上所希（稀）有也……斯年缅怀国步之艰难，瞻念我公尽瘁报国之赤心，不能不有所直言。"① 1938年6月开始，蒋介石坐镇武汉，指挥武汉保卫战，广大军民在武汉周围与日军奋勇作战，消灭了敌军大量有生力量，坚持两个多月，撤出武汉。蒋介石在10月30日发表《为国军退出武汉告全国国民书》，表示要坚持抗战到底，"宁为玉碎，不为瓦全"。号召全国同胞贯彻持久抗战，争取主动之一贯方针，更勇猛奋进，造成最后的胜利，对武汉失守后，军队对日战略进行了部署。傅斯年了解抗战形势后特别致信蒋介石，对蒋介石领导抗战、挽救民族危亡的行为给予高度赞扬，信中说：

> 瞻念我公干惕劳勤，导率抗战，以一身而支全局，凭精诚以敌众难，国命赖以不坠，前途犹有可为。静言思之，感激涕零，再造邦族，我公是望。犹忆去年12月南京陷落后，人心惶惶，赖我公镇定布置，卒开第二段抗战之局。今广州不守，武汉撤退，故人心再度摇动，谣诼于以繁兴，此时亦非我公镇定布置，明示国策，无以安众心而资抗战，此固不待□□等言之者也。又，广州沦陷，情况不明，江上允战，损失谅多，必收拾力量，减少遗失，以为下一期抗战之资，更速补缺陷，全盘布置，以开下一段有利之形势，此中节目我公尤洞悉无遗，亦不待□□等备述也。……我公之领导将士，布置战略，国人上下对之不特未有间言，亦足服膺信赖；若政务各端是否妥善，则有不能默尔者。今危急至此，更不敢不负此丹心，□□等追维年余以来抗战之经过，以为政治之最大症结得有两端，敢析陈之。②

傅斯年致蒋介石的信中对蒋氏赞颂虽有过誉之嫌，却出于真诚，他在其他场合和言论中，对蒋介石在抗战救国中的行为亦表示推崇，并在行为中自觉维护蒋氏的威信。如他在致胡适信中谈轰击孔祥熙的原因时，总结

---

① 欧阳哲生主编：《傅斯年全集》第七卷，湖南教育出版社2003年版，第175页。
② 同上书，第188页。

六点，一半是爱护蒋介石、维护蒋介石的威信。

其二，傅斯年不满蒋介石专权、独裁的个性，坚持参政而不从政，始终保持着自由主义知识分子的独立人格。从全面抗战开始，直到蒋介石败退台湾，傅斯年与蒋介石交往颇为密切，在无党派民主人士中，蒋介石相当欣赏和推崇傅斯年，不仅连续四届都让傅斯年担任国民参政会政员，且在数量较少的国防参议会和战后政治协商会议委员中都已无党派人士吸收傅斯年，许多大政方针都征询傅斯年的意见，几次想把傅斯年拉入政府，让其从政。但傅斯年对蒋介石坚持独裁统治，不进行改革不满，坚持不从政。1945年，抗日战争结束后，国民党政府曾做出改组政府的姿态。蒋介石与其幕僚陈布雷商议，打算在北方人士中补充政府委员，陈布雷认为：北方人不易找到可做国府委员的人，党内外皆如此。蒋介石于是想到了傅斯年，对陈布雷说："找傅孟真最相宜。"陈布雷比较了解傅斯年的秉性，对蒋介石说："他怕不干吧。"蒋介石满怀信心地说："大家劝他。"① 不久蒋介石召见傅斯年，当面提出让他出任政府委员，傅斯年极力推辞。回家后又给蒋介石写信，表示他坚决不在政府任职的志向。信中说：

> 顷间侍坐，承以国府委员之任，谆谆相勉，厚蒙眷顾，感何有极！……惟斯年实愚戆之书生，世务非其所能，如在政府，于政府一无裨益，若在社会，或可偶为一介之用。盖平日言语但求其自信，行迹复流于自适，在政府或可为政府招致困难，在社会偶可有报于国家也……参政员之事，亦缘国家抗战，义等于征兵，故未敢不来。今战事结束，当随以结束。此后惟有整理旧业，亦偶凭心之所安，发抒所见于报纸，书生报国，如此而已。②

傅斯年担心蒋介石强拉自己入彀，便利用和陈布雷的私交，写信给陈布雷，让他向蒋介石进言，以打消蒋介石拉他到政府任职的念头。为了阻止各方面的劝驾，他特意发表了《中国要和东北共存亡》一文，此文除了表明他对苏联军队存有某些偏见，另有其微妙目的。他在给夫人俞大綵

---

① 傅斯年1946年3月5日致俞大綵信（未刊），档案号No.73—1.doc。
② 欧阳哲生主编：《傅斯年全集》第七卷，湖南教育出版社2003年版，第303—304页。

的信中透露了这个意思，信中说："我半月前写的那篇《中国要与东北共存亡》，有个附带的目的，即既发这样的言论，即不可再入政府了，落得少麻烦（人家来劝）。"① 傅斯年用多种方法拒绝了国民党政府的拉拢，坚持了不从政的志向。

傅斯年坚持不到国民党政府任职，以保留自己的个性独立。有时也反对别的学者从政，尤其对知己好友，总是极力劝阻，他阻止胡适从政就是一例。1946 年，胡适从美国回国担任北京大学校长，在学术界、文化界颇有声望，是当时学术界的代表人物。蒋介石为"装璜门面"，很想把胡适拉入政府，傅斯年对此始终持反对态度。1947 年 1 月，蒋介石请傅斯年吃饭，向傅斯年透露想让胡适担任国府委员兼考试院长的意向，委托傅斯年出面做胡适的工作，劝胡适就任。傅斯年不仅没有答应，反而极力劝说蒋介石打消此意。回去后不但没有替蒋介石做劝说工作，而且力劝胡适不要丧失学者领袖地位而去政府任职，他在 2 月 4 日给胡适的信中叙述了此事的全过程：

> 他（指蒋介石）请先生担任国府委员兼考试院长。我力陈其不便：自大者言，政府之外应有帮助政府之人，必要时说说话，如皆在政府，转失效用；……自小者言，北大亦不易办，校长实不易找人，北大关系北方学界前途甚大。他说可以兼着。我说不方便，且不合大学组织法。他说不要紧（此公法治观念极微）。如此谈了许久，我反复陈说其不便，他未放松。……昨天雪艇来，问下文，我发了一套议论。他说："我一听说，便知此事错托了人，不过受人之托，不要从中打岔。"②

此信的后半部分，傅斯年谈了自己对于政治的立场和见解，共六点，其中第四、第五点都是谈对当时政府所持态度，系统谈了对现实政权的认识和自己的立场。他说："……四，政府今日尚无真正开明、改变作风的象征，一切恐为美国压力，装饰一下子。政府之主体在行政院，其他院长是清中季以后的大学士，对宋（指宋子文）尚无决心，其他实看不出光

---

① 傅斯年 1946 年 3 月 5 日致俞大绖信（未刊），档案号 No. 73—1. doc。
② 《胡适来往书信选》下，中华书局 1980 年版，第 169 页。

明来。五，我们是要奋斗的，惟其如此，应永久在野，盖一入政府，无法奋斗也。"① 总结这两点的中心思想，可以看出傅斯年的政治态度是欲以在野身份监督、关心政府，他所说的要奋斗就必须永久在野，是知识分子参政的基本方式，以保留自己的独立意识和言论自由，也就是傅斯年所说的"言语但求其自信，行迹复流于自适"。傅斯年劝胡适不要进入国民党政府，而以在野身份进行奋斗，其用意就在于此。

胡适虽然也以国民党的诤友自命，主张参政而不从政，但对国民党政府的亲近程度比傅斯年更甚，蒋介石一再拉他进入政府时，他一度发生动摇。3月6日，胡适去上海参加"协和医学院董事会"，傅斯年担心蒋介石对胡适纠缠不休，让胡适开完会不要去南京，直接回北平。可是胡适开完会，仍去南京参加"中基会"，其间两次谒见蒋介石。蒋介石的劝说，令胡适想改变初衷，担任国民党政府委员。傅斯年听说后，非常生气，函电并发，力劝胡适不要上当，其语言颇为尖锐，言词中含责备之意。电报说："示悉，至深惊愕，此事如先生坚持不可，非任何人所得勉强，如自身太客气，我在此何从为力？国府委员纯在政府地位，五院院长为当然委员，绝与参政会不同。北大应振兴之事多矣，如兼职在三千里之外，全蹈孟邻（蒋梦麟）先生复辙，三十年之盛名，为社会国家计，不可废于一旦，使亲者痛心，学校瓦解。故再进忠言。"② 在信中傅斯年为劝胡适不要去政府任职，把自己对国民党政权及蒋介石的认识作了坦白的陈述。信中说：

> 一，参政会决不与国府委员同，五院院长为当然，知其是政府也。且为中央政治会议国防最高委员会之续，尤知其是政府也。其法定名词为"最高决策机关"，决策非政府而何哉，信中所云，欺人之谈也。此等欺人之说，我闻多矣。
>
> 二，"政府决心改革政治之诚意"，我也疑之，盖不能不疑也。现在改革政治之起码诚意，是没收孔宋家产，然蒋公在全会骂人时仍言孔宋不贪污也。孔宋是不能办的，CC是不能不靠的，军人是不能上轨道的。借重先生，全为大粪堆上插一朵花。假如先生在京听到蒋

---

① 《胡适来往书信选》下，中华书局1980年版，第170页。
② 《胡适来往书信选》中，中华书局1980年版，第544页。

公教训中委的一段话（……），当知此公表面之诚恳，与其内心之上海派决不相同。我八、九年经历，知之深矣。此公只了解压力，不懂任何其他。今之表面，美国之压力也……

三，此事全在先生一颗不动摇之心，我代辞多少次了，是无用的，尤其是先生那样客气之下。我们又不是一个政党，谁也替谁保不了，只在自己而已。我要作官之说，嚷了一年多了，然我心中全无恐惧，因我自有决心也。即最后决裂，辞此教官，亦所不惜——所以全不着急。我知道先生是决不要做的，但要更进一步，即无论如何也不做，尤其那样信，岂可动心？①

由此可见，傅斯年对蒋介石及国民党政府的认识较前深刻得多，对国民党政府的态度也有很大转变。在傅斯年的反复劝说下，胡适打消了从政的念头。傅斯年和胡适不入政府，并非不热心政治，实际他们时常以在野身份参与政治，这种参政主要表现为不时地批评现实政治，特别是对贪污腐化的国民党要员进行坚决斗争。傅斯年对孔祥熙、宋子文的抨击就是典型的例子。

傅斯年拒绝蒋介石邀请，自己决不从政，又阻止胡适从政，其根本原因是蒋介石及其政府坚持独裁。傅斯年认为要推动政府改革，实行民主政治，只有以在野的身份，利用报刊等舆论力量，对蒋介石施加压力。他曾说三点：一是不进入政府，办报造舆论监督政府，"我们自己要有办法，一入政府即全无办法。与其入政府，不如组党，与其组党，不如办报"。二是蒋介石和国民党政府没有改革、实行民主的决心，拉拢自由民主人士进入政府，只是屈于美国的压力，把民主人士拉进政府装饰门面。三是民主人士要促进政府改革，只能在野利用社会舆论监督政府，他说："我们是要奋斗的，唯其如此，应永久在野。盖一入政府，无法奋斗也。"② 坚持个性独立，坚持改革独裁政治，不依附现实政权，这是傅斯年的基本属性。

其三，蒋介石对傅斯年重而不亲，和而不同。有人评论傅斯年多次

---

① 欧阳哲生主编：《傅斯年全集》第七卷，湖南教育出版社2003年版，第331—332页。
② 王汎森、潘光哲、吴政上主编：《傅斯年遗札》第三卷，（台）中研院历史语言研究所2011年版，第1734页。

抨击时弊，讨伐权贵而没有受到严重伤害，其原因一半是其幸运，一半由于时代环境。从深层次看，蒋介石对他的了解和推崇也是其中原因。傅斯年一生抨击时弊，危言高论，目的是要消除政治弊端，改革政治，促使国民党政权完善，而不是要推翻政权，所以蒋介石能够容忍他。但蒋介石始终没有视傅斯年为自己的亲信，直到两人都到了台湾，也仅保持工作关系，而互相利用。据记载，傅斯年任台湾大学校长时，坚持教育独立，当时台湾正处于白色恐怖中，国民党军警特务可随意到大学逮捕师生，并要求大学师生实行联保，傅斯年对此坚决抵制。他对国民党当局说：台湾大学他一个人作保，军警特务到台大逮捕师生必须经他批准。当时正值蒋经国主持"情治"，蒋介石明确告诉他：台湾大学的事咱们管不了，所以若要求调查传讯，台大师生首先致信傅斯年，得到其批准才能进行。由此可看出傅斯年与蒋氏父子关系的另一面。傅斯年与蒋介石的关系，是傅斯年与国民党政权关系的缩影，从某种程度上反映了傅斯年的思想与个性。

二 抨击时弊

（一）讨伐孔祥熙

抗日战争全面开始后，傅斯年走出书斋，投身社会，参与政治。在长达八年的抗日战争中，他做得有声有色，曾轰动一时的是连续轰击行政院长兼财政部长孔祥熙以权谋私的贪腐行为。为此事，他曾十几次上书蒋介石，二十多次在国民参政会提案和质询，同时利用各种方式揭露和抨击孔氏以权谋私、任人唯亲、祸国殃民的劣迹，终于将其轰下了政治舞台。对于此事，当时和后世有许多议论。有些人认为，傅斯年受某种政治势力的指示和支持，充当别人的枪手，是国民党统治集团上层争权夺利的工具；也有人认为傅斯年是自由知识分子的代表，向执政的国民党争取权力；真正了解内情的人则认为，傅斯年是为抗日救国而与邪恶势力进行斗争，没有任何政治背景。正如程沧波所说："孟真参与政治，还是'七七'以后的事。……从那时起，孟真对政治的兴趣，偏重在内政方面，尤其在澄清内政的空气。他对孔宋的攻击，至今还有人诬陷他受什么人利用。据我所知，这绝对不确，凡知孟真的人，均深信没有人可利用他，也正为当时冲锋攻击的是他，所以在社会上发生相当的效力。此中许多事实，终有一天为历史所揭露。"①的确,随着时间的推移,大量原始资料公布,尤其是傅斯年档案资料的逐步面世,傅斯年攻击孔祥熙的原因,动机和过程已经大体明确了。今就傅斯年抨击孔祥熙的言论进行简要叙述,让人们了解此事件的曲折过程和事实真相。

1937年"七七"事变后,日本全面侵华,短短几个月,日寇占领了大半个中国,民族危机日趋严重,全民都意识到亡国灭种之祸已经降临。严重的危机激发了广大民众的爱国救国热情,各阶层除极少数民族败类外,都化除彼此间的仇恨和矛盾,空前地团结起来,有钱出钱,有力出力,为抗日救国而积极努力。

傅斯年是一位具有浓厚民族意识的知识分子。"九·一八"事变后,他发表了一系列言论充分表现了爱国救亡的激情。"七七"事变后,他更是全身心地投入到抗日救国事业中。正如当时人所记述:"庐山谈话会结束后,跟着就是'八·一三',当时南京成立了一个国防参议会,大概各党各派领袖及文化教育界名流,均有少数的领袖人物参加,孟真便是其中的一位。"②傅斯年投身社会政治,为抗日救国建言献策,其努力方向在于"澄清内政的空气",是基于他对当时国家形势的认识。1937年9月,胡适受国民政府派遣,去美国争取对中国抗日的支持。傅斯年给胡适写信报告国内的抗战形势,信中对国人与日军作战形势分11个方面进行了介绍,尤其对各条战线军队与民众英勇的牺牲精神大加赞扬,对政治特别是官场的腐败进行了痛斥。信中说:"国内抗战之意识有增无减,老百姓苦极而无怨言。上海前敌兵士,真是再好也不能了。这次最可佩的是革命军将士,最无聊的是南京官僚。""两广对出兵助战之卖力气,可算一百分。广西军大批北上,全省总动员,广东军在上海战死、伤数万人,看来历年的'人事问题'一扫而空了。"③傅斯年虽然批评了二十九军和北方几个战场的地方军队,但对整个军队和领导人的抗战精神是满意的。随着形势的发展,傅斯年对经济和财政状况,尤其是对主持财政工作的孔祥熙等人开始不满。孔祥熙利用职权走私、贪污和在财政方面举措失当,严重影响了全国抗战大局,引起了广大爱国人士的义愤。傅斯年决心将孔祥熙赶下

---

① 程沧波:《再记傅孟真》,《傅孟真传记资料》(三),(台)天一出版社1981年版,第8页。
② 同上。
③ 欧阳哲生主编:《傅斯年全集》第七卷,湖南教育出版社2003年版,第168—171页。

台去。正如有些人所说，傅斯年抨击孔祥熙并坚决与之斗争，完全是出于抗日救国的公心和作为一个知识分子的良心。

孔祥熙1933年10月始任行政院副院长，同年11月又兼财政部长，从此一直是国民党政权主管财政经济的首脑人物。1938年1月1日，国民党政府改组，实施战时体制，孔祥熙由行政院副院长升任院长。孔祥熙在抗战前长期主管经济，劣迹斑斑，才不堪任，在民族危亡、全民抗战热潮兴起时又升任行政院长兼财政部长，显然不利于抗日救国。傅斯年激于社会责任感，以私人身份上书蒋介石，认为孔祥熙不能胜任行政院长[①]，信中说：

> 斯年缅怀国步之艰难，瞻念我公尽瘁报国之赤心，不能不有所直言。窃以为今日外交，行政之未能发挥效能，固有众多原因，而当官之人实为主要关键，以我公之睿哲乾断，决策于中枢，则负行政、外交之专责者，但能一心为国，奋发自励，即足有为。无如负责之人另是一格，故虽有谆谆之命，而作来一切如不似也。

傅斯年在信中概述孔祥熙行政、外交方面不能胜任以后，又从国际影响、社会民众意识、孔祥熙专权自恣等方面批评孔祥熙，其主要内容包括以下几个方面：

其一，孔祥熙为盟国所轻视。其升任行政院长，难获国际支持和帮助。傅斯年论述说：

> 在孔院长任内，英美之财政协助，事实上恐不可能也。按：历年来在中国之英、美人士对孔院长颇多不满，尤以整理公债及施行法币两事，在宣布前上海市场紊乱十余日，为讥评之要点。当时各外报攻击不留余地，甚至伦敦、纽约报纸亦有所讽刺。其奉命贺英皇加冕

[①] 傅斯年致蒋介石信，公开面世是附在《胡适往来书信选》，在傅斯年档案编号Ⅱ611，整理者定为1939年，杨天石先生根据王世杰日记载考订为1938年2月至3月，作者参考傅斯年致胡适的信（1938年6月30日）和当时事件发展情况认为杨天石考证是对的。详见杨天石《海外访史录·傅斯年攻倒孔祥熙——读台湾所藏傅斯年档案》，第541—555页。傅斯年档案原件与胡适往来书信所附信件文字略有出入，后来欧阳哲生主编《傅斯年全集》分别将此信收入第七卷175—177页，184—185页。两信文字略有出入，实为一信，此文引用据《傅斯年遗札》改定。

也，英国报纸自其出国之时起作各种嘲笑之论调，法国报纸并出恶言。中国广派随员，则英政府直函驻英大使云，"不胜惶惑"。孔院长既为专使，英国自不得不待以国宾，然于中国协会欢迎席上，外相艾登致其关于财政建设之"友谊警告"，商务大臣兰西曼在另一宴会中演说曰："一国之财政必须求收支相抵，然后可谓有政策，不然者将破产。"长篇大论，直是一篇教训。李滋罗斯更直谓在英中国人云："中国财政之最大危机，在财政当局之不得其人。"斯年推寻英国人态度如此，盖有三因：一由于政策者：英国财政当局认为孔部（院）长无一个财政政策。二由于故事者：上述两次上海市场之紊乱，自英、美政治之标准看，是头等官邪，故印象深刻。第三由于态度者。孔部长在英，议论甚随便（如于演说中谓中国关税可增至五倍等类）……于是伦敦财界乃扬言曰："英国甚愿帮助中国，然孔为财长，一切困难矣。"至于美国，与中国财政关系较浅，其对孔院长亦复同样少好感。斯年窃恐孔院长任中，外国帮助一语徒成空言矣。①

傅斯年运用大量事例，说明孔祥熙国际形象和威望太差，他在位不能获得各友好国家的信任，也无法得到各国的经济支持。

其二，孔祥熙出任行政院长，全国人民甚感失望。他在位难以凝聚人心，团结抗战。傅斯年在另一封信中说："孔院长之实任院长，在国人心理中深感失望，其最近言语举止深致社会不安也。抗战以来，政治上有一甚大之危险，即一般人，尤其是青年，急剧左倾是也。夫左倾一事，在常时不足为病，在抗战中则易招致失却重心之危险。斯年尝遇投效陕北，醉心所谓'文化人'之宣传者而问其故，其答语几若一致：'蒋先生领导之军事是无可议的，而中央之政治却并无出路。'若与之辩，则必举例曰：'若孔氏者，非贪污，腐败之结晶乎？'此中是非，非斯年今日所深论，然即有此普遍的影响，似不可不留意其根源，且此评价不特在一般民众中为然，即文武百僚，亦多心怀此意，私下议论而不敢昌言耳。又，孔院长久任其幼稚之子管理要政，竟于财政部指挥大员，更以其不成年之小女管理机要电报。似此公私不分，未有近代国家可以如此立国者。又孔氏在国

---

① 欧阳哲生主编：《傅斯年全集》第七卷，湖南教育出版社2003年版，第184—185页。

防最高会议中及其他重要场会频发怪论，肆诋宋前部长，群伦惊骇，因而社会中纷纷议论，一若财政崩溃即在目前者然，武汉人心于以不安矣。斯年所知孔氏不满中外人望之事什倍于此，今姑举其最足危及国家者。窃以为今日之局，在外必求友邦协助，在内必求上下一心，若以孔院长一人为之梗，似不可不早计之也。"傅斯年所列举的，多是社会所广为流传的事实，自然能使人深信不疑。

其三，孔祥熙当政，外交难以开展。孔祥熙出任行政院长后，任命王宠惠为外交部长。王宠惠本来才不堪任，孔祥熙又特别专权。孔祥熙、王宠惠执政，外交工作难以开展。傅斯年说："在此时负外交之责者，必须用心，必须努力。用心然后可以默识列国大势之演变，把住机会；努力然后可以有为，今王外长绝不努力，绝不用心，中外皆以为话柄。不特不能勤听、勤读，细研情报，即驻华之外交人员亦少来往。各使馆中人见其毫无精神，鲜谈正事，时对国人有怨言曰：'中国何以不重视外交至此？'至于我国在外使馆，于重要关头每不能如期收到训令，空为焦急，即部内员司，亦每言长官不动作之苦，此似非济时之外交也。其实王部长亦有不能尽负其泄泄责任者，盖上有孔氏指挥自决，外长等于跟班。纵外长为用心之人，亦不能发挥其作用，且孔氏无权不揽，无事不自负，再积以时日，恐各部皆成备位之官，不只外交失其作用而已。"① 显然，傅斯年批判王宠惠在外交方面消极，不胜任外交部长之职，根本原因是孔祥熙专权，无法自主地开展工作。

傅斯年直接给蒋介石写信指斥孔祥熙任用私人，没有得力的财政措施支持抗战，虽未公开，亦不是秘密，社会肯定有所流传，尤其社会上层许多人有所闻知。时任军委会参事室主任的王世杰，在3月4日的日记中就曾记述："近日外面对于孔之长行政院，王亮畴长外交，颇多不满。昨闻傅斯年君（国防参议会委员）曾以长函致蒋先生，指责孔、王甚力。"② 孔祥熙很快知道了此事，对于傅斯年的指责又怨又惧，于是以退为进，4月25日致信蒋介石，请求辞职。信中说：

---

① 傅斯年等人7月12日上蒋介石书在社会有流传，首收入《胡适往来书信选》（下）附录三，欧阳哲生主编《傅斯年全集》第七卷根据南京第二历史档案馆影印件收入，但与傅斯年档案原抄件文字有出入，今根据原件摘引，并将文字不同处进行注明，以供读者比较研究。

② 王世杰：《王世杰日记》手稿本，（台）中研院近代史所1990年版，第1册，第197页。

> 弟自由欧奉召返国，参加国难工作，倏忽半载。遵命担任行政，亦已四月……弟以时值国家艰危，我兄忧劳逾恒，遂不得不暂承其乏，冀我兄专心军事，求取抗战之胜利。所幸抗战初起，中央即有决议，党政军统归我兄领导，而政院诸务，早有成规可循，曹随萧后，自亦不必另有主张，另有政策。惟数月以来，外间或不加察，责弟无主张，无政策，在非常时期，更无特别办法……弟近年来身体多病，精力远逊于昔，前为我兄分劳，应付难局起见，暂任行政，尚能勉强支持，如使长负重责，深惧自误误国，即负我兄推许之意，亦累我兄知人之明。……长财数年，幸赖我兄信任，虽有谣谤，均置不理，始能放手做去，即近来稍有成就，亦系我兄指导之力，就积极方面言，因整顿旧税，兴办新税，为国库增加数万万元，就消极方面言，因购置消费躬亲核实，为国库亦节省数千万元……惟前以国家前景欠佳，未敢提及下忱。今幸行政组织大致妥贴，战事前途又形好转，而财政亦筹有办法。弟之去留，当不致影响大局。现拟提出辞呈，自不能不先商我兄，披沥直陈，敬祈垂察。①

可以说，孔祥熙针对傅斯年的上书，有辩白，有表功，亦有反击。

众所周知，孔祥熙既是蒋介石连襟，又是蒋介石亲信。自20世纪20年代追随蒋介石，在国民党政府担任工商部长、财政部长、行政院副院长等职，以善于理财著称，是蒋介石财政方面的主要助手，对蒋介石忠心耿耿，唯命是从，深得蒋介石信任。蒋介石接到孔祥熙的信后，让陈布雷退给孔祥熙并表示"致慰鼓励"，对傅斯年的信则置之不理。

傅斯年第一次对孔祥熙进行揭露和指责没有结果，虽心情苦恼但没有丧气，决心继续努力，收集孔祥熙祸国殃民、贪污腐败的资料，联络正义敢言之士，公开与孔祥熙进行斗争，利用合法手段将孔祥熙赶下台去。这在他1938年6月20日致胡适的信中有所叙述：

> ……此信为肥贼（指孔祥熙——作者注）所见，于是在财政部

---

① 孔祥熙致蒋介石信，见杨天石《蒋孔关系探微——读孔祥熙档案之三》，《海外访史录》，社会科学文献出版社2002年版，第528—540页。

大闹三日，在国防最高会议大骂研究院，弄得汉口遍知，人人称快，而无人敢继我而起——中国人只是打死老虎的。当时我想再写一信，而苦于无材料，先生之信到，正是一个好材料……但是我究竟能弄到几分，也并无把握，Roosevelt（当时某人外号，所指待查。——作者注）劝我暗中作动（动作）而不出头。盖出头，则人以为只是我一人之私见。此见有"中国道理"，但我不能接受。我要与人一齐出头，三、五个人便足。如真找不到人时，然后一人出头也……

因此想到，"将军一去，大树飘零"，如果先生在国内，由先生号召，力量岂止十倍于我！先生信中所说"外交结构"、"外交政策"，我都万分同意，但是我的看法：肥贼不去一切无办法。目下之外交，主持于"宫妾"、"外戚"、"宦官"之手，如说他没有政策、结构，他说都有，就是这三人为结构、为政策。

先生不知道我心中的苦恼，我的无力量。我真觉得活着没有价值！希望我这信不使先生悲观。为老百姓要乐观，要努力。①

从傅斯年致胡适的信中，可以看出以下几个问题：其一，傅斯年上书蒋介石，揭露指责孔祥熙纯属个人行为，是自己意志的体现，没有受任何人指示或影响，更不是受某种势力和某个政治集团操纵，充当打手和工具。其二，第一次上书没有达到"锄奸"的目的，但产生了积极的影响，孔祥熙上书蒋介石请求辞职和在财政部大骂中央研究院，都表明他对傅斯年上书很在意，有应对的动作。其三，傅斯年一击不中没有退缩，而是积极筹划，准备在国民参政会上采取更大的行动。1938年7月6日，国民参政会第一届会议在武汉召开，傅斯年提前到会，按照原来的设想与黄炎培等人联系。② 7月12日起草了上蒋介石书，从孔祥熙的才能、信望、用人、友邦观感和持家失检五个方面，论述其不能胜任行政院长。信中列举大量事例为证，明确指出："孔院长之身兼各职，皆不胜任，固为□□等之定见，亦为全国之公言，今辱承温问，敢不尽其所知。即以报国家数年养士之恩泽，亦以答我公尽瘁报国之赤诚。今全国一致竭诚拥护我公，则

---

① 傅斯年致胡适信（未刊），傅档 No. 157—12. doc。
② 据王世杰7月3日日记：国民会政会参政员到汉者已甚众，彼等对孔庸之长行政院极表不满，而思提案攻击者。说明傅斯年按致胡适信中所设想，提前到武汉联系参政员，以图联合行动。

政府尤不可不求其健全。如承审察事实，当机立断，以慰四海之望，则抗战前途幸甚矣。"①

傅斯年自上次上书后，即准备联络众人再次上书，并准备见蒋介石面折廷争，所以积极收集有关孔祥熙祸国、误国、贪污、任人唯亲，包括对蒋介石不忠、不敬等方面资料，洋洋数千言，其上书可谓事实充分，证据确凿，令人触目惊心，其要求也相当明确，即要求蒋介石"审察事实，当机立断，以慰四海之望"。无奈蒋介石对孔祥熙依赖方殷，充分信任，难以听从傅斯年等人的意见，可谓言者谆谆，听者藐藐。更令人气愤的是，傅斯年收集资料，准备在参政会上联络参政员，上书揭露孔祥熙的事已为蒋介石探知，不但不感念众人抗日救国的真诚，反而"闻之甚不悦"②。这样，傅斯年等人上书，结果可想而知。

傅斯年第二次上书未起作用，感到只用上书蒋介石的办法难以奏效，决心采取公开揭露，制造舆论和更大规模联名提案等形式，数箭齐发，将孔祥熙拉下马。1938年10月28日，国民参政会第一届第二次会议在重庆召开。傅斯年决心利用此次机会，组织更大规模的讨孔行动。

傅斯年在第一届国民参政会中被选为驻会委员。全会召开的前4天，傅斯年等发表激烈的抨击孔祥熙的谈话，获得许多参政员的同情和支持。经傅斯年提议，由傅斯年与胡景伊、张君劢、马君武等7人起草，共同上书蒋介石。起草后，傅斯年修改定稿，在参政员中讨论通过。考虑到当时抗战形势，决定"密陈左右"，许多参政员闻知，纷纷签名附属，最后多达52人。其信主要内容如下③：

> 初夏屡获侍座，高山仰止，景佩弥深。时日推迁，又复三月，瞻念我公干惕劳勤，导率抗战，以一身而支全局，凭精诚以敌众难，国命赖以不坠，前途犹有可为。静言思之，感激涕零，再造邦族，我公是望。……惟军事之成功，系乎政治之运用，政治若有重要之缺陷，

---

① 欧阳哲生主编：《傅斯年全集》第七卷，湖南教育出版社2003年版，第183页。
② 《王世杰日记》（1938年7月3日）云："蒋介石闻之甚不悦。"见杨天石《傅斯年攻倒孔祥熙——读台湾所藏傅斯年档案》，杨天石在此文对傅斯年攻击孔祥熙的档案资料记叙颇多，只是言而不详，有些只叙述大意，原文见杨天石《海外访史录》，第541—545页。
③ 该函共计5稿：1、2、5稿称为傅斯年手稿，1、2稿段落与字体大致相同，唯2稿内容有遗漏；5稿另起段落；3稿为油印稿，并有傅斯年修改手迹；4稿为毛笔稿，为定稿。今以此稿为主，参校以其他各稿。

则虽具精兵良将，效命疆场，无以操胜利之左券。我公之领导将士，布置战略，国人上下，对之不特未有间言，亦且服膺信赖。若政务各端，是否妥善，则有不能默尔者。今危急至此，更不敢不贡此丹心。□□等追维年余以来抗战之经过，以为政治之最大症结，得有两端，敢析陈之：

一、明定各主要部署之职权，以清责任而责事功。吾国历久之积习，第只问人而不问制度，故一事而属之数人，庶事或综于一手。下夺上权，上侵下职，积之既久，浸成淆乱。凡事之有利可图、有权可把持者，群争而众夺之；凡事之无利可图、无权可把持者，群去而众遗之；凡事之责任重大，乃至关系国家安危者，每自设法而避去之。及事之既坏，遂无以指明负责之人，而正其罪。且因此发生之摩擦，既坐失时机，更每引起甚危险之人事纠纷。举例言之，数月来对外贸易之未有成绩，其责任在行政院长乎？抑在经济部长乎？抑在贸易调整委员会乎？西南交通事项之进展不速，其责任在交通部乎？抑在他人乎？又如西南三省应统筹之事项，其责在行政院长乎？抑在重庆行营主任乎？又如今日之外交部，国人皆指为不努力，而外部自谓权不在手，故只能如书办之坐待吩咐，其信然乎？充此习惯，恐已有结构，亦失作用，遑论改善。夫一手而操庶事，一事而归数人，固无人可尽其功，亦无人肯任其过，驯致上下推诿，左右争执，此在太平已可为寒心，此时尤不足以应付战局也。□□等不揣愚悫，敢请我公严明指定各事之负责人，且明定职权，其功归之，其过亦归之，既不容越权，亦不容避责。此所以增效能，振纪纲者也。

二、严考关系国家存亡诸大政负责人之功过与声名，分别进黜，以固人心，而增国力。□□等备位议职，深自思维，实觉目下政治之缺陷，虽有关结构，固鲜在政策，而在人事者实为最大。盖虽有良善政策，若执行者不得其人，终于存亡无补也。抗战以来，论外交，只见长持松懈坐待之态度，则当事者之努力，似尚有所阙；论财政，则筹款、借款每有贻误，只取坐吃山空之办法，致失时机。所有因迟缓、疏忽、懈怠以及人事纠纷而招致之损失，不可不归咎于人之不称职也。即如行政院长之大任，在平时已略如外国之首相，在此时尤关战事之前途。若其人一切措施，不副内外之望，则国家之力量，因以减少者多矣。夫政策决之中枢，大计秉之我公，□□等衷心信赖，然若执行者不得其人，恐亦无益于国事也。

　　□□等救国无术，忧国弥深，至于今日不能不尽其所欲言，此固以求心之所安，亦由我公精诚感召，仰企佩戴而不能自已也。上列各事未便于会中讨论，以滋误会，故密陈左右，未使外知。万幸万幸。①

　　再陈者：

　　此启中各意见均系于十月廿四日谈话会中同人发表，当指定七人起草，经数次讨论修改，于廿七日谈话会中决定本文，并于是日谈话会中及卅日聚餐会中签毕。所有签名原纸，附呈，钧见。

　　敬再陈者：

　　此启正本（附入原签名单者）于十月三十一日共同密封送至国民参政会秘书处转呈。五日后秘书处发还，不允转呈。同人等因不知驻节所在，遂托马君武先生于会毕之次日，持原密封之函返桂转衡面呈，或派专人访递。兹恐道路稽延，更抄此副本上呈。再，此启签名人均在两次集会中自行签名，未向一切到会同人征求同意，封后有来请补签者十余人，因已封好作罢。谨以附闻。

此信因蒋介石未与会无法面呈，密封送至国民参政会秘书处转呈又被退回。当时闻知蒋介石在湖南衡山一带指挥军事，正好信件起草人之一马君武参政会结束返回桂林，遂托马君武转赴衡山面呈。傅斯年又将副本送交蒋介石侍从室主任陈布雷转呈，为此傅斯年给陈布雷写了一封信②，信中特别强调此信代表了许多参政员的意见，请陈布雷重视此事。信中说：

　　未获侍教，匆匆半年。每怀清仪，曷胜驰会。比维道履康健，为祷为祷。兹有陈者，第二次参政会开会之前数日，若干同人，颇思有所进言于委座，而深虞会中言之不便，故于一公开之谈话会中推定七人起草，写成一启，上陈委座。此稿经次期谈话会修改，由到场人中之十人签名，旋更于开会后一次聚餐会中签名，共五十二人，送参政

---

　　① 傅斯年此信曾在社会有流传，欧阳哲生主编《傅斯年全集》第七卷第187—189页据油印稿收入，所列人名及信后附言根据档案原稿增加，可使我们明了此信的酝酿和转交蒋介石的过程。
　　② 此信原稿保留在傅斯年档案中，档案号为：No. 73—173. doc。

会秘书处恳其寄呈。秘书处将原件搁压六日，原封退回，当时同人又不知委座所在，深虑遗失，乃于闭会之第三日，因马君武先生返桂之便，请其先带至桂林，便即等人探呈。惟此件曾上达否，此间同人未得消息；乃再抄一本。思寄达先生处转呈。重以屡访先生所在，未得准息，延搁至今。留渝若干同人，深觉此件既系五十二人所自动签名，且著此意见者，尚不止到会人中之五十二人。只以签名仅于两次集会中行之，并未传签；又以开会之第二日即封送秘书处，故见解相同、而以后来或未见到之故，不便签入者甚多，若普遍传签，至少尚有七十余人之数。设不能上达委座之听闻，殊违会中多数人忧国之诚意。故不揣冒昧，敢以此副本送上先生处。若正本未达介公，万乞以此副本上呈。弟等公私均感激无既矣。瞻念邦国，忧心如捣，书不尽意。①

傅斯年在1938年6月致胡适的信中提出在国民参政会与孔祥熙决战，其策略分三层：一是用提案的形式请求法治；二是质问财政之情形；三是推一队人面见蒋介石，与之面折廷争。考察傅斯年在国民参政会一、二次全体会议上的行为，确是三种办法同时进行，因蒋介石未与会，所以在两次会议期间联络参政员上书蒋介石，从不同角度入手，把孔祥熙不胜任、不称职以及种种劣迹上达蒋介石。同时傅斯年又以提察和质询形式揭露和抨击孔祥熙，大造舆论，以期得到广大参政员的支持。他在国民参政会第二次全体会上，撰写了《慎选行政院长、财政部长人选提案》②，从另一个角度要求更换孔祥熙。提案主要内容如下：

在此抗战之大业中，军事、外交、财政三事，实具不可分之相倚性，故如仅有两事健全，其一不足以辅之，则三事皆丧其效用，而国家危殆矣！以军事言，此时战争，固是以青年之血肉当炮火，以人民之生命筑堡塞，然今日士兵效命疆场，久而弥勇；人民涂炭沟壑，困而无怨者，诚由近若干年中人民爱国心激发之功，尤赖我最高领袖精

---

① 王汎森、潘光哲、吴政上主编：《傅斯年遗札》第二卷，（台）中研院历史语言研究所2011年版，第941页。

② 此信存在傅斯年档案中，档案号I：642，一份草稿，一份誊清稿，誊清稿自"我等深信"以下残缺。今以草稿补之，不失其原意。

诚感召之效。今日有知之士，无不信抗战必胜者，以在军事上绝对信赖最高领袖（蒋委员长）之领导也。以外交言，我本弱国，樽俎上发动力有限，但求当事者功劳努力，不误时机之来临，不失正义之立场，亦足以告无罪于国家。独以财政言之，自参政会成立之始，同人即已忧怀满胸，深虑其人之或难当重任，今则所虑者迅速实现。近两三月之间①，财政部每布一办法，或一度表示其维持金融之决心，必继以法币之暴跌。其于未来，并未自信真有把握，则静聆报告，其事已详。其办理紧急措置中手续之紊乱，则报告于驻会委员会者，已颇露其故。②民怨沸腾，群伦失望。似此情形，未知何以策将来？何以定人心？何以固抗战之根本？又行政院长一职，表率百僚，民俱尔瞻。如得其人，固国家之大幸；今失其人，诚抗战之隐忧。我等虽无官守，而有言责，值此危机，如再默尔无辞，既无以报政府推诚之雅，尤无以符国民责备之殷。故敢抒其忠荩，拟由本会决议，提请蒋委员长及国防最高委员会注意此事，于行政院长、财政部长之人选，详加考虑，以务求官得良才、政致清明，则抗战前途受赐多矣。我等深信：抗战救国大业之成，必须巩固政府之信望，而巩固政府之信望，必须贤者在位，能者在职，百僚皆然，行政之首领关系尤重。惟爱政府，故望政府之臻于至善；惟信政府之不可移动，故望其根本永固而无堕功妨事者尸大位以招民怨也。国事危急，情无择言，是否有当，仍待公决。③

1938年10月30日，孔祥熙出席国民参政院第一届第二次全会作报告，受到傅斯年等人的质询。会后举行茶会，孔祥熙故作轻松状，在茶会上"专说笑话"，更引起参政员的不满。④傅斯年决定以提案的形式发动攻击，于是就写了上面的提案。在此提案的开头有"临时动议，秘"的

---

① 原稿没注明时间，编者根据文章内容定为1938年，笔者根据文中内容"自参政会成立之始……近两三月间"定此提案为1938年10月第二次全会期间，因参政会成立于1938年7月，加3个月则为10月，又据致胡适信为傅斯年采用多种形势向孔祥熙发难之一种形式。

② 本行眉端空白处另有附语：事至如此，犹且表其功。也说明此提案是在听完财政报告后临时动议撰写。

③ 此文后空白处另有附语：宜得才能出众，信望孚于国人之贤才，无取民怨，所集百僚。

④ 王世杰：《王世杰日记》第一册，1938年10月30日，（台）中研院近代史研究所1990年版，第415页。

字样，很可能是在起草"上蒋介石书"前后为提醒参政员认识慎选行政院长、财政部长的重要性，加强蒋介石对更换行政院长、财政部长的重视。提案中一方面强调了行政、财政在抗战大业中的地位，"在此抗战大业中，军事、外交、财政三事，实具不可分之相倚性，故如仅有二事健全，其一不足以辅之，则三皆丧其效用，而国危殆矣"。当时蒋介石和许多上层人士，都把主要注意力放在军事战略方面，忽视财政经济的作用，故傅斯年呼吁应三者并重。傅斯年在肯定军事和外交以后，对孔祥熙担任行政院长兼财政部长，主管战时财政经济表示深切的忧虑，"独以财政言之，自参政会成立之始，同人即已忧怀满胸，深虑此人之或难当重任，今则所虑者迅速实现。……民怨沸腾，群伦失望。似此情形，未知何以策将来？何以定人心？何以固抗战之根本？"他把行政院长、财政部长与整个财政经济状况联系在一起，提高到关系抗战前途、国家安危存亡的高度，以便引起人们的高度关注。傅斯年最后特别强调，"我等深信：抗战救国大业之成，必须巩固政府之信望，而巩固政府之信望，必须贤者在位，能者在职，百僚皆然，行政之首领关系尤重"。傅斯年在提案末写了一个附语，云："宜得才能出众，信望孚于国人之贤才，无取民怨，所集百僚。"傅斯年要求提案在国民参政会中"公决"。实际是希望广大参政员对此问题达成共识，争取更多人对罢免孔祥熙同情和支持。应该说，傅斯年的努力取得了良好的效果，他与黄炎培等7人起草的上蒋介石书很快得到52位参政员的签名，另有一些参政员要求签名因信已密封没有签上，总计要求签名的达100多人，占参政员总数的80%以上[①]，很能说明傅斯年此次行动的影响力和效果。

傅斯年等在1938年的国民参政会两次全会上，对孔祥熙发动攻击，数箭齐发，得到多数参政员的同情和支持，动摇了孔祥熙的基础。紧接着，傅斯年利用国民参政会这个合法舞台，提出了一系列提案和质询，其中重要的如：《关于法币暴跌及政府稳定办法的提案》《关于编制外汇之质询》《关于振济及中外捐款事项之质询》《关于财政人员风纪之质询》等，篇篇针对孔祥熙个人及主管部门的要害，再加上孔祥熙利用权势巧取

[①] 据傅斯年致陈布雷信中统计，已签名52人，要求签名的尚有70余人，而此次会谈实际出席人数为140人，出席人数可参阅《国民参政会纪实》（续编），重庆出版社1987年版，第643页。

豪夺，囤积居奇，发国难财的劣迹不断败露，主管的财政经济出现严重危机，同时，外界舆论不时对其指斥和攻击①，在各种因素的共同作用下，1939年11月召开的国民党五届六中第七次全会，免去了孔祥熙的行政院长职务，由蒋介石兼任。傅斯年对孔祥熙的连续攻击有了初步结果。

1939年11月，孔祥熙虽被免去行政院长职务，但转任行政院副院长兼财政部长、中央银行总裁，仍主管国家财政金融。此时抗战转入相持阶段，西南一方相对安定，孔祥熙及其家庭利用特权贪污受贿，大做投机生意，侵吞兼并，囤积居奇，把国有资产和外援物资大批窃为己有。这些投机走私、贪污受贿案件不时被揭露和曝光，如比较重要的业务局长郭景琨黄金案、税务署长高秉坊贪污案、中央信托局运输处经理林世良云南走私案等，都曾轰动一时，孔祥熙成为社会舆论攻击的主要对象。另外还纵容家人和属下凭借其政治特权专横跋扈，为所欲为，致使民怨沸腾。举一例可以说明：1941年12月8日，太平洋战争爆发，日军乘机攻占香港，国民党政府许多党政要人居住香港未及转移，紧急派飞机去香港迎接，最后一班飞机未接滞留香港的政要，却接回了孔祥熙一家大批箱笼、佣人和几条洋狗。飞机到重庆机场，孔祥熙女儿孔令俊指挥，用汽车将其运走。消息传出后，舆论大哗，民愤极大，在遵义的浙江大学和昆明的西南联合大学学生举行大规模的游行示威，高呼"打倒孔祥熙"，孔祥熙成为社会各界抨击指斥的对象。正如傅斯年1940年8月致胡适的信中所说，他对孔祥熙祸国殃民的揭露和抨击，已经引起社会各界的关注，孔祥熙在人们心目中的地位和形象大为下降，"若说有无效力，诚然可惭，然非绝无影响，去年几几干掉了，因南宁一段而停顿耳，故维持之者，实倭寇也。至少可以说，他以前是个 taboo（禁忌），无人敢指名，今则成一溺尿桶，人人加以触物（侮？）耳"②。可见孔祥熙被免去行政院长以后，虽然仍以行政院副院长兼财政部长的身份主管财政经济，但已从权力和地位的顶峰跌落下来，开始走下坡路了。

从1940年到1943年，傅斯年主要忙于中央研究院和历史语言研究所

---

① 1939年秋，著名经济学家、时任重庆大学商学院长的马寅初在召开的中国经济学社年会上，当面指斥孔祥熙制定的财政经济政策导致物价上涨，法币贬值。又发表演讲抨击孔祥熙等权贵囤积居奇，大发国难财。可以说社会上对孔祥熙的抨击与傅斯年等人的活动相互呼应，形成了声势颇大的倒孔风潮。

② 欧阳哲生主编：《傅斯年全集》第七卷，湖南教育出版社2003年版，第221页。

的迁徙，加上他长期生病，故对社会政治的关注有所减少，但抗日救亡的责任感仍使他在学术与政治之间"跑来跑去"，"出也出不远，进也住不久"，不时地关注着社会政治的变化。

1944年6月，抗日战争进入关键时期。世界局势开始发生转折，中国抗战形势处于黎明前的黑暗，尤其是经济形势相当严峻。国民党政府为了加强战时物资管制，计划设立物资统监本部。这个时期孔祥熙仍是行政院副院长兼财政部长，主管国家财政经济。傅斯年担心孔祥熙出任物资统监本部长官，财政物资方面的权力会更加集中于孔祥熙一人之手，于是上书蒋介石。信中分析了国际局势和日军近期的战略，着重论述了经济机构改革与人事机构的关系，信中说：

> 物资统监本部之设置，以经济局势之迫切言，如孤注一掷，不得不求其必成，防其有失也。今日孔副院长继续负行政之重责，又把握财政、经济、金融之全权，则以彼兼此重任，自为逻辑上顺理之事，亦为确定责任必要之方。然兹事为国家革命所系，不容其失败。治法虽具，犹有待于治人，机构徒换，往者未著成效。大凡机构之改革，每与人事之改革同办，方可生效。此事虽尚未发表，社会上已多知之，似皆以为人事不变，机构之更改难如预期，其结果或仅是孔副院长更加一官。斯年以为今既有此转机，若能至公至平，绝无瞻徇，应可办不少之事。惟亦不能不虑及孔先生观念之不易遂改，用人之仍是各辈也。设若任务不达，则负责者将诿过于军事之变迁，此必造成一空前之危机，尽其形势有如最后一著也。敢望钧座随时留神，万一进行鲜效，则改弦更张，似乎宜早不宜迟，人事革新必可振作，有补于大政。如待失败之形毕露，有不可挽救者矣。心所谓危，越分言之，深怀罪戾。①

傅斯年致蒋介石的信写于1944年6月15日。或许傅斯年的上书起了作用，或许出于政治原因，物资统监部没有设置。而此时，蒋介石任命孔祥熙为出席国际基金会议的全权代表。6月中旬，孔祥熙率代表团赴美。孔祥熙此次赴美是他人生的重要转折。在此期间，面对国内各种形式的抨

---

① 《傅斯年致蒋介石信》（未刊），傅档 No. 73—705. doc。

击和指斥，他已没有了防御和遮掩的能力，其政治生命趋于结束。

孔祥熙出国前后，他本人及其亲属以权谋私、侵吞国家财富的劣迹不断被社会各界揭露，社会纷纷谈论。傅斯年与社会各层有着广泛联系，孔祥熙祸国殃民，破坏抗战的行为激起了他的义愤，他注意收集孔祥熙劣迹的材料，系统整理，准备利用有效途径进行攻击。1944年9月，国民参政会第三届第三次全会在重庆召开，傅斯年决定利用会议对孔祥熙进行揭露和炮轰。9月7日，傅斯年在会上提出口头质询，其内容分四个方面：

①官吏不能做买卖，曾有法律规定，就是官吏不能直接经营商业，因为官吏经营商业可以利用政治特殊权力做到普通商人不能做到的事……现在举一件实事，就是孔兼部长办有祥记公司，虽然这个公司成立已经很久，但近又继续成立广茂新商号，此由孔家经营之……现在可否请政府查祥记公司、广茂新商号及一切有无囤积居奇情事，违反国家总动员会议法令情事，并请政府查裕华银行同国家银行往来帐目。清查的结果，报告本会驻渝委员会，同时请驻渝委员会注意这件事情。

②中央银行可以说是一个谜，因为许多情形我们不知道，不过里面山西同乡很多……总之，中央银行的情形，请政府查明报告本会驻渝委员会。这个银行究竟是国家一个机关，抑是私人的结合。是国家的组织，何必一定用山西人。我们希望中央银行国家化，机关化。

③黄金问题。我们知道去年黄金发售，裕华银行买大批黄金。他卖出金价高，买进金价低，这是重庆社会上都知道的。上两个星期，黄金停止出售，而黑市高出一万。又美国借给我们的黄金，据孔副院长报告，这个黄金用飞机运到后作调剂金融之用，请财政部报告美国的黄金运到的多少？要卖的多少？以及每周出卖的情形与以后还卖不卖，运不运？请财政部报告。我们觉得，对于美借给的黄金应用到最需要的地方，不能枝枝节节为私人发财之用。

④黄金储蓄券。去年大家知道，市场上固然有这个东西，据孔副院长说，过去很少买。可是有人过去曾买过却没有买到，而且中央信托局，中央各银行分到孔副院长最近出国之前，以大批储蓄券分送给，在一重要会议之后开秘密会，当场送给大家，人家不受，孔就云："我暂为你们留着，兑换了再给你们。"这券是国家的不能分送，

个人的不必开会，这种情形是否有对国家大员行贿之嫌，我刚才的询问对本会负责，对会外也负法律责任。①

傅斯年的质询，财政部给予了答复，但从答复的内容看，有些地方敷衍塞责，有些则给予坚决否认，如有关美金储蓄券的答复就是如此："美金储蓄券初发行时，多方劝募，购者甚少，嗣因涨价，又争先恐后，此系社会人心关系，一则发财念切，一则可以觇其希望胜利之心。买不到者，或因步入后尘；买得多者，当系捷足先登。至分送黄金储蓄券一节，并无此事。"②

傅斯年自然对财政部的答复不满，但从提案的内容看，尤其是关于黄金储蓄公债一事只是了解到了一些信息，还没有收集到真凭实据。有关此事，我们从傅斯年档案中，看到的两份质询案草稿更能说明此点。傅斯年首先要求对孔祥熙经营的企业进行调查，强调："法律的规定只有'兼理事'，但挟著大批资本，且可利用国家银行之通融大批囤积货物是法违法……'法之不行，自上犯之'、'官之失德，宠赂彰也'，所以应自上层起，设立祥记公司有年矣，更设广茂新商号者，裕华银行渝、陕两分行，所有孔氏之各项管业，更设一联合办事处，设于林森路裕华银行三楼，并以其家人为总经理，而梁子美即为重要人物。及其他各银行大量借款"，傅斯年要求对此事进行调查。其次要求对中国农民银行（孔所主持）进行调查，他提出："去年私提美金储蓄券分配行员，孔自得五万，中央银行及中央信托局均有类似之分配，孔氏此次临行，竟于行政院会定案后，对各部长施行贿赂之云，提出美券五百万津贴各部长作为特别费，当时改开秘密会商量分配后，由各部长拒绝而还。"③

抗战期间，国民党政府为了解决战争造成的巨大财政支出，利用各种

---

① 引自南京中国第二历史档案馆国民党政府财政部缉私署档案，145 宗，571 号。
② 同上。
③ 这两份质询案草稿存傅斯年档案，编号为 I：650，编者将此草案拟定为国民参政会第四届第一次大会召开期间（1945 年 7 月 7—22 日）。笔者根据其基本内容定为参政会第三届第三次全会期间，其理由如下：第一，两份草稿与第三届三次全会的提案内容大致相同，只是详略不同。第二，在提案中都提到孔祥熙"最近出国以前"，应指孔祥熙 1944 年 6 月出国赴美之事，不会是在 1945 年 7 月。第三，每一份草稿第四条中有"黄金，裕华今年春间大发一批财……上星期五停售"，按国民党政府出售黄金是 1943 年 11 月开始，1944 年结束，所以文中"今年春间"应指 1944 年，不会是 1945 年。

方式争取国际援助，美、英、苏等同盟国为了让中国在远东战场牵扯日本，给予了中国一定的财政经济援助。但争取到的美、英援助的一部分被孔祥熙等人贪污中饱。对此，美、英政界和舆论界了解许多内幕，他们或利用舆论进行揭露和批评，或通过政界人士发表谈话进行提示或指责。1944年9月，傅斯年将收集到的信息整理后，给蒋介石写了一封长信，利用国外的批评对蒋介石施加影响，要求蒋介石迅速进行改革，惩治孔祥熙等人的以权谋私，贪污中饱。此信长达7000余字，内容共分三部分：

其一，关于美国批评和中美邦交。傅斯年根据国内外形势，紧紧抓住蒋介石政治、经济都有求于美国帮助，急切发展中美关系的心理，要求蒋介石认真对待美国的批评。信中进一步对蒋介石施加压力，指出：

> 远在美国作战前，罗斯福总统即已关心中国政治将来之趋势。然则，美国一部分舆论之批评，其确在我所有缺陷者，如不迅速以事实纠正之，听其蔓延，未必不于将来影响邦交上有重大反应。……美国舆论批评中国之项目，大致可分为下列各题：一、办事之无能。二、灾重而不努力救济，反有中饱，遂致动辄有数百万人之死亡。三、通货膨胀，物价不可控制。四、各层之贪污。五、若干部队作战之不努力，及部队中之若干情况。六、所谓法西斯运动。七、所谓准备内战。[①]

傅斯年认为，美国政府得到的中国各方面的信息，比报刊等发表的信息要多不止十倍，其对中国有批评，美国目前采取的政策没有受所获信息的影响，是美国政府识大体，中国政府应当对其批评的事实认真加以改正。

其二，关于内政。傅斯年在信中根据掌握的信息和资料，对存在的问题及解决方法进行了论述，其中关于内政部分，信中说：

> 甲、物价高涨。物价高涨不已之原因诚不一，然主持兹事者根本不信物价之可以管制，故不彻底的寻求办法，且作若干自相矛盾之行

[①] 傅斯年致蒋介石信，编者系于1944年9月。傅斯年档案 No.73—701.doc。根据信件内容，应当是国民参政会第三届第三次会议以后。

动（例如公营事业之加价。去年初在限价令初颁时行之，今年在物价正在摇动中行之，皆其例），实为其主要原因之一。大凡一国之管制物价，于增加生产外，最基础者不外两大工作：一、查明资本之所在，而管理之，只使其用于生产，不使其用于屯货。二、查明物资之所在，而管理之，以合理之办法征购或分别存售。未有不于此两项竭力，而可管束物价者也。中国之国情固与英、美大异，彻底查明此两者自非易事，然高度的办到，亦非不可能，此可以事实证之者也。盖今日之资本，其最刺激物价者为法币之迅速流转，而法币非可自存，必在银行、钱庄出入，其不走此路者（例如地主□其谷价存于商店）为数究竟不大，且其流转性甚慢。故如诚心诚意清查其账（帐）目，则资本之所在，可知其大概矣……银行放款仍不太紧，此中多徇情而为之，即四行之贷款，亦不以生产为限，兼以一切公营事业，每于每度物价高涨之初暴增。办事者如此统制物价，其必得相反之结果，可知矣。今日官场中更有一极危险之论调，即"任物价上涨，不致有大害"之说也。乃物价上涨之实情，或不足以引起造反，然兵士饥病，公私生产锐减，即兵工亦然，即此两事已为头等祸害矣。

乙、官箴。今日内外之指言贪污者，时不免词涉笼统，易引人之愤慨。惟若分别考索之，其待改革之处自亦不可谓少。大凡古来之所谓贪污，即直接贿赂之事，在今日政治之上层机构，似已不可谓有，然以中国之传统恶习，兼以战时特殊景况，物价高涨之结果，在下层，在地方，似更为滋长，故外国人在各地所见，其报告更坏。欲矫下层之弊，仍必先澄上层之源。上层之弊，未可直言其为贪污，然失官箴之处，则甚矣。以影响论，直接性之贪污，为害固远不逮间接性之失官箴。请分别言之。（一）高级官员兼营商业也。例如"祥记公司"之招牌，系之林森路者有年矣。中央银行总务处副处长梁子英，彼为其长官，亦为自己兼营若干规模弘大之商业，此事在重庆全无所秘密，彼自己以为当然，时对人曰，彼将为林士良第二，而不恤在此时有此风气，其影响之大，自不待言。（二）高级官员利用其政治利（力）量以益其私营之商业也。例如今年二、三月中黄金涨落之故事，其可知者如下。先是，农民银行开始出售黄金，虽挂牌，一般人不易购到，购到之大户为山西裕华银行，此时农行虽抛出，金价转以传言而狂涨，旋则裕华以高价售出，金价转跌。此一波折，国家失去不少黄金，裕华得数万万元之净益。政府固有力安定金价，此可于以后之事证之，然则又何必先有此一序幕使中外惑骇乎（此事，美国人极注意；又，行政院张秘书长厉生亦不以此事为然，故前与顾次长翊群争吵）。（三）对于所属机关及人员，竭力掩护也。往事不待论，今财政部正有若干重大地方机关舞弊事件，壹本其大事化小，小事化无之原则处理之（惟恐人人知之，绝无所谓纲纪之念）。（四）自成一系统，虽有新加入良善之士，丝毫无能为力也。例如财政部次长俞鸿钧，重庆官场中认为良士，然财政部高级职员诸事直接请示部长，更挟其固有之关系，自作主意，俞次长之能力，不如一主要秘书，恐只可为装点之用而已。又如中央银行新设总务处，其处长王钟，其人为诚懿之士［彼在军器署以看不惯事，多发为精神病（彼养病住中央医院时，斯年亦正在歌乐山继续休息，知其情形甚悉），其为直肠人可知，］今虽以彼为中央银行总务处长，而以梁子英副之，王则赤手空拳，梁则上下相孚，王氏又何从发挥其正直乎？此等事例，为篇幅所限，固不能尽其什一。

丙、救灾。救灾一事，最为英、美一流之国家所看重，以其重视人命也。此事除其本身之重要性外，即在外交上亦时有重要作用。盖如办理良善，可引起他事之愉快合作也……

其三，关于人事改革。傅斯年在信中强调，人事改革是政治改革之本：

事务改革，必以人事改革为前提。大凡今日讳言改革者，每存一心理，即深恐多事转致不安也。斯年之愚，以为今日政府之地位，如以为稳固而发挥功能，则诚稳固如磐石矣。如不以为稳固，而诸事过于迁就、迟延与隐忍，转不稳固。何以言之？抗战七年，物价之高涨如此，民困兵饥，各地并无大不安之事，足证其稳固。此之主因由于钧座精诚感召，兼以国军力量足以压倒一切土势力。而一般常则，战争中政府易于稳固，亦为一故。故战争中政府可为平日不能为之事，战争中政府最便发挥其功能。若今日不可改革之事，战争结束后更不易改革矣。若以投鼠忌器之故，坐荒时日，无异给若干恶趋势以蔓延之机会，而示恶势力以弱点，即助其焰也。故斯年之愚，以为政府之威权,愈"有为"愈稳固,愈"无为"愈不稳固。

以此心理为前提,引申得下列三义:(一)凡奉令推行之人,必其人自己信此政策,若自信与此策相反,必于辗转间将此策冲淡之,消失之。例如管制物价之人,必自信物价可以管制;整军之人,必自信不必姑息,而后可也。(二)国家基础未稳固时,用人之际,须虑其缓急可恃与否,办事之时,亦当以四围环境为虑。今既已稳固矣,用人当以才干为先,办事当以每一事本身之任务为准。盖抗战之共信既成,今昔迥不侔也。(三)改革之事,第一义为公而无私。若夫到处向人卖好以固其位之人,欲其不为官僚之事,而有新改革,难矣……事务改革必以人事改革为之本,而人事改革有迫不容缓者,综览今年内外之局势,必与倭贼争取时间,必与共党争取时间,甚且必与盟邦之军事进展争取时间。今日而言改革,其主动仍操之自我。如形势更有演变,改革为势所必至,而主动不操之于我,则其不利大矣。若钧座于此时以人事之改革,一新中外之耳目,而以事务之彻革随之(小注:一扫今日官官相维之大情面网。此中节目,所欲言者,非本文所能尽)。在外,则好我者劝,恶我者惧;在内,则民众于焉于奋,(麻痹)因以革除。大政维新,所以转今日之危机,奠千年之伟业,伏维钧座图之。

从信的整个内容来看,涉及面相当宽,站的角度亦较高,其主题也很明确,但具体到改革要求和所举弊端,则着重于财政和人事,基本上都是针对孔祥熙的管辖范围及属下机构人事问题。实际上是轰击孔祥熙的一个重型炮弹。

孔祥熙多行不义,不仅激起了民愤,而且引起了国际舆论的关注和批评。傅斯年借助国际舆论,特别是英美盟国对孔祥熙不满的舆论上书蒋介石,再一次施加压力。据说美国总统罗斯福给蒋介石捎信,要求撤换孔祥熙财政部长职务。各种因素都逐步发生作用,最后蒋介石不得不考虑进行人事改革,进一步削弱孔祥熙的权位。

1944年11月,国民党政府迫使远在美国的孔祥熙辞去财政部长职务,由俞鸿钧接任,但仍保留行政院副院长职务。傅斯年闻知孔祥熙被罢免了财政部长职务,十分高兴,但对没有罢免行政院副院长职务不满,遂于11月22日再次上书蒋介石,要求罢免孔祥熙行政院副院长等职务。信中说：

昨读报纸知政府局部改组，社会论议其词自不尽同，然大体皆感若干欣慰，而更期待续有改革，其情之殷切，转甚于前。盖前者一般人颇致疑于究能改革与否，今既无所疑点，故热情期望，转而高涨。即以斯年论，闻此消息，如闻打一大胜仗，两夜为之不眠，友朋中有为之泣涕者。值此危机，钧座下此英断，国家之福，民族之幸，所以振人心，励士气者，所以使"好我者劝，恶我者惧"者，其效诚不在小。然其中即以目下最低之需要论，似尚有一著留而未下，若下，则此次改革之效至为彰明；不下，恐此次改革之分量减少甚多矣。此著，即孔副院长之留其副院长之任，因而财政部之更动亦将失更动之效，是也。久承钧座推诚相待之高厚，并承蒙恕其草野放言之罪戾，故敢冒进一言：

一、孔副院长留任之影响。孔副院长服官之为功为罪，抑或功罪各不相掩，将来历史自有定评。然政治之每一设施，实以效用为前提，不以判断功过为第一务也。若一人之一退大有利于国，可不问其功罪，即彼自己亦专为爱国之故而心安之。副院长一职，本来可重要，可不重要，然为政府全个面目计，今日一新耳目，以临兆民，此著不下，全局无著，若犹有所待，则此次改革之生效，亦有所待矣。为此次改革之整个意义与作用计，此事有不宜更缓者。斯年主观孔、宋二公，固颇难强分高下；然今日之局，此职只需一换，不论其为何人，均有全盘之效用。兹更分析孔公留任之效果如下：

（1）此次改革，虽曰局部，多少含有全局之意义。其所以慰人心，振士气，消反对之力量，杜恶意之口实者，可以此著不下而大大减少。

（2）俞次长鸿钧之升任部长，本不易办事，尤不易改革财政积弊（以其不能放手作事也），若孔公仍留副院长之位，更必书电往来于重庆、纽约间。其结果所至，俞部长有责无权，有位无能，将误大事。此意下文详说。

（3）传闻中枢某大员进言于钧座，谓孔公在美宜留副院长之名义，以便随事与美当局接洽。以斯年所知，此即恰得其反。五院制度，中国所特有，行政院副院长一职在美无可比拟之官，故报上均译为内阁副总理（vice-premiev）（多年如此，亦孔公所好也）。美国人者，一般坦率天真，有如初中学生，所有中国所谓"人事问题"，彼等最不了解，社会上觉得中国放其"副总理"长期在外，养病、谢客、入医院、经手术，必有奇异之感，无异为对我作恶意批评者作一证据。尽美、英习惯，凡长期治病必须辞职，以职守不可旷，国务重于人事故也。

二、俞部长办事之为难。新任俞部长之为人，社会上公正言论谓其为第一流之事务人才，持身清白，用心细密，是其所长，若夫澄清改革，前此尚未有所表现。今以之当此重任，苟有钧座之督责，宜有成事之望。然而彼之环境，知之者皆谓为良苦。即以发行钞票论，其权实操之于郭锦坤、李骏耀、凌宪扬诸人之手，如此三人说一不字，俞部长即一时无钞票可发，即无法办矣。郭锦坤者，又名景昆，社会上称之为 K. K. Kwok。十余年前，美国国会曾调查中国购买军火收回扣事，报上曾揭露 K. K. Kwok 之名。闻钧座当时震怒，派人严查，查者诸人中明知其即郭锦坤，终以其力量甚大，遂以中国人无姓"廓克"者上复，其实广东读郭字，固有此尾音也。此人为孔府旧人，今为主持中央、中国两行之人（彼原为中央银行业务局长，孔公赴美，又命其每日往中国银行办事，监理一切，故两行集于一手。）李骏耀为中央银行之发行局长，凌宪扬为中央信托局之印务处长，三人皆孔夫人之义子，平日之于俞部长，不特狎之而已，且如对其他财政界人一样，颐指气使之，是则即就发行钞票一事论，俞尚须处处求人，其人又皆私而非公，何论其他。又如孔公馆之策士，如前为汉奸（勾引土肥原）之萧振瀛，久贩鸦片之谭光等等，不可胜数，俞部长恐皆无法不加以敷衍，此特举例言之而已。窃以为今日整理财政，其大者分下列诸端：

（1）整理税收。今日各种税收，如不为人事牵连，加以整理，可大量增加，即财政部人亦如此说。

（2）惩治贪污。惩治贪污之先决条件，为破除情面，然情面者相连为一串者也。

（3）增加效能。今日财政部直接、间接所辖人员约三十万人，甚浪费，其鲜效能，素闻于世人。各地税收机关中，开支、收入不易相抵者甚多。

（4）更易首长。财政部所属各机关首长，固不可一概而论，然风气恶劣，彻上彻下者，实不为少。如贸易委员会，惯为私人套取大量外汇，所经营者，几无事不腐。又如监务局，积弊原多，近年更以大速度进展，他如外汇管理会，专为有力私人送人情。此类事虽浅深有异，亦说不胜说。此等事，俞部长形格势禁，恐无能为力，将来或又代人受过也。

（5）清理大事件。举例言之，美金储蓄券发行总额，连合云南之一千万粮食券，共为一万一千一百万，其数实超过甲午赔款，而国家所换回之法币，仅近一年余以来之二十万二，今日即已多数换成美金存款，且不少汇美者矣。又如黄金，公卖私收，市场操纵，国家所换回之法币有限，而私人之利益无穷。此等滥帐，皆待清理，而一清理即涉多数私人利益。今日财政部所管各事，恐无一而非滥帐者，以其风气滋长太久，原来势力太大故也。

此外，如决定财政之政策，运用计算之手腕，更非有自由、有力量之财政部长，不易从事也。即使孔副院长离行政院，俞部长之困难仍极大；若其留副院长，恐俞部长只有一切照常，一切电报请示而已。

三、结语。总括以上所检讨，不免得以下之结论。

（1）副院长一职如无更动，自一般言之，失其振人心之效；自财政言之，失其改革之功。

（2）俞部长既应此大任，似宜责成其澈底整理，无所瞻徇。

（3）改组中央银行与中央信托局，使其人事与机能皆正规化。今之中央银行，其外貌全是一谜，其内容更不似正规之国家机关[①]。

傅斯年在信中所谈情况皆符合事实，要求免去孔祥熙副院长职务的理由也很充分，确实是为抗战大局、国民党政府改革前途着想。从当时形势的发展变化来看，傅斯年的信也确实触动了蒋介石。1945年5月召开的国民党六届一中会上，经蒋介石提议，选举宋子文、翁文灏为行政院正、副院长，免去了孔祥熙行政院副院长职务。

[①] 傅斯年致蒋介石信，所署时间为1944年11月22日，傅斯年档案 No.73-707.doc。

1945年5月，国民党政府将孔祥熙的主要职务皆罢免，只保留了中央银行总裁和四行联合办事处①副主席两个财政金融方面的专门职务。傅斯年认为，中央银行总裁是财政金融要职，是孔祥熙的根，不把根拔去，孔祥熙不会彻底垮台，因此决定继续努力，搜集孔祥熙等人贪污中饱以权谋私的材料，除恶务尽，穷追猛打，不给孔祥熙卷土重来的机会。正好，此时黄金公债案被揭露。傅斯年抓住时机，奋力一击，终于将孔祥熙轰下了政治舞台。

1945年7月7日，国民参政会第四届第一次会议在重庆召开，傅斯年参加了会议。由于国民参政会第三届第三次会议期间，傅斯年口头质询美金公债舞弊事，财政部的答复敷衍塞责，否认事实，会后傅斯年又掌握到一些有关信息，遂决定在此次会上再次提出质询。会议开始不久，参政员陈赓雅拜访傅斯年，将收集到的孔祥熙等人侵吞美金公债的详细材料，写成提案让傅斯年过目，并请傅斯年联署，准备提交大会讨论通过。傅斯年看后十分高兴。陈赓雅的提案，详细记述了孔祥熙和国库局局长吕咸等人侵吞美金公债的过程、数量，并附有原始账目和知情工作人员提供的证据，使傅斯年了解了此次巨大舞弊案的内幕详情，为傅斯年提供了轰击孔祥熙的重磅炸弹。

所谓美金公债案真相是这样的：太平洋战争爆发后，美政府为了稳住中国抗战局面，同意借给中国5亿美元贷款，1942年春正式签订协定。孔祥熙决定从5亿美元中拿出1亿美元用作发行美金储蓄券准备，规定中国法币20元可购1美元储蓄券，抗战结束后以此券兑换美元。最初，由于社会上不知此项公债有美金做准备，见其还本还息期长，购买者甚少，到1943年秋，实际售出的美券数额不到一半，后因通货膨胀，官价已达40元法币兑美金1元，黑市上则高至250多元法币购买美金1元，孔祥熙见有利可图，便下令停止出售美元储蓄券，其剩余部分，由中央银行业务局购进，接着由中央银行国库局局长吕咸拟具签呈。签呈说："查该项美券销售余额，为数不赀，拟请特准所属职员，按照官价购进，符合政府吸收游资原旨，并以调剂同人战时生活。"此呈由孔祥熙亲自批准，并盖了"中央银行总裁"官章。据当时云南劝储分会委员兼主

---

① 四行联合办事处是指中国银行、中央银行、交通银行、中国农民银行四家银行，办事处主席由蒋介石兼任。

任干事陈赓雅回忆：吕咸取得合法手续后，第一批购买美元券余额3504260美元，照官价折合法币70085200元，全部送给了孔祥熙一人。第二批又购买7995470美元，照官价折合法币159914800元，两批共购进11509920美元，合当时国币近30亿元，去除成本，贪污26.4亿多万元，其中孔祥熙一人得到赃款的70%，其余30%分给了各职员，这就是美金公债案。

傅斯年、陈赓雅等人准备将惩治孔祥熙等人侵吞美金公债的提案提交大会通过，这在参政会引起了强大反响，参政员们议论纷纷，对孔祥熙等人贪污如此大笔款项义愤异常，自然也传到参政会主席团诸人耳内。大会主席王世杰害怕事态扩大，出面找提案人和联署人谈话，劝傅斯年等人不要把此提案正式提出，以免被外人借为口实，攻击政府，影响抗日。王世杰以威胁的口气说："案情性质尚属嫌疑，若政府调查事实有所出入，恐怕对于提案人、联署人以及大会的信誉，都会有损的。"① 傅斯年等人不怕这一套，对王世杰说，证据确凿，请不必代为顾虑。他丝毫不退缩。与傅斯年私交甚好的陈布雷感到事关重大，恐惧后果严重，向蒋介石报告了此事。他对蒋介石说："蒋先生，参政员提案，庸之先生鲸吞美金公债。此事言之确凿，恐对庸之先生大大不利。布雷想，当此国难时期，庸之先生趁火打劫，置国计民生于不顾，实在太失公职人员体统……"② 当时蒋介石叹了一口气说："这事很糟糕，庸之只好辞职，所吞美券只好分期吐出。但是还是不宜在参政会公开提出，一列入提案，对友邦将造成极坏影响，对我们抗战将不予继续支持。布雷先生，我看你是不是以新闻界前辈身份给参政员说一说这种利害关系，就将提案改为书面检举，送给我办好了。"陈布雷原想公开触动一下孔祥熙，听蒋介石一说，知其仍想袒护孔祥熙，只好按他的意旨去办，出面找傅斯年和陈赓雅等人谈话。陈布雷见了傅斯年等人后，首先表明自己不是以侍从室二处主任身份说话，而是作为老报人随便谈谈。他先肯定傅斯年等人此举是出于公心，接着话锋一转，说有个投鼠忌器的问题。陈赓雅问何以见得投鼠忌器？陈布雷说："就怕一经大会讨论，公诸社会，美、英、苏等友邦更认为我们是一个贪污舞弊的国家，对抗战不继续予以支持，那么，后果之大，将不堪设

---

① 陈赓雅：《孔祥熙鲸吞美金公债的内幕真相》，载《文史资料选辑》第50期，第216页。
② 参阅王泰栋《陈布雷外史》，中国文史出版社1987年版，第130页。

想。"傅斯年、陈赓雅等人似乎还有点不相信,陈布雷继续说:前此不久,政府决定黄金加价,被财政部高秉坊泄露,掀起轩然大波,友邦朝野人士,啧有烦言,现在不幸又另有一空前大舞弊案发生,必然会引起友邦的更大失望与不满,为抗战招致"失道寡助"的后果,想来也不是大家所愿望的。傅斯年对陈布雷是尊重的,对他的话也是相信的。并且他们此举本是激于爱国之情,如果此事真的有损国家国际威望,这是傅斯年等人内心所不愿的。同时他们也知道,陈布雷所谈决不是他个人的意见,于是便问陈布雷的意见,陈布雷说:"我想可以将议案改为书面检举,由主席团负责人亲自交蒋主席查办,蒋主席是会严办的,这样既可达到查办目的,也可照顾到影响。"可是,傅斯年等人清楚蒋介石与孔祥熙的关系,担心此事不了了之。决定不列议案,也要找一个适当的方式戳他一下。于是决定在参政员全体出席时提出一个"质询案"。质询案题目为《彻查中央银行中央信托局历年积弊严加整顿惩罚罪人以重国家之要务而肃常案》[①],其内容是:

    谨案。中央银行实为一切银行之银行,关系国家之命脉。然其组织直隶国府,不属于财政部或行政院。历年以来,以主持者特具权势,道路虽啧啧烦言,政府并无人查问。而一有事实暴露,即为触犯刑章。如黄金案主角之郭景昆,已在法院取保矣,而国库局私自朋分成都未售黄金公债一案,至今尚未送法院。由此例之,其中层层黑幕,正不知几许。至于中央信托局,亦每以触犯刑章闻。如前者之林士良案,今者黄金案中钟锷、黄华以下皆涉及。此等机关如不彻查严办,必不足以肃国家之政纪。谨拟办法如下:

  一、彻查。由政府派定大员,会同专家,监察院委员,本会公推之代表(必为参政员)彻查其积年之账目与事项,有涉及犯罪之嫌疑者,分别轻重,一律移送法院或文官惩戒委员会。此项彻查人员,得接受人员呈诉之项目。

  二、改组。今之中央银行,俨然对国家而独立,实属不成事体,应使其改隶财政部或行政院,以便利政务。中央信托局应予取消,移

[①] 《国民参政会第四届第一次大会纪录》,第183—184页,国民参政会秘书处编印,1946年1月,参阅欧阳哲生主编《傅斯年全集》第四卷,湖南教育出版社2003年版,第305—306页。

交其业务于战时生产局。惟取消以前之账目，仍须彻查。两者历年主持之人，在其主持下产生众多触犯刑章之事，应负责一齐罢免。其有牵涉刑事者，应一并送交法院。

决议：本案修处通过，送请政府迅速切实办理。

修正之点：案由"肃官常"改为"维法纪"，办法一"或文官惩戒委员会"删，办法二改为"今之中央银行俨然独立，实属不成事体，应使其改隶财政部，以便利政务，中央信托局应澈底整顿，中央银行中央信托局历年主持人……应负连带责任，一齐撤职……"

傅斯年在大会上提出质询后特别强调："似此吕咸、熊国清之辈，如不尽法惩治，国法安在。"并郑重声明：他已掌握了此案的确凿证据，他对讲话不仅在会场负责，而且在会场以外也负责，如递交法院审理此案，愿亲到法庭对簿。傅斯年的讲话令全场振奋，掌声雷动。

7月17日，傅斯年专门会见了最初揭发此案并提供证据的两位青年，拿到了关于此案的证据，他勉励两位青年说："诸君爱国热诚，极可佩，我虽前已同意不在大会提，但此事总当使其发生效力。"傅斯年将所有证据装在一个小匣子里，牢牢地保存在身边，准备在审理此案时提供。对此，傅斯年的好友罗家伦和程沧波都有记述。罗家伦回忆说："有一次，在重庆为了某一种公债的案子，他在国民参政会发言到结束的时候，郑重声明他这番话不但在会场以内负责，而且在会场以外也负责，他愿意到法院对簿。这话使全场兴奋，可是使我为他捏了一把汗。会后我去看他。问他为什么敢作这样肯定的话，他说：'我没有根据，那能说这话。'于是他取出两张照片给我看。可见他说话是负责的，绝对不是所谓大炮者可比，也绝不是闻风言事的一流。这种有风骨的人，是值得敬佩的。"[①] 程沧波的回忆与此有相似之处，他说："在重庆时期，有一次在参政会开会前，我好几次到聚兴村他住的房内，看他拿着一箱子，藏在枕头下面，寸步不离，我问他里面是什么宝贝，他很紧张地说，这是他预备检举某大员的证件。"[②]

---

① 罗家伦：《元气淋漓的傅孟真》，《傅孟真传记资料》（一），（台）天一出版社1979年版，第96页。

② 程沧波：《记孟真》，《傅孟真传记资料》（三）（台）天一出版社1981年版，第13页。

傅斯年的质询案在参政会顺利通过，此案轰动一时，引起参政会内外的关注，最后蒋介石也过问了此事，亲自召见了傅斯年，"对此事表示极好"，且"主张严正"，自然是严肃处理。7月25日，国民政府免去了孔祥熙中央银行总裁和四行联合办事处副主席两个职务。对此事的处理过程傅斯年在致夫人俞大绥的信中有简单记述，他说：

> 国库局案，我只嚷嚷题目，不说内容，不意地方法院竟向中央银行函询，最高法院总检察署又给公函给我要内容以凭参考（最近的事）。闭会后，孔祥熙连着免了两职：一、中央银行总裁，二、四行联合办事处副主席。老孔可给连根拔去矣（根是中央银行）。据说事前并未告他。老孔这次弄得真狼狈！闹老孔闹了八年，不大生效，这次算被我击中了，国家已如此了，可叹，可叹。
>
> 这一件官司（国库局）我不能作为报告，只能在参政会办，此事我大有斟酌，人证、物证齐全，你千万不要担心！把老孔闹掉，我已为满意，以后的事，在政府与法院，我不主动了。上星期一见蒋先生，他对此事表示极好。上次黄金案之送法院及此事之办法，他的主张严正，只是他的左右每多异论。①

傅斯年在揭露中央银行美金公债舞弊案一事，不仅在参政会掀起轩然大波，在社会各界也产生了强烈反响。当时的监察院、最高法院都给予关注，要求对此案侦察立案。7月27日，最高法院检察署致函傅斯年，要求提供书面材料和收集的证据。31日，傅斯年回信，表示愿意到法院说明。信中说："大驾何日进城，乞先示知地点与时间，当即趋访。又，如法院正式传讯，亦当前往。"8月2日，检察长郑烈复信傅斯年，表示要亲去傅斯年处"面聆教益"，信中表示："满腔热血，不知洒向何地。此事如得公助，巨憝就擒，国法获伸，当泥首雷门以谢也。"说明孔祥熙以权谋私，贪污腐败已引起公愤。为使国民参政会迅速办理，避免此案内幕在社会广泛流传，如陈布雷等人所担心的，给国际援助中国抗战造成负面影响，傅斯年于8月8日致函参政会主席团，陈述了最高法院与他接洽的情况，敦促政府从速办理，以免范围扩大。并亲自撰写了《傅斯年在

---

① 傅斯年致俞大绥信（1945年8月1日），傅斯年档案 No. 73—3. doc。

本届参政会大会中提案及询问有涉中央银行国库局舞弊事说明书》，一起呈送国民参政会大会主席团。①

《中央银行国库局舞弊事说明书》内容如下：

第一段：

去年秋天（月份已不记忆），政府某部分往歌乐山调查国库局舞弊，全局人员震惊，有多人向外说：某也有分，我未分到，故弄得全山引为笑谈，而城中谣言频起，此时斯年闻关于斯年所提澂查中国银行中央信托局一案，内牵涉中央银行国库局一节及陈赓雅参政员所提关于国库局重大舞弊一事，斯年曾在闭会前有三项声明在案。旋接最高法院检察署七月二十七日渝密第二六七号函，内开：

关于中央银行国库局诈售美金公债事件，闻台端知之甚详，敬乞将此事实先以书面详予见示……检察部长郑烈。

（原件附上）。

次日又来一私人信催问，当即复以非公事之信如下：

晓云先生总检察长勋鉴：七月廿八日惠示敬悉。参政会转来之正式密函昨亦收到。办理中央银行国库局舞弊案，现在闻有下列各机关：

一、政府侦查机关，去年已开始。

二、地方法院，已函询中央银行。

三、参政会，有主席团之决议案。

斯年在参政会闭幕时之声明三点，其最主要之一为将人证、物证呈送主席团转致政府，不向大会宣布，以防为犯人闻之利用。故斯年自亦受一种拘束，在目下仅能将此项资料供给主席团。既承尊示，日内当详细写一说明书，连同附件送达主席团，请其斟酌。然口头说明，自无不可。

大驾何日进城，乞先时示知地点与时间，当即趋访。又，如法院正式传讯，亦当前往。先此奉复。匆匆奉颂。查上文所述斯年之三项

---

① 本函有三份抄件（标号分别为 I：659、I：671、I：674），档号 I：674 之抄件有残，但有傅斯年修改手迹，修改后内容与档号 I：659、I：671 两份抄件内容相同，档号 I：671 之抄件，有傅斯年亲笔签名及系年，引文以此整理件为主。

声明，其第一项似可解释为斯年受一种约束，即只能送请主席团转达有关机关，故复函言不能直接函述此案情形及送证据于法院。然以后郑总检察长函催不已，或将来访，或径出传票，皆未可知。既由法院正式发动，斯年若不理不到，亦无以自解。此事之最好办法，似可再请政府速办理，以免范围扩充愈大，非斯年始料所及矣。兹将斯年办理此事之经过写一说明书，随函附上。此件应否送交政府法院，仍乞裁夺至荷。此上。

至于歌乐山及城内朋友者凡三次，皆谓系成都未售之票，于停售后，吕局长亲往取回朋分，约二百万美金元，分赃不均，以致走漏消息，云云。

斯年在司法行政部报告后，曾询及检察官这自动检举，即兴此事为例，当时所知，不过尔尔，斯年之彻查中央行案涉及者，亦仅尔尔也。

第二段：

斯年在此口头询问后，参政员陈赓雅前来，以其提案相示，则原原本本，数目字与证件单在，为之大惊，即签名于其上。此案经过主席团种种，今不具述。

七月十五日，有一多年未见之老友见访，谈及此事，谓彼认识发动此案诸人之一，其发动之动机至为纯洁，绝非分赃不均，可否见一见他们。我当即同意。十七日上午，在某处与彼数人中之二见面，证件具看到（最近更看到数次）并由其原原本本说明。彼等去将一切证件给我，尽原有之人已在其一老师处（亦参政员）立下遗嘱，近更频受警告，深恐原物遗失。我当安慰他们云，诸君爱国热诚，不避险难，至可佩。我虽前已同意不在大会提，但此事总当使其发生效力。

以下叙述这几位青年之所说，其所说经斯年他方证明，皆系实情。

吕咸平日在局中，一切用度取给于公，其所行为俨然孔公馆之缩影。彼更使人随便写不合手续之账，亦不以为讳，因习为常故，更恃靠山也。故局中青年爱国之士久感不安，并因记账等事，有与吕氏心腹衡突者。此辈好青年，既不满此等行为，更恐将来事情出来，自己洗刷不清，故有七、八人常在商议。适有债券科主任熊国清之亲笔信稿，为其中一青年所拾得（此人今已出洋），彼辈见之，大为骇异，遂星夜另托一人抄出最重要之账两纸，共推一人向政府某处密告，书凡数上（此一节在八月初彼等方告我），果然来查矣。查之后，全局大惊，谣言四起，而彼等更感不安。此事政府虽调查，而久未办。其中有人颇受恫吓，然彼辈虽未向外声张也，彼辈原不存窃证据抄账目之心，盖若有此心者，所得必更多；而其办法为向政府密告，亦可谓识体者，故挟嫌、分赃不均，在查后散布谣言者或有之，在彼辈无是也。然外间既有传言，其中某一人之师闻之，以关切而问及，乃得知真相，此陈赓雅参政员提案之由，而某一青年之遗嘱，亦交其师。以下节录该数青年密告呈文，真相毕见。

（一）卅一年同盟胜利美金公债，系财政部于卅二年交由中央银行国库局分发各地银行发行，且总额为美金一亿元，折合国币为廿亿元。

（二）卅二年十月十五日，财部函知国库局将该项债票停售，所有估计未售出之债票该五千万元，悉数由中央银行业务局购进，而国库局主管该项业务之少数人员，以近水楼台，因得利用职权，公然舞弊，市价因之狂涨，由廿元迅涨至二百余元，最高价曾至三百元，如按目下市价，更骇人矣。

（三）犯罪之根据

A. 财部于三十二年二月十五日明令停售，即使业务局收购之美债五千万元为合法，则国库局于交足业务局该项票额后，自不应仍藉业务局名义，继续向各分行处收购，应立即函嘱各分行处将存数送国库局，转交财部，始不妨碍国家权利与法令。

B. 该局债券科主任熊国清承该局局长吕咸指使，假借推销公债为名，亲笔草拟签呈，怂恿中央银行当局购买美债三百五十余万元，并期分润余利。（附熊国清亲笔签呈）

（四）舞弊之点

A. 吕咸怂恿中央银行主管所购债票面额三百五十余万元，于该项债票付出时，该局债票付出传票之后，并未付有该行主管之领据（例须有领据，始符手续），仅以债券科副主任徐俊卿收据一纸为附件，非惟手续不合，且事实上该项债票，究为何人所得，尚属疑问。

B. 复查债券科活期存款账第四五七号账号，卅一年同盟胜利美金公债预售户，于三十三年二月十五日所收列（付项）之国币七〇〇八五二〇〇元一笔债款（即 A 项所列美债面额三百五十余万元之价款），其摘要栏内，亦未记载其来源，究为何人交来购买公债，亦属疑问（账上记账员曹瑞凤有证明，可资参考）。

C. 查 A 项所称之美金公债，面额三百五十余万元，及 B 项所称之该项债款国际七〇〇八五二〇〇元，均于同日在业务局有价证券账公记户内及该局贴放科账内，各自空转一笔，实际业务局并未经手此项公债及债款之收付，则其债款之来源暨债票之去路，均属可疑。见甲件第四笔（33 年 2 月 15 日）。

D. 该局债券科活期存款账第四五七号帐号，卅一年同盟胜利美金公债预售户尚有（甲）一五三〇一三二〇〇元（摘要栏内记账员吕智民有注），（乙）七一〇〇〇〇元，摘要栏内亦均未记载来源系何行售出之债票，且皆系卅二年十月十五日停售以后收账，自与法令抵触。（附活期存款账抄件一件）。

E. 就 D 项所述三笔债款核计，约合美债面额八百余万元，数额之巨，至足惊人。所谓代业务局收购，是否从中作弊，似甚可疑。（参考与抄账页即知）。

F. 查该项美债八百余万元，既系代业务局收购，自应随时扫数送缴该局，早清手续（事实上业务局是否知有此数，不得而知），国库局又何必于保管科开列专户保管，且为日已久，尚未处理，显有所待。

G. 复查熊国清曾数次由库房（歌乐山）将债箱扛至家中，（小歌乐山乐专路中库新村七号），旋复送回库房，均为同事宋春如等所共见，倘非偷换票款（大票黑市价较高），即系私自抽换中撮票图利（中撮票可换取汇票），不难想象而知。不然，该项公物，何能公然不讳，扛回私寓。应核查其债箱所存债票之面额、种类、号码，是否与所称各分行售缴数相符。此项工作虽艰巨，然不难水落石出也。

H. 查停售后债票，既系代业务局收购，则应同一方式处理账务。债券科活存账分开"卅一年同盟胜利美金公债预售债款户"及"卅一年同盟胜利美金公债预售户"两户是何用意？前者与业务局账目相符，后在业务局账则甚有出入，显系作弊，查业务局账即知。

I. 彼辈作弊之物证，除熊国清亲笔代吕咸所拟签呈一纸，债票号码单一纸外，尚抄有债券科活存账两页（375、457），均可资稽考。其他人证甚多，此案一到法院，必即出而作证。

以上各节，经斯年详核，确信其为真，故可在参政会会外，负法律之责任，如前所声明者。似此吕咸、熊国清之辈，如不尽法惩治，国法安在？至于此辈青年之姓名，今尚不便说，俟法院办理时，斯年负责偕之出庭作证。

所附各账，大致当已改毁。去年查时曾加改动，今更集合十八人彻夜改换。然改账牵连者多，迥非易事，且有证人在，不难水落石出也。

第三段

然以上犹非全豹也，近确闻监察院、审计部、财政部等机关所调查有据者，为数更大，其中有五花八门迥不可思议，以事不关斯年，故不述，深望政府严办，以儆官邪焉。

在此期间，傅斯年还接到中央银行国库局内部原搜集提供证据的几位人士的匿名信，他们始终关注着美金公债舞弊案的处理进展情况，且已知悉为此案蒋介石召见傅斯年之事，担心此案被统治者包庇而不了了之，所以致信傅斯年，要求傅斯年继续努力，务使此案彻底清查，为他们洗清蒙受的不白之冤。信中说："据吕咸传说委座已与先生说情，国库局贪污案已了案，不知可确否？又此案已否送法院办理，请先生在报上披露一点消息使我们安心，再者，先生在参政会提此案那天，孔氏就连夜审问吕局长，据供'可'字及签章完全假造，为的是挡驾查账人员。闻说孔氏曾打吕咸耳光两下，气怒极了。现在我们都望先生继续努力，为民众宣达任命，务使此案在法院中水落石出，我们不白之冤亦可洗清，不胜感激之至。"[①] 傅斯年看完信，特在"委座已与先生说情"处画了符号，旁边批了"不成话"三个字。或许是傅斯年考虑吕咸等人仍在国库局会对揭发人是个威胁，影响案件的调查和处理，故特意对报告作了补充说明，要求对吕咸等人从严惩处，并要求将吕咸等人先行调离，去除办理此案的障碍。补充说明内容如下：

查该案大概，业经呈递报告在案，兹再缮具节略五条，分列

---

① 王汎森、杜正胜主编：《傅斯年文物资料选辑》，傅斯年先生百龄纪念筹备会1995年版，第126页。

如下：

一、在已过明令公布限期停售以后，并在缴足业务局奉准认购款额之外，尚有国库局预在各分行未售出之一部份债票，陆续由各分行送达国库局时，在其职权之内，被其独自侵吞，为数甚巨。

二、唆使其部下私人串通其他关系人员伪造帐目文件表单，勾结舞弊，确属有据。

三、利用其现在职位，又惯用其官僚故技，对上多方蒙蔽，对外尽量搪塞，而对内则竭力把持秘密，一再被控，尚在设示弥缝遮盖之中。

四、自该案发生以来，无不人言啧啧，群情愤慨，以为案情之重，罪恶之大，实超过黄金加价舞弊案千百倍以上，切望能得从严惩办，以明法纪，有迫不及待之势。

五、关于该案内容、侵吞公债数目及舞弊案主从人犯，略见报告。惟处理该案欲求一阶段，自应先将该局长吕咸调离本职，使内部去除阻碍，以便办理，而资结束。并责令以上就管见所及，拟具五条。

傅斯年经多方努力，使国民党政府不得不惩治孔祥熙等人，孔祥熙被免去了各主要实职，不久便去美国定居，永远离开了中国政治舞台。吕咸等人被免去行政职务，他们将贪污的债款分期吐出，究竟吐出多少，现在已难查实。

傅斯年在致夫人的信中大发感慨："闹老孔闹了八年，不大生效，这次算被我击中了，国家已如此了，可叹，可叹。"的确，自1938年傅斯年上书反对孔祥熙任行政院长，以后的八年间，他为将孔祥熙赶下政治舞台，几乎利用各种渠道搜集孔祥熙以权谋私，贪污腐败、侵吞国家财富的资料，仅为抨击孔祥熙的不法行径，上书蒋介石就多达十几次。后人研究孔祥熙被赶下政治舞台的原因时有多种论断，许多是从国民党统治集团上层争权夺利方面寻找根源，对于傅斯年的揭露和抨击根本不提，实际上，像孔祥熙这样一位历史人物，能从一个平民攀登到一人之下，万人之上的地位，短短数年再从权力顶峰跌入深渊，首要是他自己思想行为与时代背弃，多行不义，然后才是外界的因素，至于孔祥熙兴衰荣辱的个案，傅斯年连续炮轰起了多大作用，很难做出准确的判断。

傅斯年轰击孔祥熙的原因在他上书蒋介石和在参政会的发言与提案中已有叙述，但他所说的原因和动机多是直接的和表面的，如果将有关资料进行深入分析，其基本原因，可归结为以下三点：

其一，孔祥熙德行、才能皆不胜任行政院长。傅斯年是一位真诚的爱国之士，具有浓厚的忧患意识，在全面抗战的前几个月，他深入了解了各地各方的抗战情况，认为全国民众已经动员起来，万众一心；军队的积极性也已调动起来，勇敢杀敌。正如他在1937年10月致胡适的信中所说：国内抗战之意识有增无减，老百姓苦极而无怨言。上海前敌兵士，真是再好也不能了其中最可敬佩的是革命将士，最无聊的是南京官僚。"我们是以血肉抵抗飞机、大炮，不消说死伤之多，数目听到吓死人。但千古未有之勇敢，完全表现。这是训练之大成功。"① 人气、军事激动人心，但财政、外交状况却使傅斯年忧虑重重，尤其是财政外交的负责人根本不能胜任，所以傅斯年在1938年两次上书蒋介石，从才能、信望、行政方面，说明"孔院长身兼各职皆不适任"。明确指出孔祥熙在位则使人心涣散，对外则是争取外援的障碍，在《慎选行政院长、财政部长人选提案》中说得更为明确：孔祥熙所采取的财政经济政策已使"民怨沸腾，群伦失望。似此情形，未知何以策将来？何以定人心？何以固抗战之根本？"孔祥熙等人在位，"人民怨腾，百僚侧目，诚非国家之福"。傅斯年的一系列的信件、提案和言论证明，傅斯年要求将孔祥熙免职，是为国家民族的前途着想，是为抗日救国的大局忧虑，没有丝毫的个人是非恩怨掺杂其间。

其二，孔祥熙是对日主和派。他在位主张对日妥协投降，影响抗日救国大业。傅斯年抗日救国的立场十分坚定，早在"九·一八"事变时期，他对日本侵略中国的野心就已认识得十分清楚。他曾明确指出：中日间问题决无和平解决之望，而在今日希望与日本和平解决者，真是做梦。对倭只有一条路，即一切都无顾忌，人人当求必死。全面抗战爆发后，傅斯年更是反对一切形式的妥协和投降。1938年，汪精卫投降，给傅斯年很大的刺激。傅斯年深知，孔祥熙也是一个主和派。虽然傅斯年对孔祥熙与日人曾进行秘密谈判、寻求妥协投降的道路，当时了解得是否清楚，尚无确凿材料，但从傅斯年致胡适的信中可以看出，担心孔祥熙向日妥协投降，是他反对孔祥熙的一个重要原因。傅斯年在信中提出六条反对孔祥熙的理

---

① 欧阳哲生主编：《傅斯年全集》第七卷，湖南教育出版社2003年版，第168页。

由,"1. 孔之为私损公,毫无忌惮。2. 他之行为,堕人心,损介公之誉,给抗战力量一个大打击。3. 贪赃枉法,有钱愈要钱,纵容其亲党无恶不作,有此人当局,政府决无希望。4. 他一向主张投降,比汪在汉、渝时尤甚。5. 一旦国家到了更危急的阶段,不定出何岔子。6. 为爱惜介公,不容不反对他"[①]。这六条原因实际包括四个方面的内容,其中 4、5 是一项内容,也就是孔祥熙一向主张对日投降,比汪精卫在武汉、重庆表现得还严重,他掌握国家财政实权,如果向日寇投降,将给国家造成更大的损害,其影响也更加恶劣。因此,傅斯年对孔祥熙与日寇妥协的倾向和曾秘密谈判的事实应当有所了解。在反对孔祥熙的六条原因中有两条涉及蒋介石,且都强调反对孔祥熙是为爱惜、保护蒋介石的声誉。如果加以分析,很可能与蒋介石表面坚决抗日,背后让孔祥熙秘密与日本谈判有关系。

其三,孔祥熙以权谋私,贪污中饱,把大批国家抗战救国的财富窃为私有财产,以至于通货膨胀,经济危机,严重影响了民众抗日的信心和凝聚力,破坏抗日救国的大业。这在傅斯年连续轰击孔祥熙的行动中有大量证据,在以上的叙述中多有涉及,此处不再赘言。

(二) 炮轰宋子文

傅斯年在 20 世纪三四十年代连续炮轰国民党政府的两任行政院长孔祥熙、宋子文,震惊朝野,轰动一时,因此获"傅大炮"之称。孔、宋两人表面上不堪一击,因此而离开政治舞台。半个多世纪以来,关于傅斯年轰击孔祥熙、宋子文的原因、动机、目的一直众说纷纭,持论褒贬毁誉差异很大。随着时间的推移,研究的逐步深入,尤其是随着有关傅斯年研究的原始资料逐步面世,对于傅斯年攻击孔祥熙、宋子文的原因和目的已大体明了。

众所周知,自 1927 年国民党政权实由蒋介石把持,宋子文和孔祥熙就是蒋介石财政经济的主要助手。蒋、宋、孔三人既是政治伙伴,又是姻亲。宋子文和孔祥熙是郎舅,但两人都是利欲熏心的人物,为争权夺利矛盾重重,互相拆台,关系一直不洽。

全面抗战开始,蒋介石重用孔祥熙,让其担任行政院长兼财政部长,宋子文有些失势。但孔祥熙主政期间,"几乎把抗战的事业弄垮,而财政

[①] 欧阳哲生主编:《傅斯年全集》第七卷,湖南教育出版社 2003 年版,第 221 页。

界的恶风遂为几百年来所未有"①。结果引起公愤,傅斯年等正义之士,代表社会公众舆论和人间正义,运用各种形式,连续抨击,终于将其驱赶出政治舞台。

1945年5月,国民党召开六届一中全会,国民政府改组,蒋介石辞去兼任的行政院长职务,选任宋子文为行政院长。② 同时孔祥熙辞去副院长职务,由翁文灏继任。从此,宋子文再度得势,掌握了全国行政经济大权。可是宋子文掌权后,在政治上任人唯亲,排斥异己,在经济上大肆侵吞国家资财,贪污中饱,国家经济趋向绝境。宋子文的倒行逆施遭到各方反对,"遂成为众矢之的"。傅斯年利用各种舆论工具对宋子文进行轰击。其中集中轰击的是他1947年2月15日至3月1日连续发表的三篇文章,即2月15日发表于《世纪评论》第一卷第七期的《这个样子的宋子文非走开不可》,2月22日发表于《世纪评论》第一卷第八期的《宋子文的失败》,3月1日发表于《观察》的《论豪门资本之必须铲除》。傅斯年在《宋子文的失败》开头有一个说明:"上期的《世纪评论》,有我的一篇论宋子文的,和本期同日出版的《观察》周刊,又有一篇我叙述孔宋二家豪门资本的若干事实,在铁幕缝中透出来的事实。连同这一篇,共计三篇,盼望发生兴趣的读者,取来全看,因为大体上没有什么重复。"在3月1日发表的《论豪门资本之必须铲除》一文的最后,傅斯年又有一个声明:"这篇文字由我负责,与编辑无涉,另有在《世纪评论》两文(第一卷、第七期、第八期)可与此文参看。"③ 3月1日的《观察》周刊又将《世纪评论》第一卷、第七期、第八期发表的两文转载。在傅斯年发表《论豪门资本之必须铲除》的当天,宋子文辞去行政院长的请求被批准,从此离开了国民党政权的中央政治舞台。傅斯年在短短的半个月中,连续发表三篇揭露和抨击宋子文的文章,宋子文在傅斯年发表最后一篇讨伐文章的当天离职,不论两者具有因果关系还是纯属

---

① 欧阳哲生主编:《傅斯年全集》第四卷,湖南教育出版社2003年版,第348页。
② 荣孟源主编:《中国国民党历次代表大会及中央全会资料》,光明日报出版社1985年版,第102页。
③ 《这个样子的宋子文非走开不可》在《世纪评论》2月15日发表以后,《大公报》2月21日转载,故影响极大,《傅斯年全集》(台)联经出版事业公司1980年版将其收入,另两篇未收,1995年王汎森、杜正胜编辑《傅斯年文物资料选辑》曾对三篇给予介绍,2003年,欧阳哲生主编《傅斯年全集》,把三篇文章同时收入,但把三篇文章发表的时间搞错了,将1947年3月1日发表的《论豪门资本之必须铲除》误写成1月3日,并将该文放在最前面,因此研究者容易产生错觉,特在此加以说明。

巧合，确曾轰动一时，各地报章纷纷转载，举国注目。在以后的半个多世纪，时常有人论及，但认识和观点有很大差距，概括起来有以下几种：

其一，傅斯年攻击宋子文，代表了正义，代表了千百万民众的"隐泣和怒吼"，许多论者对傅斯年言人所不敢言表示崇敬。在傅斯年论文发表不久，有人发表文章，有人直接致信傅斯年表达敬意。当时有位名为苏怀邦的人士致信傅斯年说："顷阅二十一日大公报转载世纪评论第七期尊稿《这个样子的宋子文非走开不可》一文，拜读之余，实实深同感，对先生直言敢说，发扬民意之精神尤表钦敬。"[①] 另一名张学善的人士在致傅斯年的信中评论说："我最崇敬的斯年先生，顷在南昌出版的文山报上读到先生做的《宋子文的失败》一文后，我对先生发生最大的崇敬，因为先生说出四万五千万（宋子文及其卵翼下的少数人当然除外）人所欲说而不能说又不敢说的话，既高明又勇敢，更热情。"[②] 另有一位自称是傅斯年世侄的年轻人，对当时社会现实十分不满，可以说怨恨集于宋子文，在致傅斯年的信中说："近年国内民生吏治为颛顼贪婪之风所笼罩，混乱景象，诚有过于十六国五季，黔黎兴及汝偕亡之思，道路腾不如无生之怨。凡有血气之伦，莫不痛心疾首，乃当代读书人士，曲学逢迎，热衷禄位者多，不畏强暴，敢为之言者少。谠论消沉，匪伊朝夕。昨读上海大公报转载尊著《这个样子的宋子文非走开不可》一文，言人之所不能言，窃谓非仁人勇者，绝不能为……"[③] 当时许多评论说，抗日战争开始，民族危亡严重，有些国民党的权贵仍然贪污成风，把大批国家财富据为己有。因此，傅斯年攻击孔祥熙、宋子文是出自知识分子强烈的社会责任感，表达了广大民众的心声。有人曾总结说："在最近的十年来他内心已焚烧着正义之火，逼他走出学术之宫，要分一部分精神来顾问国事。他的话，是代表千万人民的隐泣和怒吼！他的话，也寄托着对祖国的复兴和再生！"[④] 这些评论既反映了当时的舆论倾向和民众的普遍心声，也体现了傅斯年言论在当时的巨大影响。

---

① 王汎森、杜正胜编：《傅斯年文物资料选辑》，（台）傅斯年百龄纪念筹备会1995年版，第149页。
② 同上。
③ 同上。
④ 孙德中：《傅孟真先生的个性》，《傅孟真传记资料》（三），（台）天一出版社1981年版，第42页。

其二，傅斯年在抗战期间连续轰击孔祥熙、宋子文，抨击他们贪污腐败，祸国殃民，言语激烈而率直，每次都产生了较大的政治影响，却未遭统治者的迫害和镇压，于是有人认为他有后台，是国民党上层政争的工具。他攻击宋子文时有人事后曾说："宋子文院长之去也，固有其种种因素，而流俗乃归功于傅孟真之一击，此最可笑。……孟真为现在交通部长俞大维之妹婿，为陈诚总长所激赏，倒宋一文，最初颇有疑为军方之背景，此自无法取证。"① 更有人直接认为傅斯年攻击宋子文是国民党内部狗咬狗的斗争。傅斯年大学的老师周作人②就持这种观点，他曾对傅斯年讨伐宋子文之事评论说："罗家伦不失为真小人，比起傅斯年的伪君子来，还要好一点。罗是公开的国民党，傅乃标榜无党派，以'社会贤达'的头衔出现，替蒋二秃子出力更为有效，所以罗只配称作帮闲，傅实在乃是帮凶了。……有一回他做文章大骂宋子文，这本是狗咬狗的玩艺儿，后边有人给他撑腰，原是有恃无恐，但是老蒋一泡尿撒下去，他的炮就不响了，预告要做四篇，只出了一篇即戛然中止，这是近三两年中看报的都还记得的事情。"③ 周作人的评论发表于傅斯年去世不久，可以说既违背历史真实，又带有强烈的个人攻击色彩。他们两人的恩怨和是非曲直历史已有结论，不必再作评论。

其三，从知识分子参政、舆论干政的视角去评论傅斯年的行为，而不是单纯评价傅斯年抨击宋子文的具体内容。在傅斯年《论豪门资本之必须铲除》发表的《观察》同一期上，有许金铿撰写的一篇评论《傅孟真的文章》，其中说："今天读了贵刊所刊傅孟真先生的文章，引起许多感想。不过这些感想与傅先生文中所论的内容并无关系，我的感想是偏于言论权威一方面的。……我认为言论自由是要言论界自己去争的，决不能期望政府来给言论界以'言论自由'。……但是在这争取'言论自由'的过程中，也得要有几个硬骨头的人物来领导一下，但是这种领导言论的责任，也不是随便什么人可以负得起来的，还要看这个人的学问识见及声望地位如何。……我认为傅先生发表了这样几篇的文章，言论界的风气，很

---

① 黄公伟编：《傅斯年炮轰宋子文》，《傅孟真传记资料》（一），（台）天一出版社1979年版，第80页。
② 周作人1917年被评为北京大学文科教授，讲授欧洲文学史与罗马文学史，傅斯年此时是文科国学门学生，曾听过周作人的课。1919年后两人都曾是新潮社成员。
③ 周作人：《〈亦报〉随笔》，岳麓书社1988年版，第322页。

可为之一变。假如中国能够有十个'傅孟真'挺着胸脯说硬话,则中国的言论界也不至于像过去那样太不像样。"① 这番评论虽然说的是当时社会的表面现象,却反映了当时努力推动社会进步的人们的思想观念。他们对傅斯年的做法有比较深切的认识,对社会舆论的功能看得相当重要。"千夫之唯唯,不如一士之谔谔",傅斯年在当时之所以敢于直言,激烈批评社会现实政治,有"傅大炮"之称,正是要对社会进行舆论监督。另外有些与傅斯年比较接近的人,认为傅斯年抨击宋子文、孔祥熙纯属其自由主义知识分子的社会属性,对现时社会弊端进行抨击是出自社会责任感。把他与孔祥熙、宋子文的斗争,视为知识分子群体与买办阶级既得利益者的斗争。结合傅斯年攻击宋子文的内容和所坚持的理念,这种评论更为深刻一些,也比较符合历史事实。

傅斯年以前与宋子文并不熟悉,在 1940 年傅斯年因孔祥熙不胜任行政院长,大肆贪污中饱,以权谋私,对其猛烈抨击时,有人认为傅斯年抨击孔祥熙是为宋子文所利用,向远在美国的胡适进行说项,胡适写信劝阻傅斯年,傅斯年曾专门写信给胡适,强调自己抨击孔祥熙,完全是出于抗日救国的公心,与国民党政权上层勾心斗角没有关系。在信中谈到他与宋子文的关系时说:"且信中又作一孔、宋比较论,此乃可怪。孔之自解也,以为我辈受宋之运动,后且谓受汪逆运动[彼如有 OGPU(秘密警察),傅孟真之墓木拱矣,然我在前年正月在汉始作此事,即已将一人之事置之度外]……我与宋未谋一面,未通一信,未致一意。宋子文、王儒堂辈,乃先生当年所称赞,我卑视此等人久矣。"② 说明傅斯年与宋子文没有私交,对宋子文也没有什么好感。此次行政院长易人,也不是傅斯年等自由知识分子的意愿。他们原以为孔祥熙下台后,能够有一个比较清正廉洁、素孚众望的人士出任行政院长,领导全国人民对日反攻,完成抗日救国大业。但是,蒋介石任人唯亲的原则始终不变,转而又把行政院长交给自己的妻兄宋子文。傅斯年等人虽然失望,但也无可奈何,只是希望宋子文能够比孔祥熙好一些,总结孔祥熙执政失败的教训,制定出拯救危机、使财政经济走向坦途的政策和策略,所以傅斯年对宋子文出任行政院长是抱有期望的。他曾在文章中记述宋子文初上台时,表达了自己与一般

---

① 许金铿:《傅孟真的文章》,《观察》1947 年 3 月 1 日第 2 卷第 1 期。
② 欧阳哲生主编:《傅斯年全集》第七卷,湖南教育出版社 2003 年版,第 221 页。

民众对他的期望，文章说：孔祥熙垮台后，"于是宋氏名声顿起，'饥者易为食，渴者易为饮'与其说是宋的人望，毋宁说是对孔的憎恨。试想当时宋未上台前两年中重庆的街谈巷议，真正有今昔之感。又看他初次出席参政会，会场中的人挤得风雨不通，连窗子外门外都挤上千百人，都城人士的心理，对他是怎么样热望的？"① 社会对宋子文抱有期望，对他的工作也给予支持。傅斯年不惜得罪拥有黄金的既得利益者，支持宋子文实施的《黄金献金条例》就是一例。

宋子文上台不久，以缓和经济危机、筹集战争经费的名义制定了一项政策，即黄金献金条例。条例规定：凡存有二两黄金以上的储户都要捐献黄金，存户购户捐献黄金，于兑取黄金时一次缴献（原额）百分之四十，而取得原额百分之六十黄金，作为结束。该条例公布后，在全国顿时掀起轩然大波。由于征献黄金的起点较低，几乎侵犯了所有黄金持有者的利益，所以遭到了许多人的批评和抵制，但也受到了广大民众和有识之士的拥护和支持，因为黄金持有者多是达官贵人。傅斯年在抗战期间一个重要的理念是全民抗战，有钱者出钱，有力者出力，在经济方面必须侵夺"既得利益者"的利益。所以傅斯年对宋子文制定的黄金献金条例在原则上是支持的。面对众多富人的反对，傅斯年挺身而出，在《大公报》发表《黄祸》表示支持。傅斯年在文章中指出："总而言之，政府既然办这件事，即是极值得称赞的，因为这是自从抗战以来政府第一次损伤既得利益阶级的事。不损伤既得利益阶级，战费是无从筹措的，人心是不能平的……我对于政府近年之施政，什九失望，独这一次还感觉兴奋。"傅斯年对黄金献金条例的利弊进行系统分析后得出结论："要打仗，必须侵犯既得利益；要社会公平，必须侵犯既得利益；要实行民主主义，必须侵犯既得利益。"② 傅斯年之所以发表《黄祸》，对宋子文黄金献金条例表示支持和拥护，最主要的是从抗日救国大局出发，用侵犯既得利益者的方式筹措抗战经费。这在傅斯年致夫人的信中，叙述撰写《黄祸》的背景和动机时有更准确地反映。信中说：

> 星期三几个银行家的参政员请客，我去了，原来请了三十多位住

---

① 欧阳哲生主编：《傅斯年全集》第四卷，湖南教育出版社2003年版，第345页。
② 同上书，第300—304页。

在重庆的参政员，他们所谈，许多可耻的，我很气闷。尤其是批评政府之征黄金，（有一提案要交驻会委员会）。我很生气，回来连夜写了那一篇《黄祸》，在《大公报》，想你已经看到了。我固不怕权势，也不怕群众，我以为那篇文章一定遭许多人骂，骂虽有之，而效力意想不到之大。有些"既得利益"（vested interest）阶级的参政员，正在蕴酿在驻会委员会决议推翻政府的办法，大约闹这事的人，大约分三等：①商业银行，②孔祥熙派，③买金子的。这篇文章不早不晚，恰恰登在最适合的日子。次日，驻会委员会开会，我又发言，博得大多数之赞同，我们势力雄厚……①

从信中可以看出：黄金献金条例实施后遭到富人，尤其是大量储存黄金者的反对。这些人反对多因私人利益受到损失，没有与抗日救国大局相联系。傅斯年写《黄祸》支持黄金献金条例是对事不对人。他对既得利益者的批评、对黄金献金条例的拥护，虽然因此政策对抗日救国的大局有利，但是对制定此项政策的宋子文也表示了肯定和支持。

宋子文是国民党政权中官僚资产阶级的代表人物，四大家族中宋氏家族的掌门人，他执政也好，在野也好，始终代表着他家族的利益，并且他个人贪欲极强。他颁布实行黄金献金条例，名义上是挽救经济危机，为抗战筹集经费，实际上也含有保护个人利益、搜刮民财的成分。随着他在政治上站稳脚跟，其贪欲更加膨胀。1945 年 10 月，傅斯年在给胡适的信中，曾对宋子文评论说："子文去年还好，今年得志，故态复原，遂为众矢之的。尤其是伪币比例一事，简直专与国民党的支持者开玩笑。熬过了孔祥熙，又来了一个这样的。……至于内政真是一团糟，尤其财政……子文毫无办法，一有办法即卤莽灭裂。此次接受日本纱厂，弄得天下骚然，但一时不会倒，以无人继任也。"② 傅斯年此信距他写《黄祸》仅三个月。这三个月是中国发生重大转折的时期，8 月 15 日，日本宣布无条件投降，紧接着国民党在全国各主要战区受降，在军事受降的同时，派遣大批官员到收复区接受敌伪工厂和各种物资。接收过程中，宋子文及其家族将大批国家资产据为己有，膨胀豪门资本，又支持蒋介石发动内战，把广大民众

---

① 《傅斯年致俞大绥》（未刊），傅斯年档案 No73—287. doc。
② 欧阳哲生主编：《傅斯年全集》第七卷，湖南教育出版社 2003 年版，第 290—297 页。

推进水深火热的战争中,国家经济出现全面危机。傅斯年对此难以容忍,把攻击的矛头对准了宋子文。

1945年8月下旬,宋子文出访苏联、美国回国,正赶上中国在各战区接受日军投降。宋子文为将收复区物资财产控制在自己的掌握之中,呈请蒋介石批准,成立了行政院收复区全国性事业接受委员会,由行政院副院长翁文灏负责。各省市相应设立敌伪物资产业处理局。派人到各收复区以接受日伪财产为名,大肆劫掠和侵吞国家和人民的资财。宋子文在蒋介石授意下,先后到上海、北平、天津、青岛、广州等重点地区巡视,指挥接受。宋子文通过接受为国民党政权集聚了一大笔财富,同时也将大批财富中饱私囊,并且利用接受、转产、兼并等方式将敌伪的大批工厂、企业转入个人控制的工矿企业之中,结果闹得民众怨恨,内部各派系指责。1946年3月初,国民党在重庆召开六届二中全会,宋子文在会上作了政治报告,重点是对经济的检讨,他本想通过报告平息国民党内部对他的非议和责难,其结果事与愿违,报告激起了国民党内外更多人的责难。会议作出的《对于政治报告之决议案》,对宋子文领导的工作表示不满并进行严厉指责:"政府对于六全大会所定政纲执行不力,尤以财政经济多所贻误,均无可讳言。"由此可以看出,宋子文出任行政院长后的工作和行为,已成为国民党内部各派系批评和指责的对象。

宋子文面对内战出现的严重经济危机和巨额财政支出,唯一的方法是向美国借款。1946年年初,宋子文的美籍顾问杨格许诺美国给他20亿美元大借款,这本来是一张空头支票,但宋子文却大为兴奋,一时间为所欲为,以挽回法币信誉,维持法币的币值为名,以行政院的名义公布了《管理外汇暂行办法》及《进出口暂行办法》,其主要内容为:①把外汇汇率由美元1元比法币20元,改为1元比法币2020元,设置5亿的外汇基金,并指定中外银行27家为买卖外汇的指定银行,充分供应外汇。②划分进口为自由进口、许可进口和禁止进口三类,出口除特定禁止出口品外,其余都可以自由出口,但须先结汇。在具体执行过程中,只是与四大家族所经营的工业企业及与其有关的人物和企业充分供应外汇,而对民族资产阶级工商业则拒绝提供外汇。在短短的八个月,中央银行共抛出政府牌价外汇38155万多美元,宋氏家族控制的孚中公司套购了15377万多美元,孔氏家族控制的扬子公司套购了18069万多美元,两家公司共套外汇33446万多美元,占中央银行售出外汇总额的88%。他们用获得的外汇进口美国货物，从中牟取巨额利润。

宋子文为应付通货急速膨胀，在开放外汇市场的同时，公布《黄金买卖细则》，大量抛售黄金。抗战胜利时，国民党政府库存黄金约600万两。从1946年3月开始，国民党政府宣布黄金市场开放，由中央银行在上海配售黄金，配售价格随市价变动。宋子文与其亲信中央银行总裁贝祖贻直接指挥，每天的黄金买卖情况，贝祖贻用英文向宋子文汇报，连当时的财政部长俞鸿钧都不能过问。初抛售时黄金每市两约15.6万法币，以后继续抛售，价格直线上升。到1942年2月，黄金每市两高达法币61.1万，不到一年的时间抛售黄金351万两，约为原库存的60%。黄金暴涨风潮，迅速席卷国民党统治区各大城市，整个市场陷于极度混乱。

宋子文是个权力欲和支配欲非常强的人物，做事专断独裁，正如傅斯年所批评："他（宋子文）在行政院，把各部长都变成奴隶，或路人。"[1]结果自然是四面树敌，人事关系一团糟。宋子文的所作所为，引起社会各阶层的强烈不满；严重的经济危机，使大批的民众无以为生，生活陷入绝境，一时民怨沸腾，国民党内部各派系，主要如政学系、C.C.系利用新闻媒介，对宋子文猛烈攻击，形成了一个倒宋的怒潮。大批自由知识分子对宋子文的祸国殃民、专横跋扈深恶痛绝，利用各种途径指斥和抨击，一时间，宋子文"遂成为众矢之的"。

宋子文以权谋私，专权自恣遭到所有自由知识分子的反对和指斥，连一向接近国民党政权、处事以宽厚温和著称的胡适也认为宋子文必须下台。他在致傅斯年的信中说：翁文灏、秦景阳是中国最有脑力的人才，"干吗要把他们困在一个完全自私自利的宋子文手下吃闲饭，聊闲天？……蒋先生应该充分抬出党内最有希望的自由分子，给他们一个做事的机会。行政院长必须换人，雪艇、哲生都比子文高万倍，都可以号召国内与国外的同情支持。若用子文，则国外无以号召，美国借款也借不成。"[2] 胡适的议论代表了他对宋子文的看法，傅斯年对宋子文的认识比胡适更加激进、深刻，抨击也更加猛烈。

1947年1月15日，蒋介石请傅斯年吃饭，征求傅斯年对时政的意见。傅斯年坦诚进言，其大意是要进行政治改革，首先要让宋子文下台，

---

[1] 欧阳哲生主编：《傅斯年全集》第四卷，湖南教育出版社2003年版，第348页。
[2] 耿云志、欧阳哲生主编：《胡适书信集》中，北京大学出版社1996年版，第1087页。

其中强调:"宋子文与国人全体为敌,此为政治主要僵局之一。"蒋介石当时没有明确表示,要求其回去写成书面意见供他参考,傅斯年回去后写了一封率直、激切的信。信中说:

> 前承钧座谆谆命以将对时局各种意见写下。一病经月,今始可执笔。缅怀钧座推诚之厚,重以时局艰危之深,虽一切非所宜言,而为国、为公,心难缄默,故尽其所知,所以报钧座历年知遇之隆。虽词涉质直,而皆出赤心,幸钧座鉴之。今所言者,分"改组政府"、"经济"、"民生"三事,此皆浅者;日内再写"军风"、"政风"、"党风"续以陈闻。

傅斯年的信只保留了"改组政府"部分,其中强烈要求国民党政府改革。信中说:

> 今日改组政府之局,闻已可逐步为之,自是钧座启迪大效。惟所谓改组者,徒以为装点以应国际情势乎?抑诚欲政治之进步乎?虽二者皆有其用,然后者之重要实胜于前者十倍。盖如装点十分美满,而真不能办事,三月之后,必然瓦解,国际改势,国内失望,又至更不可收拾矣。然何以能使政治进步?其关键全在国民党能自身拿出人才,开明分子,廉公干练分子,尽其一流之选。而一切尸位或作恶者退之,使国人、外人看,国民党固有人才,亦可振作也。然后小党与所谓"社会贤达"之自愿者掺入,方可发生作用。其实国民党如久能自强,焉有政协之局?既有去年政协之局矣,而政府尤能及时改革,又焉有今日?此说非谓国民党不开放政权也。如昔日自有把握,自行开放,其胜于今日内外艰难然后开放者远矣。及今振刷,已晚之又晚,然如自身率旧,对小党牵于形势而开放,对自己仍有所顾虑,而照常未能尽举其第一流人才,小党纵来,事情仍办不好,二、三月后,又入绝境。……至于部长会首之选,实不少上选之人。即今之行政院各首长,比起外国之内阁来亦不为弱。然而不发生作用者,一则在宋公之下,虽天才亦成废才;二则在今日政风之下,但求无责,故不能办事耳。行政院长为百僚之首,不特行政院由其领导,即他院亦

须瞻之。而宋公使人失望，有不可胜言者……①

傅斯年给蒋介石写信和面谈都要求蒋介石罢免宋子文，但蒋介石始终没有明确表态，于是傅斯年决定利用舆论，发表文章揭露宋子文贪污中饱、祸国殃民的罪行。在短短的十五天内，他连续写了三篇文章，主题都针对宋子文，其中虽然也涉及孔祥熙和整个官僚资本，但只是把他们放在一起，作为共同的主体进行抨击和批判。现把三篇文章放在一起，分析傅斯年当时的政治态度和社会理念。

其一，宋子文、孔祥熙当权严重腐蚀了国民党政权，如果宋子文继续在任，国民党政权必然垮台。傅斯年在《这个样子的宋子文非走开不可》开篇总结了历代政权灭亡的根本原因，即政权的自蚀导致灭亡，宋子文、孔祥熙就是国民党政权的寄生虫。文章说：

> 古今中外有一个公例，凡是一个朝代、一个政权，要垮台，并不由于革命的势力，而由于他自己的崩溃！有时是自身的矛盾、分裂；有时是有些人专心致力，加速自蚀运动，惟恐其不乱，如秦朝"指鹿为马"的赵高，明朝的魏忠贤，真好比一个人身体中的寄生虫，加紧繁殖，使这个人的身体迅速死掉。
>
> 国民政府自从广东打出来以后，曾办了二件大事，一、打倒军阀（这也是就大体说）；二、抗战胜利。至于说到政治，如果不承认失败，是谁也不相信的。政治的失败不止一事，而用这样的行政院长，前有孔祥熙，后有宋子文，真是不可救药的事。……所以今天能决定中国将来之运命者，必须会悟今天政治的严重性不在党派，不在国际，而在自己。要做的事多极了，而第一件便是请走宋子文，并且要彻底肃清孔宋二家侵蚀国家的势力，否则政府必然垮台，而希望政府不垮台，以免于更大的混乱者，也要坐以待毙，所谓"火烟昆冈，玉石俱焚"，今天良善的人谁无"人间何世"之感？②

傅斯年将宋子文、孔祥熙视为秦王朝的赵高，明王朝的魏忠贤，这些

---

① 傅斯年致蒋介石信（未刊），傅斯年档案 No73—710. doc。
② 欧阳哲生主编：《傅斯年全集》第四卷，湖南教育出版社 2003 年版，第 344—345 页。

人专权自恣，祸国殃民，残害天下，他们掌权，加快了国家自蚀的速度，因此如继续容忍他们在位，国家政权必然迅速灭亡。从社会发展来看，傅斯年的议论是对的，国民党政权的灭亡固然在于人民力量的迅速强大，但宋子文、孔祥熙乃至整个统治集团腐败，自蚀力量迅速发展，造成经济崩溃，人心离散，是其迅速灭亡的内在原因。

其二，宋子文不自重，不自爱，贪污腐败，专权误国，劣迹斑斑，罪恶累累，天怨人怒，必须彻底清算。傅斯年在三篇文章中，论述了宋子文上台的背景和上台后的所作所为，最后弄到国人"欲得而食之不厌"的下场和原因。

傅斯年认为，宋子文的严重自私，强烈的支配欲和贪欲，以我为中心的本性辜负了人民对他的期望。傅斯年分析说：

> 孔宋失败的第一个原因，由于他的"清廉"程度，孔则细大不捐，直接间接；宋则我生你死，公私一齐揽乱来把持。前者贪欲过于支配欲，后者支配欲过于贪欲。虽然形状这样不同，而有好多相同之点，从所以得地位算起，一、二、三……我今天只说一件，就是两个人绝对是以买卖为灵魂的，绝对相信他所相信那一种形态的自由买卖，尤其显著的色彩是自由在己，买卖在公。①

傅斯年虽然对政治经济学没有深入研究，也没有形成系统的理论思想，但他对世界社会政治经济学的思想流派与经济政策有深入了解，他认为，西方英美诸国的传统是实行自由经济，而苏联社会主义国家是计划经济（傅斯年称为管制经济），这两者在中国都不适合，正如傅斯年所阐述："平情说，自由经济，在中国不可能，因为并不是企业发达的国家。一切都管，在中国也不可能，因为中国并没有社会组织的经验。在战时，在今天，最好是干干净净的、坚强不移的管制几项生活必需品，一面不取全盘自由，一面也不要样样管制，偏偏孔宋那样的'自由'，而一切管制论者，又妄向苏联的办法看齐，忘了国体社会全不同，适足以助宋之自信与藐视。新方案是要管制了，宋的'哲学'失败了。"② 宋子文在执政期

---

① 欧阳哲生主编：《傅斯年全集》第四卷，湖南教育出版社2003年版，第351—352页。
② 同上。

间，强调自由经济，但这种自由经济只是对他个人而言，"自由买卖在我是绝对的，我爱买你的什么，你便须卖什么，我爱卖国家的什么，我就卖什么"。实际上也确实如此，他上台初期的黄金买卖，他在抗日战争胜利后对敌占区工矿企业的接受都是如此，对自己有用的拿来或兼并，"接受日本工业，应付沦陷区工业，无论官营民营，总要不让他大家关门。因为他只想收入，不想经济，除把有利的拿去外（如中纺）便任其死灭"[1]。这样做的结果自然是大批工矿企业倒闭，工人失业。实际上，有许多工矿企业是能存在和维持下去的。傅斯年当时收集保存的一个资料有这样的记载："华北一切的工矿各业，在沦陷时期均由敌人的开发公司经管，互相开始衔接，已经达到区域工业合理化的制度。按我国经济政策，应该全体原样完整接受，使之纳入我国今后全国的经济系统里。在接收时，原有人如此提议。接收时宋子文硬不答应，有些标给资委会，有些标卖，有些至今不知下落。敌人多少年发展并 integrate（完整的，自成体系的。——作者注）的华北工矿业，正替我做好的，现在完全让宋子文的愚而私的行为，给弄得四分五裂不成样子了。"[2] 由于宋子文实施错误的经济政策，造成国民党统治区工矿企业大量倒闭，民众破产，生活无着，经济出现严重危机。宋子文实施的外汇和黄金买卖政策，造成中国对外贸易严重入超，傅斯年对此评论说："在这样外币贱，国币贵的情形下，入口极易，出口极难，一悬数倍，简直要断绝中国货的出口，打开外国货的入口，岂特入超而已，简直要一个是无限大，一个是零，这真断送中国的经济命脉了，何年恢复，真不可知。谁开创这个局面？孔祥熙。谁继承这个遗志？宋子文。他俩这一着，简直把中国葬送在十八层地狱下了。"[3] 傅斯年把宋子文与孔祥熙放在一起，是因为两人都是大官僚资本的代表人物，他们的经济政策、所采取的措施都是以四大家族攫取财富为基点，将国家利益、民族利益抛在一边。傅斯年对此总结说："孔宋二氏这样一贯的做法，简直是彻底毁坏中国经济，彻底扫荡中国工业，彻底使人失业，彻底使全国财富集于私门，流于国外。"[4] 也就是说，宋子文与孔祥熙本是一

---

[1] 欧阳哲生主编：《傅斯年全集》第四卷，湖南教育出版社 2003 年版，第 352 页。
[2] 傅斯年档案整理稿：《傅斯年遗文稿》（未刊），第 240 页。整理者认为此评论与《这个样子的宋子文非走开不可》同时，似乎合乎事实。
[3] 欧阳哲生主编：《傅斯年全集》第四卷，湖南教育出版社 2003 年版，第 355 页。
[4] 同上书，第 356 页。

丘之貉，是造成经济崩溃，社会危机的罪魁祸首。

其三，宋子文专横跋扈，有极强的支配欲，"已是天下人怨怒所集"，必须下台以谢国人。宋子文虽然长期留学美国，生活作风深受西方文化影响，而为人处世却深受中国封建专制传统的影响，在国民党政权内部以专权自恣、强悍跋扈著称。傅斯年讨伐宋子文的文章中，多处对宋子文为人处世的作风进行了猛烈抨击，他说：

> 他在行政院，把各部长都变成奴隶，或路人。一个主管部的事，他办了，部长不知，看报方知之。真正偏劳得很，各部长建议，置之不理是最客气，碰钉子更寻常。这是他有兴趣的部。如无兴趣的部，则路人相待，反正要钱无钱，说话不理。他可以说，行政院不是由他组织的，这也是事实，然而如由他组织，不知是哪些小鬼呢。他平常办事，总是三几个秘书，在上海，总是三几个亲信，还有他的三几个"智囊团"，行政大事尽于其中矣，国家命运如此决定矣。我看，他心中是把天下人分做两类，其一类为敌人，即现行的敌人和潜伏的敌人（Potential Enemies），其一类为奴隶，中间并无其他，所以他管到哪个机关，哪个机关的长官便是他的奴隶，至于一切其他人，他都不愿见，见亦无可谈，开会不到，立法院参政会请他不来，至于人民请愿，更不待说，见人傲慢而无话，似乎奴隶之外全是他的敌人。这样行政，岂特民国"民主"不容有此，即帝国专制又何尝可以，只有中国是他的私产，他才可以如此做的。①

傅斯年在《论豪门资本之必须铲除》一文中，进一步尖锐指出"他的作风是极其蛮横，把天下人分为两类，非奴才即敌人。这还不必多说，问题最重要的，在他的无限制的、极狂蛮的支配欲，用他这支配欲，弄得天下一切物事将来都不能知道公的私的了"②。很明确，宋子文把周围一切人都视为敌人和奴隶，对敌人自是不能共事，对奴隶则不能平等对待，于是，对一切事务既专制又自以为是，自然许多政务不能处理好，应该说这是他把国家财政经济搞得一团糟的重要原因。由于国家财政经济事务都

---

① 欧阳哲生主编：《傅斯年全集》第四卷，湖南教育出版社2003年版，第348—349页。
② 同上书，第333页。

由他的亲信奴隶主持，主管部门和有关人才都无法参与，再加上他强烈的支配欲，把国家资产置于个人控制之下，化国为家，化公为私，久而久之，国家财政经济都集中于宋子文为代表的豪门手中，"各种恶势力支配着，豪门把持着，于是乎大体上在紊乱着，荒唐着，僵冻着，腐败着。恶势力支配，便更滋养恶势力，豪门把持，便是发展豪门。循环不已，照道理说，国家必糟"①。

傅斯年历数了宋子文种种不法行为和罪恶后，强烈呼吁：宋子文已是"天下人怨怒所集"，"在今天宋氏这样失败之下，他必须走开，以谢国人"。② 傅斯年在另一篇文章中，更直截了当地表明了自己的态度，他说："我真愤慨极了，一如当年我在参政会要与孔祥熙在法院见面一样，国家吃不消他了，人民吃不消他了，他真该走了，不走一切垮了……我们要求他快走。"③ 傅斯年的好友罗家伦曾评价傅斯年的个性说："他主张'除恶务尽'，他主张'攻敌攻坚'，而且他一动手攻坚，决不肯中途罢手。"④ 傅斯年对宋子文的指斥和抨击充分显示了他这一个性。

其四，必须铲除豪门资本。傅斯年抨击和讨伐宋子文的最后一篇是《论豪门资本之必须铲除》，主要是说不仅宋子文必须下台，离开政权，他和孔祥熙非法霸占的国家资产，也就是豪门资本必须由国家征用。傅斯年将当时资本占有情况分为三种，第一，国家资本。第二，官僚资本。官僚资本又分为三类：小官僚资本、大官僚资本、豪门资本。他对此论述说，"官僚资本在中国真发达极了，上自权门，下至稍稍得意稍能经营的公务员，为数实在不少，这几乎包括中国的资本阶级及上等布尔乔亚。……于是乎小官僚资本托庇于大官僚资本，大官僚资本托庇于权门资本。小官僚大官僚资本有些是以'合法'方法聚集的。有些则由于鼠窃狗偷。无论如何，是必须依靠大势力的，尤其是豪门资本"⑤。第三，权门资本，也就是所谓的豪门资本。权门资本本是官僚资本之一类，然而其大无比，便应该分别看了。这些权门资本，一方面可以吸收、利用、支配

---

① 欧阳哲生主编：《傅斯年全集》第四卷，湖南教育出版社2003年版，第331—332页。
② 同上书，第335页。
③ 同上书，第349页。
④ 罗家伦：《元气淋漓的傅斯年》，《傅孟真传记资料》（一），（台）天一出版社1979年版，第96页。
⑤ 欧阳哲生主编：《傅斯年全集》第四卷，湖南教育出版社2003年版，第332页。

国家资本，一方面可以吸取、保护（因保护而受益）次于他的官僚资本。为所欲为，愈变愈大。权门资本最大的是宋子文、孔祥熙两家。豪门资本控制了中国当时的主要工矿企业、银行。宋子文下台后，国家要清算孔祥熙、宋子文执政十年的事务，然后将他们的财产征用。傅斯年最后结论是："总而言之，借用二家财产，远比黄金拢回法币多，可以平衡今年预算。（我在参政会如此说过。有些报纸说我说，二家财产够国人过一年美国人生活水准，那是他们说的，说过与不及一样坏。）所以要征用，最客气的办法是征用十五年，到民国五十一年还他们本息，他们要的是黄金美钞，到那时都可以的。"① 实际上傅斯年要求对宋子文、孔祥熙两家豪门资本铲除也好，征用也好，都不过是当时愿望，不可能也没有机会实施，因为此后两年多的时间，国民党政权就垮台了。

傅斯年在十几天内连续写了三篇抨击、讨伐宋子文的文章，语言辛辣犀利，态度激切率直，同时，傅斯年在国民党参政会上发言，要求宋子文辞职，清查孔祥熙、宋子文家族财产。傅斯年的文章和呼吁引起了强烈反响。胡适在自己的日记中记述了这样一段话："今天报纸（世界、益世）大登傅孟真昨天在参政会攻击孔祥熙宋子文的话。世界日报标题为'傅斯年要革命！'报纸又大登昨天立法院攻击子文的言论。"② 这充分反映了傅斯年言论的轰动效应，说明宋子文的行为确实引起了社会各界的不满和怨恨。傅斯年的言论犹如在民众的怒火上浇了一桶油，怒火更强烈地燃烧和蔓延开来。据记载，在社会舆论轰击宋子文的同时，国民党政权的立法监督机构也开始行动，1947年2月16日，监察院举行全体监委紧急会议，决定派员彻底清查黄金风潮酿成的情况和负责者。3月1日，立法院召开报告会，宋子文经一再邀请出席作报告，立法委员就财政经济问题向宋子文提出严厉质询。当天下午，国民党最高国防委员会，及国民党中常会举行联合紧急会议，批准了宋子文的辞职请求，宋子文被彻底赶出了行政院。

（三）抨击孔、宋的性质

长期以来，社会各界对傅斯年攻击宋子文的原因和性质议论不一，有

---

① 欧阳哲生主编：《傅斯年全集》第四卷，湖南教育出版社2003年版，第336页。
② 王汎森、杜正胜编：《傅斯年文物资料选辑》，（台）傅斯年百龄纪念筹备会1995年版，第148页。

人认为是传统士大夫与"买办阶级"的争持,有人则认为傅斯年的行为扮演了国民党政府"御史"的角色。实事求是地评说,这两种观点都有所偏颇,有必要对此进行讨论。

傅斯年去世不久,有人撰文论述傅斯年与国民党权贵的斗争的性质,他们认为:傅斯年与孔祥熙、宋子文的斗争是中国士大夫与国民党既得利益的"买办阶级"的争持。文章说:"国民党执政二十余年,在党内党外,自来存在着一种斗争,便是士大夫与买办阶级的争持,这两类人物,思想背景,行为表现,乃至生活习惯,气味标准,格格不相入。盈虚消长,与国民党的党势和整个国运,都有关系。孟真是士大夫阶级中一个代表人物,也是此一斗争中的一员前线斗士。若说孟真在此一段政治活动中是受人利用,那就是中国几千年文化传统力量的利用,也是中国数千年士大夫阶层空气的驱策。……中国的士大夫,不是代表哪一个阶级,它与欧洲的'中产阶级'绝不相同。士大夫阶层的意识,随着时代而不同,但是它必然代表了多数人的意见,必然注重'公平'的原则,更没有忽视了'进步'或'改造'的需要,'自强不息'就是天天求进步,谋改进。士大夫没有'既得利益',士大夫是要打破'既得利益'的。"① 这种理论将傅斯年定性为中国传统士人,针对傅斯年坚持抨击和揭露孔祥熙、宋子文这一公案,其评论有一定的道理,因为傅斯年在攻击孔祥熙、宋子文的过程中,经常以"士人"、"书生"自诩,也确实表现出传统士人的品格和意识。自1931年指斥萧振瀛时提出书生何以报国的命题,傅斯年参与社会政治活动时常以书生、士人的品格和志节自诩,即以传统士人对社会政治的价值取向要求自己参政而不从政,忠心报国,正义处世,信义待人,不追求功利。他在1939年致朱家骅的信中表示自己的心志说:"弟向无党派,忠于国而信于友,从不为自己图谋,虽无将才,然其安贫乐道,进止以义,自觉不愧大义良士。"② 他致信胡适,叙述自己抨击国民党权贵的原因时说:"我一读书人,既不能上阵,则读圣贤书所学何事哉?我于此事,行之至今,自分无惭于前贤典型……士人之节,在中国以此维纲常也。"③ 抗日战争胜利,蒋介石为表示开明、民主,改组政府,拉拢自

---

① 程沧波:《再记傅孟真》,《傅孟真传记资料》(三),(台)天一出版社1981年版,第9页。
② 傅斯年致朱家骅,傅斯年档案书信未刊稿:No73—919.doc。
③ 《胡适来往书信选》中,中华书局1980年版,第474—481页。

由民主人士进入政府，要傅斯年担任政府委员，傅斯年坚辞，在致信蒋介石时再次特别强调："惟斯年实一愚憨之书生，世务非其所能，如在政府，于政府一无裨益，若在社会，或可偶为一介之用……参政员之事，亦缘国家抗战，义等于征兵，故未敢不来。今战事结束，当随以结束。此后惟有整理旧业，亦偶凭心之所安，发抒所见于报纸，书生报国，如此而已。"① 从这封信和他对孔祥熙、宋子文揭露、攻击的全部史实可以看出，他不是一个传统的士人，而是一位具有现代自由、民主意识的知识分子。传统士人所具有的忠、孝、仁、义意识表现为对传统专制政治的强烈依附性，不具有独立人格和个人主体意识，而傅斯年的政治行为都基于他个人对社会的认识，不受外力，尤其是政治权力的影响。现代自由主义知识分子所具有的品格和信仰是他一生思想行为的主流，在他与孔祥熙、宋子文的斗争中表现得更加充分。

判别一个传统士人和现代知识分子的主要标准应包括三方面：生活的时代，人格与信仰。许多对士人知识分子进行专题研究的学者都认为，士人是中国封建专制统治的产物，他们依附于专制政治，没有独立的人格和个人的主体意识。具有现代意义的知识分子形成于20世纪初期，他们拥有文化知识，但不再走学而优则仕的传统士大夫老路，脱离了专制政权的控制，有了职业选择自由，可以自由选择独立的职业，如到大学任教，做报纸、刊物的编辑，当律师，作家等。有信仰自由，更重要的是有相对独立的人格。可以自主地认识自然和社会，发表自己研究的成果，坚持自以为正确的理念与观点。傅斯年的一生行为可以定性为现代知识分子。

傅斯年自留学归国后，坚持以教育和学术研究作为终生事业。虽然他始终以国民党政权为合法政权，拥护和支持它，但他对国民党政府的支持保留着自由、独立的个人身份，不是无条件的依附，与现实政权始终不即不离，保持独立的身份和人格。他曾在《中华民族是整个的》一文中，论述他对1927年后国民党政府的态度："即以我个人论，也是失望已极之人，逃身于不关世务之学，以求不闻不见者。"② 在致蒋介石的信中进一步强调："盖平日言语但求自信，行迹复流于自适，在政府或可为政府招

---

① 欧阳哲生主编：《傅斯年全集》第七卷，湖南教育出版社2003年版，第303—304页。
② 欧阳哲生主编：《傅斯年全集》第四卷，湖南教育出版社2003年版，第126页。

致困难，在社会偶可有报于国家也。"① 说明他具有独立的人格，不依附于现时政权。抗日战争爆发，国家民族面临严重危机，激于浓厚的民族意识和诚挚的爱国热情，他走出书斋，投身于救国事业，正如他在致蒋介石信中所申述："惟斯年赋质愚戆，自知不能负荷世务，三十年来，读书述作之志，迄不可改。徒以国家艰难（指抗战），未敢自逸，故时作谬论。今日月重光，正幸得益初志。"② 拒绝了蒋介石要其进入政府的邀请，坚持参政而不从政，所表达的正是现代知识分子的人格和志趣。

在持续轰击孔祥熙、宋子文的过程中。他始终坚持以民族大义，为抗日救国与"既得利益者"进行不妥协的斗争，当他连续轰击孔祥熙并造成一系列影响时，蒋介石为保护孔祥熙，亲自出面请傅斯年吃饭，为孔祥熙说情。据记载，他们两人有一段对话："'你信任我吗？'蒋委员长问孟真先生。'我绝对信任。'傅先生答。'你既然信任我，那么，就应该信任我所任用的人。''委员长我是信任的。至于说因为信任你也就该信任你所任用的人，那么，砍掉我的脑袋，我也不能这样说！'"③ 傅斯年自1931年"九·一八"事变后，开始参与社会政治，包括连续轰击孔祥熙和宋子文。国民党政府中，上至蒋介石，下至各级官员，打击、排斥他也好，罗致笼络他也好，他始终保持清醒头脑，对现实政权不即不离，不伎不求，凭着知识分子的社会良心和对国家民族的责任感，参政而不从政，关心而不热衷，更不置身其人事纷争的漩涡之中，保留着现代知识分子的基本属性。从某种意义上说，这是傅斯年区别于传统士人的重要标志。

有的学者将傅斯年对国民党权势者的攻击，视为国民党政府的"御史"行为④，从学术和历史的观点来认识有些不合史实。这是因为，御史是中国封建专制政权中的官员，其职责是监察和纠弹违法乱纪的官吏，从根本上说，御史是专制君主巩固统治、强化个人威权的工具。傅斯年不是政府官员，他的行为既不是按法统行事，更不是对君主负责，完全出于个

---

① 欧阳哲生主编：《傅斯年全集》第七卷，湖南教育出版社2003年版，第304页。
② 同上书，第286页。
③ 屈万里：《傅孟真先生轶事琐记》，《傅孟真传记资料》（三），（台）天一出版社1981年版，第71页。
④ 王汎森：《中国近代思想与学术的系谱》，河北教育出版社2001年版，第338页；章清：《"胡适派学人群"与现代中国自由主义》，上海古籍出版社2004年版，第367页。

人对社会现实的认识，出于自己的社会良心和对国家、民族的责任感。他虽然拥护和支持国民党政权，但仅仅是因为他认为国民党政权是当时的合法政权。他对孔祥熙、宋子文的攻击，是站在国民党政权之外的个人立场上进行的揭露和抨击，这正是20世纪三四十年代，自由知识分子参与社会政治的主要形式。

三 政治改革设想

在傅斯年的观念里，官僚政客的作风就是姨太太的作风：对其主人，揣摩逢迎，谄媚希宠；对于同侪，排挤倾轧，争风吃醋；对于属下，作威作福，无所不用其极。傅斯年虽然与当时中国的执政党国民党有很多渊源，但他终其一生坚持参政而不从政，既保持学者的独立性，又关注民生，为国家进步、政治改革积极进言献策。

傅斯年虽然一生坚持不从政，但具有强烈的入世精神，并时刻关注着社会现实。从1938年7月到1947年7月，国民参政会共举行了四届十三次大会。每次大会休会期间，由参政员选出15—25人组成驻会委员会。傅斯年连续四届被选为参政员，并且被选为第一届第一、第二、第三次大会，第二届第一次大会，第四届第一次大会的驻会委员。驻会委员会的职权主要有三个方面：1. 政府之重要施政方针于实施前应提交国民参政会；2. 国民参政会得提出建议案于政府；3. 听取施政报告及向政府提出质询案。

傅斯年在任参政员，尤其是任驻会委员期间，对参政会的活动相当热心，做过不少提案和建言，也在报刊上发表了一些时政论文，其重点是团结抗日、改革政治、改善民生等，其中在战时政权建设方面，傅斯年希望国民党政府能明定各主要机构之职权，以明责任而责事功。

1938年7月国民参政会第一届第一次会议结束后，傅斯年留在武汉履行驻会委员职责。当时武汉保卫战正紧张进行，军队在武汉连续4周对日艰苦作战，而政府各机构聚集武汉，职权不分，责任不明，相当混乱，无法有力支持战争，更不能对政治、经济诸军政事务以合理部署。于是傅斯年联合部分驻会委员起草了一封致蒋介石的信，要求对各主要政府机构进行改革，以支持持久抗战。信中强调："惟军事之成功，系乎政治之运用，政治若有重要之缺陷，则虽具精兵良将致命疆场，无以操胜利之左券。"①

他指出国民党军队在武汉保卫战中英勇抗击日军，日军参战者达40多万人，死伤近20万人，有生力量受到极大消耗，虽然占领了武汉，但进攻之势从此衰落。日本妄图速战速决，三个月内灭亡中国的梦想彻底破灭，中日战争进入战略相持阶段。中国经过近两年的战争，政治、经济等方面暴露出许多问题，需要进行改革。一是国民党政权政治统治的问题。国民党政权此时召开了五届五次全会，对战争中出现的问题进行检讨和总结。蒋介石在大会上进行了数次讲演，指出国民党内部存在许多重大的缺陷，其中如散漫凌乱、纪律废弛现象。他要求对国民党的弱点、缺点进行诚意批评，尽量检讨，研究改正。国民党存在的腐败、散漫、凌乱，从根本上说都是政治体制本身造成的，因此必须进行思想和体制的改革。二是政治统治的指导思想变化。国民党政权的弊端大多都由实行专制、独裁造成，但蒋介石和国民党政权对此不但没有正确认识，反而努力强化独裁统治。按照五届五中全会的决议，国民政府设置国防最高委员会，统一党政军的指挥，蒋介石担任委员长，有权"对于党政军一切事务，得不依平时程序，以命令为便宜之措施"；在地方上城乡街镇都实行"保甲制"，每一个人都要以保甲为单位，宣誓遵守《国民抗敌公约》，"服从最高领袖蒋委员长之领导，尽心尽力，报效国家"；同时，蒋介石还扩大了"军统"和"中统"两支特务系统，充当自己的耳目和打手。蒋介石采取的一系列措施，违背了社会政治发展的趋向。为此，傅斯年撰写了《政治之机构化》一文，较为系统地阐述了政治改革的思想。

傅斯年首先介绍了欧洲和中国古代政治机构化的进程。他认为，19世纪以前，欧洲的政治也是以人治为主，"政治不外乎宫廷之谋计与斗争，行政不外乎人事之消长与变动"。有机构的政治是不发达的，在国家统治中个人的因素太重，造成国家兴衰迅速，"兴也勃焉，衰也忽焉"。19世纪中叶以后，英法两国逐步实现政治机构化，尤其是英国，政治和一般行政机构化实行得最好，对于促进社会、经济的发展起了重要作用。之后，傅斯年对中国传统的政治思想也进行了总结，他认为中国关于

---

① 王汎森、潘光哲、吴政上主编：《傅斯年遗札》第二卷，(台)中研院历史语言研究所2011年版，第938页。

"人治"、"法治"争论了数千年,其实人治、法治是一回事,相互为用,缺一不可。社会发展到现在,单纯强调人治、法治已没有意义,两者必须结合起来,使政治逐步法治化、制度化、规范化。

中国的现状是否如此?傅斯年得出了否定的结论。他说:"从国民政府在南京建都以来,十年以上了,似乎尚未能把政治机构化。其所以如此,自然有其不可免的原由,内部纠纷,至于战争,外来压迫,不得喘息,都是使建国工作受影响的。但这些事实固然是不可抹略的事实,况此事实固然可以恕谅至今政治之还不曾机构化,然而政治之还不曾机构化却也是一件不可抹略的事实,为建国起见不能不加以注意,且谋改正。"①

为了改革现状,傅斯年提出用五年的时间,实现中国政治机构化。但因国家处于抗战中,有些工作尚不能进行,然而有许多改革是可以进行的。傅斯年总结出五个方面的改革应立即进行。这五项工作是:

1. 欲求政治之能机构化,不可不先把机构简单化。政治之能机构化,是要先养成这样一种普及的习惯,方才可以推行下去的,机构如果太复杂了,一般人不易养成遵守他的习惯。当下政府的整个组织实在过分复杂些,求其"身之使臂臂之使指",固不可得,求其互相调节,亦不可能。且以其复杂之故,自然容易引人之跃越,因而"复杂"成了"机构化"的障碍。

2. 法令必须自上遵守,不能因人事上有任何一种方便一时间加以忽略。如果感觉某一法令有何不好之处,自当计较如何更改,但在未更改前是不该拿它来迁就人事的。

3. 制度及法令不可常在改动中,若常在改动中,则永久不能建设政治中的秩序。至于关系国家根本及人民行事者,尤其不可常改。政治中必有了秩序,政务方才容易推行,常改动的状态中是不能出产秩序的。

4. 国家治,必须"贤者在位能者在职",然后国家可以治。所以"尚贤"是民国立政的根本,"亲亲"却是"民国思想"之仇敌,一切任贤避亲的法则与习惯应当从速建立或养成。

5. 各级官员的职权必须划分,下级的人不可侵上级的权,上级的人尤不可侵下级的权。因为下侵上权,已经可以招致政务之紊乱了,而上级的人代下级办事,更容易使其僚属全部木偶化。一个机关里的事务每天是

---

① 欧阳哲生主编:《傅斯年全集》第四卷,湖南教育出版社 2003 年版,第 189 页。

很多的，一切职员必须均能发挥其智力，然后才可以办得好，其中指臂之间自然要有条理，主管者自然要有决断，但下级人之创见不可抹杀，下级人之智力不可不使其发挥。否则，久而久之，一切僚属都成木偶人或应声虫，这个机构便僵化了。①

总的来说，"九·一八"事变前后，中国正处于社会动荡、政局混乱之时，国民党政权名义上统一了全国，成为全国的合法政权，实际上从中央到地方四分五裂，上层政争和地方武装冲突此起彼伏，连续不断。全面抗战爆发后，内部政争虽有缓和，但对内专制、贪污腐败、消极抗战，对外妥协投降等现象都相当严重。这些弊端的存在，说明政治设施不健全，政治管理不上轨道。傅斯年处旁观者的身份，对此认识得相当清楚。他利用国民参政会这个舞台和各种合法渠道，建言献策，督促国民党进行政治改革，实行政治机构化、法治化、民主化，人治与法治相结合，严厉惩治腐败等。他发表的政论《政治之机构化》《现实政治》《政治的实现》，在参政会中的提案《公务员的苛捐杂税》《关于财政问题在国民参政会的质询》等，都是要求改革和进行改革的方案，并为其多方奔走，对国民党政权坚持独裁专制，拒绝改革进行猛烈的抨击，与国民党政权的专制与腐败进行了坚决的斗争。

四　间关万里延安行

1941年1月，国民党政权发动"皖南事变"，从此，国共两党关系出现危机，严重影响团结抗日的大局，引起广大爱国民主人士的忧虑。傅斯年对此相当关注，积极图谋化解两党矛盾，通过和平谈判解决问题，为促使两党消除矛盾团结抗日而积极努力。1944年9月15日，国民参政会三届三次大会主席团提议："请大会决议组织延安视察团，赴延安视察，并于返渝后，向政府提出关于加强全国统一团结之建议；兹推荐冷参政员遹，胡参政员霖，王参政员云五，傅参政员斯年，陶参政员孟和，为该视察团团员。"这项提议以绝对多数赞成而通过，在场的140名参政员，138名投了赞成票。傅斯年等人之所以被推荐，是因为他们在当时教育界、出版界、新闻界有一定声望，又没有党派关系。全体参政员相信这五人必能

---

① 欧阳哲生主编：《傅斯年全集》第四卷，湖南教育出版社2003年版，第190—191页。

完成使命，以加强全国之统一团结。但由于种种原因，五参政员会后没有立即成行。

1945年4月，中国共产党召开了第七次代表大会，毛泽东同志在政治报告中，提出了把各党各派和无党派的代表人士团结在一起，成立联合政府的主张。这种主张得到了民主人士的普遍拥护。5月，抗日战争进入最后阶段。世界反法西斯战争和中国的抗日战争都胜利在望，一些社会知名人士对抗战胜利后中国向何处去，国共关系如何发展表示忧虑，这些问题成为国民参政会中的突出问题。傅斯年、冷遹又联系黄炎培等人再次商谈访问延安，为国共和谈，团结抗日进行斡旋，几位参政员在访问延安一事上达成共识。6月2日，傅斯年、褚辅成、冷遹、黄炎培等人致电毛泽东、周恩来，正式提出了访问延安，促成国共和谈，团结抗日的主张。电报说：

> 延安毛泽东、周恩来先生惠鉴：
> 　　团结问题之政治解决，久为国人所渴望。自商谈停顿，参政会同仁深为焦虑。月前，经辅成等一度集商，一致希望继续商谈。先请王若飞先生电闻，计达左右。现同人鉴于国际国内一般情形，惟有从速完成团结，俾抗战胜利早临，即建国新奠实基。于此敬掬公意，伫候明教。[①]

傅斯年等人的电报得到以毛泽东、周恩来为首的共产党人的积极回应，中共中央经商议于6月18日回电，欢迎傅斯年等人去延安，并对傅斯年等人为团结抗日、和平建国而奔走给予高度评价。回电说："诸先生团结为怀，甚为钦佩。由于国民党当局拒绝党派会议、联合政府及任何初步之民主改革，并以定期召开一党包办之国民大会制造分裂、准备内战相威胁；业已造成并将进一步造成绝大的民族危机，言之实深痛惜。倘因人民团结，诸公热心呼吁，促使当局醒悟，放弃一党专政，召开党派会议，商组联合政府，并且即实行最迫切的民主改革，则敝党无不乐于商谈。诸公惠临延安赐教，不胜欢迎之至，何日启程，乞先电示。扫榻以待，不尽

[①] 孟广涵主编：《国民参政会纪实》下卷，重庆出版社1985年版，第1430页。

欲言。"① 毛泽东、周恩来等人的回电清楚地表明了中国共产党的立场和态度，充分表达了团结抗日的诚意。

傅斯年等人接到延安的电报，甚为高兴，几个人讨论商定了团结抗日、和平建国的三条建议：1. 由政府迅速召集政治会议；2. 国民大会交政治会议解决；3. 会议以前，政府先自动实行若干改善政治之措施。之后经蒋介石同意，傅斯年（无党派）、黄炎培（民盟）、褚辅成（国民党）、章伯钧（民盟）、冷遹（无党派）、左舜生（青年党）六人组成的代表团于7月1日在中共代表王若飞的陪同下飞抵延安。在延安机场受到毛泽东、周恩来、朱德、林伯渠等中共领导人的欢迎。欢迎仪式结束后，乘车至王家坪十八集团军司令部共进午餐，然后又乘车至瓦窑堡陕甘宁边区政府招待所下榻休息。

7月2日下午6时，中共领导人毛泽东、周恩来、朱德等人设宴招待傅斯年等六位参政员，当时延安刚开完党的第七次代表大会，许多党政军领导人还留在延安，没有回抗战前线，此时都出席做陪，与六位参政员一一见面，其中主要有贺龙、刘伯承、彭真、高岗、聂荣臻、陈云等。宴会上毛泽东、周恩来分别作了欢迎辞和祝酒辞。宴会后，他们观看了文艺节目。

在延安访问期间，傅斯年等人同毛泽东、周恩来、朱德、刘少奇、林伯渠、张闻天、任弼时、王若飞、彭德怀、叶剑英等同志进行了3次会谈。六位参政员认为国共两党商谈的大门没有关闭。毛泽东说：双方的门没有关，但门外有一块绊脚的大石挡住了。这块大石就是国民大会。会谈中，双方交换了对时局的看法，最后在和睦、融洽的气氛中，达成了向国民党政府提出的两点共识：1. 停止国民大会进行；2. 从速召开政治会议。并将会谈内容写成《延安会谈记录》，由六位参政员带回重庆。除了和中共领导人会谈，傅斯年等六人还参观了延安的市容、街道，访问了一些在延安的故旧，并了解了延安地区的劳动人民的生活状况。

从7月2日起，傅斯年等人还参观了延安的中共中央党校、延安大学等，观看了延安的群众秧歌队演出，会见了徐特立、董必武、谢觉哉、吴玉章、秦邦宪、邓颖超、蔡畅、丁玲、何思敬、范文澜、王实味等一批文

---

① 孟广涵主编：《国民参政会纪实》下卷，重庆出版社1985年版，第1431页。

化工作者。他们对延安的团结奋进，社会的安定祥和，人民的安居乐业非常赞赏，无论如何也想不到共产党的治理会如此清明，相比之下，国民党内部的腐败，则使他们极为失望。

访问期间，傅斯年还与毛泽东有过一次单独会晤。傅斯年与毛泽东是二十余年以前的北大旧识。五四时期，毛泽东曾在北大任图书管理员，傅斯年是大名鼎鼎的学生领袖，十分受人注目，他经常出入于图书馆，所以毛泽东认识了他。后来毛泽东回到湖南创办《湘江评论》，与傅斯年等在北大创办的《新潮》遥相呼应。傅斯年在《〈新潮〉之回顾与前瞻》中列举的五六种"最有价值"刊物，《湘江评论》就是其中之一。所以值傅斯年专程来访之际，毛泽东单独约他畅谈。他们两人从时局谈到历史，从抗战谈到国共合作，天上地下，古今中外，无所不论，谈了整整一个晚上。谈到五四运动时，毛泽东称赞傅斯年在反封建主义方面的重大贡献，傅斯年则回答说："我们不过是陈胜、吴广，你们才是刘邦、项羽。"毛泽东只是报之以微笑，并未作正面回答。会谈结束时，傅斯年向毛泽东索要墨宝一幅，以志留念，毛泽东慨然应允。7月5日，毛泽东将条幅写好，并附一亲笔信，由交际处王世英转呈傅斯年。条幅写唐人咏史诗一首：

竹帛烟销帝业虚，关河空锁祖龙居。
坑灰未烬山东乱，刘项原来不读书。

唐人咏史诗一首书呈
孟真先生

毛泽东

亲笔信内容是：

孟真先生：
　　遵嘱写了数字，不像样子，聊作纪念。今日间陈胜吴广之说，未免过谦，故述唐人语以广之。
　　敬颂
　　旅安

毛泽东上

七月五日①

　　傅斯年以陈胜、吴广自况，把毛泽东、蒋介石说成是刘邦、项羽。这里他把五四运动比作大泽乡起义，视为推翻旧政权的开端，而把以毛泽东为代表的共产党与蒋介石为代表的国民党之争比作刘项之争，认为他们之间的斗争是争夺国家最高统治权的抗争。毛泽东书此条幅，显系将搞独裁专制的蒋介石比作秦始皇，暗示那些真正起来推翻蒋政权的力量，不是一般读书之人，而是刘邦、项羽一样的下层民众。

　　除了与毛泽东会晤外，傅斯年还和周恩来进行了一次愉快地交谈。交谈中，周恩来向傅斯年阐明了共产党的主张：坚持和平反对战争；坚持团结反对分裂；坚持进步反对倒退。他说："我们的口号是'和平、民主、团结'。国共合作，这是历史的潮流，顽固派搞摩擦，这是不会得逞的。"他还进一步分析了国内形势，指出了维护民族团结、建立联合政府的光明前途。面对这位著名的共产党领袖精辟的政治见解，傅斯年深为折服。之后，傅斯年向周恩来介绍了政治解决国内团结问题的情况，表达了无党派人士和民主党派人士的愿望，周恩来对傅斯年等参政员所作的贡献十分赞许。

　　7月5日，傅斯年一行回到重庆。两天后，第四届第一次国民参政会开幕，当天下午他们面见蒋介石，汇报了延安访问的结果，并将《延安会谈记要》交给了国民党政府。仅过月余，日寇投降，经过八年艰苦卓绝的斗争，中国取得了抗日战争的伟大胜利，全国人民沉浸在胜利的喜悦中。全国人民当时的普遍心理是和平建国，医治战争创伤，休养生息。民意难违，蒋介石也不得不做出姿态，接连三次电邀毛泽东同志到重庆谈判。为避免内战、重建家园，8月28日，毛泽东、周恩来、王若飞三人飞赴重庆与国民政府谈判。这次和谈之所以能够实现，虽是多方面因素促成的，但傅斯年等人的延安之行，也起到了穿针引线、搭桥铺路的作用。

五　参与旧政治协商会议

　　1945年10月，国共重庆谈判期间正式就召开政治协商会议达成协

---

　　① 毛泽东所书条幅及书信，今藏史语所傅斯年档案中。见王汎森、杜正胜编《傅斯年文物资料选辑》，傅斯年先生百龄纪念筹备会1995年版，第115页。

议，规定由国民政府召开政治协商会议，邀集各党派代表及社会贤达协商国事，讨论和平建国方案及召开国民大会各项问题。经过一段时间的筹备，国民党政府1946年1月6日公布了《召开政治协商议办法》及会员名单，经蒋介石邀请共38人，其中包括国民党8人，共产党7人，民主同盟9人，青年党5人，无党派代表9人。傅斯年作为无党派人士被邀请参加，其余8人是莫德惠、王云五、胡霖、邵从恩、钱新之、缪云台、李烛尘、郭沫若。政治协商会议邀请的38名委员中除莫德惠赴东北宣慰、张君劢在美未归、张澜和黄炎培因病请假未能参加外，其余34人应邀参加，蒋介石亲自主持并发表讲话。

后人曾对政协会议评论说："政治协商会议的召开，是符合国家民族的根本利益，适合广大人民的意愿要求的，是以政治协商方式解决政治的范例。"① 政治协商会议召开在当时是一个大事，曾引起各方面的重视，在开幕式上除蒋介石发表讲话外，周恩来、沈钧儒、曾琦等人分别发表讲话。其中蒋介石讲话冠冕堂皇地强调了召开政商会议的目的、作用和要求，他说："本会议召集的目的，是邀集各党派代表和社会贤达来共商国是。我们所要商讨的是国家由战时渡到平时，由抗战进到建国基本方案。也就是怎样集中一切力量，以开始建国工作的问题……今后政治上和社会上一切设施，都要尽量纳之于正常的轨辙，加强法治的精神，以立宪政的基础……本会议虽然不是由人民选举而产生。但各位先生热心国事，关切民生，一定能体察人民真正的愿望，认识人民迫切的要求。"蒋介石对政协委员提出三点要求："第一，要真诚坦白，树立民主的楷模……第二，要大公无私，顾全国家的利益……第三，要高瞻远瞩，正视国家的前途……"② 蒋介石的讲话不仅是给政协会议定基调，也表明了国民党政府对政协会议的态度。

政治协商会议期间，大会分五个组进行专题协商，即政府组织组、施政纲领组、军事问题组、国民大会组和宪法草案组。傅斯年被分到宪法草案组，会议期间他积极参与，尽职尽责。在他的档案中保存了几份他发言的草稿，从中可以看出他当时对政治体制建设和改革的思想理念，也可以

---

① 王干国：《从党派会议的主张到政协会议的召开》，《中国现代史百题》，湖南人民出版社1987年版，第1610页。

② 沈云龙：《民国史事与人物论集》，（台）传记文学出版社1981年版，第412页。

从中认识他当时的政治态度：

1. 和平建国的指导思想与原则。傅斯年认为，中国人民经过无数艰难困苦，做出了巨大牺牲，终于取得抗日战争的胜利，一定要万分珍惜这来之不易的和平建国机会，不论国民党政权，还是各民主党派都应出于公心，捐弃私见，顾大局，顺民意，本着国家、民族利益高于一切的原则，为和平建国共同努力。他对《和平建国纲领》贡献的意见充分表达了他这方面的思想。他阐述总指导思想时说：

> 际兹八年抗战卒底胜利之时，人民之死亡以千万计，财富之损失以亿兆计，生者待养，病者待医，大敌虽已败却，疮痍犹待补救，国家虽列于强国，人民尤陷于贫困。中国国民政府鉴于战争业已结束，建设应即开始，爰特邀集各党派代表既社会贤达举行政治协商会议，共商国是，俾人民得以昭苏，国家进于宪政。兹经一致同意左列纲领。
>
> 总纲（"党派协定"）：
> ①确定三民主义（及国父遗教）为建国之最高准绳。
> ②全国力量，应在蒋主席领导下，共同合作前进。
> ③确认各党派之平等合法地位，用人不分党派。
> ④各党派相约以国家民族之利益为最先，捐弃成见，放弃武力斗争，停止宣传战争，俾便集中意志与力量，以建设和平、民主、统一、团结、自由与富强的新中国。
> ⑤确认蒋主席所倡导之政治民主化、军队国家化，为达到和平建国必由之途径。①

傅斯年对《和平建国纲领》总纲的阐述近似官话，其中特别强调和平建国要在蒋介石的领导下，有些不合情理，实际查阅当时的一些文件，许多都将此条列入文件中，其中对当时局势和社会情形的认识是真实的，五项具体条款大体符合当时局势，具有一定的可行性。

2. 对政治体制与制度改革建言献策。傅斯年在参与宪法草案修改的讨论中，对国家政治体制改革和政治制度建设提出许多建议和意见。在

---

① 傅斯年档案（未刊），档案号 IV：435。

《和平建国纲领》政治方面，傅斯年的意见包括政治设施的建设、政治体制的创新和发展等内容。关于政治体制和制度改革方面的条款共九条：

①施政以贫困、疾病、蒙愚为政治之对象，以民主、自由、科学为进步之目标。

②一切国家设施，应顾及全国各地主，各阶级各职业人民之正当利益，保持国家在此时之平衡发展。

③厉行监察制度，严禁贪污，便利人民自由告发。

④实行文官制度，保障称职人员，用人以能力资历为标准，并去除戚谊、乡谊、学谊、干请等弊端。

⑤简化行政手续，分层负责，务期人有专任，事有专责。

⑥确保司法独立，充实法院人员，提高待遇与地位，简化诉讼程序，改良监狱。

⑦裁撤一切骈枝机关，与效能甚低之机关，提高文武公教人员之待遇。

⑧实行预算决算制度，认真审计，简化税制，归并征税机关，并以资产及收入定累进之税则。

⑨征用逃避及冻结之资本与产业，以平衡收支。①

这里，傅斯年特别指出政治机构、国民大会、地方自治、军事等项暂缺，由于这些小组他没有参加，也不是这方面的专家，没有专门研究，所以没有涉及这方面的具体内容。

另有一部分是关于抗战胜利后复员和善后工作的建议，从中可看出傅斯年关心基层民众利益和生活疾苦的思想，其建议共五条，具体内容是：

①政府停止兵役及豁免田赋一年之法令，应由各级政府切实执行。

②妥善照顾残废军人及抗战军人家属与遗族，协助退伍官兵就业。

③协助义民，难民还乡，给予交通上之便利。

---

① 傅斯年档案（未刊），档案号Ⅳ：432。

④速治黄河水患。

⑤严办汉奸，停止附逆分子之公权。①

从此要求中可看出，傅斯年将抚恤抗战军人及遗属，救济民众和惩治汉奸，都列入了政治改革和平建国的纲领之中，表现了他和平建国兼顾各方利益的思想观念。

3. 关于宪法草案修改的意见。政协会议召开期间，专门成立了宪法草案组，召集人莫德惠、陈启天，成员包括孙科、邵力子、周恩来、吴玉章、常乃惠、罗隆基、章伯钧、傅斯年、郭沫若。从成员组成来看，出席政治协商会议的国共两党领导人都集中于此组。不言而喻，制定和修改宪法草案是政协会议的重头戏，事关建立什么样的国家政权、怎样按法定程序建立国家政权，所以国共两党及各民主党派的首脑八人都相当重视这个组的讨论。另外，张君劢作为民盟代表被邀请，他当时正在英国考察，1月9日接到政协要求回国参加政协会议的通知，11日才启程回国，16日到达重庆。分组时没有明确他参加何组，因而与会时他可以根据自己意愿参加任意一组的讨论。他本是法学专家，所以参加了宪法草案组。

1月19日，政协会议举行第九次大会，专门讨论宪法草案问题。大会首先由孙科对国民党1936年公布的"五五宪草"要点作了说明，并代表国民党方面陈述了对"五五宪草"的认识，强调：国民党并不以此宪草为天经地义，一字不可更易，但是其中"三民主义的最高原则"和"五权制度"不能变更。在孙科作说明时，会场中"要求发言条子即纷纷传到主席台"。孙科说明以后，黄炎培、沈钧儒、傅斯年等人相继发言。

傅斯年在发言中特别强调了两点：在中央要实行议会制度；在地方要实行自治，"省长民选"。发言的要点如下：

> 谈到国民大会，便联想到议会政治的问题。我一向有两个主张：第一在中央，要有议会行议会制度，不然便不能表现民主精神实行多党政治。第二在地方，要实行自治，省长民选，但省区必须缩小。关于国民大会问题，照政治协商会议所决定的四项修改原则。其第一、四两条的规定，应该有一个先决问题，即是议会政治精神是否容纳在

---

① 傅斯年档案（未刊），档案号Ⅳ：432。

宪法之中。在行议会制度下，假如国民大会还是存在，有它的好处，也有它的缺点。就缺点说：一、国民代表任期，不论四年、六年一任，国民大会会期不论一年、三年一次，国民代表除了出集会议以外，没有别的任务。二、由一、二千国民代表行使选举、罢免、创制、复决等权，还不是直接民权。就好的方面说：一、总统与立法院冲突时，可由国民大会表决决定。二、国民大会选举总统、副总统及一部分立法委员、监察委员等，使立法、监察委员从多方面产生。我主张立法委员一半由全国选民选举，余一半由国民大会及全国性职业性团体各选举一部分。监察委员一半由各省参议会选举，余一半由国民大会及大学教授、法官各选举一部分。至于创制、复决两权之行使，我想不论由全体国民或国民大会行使创制权，因为国民知识等原因，只能限建议权，经通过后送由立法院制定法律；复决权之行使，也是一样的困难。所以我们对于创制、复决两权之行使，有彻底检讨的必要。最后要声明一点，我有一个定见，即是坚持议会制度。[①]

傅斯年强调实行议会制度，主要针对国民党政权"五五宪草"而言，"五五宪草"是国民党一党执政的宪法，自然不能适合多党政治和发扬民主精神，这一点很有积极意义。大会各委员的发言，都提出了个人或党派的意见，议论纷纭，莫衷一是，无法得出统一结论，于是交由宪法草案小组讨论。

在小组讨论中，小组成员由于代表的界别和各自的立场，观点不同，对中国今后采用什么样的宪法争论激烈。当时有四种宪法蓝本可供人们选择：一是孙中山所拟定的，也就是国民党政权所实行的五权宪法；二是英国式宪法；三是美国式宪法；四是苏联式宪法。苏联式宪法与国民党实行的五权宪法都是一党专制式的宪法[②]，而英美则是多党制议会宪法。在讨论中，国民党代表要求以五权宪法为蓝本，而民主党派和无党派人士多主张英美式宪法，共产党代表根据当时情况，也希望实施英美式宪政"以

[①] 整理者认为此发言是傅斯年于1946年2月14日在宪法草案审议委员会上的发言。根据有关记载，笔者认为是在1月19日政协会议讨论宪法草案总是大会上的发言，傅斯年档案（未刊），档案号 IV：406。

[②] 《梁漱溟全集》第六卷，山东人民出版社1993年版，第899—900页。

期打破国民党垄断政权之局"①。争论的焦点主要是,以五权宪法还是以英美宪法为蓝本。傅斯年在参与讨论时曾两次发言,他主张以五权宪法为基础,以英美宪政为蓝本对五权宪法进行修改。他在发言中阐述了自己的意见:"五五宪草系根据五权宪法之精义而拟定,此项宪法既为三民主义之宪法,则应表示三民主义之贯彻性,但其内容对民权之行使,与国内各小民族问题,均无特别规定。……此种制度因时代变迁,已有修正必要。"傅斯年提出的修正办法是:"仍採五院制,可以立法院作为下院,监察院作为上院,运用各国两院制之国会职权……如此,则一面接受五权宪法之原则,一面实行两院制之议会制度,两者可兼顾。"② 历史事实证明,国民党政权后来接受了傅斯年的意见。在会议讨论过程中,张君劢提出了以五权宪法之名行英国式宪法之实的方案。

张君劢是宪法专家,熟悉各国宪政制度,他根据孙中山直接民权的学说,批评"五五宪草"的国民大会制度是间接民权,而非直接民权,故他主张把国民大会从有形改为无形,公民投票运用四权(即选举、罢免、创制和复决)就是国民大会,不必另设国民大会;同时,以立法院为国家最高立法机关,行政院为国家最高行政机关,行政院只对立法院负责,而不对总统负责,立法院有权对行政院投不信任票,行政院有解散立法院、重新进行大选之权;限制总统权力,使他仅成为名义上的国家元首,而不负实际政治责任。张君劢这套方案的实质,是要"把立法院变成英国的众议院,行政院形成英国式内阁,总统相当英国女王,行政院长相当英国首相"③。

张君劢的这套方案提出后,"在野各方面莫不欣然色喜,一致赞成",周恩来表示"佩服",国民党代表孙科也表示支持。据参加会议的梁漱溟说,孙科所以支持张君劢的方案,有他自己的野心,即"孙科私下安排,他将来是行政院长,当英国式的首相或日本式的首相,把蒋介石推尊为大总统,实际上是英王",这样他就可以掌管国民党大权,而置蒋介石于有名无权的地位。④ 由于孙科是孙中山的儿子,在国民党内的地位很高,又是国民党出席政协会议的首席代表,他既然表示支持张君劢的方案,其他

---

① 《梁漱溟全集》第七卷,山东人民出版社1993年版,第195页。
② 张九如:《和谈覆辙在中国》,(台)商务印书馆1968年版,第226—227页。
③ 《梁漱溟全集》第七卷,山东人民出版社1993年版,第195页。
④ 同上。

国民党代表，包括参加宪法草案组讨论的邵力子也就无可奈何，不便明言反对。于是，大会以张君劢的方案为基础，结合其他方面的意见，达成了宪草修改的十二条原则。

傅斯年在参与讨论中，主张实行美国式宪政制度。他对张君劢提出的宪草修改的十二条原则以及有关内幕了解比较清楚，担心此原则被通过，国家将再度出现混乱局面。他曾致信王世杰，要求王世杰采取应对措施。王世杰在1946年2月1日的日记中记载："两日以前（应指1946年1月30日），政治协商会议之成败方值千钧一发之际，傅孟真致函于予，谓此次协商结果，将使国民党与蒋先生于半年内崩溃，促予退出协商会议，并辞去外交部长。予复函拒绝之。"① 同时，在1月31日举行的政协会议闭幕大会上，傅斯年对宪法草案修改十二条原则表示不满，但为顾全大局，仍然投了赞同票。

傅斯年在旧政协上的言行都是他思想观念的反映，总体上是从中国现实出发，为避免内战，进行和平建国而努力。但从当时的政治形势来分析，国民党政权召开政协会议、制定宪法草案都是没有诚意的，从根本上说，一是屈服于国际、国内舆论的压力；二是为调兵遣将，发动全面内战争取时间。在这种情况下，傅斯年与许多民主党派和无党派人士所做的各种努力都是徒劳的。不久，蒋介石自认为在准备充足之后便悍然发动了全面内战，国共两党彻底决裂，傅斯年与许多民主党派和无党派人士为和平建国的努力随着内战的隆隆炮声而被击得粉碎，灾难深重的中国人民再次被拖入战争的深渊。

六　受拒之间显志趣

1947年6月，傅斯年携妻子赴美国治病，直到1948年8月归国。在美国治病期间，国内有两件事直接关涉傅斯年，一是中央研究院选举院士，傅斯年作为评议员，积极参与，当选院士；二是1948年国民党政权召开立法院会议，傅斯年被选为立法委员，傅斯年在选举前表示坚决拒绝参选，在不知情的情况下中选，回国不久辞职。傅斯年积极参与院士选举，坚拒担任立法委员，这两件事显示了傅斯年对学术与社会政治的不同

---

① 《王世杰日记》1946年2月1日，载《近代史资料》第109辑，第204页。

态度，也充分反映了其思想倾向。

（一）当选院士

1948年3月，中央研究院进行首届院士选举，傅斯年当选为院士。但是，中央研究院筹划选举院士却是自1946年开始。傅斯年作为中央研究院评议员，积极参与了前期的筹备工作。

1946年10月，中央研究院在南京举行第二届评议会第三次年会，讨论战后学术重建问题，会议的第一项内容就是院士选举及有关事项。会议授权评议会秘书，总干事及宁、沪两地的评议员着手草拟院士选举规程及院士会议规程；修改《中央研究院组织法》。1947年1月27日，国民党政府公布修正《国立中央研究院组织法》，根据该组织法，中央研究院设置院士，院士在全国学术界成绩卓著之人士中选举，基本条件是1. 对于所传习之学术，有特殊著作、发明或贡献者；2. 对于所传习学术之机关，领导或主持在五年以上，成绩卓著者。① 评议会根据组织法所规定的基本资格制定了选举办法和时间。其选举办法规定选举院士分两步进行：第一步是确定院士候选人，由各大学、各独立学院、各著有成绩之专门学会或研究机关，以及中央研究院评议员（须五人以上）提名，然后由评议会决定候选人，候选人名单确定后要提前公告；第二步由中研院评议会进行选举。此次评议会还确定，首届院士有评议会负责选举，院士的主要职权：选举院士，名誉院士；选举评议员；议定国家学术方针；受政府委托，办理学术设计、调查、审查及研究事项，即院士选出后，将取代评议会的某些职权。傅斯年作为评议员参与了此次评议会，并就院士名称等问题发表了意见。会议还指定萨本栋和傅斯年各拟一份《院士选举规程草案》，供下一次评议员会议讨论确定。1947年3月15日，中央研究院代院长朱家骅在南京召集京沪两地评议员谈话会，进一步商讨《院士选举规程》的编写问题。会议分别听取了萨本栋和傅斯年提出的两份《院士选举规程草案》的内容汇报，经过比较讨论，决定以傅斯年提交的草案为基础进行逐章逐条讨论。胡适参加了此次评议会和对草案的讨论修改，在3月15日、17日的日记中记述说："赴中研院评议会谈话会，商讨中研院院士选举法草案，萨本栋与傅孟真各拟了一草案。""中央研究院谈

---

① 中研院档案，（未刊）中国第二历史档案馆藏。

话会第二会续商院士选举法。孟真拟有第二草案，甚好，即用作讨论基础。"① 评议会对《草案》审改通过后，委托朱家骅、萨本栋等人组织"第一次院士选举筹备委员会"负责筹备具体的院士选举工作。朱家骅等人在会后向全国各地评议员发出了征求意见信函。要求评议员用通信投票的方式选举院士筹备委员会委员。截止到4月30日，选举结果公布，吴有训、茅以升、胡适、傅斯年等15人被选为筹备委员，会议结束后，院士选举进入具体操作阶段。

1947年6月20日，傅斯年给胡适写信，根据当时形势，比较系统地阐述了对院士选举的意见，他在信中说：

> 话说天下大乱，还要选举院士，去年我就说，这事问题甚多，弄不好，可把中央研究院弄垮台。大家不听，今天只有竭力办的公正、像样、不太集中，以免为祸好了。日前开会商量应该在提名中不忘了的名单（不必即是举出，此会不能包办也），尽力想南方人士而不可多得。兹将当日所写之单送上一看，但请千万秘密。②

傅斯年信的意思很明显：全国形势复杂，此时进行院士选举不太适宜，但已经决定，则必须保持公正、公平，既要考虑专业领域，又要考虑地域。他在信中特别对人文与社会科学领域应占的比例，候选人名单及分配方案提出了建议和意见。

1947年10月15日—17日，中央研究院第二届评议会第四次年会在南京召开，在有关单位提供的402名院士候选人中筛选出150名最终候选人。夏鼐作为历史语言研究所代理所长出席了会议，会议推选陈省身、李书华、庄长恭、夏鼐等20人组成文字小组，为院士候选人撰写简单的评语，夏鼐负责撰写人文组考古及艺术史候选人的评语。

10月20日，夏鼐给傅斯年写了一封长信，介绍了此次会议的情况。11月15日，中央研究院在政府公报及京、沪各大报纸公布了150名院士候选人名单，向社会各界广泛征求意见，公示期4个月。

---

① 曹伯言整理：《胡适日记全编》第7册，安徽教育出版社2000年版，第64页。
② 王汎森、潘光哲、吴政上主编：《傅斯年遗札》第三卷，（台）中研院历史语言研究所2011年版，第1762—1763页。

傅斯年接到夏鼐等人的信及有关院士选举的材料后，经过慎重考虑，于 1948 年 3 月 9 日致信朱家骅、翁文灏、胡适等人，详细谈论了自己关于院士选举的意见。其主要内容包括以下几个方面：

其一，对院士选举法律程序方面的意见。傅斯年在信的开头对首次院士选举评价，他说：

> 自斯年出国就医以后，曾接到几次关于院士选举之文件，其候选人名单，虽斯年仍不无意见，然大体上细心公正，至佩诸先生之劳苦，至此地步，大是不易。斯年因病在国外就医，虽在委员会内，未能尽力，既惭且感，深喜诸事赖诸先生之劳苦，得以顺利进行也。[①]

根据投票办法，傅斯年在国外可以通信投票。傅斯年对此提出了一些意见，并明确表示请胡适或翁文灏代表其投票。他在信中表述说：

> 今日接何淬廉兄信，始知开会在月中，故赶写此信并托胡适之先生代表投票，及有关选举各事，如此信到期过，自作罢论。
>
> 兹将投票函附上。有关选举事项，均注明胡适之先生代表，如胡先生不在，或已代表他人，即请由翁詠霓先生代表，恐有不到会者，更恐有一代表他人者，故如此。兹敬声明，代表斯年者，有将附上之投票拆阅并改投之权，因最后候选人名单可能更动也。
>
> 通信投票办法，来函似非上次大会通过，此法是否妥当，似颇有问题，理由如下：
>
> （1）隔行投票，实虽正确，故须先讨论而后投票，未到会者，既未参加讨论，投票甚难，斯年之票即未投满额。所谓举尔所知而已。
>
> （2）名单虽经公告，但学术界之批评何如？此项评议，应详审考虑，然后制成最后之名单而通过之，然后投票，此又非通信投票者所可参与也。
>
> （3）一月十九日之信（即寄来投票函者），其中有每组之中又细

[①] 王汎森、潘光哲、吴政上主编：《傅斯年遗札》第三卷，（台）中研院历史语言研究所 2011 年版，第 1773 页。

分名额之建议，然又云仅供参考。此事未经评议会通过，自只能参考。然假如下次会未通过此事，如何计票乎？

（4）此办法似须先经过上次会之通过，方有法律效力。惟既接此通知，即遵命寄上投票函。①

傅斯年对院士投票程序提出的异议从法律上说是对的，即公告的名单未经评议会最终投票通过，只能供参考。如果投票人在此名单中选择，一旦出现问题，投票是否有效，在法律上无法认定，所以傅斯年特别强调："此办法似须先经上次会之通过，方有法律效力。"由此可以看出傅斯年是有法制观念的。

其二，对院士候选人的标准和条件提出了意见。傅斯年信的第三部分是对候选人名单的评论和建议，他的意见显示了两种倾向：一是重学术研究的水平和能力而轻虚名，二是重民族意识而轻政治倾向。

傅斯年在学术界数十年，对学者的评价和取用都特别重视学术研究的能力和水平，对于他认为的浮华之士和名流名士比较轻视，在院士候选人中，他对两个人提出了否定的意见，一是刘文典，一是潘光旦，他对刘文典明确提出了否定和批评，他说：

> 候选人中确有应删除者，如刘文典君。刘君以前之《三馀札记》差是佳作，然其贡献绝不能与余、胡、唐、张、杨并举。凡一学人，论其贡献，其最后著作最为重要。刘君校《庄子》，甚自负，不意历史语言研究所之助理研究员王叔岷君曾加检视（王君亦治此学），发现其无穷错误。校勘之学如此，实不可为训。刘君列入，青年学子当以为异。更有甚者，刘君在昆明，自称"二云居士"，谓是云腿与云土。彼曾为土司之宾，土司赠以大量烟土，归来后既吸之又卖之，于是清华及联大将其解聘，此为当时在昆明人人所知者。斯年既写于此信上，当然对此说负法律责任。今列入候选人名单，如经选出，岂非笑话。学问如彼，行为如此。故斯年敢提议将其自名单中除去。②

---

① 王汎森、潘光哲、吴政上主编：《傅斯年遗札》第三卷，（台）中研院历史语言研究所2001年版，第1774—1776页。

② 同上书，第1775页。

傅斯年在信中对刘文典的学问和品行都进行了批评和否定，并且强调对自己的言论负法律责任，说明了他敢说敢当，事实确凿的态度。傅斯年对另一位候选人潘光旦也提出了否定意见，他说：

> 社会学一项，有潘光旦君。潘君自是聪明人，然其治谱牒学之结论，实不能成立。彼以科举之名，证明苏州人天资优越，然此说实不足以成之，盖科举之业亦有风气，且可揣摹，主考与入选者每为一调，忽略此历史事实，仍潘君之说，故潘君之功夫似未可与陈达君同列也。治学不可以报纸文字定其高下，此学在中国既不发达，如求其次，则孙本文君似应列入。此君之书，甚有理解，其功夫非作二三小文之比，故敢提议将其列入候选名单。①

傅斯年对潘光旦主要是对其学术成就和方法提出了批评和异意，或者说其学术成就尚不够院士水准，对其人品没有批评。傅斯年一向认为民族意识是人之大节大德，在主持北京大学复员时坚决不接受伪北京大学教职员，在院士提名讨论时，"首讨论参加伪北大者是否除名，以仅容庚一人，故决定不放进"。②夏鼐将此原则告诉了傅斯年，傅斯年在审查院士候选人名单时发现仍然有抗日战争时期为敌伪服务者，他在信中特别指出：

> 闻上次开会，对于曾在伪校教书，或曾任伪职者不列入，（据夏君信）今此名单上显尚有之（如医学，或不止一人）。此事究应如何决定，斯年不贡献意见，但须一致，未可厚此薄彼也。此事敢请细细考察。③

相对民族意识问题，傅斯年对院士候选人的政治倾向看的比较淡，至少他不认为是院士候选人评选的主要条件。如在 1947 年 6 月傅斯年向胡

---

① 王汎森、潘光哲、吴政上主编：《傅斯年遗札》第三卷，（台）中研院历史语言研究所 2011 年版，第 1777—1778 页。
② 《夏鼐日记》卷四，华东师范大学出版社 2011 年版，第 150 页。
③ 王汎森、潘光哲、吴政上主编：《傅斯年遗札》第三卷，（台）中研院历史语言研究所 2011 年版，第 1775 页。

适积极推荐郭沫若为院士候选人，郭沫若经傅斯年和胡适双重提名成为院士候选人，又经过傅斯年、胡适及董作宾等人的努力工作，虽有一些人反对，郭沫若最终当选为院士。

傅斯年对郭沫若的推重，和坚持推荐其为院士突出了他重真才实学、轻政治倾向的思想意识。从20世纪30年代初期，傅斯年对郭沫若学术研究能力和成就开始重视。大革命失败后，郭沫若流亡日本，在日本从事中国上古史研究，先后写成了《中国古代社会研究》《甲骨文字研究》，在《甲骨文字研究》书稿完成后，曾寄给国内同行容庚审阅，容庚当时是历史语言研究所通讯研究员，看完书稿后将其送给了傅斯年，其时傅斯年也正研究中国上古史，对郭沫若书稿的学术价值给予相当高的评价，郭沫若曾记述说：

> 原稿寄给容庚后，他自己看了，也给过其他的人看。有一次他写信来，说中央研究院的傅孟真（斯年）希望把我的书在《集刊》上分期发表，发表完毕后再由研究院出单行本。发表费千字五元，单行本抽版税百分之十五。这本是看得起我，这样的条件在当时也可算是相当公平。但我由于自己的洁癖，铁面拒绝了。我因为研究院是官办的，我便回了一封信去，说："耻不食周粟。"①

虽然郭沫若没有同意在历史语言研究所集刊刊载并最后出版，但傅斯年对郭沫若的学术研究能力和成就有了进一步的认识和评价。1939年3月，中央研究院评议会在昆明召开第一届第四次年会选举新评议员，郭沫若因其"著有《卜辞通释》、《金文通考》、《两周金文辞大系》等书"而被傅斯年提名为评议员候选人。② 但是这一提名因郭氏的政治态度而遭到某些人的反对，提议将其删除。为此傅斯年联合任鸿隽、陶孟和、叶企孙四人联名致电评议会秘书翁文灏，建议："考古郭成绩出众，拟请勿删。"③

---

① 郭沫若：《郭沫若文集》第八卷《海涛集·我是中国人》，转自布占祥、马亮宽主编《傅斯年与中国文化》，天津古籍出版社2006年版。
② 《第二届评议员选举筹备委员会报告》，中国第二历史档案馆藏，中研院档案，全宗号393，案卷号重136。
③ 《任鸿隽、陶孟和、叶企孙、傅斯年等人致翁文灏密电》，中国第二历史档案馆藏，中研院档案，全宗号393，案卷号重136。

1946 年 5 月，郭沫若借赴南京调停国共和谈之机访问中央研究院历史语言研究所，与傅斯年首次见面。傅斯年与郭沫若这次颇有戏剧性的会面加深了两位学者惺惺相惜的相互推崇，郭沫若对两人的会面有生动的记述：

> 历史语言研究所在中央研究院的最后一进。因为今天是做三分之一的主人，在两点半钟的时候我提前赶到了。研究所正在修缮，在装门上的花格，漆楼梯上的栏杆。我在杂沓中被领导着上楼，而傅斯年却打着赤膊刚好从左手最末一间的后房中走出。手里拿着一把蒲葵扇，和他有点发福身子两相辉映，很有点像八仙过海里的汉钟离。这不拘形迹的姿态我很喜欢，但他一看见我，发出了一声表示欢迎的惊讶之后，略一踌躇又折回后房里去了。他是转去披上了一件汗衫出来。——何必拘形迹呢？打赤膊不正好？我向他抱歉。傅斯年只是笑着他那有点孩子味的天真的笑。①

傅斯年与郭沫若相互寒暄后，把郭沫若、罗隆基等人领到了自己的办公室，他们之间又有一段精彩的对话：

> ——这是个好地方，可以取而代也！罗隆基笑着说。
> ——你以什么资格来取而代呢？傅斯年回答他，又反过来向我说：联合政府成立，我们推你为国师，你可以来代了。
> ——轮不到我名下来，你的姓就姓得满好，你不是太傅吗？
> 傅斯年又天真地笑了。……②

郭沫若对傅斯年记述和评论显示两人会面的轻松与和谐，对于两人此次会面和两人之间的关系，后人曾评价说："从郭沫若与傅斯年之间的无拘无束的谈笑，生动地展现出两位文化名人之间以文会友的情谊。而党派立场、政治信仰、意识形态、历史观等等方面的不同、甚至对立，并不妨碍在学术上互相交流，点评得失，取长补短，郭沫若和傅斯年这两位学术

---

① 王戎笙：《傅斯年与郭沫若》，布占祥、马亮宽主编《傅斯年与中国文化》，天津古籍出版社 2006 年版，第 322 页。
② 同上书，第 311—324 页。

大师正是我们的表率。"① 傅斯年从学术的立场认识和评价郭沫若，对郭沫若的学术地位和成就给予充分肯定，在院士选举的酝酿过程中始终把他列入考古学院士候选人名单中。经过多方努力，最终把郭沫若选为考古学院士。傅斯年在院士选举过程中重视民族意识，重视学术成就，轻视政治倾向的行为，进一步彰显了他的思想理念。

傅斯年在信中还阐述了院士选举应掌握的几项原则，具体内容是：

> 关于原则各项：（1）宁不足额勿失于滥。此为本院创举，亦为中国创举，一百之数，固可不足，即八十之额亦可不足，此点在法律上看，超过是不合法，不足非不合法也。如有可疑尽管缺之，或保留数额以待院士会议或下次会均无不可，滥则后来受人指摘。不足额无伤也。（2）小组名额。（即一组中之细分法）似应规定，然甚不易规定。医学八人，从候选单论，似嫌太多，九人（单中）选八，实选不出；第三组之文史部门，似应比社会科学部门为多。（3）较年少者，自应选举，但如仅有一二文登外国杂志，更到外国等于当学生，遂成院士，亦将使国际学界诧异也。（4）选举似不应集中于一方或一校（或一二校），此中似须斟酌，好在漏遗之才，明年仍有法选出也。②

傅斯年所提出的原则很明确，其中第一项是院士选举名额实事求是，宁缺毋滥。第三项是对青年人更要重视学术成就和能力，在国外发表论文也要看论文的学术价值和影响，此种观点直到今天仍有借鉴意义。傅斯年在信的最后表明态度说：

> 斯年远在国外，对此服务多年之机关，自不能无所关心，又因久承评议会诸同事先生推爱，故直率陈之，深感惶恐，并乞见谅，无任厚幸！③

---

① 王戎笙：《傅斯年与郭沫若》，布占祥、马亮宽主编《傅斯年与中国文化》，天津古籍出版社2006年版，第322页。
② 王汎森、潘光哲、吴政上主编：《傅斯年遗札》第三卷，（台）中研院历史语言研究所2011年版，第1777页。
③ 同上书，第1778页。

傅斯年自1928年被任命为中央研究院筹备委员，担任历史语言研究所长后，一直是中央研究院的骨干成员，几乎参与了中央研究院所有大事，同时他也始终把学术研究视为自己终生事业，他将院士选举视为中央研究院历史上的大事，也视为自己学术人生的大事，对有关选举的举措积极参与，尽心尽力。自己当选院士也有当仁不让的心态，几次把自己列入候选人名单，选举时虽身在国外，但凭借个人的学术成就和在学术界的影响被选为第一届院士，傅斯年积极参与中央研究院院士选举，既是他自觉尽学术责任的表现，也是通过此次选举对自己一生学术活动的考评。

（二）坚拒立法委员

傅斯年在国外就医期间，直接涉及他个人社会政治生活的是立法委员选举和立法院副院长提名的闹剧。傅斯年坚拒立法委员和被推举副院长候选人两件事彰显了傅斯年对现时政治的态度和自主主义知识分子的志向。

1947年11月，国民党政权颁布《中华民国宪法》，该宪法规定：国民党政权实行总统制和五院制，即行政院、立法院、司法院、监察院和考试院。其中立法院类似于西方民主国家的议会，其所谓的《中华民国宪法》规定：

> 立法院代表人民行使立法权，负责监督政府；凡法律案、预算案、戒严案、大赦案、宣战媾和及条约案等重要事项，均需立法院决议通过；行政院为国家最高行政机关，对立法院负有提出施政方针和施政报告之责，立法委员于开会时，亦有权质询行政院各首长。当立法院对行政院之重要政策不赞同时，移请行政院变更，而行政院对立法院移请变更政策之决议，以及立法院通过之法律案、预算案及条约案等，若认为有阻碍难以实行者，亦得经总统之核可，移请立法院复议。复议案若经立法院出席委员三分之二维持原案，则行政院院长应即接受该决议或辞职，否则复议案即被打销。[①]

根据该宪法规定，立法委员由普选产生，按照选举程序依次为选民调

[①] 参阅易青《"行宪"后的立法院》，《国民档案》2010年第2期。

查、候选人提名、投票、开票、公布选举结果。立法委员提名和选举的程序虽复杂，实际操作却相当简单。国民党政府将全国划定选区，把国大代表、立法委员、监察委员名额分到各选区，候选人多由国民党实权人物提名，然后再由各选区履行手续，傅斯年列名为立法委员候选人是朱家骅推荐的。朱家骅先将提名傅斯年为教育界立法委员候选人，然后推荐到傅斯年原籍山东所属第五选区参加选举，朱家骅为此做了一系列工作。

1947年12月，朱家骅致信山东籍人士秦德纯、孔令灿、王仲裕等人，让其在全国教育界立委中提名傅斯年为候选人。秦德纯等人熟悉傅斯年与朱家骅的关系和其本人的社会影响，自然同意推荐，12月4日，秦德纯等人致信朱家骅，信中说：

> 骝先生惠鉴：傅孟真先生学问渊博，人所共知，在教育上之名望尤为中外所推崇，拟请先生就全国教育会立委中提出为候选人，谅为先生所乐为，亦为最合理之措施。①

12月22日，朱家骅致信秦德纯等人，信中说：

> 绍文、令灿、仲裕、立哉，志平先生勋鉴：手书奉悉，承嘱傅孟真兄事，已为代办申请手续，兹经中央电定为山东五区正式候选人，因复奉闻。②

为了使傅斯年顺利在山东选出，1947年12月30日，朱家骅特别致电山东省主席王耀武，要求其保证傅斯年等当选。其电文内容是：

> 济南王主席佐民兄：密。傅斯年、李文斋、刘振东三兄均经中央核定为鲁省立委正式候选人，务请特赐协助，俾得膺选为感，特电奉恳，并祝年禧。③

---

① 朱家骅档案（未刊），（台）中研院档案馆，档号3145（48—50）。
② 朱家骅档案（未刊），（台）中研院档案馆，档号2324（51）。
③ 朱家骅档案（未刊），（台）中研院档案馆，档号2250（52）。

傅斯年在国外听说了朱家骅等人将其推荐为立法委员的信息后,特别致信他所推荐的前立法委员芮逸夫,表示拒绝担任立法委员。但是,傅斯年当选为立法委员之事并没有停止,在立法院正、副院长选举前,部分立法委员又自动联系,将傅斯年推荐为副院长候选人,与蒋介石钦定的副院长陈立夫竞争,此事的因由颇为复杂,是国民党内部长期派系林立,激烈斗争的结果和表现形式,傅斯年成为派系斗争的工具。

国民党立法委员在选举过程中,国民党内部各派系纷纷插手,与地方相互勾结,推荐自己派系的人士为候选人,所以立法委员选举的结果是各派系力量的大比拼,据有人分析,主要派系是以陈果夫、陈立夫兄弟为首的 C.C. 系和以陈诚、刘健群等人为代表的三青团系、朱家骅系等,两派系斗争的焦点最后集中于立法院副院长人选上,实际上是 C.C. 系代表人物陈立夫和三青团系等派系联合推荐的傅斯年两人的竞争。

1948 年 5 月 3 日,国民党中常会通过蒋介石提名孙科与陈立夫为立法院正、副院长的议案。因为孙科担任立法院长一职多年,富于经验,又具有特殊身份,蒋介石曾推荐他参加副总统竞选,结果与李宗仁竞选失败,所以他成为立法院院长没有竞争对手的候选人。陈立夫被提名副院长,原三青团成员以及政学系、朱家骅派系都明确表示反对,在 5 月 4 日举行的国民参政会历届参政员联谊会上,三青团系的骨干成员黄宇人以及朱家骅派的甘家馨等立法委员强烈反对陈立夫当选。之后,两派系骨干成员一边积极筹组反陈当选的联盟,一边在 5 月 7 日的联谊会上,公开推出傅斯年作为副院长候选人,并强调傅没有任何派别色彩,比陈更适合当选。[①] 傅斯年虽然没有任何派系背景,但他长期担任国民参政会参政员,具有强烈的爱国心和正义感,在历届参政会中正直敢言,抨击贪腐。在广大参政员中有良好的影响和口碑,同时他与朱家骅、王世杰、陈诚等人私人关系较好,这些都是反 C.C. 系立法委员推选傅斯年的原因。但是傅斯年从没有从政的愿望,从一开始就拒绝担任立法委员,而反 C.C. 系的各派系推荐傅斯年为副院长候选人,自然成为 C.C. 系成员攻击的靶子,等于把他推入政治旋涡,再加上陈立夫兄弟为首的 C.C. 系在国民党内经营多年,盘根错节,陈立夫竞选副院长又志在必得,自然为此会使用各种手段,如陈立夫曾亲自出面,借国民大会举行茶话会,招待了 300 多名立法

[①] 参阅易青《"行宪"后的立法院》,《国民档案》2010 年第 2 期,124 页。

委员，陈在致辞时表示，部分立法委员对自己的无端指责毫无根据，是对个人的人身攻击，并自我表白自己为人处世端正。参与茶话会的C.C.系干将张道藩即席发言，公开宣称，反对陈先生当选就是违反国民党中央的决议，是对党国的不忠。同时，C.C.系的一些骨干成员发表反对傅斯年的言论，如以潘公展为首的上海文教界人士向全体立法委员发出公开信，对傅斯年提出质疑。傅斯年本来拒绝担任立法委员，他出国以后，朱家骅等人将其推荐为立法委员，又在他不知情不表态的情况下将其推荐为副院长候选人，并因此有可能对他人格和形象造成很大的伤害，在这种情况下，他的同事和友人开始出面制止，芮逸夫、胡适和史语所代立所长夏鼐商议，决定先由夏鼎写信告知傅斯年，因时间紧急，等不及傅斯年的表态。5月6日，胡适决定将傅斯年致芮逸夫拒绝担任立法委员的信告知汪少伦。其信的内容是：

> 少伦先生：今午承先生告我，立法委员中有些人想推傅孟真先生（斯年）出来竞选立法院副院长。当时我曾把鄙见奉告。下午我把此事告知中研院代理史语所所长夏作铭先生，他的意见大致与我相同。他曾看见傅孟真先生寄给前立法委员芮逸夫先生的信，说他不愿当选为立法委员。我后来看见孟真本年三月十一日的原信，他说："我那一区在共产党手，他们无法选，即选，我也绝不干。此事去年早对山东当局说明矣。"孟真既有此明白表示，我盼望先生把这话转告其他各位朋友，决定取消先生今午对我说的计划。承先生见告此意，故我也不敢不把真实情形报告先生。匆匆奉陈。①

胡适致汪少伦的信写好后交芮逸夫誉抄一份呈送给朱家骅，由朱家骅寻机做反C.C.系立法委员的工作。5月8日，芮逸夫写了一封说明缘由的短信，其信中说：

> 骝公部长勋鉴：适之先生昨寄汪少伦先生一函，叮嘱特呈钧长。谨将原书钞录附奉，敬祈赐察为幸。

---

① 朱家骅档案（未刊），（台）中研院档案馆，档号3145（56）。

附在胡适信中一起送给了朱家骅。在教育部呈送朱家骅的文件摘由笺上有如下字样:"国立中央研究院历史语言研究所芮逸夫缄。事由栏写明:钞奉适之先生致汪少伦先生函,(傅孟真不就任立法委员,请转告诸先生打消推选其竞选立法副院长之意)。"朱家骅在批示栏中写有"阅"字。为了让更多的人了解傅斯年的本意,胡适等人将信送给报馆公开发表,这样等于说明傅斯年无意参选副院长的真相。夏鼐5月17日日记说:"今日立法院选举副院长,胡先生将致汪少伦的信在今晨报上发表了。"①胡适致汪少伦的信为立法院副院长选举传递了信息,制止了反C.C.系立法委员"拥傅反陈"的行为,从反面助长了陈立夫竞选成功。5月17日下午,立法院正式选举投票,其中616名立法委员参加投票,陈立夫得343票,傅斯年得236票,陈立夫以过半的得票率当选为立法院副院长。

按照陈立夫与傅斯年在国民党政权在中的地位和影响,尤其是竞选立法院副院长时的态势,两人应该说地位悬殊,陈立夫是国民党中央提名的合法候选人,曾长期在政权内部担任重要职务,又在选举前广泛造势,呼风唤雨,拉拢上下,打压政敌。傅斯年拒绝担任立法委员,选举前后一直在国外,根本无意此事。而选举结果如此,既显示了国民党内部派系斗争的严重,也暴露了以陈立夫兄弟为代表的C.C.系不得人心,据有关记载,选举结果公布后,蒋介石曾大发感慨,既对陈立夫有了新认识,又对国民党内部组织涣散,派系斗争严重表示不满。据蒋"总统"事略记载:

> 据报今日立法院选举正副院长,出席委员六百十六人,孙科以五百五十八票当选院长,甚为顺利。至选举副时,则反对陈立夫者,举傅斯年相抗,结果陈立夫虽以三百四十三票超过出席委员之半数当选副院长,然费力已甚。公曰:一般党员因反对立夫平时之狭隘,而反抗党之决议,党纪党法,至此已荡然无存,在此民主口号之下,立法院之党员已不复为党之组织所控制,其(此)中不法党员,更放肆枭张,明目张胆为叛徒矣。此中恶例,实由李宗仁要求自由竞争副总统而反对由党提名为始作俑者,余自恨当时不能严照党权与党纪以执行职权,以致败坏至此也。②

---

① 《夏鼐日记》卷四,华东师范大学出版社2011年版,第186页。
② 蒋"总统"事略(未刊)(台)"国史馆"藏,编号239001。

傅斯年在国外对被选为立法委员，荐举为副院长侯选人知之甚少，当得知国内有关情况时，他的态度一直很明确，就是拒绝担任，不进入政治斗争的旋涡。他回国不久，在写给胡适的信中叙述了关于立法委员选举的认识和态度，信中说：

> 我的立法院纠纷，幸赖先生，免于更进一步之困难，因为所谓副院长如果选中了，我只有打电来辞，得罪人更多矣。其实我想，当时总选不出的，而这几个人坚决此说（彼此的逻辑，皆不能相喻）。在美，本写好一信说明不干，而接骝先一电，云回国前勿表示，当时尚不知是如何一事，后来看 N.Y－Tming 方始知之。……结论：目下非报到不可，恶势力固无所恃，而这些人又是无所谓的。此乱世也，不无考虑（目下恰有中央研究院预算案在立法院）。于是目下报到，年终"因病辞职"。①

1948年8月，傅斯年回国后立即投入中央研究院及历史语言研究所有关学术研究的事务，但对立法委员应参与的会议及有关事务则消极应付，他在致友人的信中叙述了自己内心的认识，他说：

> 立法院的事，不幸未曾推脱，是我的同乡替我报到的。等于帮票。一下船，便向记者声明不就立法委员，而同乡开会，非同乡也来吵。以为若果我不去报到，等于帮 C.C. 等等一切说法。所以我只有受帮，年终辞职。……因为两个星期，不过平均去上半天而已，"扯滥汙的委员"！只说了一次话，是同乡来推举说的。②

1948年11月，傅斯年被任命为台湾大学校长，不久辞去了立法委员职务。傅斯年在赴美国治病的期间，国内发生的有关他人生荣誉的两件大事，而他对这两件事态度迥异，对中央研究院院士选举始终是积极参与，

---

① 欧阳哲生编：《傅斯年全集》第七卷，湖南教育出版社2003年版，第353页。
② 王汎森、潘光哲、吴政上主编：《傅斯年遗札》第三卷，（台）中研院历史语言研究所2011年版，第1848页。

认真对待；而对立法委员选举始则拒绝，在各方施加压力的情况下勉强接受，但一直抱着敷衍应付的态度，任职半年便辞职。傅斯年对两件事的不同态度表明了个人志趣在学术领域，对现实政治不感兴趣，尽力疏离。傅斯年对这两件事的态度实际是其一生思想行为的又一典型例证。

七　政治抉择

1946年，中国政治风云变幻的一年，国共两党矛盾逐步激化，最终导致了内战的爆发。国民党政权领导集团发动内战之初野心勃勃，要在短时期内消灭共产党，在全国实行独裁统治；共产党则沉着应战；各民主党派和无党派的社会贤达此时迅速分化，总体上是在为争取国内和平而努力。

傅斯年在政协会议期间开始认识到国共两党团结合作、和平建国的可能很小。他在给夫人俞大綵的信中曾说："政治协商会议，忙了一阵，至今尚一无结果，真正在小组中协商之事，无一得结果。看来前途甚悲观。如不得结果而散，又是大闹，此后恐无安静的日子，打虽不致一时又打起，和也和不成，总是僵局而已。"傅斯年在此信中大发议论："我这一年，无端落在国共谈判之边上，故出了这些事！又因北大，自找麻烦事！国共事，今后不再问。北大事，适之先生回来不久了，总要熬出来。"① 从此信中可以看出，傅斯年对国内局势，尤其是对国共关系有较深刻地认识，但是他对国共关系的发展前景认识尚缺乏科学的判断，实际上国共两党内战很快便开始了，此时国际形势的变化再次刺激了傅斯年，使他的政治倾向进一步向国民党政权倾斜。

1946年2月11日，华盛顿、伦敦、莫斯科同时公布了1945年2月雅尔塔会议的内容，其中包括了关于侵犯中国主权的条款，在雅尔塔会议上，美国、英国为督促苏联在打败德国后迅速出兵中国东北对日本作战，满足斯大林的要求，包括承认外蒙独立、中苏共管中东南满两路，租借大连、旅顺两港，作为苏联在德国投降三个月后对日宣战的条件，应该说美、英、苏三国首脑的秘密协定严重侵犯了中国的主权和领土完整，傅斯年是具有强烈民族主义倾向的知识分子，他对于俄国在历史上对于中国的

---

① 傅斯年档案（未刊），档案号 No73－5.doc。

侵略怀有敌意,早在 1943 年,他发表《战后建都问题》,主张战败日本后建都北平,目的就是防御苏联,所以当雅尔塔协定内容公布后,他对苏联侵犯中国的领土主权,美英牺牲中国利益满足苏联的行径表示愤慨,他联络任鸿隽、陈衡哲、王云五、宗白华、储安平等人在《大公报》发表文章,题目是《我们对于雅尔塔秘密协定的抗议》,对苏美英用秘密协议的形式侵犯中国领土主权的行为表示抗议。文章中愤怒指出:"这一秘密协定,违背了联合国共同作战的理想和目标,开创今后强力政治与秘密外交的恶例;影响所及,足以破坏世界和平,重踏人类罪恶的覆辙。这一秘密协定,是为近代外交史上最失道义的一个记录。"针对苏联的错误行径,傅斯年等人进行指斥,把苏联的行为与帝俄对华的侵略相比拟,文章指出:"苏联所标揭的是打倒帝国主义,然则今日苏联要求恢复其俄罗斯帝国之权力,又何以自解?苏联乘人之难,提出这种要求,其异于帝俄对中国之行为者何在。"傅斯年在联络各界人士对雅尔塔协定提出抗议后,仍不肯罢休,又撰写了长文《中国要和东北共存亡》,登载于《大公报》,在文中傅斯年着重论述了东北地区的历史地位,东北与日、俄的关系,雅尔塔秘密协定对中国的侵犯和中国应采取的态度和对策等。他在文章中着重强调了东北地区在中国发展中的特殊地位,其中特别强调:"没有了东北,中国永不能成为名副其实的一等国……没有了东北,中国迫切的人口问题没有解决,社会决不得真正安宁,即永不能走上积极建设之路。然则中国不惜为东北死几千万人,损失国民财富十分之九,不惜为东北赌国家之兴废,赌民族之存亡,岂仅是一个感情的行为,实在是绝对理智的行为。"很明显,由于东北地区资源丰富,物产充实,是中国不能缺少的组成部分,"要不惜任何代价来保卫它"。[①]

傅斯年站在国家民族的立场上,反对苏联侵犯中国的主权和领土,在当时有一定的进步性,但他同时认为,中国共产党与苏联有联系,受苏联的支持,因而对中国共产党增加了敌意,他曾在这个时期致夫人俞大䌽的信中有明确的表露,他说:"东北糟不可言,仍因自己有此大好第五纵队,非可专骂俄国人,俄国人也太可恶了。"[②] 在这里他将中国共产党及其所领导的八路军、新四军视为苏联的第五纵队,实际上含有很深的

[①] 欧阳哲生主编:《傅斯年全集》第四卷,湖南教育出版社 2003 年版,第 321 页。
[②] 傅斯年档案(未刊),档案号 No73 - 2.doc。

敌意。

　　1947年6月，傅斯年携夫人、孩子赴美治病，在美国受亲蒋反共舆论的影响，其态度更加倾向于国民党政权。1948年8月，傅斯年自美回国后定居南京，继续担任历史语言研究所所长，可是国内政治局势的剧烈动荡牵动着傅斯年。傅斯年自视是国民党政权的臣民，曾经为国民党政权改革政治，完善统治而积极努力，为国民党政权的专制、腐败而痛心，所以他回国后目睹当时的政治形势既失望又痛苦，但同时又有些不甘心他所支持的政权灭亡，不时的建言献策。9月29日他上书蒋介石，就自己观察、了解的政治军事形势及自己的意见，从战略战术、军队训练、军事部署和北方战略地位等五个方面进行了系统阐述。不难看出，傅斯年与国民党政权和蒋介石的关系都非同一般，也说明傅斯年虽不在其位而谋其政，以在野的身分向国民党政权和蒋介石建言献策，试图对行将灭亡的国民党政权努力挽救。

　　1948年下半年，国共两党军队在全国各地在战场的厮杀基本已见分晓，国民党政权败局已定：军事上，解放军已转入全面反攻，国民党军队有生力量大量被消灭，残余被分割包围在几个地区，士气低落，毫无斗志；政治上，国民党政权内部人心涣散，统治集团上层钩心斗角，争权夺利，各级官员情绪低落，对政权失去信心，寻求退路。在国民党统治区反对国民党政权统治的各种群众运动此起彼伏，从根本上动摇了国民党政的统治基础。

　　傅斯年对国民党政权腐败现象深恶痛绝，但是多年来对于共产党和人民政权的政治偏见，使得他迟迟不能选定与国民党政权决裂的道路，他把自己牢牢的拴在了国民党政权这个失去了控制的破船上，随波逐流，任其沉浮。他对于国民党政权的失败痛心疾首，对局势的发展悲观失望，陷于苦闷彷徨之中。11月13日，陈布雷自杀，更是深深刺痛了他的心扉。傅斯年政见、品格与陈布雷相似，故二人私交甚好，常互相引为挚友同志。陈布雷自杀后的几天里，傅斯年也曾萌生过追步陈氏、了此一生的念头。幸好俞大綵及时发觉，时刻在他身边守护着，才避免了又一次悲剧的发生。

　　1948年11月，国民党政府在大陆败局已定，开始重点经营台湾，对台湾人事进行调整，决定由陈诚代替魏道明任台湾省主席，傅斯年出任台湾大学校长。当时的教育部部长朱家骅对此回忆说："大家正感到台湾的重要性，或将因此而更为增加，想把它变成为文化的中心，所以对台大校长的人选，也不能不特别慎重。我考虑再三，觉得只有再和孟真先生商量，当时他回国不久，夙疾方瘥，当然不愿再任繁剧，重损健康。可是我复相劝，他又公而忘私，慨允担任。"① 12月15日，国民党行政院正式决议由傅斯年出任台湾大学校长。

傅斯年在此期间重点办了两件事，一是将大陆的重要文物典籍与历史语言研究所整体迁移到台湾，二是设法将平津地区科技学术界部分知名人士接出，并尽量转移到台湾。

抗战全面爆发后，历史语言研究所收藏的文物典籍和北平故宫博物院等处保存的一批文物被整理转移。傅斯年的学生陈槃曾记叙此事。他说：

> 国家多难，研究所辗转播越者数矣，始则由平迁沪、南京，继则由京而长沙，而桂林，而昆明，而南溪。复员后，始重返南京。案本所同事凡数十，书籍古物，箱以千计，虽崎岖间关，艰难万状，而公物得以保全无恙，学术研究得以进行不辍，师之功大矣，然而师之心力，瘁于是矣。泊三十八年冬，首都告警，群情惶急，不知所以为计，一日，师召集同人会议，惨然曰：研究所生命，恐遂如此告终矣。余之精力既消亡，且宿疾未疗，余虽欲再将研究所迁至适当地区，使国家学术中心得以维持不坠，然而余竟不克负荷此繁剧矣。今当筹商遣散，虽然如此，诸先生之工作，斯年仍愿尽其最大努力，妥为绍介安置。同人此时，以学术自由之环境，既已感受威胁，于多年生命所寄托之研究所，亦不胜其依恋可惜，一时满座情绪，至严肃，悲哀，有热泪为之盈眶者。师于是不觉大感动，毅然曰，诸先生之贞志乃尔，则斯年之残生何足惜，当力命以副诸先生之望耳。本所迁移之议，于是遂决。②

傅斯年四处奔走，求告各方，将历史语言研究所及其中研院保存的大批文物古籍安全运到台湾，最初安置于杨梅镇。1948年12月，历史

---

① 朱家骅：《悼亡友傅孟真》，《傅孟真传记资料》（一），（台）天一出版社1979年版，第99页。
② 陈槃：《师门实录》，《傅孟真传记资料》（三），（台）天一出版社1981年版，第77页。

语言研究所的第一批图书、仪器、设备,由李济督运,随同故宫迁运文物运往台湾;历史语言研究所第二批图书及文物在 1949 年运抵台湾。当时历史语言研究所之所以能够在仓促之下仍将绝大部分重要的资料、设备搬至台湾,很大一个原因是傅斯年的私人关系,俞大维时任交通部长,有权调用各种交通工具。当时用军舰把史语所很多重要的东西都运到台湾。如海军部动用了中鼎轮帮助运送历史语言研究所资料与故宫文物,使这些珍贵物品不至于在战乱中散佚。历史语言研究所迁台后,所址设于台湾杨梅镇,在艰苦的环境下,所内人员依然坚持研究工作,取得很多成果。

另外,傅斯年与翁文灏、朱家骅等人商议决定将保存在北平等地的珍贵典籍和文物运到台湾。从文物典籍免于被国民党军队败亡时毁灭这个角度来说,傅斯年的行动是值得肯定的。

1948 年 11 月底,辽沈战役结束,中国人民解放军挥师进关,迅速将平津地区分割包围,北平是北方经济、政治、文化中心,也是高校、学术研究机构集中的地区,大批知名学者、科技人才集中此地,为把这批专家学者从北平转移出来,傅斯年亲自找到蒋介石,经蒋批准,由傅斯年、蒋经国、陈雪屏等人组成领导小组,负责将北平有关人员接出。由于傅斯年长期在学术界工作,与学术界人士的关系密切,故对此事特别热心,据亲自参与此事的人士回忆说:"民国三十七年冬天,政府发表傅先生接长台大之后,虽然当时的教育部朱家骅部长劝他早日到台湾接事,可是傅先生那时候正在南京奔走一项在傅先生认为比到台湾接校长职务更重要而更迫切的工作,那就是营救即将沦陷在故都北平的学人们到南京来。傅先生在当时虽不是任何教育机构的负责者,可是他认为这是国家的大事,争取出来的学人越多,越对国家有利,同时他认为他自己虽无此'责任',却有此'义务',所以他整天的跑教育部、国防部、交通部、青年部,其辛劳情形,除非实际参与其事者,无法加以想象。"[①]

12 月中旬,北平已被解放军严密包围,傅斯年接转北平学者的事正在紧张进行,傅斯年通过其内兄、交通部长俞大维联系飞机直到北平城内机场。同时他于 12 月 15 日、16 日致信北京大学秘书长郑天挺,要求其

[①] 那廉君:《傅斯年来台前后》,《傅孟真传记资料》(二),(台)天一出版社 1979 年版,第 35 页。

组织人候机，信中说："空运队可即派两架机到平，兄前信中所开三批名单，作一次走，又中航机亦可能到平，其他可走者，应急准备勿延，与剿总联络，务即办好送斯年。"在此信的附件中特别强调此行动获得蒋介石的批准："今日胡先生与总统谈及由总统指定三人小组，陈雪屏、蒋经国及弟，大绂则由弟联络，大维大买（卖）力气，每日调度至可感。"① 同时，傅斯年又致电平津路局局长石树德，要求其译转梅贻琦、袁复礼、郑天挺等高校负责人，提出迎接的人员名单。其名单主要包括四类人：（一）各院校馆所行政负责人；（二）因政治关系必离者；（三）中央研究院院士；（四）在学术上有贡献并自愿南来者。每一类都提出了具体名单，但是由于许多学者和知名人士都已认清了蒋介石及国民党政权腐朽本质和即将崩溃的结果，都自愿与国民党政权决裂、迎接即将到来的全国解放，所以很少一部分人乘飞机离开北平，多数人留在了北平。

1948年12月，国民党政府正式任命傅斯年为台湾大学校长。傅斯年经过反复考虑，于1949年1月赴台就任。1949年8月，毛泽东同志发表了《丢掉幻想，准备斗争》一文，对傅斯年、胡适等人的思想实质进行深刻的分析，他说："为了侵略的必要，帝国主义给中国造成了数百万区别于旧式文人或士大夫的新式的大小知识分子。对于这些人，帝国主义及其走狗中国的反动政府只能控制其中一部分人，到了后来，只能控制其中的极少数人，例如胡适、傅斯年、钱穆之类，其他的都不能控制了，他们都走到了他们的反面。"② 傅斯年是一位带有浓厚传统意识的自由主义知识分子，传统的思想观念使他一直把国民党政权视为正统，自己应从一而终，傅斯年去台湾以后，随着政治形势的变化，台湾与大陆形成长期对峙的局面，1950年12月，傅斯年在台湾大学校长任上猝然去世，永远留在了台湾。

八 政治思想探析

20世纪初，自由主义、社会主义等思潮在欧洲广泛传播，中国革命的先行者孙中山在向西方学习的过程中，接受了社会主义思想，与中国的

---

① 欧阳哲生主编：《傅斯年全集》第七卷，湖南教育出版社2003年版，第354—355页。
② 毛泽东：《毛泽东选集》第四卷，人民出版社1991年版，第1485页。

革命实践相结合,创立和完善了三民主义理论。许多知识分子对孙中山的社会主义思想进行研究和阐释,并将其基本内容运用于社会改造的实践中,对社会的改革和进步产生了一定影响。同时,自由主义思潮在欧美也相当流行,中国留学欧美的知识分子深受其影响,其中傅斯年就是一个代表人物。

傅斯年自称是一位自由社会主义者。所谓自由社会主义,按照傅斯年的论述,主要是自由主义与社会主义相融合,在政治和社会领域要求自由与民主,在经济领域要求经济平等,缩小贫富差距。他在《评英国大选》一文中特别强调了自己的自由社会主义理念:"我平生的理想国,是社会主义与自由并发达的国土,有社会主义而无自由,我住不下去;有自由而无社会主义,我也不要住。所以我极其希望英美能作成一个新榜样,即自由与社会主义之融合。"①《评英国大选》是傅斯年1945年7月30日为《大公报》撰写的论文,他在这个时期撰写的一系列政论对自己的自由社会主义理念进行了系统阐释,说明他的自由社会主义理念已基本成熟。

人的思想观念形成和发展是有一个过程的,一般要经过反复学习、认识和实践。傅斯年对自由社会主义思想的阐述虽然是20世纪40年代,但将自由主义和社会主义相结合的观念应该追溯到新文化运动时期,当时他受胡适等人的影响,积极参加新文化运动,与罗家伦等人创办《新潮》杂志,在《新潮》杂志发表的一系列论文中,对自由社会主义及相关的问题进行了阐述。如他在《人生问题发端》一文中对西方思想流派及其主要观念进行了介绍,其中包括西方自由主义的代表人物及其思想倾向,他在最后总结自己的人生观时概括为一句话:"为公众的福利自由发展个人"(the free development of the undividuals for the common welfare)②,他对这种观念的解释说:"怎样叫做自由发展个人?就是充量发挥己身潜蓄的能力,却不遵照固定的线路。怎样叫做公众的福利,就是大家皆有的一份,而且是公众求得的福利。就是因为个人的思想行动,没有一件不受社会的影响,并且社会是永远不消灭的。"也就是说,为了社会的发展和进步,要经常提高个人的素质和能力。发展自己要不受政治和社会的制约。

---

① 欧阳哲生主编:《傅斯年全集》第四卷,湖南教育出版社2003年版,第299页。
② 《新潮》第一卷第一号,上海书店出版社1986年版,第15页。

应该说充分发挥和张扬个性,提高和发挥个人的潜能,改造社会,促进社会进步。傅斯年这种观念应该说是受胡适的影响。胡适在新文化运动中特别强调解放个性,自由发展个人,傅斯年、罗家伦等人都深受其影响。实际也就是强调自由主义理念。在同一时期,傅斯年及同时代的青年学生对世界革命进程进行了论述,认为以俄国十月革命为标志开始了平民为主的社会革命。他们认为:"以前法国式的革命是政治革命,以后俄国式革命是社会革命。革命以后民主主义同社会主义,必定相辅而行。其大概的趋向,大约可以分为经济政治社会三方面。经济方面的趋向将来都偏重集产政策,以一切的实业全受公家的支配,使最大多数的人民都有可以享受的幸福。"[①] 同时,他们认为在社会革命中,民主主义同社会主义固然日益接近,就是社会主义同个人主义也是相关的而不是相对的。正因为俄国社会革命的结果是社会主义,并且社会主义同民主主义、个人主义可以融合而共同推动社会进步。所以他们对俄国社会革命抱乐观和欢迎的态度。正如傅斯年所说:"吾于俄国状态绝不抱悲观,以为近世史之精神,全在思想自由。"[②] 应该说,傅斯年的自由社会主义思想在新文化运动时期已经初步形成。在以后的社会生活中不断发展,逐步成熟。

孙中山三民主义的影响。1926年11月,傅斯年回国受中山大学之聘任中山大学教授,不久又出任文史科主任兼历史、语言文学两系主任。当时广州是革命的中心,中山大学是孙中山亲手创办,培养革命人才的基地,与黄埔军官学校并称文武两校。但是其中鱼龙混杂,国共两党及各种政治势力参与其中,在其发展过程中开始出现矛盾和斗争,傅斯年此时加入了国民党[③],与朱家骅关系日趋密切,积极参与学校事务和社会工作,其思想倾向是追随国民党政权与北洋政府为首的封建势力进行斗争。可以视为此时他用自由主义的思想参与社会,改造社会的实践活动。在政治思想方面逐步接受了孙中山的三民主义思想学说,尤其尊崇孙中山的民生主义思想。后来,中央研究院历史语言研究所成立,傅斯年全力投入学术,

---

① 《新潮》第一卷第一号,上海书店出版社1986年版,第20—21页。
② 同上书,第128页。
③ 1927年6月21日《中山大学报》记载,国民党中山大学特别党部举行党员大会选举第三届监执委员,其议程(二)"推举朱家骅、何思源、曾济宽、傅斯年、陈绍贤五同志为主席团"。并且傅斯年当选为监委、执委候补委员。证实傅斯年在中山大学工作时加入了国民党。

有相当长的一段时间没有参与社会政治。

北伐胜利后，国民党政权表面上统一了中国，但是以蒋介石为首的官僚资本主义获得了统治权，虽然自由主义思想意识在社会上有一席之地，但在社会经济领域，官僚资本、豪门资本逐步占据主导地位，把持了中国社会经济的命脉，严重的贫富分化使中国陷入了严重的危机，社会也动荡不安，日本帝国主义又趁火打劫。1931年，日本发动"九·一八"事变，民族危机日益严重。傅斯年又走出书斋，投身社会，为挽救民族危亡而斗争。1935年，他在阐述中国社会发展和进步的原因时强调说："三十年中，中国因受自由主义的影响，乃有辛亥革命之成功；受社会主义的动荡，乃有国民革命军北伐之事业，这一条路并未尝走错，且是历来环境所促成唯一可做之路。"[①] 在傅斯年看来，中国辛亥革命的成功，得益于自由主义思潮在中国的传播，培养了一批具有自由主义倾向的知识分子，他们成为推翻封建专制政权的重要力量。但是辛亥革命的胜利果实被袁世凯等北洋军阀所篡夺。在之后的革命斗争中，孙中山先生提出了新三民主义纲领，实施联俄、联共、扶助农工的政策，唤醒了民众，在广大民众的支持和拥护下，国民革命军取得了北伐胜利。傅斯年认为孙中山的三民主义，尤其是民生主义和三大政策，含有很多社会主义成分。所以他曾对此论述说："国父中山先生之民主主义，实在是温和的，合适于中国现状的社会主义。"[②] 正是由于孙中山三民主义的宣传和提倡在民众中产生了重大影响，才有国民革命军北伐之成功。

傅斯年之所以把自由主义和社会主义作为自己的社会理想，既是对孙中山社会主义思想的认识，也是他对中国国情的研判。他所强调的社会主义主要是英国的工党政府所推行的社会主义。他对于当时国情的认识是，在中国，资本可分为三类：国家资本、官僚资本、权门资本（也称豪门资本）。第一，国家资本有名无实。他解释说："国家资本的发达是走上计划经济、民生主义、温性的社会主义必由之路，所以如果办的好，我是百分的赞成。这些年国家资本相当发达，但内容和表面大不相同……推其原因，各种恶势力支配着（自然不以孔宋为限）豪门把持着……恶势力支配，便更滋养恶势力，豪门把持，便是发展豪门。"第二，官僚资本。

[①] 欧阳哲生主编：《傅斯年全集》第四卷，湖南教育出版社2003年版，第114—115页。
[②] 同上书，第298页。

傅斯年认为，官僚资本包括"上自权门，下至稍稍得意稍能经营的公务员"，几乎包括中国的资产阶级及上等的布尔乔亚。但是中国的小官僚资本托庇于大官僚资本，大官僚资本托庇于权门资本。第三，权门资本。傅斯年对此论述说："权门资本本是官僚资本之一类，然而其大无比，便应该分别看了。这些权门资本，一方面可以吸收、利用、支配国家资本，一方面可以吸取、保护（因保护而受益）次于他的官僚资本。为所欲为，愈受愈大。"[①] 总之，权门资本支配和控制了国家资本和官僚资本，把握了国家经济命脉，造成了严重的贫富不均和对立。对此必须进行改革，铲除豪门资本，侵犯和剥夺既得利益，实行民生主义，他曾强调："要社会公平，必须侵犯既得利益，要实行民生主义，必须侵犯既得利益。"而他所说的"民生主义不是资本主义，而是最温和的社会主义"。[②] 自由社会主义的思想意识指导着傅斯年经常性地反对贫富不均现象，尤其是抨击政治权贵利用政治经济特权贪污中饱，掠夺国家财富，肆意挥霍；为解决下层民众的贫困而呼吁，要求进行政治经济改革，实行经济平等，缩小贫富差距，傅斯年的这种思想理念与孙中山晚年所坚持的民生主义及社会主义思想是一致的。

与傅斯年同时代的一位学者评论自由主义说："如果胡适之是一个'保守的自由主义者'，那么，傅孟真是一'急进的自由主义者'。自由主义在中国自来了解的人不太多，自由主义在中国没有发生重大的实际影响，这也许是一个原因，但是，在一百年变动的中国，自由主义没有占着重要的地位，是近代中国极大的悲哀。"[③] 傅斯年之所以被称为急进的自由主义者，其主要根据大概就是不论在西方和中国，自由主义与资本主义相联系，而傅斯年则一再坚持自由主义与社会主义相结合，并在20世纪40年代用理论进行了阐释：自由主义所追求的是社会政治方面的民主和自由，但是在资本主义发展过程中，自由主义却帮助了资本主义形成了经济上的不平等。没有经济的平等，实际上也没有了政治的民主和自由。傅斯年基于这方面的认识和实践，所以坚决要求进行社会经济的改革，反对中国盛行的豪门资本，缩小贫富差距，实现经济平等的社会主义制度。可

---

① 欧阳哲生主编：《傅斯年全集》第四卷，湖南教育出版社2003年版，第331—332页。
② 同上书，第301页。
③ 程沧波：《记傅孟真》，载《傅孟真传记资料》（三），（台）天一出版社1981年版，第10页。

以说傅斯年所强调的自由社会主义,既是他的思想理念,也是他社会活动追求的目标。傅斯年的这种理想与同时代的其他自由知识分子相比,其理想和意识相同者甚多,但致力于实践,奋不顾身的对社会现实进行批判,促使社会进行改革,确是有其独特的地方。但傅斯年生活的时代是充满腐朽和专制的时代,他无法摆脱时代与专制政权对他的制约和影响,其自由社会主义理想也无法实现,讨论和研究他的思想观念,应该结合其所在的时代和社会背景,才能得出较为合理、正确的结论。

第九章

回归教育

傅斯年一生没有真正离开过教育领域，虽然抗战期间傅斯年以"国家抗战，义等于征兵"为己责，视抗日救国为自己的神圣职责，积极参政议政，抗日战争胜利后，他再次将主要精力放到教育之上。这一时期，作为北京大学代理校长和西南联大常务委员，傅斯年最重要的两件事便是妥善处理了西南联合大学学生"一二·一"运动和北京大学的复原工作。

一 代理北京大学校长

抗战胜利前不久，北京大学校长蒋梦麟应行政院院长宋子文之请，出任行政院秘书长。按照国民党政府的规定，政府官员不得兼任大学校长，所以他辞去了北京大学校长职务。对于北大校长的人选，国民党政府和蒋介石本人都属意于傅斯年，并请当时的教育部部长朱家骅将此意转告了傅斯年，然而，傅斯年却拒绝接受此职。1945年8月17日，傅斯年致书蒋介石，坚持不肯担任北京大学校长之职，理由是自己身体不好，难以承担重任；更由于北大是自己的母校，论威望、资历不如胡适，所以推荐胡适担任。他在信中说：

> 日昨朱部长骝先先生，以尊命见示，谓蒋梦麟先生之北京大学校长出缺，即以斯年承乏。骝先先生勉之再三，云出于钧裁，强为其难……惟斯年赋质愚憨，自知不能负荷世务，三十年来，读书述作之志，迄不可改。徒以国家艰难，未敢自逸，故时作谬论。今日月重光，正幸得遂初志，若忽然办事，必累钧座知人之明。兼以斯年患恶性血压高，于兹五年，危险逐年迫切，医生告诫，谓如再不听，必生

事故……抑有进者，北京大学之教授全体及一切有关之人，皆盼胡适之先生为校长，为日有年矣。适之先生经师人师，士林所宗，在国内既负盛名，在英美则声誉之隆，尤为前所未有。今如以为北京大学校长，不特校内仰感俯顺舆情之美；即全国教育界，亦必以为清时佳话而欢欣；在我盟邦，更感兴奋，将以为政府选贤任能者如此，乃中国政府走上新方向之证明；所谓一举而数得者也。①

由于傅斯年陈述的理由充足，国民党政府答应了他的请求，决定任命胡适为北大校长。因为胡适远在美国未归，在胡适归国以前，任命傅斯年为西南联合大学常务委员、北京大学代理校长。朱家骅后来叙及此事原委："抗战胜利，各校复员，北京大学地位重要。我和他商量，想请胡适之先生担任校长，他也极力的主张。不过胡先生不能立即回国，结果，又把代理校长推在他的身上。他当时虽表示不愿，但北大是他的母校，而胡先生又是他的老师，我以大义相劝，他不得不勉强答应。"②

1945年11月，傅斯年就任西南联大常委、北京大学代理校长，他此时到西南联大任职，正可谓受任于危难之时，奉命于动乱之际，所面临的内外形势都相当艰难，主要表现在以下几个方面：

其一，国内局势混乱。1945年8月，日军投降，国民党政府到各地接受日军占领区，许多接收大员在接收中贪赃枉法，大饱私囊，把大批物资据为己有，没收民族资本，致使敌占区人民怨声载道，造成了全国的政治经济混乱，接收变成劫收。国民党政府在接收的同时，却命令共产党领导的八路军、新四军原地驻防不动，遭到八路军和新四军的抵制和反对，国共领导的军队开始在各地产生摩擦。两党虽进行了和平谈判，签订了所谓的《双十协定》，但是国民党政府并没有诚意，积极调兵遣将，准备消灭共产党，内战已有不可避免之势，傅斯年了解国民党上层内幕，深知国家将再度陷入混乱。

其二，抗战结束，原来迁往内地的各大学校将迁回原地，傅斯年面临的最迫切的任务是将西南联大分开，将北京大学迁回北平。怎样将北京大

---

① 欧阳哲生主编：《傅斯年全集》第七卷，湖南教育出版社2003年版，第285—286页。
② 朱家骅：《忆傅孟真先生》，《傅孟真传记资料》（一），（台）天一出版社1979年版，第99页。

学脱离联大,脱离后北京大学的师生员工数千人,再加上仪器设备,要从昆明运回北平,两地相距数千里,在当时情况下将北大迁回谈何容易。

其三,由于抗战结束,西南联大师生人心思归,已显不稳之势。他们为顺利迁返北平,极力主张医治战争创伤,和平建国,安定社会,反对内战,而云南地方当局忠实执行国民党的内战政策,因此,西南联大学生与云南地方当局的矛盾正开始逐步激化。如何处理师生的不满情绪和学校内部的不稳定因素,是傅斯年面临的一个难题。

其四,北平沦陷八年,各方面遭到日寇的严重破坏。更为严重的是,日寇占领北平,纠集部分汉奸文人和没来得及南撤的北大个别教师,在北大旧址上重建了所谓的北京大学,对中国学生进行奴化教育,傅斯年等北大师生不承认,称之伪北大。如何收回北京大学旧址,尤其是如何处置伪北大的数千名师生,更是一个十分棘手的问题。

面对困难,傅斯年毫不畏惧,以自己特有的霸气和才能周旋于各种势力之间,最终圆满地完成了北京大学的复原工作,并妥善处理了"一二·一"学生运动。

二 坚拒文化汉奸

傅斯年就任北京大学代理校长后,为保持北京大学纯洁,坚决拒绝接受伪北京大学教职人员一事曾得到广大爱国师生的支持和赞誉。1947年1月7日,傅斯年在致夫人俞大綵的信中曾谈到北京大学当时的局势:"北京大学可以说两头着火,昆明情形已如上述,究竟如何自联大脱离,大费事,正想中。而北平方面,又弄的很糟,大批伪教职工进来。这是暑假后北大开办的大障碍,但我决心扫荡之,决不为北大留此劣迹。实在说这样的局面之下,胡先生远不如我,我在这几个月给他打平天下,他好办下去。"[①] 傅斯年当时最费心力、最感棘手的是拒绝接受伪北京大学教职人员,处理此事也最凸显他的民族意识和爱国情操,他所标榜的"汉贼不两立"观念此时表现得最为突出。

在与汉奸文人的交锋中,傅斯年表现的极为决绝,不给伪北大教员留一点留校任教的侥幸。傅斯年多次强调文人尤其是教师,为人师表,更应

[①] 欧阳哲生主编:《傅斯年全集》第四卷,湖南教育出版社2003年版,第313页。

保持个人名节,作为全国最高学府的北京大学尤其应做表率。因此,他坚决不任用伪北大人员,"伪北大"教职员在国难当头之时为敌人服务,于大节有亏,故不拟继续录用。

伪北京大学是日寇1937年年底占领北平后,收罗汉奸文人,利用原北京大学的校舍和某些图书设备成立的,下设文理法工农医六个学院,汤尔和、钱稻荪、鲍鉴清等先后任"总监督"和"校长"。日伪设立所谓"北京大学"的目的是对中国青年进行奴化教育,磨灭学生们的民族感情,老老实实的做日本的良民。伪北京大学在日本占领北平期间,一直是日伪进行奴化教育和文化侵略的主要机构,也是汉奸文人相对集中的地方。

1945年9月,重庆善后教育会议不久,为北京大学复原之事,傅斯年一面派郑天挺去北平进行筹备;一面发表声明,为保持北京大学的纯洁,坚决不录用伪北京大学的教职员。不久,傅斯年又派陈雪屏去北平接收北京大学校产,为学校复原做准备。

11月中旬,傅斯年到达北平,陈雪屏等人到机场迎接。傅斯年走下飞机第一句话,就是问陈雪屏与伪北京大学的教师有无交往,陈雪屏回答在必要的场合有过接触。傅斯年听后十分不满,强调说:"汉贼不两立,连握手都不应该。"陈雪屏解释了自己的难处,说接收的学生多,北上的教师太少,根本忙不过来,只好录用了伪校一些教授。傅斯年当场表示伪校教职员要一概摒弃,坚决不录用,同时还表示要请司法部门将罪大恶极的儒林败类捉拿归案,严加惩处。

伪北京大学的教员们一看傅斯年的姿态,既怕又怒,特别是已入补习班任教的伪北大教授,更是恼羞成怒,这些人知道自己臭名在外,为虚张声势,他们组织团体,四处游说、请愿,要求北大继续留用。他们私下联合起来以罢课相要挟,不承认"征调",并向北平行营主任李宗仁请愿,强烈要求任教复员后的北大。李宗仁虽没有答应他们的请求,但对他们持同情态度,这使伪职人员气焰更加嚣张,他们认为傅斯年是他们留北大任教的最大障碍,便使出浑身解数主攻傅斯年这块阵地。

1945年11月7日,他们以容庚领衔发表了致傅斯年的公开信,在信中对自己降日的汉奸行为多方辩护,申述了他们在日寇占领北平时留下的原因和理由。公开信说:

　　日寇必败,无劳跋涉,一也。喜整理而拙玄想,舍书本不能写作,二也。二十年来搜集之书籍彝器,世所希有,未忍舍弃,三也。"不曰坚乎,磨而不磷;不曰白乎,涅而不缁。"素性倔强,将以一试余之坚白,四也。沦陷区之人民,势不能尽室以内迁;政府军队,仓黄[皇]撤退,亦未与人民以内迁之机会。荼毒蹂躏,被日寇之害为独深;大旱云霓,望政府之来独切。我有子女,待教于人;人有子女,亦待教于我。则出而任教,余之责也。策日寇之必败,鼓励学生以最后胜利终属于我者,亦余之责也。……坚苦卓绝,极人世悲惨之境,果何为乎?固知吾国之不亡,教育之不当停顿,故忍受而无悔也。汉奸乎,汉忠乎,事实俱存,非及言所能蒙蔽者。

更为可恶的是,他们威胁傅斯年说:"天下汹汹不安,是非难定。公等所以为伪为逆者,安知不复有伪公逆公者乎?"[①] 气焰相当嚣张。

容庚字希白,广东东莞人,从青年时代起,便致力于金文、甲骨文研究,曾就读于北京大学研究所国学门。1930年,历史语言研究所迁至北平,傅斯年聘容庚为特约研究员,继续从事金文研究,并派所内成员何承宠、瞿润缗、孙海波协助其研究。此间,傅斯年与容庚交往颇多。1937年全面抗战开始,燕京大学南迁成都,容庚留在北平,伪北京大学建立,容庚曾任教其中,堕落为汉奸文人。所以他在致傅斯年信中特别叙述两人关系:"公尝自负为'喑呜叱咤,千人皆废'之西楚霸王。庚辱知交十余年,未尝不冀公能变化气质,为豁达大度,'善于将将'之汉高祖。"[②] 从公开信可以看出,容庚等人软硬兼施,试图让傅斯年收回成命,向伪教职人员妥协。容庚这期间还专门去重庆面见傅斯年进行游说,当容庚来到中央研究院总办事处找到傅斯年欲当面游说时,傅拍案而起,指着容的鼻子大骂道:"你这个民族败类,无耻汉奸,快滚,快滚,不用见我!"[③] 当场命人将容氏架了出去,扔到了泥泞遍布的马路上。第二天,《新民报》登载此事,标题曰《傅孟真拍案大骂文化汉奸,声震屋瓦》。后来,容再度拜访,表示要谢罪改过,重新做人,傅斯年才勉强予以接见,但仍不允许其到北大任教。灰头土脸的容庚只好托李宗仁的关系准备到广西大学任

---

① 欧阳哲生主编:《傅斯年全集》第四卷,湖南教育出版社2003年版,第308页。
② 同上书,第309页。
③ 傅振伦:《我所知道的傅斯年》,载《傅斯年》,山东人民出版社1991年版,第40页。

教，后未成行，转聘于岭南大学，后转入中山大学任教，直至去世。

与此同时，周作人也曾致信傅斯年，要求傅斯年接受伪教职人员。周作人与傅斯年有师生关系。1917年9月，周作人被聘为北京大学文科教授，为文科国学门开设罗马文学史与欧洲文学史。傅斯年当时正是国学门学生，听过周作人的课，两人都曾积极参加新文化运动。1919年，傅斯年联合罗家伦等人一起组织新潮社，出版《新潮》杂志，周作人曾为《新潮》杂志写稿，并曾参加新潮社，与傅斯年先后任《新潮》杂志主编。应该说，两人曾有较多的交往。傅斯年10月份在重庆发表声明，坚决不接受伪北京大学教职人员后，周作人曾致信傅斯年，为自己和汉奸文人辩解，企图通过私人关系说服傅斯年回心转意。傅斯年不为私情所动，一口回绝了周作人的请求。曾目睹周作人致傅斯年信件的邓广铭回忆说："由周作人、容庚领头纠集了一些人，也写了一些公开信，对傅先生的不用从伪人员的主张大肆攻击。他们还把这一公开信专函抄寄傅先生，署名的却没有容庚以下诸人，只是周作人一个人。我当时也正从北碚到重庆看望傅先生，傅先生立即把此信转与我看，并要我代他写一回信给周。我看了周的来件后，觉得非常奇怪：他对自己置身汉奸群丑之间达八年之久，在信中并无丝毫忏悔和自怨自艾的表示，而竟然理直气壮地对傅先生无理取闹，甚至向傅先生发狂言说，你今日以我为伪，安知今后不有人以你为伪等等，实在是无耻之尤。傅先生当即痛斥他说，今后即使真有以我为'伪'的，那也是属于国内党派斗争的问题，却决不会说我作汉奸；而你周作人之为大汉奸，却是已经刻在耻辱柱上，永世无法改变了。对于写回信给周作人一事，我却表示无力承担，因为不在沦陷区，对周作人做汉奸期内背叛国家民族的具体罪行，我都不甚了然，无法加以揭露和声讨。"[①]周作人不久因汉奸罪被国民党政府逮捕，审讯期间，胡适、蒋梦麟都出具证明，为周作人开脱，傅斯年基于民族大义，不仅没有袒护周作人，还致信胡适，反对他为周作人开脱，可见傅斯年对汉奸文人的仇恨和民族立场的坚定。

1946年年初，傅斯年去北平筹备北京大学复原。为了保持北京大学的纯洁，杜绝伪教人员进入，傅斯年采取措施，抓紧筹备复原，不使以北京大学名义办的补习班长期延续，以免伪北大教职员进入北大成为既成事

[①] 邓广铭：《怀念我的恩师傅斯年先生》，（台）《台大历史学报》第20期，第15页。

实。傅斯年在 1946 年 4 月 5 日致汤用彤的信中详细谈了自己的想法，其中说：

> 目下形势，清华、南开实可羡慕，他们有决定他们走不走的自由，北大则无之。假如弟在清华，弟将主张只在北平开一年级，其余缓一年，以便观望（明年未必好，观望即是好的安心丸）。但北大情形不如此。北平有几千学生，假如北大不去，他们必要求挂起北大（至少分校）的牌子来。目下政府尚未民主，而威权已一落千丈，是会答应的（去年李宗仁便要答应）。伪校教员又必因北大继续开班而留下，则那时无论用何名意开班（本年暑假），他们必会（摆）架子，而要求正式聘请，继续留用……地方政府以及教育部是会答应的（骝先到北平妥协了一下，归来实有惭德，以后还不错，而地方政权（李）甚不帮忙。骝先将离教部，来者对此事必更妥协无疑也。共产党一面责备政府偏袒汉奸，一面责备政府甄审伪教员，故教育部让步，"社会"上不会制裁。）然则，我们如不于暑假在北平升旗，北平必出来"北大"，也许客气些，叫北京大学分班，或更客气些，叫北平临时大学（无补习班三个字），然必有"北"、"大"二字，必简称北大，从此据我们的房子，用我们的仪器，而以正统自居。即使明年我们能再去，亦将托庇于他。于是北大以伪教授主体，尚堪问乎？此乃必然之演变，决非弟想入非（非）之谈也，但陈雪屏的组织，如不于六、七月间断然结束，而延长之，必反客为主。学生必不容"补习班"三字之存在，其教员（绝大多数是伪教员）必要求为正式教授，所以北大之存亡系于今夏之搬与不搬。清华、南开皆无此困难，可以自由选择，我们无此自由的。①

为了清除伪教人员的纠缠和请托，傅斯年选择伪北大校长鲍鉴清等文化汉奸为靶子，敲山震虎，警告其他伪教人员。鲍鉴清等人是日伪时著名的文化汉奸，附敌有据，日本投降后被国民党政府逮捕，但河北高等法院却判决鲍无罪释放。傅斯年收集鲍鉴清等人的罪证，向河北高等法院提出控告，要求重新审理，对其他文化汉奸也要从严治罪。又亲自写信给国民

---

① 傅斯年档案（未刊），档案号 No73 - 13. doc。

党政府司法部长谢冠生，提供证据，要求对鲍鉴清等人依法惩治，以正国纪，打击奸伪气焰。信中说：

> 冠生先生部长左右：
> 　　关于北平汉奸惩治事件，有三件事不获已上陈，敬乞台察。
> 　　一、报载伪北京大学校长鲍鉴清在河北高院判决无罪，至堪骇异。查鲍逆神通广大，早经保释，今复判决无罪，实留学术界莫大之隐患。该逆在伪职任内，勾结日寇，在伪校遍布日本顾问及特务，以实行奴化政策，何得无罪？何得无罪？北平情形特殊，汉奸势力不小。此案仍待最高法院复判，拟请大部依据成例，提来首都复审，以正事非，而申国纪。否则，"无罪"之例一开，后患不堪设想矣。除呈最高法院外，谨此奉陈。
> 　　二、巨奸王荫泰正在苏高审判，该逆逢迎日寇意旨，挤走其前任而代之，变本加厉，即以献物资为约。在其任内，剥削华北民食，使人吃"混合面"。更大搜五金，故宫铜缸、历史博物馆古炮，皆被搜罗，献出凡数百万斤。故王逆揖唐、王逆克敏之罪恶，尚不足以比之。拟请大部特予注意，尽法惩治，以伸华北人民之愤。
> 　　三、文化汉奸钱逆稻荪，在北平有特殊势力，似可一并调京审讯。
> 　　以上各事，关系国法人纪，故敢负责上陈，敬乞采纳，至荷！①

傅斯年这些举动，主要是打击奸伪气焰，伸张学术界正气，也是对伪教人员所谓附敌不得已而为之，非但无罪而且有功论的变相驳斥。傅斯年用此方式申明立场，在某种程度上也避免了一些伪教人员四处活动，打破他们企图在北大谋一席位的幻想。当时，北平报纸曾评论说，傅斯年对伪教人员抱有一种"不共戴天的愤怒"，虽近似玩笑，但可说明傅斯年在此问题上的严正立场。

1945年11月28日，傅斯年对《大公报》记者发表谈话，再次强调："北京大学将来复校时，绝不延聘任何伪北大之教职员。"12月初，他接受《世界日报》采访，发表谈话仍坚持原来立场，声明称：专科以上学

---

① 欧阳哲生主编：《傅斯年全集》第七卷，湖南教育出版社2003年版，第308页。

校必须要在礼义廉耻四字上，做一个不折不扣的榜样，给学生们，下一代的青年们看看！北大原先是请全体教员内迁的，事实上除开周作人等一两人之外，没有内迁的少数教员也转入辅仁、燕京任教。伪北大创办人钱稻荪，则原来就不是北大的教授。所以现在伪北大的教授，［与］北大毫无关系。傅斯年在声明中强调决不录用伪北大教职员，不是出于个人恩怨，而是要保持北京大学纯正的校风。他认为：教师是教育人的，为人师表，更应该先正己再正人，为学生做志节的表率。他承认由于长期战乱，高校缺乏师资，但不能因此而放弃最基本的原则。他申述说："人才缺乏是事实，从别的方面考虑征用未尝不可，但学校是陶冶培植后一代青年的地方，必须要能首先正是非，辨忠奸。否则下一代的青年不知所取，今天负教育责任的人，岂不是都成了国家的罪人。"傅斯年最后表明自己的态度说："我的职务是叫我想尽一切的办法让北大保持一个干干净净的身子，正是非，辨忠奸。"并特别强调："这个话就是打死我也是要说的。"[①] 表明了自己态度的坚决和严正。

　　伪北大教员，他们的操守既与傅斯年的志节格格不入，也不能见容于当时的社会。文化汉奸，美化敌人，丑化自己的同胞，进行奴化教育。这些汉奸的行为，代表了中国文化中最丑陋的一部分，严重损害了中国人的形象和民族自尊心。抗战中，他们与日寇一起杀人放火，无恶不作，甚至比日军还要凶狠无耻，做了许多日寇想办而办不到的事，激起了中国人民极大的愤怒。现在中国人民经过八年的浴血奋战，忍受了无数的苦痛，承担了巨大的牺牲，终于取得了全面胜利，中国人民对汉奸的仇恨并不亚于对日寇的仇恨，因此，在全国抗战胜利后，惩治汉奸便成为民众的公意。文化教育界最注重民族气节的独立自尊，像北大这样的全国最高学府，更不应藏垢纳污，容纳汉奸文人。反之，如果用了伪教人员，会给学校带来许多消极影响，败坏学校风气。从当时社会现实出发，为北京大学的前途着想，傅斯年此举完全是必要的。中国人民经过八年的浴血奋战，忍受了无数的苦痛，承担了巨大的牺牲，终于取得了全面胜利，中国人民对汉奸的仇恨并不亚于对日寇的仇恨。因此，在全国抗战胜利后，惩治汉奸便成为民众的公意。文化教育界更应该注重民族气节的独立自尊，像北大这样的全国最高学府，绝不应藏垢纳污，容纳汉奸文人。这也就决定了这些无

[①] 欧阳哲生主编：《傅斯年全集》第四卷，湖南教育出版社2003年版，第313页。

耻文人的命运只能是被扫地出门。

就教育角度而言，几乎每一个教育家都明白，教育的目的主要表现在两个方面：一是思想品德教育；二是知识的传授。中国对人的要求也总是德才兼备，品学兼优，并且总把德才并称，把德放在才之上。历史事实也无数次证明，社会生活中，人的品德比才能更重要。有德少才，尚不至于为大奸大恶；有才无德，则对社会危害极大。这是人们更加重视品德的基本原因。但品德教育不是空泛的，不同阶级有不同标准，不同历史时期有着不同的实际内容。中国抗日战争时期，是中华民族生死存亡的时期，中国一旦失败，将亡国灭种，沦为奴隶。因此，在这个时期判断人们品德的最基本标准，便是民族立场和气节。为挽救民族危亡而斗争的人们自然受到人们的赞扬，而任何卖国附敌的人，必为人民所不耻。傅斯年在这个时期对民族气节看得特别重，从某种意义上说，民族观念是他判断当时人的基本标准，尤其是在教育文化界。正因为如此，他极力反对伪教职人员进入北京大学。他曾反复强调：不接受伪教人员。观点十分明确，学校是教育人的地方，这些人大节有亏，不配从事教育事业。正如他在声明中所说：学校首先要正是非，明忠奸，否则下一代青年将不知所守，我们今天负教育责任的人，都将成为历史的罪人。由此可以看出，傅斯年坚决不录用伪教人员，并非他思想偏激或一时义愤，而是他爱国民族思想的体现。

三 参与处理"一二·一"学潮

正当傅斯年为北京大学复员忙得不可开交的时候，昆明又发生了以西南联大学生为主体的"一二·一"运动。正如傅斯年后来给夫人的信中所说，北京大学是两头着火。傅斯年又不得不分身去处理昆明的学生运动。

抗战胜利后，国共两党进行了重庆谈判。但是国民党并无和谈的诚意，只是借和谈应付舆论，争取时间调兵遣将，然后用武力将中国共产党及其武装消灭掉，重新对全国实行专制统治，重庆谈判期间人们便感到战云密布。刚从抗战苦海中爬出来的民众又要一下子被推进内战的深渊。所以全国范围内反内战的情绪十分高涨。11月19日，重庆各界反对内战联合会成立，昆明学生积极酝酿以实际行动响应。

1945年11月15日，西南联大、云南大学、中法大学和英语专科学校四校学生自治会发起，在云南大学致公堂举行反内战时事演讲会，结果遭到云南省地方当局的禁止。于是，四校自治会决定改在西南联大图书馆前的民主草坪上举行，邀请了钱端生、伍启元、费孝通、潘大逵、杨西孟五位教授发表演说，到会各大中学师生及社会人士6000多人。时事讲演会的主要内容为迅速制止内战，成立联合国民政府，进行和平建国。但是这次演讲会遭到地方当局派遣特务与军队的骚扰破坏，国民党昆明防守司令部派第五军邱清泉部包围会场，向会场上空鸣枪威胁，切断会场电线，百余名特务冲进会场捣乱，他们冒充"老百姓"强行登台讲话，制造现场混乱，妄图通过这些手段破坏大会，但大会顶住了这些破坏坚持进行。最后大会在《我们反对这个》的反内战歌声中通过了四所大学学生团体建议，即发表反对内战宣言，呼吁美国人民和政府，反对美军参加中国内战的提案。本来这只是一个一般性的集会，爱国的学生因不满国民党政府的内战政策，企图通过以和平、合法的上书方式表达学生们的反内战呼声，争取国内和平的爱国行动，决无危害政府之意。只是云南地方政府草木皆兵，处置失当，使局势一步步走到不可收拾的地步。

大会结束后，外面国民党军队依然如临大敌般，实行戒严，封锁路口不准路人通行。学生的爱国热情换来的却是冰冷的警棍，这极大的刺伤了学生的自尊心。一时间群情激愤，学生纷纷连夜签名罢课，仅联大校本部拥护罢课的就达700多人。第二天早晨昆明国民党中央通讯社又发表了一篇题为《西郊匪警，黑夜枪声》的颠倒黑白的报道：

> ［中央社讯］本市西门外白泥坡附近，昨晚7时许，发生匪警，当地驻军据报后，即赶往捉捕，匪徒竟一面鸣枪，一面向黑暗中逃窜而散。[①]

学生们看到这条消息，愤怒的情绪顿时像火山一样爆发出来。西南联大等高校学生在校园内举行正当的集会，竟被诬蔑为"匪警"，几千名学生被诬蔑为"匪徒"。学生们忍无可忍，为抗议国民党反动派的暴行和中央社的造谣诬蔑，联大学生决定率先罢课，云南大学、中法大学、昆华工

---

① 中共云南省委党史资料征集委员会等编：《一二·一运动》，中共党史资料出版社1988年版，第421页。

校、昆华农校等十八所大中学校学生，也相继罢课。到 29 日，罢课学校达 34 所。昆明学联组成了昆明市大中学校罢课联合委员会（"罢联"），选举联大、云大、中法大学、昆华女中、云大附中五校代表为罢联常委，发出《昆明市大中学生为反对内战及抗议武装干涉集会告全国同胞书》（即"罢课宣言"），鲜明地表达了昆明学生的政治主张和要求：立即停止内战；美国政府立即撤退驻华美军；组织民主的联合政府；切实保障人民的言论、集会、结社、游行、人身自由；抗议武装干涉集会的暴行，追究射击联大事件的责任，要求中央社改正诬蔑联大的谣言，并公开道歉。

色厉内荏的地方政府本来以为恐吓一下便能使学生们服服帖帖，没想到事与愿违，乱子越闹越大。27 日，云南省代理主席李宗黄、云南省警备总司令关麟征召集昆明市大中学校校长开会，责令各校交出"思想有问题"的学生名单，限于 28 日无条件复课。反动当局还组织了"反罢课委员会"，破坏学生民主运动。但是这一切都是徒劳的，学生们的爱国热情早已化成漫天的怒火，炽热的蔓延开了。骑虎难下的地方当局恼羞成怒，使出他们惯用的手段，向学生们举起了白晃晃的屠刀。云南省代理主席李宗黄等人发布命令，采取"以组织对组织，以宣传对宣传，以行动对行动"的手段，准备镇压学潮。

12 月 1 日上午 8 点，李宗黄向集中在省党部的党徒训话，要他们效忠党国，"以流血对流血"。这伙党徒随即和军官总队、三青团省团部的暴徒会合，分头冲进西南联大、云南大学进行武装捣乱，和学生发生冲突。上午 10 点，他们闯进云大校门，撕掉壁报和标语，打烂岗警棚和桌椅，打伤学生多人。佩带"军官总队"符号的军人百余人闯进联大校内，以木棒石块殴打学生与校警。学生们奋起反抗，这批人随即用手枪及手榴弹等武器打死联大学生李鲁连、潘琰（女）和昆华工校学生荀继中，南青中学教师于再 4 人，重伤 25 人，轻伤 30 余人，联大教授也有多人遭到殴辱。这就是震惊中外的昆明"一二·一"惨案。

"一二·一"惨案当天，云南大学的教职员工就发表了《敬告各界书》，12 月 2 日，中国民主同盟云南省支部发言人发表了对"一二·一"惨案的抗议，表达了对国民党当局暴行的愤慨和对学生运动的同情和支持，要求严惩凶手，保障人民权利。同天，西南联大教授举行会议，全体教授决议向国民党军政当局提出严重抗议，并将罢课进行到底。昆明 3 万多名师生立即掀起更大规模的反内战、争民主运动。在继续坚持罢课的同时，每天出动100多个宣传队到街头、工厂和郊区农村进行宣传。从12月2日起，昆明为四烈士举行公祭。全国各地学生纷纷举行集会游行，声援昆明学生的正义斗争。一时间，昆明局势异常紧张。

当时西南联大尚未解体，校务工作由梅贻琦、傅斯年、张伯苓三人组成的常务委员会主持。惨案发生时，三人都不在昆明。临时主持校务的叶企孙教授如坐针毡，于12月3日急函教育部，向朱家骅报告"事态之严重性未减，随时有阻止不住之可能，梅常委远在北平，返昆恐需时日，敬恳钧座即嘱张、傅两常委即日飞昆劝导学生，俾校局能早日安定"①。蒋介石为了尽快平息学潮，不得不将关麟征"停职议处"，电令联大常委、北大代理校长傅斯年去西南联大主持工作，协助地方当局解决由"一二·一"惨案引起的学生总罢课。

12月4日，傅斯年乘飞机到达昆明，一下飞机便急着接见学生代表，详细了解学生的死伤情况。听了学生们的报告后，傅斯年气愤填膺，当即表示："关麟征杀死了我的学生，直如杀死了我自己的儿女……我一定要同他算账！"他一方面怒斥地方当局的暴行，一方面频繁地与有关负责人接触，商讨积极的解决办法。

12月9日，云南省新任主席卢汉与四所学校的学生代表谈判，傅斯年参加了这个谈判。学生对《中央日报》歪曲事实把"一二·一"惨案说成是当地军警为追捕、镇压土匪而采取的军事行动一事，要求向学生公开道歉。卢汉态度暧昧，未给予正面答复。傅斯年建议用澄清事实的方式进行驳斥。于是，由梅贻琦和熊庆来校长举行记者招待会，报告了学生的具体活动和地方当局镇压的真相，《中央日报》等报纸照登，变相地澄清了原先《中央日报》的污蔑之词。

然而对此次惨案，当局始终没有给师生一个明确的、公正的答复，事件进一步升级，学生运动继续发展。双方剑拔弩张，大有一触即发之势。地方当局一方面向校方施加压力，限令学生立即复课，一方面策划更大规模的镇压。12月8日，《中央日报》发表了蒋介石的《告昆明教育界书》，其中说：

> 昆市发生学潮，学生课业中辍，已逾旬日，妨害青年学业，贻误

---

① 《叶企孙致朱家骅函》（1945年12月3日），朱家骅档案（未刊）。

建国前途，兴念及此，痛心无已！我国抗战八年，牺牲惨重。今胜利甫告实现，复兴时机不可复得，正宜同德同心，积极黾勉，进行建国之工作，乃讹言流传，波及学府，演成如此不幸之事件，此真所谓仇者所快而亲者所痛也。……中正爱护青年，不啻自身之子弟，更不忍我纯洁之青年学生，有自误误国之举动。①

在一通冠冕堂皇的劝说之后，蒋氏话锋一转，又恐吓说："中正维护教育，保持纪纲，皆属责无旁贷。对于此次事件，必当根据是非与法纪，作公平负责之处理，绝不有所偏袒，亦不有所姑息。唯我各校教职员对于学校对于国家亦均负有神圣之责任，应导学生于正轨，为社会做表率，切不可任令罢课风潮再有迁延，造成学校与社会无政府无秩序之状态，以贻国家之羞。目前一切问题必须以恢复课业为前提，以正常手续为解决，否则政府纵如何爱护青年，亦不能放弃其维护教育安定秩序之职责。切望我各校当局与教职员诸君，深体此意，对全体学生剀切劝导，务令即日上课，恢复常态，勿负余谆切之期盼，至深企盼！"② 与此同时，卢汉也对学生发出最后通牒，限令学生停止一切校外活动，于17日复课，如不遵守，"决遵钧示为最后之处置，刻已准备待命"。

在这种局势下，傅斯年为避免更多的流血事件发生，积极动员学生复课。15日，梅贻琦与常委会全体召集学生代表在办事处谈话，正式宣布了校方的决定。梅并且说明了学校规定17日全体复课的理由和届时不复课可能招致的严重后果。接着傅斯年等依次发言，强调学生不仅应顾及为死难学生伸冤，而且也应为学校前途着想的道理。然而，学生自治会召开代表大会讨论后，仍表示拒绝。17日上午，梅贻琦与傅斯年巡视学校发现，教师们均已返校，而学生还是没有上课，故下午3点校方召集诸教授茶话，梅贻琦报告了近几日调处交涉的经过，明确提出，他和傅斯年对学潮事均已感觉无能为力，解决无望，打算引退让贤。随即教授们开会，一致挽留，并决定次日上午由各系主任联合召集学生代表进行劝告，下午再分由各系教授向本系学生进行劝告，如仍不能有结果，则实行"总辞

---

① 中共云南省委党史资料征集委员会等编：《一二一运动》，中共党史资料出版社1988年版，第437页。

② 岳南：《南渡北归》第二部，湖南文艺出版社2011年版，第211页。

职",以此向学生施压。

18日,事情出现转机,主要是国民党政府开始作出一些让步。蒋介石电令朱家骅,学生复课的最后期限可缓至20日,届时有未复课学生,对他们的处罚也不再那么严厉,只是开除了事。电文如下:

> 教育部朱部长勋鉴:
> 　　昆明学潮受少数反动学生操纵,迁延反复,妨害全体学生学业甚大,如延至二十日尚有未复课学生,应即一律开除学籍。除电昆明卢主席查照办理并一面仍准备军训办法侯令实施外,希知照并速密知各校当局为要。①

注意到蒋介石的态度变化,教育部长朱家骅明显地意识到危机正在过去。他马上将蒋令转发到昆明地方政府及傅斯年等人手里,特地告诫傅斯年以及卢汉等,强调对"如何与何时执行"蒋令,务必"妥慎办理",明确要求联大和云大两校当局:"再尽最大之努力,恺切劝导学生即日复课,以重学业,以副期望。"

19日,在有傅斯年和梅贻琦出席的教授会上,通过了再度以书面形式劝告学生的决议,同时推冯友兰等为代表,面见卢汉,请取消禁止自由集会之前令,卢汉随后痛快允诺,部分的满足了学生们的要求。政府方面有了一点让步,学生方面也明显地开始发生了分化。从20日开始,联大除师范学院外,学生陆续复课了。

从整个过程来看,傅斯年明显偏袒国民党政府,处理学潮中争取使大事化小,小事化了。傅斯年反对学生罢课,并不等于说傅斯年就站在了学生的对立面上,充当了国民党走狗的角色。傅斯年对学生们的这一正义行动是给予极大的支持和同情的,傅斯年从不怀疑学生们的爱国心,他所反对的只是学生们的方法。动辄罢课,对学生的学业损失太大,对大学和国家学术文化发展不利。1946年傅斯年在《经世日报》发表《漫谈办学》一文,对学潮贻误青年表示了不满:"这些年来,学校纪律荡然,不知多少青年为其所误。风潮闹到极小的事,学生成了学校的统治者。这样的学校只可以关门,因为学校'本来是教育青年的,不是毁坏青年的'。"并

---

① 岳南:《南渡北归》第二部,湖南文艺出版社2011年版,第228页。

进一步指出："我们不当禁止青年作政治运动，但学校应该是个学校，应该有书可读，若弄得成了政治斗争的工具，岂不失了学校存在的意义？青年人多是不成年的人，利用他们，岂不是等于用童工？教员有他的职业本份，就是好好教书，若果志不在此，别有所图，岂不是骗人？骗人者不可为人师；受骗者，应该先开导他，开导不成，必需绳之以纪律。"① 由此看来，自始至终对共产党有着很深成见的傅斯年，认为这次学潮是共产党煽动起来的，学生只不过是共产党利用的工具。所以在处理学潮中，他一方面尽量的安抚学生们的情绪，满足他们的要求，更多的是采取各种方法使学生们尽快复课，使学生们从"党派斗争"的旋涡中摆脱出来。当然他的这种认识是错误的。尽管傅斯年在处理学潮中不能尽如人意，但从使学生避免国民党当局再次镇压，遭受更大的流血牺牲这个角度上来说，傅斯年的做法是有爱护学生、保护学生用意的。

四　完成北京大学复员

在北大复校的过程中，傅斯年要解决的最棘手的一个问题就是如何处理伪北大教职员和学生。对于伪北大青年学生，傅斯年表现出出人意料的宽容。他认为青年是无辜的，在日寇侵略中国时，他们都还是十多岁的孩子，任何人都无权剥夺他们受教育的权利，虽然他们接受的是日伪政府的奴化教育，但这也是迫不得已的，责任不应该由他们来负。为了争取和改造他们，傅斯年主张经过补习班学习，允许他们按志愿入北京大学学习。他在声明中强调指出："青年何辜，现在二十岁的大学生，抗战爆发时还不过是十二岁的孩子，我是主张善为待之，予以就学便利。"② 一就任代理北大校长，傅斯年派郑天挺常驻北平，组织北大复课。郑由于路上耽误，直到11月才到北京。10月，傅斯年又派陈雪屏去北平接收北京大学校产，为学校复原做准备。北上途中，陈雪屏接到国民党教育部的命令，接受北京日伪各校学生，办理北平临时大学补习班。根据这一命令，陈雪屏将北平12所伪大专院校学生编成8个分班，基本仍在各校上课，由于北上人手有限，聘了一些伪教员讲课。为便于管理，伪北大六个学院的学

---

① 谭慧生：《傅斯年》，《傅孟真传记资料》（一），（台）天一出版社1979年版，第28页。
② 欧阳哲生主编：《傅斯年全集》第四卷，湖南教育出版社2003年版，第313页。

生，每个学院编成一个班，故补习班 1 班—6 班都是伪北大的学生，第 7 分班是伪北师大的学生，第 8 分班是伪北京艺专等校的学生。陈雪屏兼第 1 班主任，郑天挺任总务长兼第 2 班主任。11 月，傅斯年亲自飞抵北平视察，陈雪屏、郑天挺向他汇报了接受北京伪大专学校补习班的情况，建议将补习班学生补习完并入北京大学。傅斯年亲自进行考察后答应了此事，并报告了胡适和国民党教育部，得到认可，使北平数千名学生得到了继续学习的机会。

这样北大的学生一下子增长了一倍多，而老师却没有增加，师资严重不足，即使是在这样的情况下傅斯年也绝不聘用伪北大教员，坚决把他们扫地出门。傅斯年认为此等人缺乏民族气节，读了不少书，却把骨气丢了，鬼子来了，他们不抵抗也不逃跑，甘心做鬼子奴化教育的工具，属于文化汉奸一类，让这些人上北大的讲坛，继续教书育人，简直是对北大的侮辱，对不起爱国的师生，故坚决摒除。

面对师资不足的困难，傅斯年立即着手聘请一批知名教授。傅斯年深知聘请知名教授是办好学校的保证，他在拒绝录用伪教人员的声明中曾强调说："其实在校学生当以求学问为第一，教授的好坏与学生有直接关系，据我所知伪北大文理法三院教授的标准，就学问说，也不及现在北大教授的十分之一，很快的北大明夏就要迁返北平了，以北大资格之老，加上胡适校长的名望，一定能够聘到许多第一流的教授。"① 实际上，傅斯年虽然在资格、名望上不如胡适，但在聘请教授方面却很有办法，他在此期间聘请了一批知名教授，充实了北大的师资。据不完全统计，复员后的北大有教授 158 人，副教授 45 人，占教师总数的 35%，可以说名流云集，为一时之冠。

关于校址和校产，傅斯年到北平后先后致信教育部、北平行营主任李宗仁、北平主要驻军第十一战区司令长官孙连仲、北平市政府市长熊斌，要求在学校使用土地、房舍、资金、校产等方面给予帮助和支持。在接收原北大资产的基础上，又征得改建后的相公府、东厂胡同黎元洪旧居和旧国会大厦为北大校产。之所以如此，傅斯年主要考虑：北大接收伪北大学生，原来校舍难以容纳；除此想法外，也有为胡适返校奠定基础的意思。

---

① 傅乐成：《傅孟真先生的民族思想》，《傅孟真传记资料》（一），（台）天一出版社 1979 年版，第 171 页。

傅斯年对陈雪屏谈了自己的想法，他说："关于行政上的业务，我们应该先替胡先生办好，将来不劳他操心，即以校产为例，他断不愿与别人抢东西的。"① 经过傅斯年的积极活动，北大复原后所有师生得以妥善安置。

傅斯年担任北京大学代理校长后很好地完成了北京大学迁回北平的复校任务，同时他也对北京大学院系和学生进了初步的分配和调整，具体的调整是：

文学院。包括原有的中国语文系、史学系、哲学系、西方语文系、教育系和复校后新设的东方语文系，共六个系，院长汤用彤，校址在沙滩区校本部。

法学系。包括政治系、法律学系、经济学系，共三个系，院长周炳林，院址在沙滩区校本部。

理学院。包括算学系（后改称数学系）、物理学系、化学系、地质学系、动物学系和植物学系，共六个系，院长饶毓泰，院址在沙滩区校本部。

医学院。包括医学系、牙学系、药学系，共三个系，院长马文昭，院址在西四附近的西什库后库。

工学院。有机械工程系、电机工程学系。1947年又增设建筑工程学系、化学工程系、土木工程系三个系，院长马大猷，院址在城西北端王府。

农学院。包括农艺学系、园艺学系、农业化学系、昆虫系、植物病理学系、牧畜学系、兽医学系、森林学系、土壤肥料学系和农业经济系，共十个系，院长俞大绂，院址在阜成门外罗道庄。

以前北京大学只有文、理、法三个学院，伪北大学生并入后，又增设了医、工、农三个学院，这样北京大学就扩大到六个学院，三十三个系，两个专修科，成为一所门类齐全的综合性大学。在这个时期，傅斯年以其超群的组织能力，使北京大学迅速走上正轨，为胡适担任北大校长扫清了障碍。

1946年9月，傅斯年卸去北大代理校长职务，胡适正式就任北京大学校长。9月20日，北京大学教职员为傅斯年举行卸任代理校长的茶话

---

① 陈雪屏：《北大与台大的两段往事》，《傅孟真传记资料》（一），（台）天一出版社1979年版，第149页。

会，胡适亲自主持。胡适对傅斯年一年来为北大复员所作的各方面努力给予了高度评价和赞扬，许多教授相继致词，对傅斯年在抗战最艰苦时期力谋恢复和主持北大文科研究所，复原时多方设法聘请一批知名教授，争取到大批校产和数倍于前的校舍，进行了赞扬和感谢。傅斯年在答词中谦虚地说，过去为北大办理成功之事，百分之七十为机会，百分之三十为努力；所谓百分之三十为努力，亦为教授不辞万里归来之结果。[1] 不论怎么说，傅斯年对北大是有贡献的，并且这种贡献得到了北大教职员工的认可。

五 教育思想探析

傅斯年任北大代理校长的时候，就"很想写七八篇论大学的文字"，只是因为工作繁忙而未果。出任台湾大学校长后，即想写一部书述说他的大学理想，但天不假年，他没有机会将自己关于教育的理论观点留给后人。但是从他在台湾大学发表的论文、演讲和报告中，我们仍能看出，在此期间，傅斯年对高等教育发展和改革提出了许多真知灼见。关于教育之理念，最完整的表达是他在1950年12月18日完稿的《中国学校制度之批评》这篇长文中，距他在12月20日以脑溢血逝世仅两日。全文纵论中国各级学校教育改革之构想，其中涉及大学教育的文字甚多。

傅斯年长期从事大学教育，他从早年就坚持一个教育理念：大学教育是学术教育，大学教师教学应与研究并重。他说，对于一所大学，其首要任务是教育学生；办好一个大学，"无疑的应该把教育的任务看作第一义"。对于那些既不教又不授，只埋头自己搞研究的教员，傅斯年给予了尖锐的批评，认为他们是极端的功利主义者。因为教员晋职，只看发表论文的多少，教员的名望，只靠他在学术上的地位，这些与教学的好坏无关。因此，在他们心中，研究是第一位的，教学是第二位。对此，他大声疾呼，高等学校应保持教学相长的传统，第一流的学者也应该是第一流的教书者。这并不意味着他轻视大学的学术研究。傅斯年十分重视大学的学术研究，认为大学是一个学术单位，应当以"学术为本位"，对学生进行学术训练，培养学生研究的能力。学生不能只成为知识的被动输入者，更

---

[1] 《傅斯年全集》第七册，（台）联经出版事业公司1980年版，第318页。

应该在消化的基础上加以创新，要有产出。

怎样实现教育与研究并重的目标呢？傅斯年认为首要的任务就是对目前的大学教学体制进行改革，实行选课制度。傅斯年理想中的大学教育体制是德国式的讲座制度。其优点在于能充分发挥"教与学自由"，老师讲什么选题，学生选什么讲座，完全根据自己的专长和兴趣，有自己的自由和较大独立性。傅斯年认为这是一种高能的教育制度。美国的高等学校中实行以系为基本教学单位的学分制度，傅斯年称之为低能的教育制度。从理论上来说，中国也应该实行讲座制度，但这需要众多较高水平的教授，也必须有受过良好中学教育的学生。当时的中国暂时还不具备这种能力，不能一下子实行这种制度。美国的教育制度虽然不是很理想，但适合中国国情。他认为这两种制度可以并行不悖。在学分制的基础上发扬讲座的精神，实行选课制度。

选课制度是这样的。在大学一、二年级开设必修课程，请学校中最有经验的教授，用深入浅出的方法讲授，为学生打下坚实的基础。三、四年级则充分采用选课制度，所有课程，由学生根据个人兴趣自由选择，经系主任同意后，也可到别的系选课。必修课与选修课相结合，充分贯彻教与学自由的原则。

选课制度能否实行下去呢？关键在于教授水平如何，在于集中人才，要有一支学有专长、尽心尽职的师资力量。能否聘到优秀的教授，能否集中优秀人才，是能否办好一个大学的关键所在。"一分人才一分成绩，半分人才半分成绩，毫不含糊。校长坏了，固然可以把学校弄得很糟，校长不坏，也没法子把学校弄得格外的好。学校的好不好，糟不糟，只是一句话，人才集中不集中。"[①]

傅斯年担任台湾大学校长后不遗余力的广聘人才。同时制定了"教员聘任及升级标准"六条，强调"学术上之成就或贡献以见于著作及发明者为限"，"任教之经历以年资及教学成绩为准"。又据此基本标准制定了详细的实施细则。他特别强调，聘请教师，集中人才，绝不以人的声望、功名、资历为标准。他说：

> 有所谓"名教授"、"老教授"者，这应该分别说。"名"而有

---

① 欧阳哲生主编：《傅斯年全集》第五卷，湖南教育出版社 2003 年版，第 104 页。

实,自然很好;如果"名"只是报纸上多见,各种职员录上多见,还是不名的好。"老"而造就出好些好学生,自然好,若果老字的解释只是教育部或教育厅的二十年或二十五年之说法,或者三年一迁地方,则不老也好。我心中预备着集中的人才,在学问上已经有建树的,固然很要紧,而学问上已经有萌芽,前途大有希望的,年轻力壮,尤其要多多注意。[1]

对学生的管理,傅斯年倡导平淡无奇的教育。傅斯年任台湾大学校长后,曾发表过一篇名为《几个教育的理想》的文章,提出自己教育政策的三个原则,第一是解决学生的生活问题。即解决学生吃饭、住宿、穿衣、读书、看病五个问题。第二是加强课业,"认真的教,认真的考",使学习不努力的学生不能及格。第三是提倡各种课外活动,包括体育运动、娱乐活动、美术欣赏等,使学生有"健康的体格,健全的精神"。他认为办学有它的常规,不能讲求"名"、"功",不能贪图"热闹"。他将这样的教育原则称为"平淡无奇的教育",又用一句笑话加以概括,就是让学生"有房子住,有书念,有好玩的东西玩"。

傅斯年在乱哄哄的孤岛上受命主持台湾大学时,他心中的模本就是三十年前的北大,教授享有学术自由、教学自由,这是不言而喻的,作为校长,他就是要保障教授的这些自由。近代意义上的大学在傅斯年心中是很清晰的,他说:"大学是个教授集团,不是一个衙门,照大学法,校长虽然权力甚大,然我为学校之前途计,决不能有极权主义的作风。"[2]

就中国现代教育家而论,傅斯年的教育思想在许多领域没有开风气之先,却有继承、发扬光大之功,他所强调的办教育的原则和理想也符合时代和教育的一般规律,可以说他的教育思想自成体系,许多思想适合于时代,具体来说,以下几个方面的思想观念确立了他在中国现代教育史上的地位。

其一,教育兴国思想。每一个时代的知识分子都有自己的使命,而对于这种使命的态度和担负的责任是评价具体人物的基本标准。中国近现代是民族危机严重的时代,因此救国是中国人民最迫切最艰巨的使命,知识

---

[1] 欧阳哲生主编:《傅斯年全集》第五卷,湖南教育出版社2003年版,第104—105页。
[2] 同上书,第79—80页。

分子在这种神圣使命中充当什么角色,担当什么责任是每个知识分子所必须认真考虑的。具体到怎样救国,依靠什么救国则是一些有识之士积极思考和认真探索的。傅斯年是20世纪三四十年代教育救国论的中坚分子,他认识到救国首先要改造国民性,提高民众的基本素质和爱国热情,要达到这个目的,只有教育最为有效。他从青年时代决心献身教育事业,一生无悔无怨,实践他教育救国的理想,正因为如此,他作为教育家来说,没有注重探讨教育的具体理论和方法,而一直追求教育的社会效果和目的,时刻注意的是为社会培养和输送有用的人才。他心目中的有用是指有爱国思想和有科学技术知识两个方面内容。首先是具有爱国的思想。他在抗战期间曾检讨教育说:"新教育之表现其力量,这里所谓新教育,专自清季以来之新制而言,尤其着重在五四以来之开明运动,近几年中之民族主义教育。在今天,回想我们在小学时代——清光绪末年——真正是两个世界了。现在的青年,以考上空军学校、炮兵学校为荣,尤其是在好家庭中之青年,有此志愿,至于一般'老百姓',爱国心之发动,更可以看出时代的转变。诚然,受新教育者尚有不少的人去做汉奸,可见在教育上还要努力。但是,以百分比例算去,可见目下的局面出在二十年前,或十年前,汉奸要多好些倍。"[①] 傅斯年所注意的是新教育对提高民众素质、抗战救国起了作用,产生了良好的效果,他对此深感欣慰。可以说,傅斯年从事教育主要目的是爱国、救国、动员全国人民努力奋斗,摆脱帝国主义的侵略和奴役,走向独立和富强,他一生为此进行了长期奋斗,作出了重要贡献。

其二,教育独立观念。在中国现代化过程中,由于西方教育理论不断输入,各种教育学说在中国流行,同时由于中国知识界、教育界的觉醒,对各种教育理论、学说进行研究、融合,形成了许多派别,组合为各式各样的理论体系,又融汇成许多思潮。其中包括教育独立思潮、平民教育思潮、乡村教育思潮等,在这些教育思潮中,以教育独立思潮,平民教育思潮影响最大。傅斯年是教育独立思潮的代表人物之一,他与蔡元培、胡适等人为教育独立进行了长期奋斗。从某种意义上说,20世纪30年代以后傅斯年成为教育独立思潮的主将,他一生为教育独立而积极努力。在三四十年代他就强调,教育不独立是办不好的,反对各级政府干涉教育。他晚

---

① 《傅斯年全集》第五册,(台)联经出版事业公司1980年版,第226页。

年任台湾大学校长，此点表现得更为突出。他极力坚持教育独立，反对政治干预。他任台湾大学校长期间，正是国民党政权撤退到台湾初期，这个时期局势混乱，政治斗争激烈，国民党政权为了稳固一隅统治，实行白色恐怖，乱捕乱杀，对台湾大学师生也是如此。傅斯年对此不满，亲自出面和国民党政府交涉，不准军警随便到台湾大学逮捕师生，即使有确凿的证据，逮捕人也必须经校长批准，并且定为一项制度，形成这样一个传统，至今仍继续保留。傅斯年坚持教育独立，目的就是反对政治势力和专制统治者控制教育，把学生培养成自己的工具。傅斯年作为大学校长更坚持自己的独立地位，不似政府官员那样有严格的等级思想，有一件事很能说明他的思想和态度。据记载，1949年，盟军统帅麦克阿瑟访问台湾，当时国民党政府刚退守台湾，迫切需要美国军队的保护。因此视麦克阿瑟为太上皇，蒋介石亲率五院院长、三军总司令等政要到机场迎接，并通知希望傅斯年到场。傅斯年虽然去了机场，但表现了与众不同的风格，第二天报纸登载的照片：当天在贵宾室就坐的仅三人，蒋介石、麦克阿瑟和傅斯年，其他五院院长及政要垂手恭候，三军总司令则立正站立，傅斯年坐在沙发上，口叼烟斗，翘着右腿，潇洒自若。当日报纸的新闻特写说："在机场贵宾室，敢与总统及麦帅平坐者，唯傅斯年一人。"当时有人引《后汉书》范滂评述郭林宗的语言称赞傅斯年，"隐不违亲，贞不绝俗，天子不得臣，诸侯不得友，吾不知其他"[①]。傅斯年教育独立的观念实际上是在某种程度上，包含了中国传统中最有价值的"道德"观念和西方的自由平等观念。

其三，教育机会平等的观念。一般说来，虽然教育本身没有阶级性，并且历代教育家都曾提倡有教无类、教育平等的思想观念。但是实际上教育是阶级统治的工具，在阶级社会，教育始终是为统治阶级服务的。教育平等很难切实实施。傅斯年作为具有自由主义倾向的教育家，虽然他不可能向教育民众化方面走得太远，但他却是一生都在努力实施教育机会均等的理想。从早年他就一再强调贫富人家子弟受教育的机会应是均等的。虽然他自己也认为这在当时是不可能的，但是作为他的理想和追求，他一生都在为实现他的理想积极努力。他在任职中山大学、兼职北大、参与教育讨论时不止一次地提出以多设奖学金的方式，帮助出身贫苦的优秀子弟，

---

① 周天健：《傅孟真先生逝世四十周年志感》，（台）《联合报》1990年2月20日。

使其不失去求学的机会。他在出任台湾大学校长后，更是在力所能及范围内实现自己的理想，他在台湾大学设立了多种奖学金、奖助金，如工读奖助金、成绩奖、台籍贫寒学生救济金等，除此以外，他还多方设法，争取给贫苦学生学习以方便。更为难得的是，他把这一切作为办学的一项目标努力促其实现，他去世前列席台湾省参议会，回答参议员对台湾大学校务的质询，在谈到扩大招生和保留奖学金制度时，他坚决地说："奖学金制度不应废止，对于那些质资好肯用功的，仅只为了没钱而不能升学的青年，我是万分同情的，我不能让他们被摈弃于校门之外"，并强调说："我们办学，应该先替学生解决其所有之困难，使他们有安心求学的环境，然后才能要求他们用心勤学。如果我们不先替他们解决，不让他们有求学的安定环境，而只求他们努力读书，那是不近人情。"① 他说这话当时是有所指的，心情激动，几秒钟后便猝然去世，这几句话便成了他最后的遗言。

受时代和社会的限制，傅斯年的教育思想难免具有某些局限性，如他的教育思想缺少人民性和革命性，虽然主张教育机会均等，但远不像黄炎培、陶行知等教育家那样为民众教育而毕生奋斗，努力使教育向全社会开放。但从整体上说，他具有丰富的教育实践经验和自成体系的思想理论，许多思想观点在当时和后世都有一定影响，正如熟知他的人所评论："我们不能忽略他在几十年以前所注意的许多教育问题，而这些也就是今日正积极谋求解决的问题。同时他在几十年所持的教育制度的改进意见，今日也朝着这个方向进行。因此，我们不能低估他的教育思想的正确度。"② 的确，傅斯年坚持的一些教育主张和理想后来得到了教育界的重视，对教育领域的改革也有借鉴意义，由此奠定了傅斯年在中国现代教育史上的历史地位。

---

① 《傅斯年最后遗言》，（台）《台北公论报》1950 年 12 月 21 日。
② 那廉君：《傅斯年先生的教育思想》，（台）《"中央"日报副刊》1979 年 3 月 26 日。

第 十 章

人际关系与感情世界

傅斯年一生出入社会学术各界，交往广泛，关系复杂，在与各方面人士的交往中凸显了他的人品、性情和思想倾向，也表现了知识分子本色，在处理人际关系方面的特点是有担当，负责任，对父辈师长的敬爱和尊从，对平辈亲友的真诚和友善，对学生晚辈的负责和关爱，可以从另一个视角认识傅斯年的性情和思想。

一　清正家风

据说胡适去世时，蒋介石送一副挽联评论胡适是"新文化中旧道德的楷模，旧伦理中新思想的师表"[1]。这副挽联如果当作对傅斯年一生个人生活的评价，也是很合适的。在傅斯年家庭生活中，既存在新式家庭中平等互助、友好和睦的风气，又存在传统家庭的孝顺恭悌的伦理意识。

傅斯年出身于封建大家庭，自幼受到严格的家庭伦理教育，这种伦理思想对他有深刻的影响。其中对他影响最大的是他的祖父傅淦和母亲，成年后他在教育其弟傅斯岩时曾说："祖父生前所教我们兄弟的，尽是忠孝节义，从未灌输丝毫不洁不正的思想。"[2]再者是他母亲的影响，傅斯年幼年丧父，母子相依为命，他母亲为抚养他兄弟二人备尝艰辛，困苦的生活养成了他母亲坚毅、勤劳和同情贫苦人家的品格，直到晚年随傅斯年生活，仍每日做饭洗衣，照看孙辈，并以此为乐，对贫穷的亲友总是极力相助。对子孙则谆谆劝勉，要发愤努力，自立自强，并且管教也极严，母亲

---

[1] 白吉庵：《胡适传》，红旗出版社2009年版，第365页。
[2] 《傅孟真传记资料》（一），（台）天一出版社1979年版，第62页。

的这种思想与作风对傅斯年影响也很深,傅斯年对母亲既尊敬,又孝顺,深刻体现了旧家庭中的伦理关系。

傅斯年在北京定居后,于1934年把母亲接到北平进行奉养,此后就一直让母亲随自己生活。平时对母亲十分孝顺,遇事从不违背母亲的意志,偶尔母亲发脾气,傅斯年虽已成名,仍立即长跪不起,听任母亲斥责,直到母亲发完脾气,让他起来才站起来,或是对母亲解释,或是用好言安慰。可以略举生活中一件小事,李太夫人患高血压病,忌吃肥肉,俞大䌽为照顾婆母身体,不敢给婆母吃肥肉,而李太夫人却偏喜欢吃肥肉,常因此发脾气。俞大䌽曾回忆说:

> 太夫人体胖,因患高血压症,不宜吃肥肉。记得有几次,因我不敢进肥肉触怒阿姑。太夫人发怒时,孟真辄长跪不起。他窃语我云:"以后你给母亲吃少许肥肉好了。你要知道,对患高血压症的人,控制情绪,比忌饮食更重要。母亲年纪大了,别无嗜好,只爱吃肉,让她吃少许,不比惹她生气好么?我不是责备你,但念及母亲,茹苦含辛,抚育我兄弟二人,我只是想让老人家高兴,尽孝道而已。"①

傅斯年平时十分关心母亲的安危,1936年,北平局势紧张,傅斯年携带全家定居南京,抗日战争全面爆发后不久,日寇进攻南京,傅斯年由于领导搬迁中央研究院,无暇顾及家庭,特委托一位下属和两个侄儿负责保护母亲转移,傅斯年转移到长沙后不久,侄儿与下属也到了长沙,傅斯年看到家人顺利脱险,很是高兴,当侄儿叙说祖母没有逃出来时,傅斯年勃然大怒,当场打了侄儿两个耳光。又千方百计把母亲接了出来。后来再次由长沙迁到重庆,把母亲安置在歌乐山下安全的地方,与弟弟一起生活,生活费用由傅斯年全部负担,虽然由于抗战,人们生活困难,但傅斯年"仍勉力供给她老人家肉食无缺"。

1941年,傅斯年因高血压病重住院,其母亲突然患病,送入医院治疗,终因年事已高,医疗无效去世,享年75岁,傅斯年因自己重病对母

---

① 俞大䌽:《忆孟真》,载《傅斯年全集》第七册,(台)联经出版事业公司1980年版,第234页。

亲防护不周而十分悲痛。在致友人的信中遗憾地说："家母在去年十月二十一日在重庆中央医院去世矣！七十五岁，不为不寿，但照他的身体，应当活到八十五乃至九十以上。……此则悔之无及矣。"① 傅斯年对母亲一生的尽心奉养体现了中国传统的伦理道德。

傅斯年在个人家庭生活方面前后有一个很大的变化，傅斯年青年时代对中国封建传统家庭中那种虚伪和陈腐的观念意识是十分痛恨的，他曾称中国的旧式家庭是"万恶之源"，其中论述说：

> 可恨中国的家庭，空气恶浊到了一百零一度。从他孩子生下来那一天，就教训他怎样应对，怎样舍己从人，怎样做你爷娘的儿子。决不肯教他做自己的自己。……中国人对于家庭负累的重大，更可以使得他所有事业，完全乌有，并且一层一层的向不道德地中心去。②

婚姻是家庭的基础，傅斯年在批评旧式家庭的同时，对传统的婚姻形式也是深恶痛绝的。这方面的原因之一恐怕是他本人也是旧式婚姻的受害者。傅斯年父亲早逝，他又是长子，所以在他十六岁还在天津读中学时，由祖父和母亲做主，就给他成了亲，其夫人丁馥萃女士是聊城县绅士丁理臣之女。丁夫人虽略通文墨，但由于长期在乡下生活，处世态度和生活方式与傅斯年差异颇大。傅斯年对这桩婚事虽不满意，但难以摆脱家庭伦理观念的制约，只好听之任之。随着年龄的增长，尤其是系统接受新式教育以后，他对自己的婚姻越来越不满意。他在抨击旧式家庭时，对旧时代的"父母之命，媒妁之言"的传统婚姻形式表示了深深的不满，他说：

> 胡适之先生曾有一句很妙的形容语，说"我不是我，我是我爹的儿子"。我前年也对一位朋友说过一句发笑的话："中国做父母的给儿子娶亲，并不是为子娶妇，是为自己娶儿媳妇儿。"这虽然近于滑稽，却是中国家庭实在情形。咳！这样的奴隶生活，还有什么埋没不了的。③

---

① 王汎森、潘光哲、吴政上主编：《傅斯年遗札》第三卷，（台）中研院历史语言研究所2011年版，第1204—1205页。
② 欧阳哲生主编：《傅斯年全集》第一卷，湖南教育出版社2003年版，第105页。
③ 《傅斯年全集》第五册，（台）联经出版事业公司1980年版。

此话虽近似于发牢骚，但反映了傅斯年既对自己的婚姻不满又无可奈何的情绪。他与丁氏二人长期分居，没有共同的志趣，感情不和。傅斯年长期为此苦恼，想摆脱又无法摆脱，他自我解脱的方法只好是献身于学业。他曾说：

> 我们现在已经掉在网里了，没法办了。想个不得已的办法，只有力减家庭的负累，尽力发挥个性。不管父母、兄弟、妻子的责难，总是得一意孤行，服从良心上的支配；其余都不可顾虑，并且可以牺牲的。①

这是傅斯年对社会家庭的认识，也是他个人内心世界的表白。相当长的时间内他就是如此做的，他大学毕业，出国留学，回国后长期过独身生活。但傅斯年毕竟受新文化影响较深，敢于对旧传统做出反抗，终于在1934年夏天与丁夫人协议离婚，并对丁夫人进行了妥善安置，同年八月与俞大綵女士在北京结婚。

俞大綵女士出身于书香世家，父祖皆知名于世，尤以其伯父俞明振在清末名重一时，俞明震进士出身，曾是翰林院名翰林，兄弟几人都是社会名流，俞大綵母亲曾广珊，是曾国藩的嫡亲孙女。俞大綵自幼受到正规而良好的家庭教育，也接受了正式的新式教育，毕业于上海沪江大学，擅长英语，又有较好的文学功底，小品文写得很漂亮。俞大綵兄妹七人，俞大綵排行老六。俞大綵长兄俞大维，聪明好学，曾留学德国、美国，在德国时与傅斯年结识，共同的志趣爱好使两人成为互相佩服的同学好友。由于俞大维的介绍，俞大綵与傅斯年认识，并结成了夫妇。

傅斯年与俞大綵结婚后，两人虽生活习惯稍有不同，但他们相互尊重，关系颇为融洽。罗家伦曾回忆说："这几年可以为他（指傅斯年）高兴的就是他能和俞家八小姐大綵女士结婚，使他得到许多精神的安慰和鼓励。"② 俞大綵结婚前家庭生活条件优越，个人兴趣广泛，在大学读书期

---

① 《傅斯年全集》第五册，（台）联经出版事业公司1980年版，第7页。
② 罗家伦：《元气淋漓的傅孟真》，《傅孟真传记资料》（一），（台）天一出版社1979年版，第95页。

间，骑马、溜冰、打网球、跳舞样样爱好，经常参加各种社交活动。结婚后各种社交活动自动放弃，全部承担了家务，让傅斯年有更多的时间和精力从事学术研究。俞大綵女士曾回忆她和傅斯年伉俪情深的情景说：

> 如果比学问，我真不敢在他的面前抬起头，所以我愿意牺牲自己一切的嗜好和享受，追随他，陪伴他，帮助他。结婚之后他没有阻止我任何社交活动，但我完全自动放弃了，十几年来我们的经济状况一直非常困苦，但我们仍然过得很美满，很快乐。

俞大綵长期从事英语教学，对外国文学颇有研究，傅斯年研究学问的兴趣广泛，对西方文学也多所涉猎，平时的空闲时间，两人常在一起讨论研究托尔斯泰、哈代和高斯华绥的作品，偶尔两人意见不同，也争得面红耳赤。节假日，则常常携手逛逛书店，购买一些图书互相传阅。

1935年9月15日，傅斯年与俞大綵的爱子傅仁轨出生。这个时期，日本侵略者加紧了侵略中国的步伐。民族危机日益严重，傅斯年为表达自己的抗日志向，在孩子还没出生时，就预先给孩子起了一个寓意深刻的名字，叫"傅仁轨"。他的妻子俞大綵和好友罗家伦都曾对此名进行过回忆和解释。俞大綵说："孩子出世前，孟真说，假如是男孩，要取名仁轨，傅家下一辈，应以'乐'字为排行；孟真之所以破例为儿子命名，乃仰慕唐代朝鲜对日本打歼灭战的大将刘仁轨。他内心蕴藏着多么强烈的国家民族意识。"[①] 罗家伦的回忆与此相似，他说：

> 说到聪明的孩子仁轨的命名，确有一件可纪念的事，有一天孟真对我说："我的太太快要生孩子了，若是生的是一个男孩，我要叫他做仁轨。"我一时脑筋转不过来，问他说："为什么？"他说："你枉费学历史，你忘记了中国第一个能在朝鲜对日本兵打歼灭战的，就是唐朝的刘仁轨吗？"从这种史迹上，预先为儿子命名，他内心所蕴藏的是多么强烈的国家民族意识！[②]

[①] 俞大綵：《忆孟真》，载《傅斯年全集》第七册，（台）联经出版事业公司1981年版，第233页。

[②] 罗家伦：《元气淋漓的傅孟真》，《傅孟真传记资料》（一），（台）天一出版社1979年版，第95页。

傅斯年不仅在孩子的命名上表现出强烈的民族意识和爱国热情,在其后对孩子的教育方面也显示出了强烈的民族感情和深厚的传统意识。1944年,在抗战最艰苦的年代,他为了自励和教育孩子,特地为不满10岁的孩子书写了南宋爱国将领文天祥的《正气歌》和《衣带赞》,并写跋语于后云:"为仁轨儿书文文山先生正气歌、衣带赞,并以先生他诗补余幅。其日习数行,期以成诵,今所不解,稍长必求其解。念兹在兹,做人之道,发轫于是,立基于是。若不能看破生死,则必为生死所困,所以异于禽兽者几希矣。"① 傅斯年在孩子幼小的时候就以历史上爱国家、重节操的人物为榜样,培养其民族气节和爱国热情。这实际上也正是傅斯年本人内心世界和思想意识的真实表露。1947年,傅斯年在孩子的纪念册上再次意味深长地题辞:

> 做人的道理,不止一条,然最要紧的一条是:不可把自己看重。凡事要考量别人的利害,千万不可自己贪便宜;做事要为人,不要为自己。自己为众人而生存,不是众人为自己而生存。小时养成节俭的习惯,大了为众人服务。②

这种处事为人的道理从根本上说是儒家传统伦理思想的基本内容,也是忠孝仁义的通俗解释和阐发,傅斯年对其爱子的教育是他本人思想内涵的反映。傅斯年对爱子的教育一个突出特点是培养他自立自强,贞洁自爱。在教育方式上则是爱而不溺,诲之不倦。既有传统的修身、爱国的内容,又有新式教育中自爱、独立的内容。傅斯年对其他亲属,尤其是晚辈的关心、教育也具有这些特点。其中最典型是对他侄儿傅乐成的关心和教育。

傅乐成是傅斯年弟弟傅斯岩的长子,自幼随傅斯年生活,青年时期学习的也是历史,可以说是傅斯年学业的衣钵传人。傅斯年在北京定居后,把傅乐成接到身边,供他上初中,平时督促他学习,亲自教他学英语,经常教育他要勤奋,努力上进,不要怕吃苦。傅乐成曾回忆一件小事,说一

---

① 《傅斯年全集》第七册,(台)联经出版事业公司1981年版,第305—306页。
② 同上书,第321页。

个早晨，北平下大雨，傅乐成祖母对他有些溺爱，让他不要再去上学，傅斯年知道后不同意，督促他去上学，严肃地说："就是下刀子，也要去上学。"目的是培养他吃苦耐劳的习惯。傅斯年平时言传身教，教育傅乐成尊老爱幼，待人要有礼貌。如果傅乐成对祖母、长辈出言不慎，没有礼貌，傅斯年必然进行严肃批评。如果傅乐成取得好的学习成绩，有所长进，傅斯年则训勉有嘉。对此傅乐成到成年后仍对傅斯年非常感激，平时对傅斯年也极为尊敬和崇拜。傅斯年去世后，傅乐成多次进行回忆，把傅斯年作为自己处世为人的楷模。直到傅斯年去世26年后，傅乐成在回忆时还深情地说："我曾崇拜过许多古人和今人，但总觉得古人去我已远，今人亦多似雾里看花。只有孟真先生对我最亲切，最使我不能忘怀；也最值得我崇拜。余生无多，我必以他为典型，勉力做一个堂堂正正的人。"①傅乐成感念傅斯年对自己的教诲和提掖，为了表示自己的怀念之情，曾决心写一部傅斯年的传记，并为此四处奔走，多方面地收集资料，但由于英年早逝，传记没有写出，只编写了一个傅斯年年谱行世。

傅斯年对其他侄儿也同样很关心，经常以各种方式进行教育，傅乐成的弟弟傅乐德1943年参军，随军远征印度抗日。傅斯年特去信加以勉励。信中说：

> 你这次从军，实在是好事。此时青年人总当以爱国为第一，立起志气来，做于国家有益的事。我们这一辈的，太多自暴自弃，或者懒惰无能，把这样的局面交给你们一辈的手中，实在惭愧！只盼中国在你们这一代的手中，成一个近代化的安乐国家！②

傅斯年在写给侄儿这封信的第二年便给儿子傅仁轨写了文天祥的《正气歌》《衣带赞》，两者联系在一起，既可以看出傅斯年本人当时的思想，也可看出他对子侄的期望。傅斯年在与妻子和晚辈亲属的相处中，表现了平等、民主的作风，反映了新式家庭中的生活形式。

从傅斯年的家庭生活与家风中，明显表现出两个特点：一是新旧并

---

① 傅乐成：《时代的追忆论文集》，（台）时报文化出版事业有限公司1984年版，第205页。
② 王汎森、潘光哲、吴政上主编：《傅斯年遗札》第三卷，（台）中研院历史语言研究所2011年版，第203页。

存，既有中国传统的尊老爱幼，长幼有序的伦理道德观念；又深受西方现代文明的影响，重个性，讲民主，求平等，尤其是对后代和夫妻之间更是如此。其表现为重视家庭教育而无清规戒律，讲伦理而不拘泥陈腐。二是清正纯洁，傅斯年在家庭生活中所有上承下教的内容都突出表现了这一特点，他从祖父和母亲那里继承的是清正有为，自重自强的教育。他对后代的教育更是具有浓重的清洁自守，自强不息的特点，既没有媚人求容，自私自利的世俗意识；也没有明哲保身，得过且过的思想观念。傅斯年的清正家风是传统文化中的优秀部分，也是他本人一生有为有守的个性表现。

二　尊师重道

傅乐成曾评论傅斯年说："孟真先生最重礼节，这也许是世人所不甚清楚的。但他的礼节，只行之于他所尊重的人，对于他所瞧不起的人，他往往出之于极端傲慢的态度和尖刻的言语。他对于蔡孑民、胡适之、陈寅恪诸先生的恭敬，毕生如一。"① 傅斯年对蔡元培、胡适、陈独秀等师长的尊敬和侍奉出于他尊师重道的学人品格。

（一）蔡元培：终生师长

傅斯年去世后，国民党元老吴稚晖的挽联中说："是真正校长，主持大学，孑民外一人。"傅斯年的一位学生曾评论说：傅先生（斯年）一生师长中最敬仰蔡孑民（元培）先生，蔡先生一生学生中最赏识傅先生，师生都是领导学术界最伟大的学者，傅先生真是"孑民外一人"！再没有第二人可以比拟的了！② 的确，傅斯年一生最尊敬的师长应首推蔡元培。他曾自称"受师训备僚属有二十五年之长久"为人处事颇受蔡元培的影响。事实上，两人确有非同一般的深情厚谊。傅斯年与蔡元培的交往可分为两个时期，即前期（1917—1928）的师生情谊和后期（1929—1940）的僚属关系。

傅斯年1916年由北京大学预科升入文科国学门，蔡元培于1917年1

---

① 傅乐成：《时代的追忆论文集》，（台）时报文化出版事业公司1984年版，第200页。

② 王叔岷：《慕庐忆往》，（台）华正书局有限公司1993年版，第83页。

月就任北京大学校长。虽然两人份属师生，地位悬殊，但两人不久便有了文字方面的交往。蔡元培就任校长后，坚持思想自由、兼容并包的办学方针，同时对学科体制进行改革，将原来文、理、法、商、工五科合并为文、理、法三科，增加每科的专业设置，文科除原有的中国哲学门、中国文学门等专业外，先后增设中国史学门、法国文学门等。傅斯年在北大读书期间就以好学深思、知识渊博知名，他对当时将哲学隶属于文科有不同见解，直接上书蔡元培校长《论哲学门隶属文科之流弊》，在信中论证哲学应属理科，其中强调："总而言之，为使大众对于哲学有一正确之观念，不得不入之理科，为谋与理科诸教授上之联络，不得不入之理科，为预科课程计，不得不入之理科。"蔡元培在傅斯年信后写了一段案语，肯定了傅斯年的意见，但又说明哲学门入理科亦不合适，最后得出的结论是："哲学隶属文科、理科皆不合适……皆不如破除文、理两科之界限，而合组为大学本科之为适当也。"[①] 在以后不久实施的北京大学教育体制改革实践中废止了文理科的科别，将文、理、法三科所属14门专业，一律改称为系，哲学与历史学等各自独立成为专业门类。傅斯年致蔡元培的信与蔡元培的案语刊发在1918年10月8日出版的《北京大学日刊》上，这是傅斯年与蔡元培文字交往的最早记录。在稍后发源于北京大学的新文化运动和五四运动中，傅斯年作为学生领袖，在运动中起了带头和导向的作用，尤其是在与罗家伦等人组建新潮社和主编《新潮》杂志的时段，受到蔡元培的关心和支持，对傅斯年的才能和思想有了进一步了解，曾为傅斯年专门题写了条幅："山平水远苍茫外，地辟天开指顾中。"[②] 对傅斯年的教诲和期望尽在其中，1919年傅斯年考取公费出国留学，在欧洲留学期间一直与蔡元培保持联系，如1920年9月，傅斯年致信蔡元培。一方面汇报自己在伦敦大学的学习情况，一方面对北京大学改革表达了自己的意见与建议。他在信中说："斯年有一言想和先生说，北大此刻之讲学风气，从严格上说去，仍是议论的风气，而非讲学的风气。就是说，大学供给舆论者颇多，而供给学术者颇少。这并不是我不满之词，是望大学更进一步去。大学之精神虽振作，而科学之成就颇不厚。这样的精大发作之

[①] 王汎森、潘光哲、吴政上主编：《傅斯年遗札》第一卷，（台）中研院历史语言研究所2011年版，第1—4页。
[②] （台）中研院历史语言研究所编：《傅斯年文物资料选辑》，（台）文渊企业有限公司1995年版，第31页。

后，若没有一种学术上的供献接著，则其去文化增进上犹远。近代欧美之第一流大学，皆植根基于科学上，其专植根基于文艺哲学者乃是中世纪之学院。今北大之科学成绩何若？颇是可以注意的。跛行的发达，固不如一致的发达。愿先生此后于北大中科学之教授法与学者对于科学之兴趣上，加以注意。"① 蔡元培在傅斯年留学欧洲期间曾几次赴欧洲考察访问，傅斯年积极参与接待陪伴，师生感情进一步加深。

蔡元培和傅斯年都是科学教育救国的代表人士，共同的志向使两人的关系不断加深。1926年年底，傅斯年留学归国，到中山大学任教。1927年5月，蔡元培等人在国民党中央政治会议第90次会议上提议创设中央研究院获得通过，1928年4月，南京国民党政府公布修正中央研究院组织条例，改中华民国大学院研究院为国立中央研究院，直接隶属国民政府，并正式任命蔡元培为院长。蔡元培始终认为："教育文化为一国立国之根本，而科学研究尤为一切事业之基础。"② 他的后半生主要致力于国家教育和科学研究事业，创建和领导中央研究院成为其重要举措。中央研究院成立后，蔡元培奉行人才主义，不拘一格地延聘科学人才，傅斯年在中山大学创办语言历史研究所，提倡用科学的方法对历史、语言进行研究。中央研究院建立，傅斯年积极向蔡元培建议，设立历史语言研究所并获得其同意。1928年，蔡元培正式任命傅斯年为所长，从此傅斯年与蔡元培的关系开始了由受师训到备僚属的转变。

自1928年傅斯年任历史语言研究所所长始，便成为蔡元培直接的僚属，至蔡元培1940年3月去世约13年。傅斯年与蔡元培的关系可以概括为以下几点：

其一，傅斯年自认为在蔡元培领导下工作"是一种幸福，快愉与光荣"，因此在工作和学术研究中积极努力，任劳任怨，取得了惊人的成绩。傅斯年在史语所成立之初积极罗致具有真才实学的学者，使史语所很快发展成为中央研究院成绩最显著的研究所，傅斯年领导全所成员开展了几项影响时代的工作。购买明清大库档案，进行安阳考古挖掘，组织研究人员进行方言调查，这些工作得到蔡元培的大力支持，蔡元培对历史语言

---

① 王汎森、潘光哲、吴政上主编：《傅斯年遗札》第一卷，(台)中研院历史语言研究所2011年版，第20页。

② 蔡元培：《蔡元培全集》第五卷，中华书局1988年版，第196页。

研究所的学术研究所取得的成绩和傅斯年卓有成效的工作给予了充分的肯定。如1933年,蔡元培在给傅斯年的回信中对史语所取得的成绩评价说:"兄有一函详告史语所诸君工作之紧张,洵可感佩。'中国学'之中心点由巴黎而移至北平,想伯希和此时亦已不能不默认矣。……"①

其二,傅斯年对蔡元培尊敬爱戴,除尽力做好自己本职工作外,努力为蔡元培分忧,任劳任怨。最典型的例子是1936年,日寇侵华已是呈黑云压城、风雨欲来之势,中国人民尤其是知识界已开始积极备战,当时蔡元培在上海主持中央研究院院务,4月16日,中央研究院评议会第二次年会在上海举行,蔡元培在会上作了《中央研究院进行工作大纲》的报告,要求各研究所工作要为抗战服务,加强与原料和生产有关问题的课题研究,以适应抗战的需要。会议不久,蔡元培11月因劳累过度患了严重的伤寒病,而12月总干事朱家骅调任浙江省主席,由于公务繁忙,朱家骅要求辞去总干事,蔡元培虽未答应其辞职,但中央研究院因此无主事之人,处于群龙无首的状态,不是长久之计。蔡元培决定由傅斯年代理总干事,傅斯年虽然也在生病,但蔡元培命令及嘱托其处理研究院事务,他临危受命,毅然担任,直至1938年11月,两年多的时间,是中央研究院工作最繁重、运行最艰难的时期。因抗战全面爆发,中央研究院所属各所散处各地,需要向内地迁徙,交通困难,经费缺绌,人事复杂。傅斯年多方筹划,四处奔波,以致多次因忙累病,经过两年多的艰苦努力才将研究院及各所迁徙到安全地带,有效地开展其科学研究工作。

傅斯年对蔡元培的尊敬和爱护还主要表现在遵照"君子爱人以德"的古训,时刻为蔡元培的人格、志节着想。1930年,蔡元培因反对蒋介石等新军阀的专制,不愿与蒋介石集团合作共事。蒋氏集团则用削减中研院经费等卑劣方法逼蔡元培就范,总干事杨杏佛则劝说蔡元培屈从压力,保证中研院经费拨付,工作正常运转。傅斯年则考虑蔡元培的志节反对其向蒋氏集团妥协。傅斯年曾致函力劝蔡元培辞去国民党政府委员和监察院长,声言"此时先生进退之机实关先生一生大节""中央研究院值不得先生为之拔一毛",故对杨铨"因维持中央研究院而愿先生有所屈就"的态度感到不满。傅斯年在信中说:"先生有一生之大节,杏佛则舍研究院无

---

① 潘光哲:《蔡元培与史语所》,载《新学术之路》(上),(台)中研院历史语言研究所1998年版,第207页。

路可走。杏佛虽有奇才,然决不是为公设想者,请先生充分用其才而已,去就大节,不必与之商量(以后皆如此),盖彼未必置自己于事外而做决定也。"①

此事当然因蔡元培个人在国民党与国民政府内的政治关系而起,然而牵涉所及,唯傅斯年全盘考虑蔡元培个人的进退大节的坚毅态度,说明傅斯年是真心实意为蔡元培着想。

1933年,蔡元培主张历史语言研究所与社会科学研究所合并,因人事关系复杂,傅斯年曾致信蔡元培要求辞去史语所所长的职务去北京大学任教。蔡元培不同意其辞职,在日记和回信中对傅斯年的评价和表现的关爱之情可以看出二人不同寻常的关系。蔡元培在日记中记述,"自回沪后,连接孟真来函四通,其中主要之点:(一)述病状;(二)辞所长职,荐济之自代;(三)一年中勉守四个月假期之限;(四)整理旧稿或以其他方法抵还多支之薪水。此君砱砱然以必信必果自勉,诚可敬可爱;然此时提出此状,于院有妨;特致函劝止之。"②蔡元培随即在致傅斯年的信中,进一步叙述了自己的想法:"自南京回沪,始得读一月二十三日惠函,旋接二月五日两函,顷又接七日惠函,兄病中作如此繁复之函,对于兄思想之缜密,律己之谨严,除佩服以外,别无可说;惟病中常此多思,甚不相宜,请姑抛弃一切,专力摄养,相期远效,不务近功,至祷至企。……一、兄本月五日函中,有愿辞所长职,二荐济之自代之说,此说万万不可提出,提出则无异于拆研究院之台。……总之,弟所愿劝兄者,目前以健身惟第一义,万不可多虑,一切事都有水到渠成之机会,万祈勿急。"③

从蔡元培的日记和回信可以看出其对傅斯年的关爱之深,期望之殷,也折射出两人非同一般的关系。

1939年11月,蔡元培因病迁居香港,傅斯年时时挂念其安危,多次写信问候并曾建议治疗办法,其关切之情溢于言表。蔡元培去世后,傅斯年先后写两篇纪念蔡元培的文章,一篇是《我所景仰的蔡先生之风格》,一篇是《蔡先生人格之一面》,在悼念文章里对蔡元培给予了高度评价,

---

① 傅斯年档案,档号Ⅲ:760(本函系年于1930年3月到6月间)。
② 王世儒:《蔡元培日记》下,北京大学出版社2010年版,第371页。
③ 傅斯年档案,档案Ⅲ:737(本函系年于1934年2月13日)。

表达了崇敬爱戴之情，他在《我所景仰的蔡先生之风格》一文中总结说："蔡先生实在代表两种伟大的文化，一是中国传统圣贤之修养，一是法兰西革命中标揭自由、平等、博爱之理想。此两种伟大文化，具其一已难，兼具尤不可觏。先生殁后，此两种伟大文化在中国之寄象已亡矣！至于复古之论，欧化之谈，皆皮毛渣滓，不足论也。"①

傅斯年对蔡元培代表两种文化的评价，应该说是比较确切的，他本人从蔡元培那里继承，或者说受蔡元培教育和影响，在自己的社会生活中也努力实践这两种文化。在悼念蔡元培的另一篇文章中，傅斯年以六个字概括蔡元培一生："爱众人，信知识"，并对此进行了阐释："在泛爱众生这一义上，他老先生的确是墨翟、释迦摩尼以至于近代真正的法国自由主义者、俄国人道主义者之正宗。……蔡先生把知识看得充分认真。凡是一事，他所信得过的知识是如此，便是如此。不含糊，不顾忌，此中有大勇在。"② 傅斯年所总结的"爱众人，信知识"的主题仍是"博爱、民主、科学"。在某种意义上说，傅斯年一生所信奉的自由主义理念、学术自由、教育独立的思想与蔡元培有承续关系，是蔡元培忠实的学生和教育思想的继承人。

（二）陈独秀：道不同而情义在

抗日战争全面爆发后，傅斯年除主持历史语言研究所事务外，开始参政议政，奔波于南京、重庆、云南、李庄等地。除繁重的事务性工作以外，为保持学术研究不因战争而中断，为使学术界人士不因战乱而贫困无依，他曾多方努力，救危济困，使许多知名人士得以生存，继续从事有益的工作。傅斯年全力救援师友的行为，完全展现了其尊师重道的思想意识和扶弱济困的情怀。

1937年8月，正当傅斯年在南京主持中央研究院机构向内地迁移时，陈独秀被国民党政府从南京监狱中释放。傅斯年闻讯后，立即去监狱将其接回家中安置，表现了他尊师重义的风范。

1932年10月，陈独秀在上海法租界被国民党政府逮捕，随即被押送

---

① 欧阳哲生主编：《傅斯年全集》第五卷，湖南教育出版社2003年版，第491—492页。
② 傅斯年：《蔡元培人格之一面》，载《追忆蔡元培》（增订本），生活·读书·新知三联书店2009年版，第346—348页。

至南京接受审判,这是陈独秀一生第五次被捕,也是最后一次被捕。陈独秀被捕,在当时成为爆炸性新闻。学术界中一些知名人士纷纷设法进行营救,胡适获得消息后立即致电蔡元培,请其就近设法营救。蔡元培接到电报后,立即联系杨杏佛、柳亚子、林语堂、潘光旦等八人联合署名致电南京,要求南京政府矜怜耆旧,爱惜人才,赦免陈独秀。胡适在致电蔡元培营救的同时直接致电蒋介石,要求将陈独秀案件司法审判,以便拖延时日。傅斯年是陈独秀的学生,得到陈独秀被捕的消息后,决定利用舆论进行声援,撰写了《陈独秀案》发表于10月30日的《独立评论》。傅斯年在文章中代表当时学术舆论的主要倾向,要求国民党政府"处置此案应分别陈氏之功罪,给他一个合法公正的判决"。傅斯年在评论了陈独秀一生功过后,特别强调了陈独秀在新文化运动以及社会变革中的影响和作用,他说:"考虑陈独秀和中国改造运动的关系,与国民革命之关系,与中国二十年来革命历史的关系,我希望政府处置此事,能够(一)最合法,(二)最近情,(三)看得到中国二十年来革命历史的意义,(四)及国民党自身的革命立场。我希望政府将此事付法院,公开审判……在法庭中被判有罪时,不妨依据法律进行特赦运动。政府以其担负执法及维持社会秩序之责任,绝无随便放人之理,同时国民党绝无在今日一切反动势力大膨胀中杀这个中国革命史上光焰万丈的大慧星之理!"[①] 傅斯年等人的援救虽然保住了陈独秀的性命但没有免其牢狱之灾,最终被判处八年有期徒刑。

1937年8月,日寇开始轰炸南京,陈独秀所在的老虎桥监狱也被轰炸,友人为其奔走,欲将陈独秀保释出狱,后经积极努力,国民党政府同意将陈独秀八年刑期减为三年,此时刑期已满,立即释放。8月23日,傅斯年将陈独秀一家三口接到自己家中居住,师生再次聚会。傅斯年虽然公务繁忙,但总是尽量抽出时间陪陈独秀聊天,当时谈论最多的是抗日战争形势和国家前途。相对来说,陈独秀对国家的前途比傅斯年还要乐观。陈独秀曾回忆他和傅斯年、胡适的谈论情况:

> 去年九月,我在南京出狱未久,在中英协会和适之、孟真晤谈时,孟真向适之说:"我真佩服仲甫先生,我们比他年纪轻,还没他

[①] 欧阳哲生主编:《傅斯年全集》第四卷,湖南教育出版社2003年版,第50页。

精神旺，他现在还是乐观。"他这样说的缘故，是因为在那几天以前，我们谈论世界大势时，孟真很颓丧地说："我对于人类前途很悲观。十月革命本是人类命运一大转机，可是现在法西斯的黑暗势力将要布满全世界，而所谓红色势力变成比黑色势力还要黑，造谣中伤、倾陷、惨杀、阴贼险狠、专横武断，一切不择手段的阴谋暴行，都肆无忌惮的做了出来，我们人类恐怕到了最后的命运！"我说："不然，从历史上看来，人类究竟是有理性的高等动物，到了绝望时，每每自己会找到自救的道路，'山穷水复疑无路，柳暗花明又一村'，此时各色黑暗的现象，只是人类进化大流中一个短时间的逆流，光明就在我们的前面，丝毫用不着悲观。"[1]

傅斯年安排陈独秀在家里住了一段时间，由于其住处也是日军飞机轰炸的重点地区，再加上傅斯年安排中央研究院迁移等公务，不得已又将陈独秀转移到另一个住处。1937 年 9 月，陈独秀一家逃离南京经武汉，最后定居于四川江津，其间，傅斯年曾前去看望，并以北京大学同学会的名义给予陈独秀经济上的接济，成为陈独秀晚年的主要经济来源，陈独秀隐居江津，没有工作亦没有生活来源，陈独秀曾想继续从事早年的语言文字研究，在此期间完成了《小学识字教本》的撰写，写信给傅斯年，联系出版事宜。傅斯年虽帮助联系，终因陈独秀不能满足有关方面的要求而未能出版。1940 年，史语所迁居李庄，傅斯年想为陈独秀创造一个安定的生活与学术研究的环境，把陈独秀接到李庄从事语言学研究。邓广铭晚年曾记述此事：

> 大概是在 1942 年内，在劝请陈寅恪先生移居李庄的同时，也派了语言组的丁声树先生前往江津，企图把陈独秀也请到李庄，在那里安心地搞他的文字学。可能因陈独秀不甘心置身于寂寞之滨，重度一番学者生涯，以至邀请者虚此一行。此后也就无人再谈论此事了。[2]

陈独秀虽然没有接受傅斯年的聘请，到李庄从事语言文字的研究，但

---

[1] 郑学稼：《陈独秀传》，(台) 时报文化出版事业公司 1989 年版，第 1180 页。
[2] 邓广铭：《怀念我的恩师傅斯年先生》，(台)《台大历史学报》第 20 期，第 11 页。

是傅斯年始终关心陈独秀晚年的生活境遇，表现了他尊师重道的情怀。

（三）胡适：亦师亦友情谊深

傅斯年一生尊师重道、交谊广泛，但在师长中关系最为密切又能持之以恒者，则首推胡适。

胡适生于 1891 年，长傅斯年 5 岁，傅斯年考入北京大学的第二年，胡适由美国留学归国，就教于北京大学，讲授中国哲学史，而傅斯年学的是国文。按照常规，他们两人是没有机会接触的。但事情有许多巧合，和傅斯年住同一宿舍的顾颉刚，学的是哲学。胡适讲哲学史不循前人旧说，讲授内容、学术观点都另辟途径，颇多新意，顾颉刚感到非常新鲜，便鼓动国学功底深厚，学习成绩优秀的傅斯年去旁听胡适的课，想听一下傅斯年对胡适的评价。傅斯年听了胡适的几次课以后说："这个人书虽然读的不多，但他走的这条路是对的。"从此，傅斯年、顾颉刚等开始与胡适接触，并经常去胡适家请教问题，逐步发展为平等地讨论世事学问。时间不长，胡适家就成为傅斯年等人讨论争辩，肆言无忌的场所了。这个时期是胡适与傅斯年交往的开始，也是两人互相了解，互相砥砺的时期。此后，傅斯年尊胡适为师，一生执弟子礼甚恭，而交往中，两人又较多的处于平等地位。胡适对傅斯年的学问，尤其是国学的功底也很佩服。

1918 年，傅斯年、罗家伦、毛子水等人成立新潮社，并创办了《新潮》杂志，聘请胡适做顾问，傅斯年担任主编，在《新潮》杂志上发表了许多文章，其中有些文章是由胡适改定的。在胡适的帮助和提携下，傅斯年积极投身于新文化运动，成为新文化运动的一个主将。

傅斯年于 1919 年赴欧洲留学，在留学期间与胡适一直保持联系，经常书信往来，既探讨学问，也讨论时事并互抒思念之情。傅斯年到英国不久，就曾给胡适写了一封数千字的长信，除叙述自己在英国见闻及感受外，对胡适表示了极大的关怀和期望。信中说："我在北大期中，以受先生之影响最多，因此极感，所念甚多。愿先生终成老师，造一种学术上之大风气，不盼望先生现在就于中国偶像界中备一席。"[①] 1926 年，胡适去欧洲旅游，在法国做短暂停留，傅斯年专程从德国赴法国拜会胡适，相聚

[①] 王汎森、潘光哲、吴政上主编：《傅斯年遗札》第一卷，（台）中研院历史语言研究所 2011 年版，第 18 页。

数日，经常长谈至深夜。

1929年，傅斯年担任中央研究院历史语言研究所所长。史语所迁到北平，傅斯年除领导研究所的学术研究外，开始在北京大学兼课，与胡适由过去师生之谊发展成同事，两人过从甚密，由于傅斯年家属不在北平，经常去胡适家吃饭聊天，并且两人都积极参与校务，被北大校长蒋梦麟视为左右手。这样两人关系进入了一个新阶段。

正当傅斯年与胡适在北平潜心于学术研究的时候，"九·一八"事变爆发。日本侵占东北后，又进而觊觎华北，准备灭亡中国。日本的侵略野心遭到中国人民的坚决反对，也引起了中国许多有识之士的忧虑。傅、胡二人，在对日本侵略者应采取什么态度、用什么样的路径挽救民族危亡的问题上发生了分歧。傅斯年主张坚决抗日，反对妥协，用各种方式提高人民群众的抗日决心与信心，他在《独立评论》上连续发表文章，宣传这一主张；胡适则认为，中国力量太弱，应对日妥协，他支持国民党政府当时实行的妥协政策。傅斯年与胡适发生的这次矛盾，是他们两人一生中最严重的一次，也是他们两人民族思想和政治观点分歧的暴露。胡适在民族问题上的主导倾向是民族虚无主义，他对西方的文明一直是崇拜的，他曾宣扬说："我们深深感谢帝国主义者，把我们从这种黑暗的迷梦里惊醒起来。我们焚香顶礼，感谢基督教传教士带来了一点点西方新文明和新人道主义。"又说："不要尽说帝国主义害了我们。"[①] 他同意对日妥协，承认日本对中国的侵略是合法的，是向中国输入文明。而傅斯年则重视民族独立，他认为民族独立，是国家发展的前提。基于这种立场，他曾强调，如果听任日本人占领东三省，我们的国民经济将陷入困境，纵有消极自由之法律规定，又岂是自由的民族？如果连民族自由也没有，那"自由"就成了政治家们玩弄的一钱不值的概念了。傅斯年与胡适关于民族问题的不同认识和见解，导致了两人之间的正面冲突。但是，由于两人同大于异，所以不久关系又恢复正常了。

"八·一三"淞沪抗战爆发后，蒋介石欲借助胡适在美国文化学术界的影响，让胡适赴英美各国去游说，以争取国际舆论对中国抗战的支持。开始，胡适不答应，蒋介石派王世杰等人几次敦请胡适出国都没有成功，王世杰只得转请傅斯年做胡适的工作。傅斯年与胡适进行了一次深谈，晓

---

① 《中国现代思想家》第7辑，第276页。

以大义，责以重任，最后胡适才答应下来，于 1937 年 9 月出国赴美，他到美国后，尽心尽力，或公开讲演，或私下会谈，寻求美国各界对中国抗战的支持。傅斯年则经常写信，报告国内抗战情形，敦促胡适多做工作，争取美国对中国的援助和经济上对日本制裁，如傅斯年 1937 年 10 月 11 日给胡适写信报告了国内抗战情况后，敦促胡适说："此时国内渴望者是经济制裁。希望先生向他们说明，我们的抗战力虽不小，然外助愈早愈好，愈早愈容易也。……两星期中，国外一般空气之转移，其速度非大家所及料，尤其是美国。我们在此时有下列几个顾虑：一、怕的是过些日子又冷淡下去，所以希望先生多多加火……"① 1938 年 8 月，胡适正式被国民党政府任命为驻美大使，傅斯年与胡适的通信来往更加频繁，多是交谈抗战与私人关系方面的事，这期间两人关系又进一步密切。

抗战胜利后，国民党政府欲任命傅斯年为北京大学校长，傅斯年坚辞不就，而积极推荐胡适，国民党政府最后同意，在胡适没有归国前由傅斯年任代理校长。这期间，傅斯年大刀阔斧地对北大进行了整顿，扩大北京大学规模和校产，聘请知名教授，尤其是斥逐伪教人员一事，得罪了一批人，但他如此也为胡适任校长打下了基础。他认为胡适做这些工作不如自己，所以自己先为他"打平天下"，让他归校后更好地开展工作。

解放战争时期，胡适和傅斯年都因受"正统"思想的影响而始终以国民党政权为合法政权，最终他们跳上了国民党政权的漏船。但同时他们坚持自由主义理念，对国民党政权始终不即不离，保持一定距离。两人在这一阶段都出入于学术和政治之间，互相关心，其间，蒋介石曾有一段时间想拉胡适进入国民党政府，任国府委员兼考试院长，胡适也曾一度动摇，傅斯年则坚决反对，他电函交发，力阻胡适受任。傅斯年本着"君子爱人以德"的原则，多方面做工作，最后胡适听从了他的劝告，拒绝进入政府。保持了学者的较为超然的地位。

1948 年除夕，傅斯年与胡适在南京共度岁末，两人寓居一室，独烛双影，一面饮酒，一面谈论政治形势，既不满国民党政权的腐败，又为这个政权在大陆垮台而惋惜，还为自己的前途担忧。两人用低沉的语调共同吟起了陶渊明古诗十九首中的《种桑长江边》："种桑长江边，三年望当

---

① 王汎森、潘光哲、吴政上主编：《傅斯年遗札》第二卷，（台）中研院历史语言研究所 2011 年版，第 830—831 页。

采，枝条始欲茂，忽值山河改，柯叶自摧折，根株浮沧海，春蚕既无食，寒夜欲谁待，本不植高原，今日复何悔。"① 他们两人瞻前顾后，心潮澎湃，思绪万千，谈到伤感之处，潸然泪下。就这样在凄风苦雨中度过了在大陆的最后一个除夕夜。

1950年12月20日，傅斯年在台湾去世，胡适在美国闻讯后，十分悲痛，在傅斯年去世的第二天他就给傅夫人俞大䌽发了唁电，1月6日，又给俞大䌽写了一封长信，对傅斯年的去世表示哀悼和怀念，对傅斯年的一生给予了很高的评价，他在信中说：

> 孟真的天才，真是朋友之中最杰出的，他的记忆力最强，而不妨害他判断力之过人，他能做第一流的学术研究，同时又最能办事……我每想起国内领袖人才的缺乏，想起世界人才的缺乏，不能不想到孟真的胆大心细，能做领袖，又能细心周密的办事、真不可及。

胡适在这封信中也追叙了他们两人的关系和友谊，他深情地说：

> 孟真待我实在太好了！他的学业根基比我深厚，读的中国古书比我多得多，但他写信给我总自称"学生"，三十年如一日。我们见面时，也常"抬杠子"，也常辩论，但若有人攻击我，孟真一定挺身来替我辩护。②

他感叹傅斯年的去世，使自己失去了"最好的谏友和保护人"。为了表示对这位挚友和学生的永久纪念，第二天（1月7日），又致信傅斯年的同学、好友毛子水，让毛子水写纪念傅斯年的文字，并注意收集、整理和出版傅斯年的遗著，在信中强调"此种事不可迟缓，当及早收集，及早印行。否则，更难收集了"。毛子水等人遵照胡适嘱咐，很快收集了傅斯年的一些论著，汇集在一起。8月，胡适又给中央研究院院长朱家骅写信，仍很关心傅斯年遗著的事，信中说："孟真逝后，我总想写一篇纪念

---

① 参阅沈卫威《胡适传》，河南大学出版社1988年版。
② 胡松平编著：《胡适之先生年谱长编初稿》第六册，（台）联经出版事业公司1984年版，第2157页。

文字可至今没有写成，听说院中将孟真著作汇印出版。此书若已印成，千万嘱院中寄我一部。"① 傅斯年去世后，胡适虽远在美国，却时刻关心着傅斯年的后事，表现出他对傅斯年的怀念之情。

1952年11月19日，胡适应台湾大学、台湾师范学院的邀请，到台湾讲学，到达台湾的当天，便去看望俞大綵，并在俞大綵等人的陪同下，去傅斯年墓前凭吊，送上一束鲜花，肃立默哀。胡适忆起了两人的多年情谊，极为悲切，以致老泪纵横。12月10日，他亲自为《傅孟真先生遗著》作序，在序言中再次高度评价了傅斯年的才能品行，序言说：

> 孟真是人间一个最稀有的天才。他的记忆力最强，理解力也最强。他能做最细密的绣花针工夫，他又有最大胆的大刀阔斧本领。他是最能做学问的学人，同时他又是最能办事，最有组织才干的天生领袖人物。他的情感是最有热力，往往带有爆炸性的；同时他又是最温柔，最富于理智，最有条理的一个可爱可亲的人。这都是人世最难得合并在一个人身上的才性，而我们的孟真确能一身兼有这些最难兼有的品性与才能。孟真离开我们已两年了，但我们在这部遗集里还可以深深的感觉到他的才气纵横，感觉到他的心思细密，感觉到他骂人的火气，也感觉到他爱朋友、了解朋友、鼓励朋友的真挚亲切。②

此篇序言虽有溢美之处但却真实地反映了胡适个人对傅斯年的感情。12月20日是傅斯年逝世两周年的纪念日，胡适作了"傅孟真先生的思想"的专题讲演。在演讲中，胡适特别说明了傅斯年去世两年来他想写纪念文章而没有写的原因，他说："为什么二年来没有写文章纪念他呢？实在是因为我与孟真的感情太深，拿起笔来就有无限的伤感，所以纪念的文章总是写不出来。"③ 在演讲中他将傅斯年的一生的思想分为四个时期：学生时代思想，留学国外时期的思想，壮年时期的思想，中年及晚年的思想。对其每个时期思想都进行了概括和总结，并在第二天的《大公报》上发表了他撰写的《傅斯年的思想和事业》一文，此文对傅斯年

---

① 胡颂平编著：《胡适之先生年谱长编初稿》第六册，（台）联经出版事业公司1990年版，第2157—2159页。
② 《傅斯年全集·序》第一册，（台）联经出版事业公司1981年版，第2页。
③ 《傅孟真传记资料》（三），（台）天一出版社1981年版，第73页。

进行了比较全面的评价。

傅斯年与胡适自北大相识,相交30多年,他们既是师生关系,又是挚友关系,他们互相帮助、互相照顾。通观胡、傅两人的全部交往史,大致有以下三点:

其一,傅斯年与胡适两人都属于既有志于学术,又不能忘情社会的自由主义知识分子。他们两人都是学术界的领袖人物,又都积极参与政治,用他们自己的话说就是以在野的身份参与政治。并且参政的目的都是帮助现实政权改正弊端,刷新政治,完善现实政权的统治,这些共同的特点使他们对许多事物的态度趋于一致,有着共同的语言和目标,并能经常在一起探讨问题,他们的关系因为有这种共同的基础而不断密切。

其二,两人所接受的教育及由此而形成的文化素养基本相同。他们在少年时期都受到了正规的传统教育,青年时期又都曾到西方留学,接受了西方文化的熏陶,大致相同的经历和教育使他们的世界观和行为方式有许多一致的地方,这也是他们关系密切的基础和原因。

其三,傅斯年与胡适在处理一般社会事务方面有些差异。他们共同的朋友程沧波曾评论二人说:"胡傅同是可爱的人物,然而,胡适之是糊涂得可爱,傅孟真是敏锐得可爱。"[①] 其实,傅斯年与胡适两人也都很清楚彼此长处和短处,傅斯年在纪念北京大学成立五十二周年演说时曾对五四运动后曾任北京大学校长的四位人士进行评论,他说:"蒋梦麟先生学问不如蔡子民先生,办事却比蔡先生高明;我自己的学问比不上胡适之先生,但办事却比胡先生高明。"最后笑着批评蔡、胡两位先生说:"这两位先生的办事,真不敢恭维。"正好蒋梦麟也出席了这次庆祝会,傅斯年演讲完后,蒋梦麟笑着对傅斯年说:"孟真你这话对极了。所以他们两位是北大的功臣,我们两个人不过是北大的功狗。"[②] 功臣也好,功狗也罢,这四个人都是北京大学20世纪上半叶发展史上有影响力的人物,至于功过是非自有历史评说。但是,傅斯年对最尊敬的两位师长的批评却反映了傅斯年洞察人事的过人之处。

---

① 程沧波:《记傅孟真》,《傅孟真传记资料》(三),(台)天一出版社1981年版,第11页。

② 蒋梦麟:《忆孟真》,《傅孟真传记资料》(三),(台)天一出版社1981年版,第15页。

三　诚信于友

1939 年，傅斯年在致朱家骅的信中表白个人性情说："弟向无党派，忠于国而信于友，从不为自己图谋，虽无特才，然其安贫乐道，进止以义，自觉不愧古之良士。"[①] 事实证明，傅斯年一生为人处事，尤其是在处理人际关系时讲诚信，重道义，具有古代侠义之士的品格。他在平时的交往中，尤其是在与平辈亲友的交往中表现得相当充分。

（一）朱家骅：政学两界莫逆之交

傅斯年与平辈朋友交往中，地位始终在其上并保持终生友谊的人并不多，其中朱家骅是具有代表性的一位。

据朱家骅回忆，虽然在 20 年代，朱家骅在北京大学任教时已经知道傅斯年"才气非凡"，但两人没有直接的交往，后来同时在欧洲留学，亦没有交往的记载。1924 年朱家骅第二次欧洲留学回国，受聘为北京大学德文系主任，兼任地质系教授。因反对北洋政府迫害学生南下广州，其兄是张静江家总管，受张静江推荐，与蒋介石、戴季陶建立了联系。正赶上中山大学改革，废除校长制，建立整理委员会，任命戴季陶、丁惟汾、顾孟余、徐谦、朱家骅为整理委员，其他四人皆挂名，朱家骅成为实际负责人。1926 年朱家骅着手对中山大学进行改造，甄别学生，整顿秩序，扩充规模，聘请了许多名教授。他为了充实文学院，极欲物色一位对新文学有创造力，并对治新史学负有时誉的学者来主持国文系和历史学系，听说傅斯年从德国回来，便与戴季陶和顾孟余商量，请他出任文史科主任，兼中国文学系及历史系两系主任。12 月，傅斯年在去故乡省亲后，南下广州就职，他和朱家骅初次见面并开始交往。

当时傅斯年刚过 30 岁，才气横溢，风华正茂，很想有一番作为。朱家骅非常赏识傅斯年，为其干事创业提供了方便条件和发展空间。傅斯年利用这些条件，创建语言历史研究所，网罗人才，购买图书资料，创办刊物，显示出学术领袖才能，工作有声有色。傅斯年的教学和研究有口皆

[①] 王汎森、潘光哲、吴政上主编：《傅斯年遗札》第二卷，（台）中研院历史语言研究所 2011 年版，第 962 页。

碑，声名远播，从中山大学走向全国，成为国内知名学者。这当然与傅斯年的努力与才华分不开，同时也与朱家骅识才和用其所长有一定的关系。

傅斯年到中山大学后仍以教学和学术研究为主。但中山大学当时绝非纯教学场所，傅斯年到中山大学不久便陷入政治斗争的旋涡，并在朱家骅的影响下站到国民党一边。这与中山大学所处的地理位置和当时的政治形势有关。

傅斯年到中山大学时还是国共合作时期，他的精力主要用于教学和研究，为实现学术和人生理想而努力。他与朱家骅工作交往很多，朱对他支持很大，他很感激，不自觉地受到了他的某些影响。两人的工作交往缩短了心理距离，也密切了政治关系。傅斯年此时加入国民党，与朱家骅的影响有关。1927年4月5日国民党反共清党时，他站在朱家骅为代表的国民党一边。

戴季陶、朱家骅积极配合并主持中山大学的清党活动。朱家骅事先告知傅斯年，说有大搜捕行动，让其有所准备。因有心理准备，傅斯年在事件发生后表现得比较平静。时任教务长的鲁迅坚定地站在进步学生一边，反对国民党政府迫害、逮捕学生，得知大批学生被逮捕，召开系主任紧急会议商讨营救被捕学生，傅斯年参加了会议，目睹了鲁迅与朱家骅的斗争。他既不支持鲁迅进行营救，也没有帮着朱家骅说话。当然，不公开支持鲁迅实际上就是在沉默中支持了朱家骅，远离了正义立场。

傅斯年与朱家骅在中山大学虽共事不长，无论工作关系还是个人情谊，乃至政治关系，却有较深的发展。傅斯年对朱家骅的工作给予很多支持，为朱争取了很多政治资本，为他日后发展创造了良好的条件；朱家骅对傅斯年也给予很多关照，帮助他扩大声誉，垫高了人生平台，为他跻身上层学术界奠定了基础。

1936年5月，朱家骅任中央研究院总干事。傅斯年和朱家骅共同经营中研院，在长期的直接共事中友情加深，历久弥笃。

1936年1月，中央研究院的总干事丁文江在长沙去世。蔡元培请各研究所所长傅斯年等人劝朱家骅继任。5月，朱家骅正式就任总干事职。11月，蒋介石任命朱家骅为浙江省主席，年底赴杭州就任。这时，中日形势风云日急，朱家骅作为地处前线的封疆大吏，对中央研究院事务势难兼顾。朱家骅曾想辞掉总干事职，而恰在此时，蔡元培在上海病重，不便启齿请辞，只好请傅斯年代理总干事，院内所有事务都由傅斯年筹办解决。

  1937年"七七"事变后，抗战全面爆发，中央研究院议计西迁。此时，总干事朱家骅因淞沪抗战开始，不能从浙江撤离，无法兼顾院事，院内的一切事务，无论巨细，全由傅斯年一手办理。是年秋，傅斯年与同仁商议，将各所迁往长沙。1938年春，各所又开始由长沙分别向重庆、昆明、桂林三地转移。日寇加紧西侵，云贵告急。1940年冬，傅斯年又奉命将史语所等移往昆明的五所紧急疏迁至四川，其中史语所迁至宜宾县的李庄镇。

  整个中央研究院在抗战中的大搬迁，是在日本帝国主义侵略的炮火中进行的，傅斯年除了要负责史语所的迁移，还要筹措整个中央研究院的迁移。各所员工眷属，老幼皆有，长途跋涉，必须加以照顾，图书、古物、珍贵典籍仪器、机械器材等，量多物重，又易受损；疏迁所需车辆极多，尤其在战时，难以供应，即便是道路关卡，也在军方的控制下，通行亦不容易；迁移经费，在战时国家财政困难的情况下，申请尤多周折。傅斯年"竭尽平生之力而谋之……办理这些事"，因劳累过度多次生病住院，朱家骅对此怀有愧疚之心，经常运用公私关系，帮助傅斯年解决迁移中的困难。经过两人的共同努力，使各研究所迁到安全地点，继续工作。

  1940年3月，中央研究院院长蔡元培在香港病逝。9月20日，朱家骅继任代理院长。他就任后的第一件事就是劝请傅斯年兼任总干事。他于23日致电傅斯年："……务请吾兄惠允偏劳，勉为其难……因弟此次勉允维持，实由兄一再责以大义，今欲以大义责兄，风雨同舟，知必有以教我也。"[①] 傅斯年10月1日复函说："……必欲勉弟以所难能，此事困难万分及弟之最不适宜处，本当在吾兄洞察中，然环境如此，兄之固执又如此，只好一时勉从遵命。"[②] 当时傅斯年身患高血压病，但为了研究院，为了朋友，他还是答应下来。1942年，傅斯年终因病辞总干事职。他虽然在职不久，但对以后院务的发展与扩张，各研究所在战乱中继续从事科学研究创造环境等方面贡献了很大的力量，这使朱家骅一直感念不已。傅斯年与朱家骅的这种精诚合作，在中央研究院的西迁过程中体现得最为充分。

---

 ① 《朱骝先传记资料》（三），（台）天一出版社1981年版，第2页。

 ② 同上书，第3页。

总之，这一时期，在傅斯年与朱家骅的共同努力下，中央研究院的事务都得到了及时妥善的处理。他们的友情也在这种长期患难中进一步升华，而被同人称为"刎颈之交"。

从1945年8月抗战胜利至1950年12月傅斯年在台湾去世，傅斯年与朱家骅两人进一步加深了感情和友谊。

抗战胜利后，再度出任教育部长的朱家骅投入了教育复员工作，傅斯年出任北京大学代理校长，负责北京大学脱离西南联大迁移复员，两人互相配合。1946年5月，傅斯年由重庆飞北平办理北大由昆明迁回北平的整顿事宜。北大复员回北平后，伪北京大学教职员故意捣乱，要求留在北大继续任教。傅斯年在朱家骅支持下，坚决抵制了伪北京大学教职人员回北大任职。

随着抗战的胜利，中央研究院也必须随国民党中央政府迁移南京。当时国民党军队正急运东北及沿海各地；国民党中央政府、所属机关等百万人员都亟待还都。此时中央研究院的还迁最大的困难是经费和交通工具两大问题。中央研究院决定分散各地之研究所先集中重庆，等待交通工具。十几个所都向重庆集中已不是简单的问题，再由重庆行程1000多公里回南京，在上百万人急于找车找船之际，问题之繁难复杂可以想见。这些事情，都是由傅斯年与朱家骅合作解决的。

1948年8月，傅斯年由美归国，主持史语所务，时值国民党淮海战役失利，京沪解放已成定局。中央研究院受时局压力，也呈不稳情势，朱家骅召集中央研究院院务会议，秘决搬迁，暂定迁往广州、桂林、台湾三地，这时国立台湾大学校长庄长恭回到南京后坚持辞职，不肯回台湾去。而平津已经岌岌可危，台湾的重要性已很明显，所以对台大校长的人选，不能不特别慎重。朱家骅考虑再三，决定让傅斯年出任台大校长，一则可以照料中央研究院，二则可以收容国内各地赴台的教授。此时傅斯年回国不久，夙病方瘥，不愿再任繁剧，重损健康，可是朱家骅再三相劝，傅斯年又"公而忘私，慨允担任"。这样，傅斯年力助中央研究院的搬迁，并于年底先将史语所完整迁至台湾杨梅镇。

1949年1月20日，傅斯年就任台湾大学校长。傅斯年到台湾后，一面整顿台大，一面照顾中央研究院同人的生活及兼课问题。当时台湾的条件之差，生活之苦，令人望而却步。

傅斯年领导台大，在极为困难的环境中，做得却极有成就，但身心遭受严重的伤害。他曾对朱家骅说:"你把我害了,台大的事真是多,我吃不消,恐我的命欲断送在台大了。"① 不幸一语成谶,几天以后,即1950年12月20日晚,傅斯年在台湾省议会答复议员的质询时突发脑溢血去世。朱家骅闻此噩耗,立即赶到会场探视,午夜一时,朱家骅与王世杰等十余人冒着滂沱大雨,跟随在灵车后面,把傅斯年的遗体送到极乐殡仪馆。

由上述傅斯年与朱家骅交往的概况可见,他们自相识后,在同一领域、同一机构任职的时间较多。多数情况下,朱家骅处于领导地位,傅斯年处于属下,但两人的友谊和关系又淡化了彼此的从属关系,邓广铭对两人关系曾进行评述:"傅先生回国之初,即为任中山大学副校长的朱家骅延聘为中山大学文学院院长和中文、历史两系主任,在共事过程中,两人成为莫逆之交,终生未变。朱之对傅,基本上是言听计从的,所以友情能永恒维持,且愈来愈深厚。朱氏为官场之人,凡其属于纯政客性质的行为,亦即要搞些不大磊落正大的举动时,他也从来不敢去求傅先生参与。例如他要向蒋介石献九鼎时,他只敢求顾颉刚先生去撰作铭词,却绝不敢干求傅先生作。在朱氏的友人当中,傅先生既直,且谅,且多闻,真乃孔子所谓益者三友,而绝非与之同流合污的人。"②

傅斯年去世后,朱家骅非常痛心。对傅斯年的品质和能力,给予高度评价,他说:

> 孟真为人,磊落轩昂,自负才气,不可一世。执笔为文,雄辞宏辩,如骏马之奔弛,箕踞放谈,怪巧瑰琦,常目空天下士,因此,有人目他为狂,也有人说他是狷,狂也好,狷也好,正是他过人之处,唯其狂,所以富于情感笃于友谊,唯其狷,所以办事能坚持主张,确守职责,为要贯彻他的主张,完成他的职责,他常常能力排群议,独行其是。因为我对他有了这个深切的认识,所以有许多事情,认为非他莫属的就时常推在他的肩上,而他自己为了国家,为了友谊,也时常见义勇为,不辞辛劳。③

---

① 朱家骅:《悼亡友傅孟真先生》,《傅孟真传记资料》(三),(台)天一出版社1979年版,第41页。
② 《怀念我的恩师傅斯年先生》,(台)《台大历史学报》第20期,第17页。
③ 《傅孟真传记资料》(三),(台)天一出版社1981年版,第40页。

总之，傅斯年与朱家骅相处20多年来，对朱家骅最好，帮忙也最多，偶尔也感情用事，就是受了一点委屈也都能忍耐。因此，傅斯年去世后朱家骅非常悲痛。毛子水在《朱骝先先生哀词》中说："我对朱先生一生最敬佩的一点，就在朱先生在学术文化方面的能够知人善任……亡友傅孟真先生在中山大学文学院和中央研究院历史语言研究所的成就，世人都知道；但设使没有朱先生的知人善任，虽有大才如孟真，即能成就，亦必困难得多。"[①] 这是很公正的评价，也足以见他们之间的友情。邓广铭晚年回忆傅斯年与朱家骅的关系时，曾讲述一个很少有人知道的趣事。他说："据毛子水先生亲口告我，傅先生留学德国时，在其所发牢骚话中，他立志要杀的是两个人，一为丁文江，另一个则是朱家骅。后来的事实却证明，尚无朱氏的大力相助，傅先生在回国初年，在其才能、智力、学术思想的发挥等方面，可能完全是另一种情况的。"[②] 傅斯年与朱家骅虽然一个从学，一个从政，走着两条不同的道路，但共同的事业把他们紧紧的连在一起，他们俩人密切合作，成就了许多学术研究和教育方面的大事，在中国现代史上曾产生重要影响。

（二）丁文江：道同性近生死义

傅斯年对人待物爱憎分明，真诚直率，与人交往中，误会别人和被人误会都不止一次，有时因误会而仇视，有时消除误会后又可以由仇人成为朋友，他与丁文江关系就是典型的例子。他们两人关系的变化真实反映了傅斯年真情感人、诚信侠义的品格。

丁文江，字在君，江苏泰兴人，生于光绪十三年（1887），长傅斯年9岁。丁文江自幼聪明好学，16岁开始留学日本，18岁由日本到英国留学。在英国留学7年，主攻动物和地质学。1911年回国，曾参与清政府举行的游学毕业考试，名列最优等"奖给格致科进士"。1912年开始入仕从政，先后担任过北洋政府工商部矿政司地质科长、地质调查所所长等职务，同时积极参加社会活动，投身新文化运动。1923年他与张君劢等人所进行的科学与玄学论战曾经轰动一时，引起了学术思想界的广泛讨论与争辩，丁氏也因此受到了人们的重视。傅斯年当时正在欧洲留学，对此次

[①] 《朱骝先传记资料》（三），（台）天一出版社1981年版，第63页。
[②] 《怀念我的恩师傅斯年先生》，（台）《台大历史学报》第20期，第17页。

论争也有所了解并站在丁文江一边，对于丁文江的学问和思想观点非常佩服。1924年2月傅斯年写给顾颉刚的信中曾说："这篇文章（指丁氏《地理人物与地理的关系》）我非常的爱读，当时即连着看了好几遍。我信这篇文章实在很有刺激性，就是说，很刺激我们这些在欧洲虽已是经常，而在中国却尚未尝有人切实的弄过的新观点、新方术，去研究中国历史。"由对这篇文章的评论又谈论到丁文江的学术与思想。他说：

> 丁先生的文章我只看见过中国与哲嗣学的下半篇，和这篇，和"科玄之战"的文章。从科玄之战的文章看来，（特别是后一篇）可以知道作者思想的坚实分析力，在中国现在实在稀有，绝非对手方面的人物所能当，而他这一些文章，都给我一个显然的印观，就是丁君在求学问的线路上，很受了 Sir Francis Galton. Prof. Karl Pearson 一派的影响，而去试着用统计方法与各种事物上，包括着人文科学。这实在是件好事。①

从字里行间可以看出，傅斯年对丁文江有相当好的印象。但是时间不长，傅斯年对丁氏的好印象转为极端的愤恨与仇视，其原因相当简单。1926年，丁文江接受北洋政府上海淞沪商埠督办孙传芳的邀请，出任督办公署的全权总办，远在欧洲的傅斯年不了解内情，认为丁文江与地方军阀搅在一起，成为北洋政府的鹰犬，破坏国民革命，十分气愤，曾不止一次宣称，回国后第一件事就是杀死丁文江。

1929年春，傅斯年随史语所迁到北平，与丁文江有了见面的机会。有一次赵元任请客，参加者有胡适、丁文江、傅斯年、李济等人，大家起初都担心傅斯年与丁文江发生冲突，胡适对两人都很了解，胸有成竹，两人到后，胡适把丁文江拉到傅斯年一边，很风趣地介绍说："在君啊，这就是要杀死你的傅斯年。"其实傅斯年回国后对丁文江已有较多了解，敌对心理已去掉很多，相见后不但没有再敌对下去，反而很快成为好朋友。

1931年，傅斯年与丁文江同为北京大学兼职教授，两人与胡适、蒋廷黻等人又共同创办了《独立评论》，在《独立评论》上纵谈国事，观点基本趋向一致。1933年6月18日，中共研究院总干事杨杏佛在上海遇刺

---

① 《傅斯年全集》第四册，（台）联经出版事业公司1980年版，第495—496页。

身亡，在酝酿讨论后继人选时，蔡元培院长与教育文化界的许多人士都属意丁文江，蔡元培曾评价丁文江说："在君先生是一位有办事能力的科学家，普通科学家未必长于办事；普通能办事的，又未必精于科学，精于科学又长于办事如在君先生，实为我国现代稀有的人物。"① 蔡元培对丁文江的评价很容易让人想起十数年后胡适对傅斯年的评价。傅斯年与丁文江两人相交不久就成为朋友，"一年后成好朋友，最近几年竟成极好的朋友。在其病重时，心中自思，如我死，国家之损失小得多"②。傅斯年对丁文江的友好关系之所以发展得如此迅速，是因为两个人相处中，彼此都感到志趣有许多相通之处。傅斯年对丁文江的才能、人品、志操、德行极为敬佩，他这样评价丁文江："我以为在君确是新时代最良善、最有用的中国之代表，他是欧化中国过程中产生的最高的菁华，他是科学知识作燃料的大马力机器；他是抹杀主观，为学术、为社会、为国家服务者，为公众之进步及幸福而服务着。"③

1935年12月，日本武力妄图侵占华北广大地区，华北危机使丁文江、傅斯年等人清醒地认识到：华北终将不保，以后长江流域是中国人民赖以生存的基地和中国的工业中心。国民党政府此时想利用中英庚子赔款完成粤汉铁路中间没有完成的一段，以保证以后的运输。丁文江是这段铁路的设计人员。同时，丁文江从国家、民族前途考虑，要对铁路沿线湖南地区的煤矿储量与开采现状进行考察。受社会的责任心驱动，他还准备为北方各个大学南迁地址做一番考察。出于这三个动机，丁文江决定亲自去湖南等地区进行考察。

1935年12月2日，丁文江从南京出发到长沙，对长沙周围的煤矿、山峰进行了考察。12月8日，他下榻于粤汉铁路株韶段路局宾馆，准备第二天去莱阳看马田墟煤矿，结果夜里煤气中毒，再加上当时诊治失误，病情恶化，后转到长沙湘雅医院。12月17日，丁文江让朱经农给胡适和傅斯年发电报，甚望二人前去。傅斯年、胡适接电报后商议，决定由傅斯年前去护理。按照商议计划，傅斯年到达长沙后，亲自护理丁文江，参与讨论医疗方案，并及时把丁文江的病情报告给北平的朋友和中央研究院的

---

① 雷启立编：《丁文江印象》，学林出版社1998年版，第74页。
② 欧阳哲生主编：《傅斯年全集》第五卷，湖南教育出版社2003年版，第478—479页。
③ 同上书，第471页。

同事。在护理过程中，傅斯年如同对自己的亲人一样尽心尽力，对丁文江的一切极其负责。12 月 26 日，傅斯年在写给中央研究院的信中谈到丁文江动手术时的情况说："是日天未明时，丁太太大劳动，上午几不支，弟主张将其送入病房。下午此间施行手术，均弟与二丁（丁文江的两个弟弟）作主。"①

丁文江治疗期间，傅斯年一直随侍在侧。经过十几天的诊治和傅斯年及丁文江家人的精心护理，丁文江的病情有所好转，傅斯年于 1936 年 1 月 2 日离开长沙返回北京。1 月 4 日，丁文江病情再次恶化，经抢救无效，于 1 月 5 日去世。丁文江的去世使傅斯年极为悲伤。为悼念这位知己好友，傅斯年连续在《独立评论》第一百八十八号、第一百八十九号上分别发表了《我所认识的丁文江先生》《丁文江一个人物的几片光彩》两篇纪念文章，在文章中对丁文江评论说：

> 我们可以说，在君在立身、行事上是兼备中西伦理条件的积极的善良公民，永远为团体、为个人服务着。在君在主义上是钦崇而又信仰近代科学及开明的民主主义者。……丁在君是"近代化中国"的大队中最有才气的前驱。中国若有这样人二十个，又都在扼要适宜的地位，二十年后，我们庶几可以成等的近代化国家了。②

在记述丁文江的为人处世的特点时，傅斯年说：

> 他对于好朋友之态度，恰如他对于他的家人、妻与兄弟，即是凡朋友的事，他都操心着并且操心到极紧张、极细微的地步，有时比他那位朋友自己操心还多。……朋友病，他便如法炮制之。举例说，受他这样待遇的有适之、泳霓两先生。他是绝对相信安定生活是工作的基础条件的，朋友们若生活不安定，他便如他的见解促成之。受他这样待遇的有我。他为一个朋友打算，要从头到尾步步安排着，连人如何娶妻，如何生子都在里头。③

---

① 欧阳哲生主编：《傅斯年全集》第五卷，湖南教育出版社 2003 年版，第 478 页。
② 同上。
③ 同上书，第 474 页。

傅斯年这样记述丁文江，实际上傅斯年自己又何尝不是如此，他对胡适、陈寅恪等人照顾，丁文江病重时他所做的一切，说明他与丁文江一样古道热肠。古人云："物以类聚，人以群分。"傅斯年与丁文江交往不久即成为好朋友，志趣相投是最主要的原因。

（三）陈寅恪：学人交往典型在

傅斯年一生最敬重的同辈学人应首推陈寅恪，曾不止一次称赞"陈先生的学问近三百年来一人而已"[①]。两人相交，同学、同事三十余年，学术上相互影响、砥砺，渐行渐近，生活中互相敬重、相互帮助，树立了学人交往的典范。

陈寅恪生于1890年，长傅斯年6岁。和傅斯年一样，陈寅恪出身于世代书香之家，其祖父陈宝箴，清末官至湖南巡抚，后因积极支持戊戌变法，推行新政，被慈禧太后革职。其父陈三立，号散原老人，是清末四公子之一，为晚清著名诗人。陈寅恪自幼受到严格的传统教育，6岁开始在家塾中读书识字，系统地学习了五经四书，诸子之书，俞大维曾回忆说，"我们这一代普通念书的人，不过能背诵四书、诗经、左传等书。寅恪先生则不然，他对十三经不但大部分能背诵，而且对每字必求正解"[②]。由此可知陈寅恪幼年读书的勤奋和古文功底的深厚。

傅斯年最早认识陈寅恪是在北京大学读书时期。当时，傅斯年与陈寅恪的弟弟陈登恪是同学，经陈登恪介绍，傅斯年认识了陈寅恪，但由于两人当时在不同的地方求学，相互交往不多。1919年陈寅恪回国作短暂停留后，又赴美国哈佛大学留学，学习梵文、巴利文；1921年离美赴德，入柏林大学研究梵文和东方古文字学，1920年傅斯年赴英国留学，听说陈寅恪、俞大维正在柏林大学研究院求学，便决定离英赴德。罗家伦回忆说：傅斯年离英赴德，"一方面受柏林大学里当时两种学术空气的影响，一方面受在柏林大学的朋友陈寅恪、俞大维各位的影响"[③]。傅斯年与陈寅恪在柏林研究院同学四年，学习内容都侧重社会科学，因此有共同语

[①] 傅乐成：《时代的追忆论文集》，（台）时报文化出版事业有限公司1984年版，第200页。

[②] 俞大维：《谈陈寅恪》，载张杰等选编《追忆陈寅恪》，社会科学文献出版社1999年版，第6页。

[③]《傅孟真传记资料》（一），（台）天一出版社1979年版，第94页。

言，学习之余经常聚集在一起切磋学问，探讨学术问题，因之，关系日趋密切。在国外留学时期，傅斯年与陈寅恪求学治学方面有许多共同点。

首先，在求学态度方面，两人都静心寡欲、专心致志地研究学问。这种求学态度的形成主要出于两种原因，其一是他们的社会责任感。他们出国留学时期，正是中国战乱频仍、列强环伺、政治极端黑暗的时代，他们都有学成后医国救民的远大抱负。因此，他们在留学期间都把报国作为努力学习的一个动力。其二是两人都有较好的知识基础，对西方学术文化有新鲜感，认识深刻，有积极吸收的愿望，他们希望用西方的科学文化充实自己，建构自己的知识体系，所以他们心无旁骛，一心扑在学习上。

其次，在治学方法上，傅斯年与陈寅恪都是贪多务得，细大不捐，尽量多涉猎一些学科，拓宽自己的知识面。他们留学期间刻苦攻读，努力吸收西方的科学知识和治学方法，使他们的学识有了长足的进步。陈寅恪的朋友吴宓评论说："谓合中西新旧各种学问而统论之，吾必以寅恪为全中国最博学之人。"[①] 和傅斯年有较长接触的人，如胡适、蒋梦麟、毛子水，程沧波等人也都十分佩服傅斯年的学识，认为傅斯年是中国少有的通学，通才，程沧波曾评价说："孟真的智慧学识，是值得骄傲的……他够得上'博大精深'四个字。他的治学方法，集合了中国经师和西洋的科学方法。"[②] 他们的博学多识为同代人所公认。可贵的是，这两个学术通人，没有丝毫文人相轻的陋习，从来没有互相嫉妒和轻视过对方，而是毕生互相敬佩和推崇。

1929年，历史语言研究所迁到北京，原来分处两地的傅斯年和陈寅恪又在北京聚首，并且从此成为关系密切的同事。当时史语所按专业分成历史、语言和考古三组。所址设在北海养心斋，傅斯年为提高史语所的学术地位和研究成果的质量，极力为研究所罗致一流的研究人员，对于陈寅恪，他更是志在必得。当时，陈寅恪已被清华大学与北京大学合聘为教授，再加上清华大学研究院四导师中王国维、梁启超先后去世，赵元任经常外出调查方言，实际上清华研究院由陈寅恪一人主持，因此一时无法离开，据李方桂回忆：

[①] 《陈寅恪先生编年事辑》，上海古籍出版社1997年版，第83页。
[②] 《傅孟真传记资料》（三），（台）天一出版社1981年版，第82页。

> 他（傅斯年）办史语所也有一个原则，即凡在史语所工作的人都不准在外面兼课，但是陈寅恪先生和赵元任先生一定要在清华兼课，他不得已，为了请到这两位杰出的人才，只好退让一步。说："好，只有你们两位可以在外兼课，别人都不许！"[①]

在这种情况下，陈寅恪才接受了聘请，担任了历史组主任，从这一件事可以看出傅斯年爱才和对陈寅恪的尊重。

在历史语言研究所，傅斯年与陈寅恪共事近20年，他们在学术研究和日常生活方面互相关心，互相支持，树立了学人交往共事的典范。

为了让陈寅恪静心于学术，傅斯年对历史组的日常事务性工作经常亲自处理，以避免牵扯陈寅恪过多的精力。关于陈寅恪很少过问历史组的具体事务性工作这一事实，在南京第二档案馆有关史语所的档案里也能清楚地得到证实，例如：有几份史语所的会议记录，一份史语所讨论年初人员调配和经费使用；一份是汇报清朝大库档案保存与整理情况，这两次会议陈寅恪都出席了，其他几次一般性会议，傅斯年主持，陈寅恪都没有出席。

由于傅斯年与陈寅恪等人的密切合作，共同努力，使历史语言研究所成为旧中国史学研究的中心，并开一代史学研究之风气。劳干曾评论说：

> 二十年来的历史研究，国内几个好的大学及研究机关，虽然都有他的贡献，但孟真主持的中央研究院历史语言研究所以及北京大学文科研究所的确能做到中心的地位。尤其历史语言研究所的有关历史部分在陈寅恪先生以历史学先进，以谨严而渊博的方法领导之下，影响尤深。[②]

此论是符合历史实际的。旧中国几项大的研究成果，差不多都与史语所有直接关系。

傅斯年和陈寅恪不仅在学术上互相支持和帮助，在日常生活上，也是

---

① 《傅孟真传记资料》（三），（台）天一出版社1981年版，第82页。
② 《傅孟真传记资料》（一），（台）天一出版社1979年版，第184页。

互相关心、互相照顾的，傅斯年对陈寅恪的照顾则更为感人。

1937年卢沟桥事变后，陈寅恪由于父亲散原老人住在北京，未能立即南下。日寇汉奸对散原老人百般劝诱，妄图诱他出任伪职。散原老人坚决拒之，绝食而死。陈寅恪料理完丧事才逃出北平。他一路颠沛流离，于1938年年初才到达昆明，与傅斯年都住在昆明静花巷的一幢楼里。傅斯年住一楼，陈寅恪住三楼。当时陈寅恪已患眼疾，由于生活困难，再加上备课和学术研究，眼疾不断加重。傅斯年为治疗陈寅恪的眼疾，四处奔走，筹借钱款。最后求告到最高当局。终因正值战乱之际，医疗条件太差，没有把陈寅恪眼疾治好。后来陈寅恪双目已近失明，身体也很虚弱，而日本飞机经常到昆明轰炸，为了躲避飞机轰炸，人们在楼下空地挖了一个防空洞，每次敌机轰炸，警报一鸣，人们便争先恐后地往楼下防空洞跑，而傅斯年却拖着肥胖的身子往楼上奔，因为陈寅恪行动不便，又经常睡早觉和午觉，傅斯年怕他听不见警报或听见警报因视力不好遇到危险，因此跑到三楼把陈寅恪搀扶下来，送进防空洞。傅斯年不顾个人安危照顾陈寅恪，在当时被传为佳话①。

1941年傅斯年由于劳累过度患了高血压病，住进重庆中央医院，其母又突然去世，陈寅恪在昆明听说后十分挂念，10月26日致信傅斯年进行安慰，信中说：

> 倾得毅侯先生函，惊悉堂上于本月二十一日病逝，曷胜悲悼，伏念姻伯母大人一世慈勤，六亲景式，训子获通学之称，弄孙有含饴之乐，优游晚岁，足慰生平。不幸国难遂兴，崎岖转徙，未竟期颐之养，不无微憾之遗。然值此神州之巨劫，亿兆莫能免于牺牲，斯实时运为之，未可奈何者也。吾兄孝思纯挚，怆怀家国，大病之后将何以堪，务恳节哀行事，庶几旧恙不致复发，区区下悃，至希鉴纳是幸，专此奉唁。②

从此信可以看出，陈寅恪对傅斯年的遭遇十分关切，劝慰之情溢于言表，毫无虚词敷衍之意。由此也看出两人关系的真诚和纯洁。

---

① 《傅孟真传记资料》（一），（台）天一出版社1979年版，第207页。
② 陈寅恪：《陈寅恪书信集》，生活·读书·新知三联书店2009年版，第81页。

患难见真情，最能体现傅斯年与陈寅恪两人关系深厚的是傅斯年多方设法营救陷入日寇魔掌的陈寅恪逃离香港。

1937年11月陈寅恪一家辗转南迁，行至香港，其夫人因病无法继续前行，陈寅恪只得将夫人和孩子安置于香港，只身到昆明与西南联大师生会合，从事教学和学术研究，假期再去香港与家人团聚。1939年春，英国牛津大学决定聘请陈寅恪为汉学教授，同时授予英国皇家学会研究员职称，主讲东方汉学，这是牛津大学建校数百年来第一次聘中国学者为专职教授，对中国学者来说是一种相当高的荣誉，也是对中国学术界、尤其是对陈寅恪学术地位的认可，陈寅恪决定应聘。但是由于第二次世界大战正激烈进行，中英交通受阻，陈寅恪几次被迫延期。1940年暑假，陈寅恪由昆明赴香港，寻机赴英，为解决陈寅恪一家在香港停留期间的生活问题，经傅斯年、杭立武和香港大学中文系主任许地山等人共同努力，香港大学聘请陈寅恪为客座教授，暂时解决了全家在香港的生计问题。

1941年12月8日，日军袭击珍珠港，太平洋战争爆发。日本乘机攻占香港，香港社会混乱。香港大学停课，工资停发，陈寅恪一家困居于住处，生计陷入绝境，又由于日本占领香港后，对外严密封锁，香港与内地电信交通全部阻断，陈寅恪全家与各处无法联系，更为危迫的是，陈寅恪困留香港被日伪所侦知，纷纷趋门骚扰，想利用陈寅恪在文化界的地位为他们服务。1942年春节过后，陈寅恪的一位熟人——伪北京大学负责人钱稻荪等派人专访陈寅恪，说是奉命请陈寅恪为日本人服务。陈寅恪曾在致朱家骅、傅斯年等人的信中叙述："更有可危者，即广州伪组织之诱迫，陈璧君之凶妄，尚不足甚为害，不意北平之伪'北京大学'亦来诱招，其苦闷之情不言可知"，"香港倭督及汉奸复欲以军票二十万（港币四十万）交弟办东亚文化协会及审定中小学教科书之事，弟虽拒绝，但无旅费离港，其苦闷之情不言可知"[①]。此为陈寅恪逃出香港后所写，事实上，陈寅恪在日军占领香港后困居孤地，全家商议决定，迅速逃离香港，他通过各种途径联络友人，要求帮助他逃离香港，他在致蓉肇祖的信中叙述了自己的处境和要求，"请即航告傅君并请傅君转告杭君电汇款至：广州湾赤坎汽车路十八号信义药行收转交陈乐素先生为感，弟近状至

---

① 傅斯年档案（未刊），档案号Ⅲ：72。

窘，留居则无日用，还乡亦缺旅费，贫病交迫，不可终日，奈何奈何。傅君处不别作书，敬求速将□□寄去，俞速俞妙，专此奉恳，不胜感激之至"①。在其熟人俞大纲、庄泽宣、陈汉君等离港时，陈寅恪都嘱托他们带信给傅斯年等人，设法帮助他逃离香港。

实际上自香港沦陷，内地的学术界，尤其是中央研究院、西南联合大学的同事亲友傅斯年、杭立武、吴宓等都很关心陈寅恪一家的安危。日军进攻香港时，傅斯年正在四川李庄养病，听到日军攻占香港，傅斯年首先想到了陈寅恪一家的安危，于香港失陷的当天（12月10日），分别给杭立武、中央研究院总务处王毅侯、陈寅恪本人连发三封加急电报，电报中要求他们从经济上帮助陈寅恪离港赴渝。傅斯年在致王毅侯电报中说的很清楚："祈电丁巽甫兄，设法助寅恪离港。先垫款，弟负责料理此事，并陈院长。"在致陈寅恪的电报强调"已电杭（立武）及丁巽甫助兄，速飞渝"。② 1月11日傅斯年又致电朱家骅等人，表示对陈寅恪等人在香港的安危十分挂念，建议朱家骅抓紧时间与国民党派驻香港的特务机关接洽，派人到香港探寻陈寅恪住址，然后设法救援，同时又单独致电刘次箫，要其拜访高廷梓，设法救援陈寅恪。为了解陈寅恪在香港的确切地址及相关情况，傅斯年等人又致信在重庆的邓广铭，要其拜访近期逃离香港的陶希圣，了解陈寅恪的信息。邓广铭于3月9日致信傅斯年说："陶希圣先生来文化服务社（寓陈布雷先生家），生与相晤，略述吾师对渠关念之意……询以寅恪先生情况，彼所知并不多，云于离港之后路逢俞大纲先生，得知陈先生尚平安留港，唯九龙太子道一带均为日本占据，故现时移居他所，其详细地址，大纲先生亦知之，并已告知广东省政府人员，托其设法帮助寅恪先生内徙。亦不知能有效否。"③ 傅斯年通过各种渠道了解陈寅恪在香港的信息，并把有关信息电告朱家骅等人，请求设法援救陈寅恪。

1942年3月底，高廷梓致信朱家骅陈述了陈寅恪在港的情况，信中说："陈寅恪至本月中旬尚未赴广州，伪方四次派要员劝驾尚不肯走，同

---

① 王汎森、潘光哲、吴政上主编：《傅斯年遗札》第二卷，（台）中研院历史语言研究所2011年版，第1188页。

② 傅斯年档案（未刊），档案号I：494。

③ 同上。

时经济困迫,致卧病不能起床,情形甚惨。"① 朱家骅时任国民党中央组织部长代理中央研究院院长,对营救陈寅恪相当积极,接到高廷梓的信后,知道陈寅恪贫病交加,日伪四次逼迫而不肯附敌,处境可怜,志节可嘉,立即采取措施营救陈寅恪,致电调查局(中统)驻澳门办事处负责人朱学贤转告陈寅恪,要求陈寅恪设法告知所需款项,并设法离港转澳门或广州湾回内陆,电报的内容是:

> 急,澳门,密,朱学贤兄请即密告并侯取复电,下电送转九龙太子道369号三楼陈寅恪先生鉴:港(变)以来,无时不以尊况为念,嗣闻备受艰辛,又苦不审最近寓址,无从问讯,悬系曷极,顷庄泽宣兄函知尊寓,甚慰,盼即设法由广州湾返国,如能设法先至澳门或广州湾后即可与弟通讯,所需费用若干请电复,当照汇,复电即交原送电人带回代发可也。②

朱家骅同时致电傅斯年,通报与陈寅恪联系的情况和内容,电文说:"顷审陈寅恪兄现寓九龙太子道369号,已密电慰问,请其设法由广州湾返国,并询所需费用,俟复到当即照汇。"③ 从以后陈寅恪的复信中可以证实,陈寅恪收到了此电,"至四月底奉骝公密电,如死复生,感奋至极"。

陈寅恪收到朱家骅电报后,稍事整理即准备出发,先于4月30日致电朱家骅,一方面通知将携眷赴广州湾,一方面要求汇款两万元至麻章三元宫梁汝文女士代收转交。5月2日,陈寅恪再次电告朱家骅,确定5月4日离港赴广州湾。同时,朱家骅致电郑绍玄,要求将译电送梁汝文转陈寅恪,电文主要内容,"梁汝文女士留转陈寅恪先生鉴:本院先后共汇一万五千元存麻章商务印书馆李浩年处,杭立武兄汇五千元存赤坎汽车路18号信义行陈乐素君处,又大维兄亦曾汇一万元至赤坎汽车路18号信义行陈德君处,统为留转吾兄者,希分别洽领,早日来渝为幸"④。

5月3日朱家骅接到陈寅恪电报,知道陈寅恪5月4日将动身,担心

---

① 朱家骅档案·陈寅恪卷(未刊),档案号C箱4包10卷,第15—17页。
② 同上书,第21页。
③ 同上。
④ 同上书,第29页。

陈寅恪收不到电报，5月3日先发电文至朱学贤转陈寅恪香港住处，"九龙太子道369号三楼陈寅恪先生：东电计达，顷胡霨兄函告，大维兄曾汇一万元至广州湾赤坎汽车路18号信义行交陈德君留转与兄者，兄到湾时希往洽领"[①]。在此电稿上方附言：查陈君前电云于5月4日赴广州湾，则此电恐不能接到，于是又分别致电胡霨与琼崖中学郑绍玄，让他们转告陈寅恪汇款情况。致胡霨电中谈了与陈寅恪的联系情况，"选之吾兄大鉴：本月4日手札敬悉，关于俞大维兄汇于陈寅恪兄一万元一事，顷已急电转告，惟前接陈兄4月30日来电云，于本月4日搭船赴广州湾，则此电恐不能收到，至本院先后共汇一万五千元至麻章商务印书馆李浩年君留转，另由杭立武兄汇五千元至赤坎汽车路18号信义行陈乐素留转矣"。朱家骅担心5月3日致陈寅恪本人的电报，因陈已离开住处不能收到，故急电琼崖中学郑绍玄，让其将电送至麻章三元宫梁汝文女士，以便陈寅恪到广州湾与梁汝文女士见面时告知俞大维与杭立武的汇款。

　　陈寅恪在香港稍做准备，用朱家骅等汇寄来的款项和自己的衣物偿还了债务，于5月5日乘船赴广州湾（今湛江），途中遇风浪，一叶扁舟，惊险万分，终于抵达湛江，住进一个嘈杂拥挤的旅舍。因内地汇款未到，等了几天，陈寅恪收到傅斯年通过中央研究院汇寄的款项和杭立武汇寄的五千元做路费，由广州湾出发，路经赤坎、廉江、郁林、贵县，又由贵县换船经桂平、柳州，直至6月18日到达桂林。遵照傅斯年事先的安排，当时中央研究院心理学研究所、地质研究所设在桂林，故陈寅恪在心理学研究所附近住下，准备稍做休息再定行止。自香港至桂林一路艰辛及危险，是陈寅恪一生经历坎坷的重要时段，正如他在致亲友信中所说：

> 此次九死一生，携家返国，其艰苦不可一言尽也，可略述一二，便能推想，即有二个月之久未脱鞋睡觉，因日兵叩门索"花姑娘"之故，又被兵迫迁四次；至于数月食不饱，已不肉食者，历数月之久，得一咸蛋五人分食，视为奇珍。此犹物质上之痛苦也，至精神上之苦，则有汪伪之诱迫，陈璧君之凶恶……当时内地书问断绝，沪及广州湾亦不能通汇，几陷于绝境，忽于四月底始得意外之助，借到数百港元，遂买舟至广州湾，但尚有必须偿还之债务，至以衣鞋抵值始

[①] 朱家骅档案·陈寅恪卷（未刊），档案号C箱4包10卷，第31页。

能上船，上船行李皆自携，弟与内子俱旧患心脏病，三女皆幼小亦均不能持重物，其苦又可想见矣，幸冒险将二年来在港大讲稿携出，将来整理或可作一纪念也。①

陈寅恪在桂林临时安顿下来，他自己也知非长久之计，在此期间，许多友人纷纷去信，其中主要者是傅斯年，傅斯年想让陈寅恪全家到李庄以专任研究员的身份从事学术研究。他在 8 月 14 日致陈信中以诚恳的态度劝告说："兄之留桂，自有不得已处，恐嫂夫人在彼比较方便，但从远想去，恐仍以寒假或明年春（至迟）来川为宜。"② 同时迁驻四川的武汉大学文学院刘永济和其在该校任教的八弟陈登恪来信聘其到武大任教。迁驻成都的燕京大学亦欲聘其为教授，陈寅恪一家决定在桂林暂留一段时间，陈寅恪致信傅斯年、杭立武等人，要求以中英庚款在广西大学设立讲座，聘其为讲座教授，从此，陈寅恪一家在桂林暂时安顿下来。

1943 年，战火逼近桂林，陈寅恪一家开始向内地转移。因历史语言研究所地处偏僻的乡下小镇——李庄，生活条件较差，缺医少药，对患病在身、双目即将失明的陈寅恪来说，并不是安居之地。经再三考虑，陈寅恪决定赴条件较好的成都燕京大学任教。

陈寅恪在成都燕京大学教书仅一年多，1944 年 12 月，陈寅恪左眼视网膜剥离，住院治疗，手术效果不理想，面临双目失明的危险，一家人又遇到极大困难。陈寅恪夫妇致信傅斯年，要求其施以援手，解决困难。陈寅恪夫人致信傅斯年请求其设法筹款解救，其中说："故惟有望于先生者，请先以私人之关系，向骝先部长先生说明之。即先用人事之疏通，然后由燕大去公文请求补助，庶可事半功倍也。"③ 在致俞大维、陈新午夫妇信中也要其向傅斯年转达此意，陈新午致傅斯年信中特别强调，"孟真兄：前日六家嫂来函，嘱将信中之一部分寄阅，兹特抄呈上：……此次医药费恐非十万元不可，如长期休养，须请教育部保留部聘资格，照旧发薪，若能予以特别营养费尤好，上事乞从速设法帮助进行为感"④。

---

① 陈寅恪：《陈寅恪集·书信集》，生活·读书·新知三联书店 2009 年版，第 87 页。
② 王汎森、潘光哲、吴政上主编：《傅斯年遗札》第三卷，（台）中研院历史语言研究所 2011 年版，第 1303 页。
③ 陈寅恪：《陈寅恪集·书信集》，生活·读书·新知三联书店 2001 年版，第 106—107 页。
④ 傅斯年档案（未刊），档案号Ⅲ：52。

傅斯年原来极力想把陈寅恪请到李庄为陈寅恪创造一个安静的学术研究环境，让陈不受外界干扰，进行学术研究，后来认识到自己的愿望无法实现，陈寅恪的身体条件不能适应极端困难的生活环境，他曾对此有所反思，他在致信燕京大学校长梅贻宝时曾说："寅恪先生就贵校事，弟本当为敝所反对，然其未反对而转有赞成之姿势者（兄今春所闻也，一笑。）诚缘李庄环境，寅恪未必能住下，（彼处医药设备太差，一切如乡村。）故寅恪暂住贵校，似乎两得之。"① 说明傅斯年能设身处地为陈寅恪考虑，对陈寅恪不到李庄而去成都燕京大学任教已经认可。

陈寅恪生病向傅斯年求援，表现陈寅恪夫妇对傅斯年的信任和倚重。傅斯年接信后，积极活动，分别致信朱家骅等人，要求落实陈寅恪的有关待遇，解决陈寅恪生活中的困难，他在2月25日致朱家骅信中有较详细的说明，信中写道：

> 彼今既生重病，且常依燕大不是办法，因有两种希望：一、自本年一月，或去年下学期起，领部聘教授之全部待遇，即薪水六百，部聘教授研究费四百之外，更领米、生活补助费及研究费（一般适用）等项，以免部聘教授而向燕大借款为生。……二、彼希望以前两学期未发之研究费（一般者）、米贴、生活补助费，能补上。此事似当由科司一查，其未结算者，似亦可补。如此，与彼治病必有大助也。②

经过傅斯年等人的积极救助，陈寅恪生活条件有所改善，眼疾没有继续恶化，全家平安度过了抗战后期最艰难的时光。

抗日战争结束后，陈寅恪赴美国治疗眼疾，由于间隔时间太长，手术失败，陈寅恪返回南京。正值西南联大复员期间，梅贻琦和傅斯年先后到陈寅恪寓所探访。梅贻琦聘请陈寅恪重回北平清华大学任教，傅斯年根据陈寅恪身体状况劝其留在南京史语所从事学术研究，陈寅恪全家经过慎重考虑，决定重返北平清华大学任教。

1948年冬，平津战役正在进行，人民解放军包围了北平，此时陈寅

---

① 王汎森、潘光哲、吴政上主编：《傅斯年遗札》第三卷，（台）中研院历史语言研究所2011年版，第1457页。

② 同上书，第1582页。

恪正在清华大学任教，而清华大学地处北平西郊，在解放军炮火的射程之内。傅斯年在南京，十分担心陈寅恪的安全，四处奔走，设法接陈寅恪出城。1948年12月14日，正好国民政府要派飞机去接胡适等人，傅斯年连夜打电话给陈寅恪，此时陈寅恪已由清华大学迁到寡嫂（陈师曾妻）家，一时联系不上，傅斯年又转而给胡适打电话，要他设法通知陈寅恪。胡适通过北京大学邓广铭找到了陈寅恪。邓广铭先生回忆当时的情形说：

> （12月）14日午间，胡到我家，问我能找到陈先生否，我答应可能找得到。随即到俞大缜教授处问明陈先生的大嫂的住处。我估计陈先生一家必在那里。到那里果然看到了陈先生，我把事情原委说了之后，便问他是否肯与胡同走。他答说：走！前许多天，陈雪屏曾专机来接我。他是国民党的官僚，坐的是国民党的飞机，我决不跟他走！现在跟胡先生一起走，我心安理得。[①]

陈寅恪夫人也回忆说："当晚有人来说，明晨有一便机往南京，请陈寅恪先生同搭乘。据说是傅斯年打来的电话。"[②] 次日陈寅恪与胡适便同机离开了北平。由这件事可以看出陈寅恪的政治态度和傅斯年对陈寅恪的关心。陈寅恪到南京略作停留便去广州岭南大学任教了。

1949年1月，傅斯年去台湾出任台湾大学校长，而陈寅恪则继续在岭南大学任教，傅斯年任台湾大学校长后，仍挂念陈寅恪，几次函电邀陈寅恪去台湾大学任教，但陈寅恪始终没有答应。据苏景泉回忆："1949年夏间台湾大学傅斯年校长曾经函请陈来台任教，并为之请了几位助教。预备助陈耳听读书，口述作文。惜乎陈师双目失明，行动不便，而岭南大学文学院殷留不放。"[③] 陈寅恪终未前往。

傅斯年和陈寅恪虽然由于政治和历史的原因，被分隔于海峡两岸，但他们数十年所建立起来的情谊却没有隔断，1950年傅斯年在台湾猝然去世，陈寅恪听说后十分伤感，鉴于当时的政治形势，他无法公开表示自己

---

① 邓广铭：《纪念陈寅恪教授国际学术讨论会闭幕式上的发言》，《追忆陈寅恪》，社会科学文献出版社1999年版，第236页。
② 蒋天枢：《陈寅恪先生编年事辑》，上海古籍出版社1997年版，第143页。
③ 《陈寅恪传记资料》（一），（台）天一出版社1980年版，第9页。

的哀悼,遂用隐喻的方式写了题目为《霜红龛集望海诗云:"一灯续日月不寐照烦恼不生不死间如何为怀抱"感题其后》:"不生不死最堪伤,犹说扶余海外王。同人兴亡烦恼梦,霜红一枕已沧桑。"《霜红龛集》是清初傅青主的诗文集,陈寅恪借傅青主暗喻傅斯年,诗文的意思很明显,傅斯年在台湾去世,生死两隔,沧桑互变,再无机会相见。深沉的悼念和无限的感伤尽在其中。陈寅恪将此诗分赠故旧学生,以寄托自己的哀思。后来台湾学者余英时先生与大陆学者冯衣北辩论陈寅恪晚年思想和心境都曾把此诗作为陈寅恪先生心境的变化证据。实际上双方的分析,皆没有得其要领,只是根据诗的表面意思进行解释而已。[①]

四 传道授业遗恩远

何兹全晚年曾写一篇文章回忆傅斯年与学生弟子的关系,题目是《众家弟子心中的老师傅斯年先生》,其中说:"从我与傅斯年先生的众多弟子的交往和接触中,我能体会得到,大家对傅斯年先生的感情和心态,大约可以用三个字来表达:'敬'、'怕'、'亲'。三者之中,'怕'比较弱。敬,大家对傅先生的学问没有不是满心尊敬、佩服和崇拜的。……傅斯年先生在史学方面的创见和成就,在学术界是深得人们赞许的。他的弟子们对他更是佩服尊敬。怕和亲。说老实话,我们对傅斯年先生是又怕又亲。亲中有怕,怕中有亲。亲是真的,是真情的;怕是假的,是表面的。"[②] 对傅斯年与史语所青年学人的关系,董作宾也曾回忆说:抗战期间史语所迁往李庄,傅斯年因兼任国民参政会参政员等社会职务,不能常驻李庄,平时常由董作宾在李庄主持事务,傅斯年不在时,大家都比较轻松,饭前饭后经常在一起闲谈、下棋、散步,但是傅斯年回到李庄,大家便躲避开,同在李庄的社会研究所所长陶孟和与董作宾开玩笑说:"胖猫(指傅斯年)回来了,山上淘气的小耗子(指史语所青年学者),这几天敛迹了。"[③] 形象地说明了青年学人对傅斯年的敬畏。细察傅斯年与学生

[①] 1990年为收集傅斯年的资料,笔者两次拜访邓广铭先生,曾就此事请教,邓先生两次都强调此诗是为纪念傅斯年所作。

[②] 布占祥、马亮宽主编:《傅斯年与中国文化国际学术讨论会论文集》,天津古籍出版社2006年版,第1—3页。

[③] 潘光哲:《何妨是书生》,广西师范大学出版社2010年版,第81页。

弟子的关系,有时像家长与孩子的关系,许多个案都证明了这一点。

(一) 邓广铭:承教受益情谊深

在傅斯年的众多弟子中,有几位受傅斯年教诲和帮助较多,对傅斯年感念很深,邓广铭是其中的一位。

邓广铭(1907—1998),山东临邑人,民国时期,因临邑与聊城同属山东省东临道。邓广铭少年时期在家乡私塾读书时就知道傅斯年的大名。"聊城有个傅斯年,是黄河流域第一才子"①,但是邓广铭直到考上北京大学才得以认识仰慕已久的傅斯年。

邓广铭后来回忆他在北京大学读书期间,给他帮助最大,影响最深的是傅斯年。"自从进入北京大学史学系读书以来,在对我的治学道路和涉世行己等方面,给予我的指导和教益最为深切的,先后有傅斯年、胡适、陈寅恪三位先生,他们确实都是我的恩师,而在他们三位之中,对于我的栽培、陶冶,付出了更多的心力,则是傅斯年先生。"②

1936年,邓广铭大学毕业,其毕业论文《陈亮传》是在胡适的亲自指导下完成的,深得胡适赏识,其时胡适任北京大学文学院院长兼文科研究所所长,因邓广铭学习成绩优异,将邓留在北大文科研究所做助教。傅斯年也十分欣赏邓广铭的才华,很想让邓广铭到史语所从事学术研究,并说可以带家属到南京,帮助找工作。邓因与胡适有约定,傅斯年只好作罢。

1937年8月,抗日战争全面爆发,北京大学、清华大学、南开大学相继南迁,在昆明组建西南联合大学,并于1939年恢复了北京大学文科研究所,傅斯年兼任所长。北京大学南迁时规定教师只有副教授以上职称可以随校南迁,讲师以下留居北京,因此邓广铭全家只得留居北京。1939年傅斯年写信让邓到昆明参与北大文科研究所的管理和科研工作。邓辗转上海、香港、河内到昆明后,向傅斯年汇报研究成果,傅斯年十分高兴。除写信推荐其著作出版外,还根据邓的研究成果,帮他确定研究领域,使其在宋史研究领域扎下根基。据说,当时正值《宋会要辑稿》刊行,因价格昂贵,邓广铭囊中羞涩,不想购买。傅斯年却一定要他买一部,并先

---

① 邓广铭:《回忆我的老师傅斯年先生》,《傅斯年》,山东人民出版社1991年版,第2页。
② 邓广铭:《怀念我的恩师傅斯年先生》,(台)《台大历史学报》第20期,第2页。

由文研所垫付书款。邓广铭回忆这段往事,深有感慨地说:他最后选择宋史研究作终身的学术事业,可以说是傅斯年逼出来的。

1940年冬,因为昆明屡遭敌机轰炸,傅斯年将史语所搬到四川南溪李庄镇。因西南联大图书馆资料匮乏,傅斯年决定将北大文科研究所部分研究生带到李庄镇,由北大文科研究所派人前往管理和指导。他点名要邓广铭承担这一工作。因为史语所有书可读,邓也愿意跟傅斯年在一起,以便接受他的指导。

邓广铭在李庄住了两年,在相当长的一段时间内,利用史语所的图书资料研究宋史,写出一系列论著,为他成为宋史专家奠定了坚实的基础。

1942年1月,邓广铭家里出现变故,其只身南下时将妻小留在北京,生活无着,其母亲在山东老家随长兄生活,而长兄不幸因抗日为奸匪所杀,老母无人侍奉,邓广铭一人困居李庄,通信困难,邓广铭商得傅斯年的同意,准备到重庆找工作,寻求机会把家小接出来,傅斯年为了给邓广铭在重庆找到一份合适的工作,特地给朱家骅写了推荐信,在信中对邓广铭的人品学识进行了充分的肯定,其中说:

> 骝先吾兄赐鉴:兹欲向兄荐贤一人,此事经弟考虑许久而后写此信者。此君乃邓广铭君,山东人,北大廿三、四左右毕业。……此君天资聪颖,学力亦有根底,所治为史学,著有《辛稼轩词笺证》、《宋史职官志考》等书。……论其资格及著作,相当于好的国立大学(例如北大、清华)之副教授。其人资致既高,亦颇经历世事也……此君与弟共事有年,深知其一切,假如兄能在组织部或考试院为之位置,在公左右,必可有效也。此君甚聪明,能做文章,史学根底甚佳,又曾办过党务,如此之人,亦不易寻也。①

朱家骅接到傅斯年的信,对安置邓广铭虽然重视,但一时未能找到合适的工作。2月初,邓广铭决定到重庆去,傅斯年又亲笔写一封推荐信,让邓广铭面呈朱家骅。信中说"骝先吾兄赐鉴:前以友人邓广铭君为长才积学之贤士,曾以推荐于左右,荷承复书,随时留意。兹邓君适有重庆

---

① 王汎森、潘光哲、吴政上主编:《傅斯年遗札》第三卷,(台)中研院历史语言研究所2011年版,第1198页。

之行，托其晋谒，并代陈弟之近况，如赐接见，无任感幸"①。朱家骅接见邓广铭后，将其安排到"中国文化服务社"任编审。傅斯年知道后认为此工作对邓广铭不适宜，继续努力帮助邓广铭找工作，据邓广铭回忆：

> 傅先生和我都不认为"中国文化服务社"是我可以久留之地，当他一次与国民党中宣部的正副部长张道藩、程沧波会面时，又谈及我的工作问题，他们二人都表示可以介绍我到复旦大学去教书。傅先生遂又亲自写了一封信给他两人，介绍了我的一些情况，说我不论在教学或在学术研究方面，能力都很强，若在北大、清华可聘做副教授等等。我持函去中宣部，张道藩正外出，与程沧波晤谈之后，程未再自己写信，即把傅先生的原信转寄复旦大学的章益校长。大概是1943年的五、六月间，复旦大学即来函，聘我为该校史地系副教授，七月初我即到校报到了。后经复旦的一位资深教授告知，章校长是陈立夫派系中人，而傅斯年则是朱家骅派系中人，两派虽形同仇敌，但章校长却深知傅先生为朱派中最有学问、最有本领的人，所以傅的推荐信最起作用。假如由张道藩或程沧波直接推荐，倒反而可能办不成。②

邓广铭在重庆北碚复旦大学工作，傅斯年仍不时地关心其生活与工作，邓广铭更是知恩图报，努力工作，到复旦工作的第二年，就晋升为教授。抗日战争结束后，傅斯年担任北京大学代理校长，主要负责北京大学从西南联大分离、复员到北平。傅斯年有一段时间驻重庆办理北京大学复员事务。邓广铭常去看望傅斯年，傅斯年明确告知邓广铭，北京大学复员后聘邓广铭到北大任教，但要降一级，邓广铭回忆说：

> 1946年5月4日，傅先生由重庆乘飞机去北平。没走以前，他便聘定我到北大教书，并说："你到北大教书，必须降级使用，只能当副教授，不能当教授，你们那一级的同学，外文系毕业的现在还当

---

① 王汎森、潘光哲、吴政上主编：《傅斯年遗札》第三卷，（台）中研院历史语言研究所2011年版，第1231页。
② 邓广铭：《怀念我的恩师傅斯年先生》，《台大历史学报》第20期，第12页。

教师，理科的大多数没当上副教授，你去当教授不合适。"我说："当什么都可以，我不在乎。"于是傅先生便给我预购了飞机票。5月7日，我到了北京，8日便去学校看他，他见了我，什么话也没说，便让工友搬了张桌子来，道："我现在忙乱的很，没有人帮忙，你来了正好帮我的忙。"从此我便当了校长室不挂名的秘书，我虽然到了北大，但五六两个月的薪金还是由复旦发给的，傅先生说："既然复旦给了你薪金，那么这两个月北大就只管你饭吃，不能再给薪水。"不管对谁他都是秉公办事的。这年7月，胡先生来到了北平，10月，傅先生离开北平去了南京，在胡先生到校以前，傅先生就对我说："我代理校长，你帮了我不少忙，胡先生回来当，你还得帮他的忙，不能马上丢开校长办公室的工作不做。"其实当时傅先生只聘我任教职，并没有让我承担行政上的职务，胡先生来了，我不能推辞，只好继续干。①

1949年1月，傅斯年到台湾出任台湾大学校长，曾聘请大陆的教师到台大任教。邓广铭、张政烺等人都曾是傅斯年点名聘请的教师，由于历史原因，邓广铭没有应聘，一直在北京大学从事中国古代史教学与研究，尤其是对宋史研究造诣很深，成为国内外知名的宋史研究专家。傅斯年始终没有忘记邓广铭，新中国成立初，北大教授江泽涵由美国回国，绕道台湾看望堂姐、胡适夫人江冬秀，江冬秀当时正好住在傅斯年家，傅斯年对江说："我在北京有些书没运出来，你回去告诉邓广铭，这些书全部送给他。"② 邓广铭觉得傅斯年不了解大陆情况，他当时已是被声讨的人物，其遗存物品只应被公家没收，他本人无权提出意见。邓广铭也不敢要他的书。但他内心对远在台湾的傅斯年是心存感激的。

1950年年底傅斯年在台湾去世。那时两岸关系极其紧张，信息隔绝，邓广铭直到第二年年初才得到消息，他回忆说："次年春，我们得知这个消息，都有说不出的悲痛。"但他只能把悲痛藏在心底。1988年我们去拜访邓广铭，收集有关傅斯年的资料，他仍动情地说，傅先生是我的恩师，我愿意就我所知提供其生平事迹的资料，他不顾年高体弱，口述两个多小

---

① 邓广铭：《回忆我的老师傅斯年先生》，《傅斯年》，山东人民出版社1991年版，第6页。
② 同上。

时，我们根据录音整理成文，经他修改后，以《回忆我的老师傅斯年先生》发表，他在文中除表达了对傅斯年的深切怀念，还对其学问、能力、人品、学术贡献等给予了极高的评价，他说：

> 有人说胡先生"誉满天下，谤满天下"，傅先生也是如此，不了解他的人，往往产生一些误会，有人曾说：中央研究院各所所长都是大学问家，傅斯年有什么学问？他怎么当上了历史语言研究所所长？凡是真正了解傅先生的人都知道，他的学问渊博的很，成就是多方面的，影响是深远的；他对中国的历史学、考古学、语言学所做的贡献是很大的。傅先生做事，做学问，气魄大得很，眼光也远得很。可以说，中国没有个傅孟真，就没有二三十年代的安阳殷墟发掘；没有当初的殷墟发掘，今天的考古学就完全是另一个样子了……在语言学研究方面，傅先生贡献也很大，史语所聘请的语言学家赵元任、李方桂，不仅在国内是著名学者，而且在国际上名气也很大，能把他们聘了来，也是不容易的。傅先生在历史学方面的成就大家都知道，用不着多说。不过，有些人总以为傅先生本身的著作还不够多，除《性命古训辨证》外，都是些零碎的文章。但是，我们不能用著作多少来衡量一个人在学术上的贡献。即如傅先生关于中国古代史的文章，几乎每一篇都有其特殊的贡献，都具有开创性的意见和里程碑性的意义。[①]

1995年，台湾大学、中研院举行纪念傅斯年百龄学术研讨会，邓广铭应邀撰写了《怀念我的恩师傅斯年先生》，其中对他与傅斯年的交往，对傅斯年的学术成就等进行了全面的评价论述，其中说：

> 从他处理学校行政方面，从他处世接物方面，看到一个伟大学人恢宏的风度、弘通的见地、敏锐的思想、笃实的践履，无一不是足以为人师表。
>
> 清初的顾亭林曾为学人定出一个客观的标准和要求，叫作"博学于文，行己有耻"。他当时所说的"文"，无非指中国历代的典籍

[①] 《傅斯年》，山东人民出版社1991年版，第8页。

与文献。而在今天，则对这个"文"字的内涵和外延全须加以深进和展拓。例如即须包括一些外国语文，还需包括一些近代新兴起的学问之类。但是，即使对这个"文"字赋予最近代和最高境界的解释，傅先生对"博学于文"一语也是当之无愧的。而傅先生的不满五十五岁的一生，有一些极重要的段落皆处在与文化界或政治上、社会上的腐朽、邪恶、反动势力的斗争之中，其高风亮节，证明了他真正具备了"出淤泥而不染"的操守，称其为"行己有耻"岂不还是属于比较低调的评价吗。[①]

邓广铭撰写此文纪念傅斯年百岁诞辰，距离傅斯年去世已近半个世纪，邓广铭女儿邓小南曾回忆说，其父亲撰写此文时仍沉浸于对傅斯年深切的怀念之中，写到动情处"禁不住涕泪纵横"。他回忆当时情形说：

> 1996 年为纪念傅斯年先生百年诞辰，应台湾大学逯耀东先生之邀，父亲写了《纪念我的恩师傅斯年》一文，刊登在《台大历史学报》上。当时他已年近九十，想起当年的情景，禁不住涕泪纵横。文章开篇部分，说"到一九五一年一月内，我闻傅先生逝世的消息后，顾不得我应与他划清界限的大道理，不禁在家中失声恸哭起来。后几天，我就接到陈寅恪先生《读〈霜红龛集·望海诗〉感题其后》一诗，知其为悼念傅先生而作，而我却没有敢写追悼傅先生的文字。"未撰文悼念傅先生，长期以来父亲引为内疚。此文的撰写，也是希望还却心中的夙愿。文章发表后，计划收入中国青年出版社的《学术文化随笔》丛书。1997 年出版前，编辑打来电话商议，要删去文中"失声恸哭"一句，说是显得"敏感"。那时父亲已经住在医院，我转达了编辑的意见，父亲断然回应说："这句话不能删！要觉得'敏感'，就把全文都撤下来吧，这本书也就不用勉强出了。"

邓广铭对傅斯年的记述和评价透视出真诚的敬意和感念，可以帮助后人全面认识傅斯年。

[①] 邓广铭：《怀念我的恩师傅斯年先生》，（台）《台大历史学报》第 20 期，第 18 页。

(二) 杨志玖: 永志不忘关怀情

杨志玖在回忆傅斯年的文章中说: "我现在已经成为老人了。但回忆往事,历历在目,仿佛回到四十多年前的光景。对傅先生的治学为人,音容笑貌以及他对我的关怀和期望,我仍然记忆犹新,永志不忘。"① 1934年杨志玖在北京大学与傅斯年结成师生关系,受到傅斯年的关爱和奖掖。一直保持到傅斯年离开大陆赴台任台湾大学校长。十几年间或传道授业,或合作研究,虽聚散无时,但书信往返,联系未断。杨志玖对傅斯年终生感念,从两人的交往和书信中得以充分的体现。

杨志玖(1915—2002),字佩之,山东淄博周村人。1934年考入北京大学史学系,1938年毕业。曾在历史语言研究所从事学术研究一年,1939年考取北京大学文科研究所研究生,毕业后到南开大学工作。1944—1946年被傅斯年借调到历史语言研究所参加撰写《中国边疆史》。杨志玖从事研究的领域主要是元史和回族史,其中关于马可波罗、探马赤军和元代回族史的研究尤为学界所推重。

杨志玖在北大读书期间与傅斯年结识,他曾回忆说: "1934—1937年,我在北京大学史学系读书时,曾旁听过傅先生的先秦史专题课,我虽不能完全领会他讲课的内容,但对他发表的独到的见解,对史籍的熟悉,旁征博引,融会中西的学识及滔滔不绝的口才,却深感新奇和钦佩。"② 随着时间的推移,两人的交往逐渐频繁,情谊日深。

1937年,抗日战争全面爆发,杨志玖随北京大学南迁,于1938年毕业,被推荐到中央研究院历史语言研究所攻读研究生。由于当时条件的限制,史语所不招收研究生,傅斯年从史语所掌握的一笔中英庚子赔款中每月支付杨志玖30元,让其在所内读书和进行学术研究,为杨志玖创造了学习、研究的安定环境。一年后,北京大学文科研究所恢复,开始招收研究生,傅斯年兼任所长,郑天挺任副所长。傅斯年劝杨志玖报考,后以优异成绩录取。由于杨志玖是回族,对回族史、元史有兴趣,所以考取研究生后,师从姚从吾、向达继续从事元史的学习和研究。当时傅斯年虽公务繁忙,但仍关心着杨志玖的学习和研究,不时地给予指导和提携,其中有

---

① 杨志玖:《回忆傅斯年先生》,《傅斯年》,山东人民出版社1991年版,第38页。
② 同上书,第34页。

一件事很能说明傅斯年对杨志玖的关心和奖掖。

1941年夏，杨志玖在阅读《永乐大典》，收集元史资料时，在元修《经世大典·站赤》中发现了有关马可波罗来华的史料。在相当长的时间内，关于《马可波罗游记》的真伪和马可波罗是否到过中国一直争论不休，国际学术界一些人认为马可波罗没有到过中国，《马可波罗游记》是伪造等。杨志玖从有关史料中证明马可波罗确实到过中国，他在游记中所提到的人名、地名与中国有关资料的记载完全一致，而且杨志玖还从中考证出马可波罗离开中国的确切时间。杨志玖将他的新发现写成一篇论文，题目是《关于马可波罗离华的一段汉文记载》，寄给重庆顾颉刚主编的《文史杂志》，刊载于1941年12月第1卷第12期。

杨志玖的此项研究成果不仅破解了一个世界史学研究之谜，而且是用新发现的史料证明史实的典型事例。傅斯年看到后十分欣赏，立即致信杨志玖，对文章的"内容和写法表示赞许"，同时将该文推荐给中央研究院学术评议会参加评奖。傅斯年在推荐信中对论文进行了高度评价："查《文史杂志》第一卷第十二期所载杨志玖君所著《关于马可波罗离华的一段汉文记载》一文，斯年读后，觉其于持论有据，考订细密，确史学一重要贡献。且马可博（原文如此，下同）罗入华事迹，迄未于汉籍中得一证据。今此说既成，足证马可博罗离华之年，历来汉学权威如王里安、伯希和等皆不免有小误，此实中国史学界一可喜之事也。兹根据本院《杨铨奖金章程》第七条，推荐于贵会，拟请考虑给与奖金。"为了说明自己推荐论文的真实性和客观性，傅斯年在推荐信中较为详细地介绍了杨志玖的学业情况，信中说："杨君现年二十九岁，民国二十七年毕业于西南联合大学史学系，三十年毕业于西南联合大学文科研究所（北大部分），近任西南联合大学史学系教员（南开部分）。至杨君论文所刊入之《文史杂志》，斯年手边无存，尚请贵会就近在渝购买二册，以便审查，是幸。"[①] 杨志玖论文评议获得名誉奖。傅斯年时在重庆，认为该文破解了国际学术界长期争论的一个疑案，值得向国际学术界公布，就自作主张委托中央大学何永佶教授将文章译成英文，寄给美国哈佛大学《亚洲研究杂志》（*Harvard Journal of Asiat-ic Studies*），要求给予转载，后来该杂志

---

① 王汎森、潘光哲、吴政上主编：《傅斯年遗札》第三卷，（台）中研院历史语言研究所2011年版，第1335页。

发表时仅采用了其中引文《站赤》的原始资料，傅斯年对此很不满意。

杨志玖接到傅斯年的祝贺信，得知傅斯年为此论文所做的工作，十分感激，两次致信傅斯年表达感激之情，同时陈述了自己的真实想法。1943年1月5日信中说："奉诵来教，感惭交集，马可一文，不过偶有所得，未见工（功）力，谬蒙错爱如此，甚觉不安，请奖事望其不必成，以免受人指摘，与李、劳二先生并举，名实俱不相称也。吾师一番热心，真令生感激莫名，关怀之切，更使生感奋，生自毕业后一切俱未进步，殊为惭愧。"① 评奖结果出来后，杨志玖给傅斯年的信中再次表达了心中的感激与不安，信中写道："生前草马可一文，本一时兴会所致，仓促写成，失检必多，辱蒙错爱，感愧难安，此次忝获贵院名誉奖，实觉汗颜，未知何时始能为一少为惬意之文，以报吾师奖掖之意于万一也。"通过对马可波罗的研究，杨志玖对傅斯年的感情加深了许多，以至于六十多年后谈论此事还相当激动，曾说：事隔六十多年，想起这些先生对我的鼓励和关怀，不禁涌起感激和思念之情。②

傅斯年一生都特别重视培养和吸纳人才，对青年人的培养和爱护更是时时用心，处处留意。凡与他一起工作过或求学的人都有深切感受。李济曾说："历史语言研究所建置的初期，各大学历史系的高材生，每年都被他罗致去了。他的'拔尖主义'（这是他铸造的一个名词），往往使各大学主持历史系的先生们头疼。"③ 杨向奎是傅斯年在北大教书时的学生，他曾说："傅先生是一位爽直的学者，肯帮助人，也培养了一大批青年学者，回想过去，我一直在他的帮助教育中。"④ 杨志玖在北京大学读书期间，刻苦用功，全身心投入到学术研究中，尤其是对元史、回族史的学习和研究已初露头角，这自然引起傅斯年的关注。

1941年3月，傅斯年患严重高血压病，入中央医院治疗，一直到7月才出院，此时杨志玖正好研究生毕业，傅斯年出院不久即主动致信杨志玖，询问杨志玖研究生毕业后的去向，并建议杨志玖留在北京大学或到历

---

① 2002年4月，我去台湾进行学术访问，在台湾"中央研究院"历史语言研究所傅斯年图书馆阅读傅斯年档案，发现一批杨志玖先生致傅斯年的亲笔信。回来不久，杨先生归真。经与史语所王汎森先生联系，图书馆的柳立言主任将信函复印件寄给我们。再次对史语所几位先生慷慨提供资料表示诚挚的感谢。这批书信经过整理考辨，按年代顺序引用，文中不再一一注明。
② 《傅斯年》，山东人民出版社1991年版，第37页。
③ 同上书，第228页。
④ 同上书，第11页。

史语言研究所工作，表示如果愿意在这两个单位工作他愿给予安排。杨志玖对此深为感动，在回信中比较详细地谈了自己的想法：

> 接奉来谕，知吾师对生出路关心，曷胜感奋，前闻吾师在渝患病即思奉候，恐诊医之余不胜披读之劳，转渎清神未果，今悉贵体康复，殊深庆幸，生毕业后事，罗、郑二师谕以留校，或赴李庄听由自决，后与郑师商谈结果，觉留校似较宜，缘郑师以北大同学因英文程度关系，历来参加留学考试皆告失败。亟盼生费一年功夫练习英文，俾有机会时能与外人竞争，在昆书籍缺乏，正好趁机多读英文。生对此谕颇愿遵命，汤师亦颇以为可行，唯姚师因病未得请命耳。来谕告以留校是上策，不知对生此种决定有何指示，亟望谕知，俾生有所遵循也。

此信落款时间是1941年9月26日，说明杨志玖毕业时的去向——留在北京大学的意向与傅斯年、郑天挺、汤用彤诸先生的意见是一致的，但是杨志玖的导师姚从吾没有表示意见。在此期间，正好南开大学文学院院长冯文潜要姚从吾推荐历史教师，于是姚从吾推荐了杨志玖，杨志玖没有遵从傅斯年、郑天挺诸位的意见，直接到了南开大学任教。

1944年年初，国民党政府决定编写一部《中国边疆史》，最后决定由历史语言研究所承担该项课题。傅斯年在组织参加编写人员时想到了杨志玖，一来由于杨志玖的专业与此课题有关，二来可以借机会将杨志玖调到史语所，在与南开大学历史系和杨志玖磋商时，杨志玖当然同意，但南开大学因教师缺少而不同意，最后冯文潜同意将杨志玖借调给史语所，工资由史语所支付，南开大学给予生活补助，项目完成后仍回南开大学。杨志玖后来回忆说："1944年上学期开学两个多月，我正在联大师范学院讲元史时，接到四川中研院史语所傅斯年的信，要我到史语所帮他写边疆史。"①"但因南开不放，只算借调。我从1944年3月到1946年9月在史语所待了两年半，写出了中国边疆史的清代部分。这期间傅先生长住重庆，间或到李庄住几天。"② 杨志玖借调史语所期间，中国抗战形势发生

---

① 赵文坦等：《杨志玖先生访谈录》，《史学史研究》2002年第2期。
② 《傅斯年》，山东人民出版社1991年版，第34—47页。

了重大变化，1945 年 8 月，抗战胜利，从 1946 年上半年开始，西南联大各校和史语所都在筹备复员。杨志玖负责撰写的《中国边疆史》清代部分基本结束，是回南开大学，还是留在史语所，何去何从，尚未定夺。正在此时，杨志玖又面临亟待解决的个人婚姻问题，于是写信征求傅斯年的意见。据杨志玖后来回忆，傅斯年接到此信不久即回信，不同意杨志玖此时结婚，劝其退婚或将婚期推迟。其原因是想推荐杨志玖去美国留学。由于此时尚未办好，故信中没有说明。事后郑天挺曾向杨志玖谈到此事。①

从 1946 年 5 月开始，西南联大各校和史语所复员迁返原地的工作开始进行。南开大学的学生和设备经汉口转赴上海，由上海乘船赴天津。10 月，大部分物资设备和人员陆续到达天津。史语所也在筹划迁返南京。这个时期，南开大学文学院院长冯文潜曾致信杨志玖，述说南开大学已开始复员，暑假后将正式上课，要求杨志玖回南开大学准备上课。杨志玖致信傅斯年，一是陈述即将结婚之事，二是商议以后的去向，傅斯年很快回信，对杨志玖结婚不但没有责备，还委托人馈赠礼物以示祝贺，并告知正在为其筹谋出国留学机会，信中强调：史语所将是杨志玖归宿地，劝其安心留在史语所，以便进行学术研究。可是杨志玖当时却另有想法，他认为：自己如果从此留在史语所，是失信于南开大学，也对不起冯文潜等诸师友，想先按原来约定回南开大学，以示诚信，以后再找机会出来。杨志玖在回忆傅斯年的文章中说："这年（即 1946 年）的下半年，南开大学要在天津上课，南开大学文学院院长冯文潜先生写信要我回校任课。我本系借调，理应回去，写信告傅先生说明。哪想到这一下使他很恼火，他没给我回信，却令史语所停止给我补助。我因不愿违背当日诺言，不愿冯先生失望（冯先生对我也很好），也就顾不得傅先生的警告了。事后我才明白，傅先生把我借调到他那里去，本有意把我留在史语所不回南开，借调本是个名义，好比刘备借荆州，一借不还。"② 从以后两人的交往和往返的信函来看，杨志玖的分析是正确的，但事态的发展却复杂曲折许多。傅斯年爱惜杨志玖的专业才能，想把杨志玖留到史语所，进行学术研究。从当时的环境和全国形势来看，他留杨志玖在史语所，也是为杨志玖考虑，尤其是傅斯年当时还有一个不能公开说明的原因，他正在为杨志玖争取出

---

① 《傅斯年》，山东人民出版社 1991 年版，第 34—47 页。
② 同上书，第 37 页。

国留学的机会。由于杨志玖坚持回南开大学，傅斯年当时不高兴，没有回信，隔了一段时间又开始给杨志玖写信，分析去南开大学和留史语所的利弊，要杨志玖斟酌，杨志玖于 8 月 13 日、27 日两次致信傅斯年，陈述自己的意见和想法。

　　杨志玖给傅斯年的信寄出后，决心随史语所复员到南京，于是就在史语所耐心等待，并与史语所成员一起做复员前的准备工作。9 月下旬，杨志玖与史语所开始复员，将各种东西运到李庄码头，准备装船回南京，正在这时，杨志玖突然接到冯文潜从重庆来的急电：内容是 10 月 10 日为西南联大复员去北京的最后班机，要杨志玖赶快去重庆搭乘此班机去天津。杨志玖经过认真考虑，决定先乘船去重庆，由重庆乘飞机北上。9 月 25 日，在杨志玖乘船去重庆前一个多小时接到傅斯年的信，同意杨志玖随史语所复员，留在史语所工作。杨志玖认识到此时已无法变更现实，只好去重庆，经北京转天津到南开大学报到。

　　1947 年 4 月，杨志玖写信给傅斯年，想离开南开大学到北京大学工作，让傅斯年介绍推荐，当时傅斯年正筹备赴美事宜，但他接到信后，仍然为杨志玖的工作进行了筹划。他认为当时杨志玖去北京大学更为合适，在北京大学为其作了安排，在杨志玖的信后特别作了注明："已推荐，现今已生丁的情况下，北大应胜他。"为杨志玖安排好后，傅斯年便在妻子的陪同下，赴美治病去了。但因后来形势变化，杨志玖继续在南开大学任教。

　　1948 年 5 月，原南开大学教授张彭春从美国回国，张在美国期间曾去看望傅斯年。傅斯年经过近一年的治疗，病情大为好转。张彭春回到南开大学向杨志玖介绍了傅斯年在美身体恢复情况。杨志玖深为傅斯年恢复健康而高兴，遂于 5 月 30 日致信傅斯年，汇报傅斯年去美后自己一年的工作情况和以后的打算，信中要求傅斯年在美帮助联系出国留学事宜，其中说："甚盼吾师为找一出国机会，使生求知欲望得偿，定不负吾师对生多年来之期许也。"傅斯年接信后不久便回国了，为杨志玖谋求出国的机会没有成功。傅斯年回国仅半年即去台湾就任台湾大学校长，并于 1950 年在台湾去世。从此，两人分隔海峡两岸，再没有见面，但杨志玖对傅斯年的怀念却长久地深埋在心中。

　　20 世纪 80 年代末，对傅斯年的研究逐步展开，杨志玖开始寻找机会表达他对傅斯年的怀念，其中一个突出表现就是支持对傅斯年的资料征集和研究。1988年，我们对傅斯年进行专题研究，到南开大学拜访杨志玖，收集傅斯年的口碑资料，杨先生热情接待了我们。当我们说明来意时，一向淡泊宁静的杨先生，表情显得有些激动，一开头便说，傅先生是我的恩师，对我很好。接着就傅斯年的生平事迹和学术研究及两人的交往谈了两个多小时，并提供了个人珍藏的《人民日报·海外版》发表的《傅斯年临去徘徊》一文的复印件，临分别时给我们写了几封介绍信，介绍我们到北京拜访邓广铭、何兹全、王利器等先生，了解和收集有关傅斯年的资料。1990年，杨志玖写了《回忆傅斯年先生》，记述了自己所了解的傅斯年的生平事迹和他们两人的交往，文章情真意切，充分表达了他对傅斯年的纯真感情。1994年，杨志玖为《傅斯年：大气磅礴的一代学人》写了长篇序言，对傅斯年的一生进行了准确的概括和评价。

从杨志玖与傅斯年的交往中可以看出几个方面的问题。其一，反映出了傅斯年的学者情怀和宗师风范。他对杨志玖的关爱和奖掖固然是对杨志玖学业和志趣的赏识，但从根本上说是他为发展中国学术而始终坚持的一个宗旨，要复兴和发展中国的学术，关键是培养和造就新一代学人。为此，他数十年如一日，"汲引才流，不遗余力"[①]，利用各种途径和方式，不拘一格地培养青年才俊，这从他与杨志玖的交往中充分显示出来。

其二，傅斯年和杨志玖的交往从某一个侧面反映了20世纪三四十年代学人的生活环境和思想倾向。20世纪三四十年代是中华民族危难深重的时代，也是新旧转折、大浪淘沙的时代。这期间的知识分子整体上经历了民族战争洗涤，饱尝颠沛流离的苦难，其中许多人在困危环境中以艰苦卓绝的精神从事学术教育救国的工作，在偏远地区简陋的条件下，孜孜不倦地从事教学和学术研究，从而使学术、教育薪火相传，弦诵不断，保持了中国学统的延续。傅斯年与杨志玖往来的信函和交往的史实反映了他们对学术、教育的追求和做出的努力，间接地反映了那个时代知识分子的志趣和价值取向。

（三）何兹全：传道续学感师恩

2011年，何兹全在北京去世，成为海峡两岸傅斯年学生辈中最后去世的一位。何兹全在世时多次表示他对傅斯年怀有深厚的感情，感念傅斯

[①]《傅斯年》，山东人民出版社1991年版，第304页。

年对他的教诲和奖掖。他曾说:"傅斯年是我的老师,这老师还不是泛泛的老师,是恩师。"①

1931年何兹全考入北京大学政治系,一年后转入历史学系。当时傅斯年是北大历史系兼职教授,因何兹全族兄何思源是傅斯年的同学好友,何兹全考入北京大学后,何思源写信给傅斯年,要求傅斯年做何兹全的保证人,何兹全回忆说:"仙槎(何思源字仙槎)哥为我写信给傅斯年(孟真)先生,请他作我的保证人。到北京以后我去看傅斯年先生,他非常高兴热情地接待我。他告诉我:'大学期间要学好外语,学好古汉语。'"②从此,何兹全与傅斯年结成了师生关系,再加上何思源与傅斯年一层关系,何兹全与傅斯年关系又密切一些,这种关系对两人一生都有影响。

何兹全在北京大学读书期间专业选择上深受陶希圣的影响,他自己叙述说:"我在北大时影响我最大的是陶希圣,他开的两门课:中国社会史、中国政治思想史,我都选修过。我研究中国社会经济史,主要是受他的影响。其次是胡适、傅斯年,再次是钱穆先生。他们的治学方法,通过听他们的课,读他们的著作,对我都有影响。"何兹全毕业后长期追随陶希圣,从事经济史研究,编辑杂志和从事社会活动。1944年,何兹全决定到历史语言研究所从事学术研究,正好傅斯年到重庆,何兹全回忆说:"1944年,傅孟真先生到重庆,我去看他。我问傅先生我能不能到中央研究院历史语言研究所去。他说:'你毕业时就约你来,你不来!'就这样,我到了史语所。"直到晚年,何兹全仍以为他到史语所从事学术研究,是他"一次一生命运攸关的重大决策"。"这决策,决对了,才有今天的我。"③何兹全在史语所从事学术研究,直到1947年4月去美国留学。1950年9月回国,一直在北京师范大学历史系任教,2011年以101岁高寿去世。

何兹全对傅斯年怀有深厚的感情,对大陆和台湾海峡两岸举行的有关傅斯年的纪念活动积极参与,用各种形式纪念傅斯年对自己的爱护和帮助,1995年12月台湾"中央研究院"、台湾大学举办纪念傅斯年诞辰百年学术研讨会,何兹全应邀赴会。他记述说:"18日,纪念和学术研讨会

---

① 《民族与古代中国历史·序言》,河北教育出版社2002年版。
② 同上。
③ 何兹全:《爱国一书生》,华东师范大学出版社1997年版,第195页。

继续在台湾大学举行。会前,我们先去参拜傅先生的墓。先在墓前行三鞠躬礼,然后绕至墓旁。我跪下默哀,良玉也随我跪下。想起傅先生生前对我的爱护,我哭了。这时正下着大雨。风雨凄凄。"① 何兹全晚年利用多种方式纪念傅斯年,介绍傅斯年的学术思想和成就,颂扬傅斯年的志节和品格,在许多文章中充满了敬爱和感念的心情,几乎每次提到傅斯年,都深情的称为"恩师"。如他晚年为《陈寅恪与傅斯年》一书写序,用的题目是"独为神州惜大儒",其中对傅斯年、陈寅恪推崇备至,充满感情。"傅斯年主持中央研究院历史语言研究所二十三年中,为中国史学、考古学、语言学、民族学培养了众多人才。新中国成立后,一大批在这方面有贡献的学者,大都受过他的培养。因而在这一领域,傅斯年是当之无愧的第一功臣……我说傅斯年是我的老师,这老师不是泛泛的老师,是真正意义上的恩师……傅斯年先生是20世纪中国史学界、国学界当之无愧的天才、奇才和大师级人物。"②

在学术界,评价师生关系的一个重要标准是学生对师长的学术思想的继承和发扬光大,傅斯年一生致力于培养学生和奖掖新人,他去世后,其学生对他曾用多种形式纪念,而何兹全利用编辑傅斯年生前未完成的遗著,弘扬其学术思想和成就的方式表达自己的感情,自有其特殊的心意。

傅斯年早年致力于中国先秦史研究,准备撰写《民族与古代中国史》的专著,断断续续地撰写了《夷夏东西说》《周东封和殷移民》等5篇论文,实际上这些论文都是《民族与中国古代史》一书中的章节,由于"九·一八"事变,"日寇占东北,心乱如焚、辍者数月。以后公私事纷至,继以大病,未能杀青"③。直至傅斯年去世,也没有机会将此书整理面世。

早在傅斯年去世之初,胡适就曾致信傅斯年的同学好友毛子水,要抓紧时间编辑出版傅斯年的遗著,并特别提到《名族与古代中国史》一书,信中说:"孟真的著作,除《性命古训》已印出外,都没有成书。他的《古代中国与民族》《古代文学史》,都应该有稿本在家中或在研究所中。所中同人应该担负收集保存遗稿的责任。此种事不可迟缓,当及早收集,

---

① 何兹全:《爱国一书生》,华东师范大学出版社1997年版,第195页。
② 何兹全:《陈寅恪与傅斯年:序》,陕西师范大学出版社2008年版,第1—4页。
③ 《民族与古代中国历史·序言》,河北教育出版社2002年版。

及早印行。否则，更难收集了。"①

　　自20世纪50年代开始，台湾虽然曾出版《傅斯年选集》《傅斯年全集》，大陆也曾出版《傅斯年全集》，但都是将傅斯年关于中国古代史的遗著以单篇论文收入其中，后人无法全面系统地了解傅斯年关于中国上古史研究的理念与成就。

　　20世纪末，河北教育出版社策划《二十世纪中国史学名著》，"旨在系统地展示这个世纪的史学成果，把最具代表性的历史学家的著作奉献给读者"。何兹全先生不顾年高体衰，放弃出版自己的著作的机会，用几年的时间，将傅斯年20世纪30年代撰写的几篇文章编辑成书，根据傅斯年生前意旨，定名为《民族与古代中国史》入选《二十世纪中国史学名著》系列。然后对其以文章为线索，对傅斯年学术思想学术成就进行评论，为后人认识研究傅斯年的学术成就及其时代影响树立了一个典范。

　　何兹全认为傅斯年20世纪30年代发表的关于中国上古史的5篇论文是《民族与古代中国史》一书中部分章节，具有很高的学术价值，最能代表傅斯年的史学思想，他在前言中说："《民族与古代中国史》这书，是傅斯年生前未能完成的一部中国古代史专著。……能作为他的史学代表作的，就是这部未完成的《民族与古代中国史》。"而这部书已发表的《夷夏东西说》等5篇论文，"篇篇都有精意，篇篇都有创见——独到的见解，篇篇都是有突破性、创始性的第一流的好文章。就这一本未完成的书之已完成的几篇文章，已足以使傅斯年坐上20世纪中国史学大师的宝座，享有大师的荣誉"。何兹全在前言中对傅斯年的学术思想、学术成就及其人品志节都进行了评说，字里行间充满了感情和敬意。

---

　　① 胡颂平：《胡适之先生年谱长编初稿》第六卷，（台）联经出版事业公司，第2157—2159页。

第十一章

最后岁月

1948年11月，傅斯年被国民党政府任命为台湾大学校长。经过犹豫和思考，傅斯年于1949年1月赴台履职，直至1950年12月以身殉教。傅斯年在台湾生活不足两年，除参与必要的社会活动外，主要时间和精力用于对台湾大学的整顿和改革，间或对高等教育进行理论研究，傅斯年任台大校长时间虽短，但他卓有成效的工作为台湾大学的迅速发展奠定了基础。

一 出任台湾大学校长

1948年冬，国民党政权在大陆败局已定，开始着力经营台湾。而台湾大学校长庄长恭到任不到半年，一来感到台湾大学人事政务难以处理，二来不愿意长期留在台湾，竟悄然离职携眷返回上海，让杜聪明代理校长。国民党当局为安定台湾，权衡再三，决定让傅斯年出任台湾大学校长。傅斯年于1948年8月从美国治病回国，临行时负责为他治病的美国主治大夫特别叮嘱其回国后不要担任繁巨的行政职务，如果操劳过度，高血压病很容易复发，后果将不堪设想。傅斯年回国不久，就开始为主持史语所及其重要文物迁台事务而东奔西走，身体已不堪重负。教育部部长朱家骅要其出任台湾大学校长时，傅斯年曾严辞拒绝，但朱家骅并没有改变决定，亲自找傅斯年晤谈，又让傅斯年的几位朋友轮流规劝游说。1948年11月傅斯年勉强接受了任命，但并没有前去上任，仍处于徘徊状态。

在傅斯年徘徊不定之时，台湾有关人士函电交加催促其迅速上任。庄长恭12月15日致函傅斯年，要求傅斯年迅速赴任，办理交接手续。杜聪明于12月18日、20日分别致电、致函傅斯年，要求傅斯年早日命驾，到校主持。陈诚于1949年1月5日就任台湾省主席，同日致电傅斯年，要求傅斯年迅速赴任，电报说："弟已于今日先行接事，介公深意及先生等善意，恐仍须有识者之共同努力，方能有济。弟一时不能离台，希先生速驾来台，共负矩艰。"①

陈诚与傅斯年私交甚好，他的催促，傅斯年是必须认真考虑的，傅斯年平时办事以干脆、决断著称，这次因关系他个人后半生的前途命运，所以格外慎重。他将自己关在一个房间，三日三夜未出房门，绕室踱步，反复吟咏、书写陶渊明《种桑长江边》的诗句，考虑去留问题，最后决定暂且去台湾就职，但仍怀有去看一看的思想。他原想带全家去台湾，并且已买好了机票，但临行时决定，把部分亲属留下，退掉了机票，对他们说："共产党对文人还是要用的，我可能很快就回来"，临行又把许多图书、家产留了下来。1月19日，傅斯年只携带部分亲人和主要生活用品乘飞机去了台湾。

台湾大学的前身为台北帝国大学，是日本帝国主义占领台湾后，于1928年在台北建立的一所综合性大学，其目的是对台湾青年进行奴化教育，培养他们所需要的人才。抗战胜利以后被国民党政府接收，1945年11月改校名为国立台湾大学。接收之初，由罗宗洛出任校长。学校虽是国立的，但经费却由台湾省承担，财政上入不敷出，又加上接收伊始，一切未上正轨，许多棘手的问题急需处理。对台大能否办好连罗本人也没有信心，干脆一走了之，卷铺盖回上海了。之后由陆志鸿接任，陆志鸿学问做的很好，但行政非其所长，他在任期间台大不但毫无起色反而更加混乱。教育部部长朱家骅以其才力不济，免除了陆志鸿的校长职务，于1948年5月改派庄长恭赴台大任校长。庄长恭到任后，虽有把台大办好的决心，但由于情况复杂，再加上所用非人，台大每况愈下，不到半年，庄长恭也折戟回返上海。这种情况下，教育部部长朱家骅考虑再三，决定起用好友傅斯年。傅斯年虽有病在身，终不忍拒绝好友的盛情，再加上他对教育的热爱，为实现其改革教育的理想，便接受了任命。1949年1月20日，傅斯年与杜聪明交接，就任台湾大学校长。

---

① 王汎森等主编：《傅斯年文物资料选辑》，傅斯年先生百龄纪念筹备会1995年版，第158页。

二　整顿台湾大学

傅斯年到台湾大学后，面临着一系列的困难：学校领导人更换频繁，导致教学管理混乱不堪；国民党政府迁台后，国民党军政人员的家属子女大批涌入台湾，要求入台湾大学就读的人数大量增加；学校经费入不敷出等困难摆在面前。面对这些困难，傅斯年锐意革新，很快使学校走上正轨。

（一）稳定学校秩序

傅斯年到校后首先对学生的生活环境进行了整顿，对学生的食宿进行妥善安置。国民党政府撤到台湾后，学生人数剧增，而当时台湾的大学仅此一所，根本无法容纳数目如此庞大的生源，但迫于社会各界的压力，招生人数又不得不一增再增，完全超出了它本身的负荷。学生剧增，而大教室、大实验室等一些基础设施都没有增加，理学院不能做普通化学、普通物理学的实验，工学院连画图的桌子都没有，法学院的教室容纳不下学生上课，如此等等。而最严重的还是学生的住宿问题。日本占领时期，台北帝大学生都是走读，学校不设宿舍。台湾大学建立后，远离家乡的贫苦学生逐渐增多，他们无处栖身，研究室、教室乃至洗澡间里，到处都住着学生，台大附属医院传染病房的楼上，也住着二百多名学生。傅斯年面对这种情形，既心疼又心痛，他多方奔走，筹集资金，迅速建立了一批较简易的学生宿舍，基本上解决了在校生的住宿问题。同时建造了一些大教室、大实验室以解燃眉之急。

对学生的学习和生活，傅斯年也极为关心。傅斯年刚任校长时，台大的外省籍学生几乎断了炊。傅闻讯后，马上令有关部门接济，甚至要把自己家的米拿到学校去煮，由于秘书的劝阻才作罢。有一次，台大数十名学生染上疾病，傅斯年十分着急，他马上下令腾出校园内空气通畅的几间房屋，供这些学生疗养，并派工友精心护理，每月送给每位病人两罐奶粉、两瓶鱼肝油和现金三十元，其他福利也优先供给。由于精心照料，这些学生渐渐痊愈。他还经常到学生食堂去了解大家的生活情况，和学生们谈家常，帮助他们解决困难。他尤其关心那些成绩优秀而家境贫寒的学生，一再表示绝不让任何学生因经济拮据而失学。为此，设置了奖学金，助学金等多种形式的救助，帮助穷学生完成学业，全校大约有 1600 人拿到了这笔经费。规定学习成绩在 70 分以上的贫苦学生可领到公费奖学金，入学新生获得工读补助金，成绩略差但不低于 60 分的贫苦学生也可得到一定数额的资助，台湾籍学生可领取台湾省籍贫寒学生救济金，非台湾籍学生可领取救济金。这样，贫寒的学生们就不用为生活奔波，安心读书了。有一次，傅斯年为了发掘高材生，还在台大举行了一次作文比赛，并亲自出题、阅卷。他回家后兴奋地告诉夫人，自己看到一篇好文章，约作者面谈，果然文才非凡。但这学生家境贫寒，患深度近视而不戴眼镜。傅斯年是个细心人，便托出差的朋友在香港为这个学生配了一副眼镜。傅斯年对学生的真诚关怀，赢得了他们的衷心爱戴，学生们亲切地称他为"台大的慈母"。

除了整顿内部外，傅斯年极力为学生营造一个平静的外部环境，不容许校外的政治斗争波及台大。当时国民党刚刚撤到台湾，岛内反蒋活动高涨。反蒋标语铺天盖地，学潮一浪高过一浪。军警动辄逮捕知识分子、青年学生，扣上共产党的帽子。一时间，白色恐怖弥漫全岛。

台湾大学是台湾地区著名的综合性大学，大陆流亡学生到台湾后一般首选台湾大学，因此台湾大学学生成分复杂，是学潮的发源地和重灾区，也是国民党政府重点控制的单位。傅斯年就任台湾大学校长不久，台大学生运动开始发动，学生到处贴"打倒学阀傅斯年"的标语，并在体育场集会，高呼"打倒傅斯年"的口号，迅速形成"四六学潮"，傅斯年从保护学生生命安全的立场出发，与地方军警交涉，保证了此事件以不流血的形式得以解决。据《陈诚回忆录》记载：在对台湾大学学生拘捕前，陈诚与傅斯年两人曾会面，商谈安定台湾秩序和应付学生运动方面的事。陈诚回忆说：

> 我和傅斯年相处，最难忘的一幕，就是一九四九年四月我们商讨安定台湾秩序的那一夕谈话。那时，我刚从南京回来，深深感到南京已毫无希望。在台湾可以商量大计的，只有傅斯年一人。我记得我们谈话的那一天是四月五日。我问他："南京完了，台湾怎么办？"他毫不迟疑地说："先求安定。"接着说到安定的办法，他说："要安定，先要肃清'共谍'。"我老实告诉他："'共谍'的大本营，就在你的台大和师范学院。是不是先从这两处清除？"他当即表示赞成

说："你做。我有三个条件：一、要快做；二、要彻底做；三、不能流血。"我完全接受了他的条件。他提说快做，正合我心；因为其时和谈正进入最高潮，迟了容易发生枝节。好在省政府对于"共谍"学生早有调查，当天晚上就开始布置，第二天四月六日就开始行动。这一天在我办公室里，斯年和我及彭孟缉三人一同守候消息。我在军队三十多年，参加过多次战役，从来没有像这一天那样紧张。两架无线电话应接不暇出动军警请示的电话。到了六日清晨开始逮捕，一共逮起五百多人。我们连夜分头侦讯，情节较轻者，即交家长领回。来自大陆"中毒"太深的学生三十余人，送军法处审问，浅的送司法机关办理。这一次抓起五百多人，没有一个学生流血，反倒有一名警长被学生打破了头。①

关于"四六学潮"的后续处理，傅斯年仍坚持保证学生生命安全的意愿，他再次找陈诚要求不要流血，据在场的工作人员回忆："傅先生云'要办不要流血。'陈云：'不流血如何压得住学潮？'傅先生云：'传令各校，左倾学生一一登记，既然向往共产党，将他们一船一船的运回大陆。'陈即照办。这样一来，随声附和的学生就不敢再闹，台湾一下便安定了。"② 他当日从陈诚办公室返回台大后迅速召开行政会议，向学校主管各方面通报了与军警主管交涉情况，并刊出布告强调"本校当尽量设法使此事成为纯粹法律事件解决，仰各生照常上课"。其后一周，傅斯年多次与陈诚及保安司令部接洽，三度召开行政会议，四次出布告安抚学生："对已拘各生继续向地方当局请求依法处理"、"务盼全体学生体念环境，力求镇静，有事应立即与学校当局接洽，以免再节外生枝，并各照常上课，共维艰难"、"务於本星期六（四月九日）起，一律上课。切切"。③ 他不能承认"无罪学生为有罪，有辜学生为无辜"④ 的公平态度，使风潮迅速平息，校园初安。查阅《台大发文归档薄》目录，傅斯年曾多次函请释放教师或学生的公私书信。而被救援的师生写给傅斯年的感谢书信，亦有留存。兹引其中一封信颇能代表蒙冤受屈者的感激之情。信中

---

① 《陈诚回忆录》，东方出版社 2011 年版，第 285 页。
② 王叔岷：《幕庐忆往》，（台）华正书局有限公司 1993 年版，第 73 页。
③ 1949 年 4 月 7 日、8 日、9 日布告，载《台大校刊》第 28 期（1949 年 4 月第 20 期）。
④ 傅斯年：《几个教育理想》，《台大校刊》第 56 期（1950 年 2 月第 13 期），自谓语。

说，"傅校长鈞鑒：喜怒哀乐，似乎大丈夫之所见不现於行者，惟××当此事件进行中，曾不知留下了几次由心底里涌出来的热泪，即因想到自己受冤而坐於牢裏，或将永不能见骨肉时，与校长之营救而能得申冤恢复自由时是也……此恩此情唯有感佩，至死不忘，蓋非能盡於言者也。谨此聊吐心情以谢校长，请幸而垂察之"①。另据王世杰回忆，傅斯年为避免大规模学生流血和牺牲，采用"釜底抽薪"的方式，与陈诚相配合，"从各学校搜捕了一千多名共党学生，用船遣往大陆"②。

傅斯年对学生运动的处理固然有配合当局，稳定统治秩序的一面，但在保证学生生命安全，不流血牺牲方面是有进步意义的。

傅斯年对学潮持反对意见，不希望学生做无谓的牺牲，但也反对军警无凭无据随意抓人。傅斯年对当局不经任何手续到台湾大学逮捕师生十分不满，亲自找国民党最高当局进行交涉，要求没有确凿证据不能随便到台大捕人，即使有确凿证据逮捕台大师生也必须经校长批准，并且相约成为一项制度。蒋经国当时曾负责军警特宪事务，他要台大某人资料对某事调查，专门写信给傅斯年进行交涉。

当时国民党政府为加强对台湾民众的控制，要求各机关学校实行联保制度，其方法是公教人员几人相互监督，相互保证对方思想纯正，没有染上共产思想，如果发现联保中有人思想不纯正，保证人都要受连累。台湾省当局也要求台湾大学师生办理这种手续。傅斯年出面对国民党当局说：凡是在台湾大学任教和服务的教职员每个人都思想纯正，没有左倾思想，他一个人可以保证，有问题发生，他愿意负全部责任。结果台湾大学没有实行联保制度。有人别有用心的在《民族报》发表了一封公开信，攻击傅斯年主持下的台大"优待共产党"，煞有其事地列举了两条证据：一是说台大某教授突然离开，未经系主任、院长同意，只是留信一封，说是请假，传闻先到香港，后到大陆。另一副教授则是办好了请假手续，送家眷去广州，校方仍发薪水。二是法学院院长萨孟武"参共亲共"、台湾大学中有些院长和系主任还是共党分子或亲共分子，他们把持院系、排拒异己，把他们的院系变成"共产党细菌的温床"。面对这些不顾事实、罗织

---

① 《××致傅斯年函》，傅斯年档案，1949年9月9日，档案号 IV：185。
② 王世杰：《傅先生在政治上的二三事》，《傅孟真传记资料》（一），（台）天一出版社1979年版，第211页。

罪名的大帽子，傅斯年大为恼火，两次在报纸上登文，一一予以驳斥，并断然表示"学校不兼警察任务"，"我不兼办警察，更不兼办特工"，若当局有真凭实据说某人是共产党，他将依法查办，若没有证据，就不能"含糊其辞，血口喷人"。

经过傅斯年的大力整顿，台湾大学重新焕发了生机，迅速成为一个师资雄厚、设备齐全、风气端正、学术氛围浓郁的综合性大学。

（二）整顿教师队伍

傅斯年长期从事高等教育事业，对高校中师资队伍的重要性有深刻的认识。他曾强调：大学以教授胜任与否为兴亡所系。他对此阐述说："在行政的事项，一件事人才半充实，也许可以作到四分之三充实的成绩；在学术事业，则一分人才一分成绩，半分人才，半分成绩，毫不含糊。校长坏了，固然可以把学校弄得很糟；校长不坏，也没有法子把学校弄得格外的好。学校的好不好，糟不糟，只是一句话，人才集中不集中。"[1] 日籍教师撤离后，台大教师很少，又因台湾是穷僻之地，与大陆有海面相隔，局势又不稳定，大陆学者教授一般不愿赴台任教，故高层人才稀缺。而同时，大批军政人员撤至台湾，许多人官场失意，欲进入台大任教，也有一些政府官员由于各种原因想到台湾大学兼职，而这些人多是学无专长，仅依仗权势或辗转请托谋求教职。傅斯年针对这种情况，排除种种干扰，坚持以才学取人，对各种请托严加拒绝。他曾对各界公开声明，聘任教师只注重学术水平和工作能力，而不考虑其他因素，坚决不接受因所谓积极反共或官场失意的"贤士"到台大任职。他说："这半年以来，我对于请教授，大有来者拒之，不来者寤寐求之之势，这是我为忠于职守应尽的责任，凡资格相合，而为台大目前所需要者，则教育部长之介绍信与自我介绍信同等效力；如其不然，同等无效。"[2] 他出任台湾大学校长后，对教师进行了甄别，将那些名不副实、缺乏责任心的教师一律清除。傅斯年给每一位任课老师都发了信，大意是：不定哪一天，我也许跟教务长、贵院院长、贵系主任，到您的教室去旁听，请不要见怪。旁听不要紧，旁听后可能被扫地出门这才是关键。两年下来，因学力、教学水平低而被"听"

---

[1] 欧阳哲生主编：《傅斯年全集》第五卷，湖南教育出版社2003年版，第104页。
[2] 同上书，第80页。

走的教授、副教授有 70 多人。另外，傅斯年还通过硬性指标淘汰不合格的教员。以医学院为例，要求每年淘汰教员或医生5%，以裁减水平低和工作不认真的人员。此举在医学院引起很大震动。向来不认真工作的教员、医生害怕被淘汰丢面子，没等傅斯年下逐客令，自己就灰溜溜地溜了。傅斯年虽然公事上铁面无私，但却极富同情心，其中有7位教师被解聘后，衣食无着，傅斯年便多方奔走，把他们安置在台大图书馆工作。在淘汰不合格教员的同时，傅斯年广聘贤才，将一大批优秀人才充实到台大的师资队伍中来，并在生活上给予尽量的照顾，以便他们能安心从事教职工作。台大有位教师李祁，是国内第一位考取庚子款的留英学生，学问很好，因是单身，按照学校规定，不给安排宿舍。傅斯年为了留住这个人才，破格给她配置了住房。李祁在台孤身一人，生活清苦，闹着要离开台大，傅斯年又苦苦把她挽留下来。有一天，李祁惊惶失措地直奔校长室找傅斯年，说附近农民的一只红脸番鸭咬破了她的袜子，触及她的皮肤，她怕得"狂鸭病"。傅斯年向她解释只有"狂犬病"没有"狂鸭病"一说。李祁不信，硬要傅斯年买下那只鸭子，送到医学部门去检验。傅斯年无奈，只好照办。事情虽小，从中也可看出傅斯年对于优秀教师的关爱和照顾。

他到任不久，傅斯年为保持教师队伍的质量和稳定，特别重视教师聘任制度的建设。他到任不久，便在主持的第一届校务会议上制定了《"国立"台湾大学教员聘任及升级标准》，标准共六条，其中最主要的一条便是：教员新任及升级根据学术成就、贡献（见于著作或发明者）及年资、教学成绩为准。又专门建立了"聘任资格审查委员会"使教师聘任规范化、制度化。按规定，要聘任一位教师。先由院长与系主任商议，向校长提出；或由校长委托院长考虑，经院长同意，然后提交学校行政会议讨论，通过后送"聘任资格审查委员会"。这样经过反复审查，才能决定某位教师是否被聘任。

由于傅斯年到任时台湾大学师资十分缺乏，为提高学校教学质量和学校名望，傅斯年利用仍兼任历史语言研究所所长的特殊条件，聘用了研究所的一些专家学者到台湾大学教课。如著名学者李济、董作宾、凌纯声、芮逸夫、高去寻、石璋如、王叔岷等都曾受聘到台大任教。傅又利用自己在学术界的声望从大陆各地罗致和吸收了一批知名学者，如历史系的刘崇宏、方豪、陶希圣，中文系的毛子水、屈万里，哲学系的方东美，外文系的英千里、赵丽莲，化学系的钱思亮、张仪等。这些人皆学有专长，在各自的学科领域颇有建树。再加上原有的教授，台湾大学在短时间内成为师资队伍阵容整齐的综合性大学。

（三）严格招考制度

在台湾光复之初的几年里，台湾大学由于日本人撤退以后许多管理制度、章程废除了，新的规章制度尚没有建立，所以教学管理十分混乱，招生考试马马虎虎，请托作弊现象严重，学生良莠不齐，许多学生只要考得入学资格便万事大吉，吃喝玩乐，不认真学习，学校也不管不问。傅斯年有一个传统的观点，就是学校是培养人才的地方，一定要把好学生吸收到学校，再经过严格教育，使学生德才兼备，学校的责任是向社会输送合格人才。因此，他到任后，首先从严格招生考试入手，把好录取学生的关口。而做到这一点，有相当大的困难。国民党军政官员及各界人士携眷赴台者甚多，其子女急欲入学就读，再是由于战乱，流亡台湾学生众多，而台湾大学是台湾唯一的"国立"大学，自然是青年追逐的首要目标，因此台大招生的压力很大，许多权要试图用不正当的手段把子女送到台大，大大增加了台大招生、管理方面的混乱。

1949年夏，傅斯年到任后第一次大规模招生，为保证学生质量，傅斯年在校刊公开发表文章，宣布招生办法，他说："这次办理考试，在关防上必须严之又严，在标准上必须绝对依据原则，毫无例外。由前一说，出题者虽有多人，但最后决定用何一题，只有校长与教务长知道，这是任何人事前无从揣到的。印题目时，当把印工和职员全部关在一楼上，断绝交通，四围以台北市警察看守，仅有校长与教务长可以自由出入。考题仅在考试前数点钟付印，考试未完，监守不撤。……录取标准决定之前，不拆密封，故无人能知任何一人之分数及其录取与否。"[①] 他着重声明，自己一定秉公办事，绝不会徇私舞弊，并要求大家进行监督，他说："假如我以任何理由，答应一个考试不及格或未经考试的进来，即是我对于一切经考试不及格而进不来者或不考试而进不来者加以极不公道之待遇，这对于大学校长一职，实在有亏职守了。奉告至亲好友千万不要向我谈录取学生事，只要把简章买来细细地看，照样的办，一切全凭本领了。我毫无通

---

① 欧阳哲生主编：《傅斯年全集》第五卷，湖南教育出版社2003年版，第75—76页。

融例外之办法，如果有人查出我有例外通融之办法，应由政府或社会予以最严厉之制裁。"傅斯年说到做到，在录取学生阶段，又在校长办公室门旁用毛笔赫然写一个条幅：有为子女入学说项者，请免开尊口。由于傅斯年制定了一系列招生制度，又带头严格执行，使1949年招生顺利进行，基本上刹住了请托、说情、走后门等不正之风。

为避免考试题泄露，傅斯年严格实行"入闱"制度，即在台湾大学图书馆选一间房子，命题人不准携带其他不相关的物品进去，出完题就待在里面，等到考试结束才能放出。傅斯年的老友屈万里曾回忆当时情况说："出题时之审慎和印题时关防之严密，迥非外人所能想象。印题的场所，门窗都糊得撒土不透，室外密布着岗警。有人用'如临大敌'四个字来形容它，却恰到好处。"[1]

傅斯年也承认用这种方法招生有不妥之处，他不无感慨地说：这种招生办法，"充满着'防贼'的心理。申、韩的'治术'，是与教育原则不合的"。但他又认为："在目前不能无考试，既有考试，即不能不如此。"[2]这种严格的招生制度，杜绝了许多弊端，对于扭转台湾大学校风和学风起了相当大的作用。

（四）对学生科学管理

傅斯年采取种种措施严格考试录取制度，不只是保证优秀学生能够被录取，有求学的机会，更重要的是对学生进行教育，为学生学习创造优良的条件和环境，在这方面傅斯年也采取了许多措施。

一是修订台湾大学"学则"，改变学生不努力学习，随意旷课，混资格、混文凭的现象。其主要措施是实行学分制、严格学习期间的考试制度，杜绝各种形式的作弊行为。如规定"学生学期成绩不及格科目之学分数达该学期修习学分总数二分之一以上者，不得补考，即令退学"。凡旷考者以零分计，全部旷考者，自然退学等。1949年第二学期结束，因成绩不合格退学者多达31人。被勒令退学的学生家长有不少是有权势者，子女被勒令退学，他们十分不满，想方设法向学校发难，有人在省参议会

---

[1] 屈万里：《敬悼傅孟真先生》，《傅孟真传记资料》（一），（台）天一出版社1979年版，第107页。

[2] 欧阳哲生主编：《傅斯年全集》第五卷，湖南教育出版社2003年版，第229页。

上对傅斯年提出质疑，对其施加压力，迫其让步，傅斯年坚决不肯让步，他在回答质疑时强调说："台大光复以来，实不能尽满人意。本人到校之初，所见情形，不特不能达到教育之理想，而且将为社会之累赘，故尽量改革，求其实事求是，求其进步。在校学生必须养成向学之习惯，然后学校风气方可良好。养成良好之习惯之办法不一，而加严课业，实为必要。如任何学生不论在校成绩如何，皆能随时毕业，则学校万无进步之理。"[1]傅斯年顶住了来自各方面的压力，坚持执行学校制定的关于考试及相关的制度，促使学校学风迅速好转，良好的秩序很快建立起来。

二是设置各种奖学金、助学金，为贫困学生创造学习条件。傅斯年在教育上有一个重要思想，就是受教育机会均等，从早年他就一再强调贫富人家子弟受教育的机会应是均等的，虽然他自己也认为这个理想在当时的社会是不可能实现的，但他不止一次地提出应以多设奖学金的方式帮助出身贫苦的优秀子弟，使其不失去求学的机会。他任台湾大学校长时更是努力实现这一理想，在台湾大学设立几种奖学金、助学金，并作了许多具体规定帮助贫困学生完成学业。傅斯年在致学生的公开信中曾特别强调"诸位中想要鬼混的，休想政府的帮助；其用功而有优良成绩的，我绝不使他因为无钱而辍学"[2]。傅斯年为此做出了许多努力，他临死前几分钟，在省参议院回答由参议员提出的关于是否废止助学金问题时再次强调："奖学金制度，不应废止，对于那些资质好，肯用功的学生，仅只为了没有钱而不能就学的青年，我是万分同情的，我不能让他们被摒弃于校门之外。"[3]据统计，仅1949年就有1600人享受了各种类型的助学金。

三是解决学生住宿问题。在傅斯年任校长以前，台湾大学内没有学生宿舍，个别需要住宿的同学在校外租房居住。傅斯年出任校长时，因各种情况流亡到台湾的穷学生相当多。他们住不起校外的公寓，只好在学校内寻找栖身之处。研究室、教室乃至洗澡间，到处都住有学生，甚至台大医院传染病房，也成为学生宿舍。傅斯年面对这种情况，实在是既心疼又头

---

[1] 欧阳哲生主编：《傅斯年全集》第五卷，湖南教育出版社2003年版，第153页。
[2] 屈万里：《敬悼傅孟真先生》，《傅孟真传记资料》（一），（台）天一出版社1979年版，第159页。
[3] 于衡：《以身殉校的傅斯年》，《傅孟真传记资料》（一），（台）天一出版社1979年版，第157页。

痛，不解决学生住宿问题，学校简直无法再办下去，要解决又谈何容易。傅斯年曾经声称："我们办学，应该先替学生解决困难，使他们有安定的求学环境，然后再要求他们用心勤学。如果我们不先替他们解决困难，不让他们有求学的安定环境，而只要求他们用功读书，那是不近人情的。"[①]他奔走呼吁，四处求告，终于筹集了一大笔资金，加紧建造了一批学生宿舍，在不到一年的时间里解决了1800多名学生的住宿问题，占全校人数的60%，整个学校学生住宿问题大为缓解。

傅斯年曾在台湾大学校刊第56期发表《几个教育的理想》。其中第一个理想是崇尚"平淡无奇的教育"，在其中强调了三个原则：第一，协助解决学生的生活问题。第二，加强课业。第三，提倡各种课外娱乐的运动。他最后总结说，"以上的话，总括起来，可以说一句笑话：'有房子住，有书念，有好玩的东西玩'"[②]。如果对傅斯年平淡无奇的教育理念进行分析，就会发现其内涵极其丰富，实际上是为学生在知识、体格、品德等全面发展提供最基本的条件，为学生健康成长提供根本的保证。

三　参与台湾政治

（一）与《自由中国》的往来

1949年1月，傅斯年赴台湾就任台湾大学校长，胡适与傅斯年分别后由南京到上海，住在老朋友陈光甫家中，正好王世杰和雷震也在上海，住在上海贝当路14号章剑慧家中，两处相距不远，三人经常在一起谈论时局，他们虽然认识到国民党政权败局已定，但还幻想国民党政府能保住长江以南的半壁江山，他们三人都是具有自由主义倾向且在国民党政权任职的知识分子，他们不甘心国民党政权彻底灭亡，很想帮国民党政权做些舆论宣传工作，挽救人心。胡适、雷震、王世杰三人商定办一种刊物或报纸宣传自由、民主，监督国民党政府，同时对抗中国共产党的舆论宣传，为国民党政权争取人心。雷震和王世杰将此设想报告蒋介石，并得到蒋介

---

① 于衡：《以身殉校的傅斯年》，《傅孟真传记资料》（一），（台）天一出版社1979年版，第155页。

② 欧阳哲生主编：《傅斯年全集》第五卷，湖南教育出版社2003年版，第131页。

石的认可。

1949年4月初，胡适赴美，雷震、王世杰等人先后到台湾定居，开始《自由中国》杂志的具体筹备工作。4月16日，胡适在赴美的船上致信杭立武、王世杰、雷震，附有为《自由中国》撰写的宗旨，并在信中特别推荐傅斯年说："请不要忘了傅孟真是作文章的大好手。"① 在以后的筹备中，傅斯年应邀参加。10月26日，雷震、傅斯年、陈雪屏、毛子水在一起聚餐，决定先出版两期，胡适任发行人，雷震为社长，毛子水任总编辑。胡适、傅斯年、杭立武、罗家伦等为发起人。11月20日，《自由中国》第一卷第一期（创刊号）正式出版。胡适撰写的《自由中国》的宗旨放在第一页。其内容可以概括为两个方面，其一是监督、督促国民党政权进行改革，如强调：我们要向全国国民宣传自由与民主的真实价值，并且要督促政府（各级的政府），切实改革政治经济，努力建立自由民主的社会。其二是抗俄反共。② 其中刊载的第二篇文章是傅斯年的《自由与平等》，在本期的封底刊载的《给读者的报告》中对傅斯年及其文章进行了重点介绍。其中说："傅斯年先生的《自由与平等》一文，题目虽极普通，但内容有傅先生独到的卓见，极为宝贵，愿读者注意，傅先生校务繁忙，因之傅先生的文章得来不易，但傅先生为本刊的主要撰稿人之一，以后当常有文章与读者相见。"③ 在《自由中国》创办的初期，胡适、王世杰、雷震等人纷纷出面要求傅斯年参与《自由中国》杂志事务，胡适远在美国，多次致信雷震等人推荐傅斯年，王世杰也致信胡适，要求胡适、傅斯年积极为此刊的发展出力。如1950年3月，王世杰致信胡适特别强调说："似乎《自由中国》期刊可以即时改进。此则非兄及孟真十分负责，终不能大大改观。"④ 傅斯年先后被《自由中国》杂志社聘请为社论委员会委员和常务编纂等。傅斯年也确实积极参与《自由中国》事务，在主持台湾大学的繁忙工作中，积极抽时间为《自由中国》撰写稿件，分别在《自由中国》第一卷第三期发表了《苏联究竟是一个什么国家？》，

---

① 万丽娟编注：《万山不许一溪奔——胡适雷震来往书信选集》，（台）中研院近代史研究所2001年版，第2页。

② （台）《自由中国》第一卷第一期。

③ 同上。

④ 万丽娟编注：《万山不许一溪奔——胡适雷震来往书信选集·导言》，（台）中研院近代史研究所2001年版，第2页。

第二卷第四期发表了《我们为什么要抗俄反共？》。傅斯年发表的两篇文章的主题思想是一致的，即督促国民党政权认清形势，改革独裁政治，逐步向自由、民主和经济平等方面改革，同时具有反苏反共的色彩。

《自由中国》创刊一年，傅斯年去世。《自由中国》的总编辑毛子水是傅斯年的同学、好友，在 1950 年 12 月 25 日出版的《自由中国》第四卷第一期发表了《傅孟真先生传略》，并在传略后面特别说明："傅先生是本刊发起人之一。他的突然弃世，固然是国家的大损失，亦是本刊的大损失。承雷儆寰先生的催促，匆匆草成这个传略，以为青年学生矜式嘉言懿行的取资。"① 说明傅斯年与《自由中国》杂志具有密切的关系。

（二）拒不组党结派

傅斯年一生坚持参政不从政，参政也只是根据自己的意志，怀着为国家、民族的利益尽责尽力，虽然他的认识和个人意志时有偏颇，其晚年言论行事也有许多错误，但应该说其人生信条和动机有其合理性。

1946 年，国共和谈破裂，内战爆发，国民党政权迫于美国的压力，为敷衍国内各种政治力量，决定召开国民大会，实施所谓的宪政，一些具有自由主义思想倾向的知识分子和各界有关人士开始积极活动，互相联络，试图组织政党，和国民党相抗衡。傅斯年对国民党政权的政治属性和性质有比较清醒的认识，坚持不组党，以自由主义知识分子的身份参政议政，他的这一思想原则一直坚持到去世。

1947 年 3 月，蒋廷黻将组织政党的意向和党纲草案寄给傅斯年，希望就政党问题同傅斯年讨论，信中说：

> 孟真我兄，兹送上近日草拟的党纲，名称及党纲各均应切实检讨修正，弟不过提案以作讨论的资本，并借以试探究竟吾人政见异同到什么程度，至于策略方面，弟主张不参加联合政府，现在参加者均将丧失其反对党资格，吾人即可以政府的反对党露面，反对党有其作用，现在当有许多人不太明了，在目前阶段中，我们可以尽这点教育责任，请您费点时间仔细想想，于便中把您的感想写给我。

---

① （台）《自由中国》第四卷第一期。

蒋廷黻所附寄的中国社会党党纲共六款 20 条,其中一、二两款是所组党的性质和目标,其主要内容是:

　　一、我们相信中国的政治发展应循民主的路线。牺牲民主政治或假借民主政治的名义以达其他目的都是我们所反对的。1. 法律应由人民代表制定,大政方针应有人民代表的赞同。2. 政府应切实尊重人权与民权。

　　二、我们相信中国的经济发展应循社会主义的路线。国家的富源及其开发的收益不容少数资本家或地主垄断。1. 农民及劳工生活的改善及其地位的提高应视为一切经济设施的主要目的。2. 工商业所有独占性及支配性者应定为公管。3. 累进的所得税、遗产税及过分利得税应切实征收,财产所有权的契据应具载所有者的真实姓名或政府注册的法人名称,否则不得享受法律的承认与保障。[①]

其余各款则是较为具体的政治、经济、教育等方面的政策与措施。

从蒋廷黻起草的中国社会党党纲来看,其主要内容与傅斯年的政治理念有许多相通的地方,其最基本的是政治民主,经济平等,尤其是经济方面"循社会主义路线",与傅斯年所强调的自由社会主义思想理念基本相同,但是就现在掌握的资料,傅斯年对此没有任何回应,说明傅斯年对组建政党并不感兴趣。

国民党政权败退台湾前后,一些具有自由主义倾向的知识分子又开始酝酿组党,与国民党相抗衡,其中包括雷震和当时在国外任职的蒋廷黻等人,实际上雷震等人创办《自由中国》杂志,是他们所谓建立"自由中国大同盟",从事自由中国运动的一项措施,他们想拥护胡适为领袖,胡适不同意。再加上胡适迅速赴美,在台湾的雷震、杭立武等人与傅斯年商议先建立《自由中国》杂志社,出版《自由中国》半月刊杂志。正当雷震、毛子水等人努力办《自由中国》杂志时,蒋廷黻在美国又发起了组建"中国自由党"的行动。为什么蒋廷黻如此热心组建反对党呢?这应从他的思想倾向和社会地位去认识。

蒋廷黻当时任国民党政府驻联合国首席代表,目睹国民党政权败退台

---

① 傅斯年档案(未刊),档案号 I: 479。

湾，想再组织一个有现代作风、有作为的新政党，与国民党相抗衡，一位同时在美国纽约的人士回忆说："他（蒋廷黻）要组织中国自由党，想推胡适为领袖，并以自由中国主义为号召。……他当时的构想是要仿照英国国会制度，把立法院变成两党对立的国会。他说政府迁播台湾以后，国家大政不应由一党'包办'；青年、民社二党既不能表现反对党的力量，他那个自由党便可应运而生，成为一个和国民党分庭抗礼的政党。他又说他已透过他的友人，征求美国国务卿艾契逊和英国外相贝温的意见，还得到他们二人的鼓励。"① 蒋廷黻为组党进行宣传，起草了《中国自由党组织纲要》（草案）并在美国召开记者招待会进行公布，当时王世杰之子王纪五正在美国，便将此草案寄给王世杰、雷震等人，王世杰等人收到后，便在《自由中国》杂志第一卷第二期，第二卷第二期进行了全文刊载，《中国自由党组织纲要》的内容主要包括两方面，一是反共，二是反对国民党独裁，其在"宗旨和目标"中明确规定：（一）保存中国国家的独立；（二）发展民主政府，保障个人自由；（三）反对一党专政，实行法治。蒋廷黻宣称组建中国自由党，拥戴胡适为领袖，所起草的《中国自由党组织纲要》在《自由中国》刊出后在台湾引起了强烈反响，台湾具有自由主义倾向的知识分子将《自由中国》杂志以胡适作发行人和蒋廷黻要组建《中国自由党》拥戴胡适为领袖联系起来，认为胡适要领导台湾自由中国运动，雷震在致胡适的信中曾谈到舆论界的反响，他说："《新闻天地》附会这两件事有关联，他的题目是《胡适、自由、自由党》，开头就说胡适提倡自由主义不是一日间事，由自由主义进而组自由党，也不是一件传闻的新闻，但是从我国堂堂正正驻联合国代表团长蒋廷黻在成功湖宣称，却是一个地道的新闻，何况适逢其时的，由胡适为发行人的《自由中国》半月刊正在此时于台北出版，谁说天下没有这样的凑巧的事。"雷震在信中对胡适领导自由中国运动既高兴又有所担心，在致胡适的信中反映了自己当时的心情，信中说："《中国自由党章程》已拜读，先生愿出来领导，使爱好自由人士以十分的兴奋。既名为党，则不能不讲组织，广纳自由人士于一组织之内，这是万分万分困难的事，希先生对此点特别注意。"②

---

① 赖景瑚：《烟云思往录》，（台）传记文学出版社 1980 年版，第 281 页。
② 万丽娟编注：《万山不许一溪奔——胡适雷震来往书信选集》，（台）中研院近代史研究所 2001 年版，第 5 页。

其实蒋廷黻组建"中国自由党"拥戴胡适为领袖，自己实际负责只是一厢情愿，胡适并没有同意，后来明确拒绝了蒋廷黻的要求。赖景瑚曾回忆说：蒋廷黻找他谈合作组建自由党的"几天后，我看见胡先生，复以中国自由党的事相问。他很郑重地对我说：'我对政治无兴趣，怎么会去做党魁？蒋廷黻要组党，那是他个人的事，与我无涉。'"① 而对台湾雷震等人要求胡适领导台湾的"自由中国运动"也进行推辞，在雷震等人的一再要求下，胡适推荐在台湾的傅斯年和在香港的顾孟余领导此事，但是傅斯年也没有参与。雷震给胡适的信中曾说明此事，他说："再者，'自由中国运动'，因先生不起劲，仍不能开始，港、台一般志同道合之人士及青年学子，十分失望。先生所推荐之人，如孟余、孟真两先生，都不愿担任此工作，而孟余先生更消极。老实说，'自由中国运动'如非先生出来领导，绝对没有希望。"② 在此前后，台湾的一些自由派人士和政要也动员傅斯年组建反对党，傅斯年始终没有答应。

不组党结派是傅斯年的夙愿，在这一点上他和胡适是相同的。他们都坚持自由主义的理念，为国家和民族的进步，社会发展尽职尽责，而对组党结派从事实际政治，尤其是以党派为工具，争取实际从政没有兴趣。傅斯年在台湾岁月中的实际作为充分证明了这一点。

（三）关心时政

傅斯年曾对殷海光说过意味深长的一句话："我愈离开政治中枢愈是向心的；愈接近政治中心便愈厌恶。"③ 很显然，傅斯年在接近国民党政府统治集团核心时，了解其内幕事情，对统治集团专制腐败、勾心斗角，互相倾轧等丑恶现象知道得越清楚，产生厌恶心理越多。疏远一些，不闻不问，眼不见心不烦，自然心理上安然一些，应该说这句话反映了傅斯年在台湾时期的内心世界，但是，傅斯年不是躲进书斋、不问世事的学者，而是具有自由主义倾向，不能忘情社会的知识分子，所以他对社会不公平的事往往进行激烈批评，为民众报不平，仗义执言，与当政集团进行斗

---

① 赖景瑚：《烟云思往录》，（台）传记文学出版社1980年版，第282页。
② 万丽娟编注：《万山不许一溪奔——胡适雷震来往书信选集》，（台）中研院近代史研究所2001年版，第8页。
③ 殷海光：《我忆孟真先生》，《殷海光全集》（九），（台）桂冠图书股份有限公司1992年版，第6页。

争，傅斯年的这种行为在台湾期间仍时有表现。

1950年年初，蒋介石在台湾开始运作其"总统"复职的准备，3月1日，正式"复行视事"，重新以"总统"的身份统治台湾，蒋氏复出后，以阎锡山为首的"内阁"依照惯例，联名提出总辞职。3月9日，蒋介石以"总统"名义发布命令，批准阎锡山内阁集体辞职，任命陈诚为"行政院长"。陈诚经过紧张筹划，组成"新内阁"的班底，3月12日得到"总统"的批准，"内阁"成员及其职务主要是："行政院副院长"张厉生，"政务委员"吴国桢、王师曾、杨毓滋、田炯锦、黄季陆、董文琦，"内政部长"余井塘，"外交部长"叶公超，"国防部长"俞大维，"财政部长"严家淦，"教育部长"程天放，"司法行政部长"林彬，"经济部长"郑道儒，"交通部长"贺衷寒，"行政院秘书长"黄少谷。[①]

陈诚"内阁"名单公布之后，社会反应不一，傅斯年看到名单后，立即致信陈诚，发表了自己的意见，尤其是对张厉生出任行政院副院长一职提出了批评，他在信中说：

> 昨日直言，重拂虎威，不蒙责遣，感何如之。意犹未尽，再说几句。吾兄组阁之阵容，可谓"亲者所痛而仇者所快者也"。最不了者为副院长之职，张氏之"人望"，所谓"政渣""炭渣"耳。彼初入政治部而随吾兄，时人云是C.C.的"仙人跳"，事后果验。此事弟在重庆已向伯羽言之，伯羽未尝以为非也。……此职原闻已定雪艇。雪艇办事，弟颇有不以为然处，然在今日实为最可助兄之人，因其心中有问题，向其问题用心，且不至在兄处唯唯诺诺。今日兄兼两重职，院长及国防部，故副院长一职非同等闲；兼以兄之性格，有时忽其所不当忽，故此职人选，有补充之用，更有其重要性也。据昨日所谈，兄之个人英雄主义，更为显著。今日之事，个人不可不是英雄；然个人英雄主义，在今日鲜能济事者矣。今日办事，在乎能成一队，能为复繁有功能之机器。内阁阵容，必然中外失望。昨今所闻已有"陈将军与C.C.之联合内阁"、"C.C.青年团之联合内阁"，此亦未必尽然，然观

[①] 孙宅巍：《陈诚晚年》，浙江大学出版社2012年版，第60页。关于"政务委员"名单与《陈诚回忆录》（东方出版社2011年版）稍有不同。《陈诚回忆录》中没有"黄季陆"，有"蔡培火"，待考。

瞻固如此。事实上为公一人之内阁矣。……闻骝先兄云，兄谓原想找雪艇，因立夫言，恐中常会通不过。骝兄云，蒋先生手订有何通不过，此确论也。"良辰美景已无多"，何以善其后，望公之留此意也。①

傅斯年对陈诚内阁的评论可以说是直言不讳，且不说此信件起多大作用，对陈诚如此直言批评，一方面说明他对当时台湾政治关心；另一方面表现出他与陈诚关系非同一般。

1950年7月，台湾国民党政府调整公教人员待遇，实施实物配给制度，但这种调整有其特殊背景，统治集团借口优先军事，对军政人员的待遇较为丰厚。而对文职人员的待遇有所降低，遭到文职人员的反对。7月7日，当时的行政院长陈诚拜访傅斯年，傅斯年根据自己了解的情况提出了批评和建议，第二天又致信陈诚，批评了调整方案的不当。他在信中强调了写信的三点动机：

> 一、弟一如雪艇（王世杰）兄等以为今日中国之命运系于吾兄者大，故亟望兄之成功，而不愿见其失败。此办法公布后，两日之间，公务人员人心浮动，弟系薪水阶级，每日接触皆薪水阶级之人，故知之深切。
> 二、弟一向主张军人生活提高，文武一致，原是当然。然文职数少而武职数多，故如减文职之薪水以就武职之薪水，而此时文职人员又恰在生活挣扎线上（不是生产），恐非适宜。且武职多集体生活，如表面平等，事实上可能武职较优也。近数年来官兵生活悬殊，故为军事失利之最大原因。文职下层生活困苦，故精神涣散，纲纪不振。……
> 三、看来办理此事，实有下列几项毛病：（一）兄凭一种理想（即所谓普通配给制），而执行者未曾研究实际情形，执行者并未加以细密的检讨，以减薪为加薪，以不合生活之配给为配给。……（二）办理此事，似与台湾省政府中间彼此有所误会。弟昨闻吾兄言，吴国桢兄以为比台湾省原有待遇高，系指原案有福利费而言，今

---

① 王汎森、潘光哲、吴政上主编：《傅斯年遗札》第三卷，（台）中研院历史语言研究所2011年版，第1870—1871页。

既去福利费，当然比台湾省现行制低。

傅斯年特别指出："此项配给办法，在今日军队或可用，在今日公教人员身上，政府浪费多而个人效用小。"傅斯年在信中提出了三项改正和补救办法："（一）此时政府对此事暂不必再发言论。（二）八月份可因配给机构尚未完成暂缓施行。（三）立即重新研究此问题，并约几位完全靠薪水为一家生活之人士参加讨论。如承不弃，弟愿参加。"傅斯年在信中用语言和列表的形式详细陈述了配给制度不合理的主要方面，降低文职人员生活标准的程度等。傅斯年在信的最后特别强调说："弟以为今日吾兄施政之成败，系于'国家'之安危，故弟为公为私，尽其所知，至乞吾兄将此信反复看几遍。有暇电示，当即趋前面陈。"[①]据陈诚回忆，对于傅斯年的批评和建议，国民党政府进行了部分改正。傅斯年的书信说明了他对时政的关心，更重要的是表现了他为广大知识分子和文职人员请命和呼吁的正直品格，表现了他对广大下层人士的人文关怀。

傅斯年去世后，陈诚在回忆录里有这样一句话："假使斯年多活几年，对于我当有更多的匡正，这四年行政院长下来，也许比现在还能有一点成绩。"[②]由此可以看出傅斯年参政议政方面的作用，傅斯年与陈诚私交公谊都比较密切。就私交而言，傅斯年与陈诚虽然没有多少渊源关系，但是两个家庭却有较深的世谊。陈诚的岳父谭延闿和傅斯年的岳父俞明颐都曾长期在湖南任官，关系密切，成为世交。据俞大綵回忆，陈诚夫人的弟妹谭季甫、谭韵幼时长期寄住俞家读书，与大綵、大纲"朝暮相处，情同手足"[③]，一起上学、玩耍，成年后亦经常往来，关系密切，陈诚及内兄谭伯羽与俞大维关系也非同一般，虽然傅斯年与陈诚都没有专门谈起这层关系，无疑这层关系对两人合作、互相倚重应有影响。

就工作关系而论，陈诚与傅斯年是国民党政权败退台湾前安置在台湾军政界和文化教育界的两个骨干人士。陈诚初入台时，是蒋介石的重要助手和依靠对象，先后委以台湾省主席、行政院院长、副总统等重要职务。

---

① 《陈诚回忆录：建设台湾》，（台）"国史馆"2006年版，第449—452页。
② 《陈诚先生回忆录·建设台湾》，（台）"国史馆"2006年版，第45页。
③ 俞大綵：《弟弟你去得太突然了》，载（台）《联合副刊》1977年6月2日。

傅斯年改造台湾大学,在财政方面得到陈诚的许多支持。傅斯年对台湾的政治和经济建设也积极建言献策,二人合作得相当好。陈诚初入台时,认识到台湾是国民党政权残余力量的最后据点,很想对台湾进行改革,促进台湾的社会经济发展,与文人学者和带有自由主义倾向的国民党官员王世杰、胡适、梅贻琦、蒋梦麟等人有所交往。50年代后期,蒋介石父子对陈诚开始猜忌,而陈诚与胡适、梅贻琦、王世杰等人官僚交往成为蒋介石猜忌的重要原因。傅斯年如果在世,自然也和胡适等人一样,成为蒋介石父子猜忌和打击的对象。我们可以把这种关系变化看作国民党政权到台湾后坚持独裁,与胡适、傅斯年等要求民主、自由、平等理念的冲突。

四 以身殉教

傅斯年常对人说,台湾大学校长工作之繁忙,一般人是难以想象的。他自己也知道这样下去身体迟早会垮掉。但为了渴求知识的青年学生,傅斯年放弃了休息乃至自己的健康和生命。其侄傅乐成回忆说:"他(傅斯年)经常每日在校办公六小时以上,一进办公室,便无一分钟的休息,有时还须参加校外的集会。……他那希望台大赶快办好的意念,竟使他坐卧不安。"[①] 傅斯年的秘书那廉君说得更明白,他说:"我可以说,傅故校长这一年零十一个月来,每天除去吃饭睡觉的时间以外,统统是用在台大上头。"[②] 傅斯年久患高血压病,本来不堪过分劳累,因此,身体不久便垮了下来。他也知道校长事务繁多,自己的身体难以胜任,曾向朱家骅诉苦说:"你把我害了,台大的事真是多,我吃不消,恐我的命欲断送在台大了。"[③] 但是说是说,做是做,面对台湾大学百废待兴的局面,繁巨冗杂的校务,他无法偷懒休息,只好抱着鞠躬尽瘁、死而后已的态度奔走操劳。

[①] 傅乐成:《先伯傅孟真的日常生活》,《傅孟真传记资料》(二),(台)天一出版社1979年版,第38页。

[②] 那廉君:《办公室里的傅校长》,《傅孟真传记资料》(三),(台)天一出版社1981年版,第18页。

[③] 朱家骅:《悼亡友傅孟真先生》,《傅孟真传记资料》(一),(台)天一出版社1979年版,第100页。

1950年春，傅斯年血压猛然增高，亲友皆劝其静养，他置若罔闻。夏天，又患了胆结石，动手术休息几天，尚未痊愈又开始了工作。11月，教务长钱思亮赴法访问，傅斯年兼任校务，工作更加繁忙。

　　12月20日上午，傅斯年出席了由蒋梦麟主持召集的农复会会议，主要讨论农业教育改革和保送大学生出国深造的问题。傅斯年想借机多保送台大学生出国留学，在会上频频发言，提出了许多意见和建议，据蒋梦麟回忆：会议进行两个多小时，傅斯年讲话最多。午饭后他又去省议会，列席省议会第五次会议。

　　会议开始后参议员们主要质询有关教育行政方面的问题，主要由台湾省教育厅厅长陈雪屏作答，其间傅斯年也作了一次发言。下午5点40左右，参议员郭国基质询有关台大的问题。于是傅斯年登台答复。参议员郭国基平日在议坛上对行政方面询问，往往盛气凌人，不留情面，有郭大炮之称。而他却非常敬佩傅斯年，视傅斯年为前辈（抗战时傅在国民参议会经常炮轰豪门资本和贪官污吏，有"傅大炮"之称）。当日向傅斯年所询问的两点本来很容易说明，五分钟便能说完。傅斯年却谈了半小时，主要是以教育家的态度，向议员宣传解释大学的入学考试必须杜绝情面，保持公平，不便轻易降低标准，最后他又转到贫困学生的读书问题上，讲话时情绪有些激动，说：

　　　　奖学金制度不应废止，对那些资质好、肯用功的学生，仅只为了没有钱而不能就学的青年，我是万分同情的，我不应让他们被摒弃于校门之外。

　　　　我们办学，应该先替学生解决困难，使他们有安定的求学环境，然后再要求他们用心勤学，如果我们不先替他们解决困难，不让他们有求学的安定环境而只要求他们用功读书，那是不近人情的。①

　　当时问者和答者双方言语都未含有火药气味。大约6点10分，他讲完了话，走下讲台，突然脸色苍白，步履不稳，陈雪屏见状赶紧上前搀扶，他只说了句"不好"，便倒在陈雪屏身上，从此便一直处于昏迷状

---

① 于衡：《以身殉校的傅斯年》，《傅孟真传记资料》（一），（台）天一出版社1979年版，第157页。

态，没有醒过来。

经过在场医生诊断，傅斯年是高血压病发作。于是大家一面用冷毛巾贴在他的额上，一面打电话通知傅斯年的夫人俞大綵。与此前后，台大医学院、国防医学院等处的著名医生也陆续赶来，经诊断，傅斯年得了脑溢血，当即进行紧急抢救。这时，台湾政界要人如陈诚、王世杰、何应钦、朱家骅、程天放、罗家伦等，学术界人士如李济、董作宾、毛子水、劳干等纷纷赶来探视病情。蒋介石闻讯后，打电话给陈诚嘱咐陈诚动员台湾所有名医，不惜任何代价，抢救傅斯年，并要陈诚每半小时向他汇报一次。晚上9点左右，傅斯年血压降低，病情出现好转，到了11点，血压又突然上升，11点23分，傅斯年停止了呼吸。

12月21日，台湾大学停课一天，由各院系学生代表联合会组织学生前往殡仪馆向傅斯年遗体告别致哀。上午10点，数千名学生高举"痛失良师""国失桢干"两大白色横幅，各佩黑布条来到殡仪馆，学生们痛哭失声。一小时后，学生队伍浩浩荡荡朝省议会厅走去。原来，傅斯年逝世后，省议会副议长李万居向新闻记者宣布，傅斯年校长于20日夜"弃世"，就是这么一个文绉绉的字眼引起了一场不小的风波。李万居是台湾本地人，普通语不标准，记者误把"弃世"听成"气死"，于是马上传出消息，说傅斯年参加省议会，被议员郭国基气死。学生队伍群情激愤，聚集在议会厅门口，要求郭国基当面解释。郭国基见学生们气势汹汹，早吓得从后门逃走了。副议长李万居和陈雪屏出面解释事情的原委，学生均置之不理。人越聚越多，局面异常紧张，台北市警察局局长亲自到现场维持秩序。双方一直僵持到下午1点20分，直到台湾大学训导长傅启学赶来，多方劝说，并答应将学生提出的问题交省参议会，由参议会作书面答复，这样学生方才返校。

12月22日，傅斯年遗体大殓。早7点，人们便陆续涌至殡仪馆，其中有台湾学者、名流、傅斯年的亲友同事、台大师生，也有不少国民党高级官员。在通往火葬场的路上，上千人冒着雨，踏着泥泞的道路为傅斯年送行。许多学生跪在泥水里，头上打着白布，含泪目送灵柩，并高举着横幅："校长，你再回头看我们一眼。"

12月31日，在台湾大学法学院礼堂举行了傅斯年追悼会。蒋介石亲临致祭，各界要人纷纷前来，参加追悼会的共有五千多人。各界致送挽联270余幅，挽诗60余首，挽词20余首，专刊登载纪念文章110

余篇。

　　台湾大学全体师生挽联曰："早开风气，是一代宗师，吾道非欤？浮海说三千弟子；忍看旌旗，正满天云物，斯人去也，哀鸿况百万苍生。"

　　中央研究院历史语言研究所全体同人挽联曰："二十二载远瞩高瞻，深谋远虑，学术方基，忍看一瞑；五百年名世奇才，闳中肆外，江山如此，痛切招魂。"

　　此外，台湾各界名人也致送了大量挽联，其中挽词较典型地反映傅斯年生平的，如于右任挽联曰："是子路，是颜回，是天下强者；为自由，为正义，为时代青年。"蒋梦麟挽联曰："学府痛师道，举国惜天才。"叶公超挽联曰："有正义感，说老实话，君敢做人未必敢做。叩余勇气何来？曰赤子之心未失；倡科学风，严真伪辩，人云然君讵尽云然。治史精神若此，知先生之道长存。"①

　　傅斯年去世后，由于海峡两岸正处敌对状态，大陆没有人进行公开评论，而台湾与海外对于他的评论甚多，这其中较有代表性的是台湾自由主义知识分子的代表殷海光，亦是《自由中国》的主要撰稿人，他与傅斯年都具有强烈的自由主义倾向和主体独立意识，对傅斯年的思想和行为有着更为深刻的理解与认识，在《自由中国》第四卷第二期发表了《我忆孟真先生》，对傅斯年在台湾的行为和代表的思想倾向进行了评价，他说："我之所以怀念孟真先生，因为他是一个人，而且是一个有是非之心的人；因为他是一个读书人，而且是一个有至大至刚之气的读书人。……他虽然与政治圈子接近，但他不独没有染上一丝一毫官僚习气，而且他的心还是书生的心，他的想法还是学者的想法，更不用说他不曾利用这些机会来猎取一官半职了。"② 在殷海光看来，傅斯年是台湾学术自由、教育独立的代表人物和实际维护者，是独立于专制统治集团之外的一种力量，他在文章中叙述说："傅先生之死，使我们感触起我们读书人的命运。这十几年来，我们读书人安身立命之处何在？学术思想自由又在哪里？……在这样的情境之下，读书人的困厄若此。而孟真先生则为我们打前锋，站在困厄的最尖端，他坚毅而勇敢地翼护着我们。我们因他的奋斗才享受到

---

　　①　参见（台）《傅故校长哀挽录》，第117—130页。
　　②　殷海光：《我忆孟真先生》，《殷海光全集》（九），（台）桂冠图书股份有限公司1992年版，第2—9页。

些许残余的学术思想自由。他竟猝然撒手归去，哪得不使我们惶惧？为了谨护这点香火，他的处境是太困难了。几股逆流在环伺着他。若是别人，早已倒下了。……在这种势力左右之下，在这种氛围的压力之下，孟真先生要使学术思想独立以求这点香火不致熄灭，该是多么困难？该劳了多少神？该操了多少心？孟真先生一方面要保持学术机关的存续，另一方面要保持学术思想独立而不被'化'掉。这是一两难（dilemma）。这样的两难，是民主国家办教育的人所没有遭的特殊困难。我不敢说，在这特殊困难之下他已百分之百地做到了学术思想独立。在事实上，目前处于这种环境之内，这是不可能的。然而，孟真先生在主要的分寸上做到了。"① 很显然，殷海光给予了傅斯年极高的评价，将傅斯年视为台湾地区学术独立、思想自由的维护者，以及自由主义的代表。

王叔岷在傅斯年去世后写的一篇悼念文章，对傅斯年的学识、能力和气节评价说：

> 并世学有成者不乏其人，然多趋于鬻声钓誉，未必有骨气也；有骨气者，又多流于孤介冷僻，未必有魄力也；魄力、骨气、治学，三者兼备，其惟孟真师乎！孟真师之治学，如彼其博也！沾其余馥，亦可以名家；孟真师之骨气，如彼其高也！仰其余风，亦可以立志；孟真师之魄力，如彼其雄也！挥其余墨，亦可以砭俗。世之待济于吾师者正多，而吾师之所以济世者未尽，惜乎竟溘然而逝矣！吾为斯文惧！吾为学术界忧！吾为吾师痛哭！或谓孟真师好辩，笔舌滔滔，失之过激。当此大乱之世，是非时淆，淄渑并泛，如孟真师者，岂得已于言乎！孟子曰："予岂好辩哉？予不得已也！"吾于孟真师亦云。孟真师一生，舍己为人，日夜不休，以自苦为极，鞠躬尽瘁，以至于死。②

王叔岷是傅斯年的学生，他曾回忆与傅斯年的情义说："岷自1941年进北大文科研究所，至1951年在台大教书，追随傅先生十年，为人、治

---

① 殷海光：《我忆孟真先生》，《殷海光全集》（九），（台）桂冠图书股份有限公司1992年版，第2—9页。
② 王叔岷：《慕庐忆往》，（台）华正书局有限公司1993年版，第83—84页。

学、处世，受益至深。"对傅斯年的评价充满了对老师的敬仰之情。

台湾大学为纪念傅斯年校长，特在校内实验植物园里建造了一座罗马式纪念亭，亭中砌成长方形墓一座，墓前立有无字碑，修有喷水池。园中有兵工署捐赠的一座纪念钟，钟上铸有傅斯年提出的校训"敦品、励学、爱国、爱人"八个大字。1951年12月20日是傅斯年逝世一周年的祭日，这一天，由台湾大学新任校长钱思亮主持，将傅斯年的骨灰安葬在纪念亭内大理石墓中。从此，人们称其安葬地为"傅园"，称那座纪念钟为"傅钟"。每日上课、下课时，深沉悠扬的钟声响起，激励着台大的莘莘学子努力学习，也勾起人们对一位伟大教育家、历史学家的无限缅怀。

附 录

傅斯年生平著述简谱

1896 年（清光绪二十二年）1 岁

    3 月 26 日，傅斯年出生于聊城市北门内祖宅。

    傅氏为聊城名门望族，傅斯年七世祖傅以渐为清代开国第一科状元，官至武英殿大学士、兵部尚书，以后官宦不绝，书香传家。

1897—1900 年（清光绪二十三至二十六年）2—5 岁

    先生在聊城。

1901—1903 年（清光绪二十七至二十九年）6—8 岁

    1901 年春，入聊城孙达宸之学塾，平时祖父课读在家。

1904 年（清光绪三十年）9 岁

    在私塾读书。是年 5 月，父卒，享年 39 岁。

1905—1907 年（光绪三十一至三十三年）10—12 岁

    入东昌府立小学堂读书。

1908 年（光绪三十四年）13 岁

    随侯延塽去天津读书，住英敛之家，生活由孔繁淦（傅淦门生）、吴树棠、侯延塽等人按时接济。

1909 年（宣统元年）14 岁

    是年春，考入天津府立中学堂。开始接受新式教育，系统学习了物理、化学、数学等知识，并接触大量新式书刊。

1910 年（清宣统二年）15 岁

    在天津府立中学攻读。

1911 年（民国〈下同〉元年）16 岁

    与聊城县乡绅丁理臣长女丁馥萃女士结婚。

1912 年（一年）17 岁

在天津府立中学堂攻读。

1913—1915 年（二、三、四年）18—20 岁

1913 年夏，傅斯年中学毕业，随即考入北京大学预科乙部。当时北京大学分本科、预科，预科又分甲乙两部，甲部偏重自然科学，乙部偏重社会科学。傅斯年在预科学习成绩优秀，国学功底深厚，故入预科乙部。

1916 年（五年）21 岁

在北大预科毕业随即升入本科国文门，初入本科时，崇信章太炎学说，受到北大国学大师刘师培、黄侃等人的器重。

1917 年（六年）22 岁

1916 年 11 月，蔡元培出任北大校长，采取兼容并蓄的办学方针，胡适、李大钊、陈独秀等许多带有新思想的学者先后到北大任教。在他们的影响下，傅斯年很快脱离了传统国学的束缚。

1918 年（七年）23 岁

①约集同学创立新潮社，并创办刊物《新潮》，傅斯年出任主编。其主要成员有：罗家伦、顾颉刚、毛子水、俞平伯、康白情、何思源等人。

②傅斯年在《新青年》等刊物发表文章有：《文学革新申义》《中国历史分期之研究》《中国学术思想界之谬误》等文章。

1919 年（八年）24 岁

①1 月，《新潮》第一期出版，《新潮》是继《新青年》以后又一个鼓吹文学革命的刊物。傅斯年曾声明，《新潮》杂志登载的文章全部是语体文，不登载文言文。选择文章的标准很严，因此《新潮》在当时很有影响，第一期就复印三次，销售一万三千多册，以后一直保持一万五千多册。

②五四运动爆发，傅斯年为北大学生领袖之一，被推为学生游行总指挥，亲自扛着大旗率领学生队伍到赵家楼，火烧了曹汝霖的住宅，痛打了章宗祥。不久，因某些原因退出了学生会。

③夏，在北大毕业。秋，考取山东官费留学生。12 月赴上海，准备赴英国留学。

④傅斯年在《新潮》发表文章 43 篇，主要有：《中国文学史分期之研究》《新潮发刊旨趣书》《新潮之回顾与前瞻》《万恶之源》等。

1920 年（九年）25 岁

①1 月到达英国，为了实现科学救国的抱负，入伦敦大学师从史培曼（Spearman）教授研究实验心理学，以便得到科学方法的训练，进而研究物理、化学、数学等自然科学。在研究实验心理学的同时，也涉猎英国哲学、历史、政治、文学等学科。

②到英国的第一年，曾帮助英国文学家威尔斯（H. G. Wells）撰写《世界通史》中有关中国中古史的部分。该书于 1920 年出版后，12 年内销售 150 万本。

③发表文章有：《寄同社诸兄》《阴历九月十五夜登东昌城》《自然》等篇。

1921—1922 年（十、十一年）26—27 岁

①继续在伦敦大学学习研究。

②其祖父去世，终年 78 岁。

③在留学英国的后期对心理学相当失望。他认为对动物行为的研究不能运用到人身上，即使对他原来最感兴趣的集体心理学也失去了信心，不过他仍继续注意收集心理学书籍。

1923 年（十二年）28 岁

秋，由英赴德。据同学回忆，傅斯年赴德的原因主要有二：一是受柏林大学学术空气的影响：当时爱因斯坦的相对论，勃朗克的量子论和著名的语言文字比较考据学都紧紧吸引着傅斯年；二是受他的好友陈寅恪、俞大维等人的影响。

陈寅恪，江西义宁人，祖父陈宝箴，戊戌变法时任湖南巡抚，是维新派的一位代表人物。其父陈三立，清末民初著名诗人。陈寅恪曾留学日本和欧美，精通十几种外语，由博返约，成为学识渊博的历史学家。

俞大维，陈寅恪表弟，后来为傅斯年内兄，博学多识，是著名的弹道专家，回国曾任国民党政府兵工署长、交通部长、去台湾后曾任"国防部长"等职，因和蒋经国为儿女亲家，至今在台湾军政上层仍有一定影响。陈、俞两位都是傅斯年的挚友。

傅斯年到德国入柏林大学研究院学习相对论、比较语言学以及德国哲学、历史、地质学、力学等课程。

1924 年（十三年）29 岁

①5 月会晤由美国路经德国的赵元任、杨步伟夫妇，据杨步伟回忆，

就他们在柏林所见，当时最刻苦学习的留学生就是孟真和寅恪，他们俩专心致志，就像"宁国府门前的一对石狮子"。

②祖母陈太夫人在家乡去世，享年 80 岁。

1925 年（十四年）30 岁

继续在柏林大学研究院学习研究，并经常与陈寅恪、俞大维等人讨论，切磋学术，先后会见了毛子水、罗家伦、段锡朋等老同学。

1926 年（十五年）31 岁

①9 月，胡适到法国考察，傅斯年特从德国到法国与之会晤，两人同吃同住，白天去巴黎法国图书馆看敦煌的卷子，晚上讨论社会、学术问题。傅斯年提出：中国一切文学都是从民间来的。从民间起来的时候是"生"，然后像人的一生一样，由壮年而老年而死亡，胡适自称："这个观念影响我个人很大。"

②冬，由德回国，返里探亲。

③12 月，接受广州中山大学朱家骅邀请，携弟斯岩（孟博）去中山大学任教，担任文学院长和国文、历史两系主任，为学生开设了《尚书》《古代文学史》《陶渊明诗》《心理学》等课程。

1927 年（十六年）32 岁

①秋，创立语言历史研究所，同时创办了《中山大学语言历史学研究所周刊》，在发刊词提出：要实地搜集资料，"到民众中寻方言，到古文化的遗址去发掘，到各种人间社会去采风问俗，建设许多的新学问"。

②在语言历史研究所发表文章有：《评秦汉统一之由来和战国人对于世界之想象》《论孔子学说之所以适应于秦汉以来的社会的缘故》《评〈春秋时的孔子和汉代的孔子〉》《评丁文江的〈历史人物与地理的关系〉》。对中国古代史中的一些问题提出了自己独到的见解。

1928 年（十七年）33 岁

①国民党政府决定成立中央研究院，由蔡元培先生担任院长，傅斯年被任命为历史语言研究所筹备委员。是年底，历史语言研究所正式建立，傅斯年被聘为所长，所址设在广州。

傅斯年明确提出了创办历史语言所的目的和方向。

在《历史语言研究所工作之旨趣》中宣称："要科学的东方学之正统在中国。"并对研究方法作了具体阐述。一些学者认为：《历史语言研究所工作之旨趣》"里面的内容决定了以后的时期历史学研究应当走的路线，至今日还没有什么重大的修改"。

②领导研究所考古专家进行了河南安阳殷墟的发掘，傅斯年为此倾注了大量心血，在1928—1937年十年间，他领导进行了十五次挖掘，虽然具体挖掘由董作宾、李济负责，但傅斯年负责各种事务性工作，包括解决与河南地方发生的纠纷，排解挖掘中的各种困难等。

安阳考古挖掘发现了大量殷代铜器及甲骨文，通过对这些铜器和甲骨进行研究和鉴定，使商代史事日趋明显，从而使中国信史向前推进数百年。同时，安阳挖掘的收获成为20世纪30年代中国历史学界最引人注目的事件。

③傅斯年发表论著有：《与顾颉刚论古史书》《中国古代文学史讲义》《诗经讲义稿》《战国子家叙论》《历史语言研究所工作之旨趣》《周颂说》等。

1929年（十八年）34岁

①春，历史语言研究所迁至北京。所址在北海养心斋，傅斯年除任史语所所长和研究员外，开始兼任北京大学教授。

②9月，为购买明清大库档案多方活动，傅斯年通过和胡适、陈寅恪商议决定买明清大库档案并进行整理研究。于是傅斯年给蔡元培写信，要大学院出款购买，转赠给中央研究院历史语言研究所。并专门成立了整理的领导班子，由陈寅恪、徐中舒负责。明清大库档案的抢救与整理使明清史研究有了突破性发展，亦是当时历史学界的一件大事。

1930年（十九年）35岁

①主持历史语言研究所事务，兼在北京大学上课。

②11月，史语所第一次发掘山东龙山镇城子崖遗址。

③在历史语言研究所集刊及其他刊物发表之论著有：《战国文籍中之篇式书体》《大东小东说》《论所谓五等爵》《姜原》《新获卜辞写本后记跋》《本所发掘安阳殷墟之经过》《明清史料发刊例言》《安阳发掘报告》。

其中前四篇是傅斯年对古史研究、考证的论文，《本所发掘安阳之经过》则比较详细地记述了安阳考古发掘情况。

《明清史料发刊例言》则是历史语言研究所编刊明清内阁大库残余档案的序言和凡例，为明清内阁大库残余档案整理制定了几项基本原则，同时提出了一些具体要求。

1931 年（二十年）36 岁

① 4 月底，傅斯年从北平到安阳小屯，视察殷墟发掘情形，同考古学者共同生活了三天。

② "九·一八"事变爆发，激发了傅斯年强烈的爱国热情，他走出了书斋，一方面帮助北京大学校长蒋梦麟稳定学校局势，教育学生抗日爱国；另一方面设法激发各方爱国热情。在北平图书馆召开的各届人士座谈会上傅斯年慷慨陈词，提出了"书生何以报国"的命题要大家讨论，并决定编写一部中国通史，教育国人。

1932 年（二十一年）37 岁

① 在主持史语所工作的同时，积极投身于抗日救国工作，与胡适、丁文江、蒋廷黻等人创办《独立评论》周刊，陆续在刊物上发表文章，鼓吹抗日。

② 为驳斥日本所谓"满蒙在历史上非支那领土"的谬论，傅斯年联合徐中舒、蒋廷黻等人编写了《东北史纲》，提供了大量无可辩驳的证据证明东北自古以来就是中国的领土。全书的主要部分由李济译成英文，送交国际联盟调查团以为参考，受到调查团的重视。

③ 在《独立评论》等报刊发表的主要有：《邮政罢工感言》《监察院与汪精卫》《日寇与河北天津》《"九·一八"一年了！》《国联调查团报告书一瞥》等 15 篇文章。

1933 年（二十二年）38 岁

① 领导史语所迁至上海，但仍在北京大学兼课。并从这一年开始兼任社会科学研究所所长及中央博物院筹备主任，后来才改由李济担任。

② 在《独立评论》发表的文章有《中国人做人的机会到了》《国联态度转变之推测》等，都是针对时局发表的评论。

1934 年（二十三年）39 岁

① 在《大公报》发表了《所谓国医》文章，对中医理论进行严厉的批评。以后在国民参政会上再次提案，要根除中医，其态度有些偏颇。

② 与原配夫人丁氏离婚，同年 8 月 5 日与俞大绥在北平结婚。俞大绥是傅斯年留德同学好友俞大维小妹，毕业于上海沪江大学，长于文学，尤擅英语。

③ 6 月，北京大学文科研究所改组，胡适兼任所长，傅斯年任秘书（副所长）。

傅斯年在《历史语言研究所集刊》《独立评论》《大公报》等刊物上发表的论著有：《周东封与殷遗民》《城子崖序》《"不懂日本的情形"》《溥逆窃号与外部态度》《大学研究院设置之讨论》《再论所谓国医》等11篇文章。其中有些是对时局的评论，《周东封与殷遗民》是学术论文，《城子崖序》是城子崖发掘报告的序言。

1935年（二十四年）40岁

①1月，成立明清史料复刊会。

②5月，与法国著名汉学家伯希和去安阳视察殷墟挖掘情形。此次是安阳最大的一次挖掘，参加者三百多人，出土了大量文物，伯希和对挖掘成果大为赞叹。

③9月15日，子仁轨生，傅斯年为爱子取名仁轨，其原因是为纪念唐代在朝鲜战胜日军的刘仁轨。由此可以看出傅斯年的强烈民族意识。

④积极投身抗日救国斗争，反对日本所鼓吹的华北特殊化。有一次北平市长宋哲元幕僚肖振瀛举行招待会，肖在会上要教育界闭口，少发议论。傅斯年慷慨陈言，痛斥肖振瀛，号召学人不南迁，不屈服，坚持到最后一分钟。他的讲话震动了北平教育界。

⑤12月，丁文江在衡阳煤气中毒，移往长沙救治，傅斯年赶往长沙探视和护理。

⑥傅斯年在《历史语言研究所集刊》《独立评论》《大公报》《国闻周报》上发表的论文有：《夷夏东西说》《明清史料复刊志》《〈中日亲善〉？？!!》《地方制度改革之感想》《中华民族是整个的》等10篇文章。

1936年（二十五年）41岁

①傅斯年举家移居南京。主持史语所工作。同时因中央研究院院长蔡元培患病在上海，总干事朱家骅被任命为浙江省主席，受蔡的委托，傅斯年兼任总干事，处理研究院日常事务。

②4月，筹备和主持中央研究院评议会。

③12月，西安事变发生，傅斯年不明真相，力主讨伐张学良、杨虎城两位将军。

④傅斯年在《历史语言研究所集刊》等报刊上发表的论文：《跋明成祖生母问题汇证》《谁是齐物论之作者》《北局危言》《论张贼叛变》《讨贼中之大路》《我所认识的丁文江先生》《丁文江一个人物的几片光彩》等十几篇。

1937年（二十六年）42岁

①上海"八·一三"抗战时期，朱家骅作为浙江省主席赴浙江主持工作，由傅斯年兼代中央研究院总干事。

②"七七"事变后，蒋介石于庐山召集谈话会，傅斯年以社会名流参加，并应聘参加了随后设立的国防参议会，从此积极投身政治。

③秋，主持中央研究院各研究所西迁事务，将史语所迁至长沙圣经学院。

④在《国闻周报》上发表《西安事变之教训》。

1938年（二十七年）43岁

①3月和7月，两次致蒋介石长函，反对孔祥熙出任行政院长。

②春，史语所迁至昆明，10月，又自昆明城内迁至郊外。

③7月，国民参政会成立，傅斯年担任参政员，赴汉口出席第一次参政会。

④10月，参加在重庆召开的第二次国民参政会。

⑤12月，山东聊城专员范筑先抗日战死，傅斯年闻知后写诗悼念，其曰："立国有大本，亮节与忠贞，三齐多义士，此道今不倾。一死泰山重，再战浊济清。英英父子业，百世堪仪刑。"表达了对范筑先烈士的敬意。

⑥在《中央日报》发表《波兰外交方向之直角转变》。

1939年（二十八年）44岁

①在昆明主持研究所事务。

②2—9月，参加第三、四次国民参政会。

③在《大公报》《今日评论》上发表《地利与胜利》《抗战两年之回顾》等文章。

④5月，历史语言研究所参加莫斯科中国艺术展览会，展出部分安阳出土的文物。

1940年（二十九年）45岁

①4月，参加第五次国民参政会，从秋天开始，再次兼任中央研究院总干事。

②冬，史语所迁四川南溪县李庄镇。12月，续任第二届参政员。

③在《今日评论》等刊物上发表了《性命古训辨证》《中国音韵学研究序》《汪贼与倭寇——一个心理的分解》等文章。其中，《性命古训辨

证》为中央研究院院士候选人提交的论著,分上下两卷,论述了许多哲学史方面的问题,被认为是傅斯年的学术代表作之一。

1941 年（三十年）46 岁

①3 月,患高血压住院治疗。

②10 月,其母李太夫人在重庆去世,享年 75 岁。

1942 年（三十一年）47 岁

①2 月,傅斯年身体不好,又遭母丧,写信给胡适对自己的几年行为进行反思。信中说:"我本已不满于政治社会,又看不出好路线之故,而思遁入学问,偏又不能忘此生民,于是,在此门里门外跑来跑去,至于咆哮,出也出不远,进也住不久,此其所以一事无成也。"决心以后以著书为业。

②7 月,继任参政员。10 月赴重庆出席国民参政会三届一次会议。

③12 月,写《大明嘉靖三十三年大统历跋》。

1943 年（三十二年）48 岁

①9 月,参加第三届二次参政会。

②此年发表的主要论文有:《〈史料与史学〉发刊词》《盛世危言》《战后建都问题》《丁鼎丞七十寿序》等。

1944 年（三十三年）49 岁

①6 月,为其子傅仁轨书文天祥《正气歌》及《衣带赞》等诗,在跋中叙述了其写条幅的用意是培养儿子的正义感。

②9 月,参加参政会三届三中全会。

③在重庆《大公报》发表的主要论文有:《天朝——洋奴——万邦协和》《"五四"二十五年》《我替倭奴占了一卦》《现实政治》《第二战场的前瞻》等,其中多是对政治和时局发表的评论。

1945 年（三十四年）50 岁

①4 月,出席参政会,继任第四届参政员。

②6 月,与黄炎培会见蒋介石,提出去延安为国共和谈斡旋,得到蒋的同意,为去延安做准备。

③7 月 1 日,与黄炎培等人代表参政会访问延安,商谈团结抗日等问题。5 日,返回重庆并向蒋介石递交了延安会谈记录。在延安期间由于和毛泽东熟悉,曾单独与毛泽东同志谈了一个通宵,就国内外形势和团结建国等问题交换了意见。

④7月7日,参加参政会四届一次会议。据记载:他每次在参政会上发言建议,均以促请政府整刷政风为主,此外在会中竭力反对违背科学之提案。

⑤8月初,在《大公报》上发表《黄祸》一文,响应国民党政府征收黄金存户之部分黄金。

⑥8月10日,日本投降。傅斯年极为兴奋,以至于带酒到街上去喝,载歌载舞。

⑦8月,致书蒋介石,坚决不担任北京大学校长,推荐胡适任此职,由于胡适在美未归,任北大代理校长,负责北大迁校复员之事。在北京大学复员过程中,坚持不收留伪北大汉奸。

⑧8—9月,毛泽东、周恩来等去重庆参加国共谈判,傅斯年等拜会了毛泽东,并设宴款待。

⑨12月,西南联大学生运动,傅斯年以校务委员身份前去处理。在写给夫人的信中承认地方当局的荒谬。

⑩发表的文章有:《殷历谱序》《罗斯福与新自由主义》《评英国大选》等。

1946年(三十五年)51岁

①1月,赴重庆出席政治协商会议。

②3月,国民党政府打算让傅斯年担任政府委员,傅斯年坚持不就。在给蒋介石的推辞信中说:"参政员之事,亦缘国家抗战,义等于招兵,故未敢不来。今战事结束,当随以结束。此后惟有整理旧业(指学术研究),亦偶凭心之所安,发抒所见于报纸,书生报国,如此而已!"

③5月4日,由重庆飞往北平,办理北京大学迁校事。在复员过程中,傅斯年发表声明,坚决不录用伪北大教职员,遭到伪职人员的抵制和反对,傅斯年与之进行了坚决斗争。

④7月,胡适回国。9月,正式就任北京大学校长,傅斯年辞去北京大学代理校长职务,返回南京。

⑤8月,兼任北平图书史料管理处主任。

⑥冬,把史语所由四川迁回南京。11月,出席所谓首届制宪国民大会。

1947年(三十六年)52岁

①2月,在《世纪评论》上发表《这个样子的宋子文非走开不可》,

对宋子文进行了激烈的批评。各地报刊纷纷转载,举国瞩目,宋子文不得不辞职。

②6月,携妻子去美国治疗高血压。到美国后先入波士顿(Boston)白利罕(Peter Bent Brigham)医院治疗,住院三四个月后,血压大致正常,出院移居新港(New Harven)静养。

1948年（三十七年）53岁

①在美国治疗期间,国内进行中央研究院院士的选举,傅斯年通过书信陈述了自己对选举方式和院士标准的意见。并于此次当选为中央研究院院士。

②国民党立法委员选举,傅斯年当选为立法委员,傅斯年曾一度推辞,最后接受任职。

③8月,由美回国,主持史语所所务。

④11月,国民党政府宣布傅斯年为台湾大学校长。

⑤11月,解放军包围北平,傅作义战和未定。傅斯年四赴奔走,想把在北平的同事和学者接出北平,胡适、毛子水、陈寅恪和钱思亮等人先后被接出。

⑥冬,迁史语所于台湾杨梅镇。

⑦在史语所集刊发表的论著有:《后汉书残本跋》《北宋刊南宋补刊十行本史记集解跋》《论美苏对峙之基本性》等。

1949年（三十八年）54岁

①1月20日,赴台就任台湾大学校长。

②傅斯年在《自由中国》杂志、台湾大学校刊及台湾新生报发表之论著主要有:《自由与平等》《苏联究竟是一个什么国家》《台湾大学选课制度之商榷》《台湾大学与学术研究》《台湾大学一年级新生录取标准之解释》等篇。

③台湾大学原是日本统治台湾时所办的大学,也是日本奴化台湾人民的工具和基地。因此,台湾大学在教育思想、方针和设备等方面都有严重的陋规和弊端。傅斯年出任校长后,曾进行了一些改革。

1950年（三十九年）55岁

①主持台湾大学校务及历史语言研究所所务。在此期间,对台湾大学进行的一些改革符合师生要求,受到师生的拥戴。

②傅斯年在台湾《自由中国》《中央日报》及《大陆杂志》等报刊

发表的论著主要有：《一个问题——中国的学校制度》《中国学校制度的批评》《关于台大医院》《国立台湾大学法学院社会科学论丛发刊词》等，针对台湾大学，对学校教育制度及方式进行了探讨和论述。

③12月20日，傅斯年参加省参议会，答复有关教育行政的咨询。回答用了三十多分钟，有些激动。下台时步履不稳，昏了过去，抢救无效，于当夜去世。

④12月21日，傅斯年遗体暂匿极乐殡仪馆。台湾大学特停课一天，并下半旗致哀。

12月22日，傅斯年遗体大殓，送往火葬场火化。

12月31日，治丧委员会及台湾大学借台大法学院大礼堂举行追悼会，各届前往致祭者达5000余人，共致送挽联270余幅，挽诗60余首，挽词20余首，祭文6篇，中西文唁函唁电90余封。

参考文献

一 傅斯年的原始资料

1. 傅斯年档案（未刊）。
2. 欧阳哲生主编：《傅斯年全集》1—7卷，湖南教育出版社2003年版。
3. 《傅斯年全集》1—7册，（台）联经出版事业公司1980年版。
4. 傅乐成：《傅孟真先生年谱》，（台）传记文学出版社1979年版。
5. 《傅孟真先生传记资料》1—3册，（台）天一出版社1979年版。
6. 《胡适往来书信选》（上中下）册，中华书局香港分局1983年版。
7. 《傅斯年文物资料选辑》，（台）傅斯年百龄纪念筹备会1995年版。
8. 《傅故校长哀挽录》，台湾大学1951年版。
9. 《傅所长纪念特刊》，（台）中研院历史语言研究所1951年版。
10. 《傅斯年遗札》，（台）中研院历史语言研究所2011年版。

二 关于傅斯年的研究资料

1. 中研院历史语言研究：《新学术之路》，（台）中研院历史语言研究所1998年版。
2. 傅乐成：《时代的追忆论文集》，（台）时报文化出版事业有限公司1984年版。
3. 徐刚：《傅斯年的教育思想及其教育学术事业》，硕士学位论文，台湾大学，1981年。
4. 王富仁、石兴泽编：《谔谔之士——名人笔下的傅斯年 傅斯年笔下的名人》，东方出版公司1999年版。
5. 胡厚宣：《东北史纲第一卷作者是傅斯年》，《史学史研究》1991年第3期。

6. 《傅孟真先生的思想》，《胡适讲演集》，台北中研院胡适纪念馆 1970 年版，第 2 卷。
7. 胡映芬：《傅斯年与中国新史学》，硕士学位论文，台湾大学，1976 年。
8. 李汉亭：《在东西方的夹缝中思考——傅斯年西学为用的五四文学观》，《当代》1988 年版，第 25 页。
9. 上原淳道：《傅斯年的古代历史研究》，《古代学》1952 年第 1 卷第 2 期。
10. 吴相湘：《傅斯年》，《传记文学》1973 年第 23 卷第 3 期。
11. 《傅斯年学行并茂》，《民国百人传》（台）1971 年第 1 卷。
12. 杨向奎：《评傅孟真的夷夏东西说》，《夏史论丛》，齐鲁书社 1985 年版。
13. 杨联陞：《评〈傅孟真先生记〉》，《哈佛亚洲研究学刊》，1953 年，16：3—4。
14. 殷海光：《我忆孟真先生》，《自由中国》1951 年第 4 卷第 2 期。
15. 于衡：《以身殉校的傅斯年》，《传记文学》1973 年第 22 卷第 5 期。
16. Alan G. Moller, *Bellicose Nationalist of Republic China: An Intellectual Biography of Fu Ssu-nien*.
17. Wang Fan-sen, Fu Ssu-nien, *A Life in Chinese History and Politics*, Cambridge: Cambridge Univ. press, 2000.

三　参考资料

1. 汪荣祖：《陈寅恪评传》，百花文艺出版社 1993 年版。
2. 王汎森：《中国近代思想与学术的系谱》，（台）联经出版事业股份有限公司 2003 年版。
3. 欧阳哲生：《新文化的传统——五四人物与思想研究》，广东人民出版社 2004 年版。
4. 章清：《"胡适派学人群"与现代中国自由主义》，上海古籍出版社 2004 年版。
5. 许纪霖主编：《二十世纪中国思想史论》，上海东方出版中心 2000 年版。
6. 杨天石：《近代中国史事钩沉——海外访史录》，社会科学文献出版社 1998 年版。

7. 王汎森:《傅斯年:中国近代历史与政治中的个体生命》,生活·读书·新知三联书店 2012 年版。
8. 《毛泽东选集》(合订一卷本),人民出版社 1967 年版。
9. 王世杰:《王世杰日记》,(台)中研院近代史研究所 1990 年版。
10. 李方桂:《李方桂先生口述历史》,清华大学出版社 2003 年版。
11. 耿云志主编:《胡适评传》,上海古籍出版社 1999 年版。
12. 《蔡元培全集》,中华书局 1988 年版。
13. 申晓云主编:《动荡转型中的民国教育》,河南人民出版社 1994 年版。
14. 蔡尚思主编:《中国现代思想史资料简编》,浙江人民出版社 1986 年版。
15. 欧阳哲生:《新文化的源流与趋向》,湖南出版社 1994 年版。
16. 唐德刚译:《胡适杂议》,华文出版社 1990 年版。
17. 许冠三:《新史学九十年》(上下册),香港中文大学 1986 年、1988 年版。
18. 胡逢祥、张文建:《中国近代史学思潮与流派》,华东师范大学出版社 1991 年版。
19. 高瑞泉主编:《中国近代社会思潮》,华东师范大学出版社 1996 年版。
20. 张岂之等:《近代伦理思想的变迁》,中华书局 1993 年版。
21. 张灏:《中国知识分子的危机:寻求秩序与意义,1890—1911》,伯克利,1987 年。
22. 闻黎明:《第三种力量与抗战时期的中国政治》,上海书店出版社 2004 年版。
23. 何廉:《何廉回忆录》,朱佑慈等译,中国文史出版社 1988 年版。
24. 《八十忆双亲·师友杂忆》,岳麓书社 1983 年版。
25. 抗父:《最近二十年间中国旧学之进步》,《东方杂志》1922 年第 19 卷第 3 期。
26. 《新潮》(北京),1∶1—3∶2(1919 年 1 月—1922 年 3 月)。
27. 许纪霖:《中国自由主义知识分子的参政》,《二十一世纪》1991 年第 6 期。
28. 《再述内阁大库档案之由来及其整理》,《中央研究院历史语言研究所集刊》1933 年第 3 卷第 4 期。
29. 黄炎培:《延安归来》,《民国参政会资料》,四川人民出版社 1984 年版。

30. 耿云志、欧阳哲生主编：《胡适书信集》，北京大学出版社 1996 年版。
31. 王云五：《旧学新探——王云五论学文选》，学林出版社 1997 年版。
32. 艾蓝·穆勒：《中华民国的好斗的民族主义者：傅斯年学术评传》，博士学位论文，墨尔本大学，1979 年。
33. 施奈德：《真理与历史：傅斯年、陈寅恪的史学思想与民族认同》，关山、李貌华译，社会科学文献出版社 2008 年版。
34. 施瓦茨：《中国的启蒙：知识分子与 1919 年五四运动的遗产》，伯克利，1986 年。
35. 《胡适思想批判》，生活·读书·新知三联书店 1955 年版，7 卷本。
36. 舒新城：《近代中国教育史资料》，中华书局 1933 年版。
37. 陶英惠：《蔡元培与北京大学（1917—1923）》，《中央研究院近代史研究所集刊》1976 年第 5 期。
38. 吴学昭：《吴宓与陈寅恪》，清华大学出版社 1992 年版。
39. 杨步伟：《一个女人的自传》，岳麓书社 1987 年版。
40. 叶曙：《初期台大的人和事》，《传记文学》1986 年第 48 卷第 6 期。
41. 余英时：《文史传统与文化重建》，生活·读书·新知三联书店 2004 年版。
42. 林毓生：《中国传统的创造性转化》，生活·读书·新知三联书店 1988 年版。

四 作者有关成果

1. 马亮宽：《傅斯年教育思想研究》，辽宁教育出版社 1997 年版。
2. 岳玉玺、李泉、马亮宽：《傅斯年·大气磅礴的一代学人》，天津人民出版社 1994 年版。
3. 马亮宽、李泉：《傅斯年传》，红旗出版社 2009 年版。
4. 马亮宽：《傅斯年社会政治活动与思想研究》，中国社会科学出版社 2009 年版。
5. 马亮宽、程方：《傅斯年图传》，湖北人民出版社 2009 年版。
6. 《傅斯年》（论文集，合编），山东人民出版社 1991 年版。
7. 岳玉玺、李泉、马亮宽：《傅斯年选集》（合编），天津人民出版社 1998 年版。
8. 马亮宽：《何思源·宦海沉浮一书生》，天津人民出版社 1996 年版。

9. 马亮宽、李泉：《傅斯年时代的曙光》，（台）五南图书出版股份有限公司 2013 年版。
10. 马亮宽：《试论傅斯年的教育思想》，《近代史研究》1997 年第 2 期。
11. 马亮宽：《傅斯年教育思想述论》，（台）《大陆杂志》1997 年第 3—4 期。
12. 马亮宽：《傅斯年与陈寅恪关系述论》，《中山大学学报》1994 年第 4 期。
13. 马亮宽：《试论陈寅恪与傅斯年思想之异同》，《柳如是别传与国学研究·纪念陈寅恪教授学术讨论会论文集》，浙江人民出版社 1995 年版。
14. 马亮宽：《傅斯年与一二·一运动》，《民国档案》1992 年第 2 期。
15. 马亮宽：《傅斯年，一个具有独特风格的知识分子》，《聊城师院学报》1991 年第 2 期。

后 记

有人说：傅斯年与胡适一样，都是"誉满天下，谤满天下"的人物。事实也确实如此，傅斯年生前死后，对他的认识和评论差异甚大，许多人都带有自己的感情，如他的两位老师胡适和周作人对其人品的评价可以说相差甚远。

笔者对傅斯年进行专题研究，至今断断续续已20余年，出版了相关论著4部，论文20余篇。但都属于专题研究，由于年代和资料的限制，评述尚不全面。

近年来海峡两岸对傅斯年研究逐步深入，有几个方面的因素对笔者产生了较大影响：一是2010年为纪念傅斯年去世60周年，海峡两岸合作举行"傅斯年学术思想的传统与现代"学术研讨会，研讨会在聊城大学和台湾大学相继召开，与会专家对傅斯年的讨论之深入，成果之丰硕，前所未有。二是近几年出版了几部纪实文学作品，对傅斯年评述甚多，影响颇大，纪实文学与历史对同一个人物的记述，读者怎样评断，自己常感困惑。三是2011年台湾"中央研究院"王汎森、潘光哲、吴政上诸位先生经数年努力整理出版了《傅斯年遗札》收录了傅斯年大量未经面世的珍贵书信资料。该书出版后，承蒙王汎森诸先生惠赠，笔者进行了认真地研读、对比，发现之前撰写的论著在内容上有些缺失，对傅斯年的论述和评价也需要修正。笔者抱着这样的心态，经数年努力，终于完成了《傅斯年评传》的写作。虽然由于能力限制，评断有许多缺失，但自认为有关傅斯年的资料取舍认真，力求向学术界提供一个真实的傅斯年供人们品评。

傅斯年一生涉足学术、政治、教育领域，在诸多领域都有所成就，给予准确的评述和定位并非易事，后人的记述因视角不同，也很难统一。本书的写作尽量以原始资料为依据，客观地进行评述，亦参考和吸收了前辈专家和时贤的研究成果，在此深表谢意！对中国近现代史研究，笔者是半路出家，闻见所限，论述和评断错讹之处在所难免，敬祈专家学者和广大读者批评指正！

在本书写作和出版过程中，台湾"中央研究院"王汎森、黄进兴、潘光哲诸先生为我几次赴台收集资料给予多方面帮助；聊城大学李泉教授与我长期合作，给予许多指导和帮助；中国社会科学出版社副总编辑郭沂纹和助手安芳女士对书稿认真校改；我的研究生刘春强、薛莹、马越等人帮助整理资料，校对样稿；本书出版受聊城大学学术著作出版基金资助，在此一并致谢。

马亮宽

于聊城大学

2014 年 4 月